周易作名法

李尚昱 著

明文堂

[추천의 말]

이상욱(李尙昱) 선생은 어릴 적부터 남다른 예지와 사색과 탐구력을 천부지성(天賦之性)으로 이어받은 재사(才士)로서 평소 주어진 생애 속에서 매양 인생 본연의 실체와 그리고 여기에 따르는 상대적인 섭리의 길흉화복은 무엇이며, 어떻게 하면 운명적 사명에 입각하여 스스로 자기 분수에 안주(安住)하면서 자신의 삶을 추구하는 진인사적(盡人事的) 태도를 절실하게 조감(照鑑)하는 일과에서 본 주역·작명법의 명저(名著)를 펼쳐내는 과정을 관심 깊게 지켜보면서 다음 몇 가지 소회(所懷)의 일단(一端)을 피력하고자 한다.

대저 이 역학(易學)이란 기이지실(旣而知悉)하는 바대로 웅대한 대자연의 진리와 자성적(自性的) 지혜의 본체를 연구하는 학문이라고 한다면, 이에 그 원리를 체계적으로 구명(究明)하는 동시에 인성(人性)의 소우주적 본질과 그 실상을 밝혀내는 학설이라고 할 것이다.

그러나 진정 이와 같은 소중한 역학의 진가가 제대로 인식, 활용되지 못하고 또 다른 날조 해석으로 미신(迷信) 운운하는 왜곡된 모습으로 소외당한 감도 없지 않으니 이 어찌 가석(可惜)한 일이 아니리요.

이를 다시 부연하면 현세에 팽배된 서구 사조에도 큰 원인이 있다 하겠으나 또 하나의 근인(近因)은 이 역학이 제 모습으로 정립되지 못하고 차원 높은 학문을 순수한 무위이화(無爲而化)의 대원칙으로 받아들이지 아니하고, 한갓 영리적 수단으로 이용한 것도 착오적 오류였다고 생각한다.

이러한 시대적 역류의 배경 속에서도 초지일관(初志一貫) 역학계의 권위이신 선고(先考) 인당(人堂) 이경기(李炅基) 선생의 유지(遺志)를 계승하여 온갖 세정(世情)의 유혹에 굴하지 아니하고 근 60평생 외곬인생의 독창적인 삶을 개척하여 오로지 청렴고결의 정도(正道)를 정진하면서 오늘의 찬연한 금자탑(金字塔)을 형성하였으니 그 누가 숭모(崇慕)의 성원을 아끼리요. 앞으로 본 저서가 대역학의 진모(眞貌)를 밝히는 학문의 평가 기준으로 승화될 것은 물론이요, 현재 첨단과학시대에 처한 물질만능의 상호계층간의 갈등 속에 영일(寧日)이 없는 형제자매들에게도 본 저서가 참다운 인생의 보감(寶鑑)으로 재조명될 것을 확신하는 동시에, 아울러 저자의 제세홍익(濟世弘益)의 숭고한 뜻과 승승장구(乘勝長驅) 미래지향의 진취적인 기상이 역학계에 새로운 학술적 이정표로 등장할 것을 믿어 의심치 않으며, 삼가 강호제현(江湖諸賢)에게 만공(滿空)의 사의(謝意)와 아울러 이상욱 선생의 행운을 거듭 기원하는 바이다.

1993년 8월
松史 裵鉀齊 謹識

〔 머리말 〕

필자가 30세 되던 해 초봄에 주역(周易) 책을 읽고 있는데, 초등학교 동창생인 권홍순이 찾아와 지리산 뱀사골에 산죽이 많으니 그것을 베어 아이스케키대를 만들어 팔면 돈을 좀 벌 수가 있다고 하였다. 그래서 돈을 빌려 친구와 함께 뱀사골 입구 반선마을에 석양 무렵 도착하여 주막집에서 막걸리 한사발을 마시고 있는데, 방안에서 주인 남자가 급성맹장염으로 다 죽어간다고 하였다. 환자의 나이를 물어 초정법(抄丁法)으로 계산하니 동쪽 약을 먹어야 한다고 나오기에 동쪽을 바라보니 1m 30cm 정도의 칡덩굴이 걸려 있는 것이 아닌가! 그것을 10cm씩 세 토막을 잘라 환자 부인에게 주면서 달여 먹이라고 주었더니 그것을 먹고 살아났다. 박용기라는 사람의 집에서 생활하고 있던 중, 환자 부인이 제사 때 쓰려고 담가둔 술이라며 찹쌀막걸리 한 병과 쇠고기 두 근을 사 가지고 와서 생명의 은인이신데 집안형편이 어려워 이렇게밖에 대접을 못해 드려 용서해 달라며 간절히 말하였다. 나는 반갑기도 하고 한편 초정법의 위력에 놀라움을 금치 못했다.

그동안 수만 쌍의 궁합을 보아오면서 느끼고 터득한 바는 다음과 같다. 첫째, 궁합이 나쁘면 장애를 가진 자식을 낳는다는 것이다. 이는 선천적인 장애는 물론 후천적인 장애도 포함된다. 바꾸어 말하면 궁합이 좋으면 절대 장애를 가진 자식을 낳지 않는다. 둘째, 궁합이 나쁘면 의견이 상충(相衝)되어 자주 다투게 되고, 사회적으로도 성공하지 못하며, 가난하게 살게 된다. 셋째, 궁합이 나쁘면 실패가 많을 뿐 아니라 자식에게까지 영향이 미쳐 자식도 성공하기 어렵고 불효하게 된다. 바꾸어 말하면 궁합이 좋으면 가정이 화목하고 성공하며 자식도 효도하게 된다.

궁합을 보는 방법은 첫째 주역으로 풀어야 하건만, 해묘미합(亥卯未合)·토생금(土生金)이 좋다는 식은 눈먼 장님이나 하는 소리다. 실례(實例)로 내가 예전에 보고 들은 예를 소개하고자 한다. 남자 신축생(辛丑生)과 여자 갑진생(甲辰生)이 무진년(戊辰年)에 나에게 궁합을 보아 달라고 찾아왔다. 당시 필자는 아주 나쁘다고 말렸으나, 본인들이 좋아하니 어쩔 수 없다고 하며 결혼을 하게 되었다. 그런데 나중에 네 살 먹은 아들이 14층에서 떨어져 죽었다는 소식이 왔다.

그럼 신축생 남자와 갑진생 여자는 왜 궁합이 나쁜가. 축진(丑辰)이 파살(破殺)이고 택수곤괘(澤水困卦)이다. 곤(困)은 곤란, 곤궁으로 주역 64괘 중 4대 난괘(難卦) 중의 하나이다. 무진년이면 갑자순중(甲子旬中)에 해당된다.

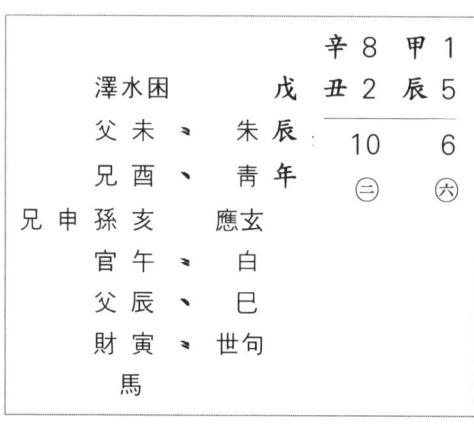

예를 들면 갑자순중에 술해(戌亥)가 공망(空亡)이니, 해자(亥子) 손(孫)이 공망이며, 사효(四爻) 손(孫)이 동(動)해 나가는 격이다. 따라서 세인(世寅)〔男〕은 구진(句陳)에 역마(驛馬)가 붙고, 응해(應亥)〔女〕는 공망이므로 둘 다 오래 살지 못하는 나쁜 궁합이다. 그러나 괘 중 인해(寅亥)가 합(合)이 되므로 둘의 사이는 좋다.

또 한 예로 신사생(辛巳生) 남자와 을유생(乙酉生) 여자가 아들 둘, 딸 하나 3남매를 두었는데 임신을 하게 되었다. 부부는 필자에게 찾아와 개복(開腹) 수술을 할 좋은 날짜를 잡아달라고 했다.

두 사람의 신수(身數)를 보니 분명 아기는 아들이건만 궁합이 수뢰준괘(水雷屯卦)로 나쁜 궁합이었으며, 아들이 더 이상 없는 신수라 이상하게 생각했다. 그런데 부부는 아들을 낳았고, 아이가 다섯 살 때 병을 얻어 급사(急死)하고 말았다. 이처럼 궁합이나 사주(四柱)는 오묘하고 무서운 것이다.

이름도 마찬가지다. 주역 팔괘에 맞추어야 정확한 판단이 나오는 것이지, 수리(數理)나 오행(五行) 정도로는 정확한 판단이 나오지 않는다.

예를 들어 김(金)씨 성을 가진 갑자일(甲子日)에 태어난 아이를 주역 팔괘에 맞추어 보자. 첫째, 중천건괘(重天乾卦)에서는 세(世)[내 몸] 술(戌)이 공망이니 단명(短命)한다. 둘째, 중택태괘(重澤兌卦)에서는 해손(亥孫)이 공망된다. 사관(巳官)은 겁살(劫殺)이 되고 묘재(卯財)는 양인살(羊刃殺)이 된다. 그러므로 자손과 벼슬 재물을 해치나, 명은 길어진다. 셋째, 중화이괘(重火離卦)에서는 세사(世巳)가 겁살이므로 단명에 눈이 나빠진다. 넷째, 중뢰진괘(重雷震卦)에서는 세술(世戌)이 공망이므로 단명하고 뇌를 다치게 된다. 다섯째, 중풍손괘(重風巽卦)에서는 세묘(世卯)가 양인이 되어 단명하고, 뇌를 다치며, 간(肝)도 나빠진다. 여섯째, 중수감괘(重水坎卦)에서는 파란(波瀾)이 많다. 일곱째, 중산간괘(重山艮卦)에서는 명이 길고 건강하며, 벼슬도 하게 되나 장관 이상은 없다. 여덟째, 중지곤괘(重地坤卦)에서는 명이 길고 건강하나, 재(財)인 해(亥)가 공망이 들고, 관(官)인 묘(卯)가 양인살이 되었다.

이와 같이 엄연하고도 어려운 주역 팔괘를 제외하고 그 무엇으로 귀중한 이름과 궁합을 보겠는가. 주역은 우리 인류의 존망(存亡)과 함께할 만고의 대진리(大眞理)이다. 부디 이 책을 한 번씩 읽어보고 좋은 궁합을 만나 행복한 생을 살아가길 바라는 마음 간절하다.

著者 識

[차 례]

제1편 궁합(宮合)

1. 궁합의 의의 11
2. 궁합 보는 법 13
3. 속궁합 보는 법 13
4. 꼭 알아야 할 이야기 14
5. 주요 용어 해설 16
6. 궁합에 따르는 주역 팔괘 19
7. 궁합의 실제(實際) 22

제2편 작명(作名)

제1장 실례(實例) 107
제2장 성명(姓名) 112
    1. 성명의 의의 112
    2. 작명의 운용(運用) 113
    3. 작명의 실제 114
제3장 팔괘와 성씨(姓氏)의 실례 116

제4장 작명의 실제 ·················· 124
제5장 수리(數理)와 음오행(音五行) ·················· 458
    1. 수리(數理) **458**
    2. 음오행(音五行) **461**
제6장 사주(四柱)의 실제 ·················· 466

제1편
궁 합

1. 궁합(宮合)의 의의
2. 궁합(宮合) 보는 법
3. 속궁합 보는 법
4. 꼭 알아야 할 이야기
5. 주요 용어 해설(主要用語解說)
6. 궁합에 따르는 주역팔괘(周易八卦)
7. 궁합(宮合)의 실제(實際)

1. 궁합(宮合)의 의의

　이 世上 모든 生物은 陰과 陽으로 짝을 이루어 種族을 보존하고 持續시켜 나간다. 結婚을 한다는 것은 좋은 짝을 만나 生이 다할 때까지 파란(波瀾) 없이 오손도손 화목(和睦)하고 健康하게 살면서 아들 딸 낳아 自己의 分身을 남겨놓고 떠날려는 것이다. 이것이 가장 理想的인 생을 사는 것이다. 그럴려면 첫째 마음에 맞는 異性을 만나는 것이 가장 重要하다. 아무리 훌륭한 業績을 남긴 偉大한 發明家나 藝術家 政治家 學者라 할지라도 家庭의 安定이 되지 않고 子息이 없어 웃음을 모른다면, 또는 惡妻를 만나 波瀾이 많았다든가 일찍 死別하여 孤獨하게 홀로 살았다면, 이름 석자는 後世에 남길 지 모르나 平生을 安樂하고 幸福하게 살았다고는 못 할 것이다.
　이와같이 우리가 人生 七十平生中 4·50年을 보다 幸福하게 살기 위해서는 좋은 반려자(伴侶者)를 만나 화기(和氣) 애애한 生活을 해야 할 것이다. 마음에 맞지 않는 사람을 만나 매일 싸움이나 하고 얼굴을 찌푸리고 산다면 生의 樂을 모르게 될 것이며, 웃음을 모르고 살게되니 쫓기는 기분이 되어 健康을 해치게 되며, 결국 生命까지 손상(損傷)하게 된다. 아침 출근시(出勤時)에 사랑하는 아내의 따스한 미소와 귀여운 子女의 愛情어린 아양은 하루종일 기분을 상쾌하게 할 것이다. 그러므로 일의 능률이 배가되어 社會에 더 많이 奉仕할 수 있을 것이다. 반면 부인의 언짢은 표정과 우는 아이의 얼굴을 보고 出勤한 아버지는 하루종일 우울하고 不安하여 사무(事務)나 작업(作業)의 능률이 오르지 않는다. 하여 그만큼 社會에도 마이너스가 될 것은 분명하다. 夫婦間의 알뜰하고 아기자기한 사랑은 家庭平和와 本人의 健康은 물론 社會平和와 發展에도 기여하게 된다.
　家庭의 幸福을 위해서는 남남끼리 만나 살아가야할 結婚이 至大한 영향을 미치게 되므로, 이 社會에 조그마한 기여를 하고 가겠다는

筆者의 자각심(自覺心)이 이 글을 쓰게 된 동기가 되었다. 한사람이라도 더 많이 읽고 보아 좋은 반려자(伴侶者)를 만나 幸福한 家庭을 이루어 웃고 사는 나날이 되길 바라는 마음 간절하다.

그러면 혹자는 말하리라. 마음맞는 사람과 연애를 하여 같이 살면 幸福한 것이지 宮合이 무슨 必要가 있겠느냐고. 그러나 보라. 통계(統計)에 의하면 이혼(離婚)한 사람들의 多數가 연애 결혼한 사람들이다. 그러면 왜 연애결혼한 사람의 이혼률(離婚率)이 높은가. 理由는 간단하다. 우리가 4·50才가 되어 결혼하게 된다면 감정(感情)을 앞세우기 前에 理性으로 相對를 관찰(觀察)하고 판단(判斷)하겠지만, 結婚은 거개가 大學을 나와 就職後 27·8才 前後로 하게 된다. 그러므로 연애는 20餘才면 하기 마련이다. 20餘才라면 기개가 능히 하늘을 찌르고도 남을 때인 만큼 모든 事物을 사려(思慮) 깊게 보거나 생각할 능력·力量이 不足한 때이다. 따라서 相對方의 長短點을 속속 파악하기 어려울 뿐 아니라, 理性보다 感情이 앞서는 때이다. 相對方의 短點을 보지 못하고 長點만 볼 뿐이다. 또한 연애하는 동안에는 相對에게 좋은 点만 보이려고 노력하고 자기의 나쁜 점을 보이려 하지 않는다.

그리하여 심지어 父母의 반대에도 불구하고 죽느니 사느니까지 하며 結婚하여 몇 년 살다보니, 친구(親舊)나 다른 사람의 사는 것을 比較하여 보게 되고, 상대방의 결점(缺點)도 속속 알게 되어 싫증을 느끼게 된다. 그리고 결국은 이혼을 하게 되니, 이는 當事者의 不幸일 뿐 아니라, 離婚率이 높을수록 그만큼 사회적으로도 不幸이라 아니할 수 없다.

그러기에 젊은 男女여, 반드시 연애나 結婚하기 전에 이 册에 自己 나이에 해당하는 곳을 읽고 後悔없는 단한번의 結婚을 하여 不幸에 빠지지 않고 幸福하게 살아가길 바란다.

2. 궁합(宮合) 보는 법

宮合보는 方法에는 겉궁합과 속궁합이 있다. 겉궁합은 周易과 역리(易理)로 보는 宮合法이다. 속궁합은 當事者의 四柱를 맞추어 보는 것이다. 그러나 結婚 당사자 個個人의 四柱를 모두 나열하자면 수백권의 册을 써도 不足하다. 그러므로 속궁합 보는 방법은 各當事者의 경우 周易과 易理 공부를 많이 한 분에게 문의해야 할 일이다. 周易은 天地自然의 운행법칙(運行法則)을 본따 옛 聖賢들이 사람의 일에 맞추어 보았다(人生은 小宇宙라는 것). 그러므로 몇천년 몇만년을 두고 이 地球가 존재하는 한 그 이치(理致)는 不變하다. 周易을 잘 運用하면 몇달 후 몇년 후의 天氣도 살필 수 있고, 몇십년 몇년 후의 物價도 알 수 있는 神秘한 학문이다. 그러기에 大聖 孔子께서도 위편삼절(韋編三絶-소가죽으로 된 册 끈이 세번이나 끊어졌다) 되도록 周易을 애독(愛讀)하였던 것이다. 이와같이 周易은 占書임과 동시에 修養과 처세(處世)의 書이기 때문에 더욱 價値가 있다.

3. 속궁합 보는 법

속궁합 보는 방법은 結婚 當事者의 四柱(四宮)를 맞추어 보는 것이다. 基本은 첫째 男女가 함께 오래 살 것인가 하는 命을 본다. 둘째 악질(惡疾), 말하자면 나쁜 病이 없나를 본다. 세째 재물(財物)이나 관운(官運)을 본다. 네째 子孫의 有無를 본다. 다섯째 先天的으로 喪夫喪妻하는 四柱가 있으니 이를 본다. 여섯째 先天的으로 한 男子나 한 女子로 만족(滿足)을 못하는 四柱가 있으니 이를 본다. 일곱째 흉살(凶殺)의 有無를 본다. 凶殺에는 被殺·刑殺·익사·교통사·火災

死・조난사(등산 낙사) 등이 있다. 여덟째 둘이 만나 해로(偕老)할 것인가 사궁(四宮)을 맞추어 본다.

속궁합은 사람마다 모두 다르고 방대하여 論外로 하고, 먼저 겉궁합을 論하기로 하자.

天干地支의 연령에 따라 서로 미워하는 나이가 있다. 一方이 한쪽을 미워하는 나이가 있다. 또한 죽도록 아끼고 사랑하는 나이의 宮合이 있다. 그러므로 미움이 極한 사람끼리 만나면 단 一年도 살기 어려울 것이요, 존경(尊敬)하고 사랑하는 사람끼리하면 百年도 부족하다. 여기에 가장 重要한 첫 데이트의 관건인 나이와 나이에 따르는 宮合을 적기로 한다. 結婚하려는 사람이나 연애하려는 사람은 미리 보아 좋은 사람 골라서 길이길이 幸福을 누리게 되어 좀 더 명랑하고 밝고 아름다운 사회가 되길 바란다.

4. 꼭 알아야 할 이야기

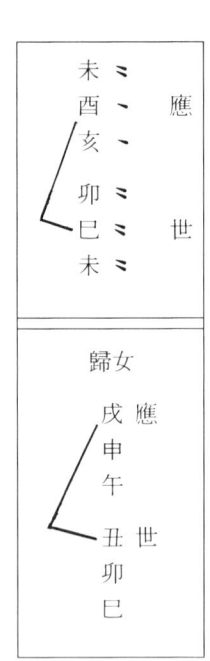

宮合을 보는 사람들 중에는 申子辰 合・巳酉丑 合이므로 좋고, 甲子乙丑은 海中金・庚午辛未는 路傍土이므로, 土金相生하여 좋다는 식의 장님들이나 해야할 소리를 눈을 버젓이 뜬 사람들에게 하는 것은 恨心스러운 일이 아닐 수 없다.

예를 들어 男子 己卯生과 女子 丁亥生은 택지췌괘(澤地萃卦)가 되어, 巳酉가 합이 되는 것이지, 결코 亥卯가 합이 되는 것이 아니다.

또 한 예로 辛卯生 男子와 乙未生 女子는 장님식으로 보면 卯未 합이 되어 좋다고 하겠으나, 틀린 말이다. 이는 뇌택귀매(雷澤歸妹) 卦가 되어 波瀾萬丈한 생애를 엮어나가야 할, 보따리를 몇번 싸게 될 아주 나쁜 宮合이다. 도표에서와 같이 丑戌이 三刑되어 서로 사랑하지도 않는다. 그리고 財物로 困難을 받고, 病身子息까지 두게되어 平生 속을 썩혀야 하는 아주 좋지 못한 宮合인 것이다.

또한 甲子生 男과 庚午生 女는 海中金과 路傍土이므로 土金相生되어 좋다고 하겠으나, 周易으로 보면 택수곤괘(澤水困卦)가 된다. 困은 困窮을 뜻하니, 사업이나 장사하는 사람은 失敗하여 가난하게 살아야 하는 좋지 못한 궁합이다.

※ 마찬가지로 作名(이름 짓는)法이나 四柱를 빼는 方法도 數字에서 나오는 주역팔괘법(周易八卦法)으로 풀이를 해야 正確한 判斷이 나오게 된다. 따라서 周易은 숫자철학(數字哲學)이며 絶對 미신(迷信)이 아니다.

5. 주요 용어 해설(主要用語解說)

						旬中
甲寅	甲辰	甲午	甲申	甲戌	甲子	
甲寅	甲辰	甲午	甲申	甲戌	甲子	日柱
乙卯	乙巳	乙未	乙酉	乙亥	乙丑	
丙辰	丙午	丙申	丙戌	丙子	丙寅	
丁巳	丁未	丁酉	丁亥	丁丑	丁卯	
戊午	戊申	戊戌	戊子	戊寅	戊辰	
己未	己酉	己亥	己丑	己卯	己巳	
庚申	庚戌	庚子	庚寅	庚辰	庚午	
辛酉	辛亥	辛丑	辛卯	辛巳	辛未	
壬戌	壬子	壬寅	壬辰	壬午	壬申	
癸亥	癸丑	癸卯	癸巳	癸未	癸酉	
子丑	寅卯	辰巳	午未	申酉	戌亥	空亡

제1편 궁 합 17

공망(空亡) : 空亡은 文字 그대로 비었다는 뜻으로, 작명(作名)에서는 가장 중요(重要)하다. 사주(四柱)나 궁합(宮合)·작명(作名)時 세(世)가 空亡 되면 첫째 단명(短命)한다. 둘째 교통사고(交通事故) 등 事故가 난다. 세째 실패(失敗)가 많고 되는 일이 없어 성공(成功)을 방해(妨害)한다. 例를 들어 甲子日에 출생(出生)한 金氏라면 중천건괘(重天乾卦)나 중뢰진괘(重雷震卦)에서 世가 空亡이니 絶對로 쓰지 못하는 것이다.

合 : 合에는 天干合·地支合·三合 등이 있다. 특별한 경우를 제외하고 모두 좋은 作用을 한다. 天干甲己의 合을 中正之合·乙庚의 合을 仁義之合·丙辛合은 威嚴之合·丁壬合은 仁壽之合·戊癸合은 無情之合이라고 한다. 子丑·寅亥·卯戌·辰酉·巳申·午未合 등은 地支合이다. 宮合에서는 모두 좋고 四柱에서는 좋은 때도 있고 나쁜 때도 있다. 三合은 申子辰·巳酉丑·寅午戌·亥卯未 등과 申子·酉丑·午戌·寅午·亥卯 등의 반합(半合)이 있다. 宮合에서는 대개 좋은 作用을 하고, 四柱보는 법에서도 특별한 경우를 제외하고는 대개 좋다.

天乙貴人 : 貴를 상징한다. 총명하고 지혜가 있으며, 모든 刑·殺을 제압하는 길신(吉神)이다. 宮合에서는 귀엽게 보이며 作名에서는 크게 됨을 뜻한다.

祿 : 祿은 정록(正祿)이다. 文帶祿星하면 文章이 유여하다. 四柱나 宮合에 좋은 作用을 하는 길신(吉神)이다

羊刃 : 양인(陽刃)이라고도 하며, 지나치게 기세가 강하다. 四柱에 羊刃이 있으면 성정(性情)이 광폭하고 急하며 삶에 장애가 많다. 作名에서는 칼로 내리치는 格이므로, 世에 羊刃이 있으면 短命하고 手術을 해야 한다. 宮合에서는 상대가 보기 싫어지니 나쁜 작용을 한다.

劫殺：劫殺은 宮合에서는 相對方의 하는 일이 마음에 들지않고 보기 싫어진다. 作名에서는 몸을 다치고 事故·短命 등의 재앙을 불러 일으키는 나쁜 작용을 한다. 亥卯未는 申이 劫·寅午戌은 亥가 劫·巳酉丑은 寅이 劫·申子辰은 巳가 劫이다.

冲：冲은 克과 같은 의미이나 克보다 더 強하게 作用을 한다. 四柱에서는 年月이나 日月이 冲하면 일찍 고향을 떠나 객지생활(客地生活)을 한다. 日時가 冲하면 처자(妻子)를 損하게 된다. 宮合에서는 상대를 미워하고 보기 싫어하는 惡殺이다.

刑：寅巳申·丑戌未·子卯·辰午·酉亥 등으로 형살작용(刑殺作用)을 하는 좋지못한 것이다. 宮合에서는 상대방(相對方)의 하는 일이 마음에 들지 않는다.

進神·退神：卦爻가 動하여 化하는 것으로 進神이 되면 좋고 退神이 되면 나쁘다. 例를 들어 산화비(山火賁)가 動하여 산천대축괘(山天大畜卦)가 되면 即丑이 動하여 寅이 되니 前進하는 刑局이므로 좋게 된다. 산천대축괘(山天大畜卦)가 산화비괘(山火賁卦)로 되면 退神이 되므로 나쁘게 작용을 한다.

6. 궁합에 따르는 주역팔괘(周易八卦)

(1) 중택태괘(重澤兌卦)

兌는 悅也로, 신월(新月)이 못에 비치는 형상(形象)으로 즐거움을 表示한다. 앞으로 갈수록 호전(好轉)하고 發展하는 운세(運勢)로 成功하는 평길궁합(平吉宮合)이다. 괘중축미(卦中丑未)가 世應으로 상충(相冲)하니 사람에 따라 자주 다툴 수 있고, 애정없는 結婚生活을 하는 사람도 있다. 天干 丁己年과 癸年, 甲申旬中年과 甲寅旬中年에는 可及的 結婚을 피하거나, 택일(擇日)에 주의를 要한다.

(2) 택뢰수괘(澤雷隨卦)

隨는 順也니, 즐겨 따라 움직이는 상태(狀態)다. 조금 弱한 運勢이므로 자손(子孫)이 不足하고, 子孫이 있으면 財物 其他로 약간의 파란이 있다. 큰 성공은 어렵고 그저 平凡한 家庭生活을 해나가는 宮合이다. 天干 乙年과 甲午順中에 드는 해는 나쁘다. 丁己年도 擇日을 잘해야 한다.

(3) 택수곤괘(澤水困卦)

困은 危也로, 困難 困窮 困苦의 뜻이다. 苦生이 많고 관직(官職)이나 공직(公職)에 오래 머물러 있는 사람은 무난(無難)하나, 事業하는 사람은 失敗하기 쉽다. 巳酉丑年과 寅午戌年에는 結婚하는 것이 좋지 않다. 甲辰順中에 드는 해도 좋지않다

(4) 택지췌괘(澤地萃卦)

萃는 聚也니, 善한 것과 福된 것이 모이게 된다. 同志를 얻고 協力者를 얻어 번창(繁昌)한다. 잉어가 용문(龍門)에 오르는 기상이므로 승진(昇進)하고, 富者가 되며, 子息도 성공하는 宮合이다. 卦中巳酉가 合이 되어 아끼고 사랑하는 大吉한 宮合이다. 申子辰年과 天干 庚年・甲午旬中年은 피하는 것이 좋다. 불가피하게 결혼을 하게 되는 경우

에는 擇日에 注意를 요한다.

(5) 뇌택귀매괘(雷澤歸妹卦)

귀매(歸妹)는 결혼을 의미한다. 女子가 남자를 움직이는 형태(形態)이므로 정상적(正常的)이 아니다. 肉體的인 의미가 강하다. 不正 中途坐切과 卦中丑戌이 삼형(三刑) 되므로 愛情없는 結婚生活・財物・子孫 등으로 파란(波乱)이 많은 나쁜 宮合이다.

(6) 중뢰진괘(重雷震卦)

震은 動也니, 진동한다・위엄을 떨친다는 뜻이다. 두마리의 龍이 한개의 구슬을 다투는 形象이다. 卦中辰戌이 상충(相冲) 되어 자주 다투거나 波乱이 많다. 오래 같이 살기 어려워 생이사별(生離死別)을 많이 하는 宮合이나, 많은 波乱을 겪은 후에 조금 成功을 하는 사람도 있다. 天干 辛年・乙年은 가급적 결혼을 피함이 좋다. 甲子旬中年과 甲午旬中年도 마찬가지이다.

(7) 뇌수해괘(雷水解卦)

解는 散也로, 풀린다는 뜻이다. 겨울의 눈과 얼음이 새봄을 만나 녹아내리는 형상이다. 고난(苦難)이나 파란(波乱)이 점차 물러가고 더불어 富者가 되고 成功하게 되며, 子女들도 孝道를 하게 된다. 卦中申辰이 相生하여 아기자기 사랑하고 아껴주는 理想的인 宮合이다. 甲午旬中年과 乙年은 결혼을 피하라.

(8) 뇌지예괘(雷地豫卦)

豫는 悅也로, 미리라는 뜻과 즐겁다는 뜻이다. 순서(順序)를 따라 努力하면 성공한다. 卦中午未가 합이 되어 아끼고 사랑하는 좋은 宮合이다. 天干 丙丁年은 피하는 것이 좋다.

(9) 수택절괘(水澤節卦)

節은 止也니, 그침을 뜻한다. 여우가 흙탕물 속을 걸어가고 있는 형상이다. 일이 뜻대로 되지않고 財物이나 子孫 기타로 애로와 파란이 있다. 크게 성공하기 어려운 宮合이나 卦中巳申이 合이 되어 둘의 사이는 좋다. 申子辰年이나 甲午旬中年은 좋지 않다. 亥卯未年에는 擇日에 주의를 요한다.

(10) 수뢰준괘(水雷屯卦)

준(屯)은 정지(停滯)한다 고민한다는 뜻이다. 물과 우뢰가 서로 치는 格이다. 곤란(困難)이 많고 財物이나 子息으로 인해 고통(苦痛)을 받든가, 교통사고(交通事故)나 재난(災難)이 있는 宮合이다. 卦中寅戌이 合이 되므로 둘의 사이는 화목(和睦)하다. 甲辰旬中年과 巳酉丑年에는 피함이 좋다.

(11) 중수감괘(重水坎卦)

坎은 함험(陷險)으로 위험(危險)과 고난(苦難)이 겹쳐있는 상태(狀態)다. 매우 곤란(困難)한 일과 재해(災害)가 중첩하는 四大 難卦中의 하나다. 형사사건(刑事事件) 교통사고(交通事故)나 득병(得病)하게 된다. 卦中子午가 相冲하여 자주 다투고 波乱 많고 愛情이 없어 生離死別 等 오래 같이 살기 어려운 좋지 않은 宮合이다. 天干 壬年과 甲寅旬中年에는 結婚을 피해야 한다. 丙年・戊年도 같다.

(12) 수지비괘(水地比卦)

比는 和也니, 人和를 상징하는 卦다. 물이 땅에서 순순히 흐르는 格으로 주위(周圍) 사람의 협력(協力)을 얻고 큰 사업(事業)을 完成할 수 있는 宮合이다. 卦中子卯 三刑殺이 되어 子孫等의 애로나, 愛情 없는 結婚生活을 하는 사람도 있다. 甲年이나 甲辰旬中年은 피하는 것이 좋다.

(13) 지택림괘(地澤臨卦)

臨은 大也 通也니, 작은 것을 쌓아 큰 것을 이루는 형상(形象)이다. 卦中亥卯가 合이 되어 아끼고 사랑하며, 富者가 되고 成功한다. 子女도 孝道하는 이상적인 대길궁합(大吉宮合)이다. 天干 甲年과 甲辰旬中年・寅午戌年은 가급적 결혼을 피하라.

(14) 지뢰복괘(地雷復卦)

復은 反也로 돌아오다 回復하다는 뜻이다. 추운 겨울이 가고 따스한 봄이 돌아옴을 말한다. 卦中子丑이 합이 되어 아기자기 사랑하고, 富者되며 成功하는 좋은 宮合이다. 天干 壬癸年은 피하라. 甲寅旬中 年에는 擇日에 주의를 요한다.

(15) 지수사괘(地水師卦)

師는 衆·多數라는 뜻으로, 軍隊를 의미한다. 싸움터에 나가는 장군 (將軍)의 임무(任務)와 같아 책임(責任)이 무겁고 周圍에 속을 썩히는 사람이 많다. 卦中火金이 相克으로 愛情 없는 結婚生活을 하는 사람이 많다. 生活은 큰 걱정이 없이 지낸다. 天干 丙戊庚年은 피하라.

(16) 중지곤괘(重地坤卦)

坤은 유순(柔順)을 의미한다. 城에 더 큰 城을 쌓는 格이므로 富者가 되고, 成功을 하게 되며, 子孫도 成功을 하는 좋은 宮合이다. 사람에 따라서는 卦中卯酉가 상충(相冲)하므로, 자주 다투거나 愛情없는 結婚生活을 하기도 한다. 天干 庚年과 甲年은 좋지않다.

7. 궁합(宮合)의 실제(實際)

31才 壬寅生 男子

이에 따르는 宮合에는 (5)의 뇌택귀매괘(雷澤歸妹卦) (6)의 중뢰진괘 (重雷震卦) (7)의 뇌수해괘(雷水解卦) (8)의 뇌지예괘(雷地豫卦) 등 네 종류가 있다.

뇌수해괘(雷水解卦)는 大吉하다. 뇌지예괘(雷地豫卦)는 中吉하다. 중 뢰진괘(重雷震卦)는 반흉반길(半凶半吉)하다. 뇌택귀매괘(雷澤歸妹卦) 는 凶하다.

壬寅生과 壬寅生女 : (6)의 중뢰진괘(重雷震卦)다. 卦中辰戌 相冲으로 파란(波乱)이 많다. 자주 다투거나 외도(外道) 등 애정없는 결혼생활이 되기 쉽다. 심하면 생이사별(生離死別) 까지 하는 좋지 못한 궁합이다.

壬寅生과 癸卯生女 : (7)의 뇌수해괘(雷水解卦)에, 卯가 壬의 天乙貴人이 된다. 평생 男子가 女子를 아끼고 사랑하며 富者되고 성공한다. 子女도 健康하고 효도(孝道)하게 되는 좋은 宮合이다.

壬寅生과 甲辰生女 : (7)의 뇌수해괘(雷水解卦)에, 壬食甲으로 식신(食神)이 된다. 서로 사랑하고 평생 女子가 男便을 공경하며 갈수록 富를 얻고 성공한다. 子女도 孝道하는 대길궁합(大吉宮合)이다.

壬寅生과 乙巳生女 : (8)의 뇌지예괘(雷地豫卦)다. 巳가 壬의 天乙貴人이 되므로 男便이 부인을 극진히 사랑하고 갈수록 부유해진다. 子息도 성공한다. 그러나 寅이 巳의 겁살(劫殺)이 되므로, 남편의 하는 일이 여자의 마음에 들지않는 경우도 있다.

壬寅生과 丙午生女 : (5)의 뇌택귀매괘(雷澤歸妹卦)다. 卦中丑戌이 상형(相刑)되므로, 서로 의견이 맞지않고 자주 다투게 된다. 그러므로 애정없는 결혼생활이 되기쉽다. 子女가 병신(病身)이 되든지 不孝하여 속을 썩인다. 재물에도 실패와 파란이 많은 좋지못한 궁합이다.

壬寅生과 丁未生女 : (6)의 중뢰진괘(重雷震卦)다. 卦中辰戌이 相冲되어 의견이 맞지않다. 재물 기타로 파란이 있고, 애정없는 결혼생활이 되기 쉬운 완전하지 못한 宮合이다.

壬寅生과 戊申生女 : (7)의 뇌수해괘(雷水解卦)다. 장님식으로 보면 壬戌七殺에 寅申相冲하여 아주 나쁘다고 할 것이나 그렇지 않다. 卦中申辰이 相生하여 서로 아껴주려고 努力하면서, 富者가 되고 성공하는 길한 궁합이다.

壬寅生과 己酉生女 : (8)의 뇌지예괘(雷地豫卦)다. 卦中午未가 상합(相合)하므로 서로 사랑하려고 노력하면서 성공하는 좋은 宮合이다. 사람에 따라서는 寅酉가 원진(怨嗔)이 되고, 寅이 酉의 겁살(劫殺)

이 되므로, 여자가 남편의 의견을 무시하거나 불만족해 하기도 한다.

壬寅生과 庚戌生女：(5)의 뇌택귀매괘(雷澤歸妹卦)다. 卦中丑戌이 三刑되어 애정없는 결혼생활이 되기 쉽다. 사업실패와 자손의 근심 등 좋지않은 궁합이다. 寅戌이 합이므로 좋다고 하는 사람이 많을 것이나, 이는 틀린 말이다.

30才 癸卯生 男子

이에 따르는 宮合에는 (9)의 수택절(水澤節) (10)의 수뢰준(水雷屯) (11)의 중수감(重水坎) (12)의 수지비괘(水地比卦) 등이 있다.
水地比卦는 平吉하다. 水澤節卦와 水雷屯卦는 半凶半吉하다. 重水坎卦는 凶하다.

癸卯生과 癸卯生女：(11)의 중수감괘(重水坎卦)다. 卦中子午가 相冲한다. 자주 다투거나 의견일치(意見一致)가 어렵다. 애정없는 결혼생활에 子息도 속을 썩이며, 교통사고(交通事故)등 파란이 많은 궁합이다.

癸卯生과 甲辰生女：(11)의 중수감괘(重水坎卦)다. 卦中子午가 相冲하고, 卯가 甲의 양인(羊刃)이다. 애정이 없고, 여자는 남자의 하는 일이 마음에 들지않는다. 교통사고가 일어나기 쉽다. 그리고 子女 문제로도 속을 썩이는 등 파란이 많아 같이 오래 살기 힘든 宮合이다.

癸卯生과 乙巳生女：(12)의 수지비괘(水地比卦)이다. 그리고 癸食乙하여 食神이 되고, 乙水在卯 하고, 巳가 癸의 天乙貴人이 된다. 서로 아끼고 사랑한다. 또한 富者가 되고 成功하는 좋은 궁합이다.

癸卯生과 丙午生女：(9)의 수택절괘(水澤節卦)로, 卦中巳申이 합이 된다. 둘 사이는 좋으나, 속을 썩이는 子息을 두는 수가 있다. 한때 失敗殺이 드는 등 파란이 드는 궁합이다.

癸卯生과 丁未生女：(10)의 수뢰준괘(水雷屯卦)로, 卦中寅戌이 합이 되어 두 사람 사이는 좋으나 딸만 낳고 아들을 두지 못하는 사람이 많다. 아들을 두면 속을 썩이고, 주위의 여건이 좋지않다. 교통사고나 형사사건(刑事事件) 등 한때 파란이 있는 궁합이다.

癸卯生과 戊申生女: (11)의 중수감괘(重水坎卦)다. 卯申이 원진(怨嗔)이 되고, 申은 卯의 겁살(劫殺)이 되며, 卦中子午가 相冲된다. 애정이 없어 서로 미워하게 되며, 파란이 많아 같이 오래 살기 어려운 궁합이다.

癸卯生과 己酉生女: (12)의 수지비괘(水地比卦)다. 衣食이 족하고 성공하는 사람이 많다.

그러나 癸己七殺, 卯酉相冲, 卦中子卯가 刑되어 애정이 없는 결혼생활을 하는 사람이 많다.

癸卯生과 庚戌生女: (9)의 수택절괘(水澤節卦)다. 한때 파란은 있으나, 卯戌合에, 卦中巳申이 合이 되어 둘의 사이가 좋으므로, 차츰 어려움을 극복하고 발전하는 궁합이다.

癸卯生과 辛亥生女: (10)의 수뢰준괘(水雷屯卦)다. 한때 波乱은 있으나, 亥卯 合에, 辛食癸하며, 卦中寅戌이 合이 되어, 서로 사랑한다. 특히 男子가 女子에게 잘해주려고 努力하면서 발전하는 궁합이다.

29才 甲辰生 男子

이에 따르는 宮合에는 (9)의 수택절(水澤節) (10)의 수뢰준(水雷屯) (11)의 중수감(重水坎) (12)의 수지비괘(水地比卦) 등이 있다.
水地比卦는 평길(平吉)하다. 水澤節卦와 水雷屯卦는 반흉반길(半凶半吉)하다. 重水坎卦는 나쁘다

甲辰生과 甲辰生女: (11)의 중수감괘(重水坎卦)다. 卦中子午가 상충(相冲)하고, 自刑殺이 되어 애로 파란이 많다. 교통사고의 위험도 있으며, 형사사건도 일어나기 쉽다. 애정이 없는 결혼생활이 되어 좋지 못하다.

甲辰生과 乙巳生女: (12)의 수지비괘(水地比卦)다. 의식(衣食)은 걱정이 없다. 그러나 퇴신(退神)이 되고, 巳는 辰의 겁살(劫殺)이며, 辰

은 乙의 양인살이 되며, 卦中子卯가 刑 되어 病身 子息을 낳기 쉽다. 의견 충돌이 잦거나 애정 없는 결혼생활이 되기 쉽다. 고진살(孤辰殺)이 되어 가끔 떨어져 살아야 하는 궁합이다.

甲辰生과 丙午生女 : (9)의 수택절괘(水澤節卦)다. 한때 파란은 있다. 그러나 甲食丙하고 卦中巳申이 합이 되어 서로 이해하면서 살아가며, 부인이 남편에게 잘해주는 궁합이다.

甲辰生과 丁未生女 : (10)의 수뢰준괘(水雷屯卦)다. 子女나 주위 사정 등으로 파란이 있다. 그러나 卦中寅戌이 합이 되어 둘의 사이는 좋다. 未는 甲의 천을귀인(天乙貴人)이 되니, 남자가 여자를 아끼고 사랑하는 궁합이다.

甲辰生과 戊申生女 : (11)의 중수감괘(重水坎卦)다. 卦中子午가 相冲 되고 戊甲七殺이 되어, 의견 충돌이 많다. 事故나 자녀 등으로 파란이 있고 애정이 없는 결혼생활이 되기 쉽다. 그러나 진신(進神)이 되므로 生活은 차츰 나아지는 궁합이다.

甲辰生과 己酉生女 : (12)의 수지비괘(水地比卦)이다. 더구나 甲己天干合 하고 辰酉가 地支合이며, 납음(納音)도 火生土이다. 서로 아껴주며 부자가 되고 성공하여 행복한 생을 누릴 吉한 궁합(宮合)이다.

甲辰生과 庚戌生女 : (9)의 수택절괘(水澤節卦)다. 甲庚七殺에 辰戌이 相冲하여 파란이 많다. 子女 문제로 고민이 있고, 일은 뜻대로 되지않고 막히는 일이 많으니 좋지못한 궁합이다.

甲辰生과 辛亥生女 : (10)의 수뢰준괘(水雷屯卦)다. 辰亥가 원진(怨嗔)이 되므로 의견 불일치가 많다. 子女 기타로 파란이 많은 좋지못한 궁합이다.

甲辰生과 壬子生女 : (9)의 수택절괘(水澤節卦)다. 한때 파란은 있다. 그러나 子辰이 합이고, 壬食甲하며, 納音이 木生火 相生이며, 卦中 巳申이 합이 되므로, 서로 아끼고 사랑한다. 사소한 고생쯤은 능히 이겨내고 끝내는 성공할 것이다.

28才 乙巳生 男子

이에 따르는 宮合에는 (13)의 지택림(地澤臨) (14)의 지뢰복(地雷復) (15)의 지수사(地水師) (16)의 중지곤괘(重地坤卦) 등의 네 종류가 있다. 地澤臨卦는 大吉하다. 地雷復卦는 中吉하다. 重地坤卦는 平吉하다. 地水師卦는 반흉반길(半凶半吉)이다.

乙巳生과 乙巳生女 : (16)의 중지곤괘(重地坤卦)다. 재복(財福)이 있고 성공한다. 卦中卯酉가 상충(相冲)하여 다투고 의견충돌이 많은 사람도 있다.

乙巳生과 丙午生女 : (13)의 지택림괘(地澤臨卦)다. 그리고 丙祿이 在巳하므로 평생 서로 아끼고 사랑한다. 일생 파란없이 행복하고 성공하며 子女도 孝道를 하는 大吉宮合이다.

乙巳生과 丁未生女 : (14)의 지뢰복괘(地雷復卦)다. 진신(進神)이 되었고, 乙食丁하며, 卦中子丑이 합이 되므로 서로 아끼고 사랑한다. 특히 여자가 남편에게 잘 대한다. 富者가 되고 성공한다. 자녀도 효도를 하는 대길한 궁합이다.

乙巳生과 戊申生女 : (15)의 지수사괘(地水師卦)다. 한때 떨어져 살면서 작은 파란이 있다. 그러나 申이 乙의 天乙貴人이고, 巳는 戊의 정록(正祿)이며, 巳申이 합이 된다. 서로 아끼고 사랑하려고 노력하며, 끝내는 성공하는 궁합이다.

乙巳生과 己酉生女 : (16)의 중지곤괘(重地坤卦)다. 돈도 많이 벌고 성공한다. 그러나 己乙 七殺이 되고, 卦中卯酉가 相冲하므로, 가끔 의견 충돌이 일어나 다투기를 잘하는 사람이 많다.

乙巳生과 庚戌生女 : 비록 巳戌이 원진(怨嗔)이나, 乙庚이 합이며 (13)의 지택림괘(地澤臨卦)다. 대야통야(大也通也)로 큰 것을 이루려는 형상이다. 卦中亥卯가 합이 되어 서로 아끼고 사랑한다. 부자가 되고 성공할 뿐 아니라, 子女들도 효도하고 건강한 좋은 宮合이다.

乙巳生과 辛亥生女 : 乙辛이 七殺이고 巳亥가 相冲이나 (14)의 지뢰복괘(地雷復卦)이므로 卦中子丑이 합이 된다. 서로 理解를 하면서 부자가 되고 성공하는 평길궁합(平吉宮合)이다.

乙巳生과 壬子生女 : 乙이 子를 보면 천을귀인(天乙貴人)이고, 壬이 巳를 보면 天乙貴人이다. 그리고 (13)의 지택림괘(地澤臨卦)이니 卦中亥卯가 합이 된다. 서로 아끼고 사랑하며 부자가 되고 성공한다. 子女도 孝道를 하는 대길궁합(大吉宮合)이다.

乙巳生과 癸丑生女 : (14)의 지뢰복괘(地雷復卦)다. 卦中子丑이 합이 되고, 진신(進神)이 되었으며 癸食乙 한다. 서로 사랑한다. 특히 남자가 여자에게 잘해주려고 노력한다. 부자가 되고 성공하며, 자녀도 효도하는 좋은 궁합이다.

27才 丙午生 男子

이에 따르는 궁합에는 (1)의 중택태(重澤兌) (2)의 택뢰수(澤雷隨) (3)의 택수곤(澤水困) (4)의 택지췌괘(澤地萃卦) 등이 있다.

澤地萃卦는 大吉하다. 重澤兌卦는 平吉하다. 澤雷隨卦는 半凶半吉하다. 澤水困卦는 좋지않다.

丙午生과 丙午生女 : (1)의 중택태괘(重澤兌卦)다. 의식은 별 걱정없다. 차차 부자가 된다. 그러나 퇴신(退神)이 되었고, 서로 양인살(羊刃殺)이 되며, 卦中丑未가 상충(相冲)하여 의견대립이 많은 궁합이다.

丙午生과 丁未生女 : (2)의 택뢰수괘(澤雷隨卦)로 子孫이나 財物이 좀 부족하여 큰 성공은 어렵다. 그러나 午未가 합이 되고 丁祿在午하여 서로 사랑하려고 노력하면서 살아가는 평범한 궁합이다.

丙午生과 戊申生女 : (3)의 택수곤괘(澤水困卦)다. 관료(官僚)·교육자(敎育者)·월급장이는 큰 성공이 어려우나 별 걱정은 없다. 그러나 事業家·장사하는 사람은 한번 失敗數가 있고 파란이 있다. 그러나 丙食戊하고 卦中寅亥가 합이 되어 둘의 사이는 좋다.

丙午生과 己酉生女 : (4)의 택지췌괘(澤地萃卦)에, 酉는 丙의 天乙貴人이며, 午는 己의 正祿이 되며, 卦中寅亥가 합이 된다. 서로 아끼고 사랑하며 成功하고 富者가 된다. 子女도 성공하고 효도하는 大吉宮合이다. 그러나 퇴신(退神)이 되니 末年을 잘 對備해야 한다.

丙午生과 庚戌生女 : (1)의 중택태괘(重澤兌卦)이며, 午戌合이 된다. 갈수록 생활이 좋아지는 平吉의 宮合이다.

丙午生과 辛亥生女 : (2)의 택뢰수괘(澤雷隨卦)이다. 丙辛이 天干合하고, 亥는 丙의 天乙貴人이며, 午는 辛의 天乙貴人이 된다. 서로 아끼고 사랑하려고 노력하는 平吉의 宮合이다.

그러나 亥가 午의 겁살(劫殺)이 되므로, 남편이 가끔 부인의 의사를 무시하거나 부인의 하는 일이 남편의 마음에 들지 않는 경우도 있다.

丙午生과 壬子生女 : (1)의 중택태괘(重澤兌卦)이나, 退神이 되고, 丙壬이 七殺이요, 子午가 相冲이며, 卦中丑未가 相冲되었다. 자주 다투고 의견이 맞지않아 不和가 많다. 그러나 의식은 걱정없는 궁합이다.

丙午生과 癸丑生女 : (2)의 택뢰수괘(澤雷隨卦)다. 丑午가 원진(怨嗔)이며 六害殺이다. 사랑하지도 않으며 가끔 충돌이 있다. 크게 성공하지도 못하는 좋지않은 궁합이다.

丙午生과 甲寅生女 : (2)의 택뢰수괘(澤雷隨卦)이나, 진신(進神)이 되었고, 寅午가 合이며, 甲食丙이다. 남편이 부인을 지극히 아끼고 사랑하며 점점 좋아지는 宮合이다.

26才 丁未生 男子

이에 따르는 宮合에는 (5)의 뇌택귀매(雷澤歸妹) (6)의 중뢰진(重雷震) (7)의 뇌수해(雷水解) (8)의 뇌지예괘(雷地豫卦) 등이 있다.

雷水解卦는 大吉하다. 雷地豫卦는 平吉하다. 重雷震卦는 半凶半吉한다. 雷澤歸妹卦는 凶하다.

丁未生과 丁未生女 : (6)의 중뢰진괘(重雷震卦)다. 卦中辰戌이 相冲하고, 相互 양인살(羊刃殺)이 된다. 의견도 맞지않고 애정이 없는 결혼생활이 된다. 심하면 생이사별(生離死別)까지 暗示하는 좋지 못한 궁합이다.

丁未生과 戊申生女 : (7)의 뇌수해괘(雷水解卦)다. 未는 戊의 天乙貴

人이며, 卦中申辰이 合이 된다. 서로 아끼고 사랑하며 자녀도 효도한다. 부자가 되고 성공하는 좋은 宮合이다. 그러나 申이 未의 겁살(劫殺)이 되어, 꼼꼼한 남자의 눈으로 볼 때 여자의 하는 일이 마음에 들지 않는 사람도 있다.

丁未生과 己酉生女: (8)의 뇌지예괘(雷地豫卦)다. 卦中午未가 合이 되고, 丁食己하며, 酉는 丁의 天乙貴人이 된다. 서로 아끼고 사랑하며 자녀도 효도한다. 富者가 되고 成功하는 좋은 궁합이다.

丁未生과 庚戌生女: (5)의 뇌택귀매괘(雷澤歸妹卦)다. 卦中丑戌刑 되고, 戌未破殺이다. 애정이 없고 충돌이 많다. 파란이 많고 失敗하여 같이 오래 살기 어려운 좋지 못한 궁합이다.

丁未生과 辛亥生女: 辛丁七殺에 (6)의 중뢰진괘(重雷震卦)다. 波乱은 많으나 丁이 亥를 보면 天乙貴人이 되고 亥未合이 된다. 남편이 부인을 아껴주려고 노력하므로 같이 살 수 있는 半凶半吉의 宮合이다.

丁未生과 壬子生女: 비록 丁壬이 天干合이나 子未怨嗔에 (5)의 뇌택귀매괘(雷澤歸妹卦)가 되니 卦中丑戌 三刑殺이다. 애정이 없고 파란이 많다. 병신자식을 둘 수도 있고 다툼이 많아 오래 같이 살기 힘든 宮合이다.

丁未生과 癸丑生女: (6)의 중뢰진괘(重雷震卦)다. 卦中辰戌相冲이 되었고, 丁癸七殺에 丑未相冲이 되었다. 자주 다투고 의견대립이 많다. 파란도 많아 오래 같이 살기 힘든 궁합이다.

丁未生과 甲寅生女: 甲이 未를 보면 天乙貴人이 되므로, 여자는 남자를 존경하려고 노력한다. 그러나 (6)의 중뢰진괘(重雷震卦)로 卦中辰戌이 相冲되어 남자는 여자를 별로 사랑하지 않는다. 파란이 있는 좋지못한 궁합이다.

丁未生과 乙卯生女: (7)의 뇌수해괘(雷水解卦)다. 卦中申辰이 合이 되고, 卯未가 合이며 乙食丁이므로 서로 아끼고 사랑한다. 특히 남자가 여자에게 잘해주려고 노력한다. 부자가 되며 성공하고 자녀도 효도하는 大吉宮合이다.

25才 戊申生 男子

　이에 따르는 宮合에는 (9)의 수택절(水澤節) (10)의 수뢰준(水雷屯) (11)의 중수감(重水坎) (12)의 수지비괘(水地比卦) 등이 있다.
水地比卦는 平吉하다. 水澤節卦와 水雷屯卦는 半凶半吉이다. 重水坎卦는 좋지않다.

戊申生과 戊申生女: (11)의 중수감괘(重水坎卦)다. 卦中子午가 相冲하여, 애정이 없고 파란도 많은 좋지못한 궁합이다.

戊申生과 己酉生女: (12)의 수지비괘(水地比卦)다. 己가 申을 보면 天乙貴人이 되므로, 여자가 남자를 존경하고 성공하는 좋은 궁합이다.

戊申生과 庚戌生女: (9)의 수택절괘(水澤節卦)다. 한때 波乱은 있다. 그러나 戊食庚하고 卦中巳申이 合이 되어 서로 사랑하며 차츰 나아지는 宮合이다.

戊申生과 辛亥生女: (10)의 수뢰준괘(水雷屯卦)일 뿐만 아니라, 申亥가 六害殺이고 고신살(孤辰殺)이며, 申은 亥의 겁살(劫殺)이다. 여자가 남자를 존경하지 않고 무시하거나, 不然이면 남자의 하는 일이 마음에 들지 않는다. 파란이 많은 좋지못한 궁합이다.

戊申生과 壬子生女: (9)의 수택절괘(水澤節卦)다. 한때 작은 파란이 있다. 그러나 卦中巳申이 合이 되고, 大駅土(戊申生)는 非木(壬子生)이면 오평생(誤平生) 하는, 관성제화법(官星制化法)에 해당(該當) 되어 끝내 성공하는 궁합이다.

戊申生과 癸丑生女: (10)의 수뢰준괘(水雷屯卦)다. 한때 파란은 있다. 그러나 戊癸가 相合하고, 丑이 戊의 天乙貴人이 되며, 卦中申子가 合이 된다. 그러므로 관성제화지법(官星制化之法)에 해당하여, 서로 사랑하며 성공하는 궁합이다.

戊申生과 甲寅生女: (10)의 수뢰준괘(水雷屯卦)다. 그리고 戊甲七殺

이고 寅申相冲 되어 파란이 많은 궁합이다. 그러나 卦中寅戌이 합이 되어 이해하려고 노력하면서 克服해 나가는 사람이 많다.

戌申生과 乙卯生女: (11)의 중수감괘(重水坎卦)다. 卦中子午가 相冲하고, 卯申이 원진(怨嗔)이며, 申은 卯의 劫殺이 된다. 파란이 많고 애정이 없어 같이 오래 살기 어려운 궁합이다.

戌申生과 丙辰生女: (12)의 수지비괘(水地比卦)에, 申辰합이고 丙食戌이다. 서로 사랑하고 성공한다. 특히 남자가 여자에게 잘해주려고 노력하는 궁합이다.

24才 己酉生 男子

이에 따르는 宮合에는 (13)의 지택림(地澤臨) (14)의 지뢰복(地雷復) (15)의 지수사(地水師) (16)의 중지곤괘(重地坤卦) 등이 있다.

地澤臨卦는 大吉하다. 地雷復卦는 中吉하다. 重地坤卦는 平吉하다. 地水師卦는 半凶半吉하다.

己酉生과 己酉生女: (16)의 중지곤괘(重地坤卦)다. 城에 더 큰 城을 쌓은 格이므로 부자가 되고 성공한다. 그러나 卦中卯酉가 相冲되어 자주 다투고 의견충돌이 많은 宮合이다.

己酉生과 庚戌生女: (13)의 지택림괘(地澤臨卦)다. 성공하고 부자가 되는 좋은 궁합이다. 그러나 酉가 庚의 양인(羊刃)이고, 酉戌이 六害殺이므로, 의견이 서로 맞지않는 사람도 있다.

己酉生과 辛亥生女: 己食辛하고, 酉는 辛의 정록(正祿)이며, 亥는 酉의 馬가 된다. 또한 (14)의 지뢰복괘(地雷復卦)이므로 卦中子丑이 합이 된다. 서로 아끼고 사랑하며 子孫도 성공하는 대길궁합(大吉宮合)이다.

己酉生과 壬子生女: 子가 己의 天乙貴人이며 (13)의 지택림괘(地澤臨卦)이니 卦中亥卯가 합이다. 서로 아끼고 사랑하며 부자가 되고 성공한다. 자손도 효도하는 좋은 궁합이다. 그러나 퇴신(退神)이 되니 末年을 잘 대비하라.

己酉生과 癸丑生女: (14)의 지뢰복괘(地雷復卦)이므로, 卦中子丑이 합이 되었다. 大駅土(己酉生)는 非木(癸丑桑柘木)이면 오평생(誤平生)하는 관성제화지법(官星制化之法)에 해당한다. 사랑하면서 성공하고 자녀도 효도하는 좋은 궁합이다.

己酉生과 甲寅生女: 甲己合土하고, (14)의 지뢰복괘(地雷復卦)에 진신(進神)이 되었다. 부자가 되고 성공한다. 그러나 寅酉가 원진(怨嗔)이고, 寅이 酉의 劫殺이 되어, 여자의 하는 일이 꼼꼼한 남자의 마음에 들지않는 경우도 종종 있다.

己酉生과 乙卯生女: 己乙이 七殺이고 卯酉相冲하며 (15)의 지수사괘(地水師卦)로 卦中午酉가 火金相克이다. 애정이 없고 충돌이 잦으며 파란이 있어 오래 같이 살기 어려운 궁합이다.

己酉生과 丙辰生女: (16)의 중지곤괘(重地坤卦)에, 辰酉합이 되고, 酉는 丙의 天乙貴人이다. 서로 사랑하려고 노력하면서 성공하는 좋은 궁합이다.

己酉生과 丁巳生女: (13)의 지택림괘(地澤臨卦)에, 巳酉합이 되고, 丁食己하며, 卦中亥卯가 합이 된다. 서로 아끼고 사랑한다. 부자가 되고 성공하며 자녀도 효도하는 좋은 궁합이다. 그러나 퇴신(退神)이 되므로 末年의 행복을 위하여 젊어 저축에 힘쓰라.

23才 庚戌生 男子

이에 따르는 宮合에는 (1)의 중택태(重澤兌) (2)의 택뢰수(澤雷隨) (3)의 택수곤(澤水困) (4)의 택지췌괘(澤地萃卦) 등이 있다.

澤地萃卦는 大吉하다. 重澤兌卦는 平吉하다. 澤雷隨卦는 半凶半吉하다. 澤水困卦는 凶하다.

庚戌生과 庚戌生女: (1)의 중택태괘(重澤兌卦)다. 앞으로 갈수록 발전하고 성공한다. 그러나 卦中丑未가 상충(相冲)하므로, 애정없는 결혼생활을 하거나 가끔 다툴 수가 있다.

庚戌生과 辛亥生女: (2)의 택뢰수괘(澤雷隨卦)이다. 진신(進神)이 되

니 생활하는 데는 어려움이 없다. 그러나 戌이 辛의 양인살(羊刃殺)이 되고, 亥는 戌의 겁살(劫殺)이 되며 고신살(孤辰殺)도 되므로, 애정이 없고 충돌이 많다. 가끔 떨어져 살게 되며 子孫이나 기타로 파란이 있으니 좋지않은 궁합이다.

庚戌生과 壬子生女: (1)의 중택태괘(重澤兌卦)에, 庚食壬이다. 부인이 남편을 존경하며 衣食도 족하고 성공하는 좋은 궁합이다.

庚戌生과 癸丑生女: (2)의 택뢰수괘(澤雷隨卦)다. 육효(六爻)가 발동(發動)하니 辰戌相冲·丑戌三刑이 된다. 子孫이나 財物 기타로 파란(波乱)이 있다. 아기자기 사랑하지도 않는 조금 좋지않은 궁합(宮合)이다.

庚戌生과 甲寅生女: (2)의 택뢰수괘(澤雷隨卦)다. 자손이나 기타로 파란이 있다. 그러나 衣食이 무난하고 그럭저럭 살아가는 보통 정도의 궁합이다.

庚戌生과 乙卯生女: (3)의 택수곤괘(澤水困卦)다. 교육계나 관공서 등에 근무하는 사람은 무난하다. 그러나 사업이나 자영업자(自營業者)은 한때 실패수가 있고 돈으로 쪼달림을 받는다. 乙庚合·卯戌合·卦中寅亥가 합이 되어 둘의 사이는 아끼고 사랑하며 어려움을 극복해나가는 궁합이다.

庚戌生과 丙辰生女: (4)의 택지췌괘(澤地萃卦)다. 卦中巳酉가 합이 되어 사랑하고 성공하는 궁합이다. 그러나 庚丙七殺에 辰戌相冲하므로 의견대립이 있는 사람도 있다. 퇴신(退神)이 되니 말년을 잘 대비해야 한다.

庚戌生과 丁巳生女: (1)의 중택태괘(重澤兌卦)다. 衣食이 걱정없고 성공을 한다. 그러나 巳戌이 원진(怨嗔)이고 卦中丑未가 相冲되어 자주 다툴 수 있는 궁합이다.

庚戌生과 戊午生女: (2)의 택뢰수괘(澤雷隨卦)다. 한때 파란은 있다. 그러나 午戌이 합이 되고 戊食庚하므로, 남편이 부인의 의사를 존중하면서 살아가는 平吉의 宮合이다.

22才 辛亥生 男子

　이에 따르는 宮合에는 (5)의 뇌택귀매(雷澤歸妹) (6)의 중뢰진(重雷震) (7)의 뇌수해(雷水解) (8)의 뇌지예괘(雷地豫卦) 등이 있다.

雷水解卦는 大吉하다. 雷地豫卦는 平吉하다. 重雷震卦는 半凶半吉하다. 雷澤歸妹卦는 凶하다.

辛亥生과 辛亥生女: (6)의 중뢰진괘(重雷震卦)다. 自刑殺이며 卦中辰戌이 相沖하여, 자주 다투며 의견대립이 많다. 파란이 많아 생이사별(生離死別)을 암시(暗示)하는 좋지않은 궁합이다.

辛亥生과 壬子生女: (5)의 뇌택귀매괘(雷澤歸妹卦)다. 卦中丑戌이 삼형(三刑)으로 애정이 없고 의견대립이 많다. 병신자식(病身子息)을 낳을 수도 있으며 財物에도 실패하는 등 파란이 많다. 그러나 사람에 따라서는 임록재해(壬祿在亥)하니, 여자가 남자를 존경하려고 노력하는 사람도 있다.

辛亥生과 癸丑生女: (6)의 중뢰진괘(重雷震卦)이므로 한때 파란이 있다. 그러나 진신(進神)이 되며 辛食癸하니 여자가 남자를 존경하며, 파란을 딛고 일어나 종국(終局)에는 성공하는 궁합이다.

辛亥生과 甲寅生女: 亥는 寅의 劫殺이고, 寅亥가 파살(破殺)이다. 고신살(孤辰殺)까지 드는데다 卦中辰戌이 相沖하는 중뢰진괘(重雷震卦)다. 의견대립이 자주 일어나고 사랑하지 않는다. 파란이 많고 가끔 떨어져 살아야 하는 좋지못한 궁합이다.

辛亥生과 乙卯生女: (7)의 뇌수해괘(雷水亥卦)다. 卦中申辰이 合이 되어 서로 아끼고 사랑한다. 부자가 되고 성공하며 子女도 효도하는 大吉宮合이다.

辛亥生과 丙辰生女: 丙辛이 合이 되고 (8)의 뇌지예괘(雷地豫卦)다. 卦中午未가 합이 되므로, 辰亥怨嗔을 누르고, 서로 아끼고 사랑한다. 점차 어려움을 극복하면서 성공하는 中吉의 궁합이다.

辛亥生과 丁巳生女: 辛丁七殺에 巳亥가 相冲이고 (5)의 뇌택귀매괘(雷澤歸妹卦)이니 卦中丑戌이 刑이다. 미워하면서 파란이 많다. 병신자식까지 두어야 한다. 교통사고도 나게 되어 같이 오래 살기 어려운 좋지않은 궁합이다.

辛亥生과 戊午生女 : 亥는 午의 겁살(劫殺)이며 (6)의 중뢰진괘(重雷震卦)다. 卦中辰戌相冲으로 의견충돌이 많으며 女子가 男子의 하는 일에 不平이 많은 좋지않은 궁합이다.

辛亥生과 己未生女 : (7)의 뇌수해괘(雷水解卦)다. 卦中申辰이 相合하고, 亥未가 合이 되고 己食辛이다. 남자가 여자를 극히 아끼고 사랑하며 부자가 되고 성공한다. 자녀도 효도하고 성공하는 대길궁합(大吉宮合)이다.

21才 壬子生 男子

이에 따르는 宮合에는 (1)의 중택태(重澤兌) (2)의 택뢰수(澤雷隨) (3)의 택수곤(澤水困) (4)의 택지췌괘(澤地萃卦) 등이 있다.
澤地萃卦는 大吉하다. 重澤兌卦는 平吉하다. 澤雷隨卦와 澤水困卦는 半凶半吉이다.

壬子生과 壬子生女 : (1)의 중택태괘(重澤兌卦)다. 의식(衣食)은 걱정 없다. 그러나 서로 양인살(羊刃殺)에 자형살(自刑殺)이 되고, 퇴신(退神)이 되는데다 卦中丑未가 相冲되어 있다. 자주 다투고 애정이 없는 경혼생활이 되기 쉽다.

壬子生과 癸丑生女 : (2)의 택뢰수괘(澤雷隨卦)다. 한때 약간의 파란은 있다. 그러나 子丑이 합이 되고 계록재자(癸祿在子)하므로, 여자가 남자를 존경하고, 점차 좋아지는 궁합이다.

壬子生과 甲寅生女 : (2)의 택뢰수괘(澤雷隨卦)에 고신살(孤辰殺)이 들었다. 한때 떨어져 살게 되고 약간의 파란이 있다. 그러나 壬食甲하며, 寅이 子의 馬가 되어, 서로 아끼며 평생 여자가 남자를 존경한다. 진신(進神)이 되니 갈수록 좋아지는 平吉의 궁합이다.

壬子生과 乙卯生女 : (3)의 택수곤괘(澤水困卦)에, 삼형살(三刑殺)이다. 한때 失敗와 파란이 있다. 그러나 卯가 壬의 天乙貴人이고, 子

제1편 궁 합 37

는 乙의 天乙貴人이며, 卦中寅亥가 合이 되어있다. 서로 아끼고 사랑하며 애로와 파란을 이겨나가고 뒤에 성공하는 궁합이다.

壬子生과 丙辰生女: 丙壬이 七殺이나, 子辰이 合이 되고 (4)의 택지췌괘(澤地萃卦)이니 卦中巳酉가 合이 되어 있다. 서로 아끼고 사랑하려고 노력한다. 부자되고 성공하며 자녀도 효도하는 좋은 궁합이다.

壬子生과 丁巳生女: (1)의 중택태괘(重澤兌卦)에, 丁壬이 合이 되고, 巳가 壬의 天乙貴人이 된다. 서로 사랑하며 성공한다. 그러나 格에 맞지않은 사람끼리이라면 巳가 子의 겁살(劫殺)이 되므로, 여자의 하는 일이 꼼꼼한 남자의 마음에 들지않는 경우도 있다.

壬子生과 戊午生女: 壬戊七殺이고 子午相冲하며 (2)의 택뢰수괘(澤雷隨卦)다. 병신자식을 두거나 애정이 없다. 파란이 많아 좋지못한 궁합이다.

壬子生과 己未生女: (3)의 택수곤괘(澤水困卦)에, 子未怨嗔이다. 실패와 파란이 있다. 그러나 봉급생활자는 덜하다. 子가 己의 天乙貴人이며, 卦中寅亥가 合이 되어, 여자가 남편을 존경하려고 노력하는 사람이 많은 궁합이다.

壬子生과 庚申生女: (4)의 택지췌괘(澤地萃卦)다. 卦中巳酉가 合이 되고, 庚食壬이므로 서로 사랑한다. 특히 남자가 여자의 의견을 존중한다. 부자가 되고 성공하며 자녀도 성공하는 大吉宮合이다. 그러나 퇴신(退神)이 되므로 末年을 잘 대비(對備)해야 한다.

20才 癸丑生 男子

이에 따르는 궁합에는 (5)의 뇌택귀매(雷澤歸妹) (6)의 중뢰진(重雷震) (7)의 뇌수해(雷水解) (8)의 뇌지예괘(雷地豫卦) 등이 있다.

雷水解卦는 大吉하다. 雷地豫卦는 平吉하다. 重雷震卦는 半凶半吉하다. 雷澤歸妹卦는 凶하다.

癸丑生과 癸丑生女: (6)의 중뢰진괘(重雷震卦)다. 卦中辰戌이 相冲

할 뿐 아니라, 서로 양인살(羊刃殺)이 되어 있다. 애정이 없고 자주 다투며 파란이 많아 오래 같이 살기 어려운 궁합이다.

癸丑生과 甲寅生女: 丑은 甲의 天乙貴人이므로, 여자가 남자를 존경하려고 노력한다. 그러나 寅이 丑의 劫殺이며 (6)의 중뢰진괘(重雷震卦)이므로 卦中辰戌이 相冲되어, 男子는 여자의 의사를 존중하지 않는다. 가끔 떨어져 살아야 하는 좋지못한 궁합이다.

癸丑生과 乙卯生女: (7)의 뇌수해괘(雷水解卦)다. 卦中申辰이 相生하고, 癸食乙하며, 卯는 癸의 天乙貴人이 된다. 서로 알뜰이 아끼고 사랑한다. 부자가 되고 성공한다. 자녀도 효도하고 성공하는 大吉한 宮合이다.

癸丑生과 丙辰生女: 丑辰이 파살(破殺)이므로, 초년실패(初年失敗)와 약간의 파란이 있다. 그러나 (8)의 뇌지예괘(雷地豫卦)이며 卦中午未가 합이 되어, 서로 아끼고 사랑하며 점차 성공하는 平吉의 궁합이다.

癸丑生과 丁巳生女: 巳가 癸의 天乙貴人이고 巳丑이 합이 되므로, 서로 이해하려고 노력은 한다. 그러나 丁癸七殺이며 (5)의 뇌택귀매괘(雷澤歸妹卦)로 卦中丑戌이 三刑되어, 파란이 많고 병신자식도 둘 수 있는 궁합이다.

癸丑生과 戊午生女: 비록 戊癸가 합이 되고 丑이 戊의 天乙貴人이나, 丑午가 원진(怨嗔)이고 六害殺)이며 (6)의 중뢰진괘(重雷震卦)로 卦中辰戌이 상충(相冲) 한다. 애정이 없고 파란이 있는 궁합이다.

癸丑生과 己未生女: (7)의 뇌수해괘(雷水解卦)에 진신(進神)이 되었으며, 卦中申辰이 相生이다. 癸己七殺과 丑未相冲을 이기고 성공하는 좋은 궁합이다.

癸丑生과 庚申生女: 丑이 庚의 天乙貴人이고 (8)의 뇌지예괘(雷地豫卦)이므로 卦中午未가 합이 되어있다. 서로 아끼고 사랑하며 파란없이 성공하는 좋은 궁합이다.

癸丑生과 辛酉生女: (5)의 뇌택귀매괘(雷澤歸妹卦)다. 卦中丑戌이 三

제1편 궁 합   39

刑되어 酉丑合을 누른다. 파란이 많은 좋지않은 궁합이다.

19才 甲寅生 男子

이에 따르는 宮合에는 (5)의 뇌택귀매(雷澤歸妹) (6)의 중뢰진(重雷震) (7)의 뇌수해(雷水解) (8)의 뇌지예괘(雷地豫卦) 등이 있다.
雷水解卦는 大吉하다. 雷地豫卦는 平吉하다. 重雷震卦는 半凶半吉하다. 雷澤歸妹卦는 凶하다.

甲寅生과 甲寅生女: (6)의 중뢰진괘(重雷震卦)이므로 파란이 많다. 그러나 갑록재인(甲祿在寅)하여 서로 정록(正祿)이 되며, 진신(進神)이 되므로 애로를 극복해 나가며 차차 나아지는 궁합이다.

甲寅生과 乙卯生女: (7)의 뇌수해괘(雷水解卦)다. 卦中申辰이 相生相合하여 서로 사랑한다. 부자가 되고 성공하며 자녀도 효도하는 좋은 궁합이다. 그러나 卯가 甲의 양인(羊刃)이 되므로 가끔 남자가 여자의 의견을 무시하거나, 꼼꼼한 남자의 눈에 여자의 하는 일이 마음에 들지않는 경우가 있다.

甲寅生과 丙辰生女: 丙食丙하고, 寅은 辰의 정록문성마(正祿文星馬)가 된다. (8)의 뇌지예괘(雷地豫卦)이므로 卦中午未가 합하여 서로 아끼고 사랑한다. 특히 여자가 평생 남편을 존경하며 부자가 되고 성공한다. 子女도 효도하는 좋은 궁합이다.

甲寅生과 丁巳生女: (5)의 뇌택귀매괘(雷澤歸妹卦)에 퇴신(退神)이 되고, 寅은 巳의 劫殺이 되고, 寅巳刑殺에 孤辰殺까지 들었다. 애정이 없고 파란이 많으며 病身子息에 子息이 不孝한다. 가끔 떨어져 살아야 하므로 오래 같이 살기 어려운 나쁜 궁합이다.

甲寅生과 戊午生女: 寅午가 합이 되어 서로 사랑해 보려고 노력한다. 그러나 戊甲이 七殺이고 (6)의 중뢰진괘(重雷震卦)로 卦中辰戌이 相冲한다. 충돌이 많고 파란이 많아 좋지않은 궁합이다.

甲寅生과 己未生女: 甲己가 天干合하고, 未는 甲의 天乙貴人이다. (7)의 뇌수해괘(雷水解卦)이므로 卦中申辰이 합이 되어있다. 둘이 서로 아끼고 사랑한다. 부자가 되고 성공한다. 자녀도 효도하는 大吉宮合이다.

甲寅生과 庚申生女: 甲庚七殺이고 寅申相冲하므로 의견이 맞지않은 사람도 있다. 그러나 (8)의 뇌지예괘(雷地豫卦)에 進神이 되므로, 사랑하려고 노력하며 성공하는 궁합이다. 가끔 잠시잠시 떨어져 살면 더 좋다.

甲寅生과 辛酉生女: (5)의 뇌택귀매괘(雷澤歸妹卦)다. 卦中丑戌이 刑되고, 寅은 酉의 劫殺이며, 寅酉가 원진(怨嗔)이다. 애정이 없고 파란도 많다. 병신자식까게 두게 되어 같이 오래 살기 어려운 좋지않은 궁합이다.

甲寅生과 壬戌生女: (6)의 중뢰진괘(重雷震卦)다. 파란은 있다. 그러나 寅戌이 合이 되고 壬食甲하므로, 남자가 여자에게 잘하려고 노력하면서 살아가는 보통의 궁합이다.

18才 乙卯生 男子

이에 따르는 宮合에는 (9)의 수택절(水澤節) (10)의 수뢰준(水雷屯) (11)의 중수감(重水坎) (12)의 수지비괘(水地比卦) 등이 있다.

水地比卦는 平吉하다. 水澤節卦와 水雷屯卦는 半凶半吉하다. 重水坎卦는 좋지않다.

乙卯生과 乙卯生女: 을록재묘(乙祿在卯)하니 서로 正祿이 되어 서로 아껴주어야 겠다고 생각은 한다. 그러나 (11)의 중수감괘(重水坎卦)로 卦中子午가 相冲하여, 어려운 일에 부딪히면 의견충돌이 많고 파란이 많은 궁합이다.

乙卯生과 丙辰生女: (12)의 수지비괘(水地比卦)다. 衣食은 별 걱정이 없다. 그러나 辰은 乙의 양인살(羊刃殺)이고, 卯辰이 육해살(六害殺)이며 卦中子卯가 相刑으로, 애정없는 결혼생활이 되기쉽다. 병신자식도 둘 수 있다. 퇴신(退神)이 되므로 末年에 파란이 있을 염려가 있다.

제1편 궁 합 41

乙卯生과 丁巳生女 : (9)의 수택절괘(水澤節卦)다. 한때 파란이 있고, 고신살(孤辰殺)이 들어 가끔 떨어져 살아야 한다. 그러나 乙食丁하고 丁巳는 卯의 왕기마(旺氣馬)가 되어 서로 아끼고 사랑한다. 애정으로 파란을 이겨나가도록 힘쓰라.

乙卯生과 戊午生女 : (10)의 수뢰준괘(水雷屯卦)다. 卦中寅戌이 세응(世應)으로 相合하므로 서로 사랑은 한다. 그러나 卯午가 파살(破殺)로 실패수도 있고, 파란이 있는 좋지못한 궁합이다.

乙卯生과 己未生女 : 己乙이 七殺이며 (11)의 중수감괘(重水坎卦)다. 卦中子午가 相冲하므로 마찰이 잦고 애로 파란이 있는 궁합이다. 그러나 이를 극복해 가면 진신(進神)이 되고, 卯未가 합이 되어 후분(後分)은 좋아지는 宮合이다.

乙卯生과 庚申生女 : 乙庚이 합이 되고, 申이 乙의 天乙貴人이다. (12)의 수지비괘(水地比卦)로 서로 사랑하려고 노력하면서 성공을 한다. 그러나 卯申이 원진(怨嗔)이고 卦中子卯가 刑되어 병신자식을 둘 수 있다. 애정없는 결혼생활을 하는 사람도 있다.

乙卯生과 辛酉生女 : (9)의 수택절괘(水澤節卦)이며, 乙辛七殺에 卯酉가 相冲한다. 충돌이 많고 波乱이 많은 좋지못한 궁합이다.

乙卯生과 壬戌生女 : 卯가 壬의 天乙貴人이며, 卯戌이 합이다. (10)의 수뢰준괘(水雷屯卦)로 卦中寅戌이 합이 되어 서로 사랑은 한다. 그러나 子女등 기타로 한때 파란이 있는 궁합이다.

乙卯生과 癸亥生女 : (11)의 중수감괘(重水坎卦)로 波乱이 있다. 그러나 亥卯合이 되고 癸食乙하며 卯는 癸의 천을귀인(天乙貴人)이 되므로 서로 사랑한다. 이해하려고 노력하면서 어려움을 극복해나가는 궁합이다.

丙辰生 男子

이에 따르는 宮合에는 (13)의 지택림(地澤臨) (14)의 지뢰복(地雷復) (15)의 지수사(地水師) (16)의 중지곤괘(重地困卦) 등이 있다.

地澤臨卦는 大吉하다. 地雷復卦는 中吉하다. 重地困卦는 平吉하다.
地水師卦는 半凶半吉하다.

丙辰生과 丙辰生女: (16)의 중지곤괘(重地困卦)다. 衣食은 걱정 없다. 그러나 卦中卯酉가 相冲하여 자주 다툰다. 애정이 없는 결혼생활이 될 염려가 있다.

丙辰生과 丁巳生女: 병록재사(丙祿在巳)하고 (13)의 지택림괘(地澤臨卦)다. 괘중해묘(卦中亥卯)가 합이 되어 서로 아끼고 사랑한다. 부자가 되고 성공하며 자녀도 효도하는 좋은 궁합이다. 그러나 고신살(孤辰殺)이 드니 한때 떨어져 살면 더욱 좋다. 巳가 辰의 겁살(劫殺)이 되어 여자의 하는 일이 꼼꼼한 남자의 마음에 들지않는 일이 있다. 그리고 남자가 여자의 의견을 무시하는 경우도 있다.

丙辰生과 戊午生女: (14)의 지뢰복괘(地雷復卦)에 진신(進神)이 되고, 丙食戊하므로 둘이 서로 사랑한다. 특히 여자가 남자를 존경하며 별 파란이 없이 성공하는 궁합이다. 그러나 午가 丙의 양인살(羊刃殺)이 되므로 男便이 婦人을 무시하지 않도록 노력하라.

丙辰生과 己未生女: 여자 측에 과숙살(寡宿殺)이 들며 (15)의 지수사괘(地水師卦)이므로 衣食은 별 걱정이 없다. 그러나 卦中火金이 상극(相克)하니 애정이 없는 결혼생활을 하는 사람이 많다. 子女 기타로 파란이 있는 궁합이다.

丙辰生과 庚申生女: (16)의 중지곤괘(重地困卦)이며, 申辰합이다. 沙中土(丙辰生)는 非木(庚申 石榴木)이면 오평생(誤平生)하는 관성제화지법(官星制化之法)에 該當하여 부자가 되고 성공하는 궁합이다.

丙辰生과 辛酉生女: (13)의 지택림괘(地澤臨卦)에 丙辛이 天干합이 되며, 辰酉가 地支합이며, 酉는 丙의 天乙貴人이다. 沙中土(丙辰生)는 非木(辛酉 石榴木)이면 오평생(誤平生)한다. 아기자기 아껴주며 사랑한다. 부자가 되고 성공하며 자녀도 효도하는 地上의 대길상(大吉祥) 宮合이다.

丙辰生과 壬戌生女: (14)의 지뢰복괘(地雷復卦)다. 衣食은 걱정이 없

고 성공한다. 그러나 丙壬이 七殺이고 辰戌이 相冲하여, 의견대립이 가끔 있을 수 있으므로 서로 조금씩 양보해야 한다.

丙辰生과 癸亥生女 : 亥가 丙의 天乙貴人으로 남자가 여자를 아껴주려고 노력한다. 그러나 (15)의 지수사괘(地水師卦)에 辰亥가 원진(怨嗔)으로 파란이 있고 애정이 없는 결혼생활이 되기 쉽다. 생활은 걱정이 없는 궁합이다.

丙辰生과 甲子生女 : (13)의 지택림괘(地澤臨卦)에 子辰이 合이고, 甲食丙하며, 卦中亥卯가 合이 되므로 서로 아끼고 사랑한다. 특히 남자가 여자에게 헌신적으로 봉사한다. 부자가 되고 성공하며 子女도 효도하는 大吉宮合이다.

丁巳生 男子

이에 따르는 宮合에는 (1)의 중택태(重澤兌) (2)의 택뢰수(澤雷隨) (3)의 택수곤(澤水困) (4)의 택지췌괘(澤地萃卦) 등이 있다.

澤地萃卦는 大吉하다. 重澤臨卦는 平吉하다. 澤雷隨卦는 半凶半吉하다. 澤水困卦는 좋지않다.

丁巳生과 丁巳生女 : (1)의 중택태괘(重澤兌卦)로 衣食이 걱정 없고 성공하는 平吉한 궁합이다. 그러나 퇴신(退神)이 되니 末年을 잘 대비하라. 卦中丑未가 相冲되므로, 자주 다투지 않도록 애정을 쏟는데 힘쓰라.

丁巳生과 戊午生女 : (2)의 택뢰수괘(澤雷隨卦)이나, 정록재오(丁祿在誤)하고 무록재사(戊祿在巳)하여 서로 正祿이 된다. 서로 아끼고 이해하려고 노력하면서 어려운 난관도 이겨나가는 平吉의 궁합이다.

丁巳生과 己未生女 : 丁食己하고 丁巳는 未의 왕기마(旺氣馬)가 되어 부인은 남편을 지극히 존경한다. 未는 丁의 양인살(羊刃殺)이 되니 남편은 부인의 하는 일이 마음에 들지않는 경우가 많으며, 부인의 의사를 존중하지 않는 경우가 있다. (3)의 택수곤괘(澤水困卦)

로 한때 파란이 있는 궁합이다.

丁巳生과 庚申生女 : (4)의 택지췌괘(澤地萃卦)에, 沙中土(丁巳生)는 非木(庚申 石榴木)이면 오평생(誤平生)하는 관성제화법(官星制化法)에 해당하여 성공하는 궁합이다. 그러나 巳申이 파살(破殺)이며 고신살(孤辰殺)이 되어, 한때 失敗數가 있고 떨어져 살아야 좋다. 退神이 되니 末年의 安定에 대비해야 한다.

丁巳生과 辛酉生女 : 丁이 酉를 보면 天乙貴人이며, 巳酉가 합이 되며 (1)의 중택태괘(重澤兌卦)다. 沙中土(丁巳生)는 非木(辛酉 石榴木)이면 오평생(誤平生)하는 관성제화법(官星制化法)에 해당한다. 아껴주려고 노력하면서 성공하는 좋은 궁합이다.

丁巳生과 壬戌生女 : (2)의 택뢰수괘(澤雷隨卦)다. 巳戌이 원진(怨嗔)으로 파란이 따른다. 그러나 丁壬이 합이 되고, 巳는 壬의 天乙貴人이 되어, 서로를 이해하려고 노력하는 궁합이다.

丁巳生과 癸亥生女 : (3)의 택수곤괘(澤水困卦)에, 丁癸가 七殺, 巳亥가 相冲이므로 失敗와 波乱이 많다. 그러나 서로가 天乙貴人이 되고, 역마(驛馬)가 되며, 진신(進神)이 되므로, 이해하고 참고 견디며 나아간다. 그러면 뒤에 성공하는 사람이 많은 궁합이다.

丁巳生과 甲子生女 : (1)의 중택태괘(重澤兌卦)다. 衣食이 걱정 없고 성공한다. 그러나 巳가 子의 劫殺이 되므로 男子의 하는 일이 꼼꼼한 여자의 마음에 들지않는 경우가 많다.

丁巳生과 乙丑生女 : (2)의 택뢰수괘(澤雷隨卦)이나, 진신(進神)이 되었고, 巳丑합에 乙食丁이다. 남자가 여자를 많이 아껴주면서 점차 좋아지는 平吉의 궁합이다.

戊午生 男子

이에 해당하는 宮合에는 (5)의 뇌택귀매(雷澤歸妹) (6)의 중뢰진(重雷震) (7)의 뇌수해(雷水解) (8)의 뇌지예괘(雷地豫卦) 등이 있다. 雷水解卦는 大吉하다. 雷地豫卦는 平吉하다. 重雷震卦는 半凶半吉

하다. 雷澤歸妹卦는 凶하다.

戊午生과 戊午生女: 午가 戊의양인살(羊刃殺)이니, 서로 羊刃殺이 되었고, 自刑殺이다. 그리고 (6)의 중뢰진괘(重雷震卦)니 卦中辰戌이 相冲한다. 애정이 없고 波乱과 갈등이 많은 좋지않은 궁합이다.

戊午生과 己未生女: (7)의 뇌수해괘(雷水解卦)에 진신(進神)이 되었다. 未가 戊의 天乙貴人이고, 午는 己의 정록(正祿)이며, 午未 合이 되고, 卦中申辰이 合이 되었다. 서로 지극히 아끼고 사랑하며 부자가 되고 성공한다. 子女도 효도하는 地上의 大吉宮合이다.

戊午生과 庚申生女: (8)의 뇌지예괘(雷地豫卦)다. 卦中午未가 合이 되었고, 戊食庚하며, 申은 午의 馬가 된다. 서로 아끼고 사랑하며 成功하는 좋은 궁합이다. 그러나 고신살(孤辰殺)이 되어 한때 떨어져 살면 더욱 좋다.

戊午生과 辛酉生女: 辛이 午를 보면 天乙貴人이 되므로, 부인이 남편을 존경하려고 노력한다. 그러나 (5)의 뇌택귀매괘(雷澤歸妹卦)로 卦中丑戌이 刑 되어, 남편은 부인을 사랑하지 않고 外道를 한다. 子孫과 財物 등으로 파란이 많고 크게 성공하기 어려운 좋지못한 궁합이다.

戊午生과 壬戌生女: 壬戌七殺에 (6)의 중뢰진괘(重雷震卦)로 한때 파란이 있다. 그러나 午戌이 合이 되고 進神이 된다. 그리고 天上火(戊午生)는 得水(壬戌 大海水) 복록영(福祿榮)하는 관성제화지묘법(官星制化之妙法)에 해당하여, 결국은 성공하는 궁합이다.

戊午生과 癸亥生女: 亥가 午의 劫殺이므로, 여자의 하는 일이 꼼꼼한 남자의 마음에 들지 않거나, 남자가 여자의 의사를 종종 무시하는 경향이 있다. 그러나 戊癸가 合하고 (7)의 뇌수해괘(雷水解卦)에 天上火(戊午生)는 得水(癸亥 大海水) 복록영(福祿榮)하는 관성제화지묘법(官星制化之妙法)에 해당하므로, 부자가 되고 성공하는 좋은 궁합이다.

戊午生과 甲子生女: 戊甲이 七殺이고 子午相冲에 (5)의 뇌택귀매괘

(雷澤歸妹卦)에 退神이 되었으니 卦中丑戌이 三刑이다. 애정이 없고 파란이 많고 실패에 병신자식도 두게 된다. 外道도 잦은 나쁜 궁합이다.

戊午生과 乙丑生女: 丑이 戊의 天乙貴人이므로 男子가 여자를 사랑해보려고 노력한다. 그러나 丑午怨嗔이며 (6)의 중뢰진괘(重雷震卦)로 卦中辰戌이 相冲하여 의견충돌이 잦고 파란이 많은 궁합이다.

戊午生과 丙寅生女: (7)의 뇌수해괘(雷水解卦)에 寅午가 合이 되고, 丙食戊하며, 卦中申辰이 合이 된다. 서로 사랑한다. 특히 남자가 여자를 지극히 아껴주면서 성공하는 좋은 궁합이다. 그러나 午가 丙의 양인살(羊刃殺)이 되어 남자의 하는 일에 여자가 만족하지 못하는 경우도 있다.

己未生 男子

이에 따르는 宮合에는 (9)의 수택절(水澤節) (10)의 수뢰준(水雷屯) (11)의 중수감(重水坎) (12)의 수지비괘(水地比卦) 등이 있다.

水地比卦는 平吉하다. 水澤節卦와 水雷屯卦는 半凶半吉하다. 重水坎卦는 凶하다.

己未生과 己未生女: (11)의 重水坎卦에 卦中子午가 相冲되었고, 서로 羊刃殺이 된다. 애정이 없고 파란이 많은 좋지못한 궁합이다.

己未生과 庚申生女: (12)의 수지비괘(水地比卦)에, 申은 己의 天乙貴人이며, 未는 庚의 天乙貴人이다. 서로 아끼고 사랑하며 성공하는 좋은 궁합이다. 그러나 申이 未의 劫殺이 되므로 꼼꼼한 남자의 눈에 여자의 하는 일에 마음에 들지 않는 일이 종종 있다.

己未生과 辛酉生女: (9)의 수택절괘(水澤節卦)다. 한때 파란은 있으나 卦中巳申이 合이 되어 둘의 사이는 좋다. 己食辛하니 부인이 남편을 平生 존경하고 차차 힘이 펴지는 궁합이다.

己未生과 壬戌生女: (10)의 수뢰준괘(水雷屯卦)다. 戌未가 파살(破殺)이고 三刑殺이 되어, 波乱과 한때 실패도 있다. 그러나 天上火(己

제1편 궁 합 47

未生)는 得水(壬戌 大海水) 복록영(復祿榮)하는 관성제화지법(官星制化之法)이 되어, 뒤에 성공하는 궁합이다.

己未生과 癸亥生女: (11)의 중수감괘(重水坎卦)이며, 癸己七殺이 되어있다. 한때 파란은 있다. 그러나 亥未가 合이 되고 天上火(己未生)는 得水(癸亥 大海水) 복록영(復祿榮)하는 관성제화지묘법(官星制化之妙法)에 해당하여, 뒤에 성공하는 궁합이다.

己未生과 甲子生女: (9)의 수택절괘(水澤節卦)이며 子未怨嗔이므로 한때 파란이 있다. 그러나 甲己가 天干合하고, 子는 己의 天乙貴人이 되며, 未는 甲의 天乙貴人이며 卦中巳申이 合이 된다. 그러므로 사랑하면서 애로 파란을 이겨나가는 궁합이다.

己未生과 乙丑生女: (10)의 수뢰준괘(水雷屯卦)에, 己乙이 七殺이며, 丑未가 相沖한다. 애로 파란이 많고 애정이 없는 좋지못한 궁합이다.

己未生과 丙寅生女: (11)의 중수감괘(重水坎卦)다. 卦中子午가 相沖되어 자주 다투며 애정이 없고 파란도 많은 좋지못한 궁합이다. 그러나 진신(進神)이 되니 생활은 점차 나아진다.

己未生과 丁卯生女: (12)의 수지비괘(水地比卦)이며, 卯未가 合이 되고, 丁食己이다. 남편이 부인을 잘 대우해주고 성공한다. 그러나 未가 丁의 羊刃殺이 되니, 남편의 하는 일이 부인의 마음에 들지않는 경우가 가끔 있을 것이다.

庚申生 男子

이에 따르는 宮合에는 (13)의 지택림(地澤臨) (14)의 지뢰복(地雷復) (15)의 지수사(地水師) (16)의 중지곤괘(重地坤卦) 등이 있다.

地澤臨卦는 大吉하다. 地雷復卦는 中吉하다. 重地坤卦는 平吉하다. 地水師卦는 半凶半吉이다.

庚申生과 庚申生女: 경록재신(庚祿在申)하여 서로 정록(正祿)이 된다. 이해하려고 노력하면서 성공하는 궁합이다. (16)의 중지곤괘(重地坤卦)에 卦中卯酉가 相沖하므로 가끔 의견대립이 있다. 퇴신(退神)

이 되므로 末年의 安定을 위해 젊어 저축(貯蓄)이 必要하다.

庚申生과 辛酉生女: (13)의 지택림괘(地澤臨卦)다. 卦中亥卯가 합이 되고, 臨은 大也通也이므로, 서로 사랑하면서 부자가 되고 성공하는 좋은 궁합이다. 그러나 酉가 庚의 羊刃이 되므로, 여자의 하는 일이 남자의 마음에 들지않는 일도 종종 있다.

庚申生과 壬戌生女: (14)의 지뢰복괘(地雷復卦)다. 卦中子丑이 합이 되어 서로 사랑한다. 庚食壬하며 申이 戌의 馬가 되므로 婦人이 평생 남편을 존경한다. 부자가 되고 성공하는 좋은 궁합이다.

庚申生과 癸亥生女: (15)의 지수사괘(地水師卦)에 진신(進神)이 되므로 衣食은 걱정이 없다. 그러나 卦中午酉가 火金相克하고, 申亥가 육해살(六害殺)이며, 申은 亥의 劫殺이 되고, 고신살(孤辰殺)까지 든다. 파란이 많고 애정이 없으며 떨어져서까지 살아야 하니 좋지 못한 궁합이다.

庚申生과 甲子生女: 비록 甲庚七殺이나 申子합이 되고 (13)의 지택림괘(地澤臨卦)이므로 卦中亥卯가 합이 된다. 서로 사랑하며 부자가 되고 성공한다. 자녀도 효도하는 좋은 궁합이다.

庚申生과 乙丑生女: 乙庚이 합이 되고, 庚이 丑을 보면 天乙貴人이 되며, 乙이 申을 보면 天乙貴人이므로 서로 天乙貴人이 되었다. 그리고 (14)의 지뢰복괘(地雷復卦)에 진신(進神)이 되었고, 卦中子丑이 합이 되었다. 서로 아끼고 아기자기 사랑하며 부자가 되고 성공한다. 자녀도 효도하는 大吉宮合이다.

庚申生과 丙寅生女: 庚丙이 七殺이고 寅申 相冲에 (15)의 지수사괘(地水師卦)다. 자주 의견이 대립된다. 애정이 없고 파란이 많으며 子女도 不孝하는 좋지못한 궁합이다.

庚申生과 丁卯生女: (16)의 중지곤괘(重地坤卦)이므로 衣食은 걱정이 없다. 그러나 申이 卯의 劫殺이며, 卯申이 원진(怨嗔)이고, 卦中卯酉가 相冲되어 서로 의견이 맞지않다. 자주 다투고 애정이 없는 결혼생활이 되는 궁합이다.

庚申生과 戊辰生女 : (13)의 지택림괘(地澤臨卦)에, 申辰이 합이 되고, 戊食庚이다. 서로 사랑한다. 특히 남편이 부인을 잘 대우해 준다. 성공하며, 자녀도 효도하고 성공하는 좋은 궁합이다. 그러나 퇴신(退神)이 되니 末年을 잘 대비해야 한다.

辛酉生 男子

이에 따르는 宮合에는 (1)의 중택태(重澤兌) (2)의 택뢰수(澤雷隨) (3)의 택수곤(澤水困) (4)의 택지췌괘(澤地萃卦) 등이 있다.
澤地萃卦는 大吉하다. 重澤兌卦는 平吉하다. 澤雷隨卦는 半凶半吉하다. 澤水困卦는 좋지않다.

辛酉生과 辛酉生女 : (1)의 중택태괘(重澤兌卦)이며, 신록재유(辛祿在酉)이므로 서로 正祿이 된다. 서로 사랑하려고 노력하며 성공하는 좋은 宮合이다.

辛酉生과 壬戌生女 : (2)의 택뢰수괘(澤雷隨卦)다. 그리고 辛이 戌을 보면 양인(羊刃)이 되고, 酉戌이 육해살(六害殺)이다. 서로 사랑하지도 않고 크게 성공하기도 어려운 궁합이다.

辛酉生과 癸亥生女 : (3)의 택수곤괘(澤水困卦)에, 고신살(孤辰殺)이 되어, 한때 떨어져살아야 하고, 파란도 있다. 그러나 辛食癸하고, 亥는 酉의 역마(驛馬)가 되어, 서로 존경하고 사랑하려고 노력하며 뒤에는 차츰 나아지는 궁합이다.

辛酉生과 甲子生女 : (1)의 중택태괘(重澤兌卦)다. 공직(公職)에 오래 있는 사람은 성공한다. 그러나 子酉가 파살(破殺)이므로 사업가는 한때의 실패를 조심해야 하는 궁합이다.

辛酉生과 乙丑生女 : 乙辛이 七殺이며 (2)의 택뢰수괘(澤雷隨卦)로, 한때 파란이 있다. 그러나 酉丑이 합이 되므로 서로 이해하려고 노력하면서 살아가는 궁합이다.

辛酉生과 丙寅生女 : 寅은 酉의 劫殺이며 寅酉가 원진(怨嗔)이다. 또한 (3)의 택수곤괘(澤水困卦)로 의견충돌이 있고 파란도 많다.

그러나 相互 天乙貴人이며 卦中寅亥가 合이 되어, 서로 이해하려고 노력을 하는 宮合이다.

辛酉生과 丁卯生女: (4)의 택지췌괘(澤地萃卦)이며, 酉가 丁의 天乙貴人이 된다. 여자가 남편을 존경하며 성공하는 궁합이다. 그러나 辛丁이 七殺이며, 卯酉가 相冲하여 의견대립이 종종 있다. 서로의 人格이나 환경이 너무 차이가 난다면 좋지않다.

⑧ **辛酉生과 戊辰生女**: (1)의 중택태괘(重澤兌卦)다. 성공은 하나 가끔 다투는 사람도 있다. 그러나 辰酉가 合이 되므로 이해하고 양보하려고 노력하면서 살아가는 궁합이다.

⑨ **辛酉生과 己巳生女**: (2)의 택뢰수괘(澤雷隨卦)다. 조금 파란이 있다. 그러나 巳酉가 合이 되고, 己食辛하므로, 남편이 부인에게 많이 봉사하면서 점차 나아지는 궁합이다.

壬戌生 男子

이에 따르는 宮合에는 (5)의 뇌택귀매(雷澤歸妹) (6)의 중뢰진(重雷震) (7)의 뇌수해(雷水解) (8)의 뇌지예괘(雷地豫卦)의 네 종류가 있다. 雷水解卦는 大吉하다. 雷地豫卦는 平吉하다. 重雷震卦는 半凶半吉하다. 雷澤歸妹卦는 凶하다.

壬戌生과 壬戌生女: (6)의 중뢰진괘(重雷震卦)다. 卦中辰戌이 상충(相冲)하여 서로 의견대립이 많다. 애정이 없는 결혼생활에 파란이 많은 좋지않는 궁합이다.

壬戌生과 癸亥生女: 亥가 戌의 겁살(劫殺)이며 고신살(孤辰殺)이 있으나, 壬祿在亥하고 (7)의 뇌수해괘(雷水解卦)이며, 卦中申辰이 合이 되어있다. 어려움을 물리치고 사랑하면서 성공하는 좋은 궁합이다.

壬戌生과 甲子生女: 壬食甲하니, 여자는 남편을 존경하려고 노력한다. 그러나 子가 壬의 羊刃殺이며 (5)의 雷澤歸妹卦이므로 卦中丑戌이 三刑되어 男子는 여자를 사랑하지 않고 外道하는 경향이 있다. 또한 병신자식도 두고 파란이 많아 오래 같이 살기 힘든 궁합이다.

壬戌生과 乙丑生女：丑戌이 삼형(三刑)되고 (6)의 중뢰진괘(重雷震卦)이므로 卦中辰戌이 相冲한다. 애정이 없고 파란이 많은 좋지않은 궁합이다.

壬戌生과 丙寅生女：寅戌이 合이 되고 (7)의 뇌수해괘(雷水解卦)다. 卦中申辰이 合이 되어 丙壬七殺을 누르고 있으므로 부자가 되고 성공하는 좋은 궁합이다.

壬戌生과 丁卯生女：丁壬이 天干合이며, 卯戌이 地支合이다. 卯는 壬의 天乙貴人이며 (8)의 뇌지예괘(雷地豫卦)이므로 卦中午未가 合이 된다. 서로 알뜰히 아끼고 사랑한다. 성공하고 子女도 효도하는 대길상(大吉祥) 궁합이다.

壬戌生과 戊辰生女：壬戌七殺이고 辰戌相冲하며 (5)의 뇌택귀매괘(雷澤歸妹卦)이므로 卦中丑戌이 刑이 된다. 의견충돌이 잦고 사랑하지도 않는다. 파란이 많고 병신자식(病身子息)도 두게 되며 오래 같이 살기 어려운 나쁜 궁합이다.

壬戌生과 己巳生女：(6)의 중뢰진괘(重雷震卦)다. 그리고 巳戌이 원진(怨嗔)이며, 卦中辰戌이 相冲한다. 파란이 있고 충돌이 잦으며, 사랑하지도 않는다. 그러나 巳가 壬의 天乙貴人으로, 남자는 여자를 이해하려고 노력은 한다. 진신(進神)이 되므로 뒤에 좋아지는 궁합이다.

壬戌生과 庚午生女：(7)의 뇌수해괘(雷水解卦)에 午戌이 합이 되며 庚食壬이다. 大海水(壬戌生)는 遇土(庚午 路傍土) 自然亨하는 관성제화법(官星制化法)에 해당(該當)된다. 아기자기 아끼고 사랑하며 부자되고 성공하고 子女도 효도하는 大吉祥 宮合이다.

癸亥生 男子

이에 따르는 宮合에는 (9)의 수택절(水澤節) (10)의 수뢰준(水雷屯) (11)의 중수감(重水坎) (12)의 수지비괘(水地比卦) 등이 있다.

水地比卦는 平吉하다. 水澤節卦와 水雷屯卦는 半凶半吉하다. 重

水坎卦는 凶하다.

癸亥生과 癸亥生女: (11)의 重水坎卦로, 卦中子午가 相冲하고 자형살(自刑殺)이 된다. 다툼이 많고 파란이 있으며 사랑하지도 않아 좋지못한 궁합이다.

癸亥生과 甲子生女: (9)의 수택절괘(水澤節卦)다. 한때 파란은 있다. 그러나 卦中巳申이 合이 되고, 계록재자(癸祿在子)하므로, 서로 사랑하면서 파란을 극복해 나가는 궁합이다.

癸亥生과 乙丑生女: (10)의 수뢰준괘(水雷屯卦)이므로 한때 波乱이 있다. 그러나 癸食乙하고 亥가 丑의 馬가 되어, 여자가 남자에게 잘하면서 점차 전진해 나가는 궁합이다.

癸亥生과 丙寅生女: (11)의 중수감괘(重水坎卦), 寅亥가 파살(破殺)이고 고신살(孤辰殺)이며, 亥가 寅의 劫殺까지 된다. 떨어져 살면서 실패도 하고 의견대립도 많다. 거기에 사랑하지도 않으니 오래 같이 살기 어려운 궁합이다.

癸亥生과 丁卯生女: (12)의 수지비괘(水地比卦)이며, 亥卯가 합이 된다. 卯는 癸의 天乙貴人이며, 亥는 丁의 天乙貴人이다. 서로 사랑하고 부자가 되며 성공하는, 좋은 宮合이다.

癸亥生과 戊辰生女: (9)의 수택절괘(水澤節卦)이며 辰亥가 원진(怨嗔)이다. 파란이 있고 애로가 많은 좋지못한 궁합이다.

癸亥生과 己巳生女: 癸己七殺이며 巳亥相冲에 (10)의 수뢰준괘(水雷屯卦)다. 자주 다투게 되고 애로가 많고 파란이 많은 좋지못한 궁합이다.

癸亥生과 庚午生女: (11)의 중수감괘(重水坎卦)다. 그리고 亥는 午의 劫殺이 되어 여자가 남자를 존경하지 않고 자주 다툰다. 그러나 관성제화법(官星制化法)에 해당하여 생활은 별 걱정없이 지내는 宮合이다.

癸亥生과 辛未生女: (12)의 수지비괘(水地比卦)에, 亥卯가 합이 되고, 辛食癸이다. 大海水(癸亥生)는 遇土(庚午 路傍土) 自然亨하는 관성

제화법(宮星制化法)에 해당하므로 아끼고 성공하는 좋은 궁합이다.

甲子生 男子

이에 따르는 宮合에는 (1)의 중택태(重澤兌) (2)의 택뢰수(澤雷隨) (3)의 택수곤(澤水困) (4)의 택지췌괘(澤地萃卦) 등이 있다. 澤地萃卦는 大吉하다. 重澤兌卦는 平吉하다. 澤雷隨卦와 澤水困卦는 半凶半吉하다.

甲子生과 甲子生女: (1)의 중택태괘(重澤兌卦)이므로 衣食은 별 걱정이 없다. 卦中丑未가 相冲하니 다투지 않게 서로 노력하면 별 파란이 없이 지내는 궁합이다.

甲子生과 乙丑生女: (2)의 택뢰수괘(澤雷隨卦)이다. 그리고 子丑이 合이 되고, 甲이 丑을 보면 天乙貴人이고, 子는 乙의 天乙貴人이다. 서로 사랑하려고 노력하며 점차 발전해 나가는 宮合이다.

甲子生과 丙寅生女: (3)의 택수곤괘(澤水困卦)에 고신살(孤辰殺)이 되므로 한때 파란은 있다. 그러나 甲食丙하고 丙寅이 子의 福星馬가 되며, 卦中寅亥가 合이 되어, 서로 아끼고 사랑한다. 진신(進神)이 되므로 차츰 좋아지는 궁합이다.

甲子生과 丁卯生女: (4)의 택지췌괘(澤地萃卦)이므로 衣食도 좋고 성공한다. 그러나 子刑卯가 되고, 卯는 甲의 양인살(羊刃殺)이 되어, 의견대립이 가끔 있을 수 있다. 相互 인격존중에 노력하라.

甲子生과 戊辰生女: (1)의 중택태괘(重澤兌卦)이며, 子辰半合이다. 평탄(平坦)하게 성공해 가는 平吉의 궁합이다.

甲子生과 己巳生女: (2)의 택뢰수괘(澤雷隨卦)로 進神이 되었고, 甲己가 天干合이고, 子는 己의 天乙貴人이다. 여자가 남자를 존경하면서 차차 좋아지는 궁합이다. 그러나 巳가 子의 劫殺이 되므로 남자가 여자의 의사를 가끔 무시하는 경향이 있다.

甲子生과 庚午生女: (3)의 택수곤괘(澤水困卦)에 甲庚七殺이며 子

午가 相冲한다. 파란이 많고 실패가 많은 좋지못한 궁합이다.

甲子生과 辛未生女: 未가 甲의 天乙貴人이며 (4)의 택지췌괘(澤地萃卦)이므로 卦中巳酉가 合이 되어 子未怨嗔을 누른다. 사랑하고 성공하는 좋은 궁합이다.

甲子生과 壬申生女: (1)의 중택태괘(重澤兌卦)이며, 申子가 合이 되고, 壬食甲이다. 남자가 여자에게 잘하려고 노력하면서, 평범하게 성공한다. 퇴신(退神)이 되므로 末年을 잘 대비하라.

乙丑生 男子

이에 따르는 宮合에는 (5)의 뇌택귀매(雷澤歸妹) (6)의 중뢰진(重雷震) (7)의 뇌수해(雷水解) (8)의 뇌지예괘(雷地豫卦) 등이 있다.

雷水解卦는 大吉하다. 雷地豫卦는 平吉하다. 重雷震卦는 半凶半吉하다. 雷澤歸妹卦는 凶하다.

乙丑生과 乙丑生女: (6)의 중뢰진괘(重雷震卦)다. 卦中辰戌이 相冲하여 애정없는 결혼생활이 되기쉽고 파란이 있다. 그러나 進神이 되므로 衣食은 좋아지는 궁합이다.

乙丑生과 丙寅生女: 고신살(孤辰殺)이 들고, 寅이 丑의 劫殺이 되어 한때 파란은 있다. 그러나 (7)의 雷水解卦이므로 파란이 점점 사라지고 부자가 되며 성공하는 궁합이다.

乙丑生과 丁卯生女: (8)의 뇌지예괘(雷地豫卦)다. 卦中午未가 合이 되어 서로 사랑한다. 乙食丁하니 여자가 평생 남편을 존경한다. 부자가 되고 성공하는 좋은 궁합이다.

乙丑生과 戊辰生女: 辰이 乙의 양인살(羊刃殺)이며, 丑辰이 파살(破殺)이다. (5)의 뇌택귀매괘(雷澤歸妹卦)이므로 卦中丑戌이 삼형(三刑)으로 애정이 없다. 병신자식도 두게 되고 파란이 많아 좋지못한 宮合이다.

乙丑生과 己巳生女: 巳丑이 合이 되나, 己乙이 七殺이다. 그리고 (6)의 중뢰진괘(重雷震卦)로 卦中辰戌이 相冲되어 의견충돌이 많고 파란이 많은 궁합이다.

乙丑生과 庚午生女 : 丑午가 원진(怨嗔)이나, 乙庚이 합이 되고 (7)의 뇌수해괘(雷水解卦)이므로 卦中申辰이 합이 된다. 모든 애로와 파란이 사라지고 부자가 되며 성공하는 좋은 궁합이다.

乙丑生과 辛未生女 : 비록 乙辛七殺이고 丑未相冲이나 (8)의 뇌지예괘(雷地豫卦)에 進神이 되었으며 卦中午未가 합이 되었다. 애로 파란을 이기고 성공하는 궁합이다.

乙丑生과 壬申生女 : 申이 乙의 天乙貴人이므로, 남편이 부인에게 잘하려고 노력한다. 그러나 (5)의 뇌택귀매괘(雷澤歸妹卦)로 子孫과 財物로 파란이 있는 궁합이다.

乙丑生과 癸酉生女 : 酉丑이 합이 되고 癸食乙하므로, 남자가 여자에게 잘하려고 노력한다. 그러나 (6)의 중뢰진괘(重雷震卦)이므로 한때 파란이 있는 궁합이다.

丙寅生 男子

이에 따르는 宮合에는 (9)의 수택절(水澤節) (10)의 수뢰준(水雷屯) (11)의 중수감(重水坎) (12)의 수지비괘(水地比卦) 등이 있다.

水地比卦는 平吉하다. 水澤節卦와 水雷屯卦는 半凶半吉하다. 重水坎卦는 凶하다.

丙寅生과 丙寅生女 : (11)의 중수감괘(重水坎卦)다. 坎은 함험(陷險)으로 험난(險難)하다는 뜻이다. 卦中子午가 相冲하여 서로 알뜰히 사랑하지도 않고 파란이 있는 좋지못한 궁합이다.

丙寅生과 丁卯生女 : (12)의 수지비괘(水地比卦)다. 比는 和也이므로 성공하는 궁합이다. 그러나 퇴신(退神)이 되므로 末年을 미리 대비해야 한다.

丙寅生과 戊辰生女 : (9)의 수택절괘(水澤節卦)다. 한때 파란이 있다. 그러나 丙食戊하고, 丙寅은 辰의 福星馬가 되어, 부인이 평생 남편을 존경한다. 가정이 화목하고 좋아지는 궁합이다.

丙寅生과 己巳生女: 寅이 巳의 劫殺이고, 삼형살(三刑殺)·육해살(六害殺)·고신살(孤辰殺)에 (10)의 수뢰준괘(水雷屯卦)다. 파란이 많고 사랑하지도 않으며 애로가 많아 좋지못한 궁합이다.

丙寅生과 庚午生女: 庚丙이 七殺이고, 午는 丙의 양인살(羊刃殺)이며 (11)의 중수감괘(重水坎卦)이므로 卦中子午가 相冲한다. 애정이 없고 波乱이 많은 좋지못한 宮合이다.

丙寅生과 辛未生女: 丙辛이 合이 되고, 寅이 辛의 天乙貴人이 되며 (12)의 수지비괘(水地比卦)다. 서로 아끼고 成功하는 좋은 宮合이다.

丙寅生과 壬申生女: 丙壬七殺이고, 寅申相冲하며 (9)의 수택절괘(水澤節卦)다. 자주 충돌하고 파란이 많아 좋지못한 궁합이다.

丙寅生과 癸酉生女: 寅酉가 원진(怨嗔)이고 寅이 酉의 劫殺이 되며 (10)의 수뢰준괘(水雷屯卦)다. 파란이 많고 대립이 많은 좋지못한 궁합이다.

丙寅生과 甲戌生女: (10)의 수뢰준괘(水雷屯卦)다. 한때 파란이 있다. 그러나 寅戌이 合이 되고 甲食丙하므로 서로 사랑한다. 특히 남편이 부인을 우대해주므로 재미있게 사는 宮合이다.

丁卯生 男子

이에 따르는 宮合에는 (13)의 지택림(地澤臨) (14)의 지뢰복(地雷復) (15)의 지수사(地水師) (16)의 중지곤괘(重坤卦) 등이 있다.

地澤臨卦는 大吉하다. 地雷復卦는 中吉하다. 重地坤卦는 平吉하다. 地水師卦는 半凶半吉하다.

丁卯生과 丁卯生女: (16)의 중지곤괘(重地坤卦)다. 衣食이 걱정없고 성공한다. 그러나 卦中卯酉가 相冲하여 자주 다투고 의견이 맞지 않는 경우가 많다.

丁卯生과 戊辰生女: 卯辰이 六害殺이나 (13)의 지택림괘(地澤臨卦)이므로 卦中亥卯가 合이 된다. 어려움을 이기고 사랑하면서 성공하는 좋은 궁합이다.

丁卯生과 己巳生女 : 丁食己하고 己巳는 卯의 녹마(祿馬)이다. 또한 (14)의 지뢰복괘(地雷復卦)에 進神이 되어 서로 아끼고 사랑한다. 부자가 되고 성공하며 자녀도 효도하는 좋은 궁합이다. 그러나 고신살(孤辰殺)이 되므로 한때 떨어져 살면 더욱 좋다.

丁卯生과 庚午生女 : (15)의 지수사괘(地水師卦)에, 卯午가 파살(破殺)이다. 실패가 있고 파란이 있으며 아기자기 사랑하지도 않는다. 公務員 등 일정한 직장에 오래 근무하면 생활은 걱정없는 궁합이다.

丁卯生과 辛未生女 : 卯未가 合이나 辛丁七殺이며 (16)의 중지곤괘(重地坤卦)다. 衣食은 걱정없다. 그러나 卦中卯酉가 相冲하니 다투지 않도록 노력하라.

丁卯生과 壬申生女 : 丁壬이 合이 되고 卯는 壬의 天乙貴人이며 (13)의 지택림괘(地澤臨卦)다. 여자가 남편을 존경하며 의식도 족하고 성공한다. 그러나 申이 卯의 劫殺이 되고 원진살(怨嗔殺)이 되므로 남편이 부인의 의사를 무시하는 예가 많다.

丁卯生과 癸酉生女 : 丁癸가 七殺이고 卯酉가 相冲하므로 한때 파란이 있다. 그러나 酉가 丁의 天乙貴人이고 卯는 癸의 天乙貴人이며 (14)의 지뢰복괘(地雷復卦)이므로, 사랑하고 아껴주려고 노력하면서 성공하는 궁합이다.

丁卯生과 甲戌生女 : 卯가 甲의 양인(羊刃)이므로, 남자의 하는 일이 여자의 마음에 들지않는 경우가 더러 있을 수 있다. 그러나 卯戌이 合이 되고 (14)의 지뢰복괘(地雷復卦)이므로 卦中子丑이 合이 되며 進神이 된다. 사랑하고 성공하는 좋은 궁합이다.

丁卯生과 乙亥生女 : (15)의 지수사괘(地水師卦)다. 한때 파란이 있다. 그러나 亥卯가 合이 되고 乙食丁하므로, 남자가 여자에게 잘해주는 宮合이다.

戊辰生 男子

이에 따르는 宮合에는 (1)의 중택태(重澤兌) (2)의 택뢰수(澤雷隨)

(3)의 택수곤(澤水坤) (4)의 택지췌괘(澤地萃卦) 등이 있다.
澤地萃卦는 大吉하다. 重澤兌卦는 平吉하다. 澤雷隨卦와 澤水困卦는 半凶半吉이다.

戊辰生과 戊辰生女: (1)의 중택태괘(重澤兌卦)다. 衣食이 걱정없고 성공한다. 그러나 卦中丑未가 相冲하고 自刑殺이 되므로, 애정이 없는 결혼생활이 되기 쉽다.

戊辰生과 己巳生女: (2)의 택뢰수괘(澤雷隨卦)이며, 고신살(孤辰殺)이 되고 巳가 辰의 劫殺이 된다. 子孫이나 財物 기타로 파란이 있다. 그리고 애정이 없는 결혼생활로 큰 성공이 어려운 궁합이다.

戊辰生과 庚午生女: (3)의 택수곤괘(澤水困卦)다. 한때 파란이 있다. 그러나 戊食庚하므로 여자가 남편을 평생 존경한다. 그러나 午가 戊의 양인(羊刃)이 되므로 여자의 하는 일이 남자의 마음에 들지 않는 경우가 많다.

戊辰生과 辛未生女: (4)의 택지췌괘(澤地萃卦)가 되므로 卦中巳酉가 合이 되어 서로 아끼고 사랑한다. 未가 戊의 天乙貴人이 되므로 남자가 부인을 특별히 아껴준다. 부자가 되고 성공하며 子女도 효도하는 좋은 궁합이다. 그러나 退神이 되므로 末年을 대비하라.

戊辰生과 壬申生女: 壬戊七殺이고 (1)의 중택태괘(重澤兌卦)이므로 卦中丑未가 相冲된다. 아기자기 사랑하지 않고 의견대립이 많다. 그러나 衣食은 걱정이 없는 궁합이다.

戊辰生과 癸酉生女: (2)의 택뢰수괘(澤雷隨卦)이나, 戊癸가 天干合하고 辰酉가 地支合이다. 사랑하려고 노력하면서 평범하게 살아가는 궁합이다.

戊辰生과 甲戌生女: (2)의 택뢰수괘(澤雷隨卦)이다. 그러나 戊甲七殺이고 辰戌相冲하므로 자주 다투며 사랑하지 않는다. 크게 성공하지도 못하는 좋지못한 궁합이다.

戊辰生과 乙亥生女: 辰이 乙의 양인(羊刃)이고, 辰亥가 원진(怨嗔)이며 (3)의 택수곤괘(澤水困卦)다. 파란이 많고 실패가 많다. 애정도 없고 가난하게 살아야하는 나쁜 궁합이다.

戊辰生과 丙子生女 : (2)의 택뢰수괘(澤雷隨卦)이나, 진신(進神)이 되고 子辰이 합이 되며, 丙食戊이다. 서로 사랑한다. 특히 남자가 부인을 아껴주는 궁합이다.

己巳生 男子

이에 따르는 宮合에는 (5)의 뇌택귀매(雷澤歸妹) (6)의 중뢰진(重雷震) (7)의 뇌수해(雷水解) (8)의 뇌지예괘(雷地豫卦) 등이 있다.

雷水解卦는 大吉하다. 雷地豫卦는 平吉하다. 重雷震卦는 半凶半吉하다. 雷澤歸妹卦는 凶하다.

己巳生과 己巳生女 : (6)의 중뢰진괘(重雷震卦)다. 卦中辰戌이 相冲하여, 가끔 다투며 파란이 많은 宮合이다.

己巳生과 庚午生女 : 기록재오(己祿在午)하며 (7)의 뇌수해괘(雷水解卦)이므로 卦中申辰이 합이 된다. 서로 사랑한다. 특히 남편이 부인을 아껴준다. 부자가 되고 성공하며 子孫도 孝道하는 大吉宮合이다.

己巳生과 辛未生女 : (8)의 뇌지예괘(雷地豫卦)이므로 卦中午未가 합이 되고 己食辛이다. 서로 사랑한다. 특히 여자가 평생 남편을 존경한다. 부자가 되고 성공하며 子女도 효도하는 大吉宮合이다.

己巳生과 壬申生女 : 申은 己의 天乙貴人이고, 巳는 壬의 天乙貴人이며, 巳申이 합이 되나 (5)의 뇌택귀매괘(雷澤歸妹卦)다. 파란을 극복하고 아껴주려고 노력하면서 살아가는 궁합이다.

己巳生과 癸酉生女 : 癸己七殺이고 (6)의 중뢰진괘(重雷震卦)로 파란이 있다. 그러나 巳가 癸의 天乙貴人이며 巳酉가 합이 되어 서로를 아끼고 이해하려고 노력하면서 살아가는 궁합이다.

己巳生과 甲戌生女 : 비록 甲己가 天干合이나 巳戌이 원진(怨嗔)이며 (6)의 중뢰진괘(重雷震卦)다. 의견이 맞지않고 파란이 많은 궁합이다.

己巳生과 乙亥生女 : 비록 己乙이 七殺이고 巳亥가 相冲이나, 亥가

己巳를 보면 구천녹마(九天祿馬)가 되며, 巳가 乙亥를 보면 천덕마
(天德馬)가 된다. 그리고 (7)의 뇌수해괘(雷水解卦)로 아끼고 사랑
하려고 노력하면서 성공하는 좋은 궁합이다.

己巳生과 丙子生女: 巳는 子의 劫殺이며 (6)의 중뢰진괘(重雷震卦)이
므로 한때 파란이 있다. 그러나 子가 己의 天乙貴人이고, 巳가 丙의
정록(正祿)이 되어, 서로 사랑하려고 노력하면서 살아가는 궁합이
다.

己巳生과 丁丑生女: 丁食己하고 巳丑이 合이 되며 (7)의 뇌수해괘
(雷水解卦)다. 서로 사랑한다. 특히 남자가 여자를 잘 위해준다. 부
자가 되고 성공하며 자녀도 효도하는 좋은 궁합이다.

庚午生 男子

이에 따르는 宮合에는 (9)의 수택절(水澤節) (10)의 수뢰준(水雷屯)
(11)의 중수감(重水坎) (12)의 수지비괘(水地比卦) 등이 있다.
水地比卦는 平吉하다. 水澤節卦와 水雷屯卦는 半凶半吉하다. 重水坎
卦는 凶하다.

庚午生과 庚午生女: 자형살(自刑殺)이며 (11)의 중수감괘(重水坎卦)이
므로 卦中子午가 相沖한다. 파란이 많고 애정이 없는 좋지못한 궁
합이다.

庚午生과 辛未生女: (12)의 수지비괘(水地比卦)다. 未는 庚의 天乙貴
人이고, 午는 辛의 天乙貴人이며, 午未가 合이 된다. 서로 아껴주
면서 부자가 되고 성공하는 좋은 궁합이다.

庚午生과 壬申生女: (9)의 수택절괘(水澤節卦)이며 고신살(孤辰殺)이
되므로 한때 파란이 있다. 그러나 庚食壬하고 경록재신(庚祿在申)
하며, 申은 午의 역마(驛馬)가 되므로, 서로 사랑하면서 아껴준다.
뒤에는 성공하는 궁합이다.

庚午生과 癸酉生女: (10)의 수뢰준괘(水雷屯卦)이며, 酉가 庚의 양인살
(羊刃殺)이 된다. 파란이 있고 남자가 여자를 무시하는 좋지못한

宮合이다.

庚午生과 甲戌生女 : 甲庚七殺이요 (10)의 수뢰준괘(水雷屯卦)이므로 애로와 파란이 있다. 그러나 午戌이 合이 되고 卦中寅戌合으로 사랑은 하는 궁합이다.

庚午生과 乙亥生女 : 비록 乙庚이 合이 되나 亥는 午의 劫殺이 되고 (11)의 重水坎卦)이므로 卦中子午가 相沖한다. 애정이 없고 파란이 많은 좋지못한 궁합이다.

庚午生과 丙子生女 : (10)의 수뢰준괘(水雷屯卦)다. 그리고 庚丙七殺이고 子午相沖하며 午는 丙의 양인살(羊刃殺)이 된다. 파란이 많고 자주 다투며 성공하기 어려운 좋지못한 궁합이다.

庚午生과 丁丑生女 : (11)의 중수감괘(重水坎卦)이며 丑午가 원진(怨嗔)으로 파란이 많다. 그러나 丑이 庚의 天乙貴人이고 午가 丁의 祿이 되므로, 서로 이해하려고 노력하는 궁합이다.

庚午生과 戊寅生女 : (12)의 수지비괘(水地比卦)에 寅午가 合이 되고 戊食庚이다. 성공하며 서로 사랑하려고 노력한다. 특히 남자가 여자에게 잘해주는 궁합이다.

辛未生 男子

이에 따르는 宮合에는 (13)의 지택림(地澤臨) (14)의 지뢰복(地雷復) (15)의 지수사(地水師) (16)의 중지곤괘(重地坤卦) 등이 있다.
地澤臨卦는 大吉하다. 地雷復卦는 中吉하다. 重地坤卦는 平吉하다.
地水師卦는 半凶半吉하다.

辛未生과 辛未生女 : (16)의 중지곤괘(重地坤卦)로 성공하는 궁합이다. 그러나 퇴신(退神)이 되므로 末年을 대비해야 한다. 卦中卯酉가 相沖하여 자주 다툴 수 있으니 감정을 억제해야 한다.

辛未生과 壬申生女 : (13)의 지택림괘(地澤臨卦)로 부자가 되고 성공하는 궁합이다. 그러나 申이 未의 劫殺로 남자가 여자의 의견을 무시하는 염려가 있다. 고신살(孤辰殺)이 들므로 한때 떨어져 살면 더욱 좋다.

辛未生과 癸酉生女:(14)의 지뢰복괘(地雷復卦)에, 辛食癸하고 신록재유(辛祿在酉) 한다. 서로 아기자기 사랑한다. 부자가 되고 성공하며 子女도 효도하는 아주 좋은 궁합이다.

辛未生과 甲戌生女:(14)의 지뢰복괘(地雷復卦)다. 그리고 未가 甲의 天乙貴人이므로, 부인이 남편을 존경하려고 노력한다. 敎育者나 公務員 등 일정한 職業에 오래 있으면 좋다. 그러나 戌未破殺이고 刑殺이며, 戌이 辛의 양인(羊刃)이 되므로, 男子가 여자의 말을 무시하여 실패수가 있으니 事業家는 조심해야 한다.

辛未生과 乙亥生女: 비록 亥未가 합이 되어 衣食은 별 걱정이 없으나, 乙辛이 七殺이고 (15)의 지수사괘(地水師卦)로 파란이 있다. 건강하면 아기자기 사랑하지 않을 염려가 있고, 사랑하면 한쪽이 病으로 고생하는 등 잘 맞지않는 宮合이다.

辛未生과 丙子生女: 丙辛이 天干合이고 (14)의 지뢰복괘(地雷復卦)에 진신(進神)이 된다. 서로 사랑하고 성공하며 부자가 되는 좋은 궁합이다. 그러나 子未怨嗔으로 가끔 충돌할 염려가 있으니 감정을 억제하는 것이 좋다.

辛未生과 丁丑生女:(16)의 중지곤괘(重地坤卦)다. 寅은 辛의 天乙貴人이고, 未는 戊의 天乙貴人이니, 서로 이해해주려고 노력하면서 성공하는 궁합이다.

辛未生과 己卯生女: 卯未가 合이 되고 己食辛하며 (13)의 지택림괘(地澤臨卦)이므로 卦中亥卯가 합이 된다. 서로 사랑하며 부자가 되고 성공한다. 子女도 효도하는 좋은 궁합이다.

壬申生 男子

이에 따르는 宮合에는 (1)의 중택태(重澤兌) (2)의 택뢰수(澤雷隨) (3)의 택수곤(澤水困) (4)의 택지췌괘(澤地萃卦) 등이 있다.

澤地萃卦는 大吉하다. 重澤兌卦는 平吉하다. 澤雷隨卦는 半凶半吉

하다. (3)의 澤水困卦는 凶하다.

壬申生과 壬申生女: (1)의 중택태괘(重澤兌卦)다. 衣食은 걱정이 없고 성공한다. 그러나 卦中丑未가 相冲하므로 아기자기 사랑하지 않고 가끔 다툴 염려가 있다.

壬申生과 癸酉生女: (2)의 택뢰수괘(澤雷隨卦)다. 子孫이나 기타로 한때 작은 파란이 있다. 그러나 진신(進神)이 되므로 점차 나아지는 宮合이다.

壬申生과 甲戌生女: (2)의 택뢰수괘(澤雷隨卦)이나, 壬食甲하고 申이 戌의 馬가 된다. 부인이 남편을 평생 존경하여 갈수록 나아지는 궁합이다.

壬申生과 乙亥生女: 申이 亥의 劫殺이고 申亥가 육해살(六害殺)이며 고신살(孤辰殺)이 들었으며 (3)의 택수곤괘(澤水困卦)이다. 파란이 많고 한때 떨어져 살아야 한다. 그러나 壬祿在亥하고 申이 乙의 天乙貴人이 되어, 서로 이해하려고 노력하는 궁합이다.

壬申生과 丙子生女: 비록 申子가 합이 되나 丙壬七殺이고, 子가 壬의 양인살(羊刃殺)이며 (2)의 택뢰수괘(澤雷隨卦)이다. 파란이 있으며 남자가 여자의 의견을 무시하는 경우가 많은 궁합이다.

壬申生과 丁丑生女: (3)의 택수곤괘(澤水困卦)로 사업실패 등 파란이 있다. 그러나 丁壬이 합이 되고 卦中寅亥가 합이 되어 서로 사랑하려고 노력하는 궁합이다.

壬申生과 戊寅生女: 상호 환경과 여건이 비슷하지 않으면 壬戊七殺이고 寅申相冲이 되어 자주 다투는 사람이 많다. 그러나 서로 역마(驛馬)가 되고 (4)의 택지췌괘(澤地萃卦)로 卦中巳酉가 합이 되어 서로를 이해하려고 노력한다. 부자가 되고 성공하는 궁합이다.

壬申生과 己卯生女: 卯申이 원진(怨嗔)이고 申이 卯의 劫殺로, 자주 다투는 경우도 있다. 그러나 卯가 壬의 天乙貴人이고 申이 己의 天乙貴人이며 (1)의 중택태괘(重澤兌卦)이므로, 서로 이해해주려고 노력하면서 성공해 나가는 궁합이다.

壬申生과 庚辰生女 : (2)의 택뢰수괘(澤雷隨卦)다. 한때 작은 파란이 있다. 그러나 申辰이 합이 되고 庚食壬하여, 남자가 여자에게 잘하며 차차 좋아지는 궁합이다.

癸酉生 男子

이에 따르는 宮合에는 (5)의 뇌택귀매(雷澤歸妹) (6)의 중뢰진(重雷震) (7)의 뇌수해(雷水解) (8)의 뇌지예괘(雷地豫卦) 등이 있다.
雷水解卦는 大吉하다. 雷地豫卦는 平吉하다. 重雷震卦는 半凶半吉하다. 雷澤歸妹卦는 凶하다.

癸酉生과 癸酉生女 : 자형살(自刑殺)이며, (6)의 중뢰진괘(重雷震卦)로 卦中辰戌이 相冲한다. 파란이 있고 애정이 없는 좋지못한 궁합이다.

癸酉生과 甲戌生女 : 酉戌이 육해살(六害殺)이며 (6)의 중뢰진괘(重雷震卦)이므로 한때 파란이 있다. 그러나 劒鋒金(癸酉)은 逢火(甲戌生) 희성형(喜成形)하는 관성제화지법(官星制化之法)으로 끝내 성공하는 궁합이다.

癸酉生과 乙亥生女 : (7)의 뇌수해괘(雷水解卦)일 뿐 아니라 癸食乙하고 酉가 乙亥를 보면 天德馬가 된다. 서로 아기자기 사랑한다. 관성제화법(官星制化法)까지 해당하여 부자가 되고 성공한다. 子女도 효도하는 地上의 大吉宮合이다.

癸酉生과 丙子生女 : 子酉破殺이며 (6)의 중뢰진괘(重雷震卦)다. 실패도 있고 파란도 있다. 그러나 계록재자(癸祿在子)하고 酉는 丙의 天乙貴人이므로, 서로 이해해 주려고 노력하는 宮合이다.

癸酉生과 丁丑生女 : 酉가 丁의 天乙貴人이고 酉丑이 합이 되며 (7)의 뇌수해괘(雷水解卦)에 진신(進神)이 된다. 서로 사랑하며 부자가 되고 성공하는 좋은 궁합이다.

癸酉生과 戊寅生女 : 寅酉가 원진(怨嗔)이고 寅이 酉의 겁살(劫殺)로 한때 파란이 있다. 그러나 戊癸가 합이 되고 (8)의 뇌지예괘(雷地豫卦)이므로, 서로 사랑하고 이해하려고 노력하면서 성공하는 궁합이다.

癸酉生과 己卯生女：癸己七殺이고 卯酉相冲이며 (5)의 뇌택귀매괘(雷澤歸妹卦)이므로 卦中丑戌이 相冲된다. 파란이 많고 애정도 없으며 병신자식(病身子息)까지 두게 되어 苦生하는 나쁜 宮合이다.

癸酉生과 庚辰生女：酉가 庚의 양인(羊刃)이고 (6)의 중뢰진괘(重雷震卦)이므로 卦中辰戌이 相冲한다. 파란이 있고 애정이 없는 결혼생활이 되는 좋지못한 궁합이다.

癸酉生과 辛巳生女：巳는 癸의 天乙貴人이고, 酉는 辛의 정록(正祿)이 되며, 辛食癸이다. 그리고 (7)의 뇌수해괘(雷水解卦)이므로 卦中申辰이 合이 된다. 서로 아기자기 사랑하고 아껴준다. 부자가 되고 성공하며 子女도 成功하는 좋은 宮合이다.

甲戌生 男子

이에 따르는 宮合에는 (5)의 뇌택귀매(雷澤歸妹) (6)의 중뢰진(重雷震) (7)의 뇌수해(雷水解) (8)의 뇌지예괘(雷地豫卦) 등이 있다.
雷水解卦는 大吉하다. 雷地豫卦는 平吉하다. 重雷震卦는 半凶半吉하다. 雷澤歸妹卦는 凶하다.

甲戌生과 甲戌生女：(6)의 중뢰진괘(重雷震卦)로 波乱이 있다. 卦中辰戌이 相冲하여 애정이 없는 結婚生活이 되기쉽다.

甲戌生과 乙亥生女：고신살(孤辰殺)이 들므로 한때 떨어져 살면 좋다. (7)의 뇌수해괘(雷水解卦)이므로 서로 사랑하고 성공하는 좋은 宮合이다. 그러나 亥가 戌의 劫殺이 되므로 남자가 여자의 의사를 존중하지 않는 경우도 있다.

甲戌生과 丙子生女：甲食丙하니 여자가 남자에게 순종하려고 노력한다. (6)의 중뢰진괘(重雷震卦)이므로 파란이 있고 의견대립도 자주 있는 궁합이다.

甲戌生과 丁丑生女：丑戌이 三刑이 되니 한때 약간의 파란이 있다. 그러나 丑이 甲의 天乙貴人이 되고 (7)의 뇌수해괘(雷水解卦)이므

甲戌生과 戊寅生女 : 갑록재인(甲祿在寅)하고 寅戌이 合이 되며 (8)의 뇌지예괘(雷地豫卦)이므로 卦中午未가 合이 된다. 서로 아끼고 사랑한다. 성공을 하며 자녀도 효도하는 좋은 궁합이다.

甲戌生과 己卯生女 : 비록 甲己가 天干合이고 卯戌이 地支合이나 卯가 甲의 양인(羊刃)이고 (5)의 뇌택귀매괘(雷澤歸妹卦)이므로 卦中의 丑戌이 三刑이 된다. 파란이 많고 男子가 女子를 무시하는 사람이 많다.

甲戌生과 庚辰生女 : 甲庚七殺이고 辰戌相冲하며 (6)의 중뢰진괘(重雷震卦)로 卦中辰戌이 相冲한다. 파란이 많고 애정이 없는 좋지못한 궁합이다.

甲戌生과 辛巳生女 : 巳戌이 원진(怨嗔)이며 戌이 辛의 양인살(羊刃殺)이므로 한때 작은 파란이 있다. 그러나 (7)의 뇌수해괘(雷水解卦)이므로 卦中申辰이 合이 되어 모든 애로 파란을 물리친다. 그리고 서로를 이해해주며 성공하는 궁합이다.

甲戌生과 壬午生女 : 壬食甲하고 午戌이 合이 되며 (8)의 뇌지예괘(雷地豫卦)이므로 卦中午未가 合이 된다. 서로 사랑하면서 성공하고 子女도 孝道하는 좋은 宮合이다.

乙亥生 男子

이에 따르는 宮合에는 (9)의 수택절(水澤節) (10)의 수뢰준(水雷屯) (11)의 중수감(重水坎) (12)의 수지비괘(水地比卦) 등이 있다.

水地比卦는 平吉하다. 水雷屯卦와 水澤節卦는 半凶半吉하다. 重水坎卦는 凶하다.

乙亥生과 乙亥生女 : 자형살(自刑殺)이며 (11)의 중수감괘(重水坎卦)로 卦中子午가 相冲한다. 파란이 있고 애정이 없는 좋지못한 宮合이다.

乙亥生과 丙子生女 : (10)의 수뢰준괘(水雷屯卦)이므로 한때 파란이 있다. 그러나 子는 乙의 天乙貴人이고 亥는 丙의 天乙貴人이며, 卦中寅戌이 合이 되어, 서로 아끼고 사랑하면서 파란을 이겨나가는 궁합이다.

乙亥生과 丁丑生女: (11)의 중수감괘(重水坎卦)로 파란(波乱)이 있다. 그러나 進神이 되었고 乙食丁하며 亥가 丁의 天乙貴人이며 丑의 역마(驛馬)가 된다. 부인이 남편을 평생 존경하면서 점차 나아지는 궁합(宮合)이다.

乙亥生과 戊寅生女: 亥가 寅의 劫殺이고 寅亥가 파살(破殺)이며 고신살(孤辰殺)이 되므로 한때 실패와 파란이 있다. 그러나 (12)의 수지비괘(水地比卦)이므로 끝내 파란을 이기고 성공하는 궁합이다. 좌절하지말고 최선을 다하라.

乙亥生과 己卯生女: 己乙이 七殺이고 (9)의 수택절괘(水澤節卦)로 한때 파란(波乱)이 있다. 그러나 을록재묘(乙祿在卯)하고 亥卯가 合이 되며 卦中巳申이 合이 되므로, 서로 사랑하면서 점차 나아지는 宮合이다.

乙亥生과 庚辰生女: 辰亥가 원진(怨嗔)이고 辰이 乙의 양인살(羊双殺)이며 (10)의 수뢰준괘(水雷屯卦)이므로 파란이 많고 충돌이 많다. 그러나 진신(進神)이 되며 乙庚合하므로 뒤에는 좋아지는 宮合이다.

乙亥生과 辛巳生女: 乙辛七殺이고 巳亥相冲이며 (11)의 중수감괘(重水坎卦)이므로 卦中子午까지 相冲이다. 波乱이 많고 애정이 없으며 병신자식(病身子息)까지 두게 되는 나쁜 宮合이다.

乙亥生과 壬午生女: 임록재해(壬祿在亥)하고 (12)의 수지비괘(水地比卦)이므로 성공은 하는 궁합이다. 그러나 주위 여건이 차이가 나면 亥가 午의 劫殺이 되어 여자가 남자를 무시하는 경우도 있다.

乙亥生과 癸未生女: (9)의 수택절괘(水澤節卦)이므로 한때 파란이 있다. 그러나 亥未가 合하고 癸食乙하며 卦中巳申이 合으로, 서로 아끼고 사랑하며 점차 좋아지는 궁합이다.

丙子生 男子

이에 따르는 宮合에는 (5)의 뇌택귀매(雷澤歸妹) (6)의 중뢰진(重雷震) (7)의 뇌수해(雷水解) (8)의 뇌지예괘(雷地豫卦) 등이 있다.

雷水解卦는 大吉하다. 雷地豫卦는 平吉하다. 重雷震卦는 半凶半吉하다. 雷澤歸妹卦는 凶하다.

丙子生과 丙子生女: 자형살(自刑殺)일 뿐 아니라 (6)의 중뢰진괘(重雷震卦)로 卦中辰戌이 相冲한다. 파란이 많고 의견이 맞지않아 생이사별(生離死別)을 暗示하는 등 좋지못한 궁합이다.

丙子生과 丁丑生女: 子丑이 합이며 (7)의 뇌수해괘(雷水解卦)이므로 卦中申辰이 합이 된다. 서로 아끼고 사랑하며 부자가 되고 성공한다. 子女도 효도하는 좋은 궁합이다.

丙子生과 戊寅生女: 丙食戊하며 寅은 子의 馬다. (8)의 뇌지예괘(雷地豫卦)이므로 卦中午未가 합이 된다. 서로 아끼고 사랑하며 성공하는 좋은 宮合이나 孤辰殺이 드니 한때 떨어져 살아야 좋다.

丙子生과 己卯生女: 자묘형살(子卯刑殺)이 되었고 子가 己의 天乙貴人이 되어 부인이 남편을 존경하는 사람도 있다. 그러나 (5)의 뇌택귀매괘(雷澤歸妹卦)에 퇴신(退神)이 되었으며 卦中丑戌이 三刑되었으므로, 애정이 없는 결혼생활이 되기 쉽다. 파란이 많고 병신 자식도 둘 수 있는 좋지못한 궁합이다.

丙子生과 庚辰生女: 비록 子辰이 합이 되나 庚丙이 七殺이고 (6)의 중뢰진괘(重雷震卦)로 卦中辰戌이 相冲한다. 波乱이 많고 의견이 맞지않는 경우가 많은 좋지못한 궁합이다.

丙子生과 辛巳生女: 丙辛이 天干合이 되고 병록재사(丙祿在巳)하며 (7)의 뇌수해괘(雷水解卦)이므로 卦中申辰이 합이 된다. 사랑하면서 성공하는 좋은 궁합이다.

그러나 巳가 子의 劫殺이 되어 여자의 하는 일이 꼼꼼한 남자의 눈에 들지않는 경우도 있다.

제1편 궁 합   69

丙子生과 壬午生女 : (8)의 뇌지예괘(雷地豫卦)에 진신(進神)이 되어 성공하는 宮合이다. 그러나 丙壬이 七殺이고 子午가 相冲이며 서로 양인살(羊刃殺)이 되므로 마찰이 많다. 병신자식을 둘 염려도 있는 궁합이다.

丙子生과 癸未生女 : 계록재자(癸祿在子)하여 여자가 남편을 존경하는 사람이 많다. 그러나 子未怨嗔이고 (5)의 뇌택귀매괘(雷澤歸妹卦)로 卦中丑戌이 三刑되어 子孫이나 財物 기타로 파란이 많다. 그리고 애정이 없는 결혼생활이 되기 쉬운 좋지못한 궁합이다.

丙子生과 甲申生女 : 申子가 合이 되고 甲食丙하니 남자가 여자를 많이 위해주는 사람도 있다. 그러나 (5)의 뇌택귀매괘(雷澤歸妹卦)이며 퇴신(退神)이 되므로 파란이 많다. 卦中丑戌이 三刑되어 애정이 없는 결혼생활이 되기 쉽다. 서로 하는 일이 마음에 맞지않는 일이 많다.

丁丑生 男子

이에 따르는 宮合에는 (9)의 수택절(水澤節) (10)의 수뢰준(水雷屯) (11)의 중수감(重水坎) (12)의 수지비괘(水地比卦) 등이 있다.
水地比卦는 平吉하다. 水澤節卦와 水雷屯卦는 半凶半吉하다. 重水坎卦는 凶하다.

丁丑生과 丁丑生女 : (11)의 중수감괘(重水坎卦)로 卦中子午가 相冲이다. 子女나 財物 기타로 파란이 많다. 자주 다투거나 의견충돌이 많다. 애정없는 결혼생활에 생이사별(生離死別)을 暗示하는 등 좋지못한 궁합이다.

丁丑生과 戊寅生女 : 丑이 戌의 天乙貴人이며 (12)의 수지비괘(水地比卦)로, 여자가 남편을 존경하며 성공하는 궁합이다. 그러나 寅이 丑의 劫殺이 되어 여자의 하는 일이 종종 남자의 마음에 들지않는 경우가 많다.

丁丑生과 己卯生女 : (9)의 수택절괘(水澤節卦)다. 한때 파란이 있다.

그러나 丁食己하고 卦中巳申이 合이 되어 서로 사랑한다. 女子가 평생 남편을 존경하며 차차 좋아지는 궁합이다.

丁丑生과 庚辰生女: (10)의 수뢰준괘(水雷屯卦)이며 丑辰이 파살(破殺)이다. 波乱이 많고 실패도 많아 좋지못한 궁합이다. 그러나 卦中申子로 相生하여 둘의 사이는 좋은 사람이 많다.

丁丑生과 辛巳生女: 辛丁七殺이고 (11)의 중수감괘(重水坎卦)이므로 파란이 많은 궁합이다. 그러나 巳丑이 合이 되고 進神이 되므로 생활은 차차 나아지는 宮合이다.

丁丑生과 壬午生女: 丁壬合이 되고 정록재오(丁祿在午)하며 (12)의 수지비괘(水地比卦)다. 남자가 부인을 사랑하려고 노력하면서 성공하는 궁합이다. 그러나 丑午가 원진(怨嗔)으로 의견충돌이 가끔 있는 궁합이다.

丁丑生과 癸未生女: 丁癸가 七殺이고 丑未가 相冲이며 서로 양인살(羊刃殺)이 되며 (9)의 수택절괘(水澤節卦)다. 파란이 많고 의견대립이 많다. 병신자식도 둘 수 있는 좋지못한 궁합이다.

丁丑生과 甲申生女: (9)의 수택절괘(水澤節卦)이므로 한때 파란이 있다. 그러나 丑이 甲의 天乙貴人이 되므로 부인이 남편을 존경하면서 차츰 나아지는 宮合이다.

丁丑生과 乙酉生女: (10)의 수뢰준괘(水雷屯卦)로 한때 波乱이 있다. 그러나 酉丑이 合이 되고 乙食丁하며 卦中申子가 合이 되므로 둘이 서로 사랑한다. 특히 남편이 부인에게 잘하려고 노력하면서 발전하는 궁합이다.

戊寅生 男子

이에 따르는 宮合에는 (13)의 지택림(地澤臨) (14)의 지뢰복(地雷復) (15)의 지수사(地水師) (16)의 중지곤괘(重地坤卦) 등이 있다.

地澤臨卦는 大吉하다. 地雷復卦는 中吉하다. 重地坤卦는 平吉하다. 地水師卦는 半凶半吉하다.

제1편 궁 합 71

戊寅生과 戊寅生女 : (16)의 중지곤괘(重地坤卦)로 성공하는 궁합이다. 그러나 卦中卯酉가 相沖하므로 자주 의견충돌이 있을 수 있다. 감정억제에 노력하라.

戊寅生과 己卯生女 : (12)의 지택림괘(地澤臨卦)로 卦中亥卯가 합이 되어있다. 서로 사랑하고 부자가 되며 성공한다. 子女도 효도하는 좋은 궁합이다.

戊寅生과 庚辰生女 : 戊食庚하며 戊寅은 辰의 녹마(祿馬)가 된다. (14)의 지뢰복괘(地雷復卦)이며 進神이 되며 卦中子丑이 합이 된다. 서로 사랑한다.특히 부인이 평생 남편을 존경한다. 부자가 되며 성공하고 자녀도 효도하는 大吉宮合이다.

戊寅生과 辛巳生女 : 寅巳가 三刑殺이고 육해살(六害殺)이며 寅이 巳의 劫殺이고 (15)의 지수사괘(地水師卦)이며 고신살(孤辰殺)이 된다. 한때 떨어져 살며 子女 기타로 파란이 많다. 주위 환경이 차이가 나면 애정이 없는 결혼생활도 되는 좋지못한 궁합이다. 그러나 환경이 엇비슷한 사람끼리 만나면 무록재사(戊祿在巳)하고 寅이 辛의 天乙貴人이 되므로, 서로 존경하려고 노력은 하는 宮合이다.

戊寅生과 壬午生女 : 壬戊가 七殺이고 午가 戊의 양인살(羊刃殺)이며 (16)의 중지곤괘(重地坤卦)다. 衣食은 걱정이 없다. 그러나 卦中卯酉가 相沖되어 애정이 없는 결혼생활에 의견대립으로 자주 다투는 궁합이다. 사람에 따라서는 寅午가 합이 되어 서로 존경하려고 노력하는 사람도 있다.

戊寅生과 癸未生女 : 戊癸가 합이 되고 未는 戊의 天乙貴人이며 (13)의 지택림괘(地澤臨卦)가 되므로 卦中亥卯가 합이 된다. 서로 아기자기 사랑하면서 성공하며 자녀도 효도하는 大吉宮合이다. 그러나 퇴신(退神)이 되므로 福을 좀 감했고 末年을 잘 대비해야 한다.

戊寅生과 甲申生女 : 戊甲이 七殺이고 寅申이 相沖하니 주위 환경이 차이가 나면 가끔 다투는 사람도 있다. 그러나 갑록재인(甲祿在寅)하고 (13)의 지택림괘(地澤臨卦)로 애로 파란을 이기고 성공한다.

卦中亥卯가 相生合이 되므로 사랑하는 좋은 궁합이다.

戊寅生과 乙酉生女: 비록 寅酉가 원진(怨嗔)이고 寅이 酉의 劫殺이 되어 주위 여건이 차이가 나는 사람은 가끔 다툴 수 있다. 그러나 (14)의 지뢰복괘(地雷復卦)이며 진신(進神)이 되었으니 卦中子丑이 合이 되어 사랑하려고 노력하면서 성공하는 궁합이다.

戊寅生과 丙戌生女: 寅戌이 合이 되고 丙食戌하므로 남자가 여자에게 잘해주려고 노력한다. 그러나 (15)의 지수사괘(地水師卦)로 애정이 없고 파란이 있는 半凶半吉의 궁합이다.

己卯生 男子

이에 따르는 宮合에는 (1)의 중택태(重澤兌) (2)의 택뢰수(澤雷隨) (3)의 택수곤(澤水困) (4)의 택지췌괘(澤地萃卦) 등이 있다.

澤地萃卦는 大吉하다. 重澤兌卦는 平吉하다. 澤雷隨卦와 澤水困卦는 半凶半吉하다.

己卯生과 己卯生女: (1)의 중택태(重澤兌)로 衣食은 걱정이 없다. 그러나 卦中丑未가 相冲하므로 애정이 없는 결혼생활이 되거나 가끔 의견충돌이 있다. 퇴신(退神)이 되므로 末年을 잘 대비해야 한다.

己卯生과 庚辰生女: 卯辰이 육해살(六害殺)이며 (2)의 택뢰수괘(澤雷隨卦)다. 子孫이나 財物 기타로 한때 波乱이 있다. 아기자기 사랑하지 않을 염려도 있는 궁합이다.

己卯生과 辛巳生女: 고신살(孤辰殺)이 드니 한때 떨어져 살아야 좋다. (3)의 택수곤괘(澤水困卦)이므로 한때 사업가는 失敗數도 있고 파란이 있다. 그러나 己食辛하고 巳가 卯의 馬가 되며 卦中寅亥가 合이 되어 서로 사랑하려고 노력하면서 차차 나아지는 궁합이다.

己卯生과 壬午生女: (4)의 택지췌괘(澤地萃卦)에 기록재오(己祿在午)하고 卯는 壬의 天乙貴人이며 卦中巳酉가 合이 된다. 서로 아끼고 사랑하며 성공하는 좋은 궁합이다. 그러나 파살(破殺)이 들므로 한때 실패의 염려도 있다.

己卯生과 癸未生女 : 卯未가 合이 되고 卯가 癸의 天乙貴人이 되며 (1)의 중택태괘(重澤兌卦)다. 衣食은 걱정없고 여자가 남자를 존경한다. 그러나 未가 己의 양인(羊刄)이 되며 癸己七殺이 되고 卦中 丑未가 相冲되므로 남자는 여자를 사랑하지 않는다. 애정이 없는 결혼생활이 되기 쉽고 가끔 다툴 수 있는 궁합이다.

己卯生과 甲申生女 : 甲己가 天干合하고 申이 己의 天乙貴人이며 (1)의 중택태괘(重澤兌卦)이다. 衣食은 별 걱정이 없고 서로 이해하려고 노력은 한다. 그러나 申이 卯의 劫殺이 되고 卯는 甲의 羊刄殺이며 卯申이 원진(怨嗔)으로 서로 충돌이 잦고 애정이 없는 결혼생활이 되기 쉬운 궁합이다.

己卯生과 乙酉生女 : 을록재묘(乙祿在卯)하므로 여자가 남자를 존경하려고 노력하는 사람도 있다. 그러나 己乙이 七殺이고 卯酉가 相冲하며 (2)의 택뢰수괘(澤雷隨卦)이므로 한때 파란이 있고 자주 다툰다. 애정이 없는 결혼생활이 되기 쉬운 궁합이다.

己卯生과 丙戌生女 : (3)의 택수곤괘(澤水困卦)다. 공직자(公職者) 교육자(教育者) 기타 일정한 직장에서 오래 근무하는 사람은 무난하다. 사업가나 자영업자(自營業者)는 한때 실패를 조심해야 한다. 卯戌이 合이 되고 卦中寅亥가 相生合하니 둘의 사이는 多情하다.

己卯生과 丁亥生女 : 丁食己하고 亥卯가 合이 되고 (4)의 택지췌괘(澤地萃卦)이므로 卦中巳酉가 合이 된다. 서로 아기자기 사랑한다. 특히 남자가 여자에게 잘해주려고 노력한다. 성공하고 자녀도 효도하는 궁합이다. 퇴신(退神)이 되니 末年을 잘 대비해야 한다.

庚辰生 男子

이에 따르는 宮合에는 (5)의 뇌택귀매(雷澤貴妹) (6)의 중뢰진(重雷震) (7)의 뇌수해(雷水解) (8)의 뇌지예괘(雷地豫卦) 등이 있다.
雷水解卦는 大吉하다. 雷地豫卦는 平吉하다. 重雷震卦는 半凶半吉하다. 雷澤貴妹卦는 凶하다.

庚辰生과 庚辰生女: (6)의 중뢰진괘(重雷震卦)이며 자형살(自刑殺)이고 卦中辰戌이 相冲한다. 자주 다투거나 파란이 있고 애정이 없다. 생이사별(生離死別)을 暗示하는 등 좋지못한 궁합이다.

庚辰生과 辛巳生女: (7)의 뇌수해괘(雷水解卦)이니 卦中申辰이 相生合이다. 서로 사랑하면서 성공하는 좋은 궁합이다. 그러나 巳가 辰의 劫殺이므로 부인의 하는 일이 꼼꼼한 남편의 마음에 들지않는 경우가 가끔 있다. 고신살(孤辰殺)이 드니 한때 떨어져 살면 더욱 좋다.

庚辰生과 壬午生女: 庚食壬하고 (8)의 뇌지예괘(雷地豫卦)니 卦中午未가 合이 되어 서로 아끼고 사랑한다. 평생 여자가 남편을 잘 받든다. 부자가 되고 성공하며 자녀도 효도하는 大吉宮合이다.

庚辰生과 癸未生女: (5)의 뇌택귀매괘(雷澤貴妹卦)다. 卦中丑戌이 삼형(三刑)되어 애정이 없고 실패가 많다. 파란도 많은 좋지못한 궁합이다.

庚辰生과 甲申生女: 비록 申辰이 합이 되고 경록재신(庚祿在申)하여 마음은 비록 사랑해 보려고 노력을 한다. 그러나 甲庚이 七殺이고 (5)의 뇌택귀매괘(雷澤貴妹卦)이니 卦中丑戌이 三刑되어 파란이 많고 실패가 있는 좋지못한 궁합이다.

庚辰生과 乙酉生女: 비록 乙庚이 天干合 되고 辰酉가 地支合 되어 이해하고 사랑해 보려고 노력을 해본다. 그러나 酉가 庚의 羊刃이고 辰은 乙의 羊刃이며 (6)의 중뢰진괘(重雷震卦)이니 卦中辰戌까지 相冲되어, 자주 다투거나 의견차이가 많다. 애정이 없고 파란이 있는 좋지못한 궁합이다.

庚辰生과 丙戌生女: 비록 辰戌이 相冲되고 庚丙이 七殺로 가끔 다투는 사람도 있다. 그러나 (7)의 뇌수해괘(雷水解卦)에 진신(進神)이 되었으니 卦中申辰이 相生合이 되어 사랑하고 이해하려고 노력한다. 부자가 되고 성공하는 좋은 궁합이다.

庚辰生과 丁亥生女: 비록 辰亥가 원진(怨嗔)으로 주위 환경이 차이가 나면 가끔 다투는 사람도 있다. 그러나 (8)의 뇌지예괘(雷地豫卦)

이니 卦中午未가 相生合이 되어 아끼고 사랑하는 사람이 더 많으며 성공하는 궁합이다.

庚辰生과 戊子生女 : 子辰이 合이 되고 戊食庚하며 (7)의 뇌수해괘(雷水解卦)이니 卦中申辰이 合이 된다. 서로 알뜰히 아끼고 사랑하며. 부자가 되고 성공한다. 子女도 효도하는 大吉宮合이다.

辛巳生 男子

이에 따르는 宮合에는 (9)의 수택절(水澤節) (10)의 수뢰준(水雷屯) (11)의 중수감(重水坎) (12)의 수지비괘(水地比卦) 등이 있다. 水地比卦는 平吉하다. 水澤節과 水雷屯卦는 半凶半吉하다. 重水坎卦는 좋지않다.

辛巳生과 辛巳生女 : (11)의 중수감괘(重水坎卦)로 卦中子午가 相冲하므로 자주 다투거나 파란이 많다. 생이사별(生離死別)을 暗示하는 등 좋지못한 宮合이다.

辛巳生과 壬午生女 : 辛이 午를 보면 天乙貴人이고 巳는 壬의 天乙貴人이며 (12)의 수지비괘(水地比卦)다. 아끼고 사랑하려고 노력하면서 성공하는 吉한 宮合이다. 그러나 卦中子卯가 相刑 되어 병신 자식을 두는 수도 있다.

辛巳生과 癸未生女 : (9)의 수택절괘(水澤節卦)다. 한때 파란이 있다. 그러나 辛食癸하며 巳가 未의 馬가 되므로 여자가 평생 남자를 존경하며 점차 좋아지는 궁합이다.

辛巳生과 甲申生女 : 巳가 申의 劫殺이며 申은 辛巳의 空亡이다. 그리고 삼형살(三刑殺)에 파살(破殺)이고 고신살(孤辰殺)도 들고 (9)의 수택절괘(水澤節卦)다. 파란이 많고 떨어져 살아야 하며 대립도 많은 좋지못한 宮合이다.

辛巳生과 乙酉生女 : (10)의 수뢰준괘(水雷屯卦)로 한때 波乱이 있다. 그러나 巳酉가 合이 되고 酉가 辛의 정록(正祿)이며 卦中寅戌이 合이 되어 사랑으로 애로 파란을 이겨나가는 궁합이다.

辛巳生과 丙戌生女 : 비록 丙辛이 天干合이고 巳가 丙의 정록(正祿)이나, 巳戌이 원진(怨嗔)이고 戌이 辛의 양인살(羊刃殺)이며 (11)의 중수감괘(重水坎卦)다. 파란이 많고 남편이 부인을 사랑하지 않는 좋지못한 궁합이다.

辛巳生과 丁亥生女 : (12)의 수지비괘(水地比卦)로 衣食은 걱정이 없다. 그러나 辛丁이 七殺이고 巳亥가 相冲일 뿐 아니라 卦中子卯가 相刑되어 병신자식을 두기 쉽다. 애정이 없는 결혼생활이 되기 쉬운 궁합이다.

辛巳生과 戊子生女 : 巳가 子의 劫殺이며 (11)의 중수감괘(重水坎卦)이니 卦中子午가 相冲되어 자주 충돌하고 파란이 많고 애정이 없는 궁합이다.

辛巳生과 己丑生女 : 巳丑이 合이고 己食辛하며 (12)의 수지비괘(水地比卦)다. 사랑하려고 노력하면서 남편이 부인에게 잘 대우하고 성공하는 좋은 궁합이다.

壬午生 男子

이에 따르는 宮合에는 (13)의 지택림(地澤臨) (14)의 지뢰복(地雷復) (15)의 지수사(地水師) (16)의 중지곤괘(重地坤卦) 등이 있다.

地澤臨卦는 大吉하다. 地雷復卦는 中吉하다. 中地坤卦는 平吉하다. 地水師卦는 半凶半吉하다.

壬午生과 壬午生女 : (16)의 중지곤괘(中地坤卦)다. 衣食은 걱정이 없다. 그러나 퇴신(退神)이 되었고 자형살(自刑殺)이므로, 자주 다투고 애정이 없는 결혼생활이 되는 궁합이다.

壬午生과 癸未生女 : 午未가 合이 되고 (13)의 지택림괘(地澤臨卦)이니 卦中亥卯가 相生合이 된다. 서로 아끼고 사랑하며 부자가 되고 성공한다. 子女도 효도하는 大吉한 宮合이다.

壬午生과 甲申生女 : (13)의 지택림괘(地澤臨卦)에 壬食甲하며 申은 午의 馬가 되어 서로 사랑한다. 여자가 평생 남편을 존경하는 좋은 궁합이다. 그러나 고신살(孤辰殺)이 되고 퇴신(退神)이 되므로 末年을 대비해야 할 것이다.

壬午生과 乙酉生女 : 납음(納音)이 水木으로 相生하였고 (14)의 지뢰복괘(地雷復卦)이니 卦中子丑이 합이 된다. 서로 아끼고 사랑하며 부자가 되고 성공한다. 子女도 효도하는 좋은 궁합이다.

壬午生과 丙戌生女 : 비록 午戌이 합이 되나 丙壬이 七殺이고 (15)의 지수사괘(地水師卦)다. 衣食은 별 걱정이 없으나 파란이 많고 애정이 엷은 궁합이다.

壬午生과 丁亥生女 : 丁壬이 天干合 되고 임록재해(壬祿在亥) 하며 정록재오(丁祿在午)하고 (16)의 중지곤괘(重地坤卦)이다. 서로 사랑하려고 노력하면서 성공하는 궁합이다. 그러나 亥가 午의 劫殺이 되므로 꼼꼼한 남자의 눈에 여자의 하는 일이 不滿일 때가 있다. 또한 퇴신(退神)이 되므로 末年을 대비해야 하는 궁합이다.

壬午生과 戊子生女 : 壬戊七殺이고 子午相冲이며 子는 壬의 양인(羊刃)이고 午는 戊의 양인(羊刃)이며 (15)의 지수사괘(地水師卦)다. 자주 충돌하고 애정이 없고 파란이 많은 좋지못한 궁합이다.

壬午生과 己丑生女 : (16)의 중지곤괘(重地坤卦)로 기록재오(己祿在午)하여 衣食은 걱정이 없다. 여자가 남편을 존경하려고 노력한다. 그러나 丑午가 원진(怨嗔)이며 卦中卯酉가 相冲하여 남자는 여자를 사랑하지 않고 자주 다툴 염려가 있는 궁합이다.

壬午生과 庚寅生女 : 庚食壬하고 寅午가 합이며 (13)의 지택림괘(地澤臨卦)다. 서로 아끼고 사랑하며 성공하고 자녀도 효도하는 좋은 궁합이다. 그러나 退神이 되므로 末年을 잘 대비하라.

癸未生 男子

이에 따르는 宮合에는 (1)의 중택태(重澤兌) (2)의 택뢰수(澤雷隨) (3)의 택수곤(澤水困) (4)의 택지췌괘(澤地萃卦) 등이 있다.

澤地萃卦는 大吉하다. 重澤兌卦는 平吉하다. 澤雷隨卦와 澤水困

卦는 半凶半吉하다.

癸未生과 癸未生女: (1)의 중택태괘(重澤兌卦)이다. 큰 애로와 파란이 없이 점차 성공하는 平吉한 宮合이다. 그러나 卦中丑未가 상충(相冲)되어 깊은 애정이 없다. 자주 다투지 않도록 노력하라.

癸未生과 甲申生女: (1)의 중택태괘(重澤兌卦)이므로 衣食 걱정없이 성공한다. 甲이 未를 보면 天乙貴人이 되므로 여자는 남자를 존경하려고 노력한다. 그러나 申은 未의 劫殺이 되어 남자는 여자를 무시하거나 여자의 하는 일이 마음에 들지않는 경우가 많다. 고신살(孤辰殺)이 되어 한때 떨어져 살면 좋다.

癸未生과 乙酉生女: (2)의 택뢰수괘(澤雷隨卦)다. 한때 波亂이 있다. 그러나 癸食乙 하니 여자가 평생 남편을 존경하며 차츰 좋아지는 궁합이다.

癸未生과 丙戌生女: 戌未가 파살(破殺)이고 삼형살(三刑殺)이며 (3)의 택수곤괘(澤水困卦)다. 실패와 애로가 많은 좋지못한 궁합이다.

癸未生과 丁亥生女: 丁癸가 七殺이고 未가 丁의 양인살(羊刃殺)이 되므로, 여자가 남자의 하는 일이 마음에 들지않는 일이 있을 수 있다. 그러나 (4)의 택지췌괘(澤地萃卦)이니 卦中巳酉가 합이 되고 亥未가 합이 되어 사랑하려고 노력하면서 성공하는 좋은 궁합이다.

癸未生과 戊子生女: 子未가 원진(怨嗔)이며 (3)의 택수곤괘(澤水困卦)이므로 파란이 있다. 그러나 戊癸가 天干合이고 계록재자(癸祿在子)하며 未는 戊의 天乙貴人이 되며 卦中寅亥가 합이 되어 서로 사랑하려고 노력하는 궁합이다.

癸未生과 己丑生女: (4)의 택지췌괘(澤地萃卦)이므로 衣食은 걱정이 없다. 卦中巳酉가 합이 되어 사랑하려고 노력하는 사람이 많다. 주위 환경이 격차가 나는 사람 가운데 癸己七殺이고 丑未가 相冲이며 丑은 癸의 羊刃殺이고 未는 己의 羊刃殺이 되어, 자주 다투고 미워하는 사람도 있다.

癸未生과 庚寅生女 : 未가 庚의 天乙貴人이므로 여자가 남편을 존경하려고 노력한다. (1)의 중택태괘(重澤兌卦)이므로 衣食도 걱정이 없다. 큰 파란이 없이 차츰 성공해 나가는 平吉의 宮合이다.

癸未生과 辛卯生女 : (2)의 택뢰수괘(澤雷隨卦)이나, 卯未가 合이 되고 卯는 癸의 天乙貴人이며 辛食癸이다. 서로 사랑하며 남편이 부인을 지극히 아껴준다. 한때의 파란쯤은 무난히 이겨내고 좋아지는 궁합이다.

甲申生 男子

이에 따르는 宮合에는 (1)의 중택태(重澤兌) (2)의 택뢰수(澤雷隨) (3)의 택수곤(澤水困) (4)의 택지췌괘(澤地萃卦) 등이 있다.
澤地萃卦는 大吉하다. 重澤兌卦는 平吉하다. 澤雷隨卦와 澤水困卦는 半凶半吉하다.

甲申生과 甲申生女 : (1)의 중택태괘(重澤兌卦)이므로 衣食은 걱정이 없다. 卦中丑未가 相沖되어 애정이 없는 결혼생활이나 가끔 다툴 수가 있다.

甲申生과 乙酉生女 : 乙이 申을 보면 天乙貴人이 되므로 여자가 남편을 존경하려고 노력한다. (2)의 택뢰수괘(澤雷隨卦)로 자손이나 財物 기타로 약간의 파란이 있다. 큰 성공은 어려운 宮合이다.

甲申生과 丙戌生女 : (3)의 택수곤괘(澤水困卦)다. 한때 失敗의 우려가 있다. 그러나 甲食丙하니 여자가 순종하므로서 차차 나아지는 宮合이다.

甲申生과 丁亥生女 : (4)의 택지췌괘(澤地萃卦)로 衣食 걱정이 없이 성공한다. 그러나 申亥가 육해살(六害殺)이며 申이 亥의 劫殺이 되어, 여자가 남편을 무시하거나 마음에 들어하지 않는 경향이 많다. 孤辰殺도 드니 가끔 떨어져 살면 좋은 宮合이다.

甲申生과 戊子生女 : (3)의 택수곤괘(澤水困卦)로 한때 실패와 파란이 있다. 그러나 申子가 合이 되고 卦中寅亥가 合이 되어 둘의 사이는 좋으므로, 애로 파란을 이겨나가는 궁합이다.

甲申生과 己丑生女: (4)의 택지췌괘(澤地萃卦)일 뿐만 아니라 甲己가 天干合하고 丑은 甲의 天乙貴人이며 申은 己의 天乙貴人이 된다. 서로 아기자기 사랑하며 부자가 되고 성공한다. 子女도 효도하고 성공하는 대길상(大吉祥) 궁합이다.

甲申生과 庚寅生女: 갑록재인(甲祿在寅)하고 경록재신(庚祿在申)하여 서로 사랑하려고 노력하는 사람이 있다. (1)의 중택태괘(重澤兌卦)로 衣食은 걱정이 없다. 그러나 甲庚七殺이고 寅申相冲하고 卦中丑未가 相冲하여 자주 다투고 의견충돌이 많은 궁합이다.

甲申生과 辛卯生女: (2)의 택뢰수괘(澤雷隨卦)이다. 卯가 甲의 양인(羊刃)이고 申은 卯의 劫殺이 된다. 애정이 없고 파란도 있는 좋지 않은 궁합이다.

甲申生과 壬辰生女: (3)의 택수곤괘(澤水困卦)이므로 한때 파란이 있다. 그러나 申辰이 合하고 壬食甲하며 卦中寅亥가 合이 되므로 서로 사랑한다. 특히 남자가 여자를 존중하면서 애로를 극복해 나가는 宮合이다.

乙酉生 男子

이에 따르는 宮合에는 (5)의 뇌택귀매(雷澤歸妹) (6)의 중뢰진(重雷震) (7)의 뇌수해(雷水解) (8)의 뇌지예괘(雷地豫卦) 등이 있다.
雷水解卦는 大吉하다. 雷地豫卦는 平吉하다. 重雷震卦는 半凶半吉하다. 雷澤歸妹卦는 凶하다.

乙酉生과 乙酉生女: (6)의 중뢰진괘(重雷震卦)로 자형살(自刑殺)이며 卦中辰戌이 相冲한다. 자주 다투며 애정이 없고 파란이 많아 좋지 않은 宮合이다.

乙酉生과 丙戌生女: 酉가 丙의 천을귀인(天乙貴人)이며 (7)의 뇌수해괘(雷水解卦)이므로 卦中申辰이 相生合이 되어 서로 사랑한다. 특히 여자가 남편을 잘 받든다. 富者가 되고 成功하며 子女도 효도하는 좋은 宮合이다.

乙酉生과 丁亥生女: 乙食丁하고 酉는 丁의 天乙貴人이고 亥는 酉의 馬다. (8)의 뇌지예괘(雷地豫卦)이므로 卦中午未가 合이 된다. 서로 아끼고 사랑하며 평생 여자가 순종하고 成功하는 궁합이다.

乙酉生과 戊子生女: 子酉가 파살(破殺)이므로 사업가는 자못 한때 실패수가 있다. 그러나 子가 乙의 天乙貴人이며 (7)의 뇌수해괘(雷水解卦)이므로 卦中申辰이 合이 되어 서로 사랑한다. 특히 남편이 부인을 아껴주며 成功하고 子女도 효도하는 좋은 宮合이다.

乙酉生과 己丑生女: 비록 己乙이 七殺이나 (8)의 뇌지예괘(雷地豫卦)이므로 卦中午未가 相生合이 되고 巳酉가 合이 된다. 서로 사랑하면서 성공하는 좋은 宮合이다.

乙酉生과 庚寅生女: 비록 乙庚이 天干合이나 寅은 酉의 劫殺이고 酉는 庚의 양인살(羊刃殺)이며 (5)의 뇌택귀매괘(雷澤歸妹卦)이므로 卦中丑戌로 삼형살(三刑殺)까지 들었다. 애정이 없고 波乱이 많으며 병신자식(病身子息)까지 두게 되어 오래 같이 살기 어려운 나쁜 궁합이다.

乙酉生과 辛卯生女: 乙辛이 七殺이고 卯酉가 相冲이며 (6)의 중뢰진괘(重雷震卦)이므로 괘중진술(卦中辰戌)이 상충(相冲)이다. 애정이 없고 波乱이 많으므로 좋지않은 宮合이다.

乙酉生과 壬辰生女: 辰酉가 合이 되고 (7)의 뇌수해괘(雷水解卦)이므로 卦中申辰이 相生合이 된다. 사랑하면서 성공하는 좋은 궁합이다. 그러나 辰이 乙의 양인살(羊刃殺)이 되므로 여자의 하는 일이 남편의 마음에 들지않을 때가 많다.

乙酉生과 癸巳生女: 癸食乙하며 巳酉가 合이 된다. (8)의 뇌지예괘(雷地豫卦)이므로 卦中午未가 合이 되어 서로 사랑한다. 특히 남자가 부인을 존중하면서 성공하는 좋은 宮合이다.

丙戌生 男子

　　이에 따르는 宮合에는 (9)의 수택절(水澤節) (10)의 수뢰준(水雷屯) (11)의 중수감(重水坎) (12)의 수지비괘(水地比卦) 등이 있다.
水地比卦는 平吉하다. 水澤節卦와 水雷屯卦는 半凶半吉하다. 重水坎卦는 좋지않다.

丙戌生과 丙戌生女 : (11)의 중수감괘(重水坎卦)이다. 坎은 함험(陷險)으로 위험(危險)과 곤란(困難)이 겹치고 재해(災害)가 중첩한다. 卦中子午가 相冲되어 자주 다투며 파란이 많아 성공이 어렵고 오래 같이 살기 힘든 宮合이다.

丙戌生과 丁亥生女 : 亥가 丙의 天乙貴人이며 (12)의 수지비괘(水地比卦)로 衣食이 좋고 成功을 한다. 그러나 孤辰殺이 되어 한때 떨어져 살게 된다. 亥가 戌의 劫殺이 되어 꼼꼼한 남자의 눈에 여자의 하는 일이 마음에 들지않는 경우가 종종 있는 宮合이다.

丙戌生과 戊子生女 : 丙食戌하여 여자가 남편에게 잘하려고 노력을 한다. 그러나 (11)의 중수감괘(重水坎卦)로 卦中子午가 相冲하므로 의견이 맞지않고 波乱이 많다. 이를 이겨내면 진신(進神)이 되므로 뒤에는 형편이 좋아지는 宮合이다.

丙戌生과 己丑生女 : (12)의 수지비괘(水地比卦)로 衣食은 좋다. 그러나 丑戌이 三刑이 되고 卦中子卯로 刑이 되어 子孫의 근심이 있다. 그리고 애정이 없는 결혼생활이 되기 쉬운 宮合이다.

丙戌生과 庚寅生女 : (9)의 수택절괘(水澤節卦)이며 庚丙이 七殺이다. 波乱은 있으나 寅戌이 合이 되고 卦中巳申이 合이 되어 서로 사랑을 하는 宮合이다.

丙戌生과 辛卯生女 : (10)의 수뢰준괘(水雷屯卦)로 파란과 애로가 있다. 戌이 辛의 양인살(羊刃殺)이 되므로 남자의 하는 일이 꼼꼼한 여자의 마음에 들지않는 경우도 있다. 丙辛이 天干合이 되고 卯戌이 地支合이 되며 卦中申子가 相生合이 되고 진신(進神)이 되어 아껴주면서 뒤에는 좋아지는 宮合이다.

丙戌生과 壬辰生女 : 丙壬이 七殺이며 辰戌이 相冲되고 (11)중수감괘 (重水坎卦)이므로 괘중자오(卦中子午)까지 相冲이다. 애정이 없고 파란이 많으며 오래 같이 살기 힘든 궁합이다.

丙戌生과 癸巳生女 : 병록재사(丙祿在巳)하고 (12)의 수지비괘(水地比卦)이므로 衣食이 좋다. 남자는 여자를 사랑하려고 노력한다. 그러나 巳戌이 원진(怨嗔)이며 卦中子卯가 相刑되므로 마찰이 많고 파란이 조금 있는 궁합이다.

丙戌生과 甲午生女 : (12)의 수지비괘(水地比卦)에 午戌이 합이 되고 갑식병(甲食丙)이다. 서로 사랑하려고 노력하면서 차츰 성공하는 궁합(宮合)이다.

丁亥生 男子

이에 따르는 宮合에는 (13)의 지택림괘(地澤臨卦) (14)의 지뢰복(地雷復) (15)의 지수사(地水師) (16)의 중지곤괘(重地坤卦) 등이 있다. 地澤臨卦는 大吉하다. 地雷復卦는 中吉하다. 重地坤卦는 平吉하다. 地水師卦는 半凶半吉이다.

丁亥生과 丁亥生女 : (16)의 중지곤괘(重地坤卦)이다. 衣食은 걱정이 없고 成功을 한다. 그러나 자형살(自刑殺)에 卦中卯酉가 相冲하여 애정이 없는 결혼생활이 되기 쉽고 자주 다툴 수 있는 궁합이다.

丁亥生과 戊子生女 : (15)의 지수사괘(地水師卦)다. 衣食은 별 걱정이 없으나 子息이나 기타 속을 썩이는 사람이 있다. 애정이 없는 결혼생활이 되기 쉬운 궁합이다.

丁亥生과 己丑生女 : (16)의 중지곤괘(重地坤卦)이며 丁食己이다. 그리고 丑이 丁亥를 보면 임관마(臨官馬)가 되어 여자는 남편을 존경한다. 그러나 卦中卯酉가 相冲하므로 남자는 여자를 사랑하지 않는 사람이 있다. 衣食은 좋은 궁합이다.

丁亥生과 庚寅生女 : 寅亥가 파살(破殺)이고 寅이 亥를 보면 겁살이 되어, 남자의 하는 일이 여자의 마음에 들지않는 경우와 한때 실패수도 있다. (13)의 지택림괘(地澤臨卦)이므로 卦中亥卯가 合이 되어 사랑하려고 노력하면서 성공하는 궁합이다.

丁亥生과 辛卯生女 : 비록 辛丁이 七殺이나 亥卯가 合이 되고 (14)의 지뢰복괘(地雷復卦)이므로 卦中子丑이 合이 된다. 서로 아끼고 사랑하려고 노력하면서 성공하는 좋은 궁합이다.

丁亥生과 壬辰生女 : 辰亥가 원진(怨嗔)이며 (15)의 지수사괘(地水師卦)다. 衣食은 걱정이 없으나 파란이 있고 애정이 없어 좋지않은 궁합이다.

丁亥生과 癸巳生女 : (16)의 중지곤괘(重地坤卦)로 衣食은 걱정이 없다. 丁癸七殺이고 巳亥가 相沖이며 卦中卯酉까지 沖이 되어 애정이 없고 자주 다투는 궁합이다.

丁亥生과 甲午生女 : (16)의 중지곤괘(重地坤卦)로 衣食은 좋다. 정록재오(丁祿在午)하여 남자는 여자를 사랑하려고 노력한다. 그러나 亥가 午의 劫殺이 되어 여자는 남편을 사랑하지 않고 마음에 들어하지 않는 일이 종종 있을 수 있는 궁합이다.

丁亥生과 乙未生女 : (13)의 지택림괘(地澤臨卦)에 亥未合이 되고 乙食丁하며 납음(納音)도 土金相生한다. 서로 아끼고 사랑하며 남편이 부인에게 헌식적이다. 부자가 되고 성공하며 子女도 효도하는 大吉의 宮合이다.

戊子生 男子

이에 따르는 宮合에는 (9)의 수택절(水澤節) (10)의 수뢰준(水雷屯) (11)의 중수감(重水坎) (12)의 수지비괘(水地比卦) 등이 있다.
水地比卦는 平吉하다. 水澤節과 水雷屯卦는 半凶半吉하다. 重水坎卦는 좋지않다.

戊子生과 戊子生女 : (11)의 중수감괘(重水坎卦)이며 자형살(自刑殺)이니 卦中子午가 相沖이다. 애정이 없고 파란이 많으며 생이사별(生離死別)을 暗示하는 등 좋지않은 궁합이다.

戊子生과 己丑生女 : (12)의 수지비괘(水地比卦)에, 丑은 戊의 天乙貴人이 되고 子는 己의 天乙貴人이 되며, 子丑이 合이 된다. 서로 사랑하려고 노력하며 부자가 되고 성공하는 아주 좋은 궁합이다.

戊子生과 庚寅生女 : (9)의 수택절괘(水澤節卦)에 고신살(孤辰殺)이 되니 한때 파란이 있다. 그러나 戊食庚하고 寅은 子의 馬가 되며 卦中巳申이 合이 되므로 서로 사랑한다. 여자가 순종하면서 점차 좋아지는 궁합이다.

戊子生과 辛卯生女 : (10)의 수뢰준괘(水雷屯卦)이며 子卯가 刑이 된다. 파란이 많고 애정이 없는 결혼생활에 자주 다툴 수 있는 좋지않은 궁합이다.

戊子生과 壬辰生女 : 壬戊七殺에 (11)의 중수감괘(重水坎卦)이므로 卦中子午가 相冲이 되어 애정이 없는 결혼생활이 되기 쉽다. 그러나 霹靂火(戊子生)는 得水(壬辰 長流水) 福祿榮 하는 관성제화지묘법(官星制化之妙法)으로 끝내는 성공하는 궁합이다.

戊子生과 癸巳生女 : (12)의 수지비괘(水地比卦)에, 戊癸가 天干合이 되고 무록재사(戊祿在巳)하며 계록재자(癸祿在子)하여 서로 아끼고 사랑한다. 霹靂火(戊子生)는 得水(癸巳 長流水) 福祿榮하는 官星制化法으로 성공하는 大吉宮合이다.

戊子生과 甲午生女 : (12)의 수지비괘(水地比卦)이므로 衣食은 좋다. 그러나 퇴신(退神)이 되었고 戊甲七殺에 子午相冲하며 午가 戊의 양인살(羊刃殺)이 되어 애정이 없고 충돌이 많은 궁합이다.

戊子生과 乙未生女 : (9)의 수택절괘(水澤節卦)이며 子未怨嗔으로 파란이 있다. 그러나 未가 戊의 天乙貴人이고 子가 乙의 天乙貴人이며 卦中巳申이 合이 되어, 서로 사랑하려고 노력하는 궁합이다.

戊子生과 丙申生女 : (10)의 수뢰준괘(水雷屯卦)로 한때 파란이 있다. 그러나 丙食戊하며 申子가 合이 되고 卦中寅戊이 合이 되어 서로 아끼고 사랑한다. 특히 남자가 부인에게 헌신적으로 대우해 주는 궁합이다.

己丑生 男子

이에 따르는 宮合에는 (13)의 지택림(地澤臨) (14)의 지뢰복(地雷復) (15)의 지수사(地水師) (16)의 중지곤괘(重地坤卦) 등이 있다.

地澤臨卦는 大吉하다. 地雷復卦는 中吉하다. 重地坤卦는 平吉하다. 地水師卦는 半凶半吉하다.

己丑生과 己丑生女: (16)의 중지곤괘(重地坤卦)이므로 衣食도 좋고 성공한다. 그러나 卦中卯酉가 相冲이 되어 애정이 없는 결혼생활이 되거나 자주 다툴 수 있다.

己丑生과 庚寅生女: 丑이 庚의 天乙貴人이며 (13)의 지택림괘(地澤臨卦)로 서로 사랑한다. 특히 여자가 남편을 존경하고 성공한다. 그러나 寅이 丑의 劫殺이 되고 고신살(孤辰殺)이 되므로, 여자의 하는 일이 꼼꼼한 남자의 눈에 들지않는 일이 가끔 있다.

己丑生과 辛卯生女: 己食辛하니 여자가 남편에게 순종한다. (14)의 지뢰복괘(地雷復卦)이니 卦中子丑이 合이 되어 서로 사랑한다. 진신(進神)이 되므로 부자가 되고 성공하며 子女도 효도하는 대길궁합이다.

己丑生과 壬辰生女: (15)의 지수사괘(地水師卦)이며 丑辰破殺이다. 애로와 파란이 많고 애정이 없는 결혼생활이 되어 좋지못한 宮合이다.

己丑生과 癸巳生女: 巳丑이 合하고 (16)의 중지곤괘(重地坤卦)로 성공은 한다. 그러나 癸己七殺이고 丑은 癸의 양인살(羊刃殺)이며 卦中卯酉가 相冲되어 자주 다투며 의견대립이 많을 수 있는 궁합이다.

己丑生과 甲午生女: 丑午가 원진(怨嗔)이고 (16)의 중지곤괘(重地坤卦)이므로 衣食은 걱정이 없으나 자주 다툰다. 甲己가 合이 되고 午는 己의 정록(正祿)이며 丑은 甲의 天乙貴人으로 서로 이해하면서 사랑하려고 노력하는 궁합이다.

己丑生과 乙未生女: (13)의 지택림괘(地澤臨卦)로 衣食 걱정이 없이 성공한다. 그러나 己乙이 七殺이고 丑未가 相冲되며 未는 己의 羊

刃殺이므로 자주 다투고 의견충돌이 잦을 수 있다. 감정억제(感情抑制)에 힘써야 한다.

己丑生과 丙申生女 : (14)의 지뢰복괘(地雷復卦)에 진신(進神)이 되었고 己가 申을 보면 天乙貴人이 된다. 서로 사랑하고 성공한다. 특히 남자가 부인을 지극히 아껴주는 궁합이다.

己丑生과 丁酉生女 : (15)의 지수사괘(地水師卦)로 한때 파란이 있으나 衣食은 걱정이 없다. 丁食己하며 酉丑이 合이 되므로 서로 사랑하려고 노력한다. 남자가 부인에게 정성을 쏟는 궁합이다.

庚寅生 男子

이에 따르는 宮合에는 (1)의 중택태(重澤兌) (2)의 택뢰수괘(澤雷隨卦) (3)의 택수곤(澤水困) (4)의 택지췌괘(澤地萃卦) 등이 있다.

澤地萃卦는 大吉하다. 重澤兌卦는 平吉하다. 澤雷隨卦와 澤水困卦는 半凶半吉하다.

庚寅生과 庚寅生女 : (1)의 중택태괘(重澤兌卦)이므로 衣食도 걱정이 없고 성공한다. 그러나 퇴신(退神)이 되므로 末年을 대비해야 한다. 卦中丑未가 相沖되므로 자주 다투지 않도록 조금씩 양보하라.

庚寅生과 辛卯生女 : (2)의 택뢰수괘(澤雷隨卦)로 子孫이나 財物 등으로 약간의 파란이 있다. 그러나 寅이 辛의 天乙貴人이 되어 여자가 남편을 존경하는 궁합이다.

庚寅生과 壬辰生女 : (3)의 택수곤괘(澤水困卦)로 한때 파란이 있다. 그러나 庚食壬하고 寅이 辰의 馬가 되며 卦中寅亥가 合이 되어 사랑하면서 여자가 순종하며 점점 좋아지는 宮合이다.

庚寅生과 癸巳生女 : 寅巳가 三刑殺·六害殺이며, 寅은 巳의 劫殺이 되어 서로 충돌이 많고 자주 다툴 수 있다. 그러나 (4)의 택지췌괘(澤地萃卦)이므로 성공하고 부자가 된다. 卦中巳酉가 合이 되어 감정을 억제하고 이해하려고 노력한다. 고신살(孤辰殺)이 들므로 가끔 떨어져 살면 좋다. 퇴신(退神)이 되므로 末年을 잘 대비해야 한다.

庚寅生과 甲午生女 : 비록 甲庚이 七殺이나 寅午가 합이 되고 갑록재인(甲祿在寅)하며 (4)의 택지췌괘(澤地萃卦)이므로 卦中巳酉가 합이 된다. 서로 아끼고 사랑하는 가운데 여자가 남편을 존경한다. 부자가 되고 성공하는 좋은 궁합이다.

庚寅生과 乙未生女 : 乙庚이 天干合이 되고 未는 庚의 天乙貴人이므로 남자가 여자를 특별히 아껴준다. (1)의 중택태괘(重澤兌卦)이므로 성공하는 平吉의 宮合이다.

庚寅生과 丙申生女 : 경록재신(庚祿在申)하여 남자가 여자를 이해하려고 노력은 한다. 그러나 庚丙이 七殺이고 寅申이 상충(相冲)하며 (2)의 택뢰수괘(澤雷隨卦)이므로 자주 충돌하고 파란이 조금 있는 궁합(宮合)이다.

庚寅生과 丁酉生女 : (3)의 택수곤괘(澤水困卦)일 뿐만 아니라 寅酉가 원진(怨嗔)이고 酉는 庚의 양인살(羊刃殺)이며 寅은 酉의 劫殺이 된다. 자주 다투며 파란이 많다. 실패하게 되고 성공이 어려운 나쁜 궁합이다.

庚寅生과 戊戌生女 : (4)의 택지췌괘(澤地萃卦)일 뿐만 아니라 寅戌이 합이 되고 戊食庚하여 서로 아끼고 사랑한다. 특히 남편이 부인에게 헌신한다. 부자가 되고 성공하며 子女도 孝道하는 大吉宮合이다.

辛卯生 男子

이에 따르는 宮合에는 (5)의 뇌택귀매(雷澤歸妹) (6)의 중뢰진(重雷震) (7)의 뇌수해(雷水解) (8)의 뇌지예괘(雷地豫卦) 등이 있다.

雷水解卦는 大吉하다. 雷地豫卦는 平吉하다. 重雷震卦는 半凶半吉하다. 雷澤歸妹卦는 나쁘다.

辛卯生과 辛卯生女 : 자형살(自刑殺)이며 (6)의 중뢰진괘(重雷震卦)이므로 파란이 많다. 卦中辰戌이 相冲하여 자주 다투며 의견대립도 많다. 생이사별(生離死別)을 暗示하는 등 역경을 많이 헤쳐나가야 하는 궁합이다.

辛卯生과 壬辰生女 : (7)의 뇌수해괘(雷水解卦)이며 진신(進神)이 되었고 卯는 壬의 天乙貴人이다. 서로 사랑하는 가운데 부인이 남편을 존경하면서 성공한다. 육해살(六害殺)도 되므로 分數밖의 일은 꿈꾸지 마라.

辛卯生과 癸巳生女 : (8)의 뇌지예괘(雷地豫卦)이며 卦中午未가 合이 되고 辛食癸하며 卯는 癸의 天乙貴人이 되고 癸巳는 卯의 天乙伏馬가 된다. 서로 아끼고 사랑하며 성공하는 좋은 궁합이다. 그러나 고신살(孤辰殺)이 들므로 한때 떨어져 살면 더욱 좋다.

辛卯生과 甲午生女 : (8)의 뇌지예괘(雷地豫卦)이며 午가 辛의 天乙貴人이 되어 남편은 부인을 극진히 사랑한다. 그러나 卯가 甲의 양인살(羊刃殺)이 되어 남편의 하는 일이 부인의 마음에 들지 않는 때가 가끔 있다. 卯午가 파살(破殺)이므로 子女를 잃는 일도 있다. 사업가는 失敗數도 있으니 조심하라.

辛卯生과 乙未生女 : 비록 卯未가 合이 되고 을록재묘(乙祿在卯)하여 이해하려고 노력은 한다. 그러나 乙辛이 七殺이고 (5)의 뇌택귀매괘(雷澤歸妹卦)로 卦中丑戌이 삼형(三刑)이 되어 보기 싫어하고 자주 다툰다. 파란이 많고 병신자식(病身子息)을 둘 수도 있어 좋지못한 궁합이다.

辛卯生과 丙申生女 : 卯申이 원진(怨嗔)에 申이 卯의 劫殺이며 (6)의 중뢰진괘(重雷震卦)이니 卦中辰戌이 相冲한다. 애정이 없고 자주 다툰다. 성공하기도 어렵고 파란이 많은 좋지않은 宮合이다.

辛卯生과 丁酉生女 : 신록재유(辛祿在酉)하며 (7)의 뇌수해괘(雷水解卦)에 진신(進神)이 되니 卦中申辰이 相生合하여, 남편이 부인을 사랑하면서 성공하는 궁합이다. 그러나 辛丁七殺이고 卯酉가 相冲하므로 의견대립도 자주 있으니 감정을 억제하도록 노력하라.

辛卯生과 戊戌生女 : (8)의 뇌지예괘(雷地豫卦)이니 卦中午未가 合이 되고 卯戌이 合이 되어 서로 사랑하고 성공한다. 그러나 戌이 辛의 양인살(羊刃殺)이 되므로, 여자의 하는 일이 남자의 마음에 들지않는 경우도 있다.

辛卯生과 己亥生女 : 亥卯가 합이 되고 己食辛하여 남자가 여자를 아껴주려고 노력한다. (5)의 뇌택귀매괘(雷澤歸妹卦)이니 卦中丑戌이 삼형(三刑)이 되어 파란이 많고 자녀 등으로 고통(苦痛)이 따르는 좋지못한 宮合이다.

壬辰生 男子

이에 따르는 宮合에는 (9)의 수택절(水澤節) (10)의 수뢰준(水雷屯) (11)의 중수감(重水坎) (12)의 수지비괘(水地比卦) 등이 있다.

水地比卦는 平吉하다. 水澤節卦와 水雷屯卦는 半凶半吉하다. 重水坎卦는 좋지 못하다.

壬辰生과 壬辰生女 : 자형살(自刑殺)이며 (11)의 중수감괘(重水坎卦)로 卦中子午가 相冲이 된다. 애정이 없고 대립도 많다. 파란도 많아 오래 같이 살기 어려운 宮合이다.

壬辰生과 癸巳生女 : (12)의 수지비괘(水地比卦)로 壬이 巳를 보면 天乙貴人이 되므로 男子가 여자를 사랑하려고 노력하면서 성공하는 궁합이다. 그러나 巳는 辰의 劫殺이 되어 여자의 하는 일이 꼼꼼한 남자의 마음에 들지 않는 때가 가끔 있다. 고신살(孤辰殺)이 되어 한때 떨어져 살면 더욱 좋다.

壬辰生과 甲午生女 : (12)의 수지비괘(水地比卦)일 뿐만 아니라 壬食甲하니 여자가 평생 남편을 존경하면서 성공하는 좋은 궁합이다.

壬辰生과 乙未生女 : (9)의 수택절괘(水澤節卦)이며 辰이 乙의 양인살(羊刃殺)이 된다. 남자의 하는 일이 여자의 마음에 들지않는 일이 많으며 파란이 따르는 궁합이다.

壬辰生과 丙申生女 : (10)의 수뢰준괘(水雷屯卦)로 한때 파란이 있다. 그러나 申辰이 합이 되며 卦中寅戌이 합이 되고 進神이 되므로 서로 사랑하면서 뒤에는 좋아지는 궁합이다.

壬辰生과 丁酉生女 : 丁壬이 합이 되고 辰酉가 합이 되어 아껴주고 사랑하려고 노력한다. 그러나 (11)의 중수감괘(重水坎卦)이므로 卦中子午가 相冲이 되어 자주 다투고 파란이 많은 궁합이다.

壬辰生과 戊戌生女 : (12)의 수지비괘(水地比卦)로 衣食은 걱정이 없다. 그러나 壬戌七殺이고 辰戌相冲이 되며 卦中子卯가 刑이 되어 자주 다툰다. 子女 등으로 고통을 받을 염려가 있는 궁합이다.

壬辰生과 己亥生女 : 임록재해(壬祿在亥)하고 卦中巳申이 합이 되어 사랑하려고 노력한다. (9)의 수택절괘(水澤節卦)이며 辰亥怨嗔으로 다툼이 있고 파란이 있는 궁합이다.

壬辰生과 庚子生女 : 子辰合이 되고 庚食壬하며 (12)의 수지비괘(水地比卦)이니 아끼고 사랑하려고 노력한다. 남자가 부인에게 헌신하면서 성공하는 좋은 궁합이다.

癸巳生 男子

이에 따르는 宮合에는 (13)의 지택림(地澤臨) (14)의 지뢰복(地雷復) (15)의 지수사(地水師) (16)의 중지곤괘(重地坤卦) 등이 있다.
地澤臨卦는 大吉하다. 地雷復卦는 中吉하다. 重地坤卦는 平吉하다. 地水師卦는 半凶半吉하다.

癸巳生과 癸巳生女 : 巳는 癸의 天乙貴人이니 서로 天乙貴人이 되고 (16)의 중지곤괘(重地坤卦)이다. 서로 아껴주려고 노력하면서 성공하는 좋은 궁합이다.

癸巳生과 甲午生女 : (16)의 중지곤괘(重地坤卦)이니 衣食은 걱정이 없이 成功한다. 卦中卯酉가 相冲하므로 다투지 않도록 노력하라.

癸巳生과 乙未生女 : (13)의 지택림괘(地澤臨卦)일 뿐만 아니라 癸食乙하며 未가 癸巳를 보면 天乙伏馬가 되며 卦中亥卯가 합이 된다. 서로 아끼고 사랑하며 여자가 순종한다. 성공하고 자녀도 효도하는 大吉宮合이다.

癸巳生과 丙申生女 : (14)의 지뢰복괘(地雷復卦)이며 병록재사(丙祿在巳)하고 卦中子丑이 합이 되어 서로 사랑하면서 성공한다. 고신살

(孤辰殺)이 들어 本意 아니게 직장이나 사업관계 등으로 이따금 떨어져 살아야 한다. 巳申이 파살(破殺)이므로 투자(投資)나 사업을 하다보면 失敗數가 있으므로 조심해야 한다.

癸巳生과 丁酉生女 : 巳酉가 合이 되어 서로 사랑하려고 노력은 한다. 그러나 丁癸七殺이고 (15)의 지수사괘(地水師卦)이므로 衣食은 별 걱정이 없다. 자녀 등으로 속을 썩이는 등 약간의 파란이 있는 궁합이다.

癸巳生과 戊戌生女 : 戊癸가 天干合하고 무록재사(戊祿在巳)하므로 사랑하려고 노력은 한다. 巳戌이 원진(怨嗔)이고 (16)의 중지곤괘(重地坤卦)이니 卦中卯酉가 相冲이 되어 의견대립으로 자주 다툴 수 있는 궁합이다.

癸巳生과 己亥生女 : 비록 癸己七殺이고 巳亥가 相冲이 되었으나 巳가 己亥를 보면 암록마(暗祿馬)가 되고 亥가 癸巳를 보면 천을복마(天乙伏馬)가 되어 서로 아끼려고 노력한다. (13)의 지택림괘(地澤臨卦)이니 卦中亥卯가 合이 되어 사랑하면서 성공하는 宮合이다.

癸巳生과 庚子生女 : (16)의 중지곤괘(重地坤卦)이며 계록재자(癸祿在子)하니 남자는 여자를 사랑하려고 노력하면서 성공한다. 巳가 子의 劫殺이 되므로 여자는 남자의 하는 일이 마음에 들지않는 일이 가끔 있는 궁합이다.

癸巳生과 辛丑生女 : 辛食癸하며 巳丑이 合이 되고 (13)의 지택림괘(地澤臨卦)이다. 서로 사랑하는 가운데 남자가 부인에게 헌신한다. 부자가 되고 성공하며 子女도 효도하는 大吉宮合이다.

甲午生 男子

이에 따르는 宮合에는 (13)의 지택림(地澤臨) (14)의 지뢰복(地雷復) (15)의 지수사(地水師) (16)의 중지곤괘(重地坤卦) 등이 있다.
地澤臨卦는 大吉하다. 地雷復卦는 中吉하다. 重地坤卦는 平吉하다. 地水師卦는 半凶半吉하다.

甲午生과 甲午生女 : (16)의 중지곤괘(重地坤卦)로 衣食은 걱정이 없다. 自刑殺이고 卦中卯酉가 相冲이 되어 애정이 없고 자주 다툴 수 있는 宮合이다.

甲午生과 乙未生女 : 甲이 未를 보면 天乙貴人이고 午未가 合이며 (13)의 지택림괘(地澤臨卦)이니 卦中亥卯가 相生合이다. 서로 아끼고 사랑한다. 성공을 하며 자녀도 健康하고 효도하면서 성공하는 대길궁합(大吉宮合)이다.

甲午生과 丙申生女 : (14)의 지뢰복괘(地雷復卦)에 진신(進神)이 되었고, 甲食丙하며 申은 午의 馬가 된다. 沙中金(甲午生)은 逢火(丙申生 山下火) 희성형(喜成形)하는 관성제화법(官星制化法)에 該當한다. 아끼고 사랑하는 가운데 여자가 남편을 극진히 존경한다. 부자가 되고 성공하며 子女도 효도하는 大吉宮合이다.

甲午生과 丁酉生女 : (15)의 지수사괘(地水師卦)로 한때 파란이 있다. 그러나 丁이 午을 보면 정록(正祿)이 되므로 여자가 남편을 존경하려고 노력한다. 관성제화법(官星制化法)에 해당이 되므로 결국 성공하는 궁합이다.

甲午生과 戊戌生女 : 午戌이 合으로 사랑하려고 노력은 한다. 戊甲 七殺이고 午는 戌의 양인(羊刃)이며 (16)의 중지곤괘(重地坤卦)이므로 衣食은 걱정이 없다. 그러나 卦中卯酉까지 相冲되어 의견의 불일치로 자주 다투는 일이 많은 궁합이니 감정을 억제하라.

甲午生과 己亥生女 : 甲己가 天干合이 되고 기록재오(己祿在午)하며 (13)의 지택림괘(地澤臨卦)이니 괘중해묘(卦中亥卯)까지 合이 되어 아끼고 사랑하는 가운데 여자가 順從한다. 성공을 하고 子女도 효도하는 좋은 궁합이다. 사람에 따라서는 亥가 午의 劫殺이 되어 여자의 하는 일이 남자의 마음에 들지않는 경우도 있다.

甲午生과 庚子生女 : (16)의 중지곤괘(重地坤卦)로 衣食은 걱정이 없다. 甲庚이 七殺이고 子午가 相冲하며 卦中卯酉까지 相冲되니 애정이 없이 자주 다투며 의견대립이 많은 궁합이다.

甲午生과 辛丑生女: 丑午가 원진(怨嗔)이고 육해살(六害殺)이 되어 환경에 차이가 나면 미워하는 사람도 있다. 丑이 甲의 天乙貴人이고 午는 辛의 天乙貴人이면서 (13)의 지택림괘(地澤臨卦)이므로 卦中 亥卯가 合이 되어 아끼고 사랑하려고 노력하면서 성공하는 궁합이다.

甲午生과 壬寅生女: (14)의 지뢰복괘(地雷復卦)에 진신(進神)이 되었고 寅午가 合이 되고 壬食甲하며 卦中子丑까지 合이 된다. 서로 사랑하는 가운데 남자가 헌신하면서 성공하는 좋은 궁합이다.

乙未生 男子

이에 따르는 宮合에는 (1)의 중택태(重澤兌) (2)의 택뢰수(澤雷隨) (3)의 택수곤(澤水困) (4)의 택지췌괘(澤地萃卦) 등이 있다.

澤地萃卦는 大吉하다. 重澤兌卦는 平吉하다. 澤雷隨卦와 澤水困卦는 半凶半吉하다.

乙未生과 乙未生女: (1)의 중택태괘(重澤兌卦)로 衣食은 걱정이 없고 성공한다. 사람에 따라서는 卦中 丑未가 相沖하여 자주 다투는 사람이 있다. 퇴신(退神)이 되므로 末年을 對備해야 한다.

乙未生과 丙申生女: (2)의 택뢰수괘(澤雷隨卦)로 한때 파란은 있다. 沙中金(乙未生)은 逢火(丙申生 山下火) 희성형(喜成形)하는 관성제화지법(官星制化之法)에 해당되어 갈수록 좋아지는 궁합이다. 고신살(孤辰殺)이 들므로 한때 떨어져 살면 더욱 좋다.

乙未生과 丁酉生女: (3)의 택수곤괘(澤水困卦)로 한때 波乱은 있다. 그러나 乙食丁하니 여자가 순종한다. 沙中金(乙未生)는 逢火(丁酉生 山下火) 喜成形하니 차츰 좋아지는 궁합이다.

乙未生과 戊戌生女: 戌未가 파살(破殺)이고 三形殺로 한때 약간의 파란이 있다. 그러나 未는 戊의 天乙貴人이고 (4)의 택지췌괘(澤地萃卦)이므로 卦中巳酉가 合이 되어 아끼고 사랑하면서 성공하는 좋은 궁합이다.

乙未生과 己亥生女 : 亥未가 합이 되고 (1)의 중택태괘(重澤兌卦)이니 사랑하려고 노력하면서 성공하는 궁합이다. 己乙이 七殺이고 未가 己의 양인살(羊刃殺)이 되며 卦中丑未가 相冲하므로 자주 다투지 않도록 노력하라.

乙未生과 庚子生女 : 子가 乙의 天乙貴人이고 未는 庚의 天乙貴人이며 (4)의 택지췌괘(澤地萃卦)이니 卦中巳酉가 합까지 되어 아끼고 사랑하면서 성공하는 좋은 궁합이다. 사람에 따라서는 子未가 怨嗔이고 六害殺이 되어 파란이 있는 사람도 있다.

乙未生과 辛丑生女 : (1)의 중택태괘(重澤兌卦)이니 衣食은 걱정이 없다. 乙辛이 天干合하고 丑未가 相冲하고 卦中丑未도 相冲하였으니 애정이 없고 갈등이 있는 사람이 많다.

乙未生과 壬寅生女 : (2)의 택뢰수괘(澤雷隨卦)다. 子孫이나 財物 기타로 苦難이 있다. 큰 성공도 어렵고 아기자기 사랑하지도 않는 궁합이다.

乙未生과 癸卯生女 : (3)의 택수곤괘(澤隨困卦)로 한때 파란은 있다. 그러나 卯未가 합이고 을록재묘(乙祿在卯)하며 계식을(癸食乙)하고 卦中寅亥까지 합이 되어 아기자기 사랑하는 가운데 남자가 헌신적으로 여자를 아껴주면서 차차 좋아지는 궁합이다.

丙申生 男子

이에 따르는 宮合에는 (5)의 뇌택귀매(雷澤歸妹) (6)의 중뢰진(重雷震) (7)의 뇌수해(雷水解) (8)의 뇌지예괘(雷地豫卦) 등이 있다.
雷水解卦는 大吉하다. 雷地豫卦는 平吉하다. 重雷震卦는 半凶半吉하다. 雷澤歸妹卦는 凶하다.

丙申生과 丙申生女 : (6)의 중뢰진괘(重雷震卦)로 卦中辰戌이 相冲한다. 애정이 없고 파란도 많은 좋지못한 궁합이다.

丙申生과 丁酉生女 : 酉는 丙의 天乙貴人이며 (7)의 뇌수해괘(雷水解卦)에 진신(進神)이 되었으며 卦中申辰이 相生相合이 된다. 서로

아끼고 사랑한다. 부자가 되고 성공하며 子女도 효도하고 성공하는 大吉宮合이다.

丙申生과 戊戌生女: 丙食戊하고 申은 戌의 馬가 되고 (8)의 뇌지예괘(雷地豫卦)이니 卦中午未가 合이 된다. 서로 아끼고 사랑하는 가운데 여자가 순종하면서 성공하는 좋은 궁합이다.

丙申生과 己亥生女: 亥는 丙의 天乙貴人이고 申은 己의 天乙貴人이므로 서로 사랑하려고 노력한다. (5)의 뇌택귀매괘(雷澤歸妹卦)이며 卦中丑戌이 三形되고 申은 亥의 劫殺이고 고신살(孤辰殺)까지 드니 자주 떨어져 살게 된다. 그리고 파란이 많고 고통이 많은 좋지않은 궁합이다.

丙申生과 庚子生女: 경록재신(庚祿在申)하고 申子가 合이 되며 (8)의 뇌지예괘(雷地豫卦)이니 卦中午未까지 合이 되어 庚丙의 七殺을 누르고 사랑하며 성공하는 궁합이다.

丙申生과 辛丑生女: (5)의 뇌택귀매괘(雷澤歸妹卦)이니 卦中丑戌이 三形 된다. 애정이 없고 子孫과 財物 등으로 파란이 많은 좋지않은 宮合이다.

丙申生과 壬寅生女: 丙壬七殺에 寅申相冲하며 (6)의 중뢰진괘(重雷震卦)이니 卦中辰戌까지 相冲한다. 애정이 없고 파란이 많은 좋지 못한 궁합이다.

丙申生과 癸卯生女: 卯申이 원진(怨嗔)이고 申이 卯의 劫殺로 한때 애로가 있다. 그러나 (7)의 뇌수해괘(雷水解卦)이니 卦中申辰이 相生相合하여 서로 사랑하려고 노력하면서 성공하는 궁합이다.

丙申生과 甲辰生女: (7)의 뇌수해괘(雷水解卦)에 申辰이 合하고 甲食丙이다. 서로 아끼고 사랑하는 가운데 남편이 부인에게 헌신적으로 봉사하면서 성공하는 좋은 궁합이다.

丁酉生 男子

이에 따르는 宮合에는 (9)의 수택절(水澤節) (10)의 수뢰준(水雷屯)

(11)의 중수감(重水坎) (12)의 수지비괘(水地比卦) 등이 있다.
水地比卦는 平吉하다. 水澤節卦와 水雷屯卦는 半凶半吉하다. 重水坎卦는 凶하다.

丁酉生과 丁酉生女: 酉가 丁의 天乙貴人으로 서로 天乙貴人이 되므로 이해하고 사랑하려고 노력은 한다. 그러나 자형살(自形殺)이며 (11)의 중수감괘(重水坎卦)이니 卦中子午가 相冲이 되어 애정이 없고 파란이 많은 좋지못한 궁합이다.

丁酉生과 戊戌生女: 酉戌이 육해살(六害殺)로 子孫 기타로 한때 파란이 있다. 그러나 (12)의 수지비괘(水地比卦)이므로 衣食은 걱정이 없이 성공하는 궁합이다.

丁酉生과 己亥生女: (9)의 수택절괘(水澤節卦)로 고신살(孤辰殺)이 되므로 한때 떨어져 살게 되고 파란이 있다. 그러나 丁食己하니 남자가 여자를 먹는 격이므로 여자가 남자에게 순종하며 존경한다. 丁이 亥를 보면 天乙貴人이며 酉가 己亥를 보면 암록마(暗祿馬)가 되며 卦中巳申이 합이 되어 남자도 여자를 아끼고 사랑하면서 점차 좋아지는 궁합이다.

丁酉生과 庚子生女: 子酉破殺이니 한때 失敗數가 있다. 酉가 庚의 양인살(羊刃殺)이므로 남자의 하는 일에 여자가 불만족해 하는 일도 있다. 애정이 없는 결혼생활이 되기도 쉽다. 그러나 衣食은 걱정이 없는 궁합이다.

丁酉生과 辛丑生女: (9)의 수택절괘(水澤節卦)로 한때 파란은 있다. 그러나 酉丑이 합하고 신록재유(辛祿在酉)하며 卦中巳申이 합이 되어 서로 사랑하면서 점차 발전하는 궁합이다.

丁酉生과 壬寅生女: 寅酉가 원진(怨嗔)이고 寅은 酉의 劫殺이며 (10)의 수뢰준괘(水雷屯卦)이다. 파란이 많아 좋지않은 궁합이다.

丁酉生과 癸卯生女: 丁癸七殺이고 卯酉가 相冲이며 (11)의 중수감괘(重水坎卦)이니 卦中子午가 相冲이 된다. 애정이 없고 자주 다투며 파란이 많은 좋지못한 궁합이다.

丁酉生과 甲辰生女 : 辰酉合으로 사랑하려고 노력은 한다. (11)의 중수감괘(重水坎卦)이므로 파란이 많고 다툼이 많다. 그러나 진신(進神)이 되었으므로 뒤에는 조금 나아지는 궁합이다.

丁酉生과 乙巳生女 : (12)의 수지비괘(水地比卦)이며 巳酉가 합이 되고 乙食丁이다. 사랑하려고 노력하면서 성공하는 平吉한 궁합이다.

戊戌生 男子

이에 따르는 宮合에는 (13)의 지택림(地澤臨) (14)의 지뢰복(地雷復) (15)의 지수사(地水師) (16)의 중지곤괘(重地坤卦) 등이 있다.

地澤臨卦는 大吉하다. 地雷復卦는 中吉하다. 重地坤卦는 平吉하다. 地水師卦는 半凶半吉하다.

戊戌生과 戊戌生女 : (16)의 중지곤괘(重地坤卦)로 衣食은 걱정이 없다. 卦中卯酉가 相冲하여 자주 다투고 의견충돌이 많을 염려가 있다. 퇴신(退神)이 되므로 末年도 대비해야 한다.

戊戌生과 己亥生女 : (13)의 지택림괘(地澤臨卦)로 부자가 되고 성공하는 궁합이다. 그러나 亥가 戌의 劫殺이 되므로 남자가 여자의 하는 일이 마음에 들지않는 경우가 가끔 있다. 고신살(孤辰殺)이 드니 가끔 떨어져 살면 더욱 좋다.

戊戌生과 庚子生女 : (16)의 중지곤괘(重地坤卦)이며 戊食庚하므로 여자가 남편을 존경하면서 성공하는 궁합이다. 남자가 부인을 사랑하도록 노력하라.

戊戌生과 辛丑生女 : (13)의 지택림괘(地澤臨卦)이며 戊가 丑을 보면 天乙貴人이 되므로 남자는 여자를 아껴주고 사랑하며 성공한다. 여자는 戌이 辛의 양인(羊刃)이 되어 남자의 하는 일이 마음에 들지않는 때가 가끔 있는 궁합이다.

戊戌生과 壬寅生女 : (14)의 지뢰복괘(地雷復卦)이니 卦中子丑이 합이 되고 寅戌이 합이 된다. 平地一秀木(戊戌生)은 無金(壬寅 金箔金)이면 불취영(不就榮)하는 相克中相生之命이 되어 사랑하면서 성공하는 아주 좋은 궁합이다.

戊戌生과 癸卯生女: (15)의 지수사괘(地水師卦)로 한때 파란이 있다. 戊癸가 天干合하고 卯戌이 地支合이며 戊戌(平地木)은 癸卯(金箔金)을 얻어야 영화(榮華)를 하는 관성제화법(官星制化法)에 該當하므로 從來 성공하는 궁합이다.

戊戌生과 甲辰生女: (15)의 지수사괘(地水師卦)이며 戊甲七殺이고 辰戌相沖이다. 애로 파란이 많으며 애정이 없어 사랑하지도 않으니 좋지못한 궁합이다.

戊戌生과 乙巳生女: (16)의 중지곤괘(重地坤卦)이며 무록재사(戊祿在巳)하므로 남자가 여자를 사랑하려고 노력하면서 성공한다. 그러나 巳戌怨嗔이 되며 卦中卯酉가 相沖하므로 여자는 남편을 사랑하지 않을 염려가 있다.

戊戌生과 丙午生女: (13)의 지택림괘(地澤臨卦)일 뿐만 아니라 午戌이 合이 되고 丙食戊하니 서로 사랑하는 가운데 남자가 여자에게 헌신하면서 부자되고 성공한다. 子女도 효도하고 성공하는 좋은 궁합이다.

己亥生 男子

이에 따르는 宮合에는 (1)의 중택태(重澤兌) (2)의 택뢰수(澤雷隨) (3)의 택수곤(澤水困) (4)의 택지췌괘(澤地萃卦) 등이 있다.
澤地萃卦는 大吉하다. 重澤兌卦는 平吉하다. 澤雷隨卦와 澤水困卦는 半凶半吉하다.

己亥生과 己亥生女: (1)의 중택태괘(重澤兌卦)로 衣食도 좋고 성공한다. 자형살(自刑殺)이며 卦中丑未가 相沖하여 애정이 없는 결혼생활이 되는 사람도 있다.

己亥生과 庚子生女: (4)의 택지췌괘(澤地萃卦)이니 卦中巳酉가 合이 되어 서로 사랑한다. 子가 己의 天乙貴人이 되어 남자가 극진히 여자를 아껴준다. 부자가 되고 성공하며 자녀도 효도하는 좋은

宮合이다. 그러나 퇴신(退神)이 되므로 末年을 잘 對備하라.

己亥生과 辛丑生女: (1)의 중택태괘(重澤兌卦)이며 己食辛하며 丑이 己亥를 보면 장생마(長生馬)가 되어 여자가 남편을 극진히 존경하고 순종하면서 성공하는 궁합이다. 남자가 여자를 더 사랑하려고 노력하라.

己亥生과 壬寅生女: (2)의 택뢰수괘(澤雷隨卦)이며 寅亥가 파살(破殺)이고 고신살(孤辰殺)이며 亥는 寅의 劫殺이므로 애정이 없고 떨어져 살게 되고 子女 기타로 파란이 있다. 平地一秀木(己亥生)은 無金(壬寅生 金箔金)이면 불취영(不就榮)하는 관성제화법(官星制化法)에 該當하므로 의외로 성공하는 사람도 있다.

己亥生과 癸卯生女: 癸己七殺에 (3)의 택수곤괘(澤水困卦)로 한때 파란이 있다. 그러나 亥卯가 合이고 卦中寅亥가 合이 되며 官星制化之法에 해당되므로 사랑하면서 뒤에는 성공하는 궁합이다.

己亥生과 甲辰生女: (3)의 택수곤괘(澤水困卦)에 辰亥怨嗔으로 波乱이 많고 갈등이 많다. 성공도 어려운 좋지못한 궁합이다.

己亥生과 乙巳生女: 己亥는 巳의 장생마(長生馬)가 되며 乙巳는 亥의 정록마(正祿馬)가 되고 납음(納音)이 木生火로 相生되었다. 그리고 (4)의 택지췌괘(澤地萃卦)이니 卦中巳酉가 合이 된다. 사랑하면서 성공하는 좋은 궁합이다. 사람에 따라서는 己乙이 七殺이고 巳亥가 相沖하여 의견대립이 많은 사람도 있다.

己亥生과 丙午生女: 기록재오(己祿在午)하고 亥는 丙의 天乙貴人이며 (1)의 중택태괘(重澤兌卦)로 서로 사랑하려고 노력하면서 성공하는 좋은 궁합이다. 사람에 따라서는 亥가 午의 劫殺이 되니 여자가 남자의 하는 일이 마음에 들지않는 경우가 종종 있다.

己亥生과 丁未生女: (2)의 택뢰수괘(澤雷隨卦)이므로 子孫이나 財物 기타로 한때 파란이 있다. 亥未가 合이 되고 丁食己하며 납음(納音)으로도 水生木으로 相生하여 사랑하려고 노력하면서 차차 나아지는 궁합이다.

庚子生 男子

이에 따르는 宮合에는 (13)의 지택림(地澤臨) (14)의 지뢰복(地雷復) (15)의 지수사(地水師) (16)의 중지곤괘(重地坤卦) 등이 있다.

地澤臨卦는 大吉하다. 地雷復卦는 中吉하다. 重地坤卦는 平吉하다. 地水師卦는 半凶半吉하다.

庚子生과 庚子生女: (16)의 중지곤괘(重地坤卦)로 衣食은 걱정이 없고 부자가 된다. 자형살(自刑殺)이고 卦中卯酉가 相冲하므로 대립과 갈등이 많으므로 화목(和睦)에 노력해야 한다.

庚子生과 辛丑生女: 子丑이 합이고 丑은 庚의 天乙貴人이며 (13)의 지택림괘(地澤臨卦)이니 卦中亥卯가 합이 된다. 서로 아끼고 사랑하는 가운데 남자가 여자에게 잘해준다. 부자가 되고 성공하며 子女도 성공하는 좋은 궁합이다.

庚子生과 壬寅生女: 庚食壬하고 寅이 子의 馬가 되며 (14)의 지뢰복괘(地雷復卦)에다 진신(進神)이 되었고 卦中子丑이 합이 된다. 서로 아끼고 사랑하며 부자가 되고 성공한다. 자녀도 효도하고 성공하는 좋은 궁합이다. 그러나 고신살(孤辰殺)이 들므로 한때 떨어져 살면 더욱 좋다.

庚子生과 癸卯生女: 계록재자(癸祿在子)하여 여자는 남자를 존경하려고 노력한다. 그러나 子刑卯하고 (15)의 지수사괘(地水師卦)로 남자는 여자를 사랑하지 않고 파란이 있는 궁합이다.

庚子生과 甲辰生女: (15)의 지수사괘(地水師卦)로 진신(進神)이 되었고 子辰이 相生되므로 한때 파란은 있으나 사랑하려고 노력하면서 점차 좋아지는 궁합이다.

庚子生과 乙巳生女: (16)의 중지곤괘(重地坤卦)로 乙庚이 天干合하고 子는 乙의 天乙貴人이 되므로 여자가 남편을 존경하면서 성공하는 궁합이다. 그러나 巳가 子의 劫殺이 되므로 남자는 여자를 사랑하지 않을 염려가 있다.

庚子生과 丙午生女: 庚丙七殺이고 子午가 相冲하여 자주 의견대립

이 있을 수 있다. (13)의 지택림괘(地澤臨卦)이니 卦中亥卯가 相生合하여 아끼고 사랑하려고 노력하면서 성공하는 좋은 궁합이다.

庚子生과 丁未生女 : 子未가 원진(怨嗔)이고 육해살(六害殺)로 가끔 다투든지 한때 파란이 있다. 그러나 (14)의 지뢰복괘(地雷復卦)이며 진신(進神)이 되었고 卦中子丑이 합이 되어 서로 아끼고 사랑하려고 노력하면서 성공하는 좋은 궁합이다.

庚子生과 戊申生女 : 申子가 합이 되고 戊食庚하여 서로 사랑하려고 노력하면서 남자가 여자에게 잘해준다. 그러나 (15)의 지수사괘(地水師卦)이므로 子女 기타 문제로 파란이 있다. 衣食은 걱정이 없는 궁합이다.

辛丑生 男子

이에 따르는 宮合에는 (1)의 중택태(重澤兌) (2)의 택뢰수(澤雷隨) (3)의 택수곤(澤水困) (4)의 택지췌괘(澤地萃卦) 등이 있다.

澤地萃卦는 大吉하다. 重澤兌卦는 平吉하다. 澤雷隨卦와 澤水困卦는 半凶半吉하다.

辛丑生과 辛丑生女 : (1)의 중택태괘(重澤兌卦)로 能力의 한도 내에서 성공하는 宮合이다. 그러나 퇴신(退神)이 되므로 末年을 잘 대비하라.

辛丑生과 壬寅生女 : (2)의 택뢰수괘(澤雷隨卦)이며 고신살(孤辰殺)이 되어 한때 외롭게 떨어져 살아야 한다. 寅이 丑의 劫殺이 되어 여자의 하는 일이 남편의 마음에 들지 않는 경우가 가끔 있다. 子孫과 財物 등으로 한때 파란이 있는 궁합이다.

辛丑生과 癸卯生女 : (3)의 택수곤괘(澤水困卦)로 한때 실패나 고난(苦難)이 있다. 그러나 辛食癸하고 卦中寅亥가 相生合하여 둘의 사이는 좋으며 여자가 순종한다. 차차 나아지는 궁합이다.

辛丑生과 甲辰生女 : 丑이 甲의 天乙貴人이며 (3)의 택수곤괘(澤水困卦)로 卦中丑辰이 相生合하여 둘의 사이는 좋다. 그러나 丑辰이 파살(破殺)이 되니 失敗와 子女 기타로 파란이 있어 좋지못한 궁합이다.

辛丑生과 乙巳生女 : (4)의 택지췌괘(澤地萃卦)이니 卦中巳酉가 합이 되었고 地支도 巳丑이 합이 되어 아끼고 사랑하며 부자가 되고 성공한다. 자녀도 효도하는 大吉宮合이다.

辛丑生과 丙午生女 : (1)의 중택태괘(重澤兌雷震卦)이며 丙辛이 天干 합이 되고 午가 辛의 天乙貴人이 되어 서로 사랑하려고 노력하면서 성공하는 궁합이다. 그러나 丑午가 원진(怨嗔)이 되어 사람에 따라서는 자주 다투기도 한다.

辛丑生과 丁未生女 : 辛丁七殺이고 丑未가 相冲이며 (2)의 택뢰수괘(澤雷隨卦)이다. 파란이 있고 애정이 없는 좋지못한 궁합이다.

辛丑生과 戊申生女 : (3)의 택수곤괘(澤水困卦)로 한때 파란이 있다. 그러나 丑이 戊의 天乙貴人이 되므로 여자가 남자를 존경하며 卦中寅亥가 합이 되어 둘의 사이는 좋다.

辛丑生과 己酉生女 : (4)의 택지췌괘(澤地萃卦)에 酉丑이 합이고 己食辛하니 서로 사랑하는 가운데 남편이 부인에게 헌신한다. 부자가 되고 성공하며 子女도 孝道하는 대길궁합(大吉宮合)이다.

제2편
작 명

제1장 實 例
제2장 성 명(姓名)
제3장 八卦와 姓氏의 實例
제4장 작명(作名)의 실제(實際)
제5장 수리(數理)와 음오행(音五行)
제6장 사주(四柱)의 실제(實際)

제1장 實 例

왜 이기붕(李起鵬)과 박정희(朴正熙)는 총탄에 맞아 피를 흘리며 쓰려져야 했던가.
왜 이병철(李秉喆)은 큰 富者이건만 큰 아들이 죽어야 했는가.
왜 논개(論介)는 自身도 단명(短命)했을 뿐만 아니라 남편까지 죽이게 되었는가.
여기 이름만 보고도 그 사람의 환경과 건강(健康) 등을 정확하게 맞힐 수 있는 주역팔괘(周易八卦) 작명법(作名法)을 보라.
사주(四柱)를 보기 전에 이름만 보아도 四柱 풀이가 나오는 神祕한 주역(周易)의 위대한 作用을 보라.

※작명(作名)에서 수리(數理)나 음오행(音五行) 등은 必히 맞추어 보아야 하는 기본(基本)이다.
오복(五福)과 오장육부(五腸六腑)는 물론이요 손발 끝에서 머리 끝까지 건강을 다 보아야 하는데, 반드시 주역팔괘(周易八卦)에 맞추어 보아야 한다.

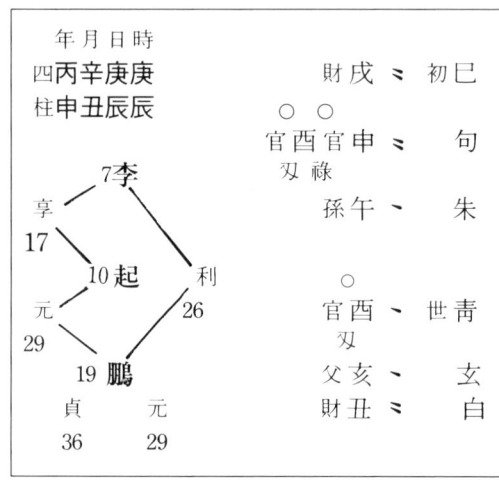

정격(貞格)이 上掛, 元格이 下掛로 뇌풍항괘(雷風恒掛)의 항(恒)은 항구(恒久)하다, 오래 가다는 뜻이다. 무리한 욕심을 내어 四柱에 없는 큰 벼슬을 하려다가 世(내 몸)와 官이 共히 空亡이 되고 羊刃까지 겹쳐 총탄(酉金)을 맞고 쓰러졌다. 청룡(靑龍)이 상린(傷鱗) 즉 六親이 무덕(無德)한 고로 자식(子息)에게 총을 맞고 一家가 몰사하는 비운(悲運)의 이름이다.

임(臨)은 大也, 通也이므로 크게 성공은 하는 이름이다. 그러나 주작(朱雀)은 피(血)이니 身이 空 맞고 命은 劫殺이 붙었다. 뇌(腦)는 羊刃이 붙었으므로 뇌에 쇳덩이(총탄)을 맞고 피를 흘리며 쓰러졌다. 조실부모(早失父母)하며 子孫은 羊刃에 등사(허경지신)가 있으므로 자손까지 해쳤다. 큰 딸은 시집도 못갔고, 둘째 딸은 이혼했으며, 아들은 마약복용으로 교도소까지 드나들었으니 과연 누가 이 어마어마하게 소름끼치도록 무서운 眞理 앞에 함부로 귀중한 자손의 이름을 짓겠다 호언장담한단 말인가.

혁(革)은 혁명(革命)이다. 革命을 일으켜 몸(世)이 말을 타고 급등했으나 世白虎(호랑이)가 北海(바다)로 빠졌다. 世命이 馬를 탔고 身과 頭에 양인(羊刃)이 되어 머리에 칼날이 꽂히는 이름이니 어찌 흉명(凶名)이 아니랴.

```
年 月 日 時      澤火革
四 甲 丙 丁 壬
柱 戌 子 巳 寅      官未 ≺    身 青
                           刃
  7車     子申父酉 ≺        玄
          兄亥 ≺  世        白
          馬
 12智
          兄亥 ≺        巳
          馬     命
 15澈     官丑            句
  元    貞  孫卯      初 朱
  27    34
```

서합(噬嗑)은 장사나 사업가(事業家)에게 좋은 卦이다. 財物이 내 몸(世)에 붙었고, 청룡희열지신(青龍喜悅之神)과 天乙貴人까지 붙었으며 진신(進神)이 되었다. 未土와 申金이 相生하였고 三爻財는 白虎가 풍문(風門)에 들었으니 위풍이 늠름하므로 申官을 상대하여 官의 도움을 받아 큰 부자가 되는 이름이다. 六爻 孫이 劫殺이 되고 朱雀이 불에 들어갔으므로 큰 아들을 잃을 이름이다. 그리고 피가 不足하여 신경(神經)이 약한 이름이다.

```
年 月 日 時
四 庚 戊 戊 壬
柱 戌 寅 申 戌      孫巳 ≺        朱
                  祿劫    世
  7李     官申財未 ≺        青
          官酉 ≺           玄
  8秉
          財辰 ≺        白
                  ○
 12喆     兄寅 ≺    應   巳
          馬
  元    貞  父子 ≺        句
  20    27
```

年月日時　　重地坤	坤은 성(城)이다. 城에 더 큰 城을 쌓았으니 貴하게 된다. 청룡희열 지신(靑龍喜悅之神)이 내 몸과 손궁(孫宮)에 붙어 天乙貴人까지 더 하였으므로 나는 물론, 貴하게 될 子孫이 있다. 그러나 下掛二爻에 퇴신(退神)으로 자공화공(自空化空)이 되므로 하체(下體)가 弱한 이름이다.

```
年月日時          重地坤
四 丁癸丁乙
柱 亥丑酉巳      孫酉 ≋  世   靑
   8金           財亥 ≋       玄
                            馬
     9炳         兄丑 ≋  身   白
                官卯 ≋  應   巳
                    ○  ○
    15魯    兄辰 父巳 ≋      句
  元    貞     兄未 ≋       朱
  24    32      刃   命
```

盧泰愚 대통령은 壬申年 7月 17日 子時生이다. 육음조양격(六陰朝陽格)의 진격(眞格)이니 고귀한 四柱이다. 귀한 사주일수록 格과 局이 분명한 법이다.

이름은 깊은 여울을 지나면 또 앞에 깊은 江이 가로막는 격으로 반대와 방해가 많으며 애로와 파란이 많다. 그러나 단호히 대처하면 내 몸(世) 子水가 타인오화(他人午火)를 이기는 象이므로 끝내 성공하는 이름이다.

```
年月日時          重水坎
四 壬戊辛戊
柱 申申亥子    孫卯 兄子 ≋  世  巳
               官戌 ~       句
   16盧 火      刃
               父申 ≋       朱
    9泰 火
               財午 ≋   應  靑
   13愚 土     官辰 ~       玄
  元    貞      孫寅        白
  22    38
```

제2편 작 명 111

```
    年月日時
 四 甲甲甲甲
 柱 戌戌戌戌      孫戌ヽ   初
                    ○    身
    6朱 金       財申ヽ    白
              馬
               午ヽ      巳
   15論 火
              官亥ヽ  世  句
                  劫      命
     4介 木   父寅孫丑ヽ   朱
  元        貞  祿
  19    25    父卯ヽ    靑
```

世와 命에 官이 붙어 共히 겁살(劫殺)이 된다. 구진이 물에 빠졌으니 내 命도 단명(短命)하고 남편도 죽이는 이름이다. 그러나 진신(進神)이고 掛가 워낙 좋으니 길이 빛나는 이름이다.

제2장 성 명(姓名)

1. 성명(姓名)의 의의(意義)

　무릇 이 世上 모든 物體는 제각기 타고난 품성(品性)과 그에 알맞는 이름이 있다. 하늘에는 해와 달과 별이 있고, 땅위에는 사람과 짐승 草木 등이 있어, 제각기의 품성대로 이름을 가지고 있다. 꽃에도 모란·난초·작약·진달래 등과 같은 이름이 있다. 조수(鳥獸)에도 호랑이·사자·토끼·매·꿩·비둘기 등의 이름이 있다. 나무에도 소나무·배나무·사과나무·복숭아나무 등의 이름이 있다. 이와 같이 이 세상 모든 물체에는 각기 이름이 없는 것이 없다. 하물며 만물의 영장인 인간에 있어서랴 말해 무엇하겠는가.
　이름은 그 사람의 사주(四柱)와 신체(身體)를 外部에 나타내는 것이다. 그러므로 이름의 길흉(吉凶)은 한 인간의 운명을 지배하는 중요한 요소가 된다. 왜냐하면 이름은 후천운(後天運)이기 때문이다.
　성(姓)은 祖上의 뼈요, 명(名)은 父母의 정기(精氣)로 태어난 내 몸의 부호(符號)다. 내 四柱와 몸을 외부(外部)에 나타내는 대변자(代辯者)로서 내 몸에 작용하는 영향력은 대단히 크다고 아니할 수 없다. 그러므로 이름이 四柱와 부합되고 깨끗하면 그 사람의 육체와 정신

(精神)이 깨끗하고 成功한다. 이름이 나쁘면 평생 고난(苦難)과 질병·역경 속에서 방황하게 된다.

2. 작명(作名)의 운용(運用)

다양한 인간이 각기 다른 이름을 가지게 되는 것은, 이름이 내 몸을 외부에 나타내는 것이기 때문이다. 모든 사람이 모름지기 아름다운 이름을 가져야 함은 불문가지(不問可知)이다. 아무렇게나 아름답게만 명명(命名)한다고 하여 健康·長壽·성공하는 것이 아니다. 각기 자기의 사주에 맞게 작명(作名)을 해야 한다. 그렇다면 어떻게 이름을 짓는 것이 가장 잘 짓는 것인가.
四柱나 신수(身數)를 보는 방법에는 여러가지가 있고, 이름을 짓는 방법에도 여러가지가 있다.
그러니 내가 三十三年間 역학(易學)을 공부하고 연구해온 토대 위에서 자신있게 말할 수 있는 것은 이것이다.
한 사람의 사주나 身數를 보는 법은 천지자연(天地自然)의 운행법칙(運行法則)을 본따 사람에게 적용해보는 주역팔괘(周易八掛)를 제대로 공부하고 운용(運用)할 줄 아는 사람이 제일 올바른 사주풀이를 할 수 있다.
역시 이름도 周易八掛法으로 풀이하고 지어야만 진정한 작명가(作名家)라 할 수 있는 것이다. 주역팔괘법(周易八掛法)만이 오복(五福)과 오장육부(五臟六腑), 그리고 발바닥에서 머리끝까지의 건강을 모두 볼 수 있다.
周易은 우리 인류의 존망(存亡)과 함께 할 萬古의 대진리(大眞理)이기 때문이다.
주역팔괘(周易八掛)라 해도 四柱와 신수(身數) 풀이에는 혼천팔괘(渾天八掛)를 응용해야 한다. 작명(作名)에는 선천팔괘(先天八掛)로 풀이해야 정확한 판단이 된다.

3. 작명(作名)의 실제

그럼 어떤 사람이 어떠한 이름을 가져야만 부귀(富貴)하고 健康한 이름이 되겠는가. 동양(東洋)에만도 二百五十餘의 다른 姓氏가 있고, 數萬가지의 각기 다른 四柱가 있다. 이것을 팔괘(八掛)에 묶어 풀이하면 다양한 획수와 오행(五行)이 나올 것이다. 그러나 아무리 많이 번창한 姓氏라 할지라도 주역팔괘(周易八掛)의 범주를 벗어나지 못한다. 周易八掛中 어느 掛에 맞추어야만 내 四柱와 합치되느냐 하는 것이 作名하는 神祕中의 神祕가 될 것이다.

그럼 실례(實例)로 金氏 姓을 가진 아이의 사주(四柱)가 금년(壬申年) 음력 正月 15日 寅時生이라고 하자. 四柱는 壬申年 壬寅月 甲子日 丙寅時가 된다. 金氏에 속하는 이름 팔괘(八掛)의 괘명(掛名)은 일건위천(一乾爲天)・이태위택(二兌爲澤)・삼이위화(三離爲火)・사진위뢰(四震爲雷)・오손위풍(五巽爲風)・육감위수(六坎爲水)・칠간위산(七艮爲山)・팔곤위지괘(八坤爲地掛)인 八掛의 범주에 속한다. 일진(日辰)은 육효(六爻)를 주재(主宰)하므로 첫째 일진에 맞는 掛를 빼어놓는다. 다음에는 수리(數理)나 삼원(三元) 음령오행(音靈五行) 등을 보아야 한다. 수리나 五行 등은 극히 미미한 作用을 하고(10%) 나머지 90%는 八掛에 비추어 오복(五福)과 오장육부(五臟六腑) 등의 건강을 모두 보아야 한다.

그러면 실제 작명(作名)에 있어서 上記와 같은 四柱를 가진 金姓은 어떠한 掛의 이름이 나와야 할 것인가. 일건위천(一乾爲天) 괘에서는 世(내 몸)가 공망(空亡)이 되므로 단명(短命)한다. 뇌를 다치며 대장(大腸)이 나빠지고 神經이 쇠약하다. 사업실패 등 아주 나쁘다. 이태위택(離兌爲澤) 괘에서는 財物과 肝이 조금 나쁘긴 하나 命이 길고 비교적 건강하다. 삼이위화(三離爲火) 괘에서는 世가 겁살(劫殺)을 맞았다. 눈이 나빠지고 뇌도 상한다. 단명에 실패한다. 사진위뢰(四

震爲雷)에서는 世戌이 공망되었다. 교통사고・사업실패・단명한다. 오손위풍(五巽爲風) 괘에서는 世인 卯가 양인살(羊刃殺)이 되었다. 뇌를 다치고 간을 상하며, 실패 단명한다. 육감위수(六坎爲水) 괘에서는 戌官이 空亡되었다. 벼슬이 없고 학업중단 등 파란이 많다. 칠간위산(七艮爲山) 괘에서는 벼슬도 하고 명도 길다. 그러나 人德이 조금 부족하고 아주 높은 것은 되지 못한다. 팔곤위지(八坤爲地) 괘에서는 命도 길고 人德도 있다. 벼슬도 하고 成功한다.

무릇 六親中에서도 世는 나(我)로 명궁(命宮)이니 깨끗하게 하여 오래 살게 해야 한다. 둘째는 오장육부와 머리에서 발끝까지이다. 즉 육효(六爻) 중에서 初爻는 手足(손발)이다. 二爻는 팔과 다리다. 三爻는 허리다. 四爻는 배다. 五爻는 가슴이다. 六爻는 머리다.

子는 신(腎)이다. 丑은 방광이다. 寅은 담이다. 卯는 간(肝)이다. 辰은 맹장이다. 巳는 소장(小腸)이다. 午는 심장(心臟)이다. 未는 비장(脾臟)이다. 申은 위(胃)다. 酉는 폐(肺)다. 戌은 대장(大腸)이다. 亥는 삼초(三焦)이다. 이 모두를 건강하게 해야 한다.

세째는 처(妻)이며, 네째는 子孫이다. 다섯째는 財物이나 벼슬을 본다. 여섯째는 육신(六神)과 육친(六親)의 작용관계이다. 일곱째는 대공망(大空亡)과 양인(羊刃) 겁살(劫殺) 역마(驛馬) 등의 관련여부를 必히 맞추어 보아야 한다.

제3장 八卦와 姓氏의 實例

다음은 어떤 姓氏에는 어떤 팔괘(八卦)가 있으며, 어떤 卦가 좋은가를 나열하려 한다.

九획수의 姓. 柳 姜 南 宣 咸 洪氏
十七획수의 姓. 韓 鞠氏 등

일천지비(一天地否)·이택천쾌(二澤天夬)·삼화택규(三火澤睽)·사뢰화풍(四雷火豊)·오풍뢰익(五風雷益)·육수풍정(六水風井)·칠산수몽(七山水蒙)·팔지산겸괘(八地山謙卦)가 있다.

이 중에서 사뢰화풍(四雷火豊)·오풍뇌익(五風雷益)·이택천쾌괘(二澤天夬卦)가 좋다. 그러나 사뇌화풍괘는 日辰이 갑술순중(甲戌旬中)에 난 사람은 世인 申이 공망되었으므로 短命하여 쓰지 못한다. 亥卯未日에 난 사람도 世가 劫殺이 되어 쓰지못한다. 오풍뇌익(五風雷益)卦는 甲午旬中에 난 사람은 世辰이 공망되므로 短命하고 허리도 다쳐 쓰지 못한다. 天干乙日에 난 사람도 양인살(羊刃殺)이 되므로 쓰지 못한다.

내가 三十年 이상 數十万名의 四柱와 宮合과 이름을 본 결과에 따르면 음간(陰干)에도 양인살(羊刃殺)이 해당된다는 것이다. 二澤天夬卦에서 甲戌旬中에 난 사람은 世酉가 공망이 되고 肺가 나빠지며

제2편 작 명 117

단명하여 쓰지 못한다. 天干 庚日에 난 사람도 쓰지 못한다. 자손 (子孫)도 傷한다.

二획수. 丁 卜氏
十획수. 徐 高 孫 晋 曹 殷 馬氏 등

일천산돈(一天山遯)・이택지췌(二澤地萃)・삼화천대유(三火天大有)・사뇌택귀매(四雷澤歸妹)・오풍화가인(五風火家人)・육수뢰준(六水雷屯)・칠산풍고(七山風蠱)・팔지수사괘(八地水師卦)가 있다.

그 중에서 二澤地萃・三火天大有卦가 좋으나, 二澤地萃卦는 甲午旬中에 난 사람은 世巳가 공망이 되었다. 申子辰日에 난 사람은 世가 劫殺이 되므로 小腸과 胃가 나쁘고 短命하여 쓰지 않는다. 三火天大有卦에서 甲午旬中에 난 사람은 世辰이 공망이 된다. 天干乙日에 난 사람은 양인살(羊刃殺)이 되어 맹장이 나빠지고 허리도 다치며 神經이 약해지고 短命하여 쓰지 못한다.

三획수. 千氏
十一획수. 張 催 許 陳 梁氏 등

일천수송(一天水訟)・이택산함(二澤山咸)・삼화지진(三火地晋)・사뇌천대장(四雷天大壯)・오풍택중부(五風澤中孚)・육수화기제(六水火旣濟)・칠산뇌이(七山雷頤)・팔지풍승괘(八地風升卦)가 있다.

이 중에서 삼화지진(三火地晋)・사뇌천대장(四雷天大壯)・팔지풍승(八地風升)卦가 좋다. 그러나 三火地晋卦에서 甲戌旬中에 난 사람은 世酉가 공망이 되므로 눈과 폐가 나빠지며 사고가 나고 단명하여 쓰지 못한다. 四雷天大壯卦는 甲申旬中에 난 사람은 世午가 봉공(逢空)하므로 심장이 나빠지고 위장도 쇠약하며 실패하고 단명하여 쓰지 못한다. 天干丙日과 戊日에 난 사람도 양인살(羊刃殺)이 되므로 쓰지 못한다. 八地風升卦에서 甲寅旬中에 난 사람은 방광과 위장이 나빠지고 사고가 나며 단명하여 쓰지 못한다.

四획수. 尹 元 文 太 王氏

十二획수. 黃 曾 彭氏
二十획수. 嚴 蘇氏 등

일천풍구(一天風姤)·이택수곤(二澤水困)·삼화산여(三火山旅)·사뢰지예(四雷地豫)·오풍천소축(五風天小畜)·육수택절(六水澤節)·칠산화비(七山火賁)·팔지뢰복(八地雷復) 卦가 있다.

이 중에서 四雷地豫·八地雷復卦가 좋다. 그러나 雷地豫卦에서 甲申旬中에 난 사람은 世未가 공망하여 손발을 다치고 비장과 위장이 나빠지고 단명하여 쓰지 않는다. 八地雷復卦에서 甲寅旬中에 난 사람은 世인 子가 공망이 되니 신장이 나빠지고 양기(陽氣)를 죽이고 손발을 다치고 단명하여 쓰지 못한다. 天干 壬日에 난 사람도 양인살(羊刃殺)이 되어 쓰지 못한다.

五획수. 白 玉 玄 田 申 史 皮氏
十三획수. 愼氏 등

일천뇌무망(一天雷無妄)·이택풍대과(二澤風大過)·삼화수미제(三火水未濟)·사뢰산소과(四雷山小過)·오풍지관(五風地觀)·육수천수(六水天需)·칠산택손(七山澤損)·팔지화명이(八地火明夷)卦 등이 있다.

이 중에서 일천뇌무망(一天雷無妄)·육수천수(六水天需) 卦가 좋다. 그러나 一天雷無妄卦에서 甲申旬中에 난 사람은 世인 午가 공망이 되므로 심장이 나빠지고 子孫을 해치며 사고가 나고 단명하여 쓰지 못한다. 天干丙日과 戊日에 난 사람도 양인살(羊刃殺)이 되어 쓰지 못한다. 육수천수괘(六水天需卦)에서 甲戌旬中에 난 사람은 世이 申이 봉공(逢空)하여 胃와 陽氣를 죽이고 귀도 나빠지며 子孫도 해하고 短命한다. 亥卯未日에 난 사람도 겁살(劫殺)이 되므로 쓰지 못한다.

六획수. 朴 安 全 任 吉 池 朱
十四획수. 趙
二十二획수. 權氏 등

일천화동인(一天火同人)·이택뢰수(二澤雷隨)·삼화풍정(三火風鼎)·사뇌수해(四雷水解)·오풍산점(五風山漸)·육수지비(六水地比)·칠산천대축(七山天大畜)·팔지택림괘(八地澤臨卦) 등이 있다.

이 중에서 이택뢰수괘(二澤雷隨卦)를 빼놓고는 모두 좋은 掛이다. 그러나 일천화동인(一天火同人) 掛에서 甲子旬中에 난 사람은 世인 亥가 공망이 되므로 삼초(三焦)가 허약해지고 허리를 다치며 눈도 나빠지고 단명하여 쓸 수 없다. 寅午戌日에 난 사람도 亥가 劫殺이 되므로 마찬가지이다. 삼화풍정괘(三火風鼎卦)는 甲子旬中이나 寅午戌日에 난 사람은 벼슬이 깎이고 파란이 많고 삼초(三焦)가 허약하며 陽氣도 죽이며 단명하여 쓰지 못한다.

사뇌수해괘(四雷水解卦)에서 甲午旬中에 난 사람은 世辰이 봉공하므로 財物을 상한다. 맹장이 나빠지고 양기가 부족해지며 단명하여 쓰지 못한다. 天干 壬日이나 乙日에 난 사람도 쓰지 못한다.

오풍산점괘(五風山漸卦)에서 甲戌旬中에 난 사람은 世申이 공망이 되므로 위장이 나빠지고 단명하여 쓰지 못한다. 財物이 빠져있다.

육수지비괘(六水地比卦)에서 甲辰旬中에 난 사람은 世인 卯가 공망이 되므로 간(肝)이 나빠지고 허리를 다친다. 위장도 나빠지고 官이 상한다. 그리고 파란이 많고 단명하여 쓰지 못한다. 天干甲日에 난 사람도 羊刃이 되므로 쓰지 못한다.

칠산천대축괘(七山天大畜卦)는 子孫이 빠졌다. 甲辰旬中에 난 사람은 世寅이 공망이 되므로 담이 나빠진다. 신경이 쇠약해진다.官이 상하여 成功을 방해한다. 파란이 많고 단명한다.

팔지택림괘(八地澤臨卦)에서 甲辰旬中에 난 사람은 世卯가 공망이 되므로 간이 나빠지고 이가 나빠진다. 官이 공망이 되므로 파란이 많고 성공을 방해하며 단명한다. 天干甲日에 난 사람도 卯가 羊刃이 되므로 마찬가지로 쓰지 못한다.

七획수. 李 宋 呉 成 車 辛 呂 杜
十五획수. 魯　鄭氏 등

일천택이(一天澤履)·이택화혁(二澤火革)·삼화뢰서합(三火雷噬)·사뢰풍항(四雷風恒)·오풍수환(五風水渙)·육수산건(六水山蹇)·칠산지박(七山地剝)·팔지천태괘(八地天泰卦) 등이 있다.

그 중에서 삼화뢰서합(三火雷噬盍)·사뢰풍항(四雷風恒)·팔지천태괘(八地天泰卦)가 좋다. 그러나 三火雷噬盍卦에서 甲申旬中에 난 사람은 世未가 공망이 되므로 눈과 비장 폐가 나빠져 단명하게 된다. 또한 재물도 상하고 파란이 많다. 四雷風恒卦에서 甲戌旬中에 난 사람은 世酉가 空亡이 되며 폐(肺)가 나빠지고 허리도 다치며 官을 상해 파란이 많고 단명하다. 天干庚日에 난 사람도 양인(羊刃)이 되므로 쓰지 못한다. 八地天泰卦에서 甲午旬中에 난 사람은 世辰이 공망이 되므로 허리를 다치며 맹장이 나빠진다. 神經도 쇠약하고 단명하여 쓰지 못한다. 天干乙日에 난 사람도 羊刃이 되어 쓰지 못한다.

八획수. 金 林 卓 表 孟 承 河 昔
十六획수. 盧 錦氏 등

일건위천(一乾爲天)·이태위택(二兌爲澤)·삼중화이(三重火離)·사중뢰진(四重雷震)·오중풍손(五重風巽)·육중수감(六重水坎)·칠중산간(七重山艮)·팔중지곤괘(八重地坤卦) 등이 있다.

이 중에서 이중택태(二重澤兌)·삼중화이(三重火離)·오중풍손(五重風巽)·팔중지곤(八重地坤)卦 등이 좋다. 그러나 二重澤兌卦에서 甲申旬中에 난 사람은 世未가 공망이 되므로 비장·이(齒)·뇌가 나빠진다. 父母의 성공과 건강까지 방해하여 파란이 많고 단명하여 쓰지 못한다. 三重火離卦에서 甲午旬中에 난 사람은 世巳가 공망이 되므로 눈(目)이 나빠지고 뇌신경이 약해진다. 小腸도 나빠지고 교통사고 등으로 단명한다. 申子辰日에 난 사람도 世가 劫殺이 되어 쓰지 못한다. 五巽爲風(重風巽)卦에서 甲辰旬中에 난 사람은 世卯가 공망이 되므로 肝이 나쁘고 뇌를 상하며 파란이 많고 단명하여 쓰지 못한다. 天干甲日에 난 사람도 羊刃이 되어 쓰지 못한다.

八坤爲地(重地坤)卦에서 甲戌旬中에 난 사람은 世酉가 공망이 되므로 폐와 뇌를 다치며 사고가 나고 단명하여 쓰지 못한다. 庚日에 난 사람도 酉가 羊刃이 되므로 쓰지 못한다. 이상으로 주역팔괘법(周易八卦法)에 대한 작명법(作名法)을 기술했다.

또 한가지 부기해 둘 것이 있다. 첫째 氵(삼수변)·阝(邑·좌부방)·阝(阜·우부방변)·艹(풀 초) 등 붓으로 써내려 가는 필획과, 원획수를 따지는 의획의 시비가 있다. 확실하게 이야기 해둘 것은 한 획 더 쓰고 덜 쓰는데 따라 미치고 사고가 나고 폐나 위장 간장병 등이 생기기도 하는 등 큰 차이가 나므로 반드시 筆畫으로 써야한다.

義畫으로 쓴다면 하(河)는 9획이다. 진(陳)은 阝(좌부방)으로 3획인데, 의획은 阜(언덕 부)이므로 陳은 陳으로 써야 한다. 鄭의 筆畫은 15수인데 의획은 鄭으로 19획이 되어야 한다. 정(鄭) 진(陳) 이라고 쓴다면 얼마나 우스운 글자인가.

한글도 그렇다. ㄱㄴㅇ은 1획, ㄷㅅㅋ은 2획, ㄹㅁㅈㅌㅎ은 3획, ㅂㅊㅍ은 4획이다. 그러나 ㅈ 이렇게 쓰면 2획, ㅊ 이렇게 쓰면 3획으로 보아야 한다. 한 획의 차이가 크게 운명을 갈라놓으므로 반드시 필획으로 쓸 것을 거듭거듭 부탁하는 바이다.

※ 앞으로 周易으로 보는 궁합법(宮合法)과 周易으로 풀이하는 사주와 身數法을 계속하여 쓰겠다. 宮合보는 법도 申子辰合, 巳酉丑合, 甲子乙丑은 해중금(海中金), 庚午辛未는 노방토(路傍土)이므로 土生金이 되어 좋다는 등의 장님들이나 해야 할 소리를 눈뜬 사람들이 한다면 크나큰 오류를 범하는 짓이다.

宮合法도 八卦 속의 合을 보아야 한다. 例를 들어 己卯生과 丁亥生女가 만났다고 하자. 그러면 택지췌괘(澤地萃卦)가 되어 卦中의 巳酉가 合이 되는 것이지 결코 亥卯가 合이 되는 것은 아니다. 辛卯生과 乙未生女를 장님식으로 보면 卯未가 合이므로 좋다고 할 것이다. 그러나 아니다.

122

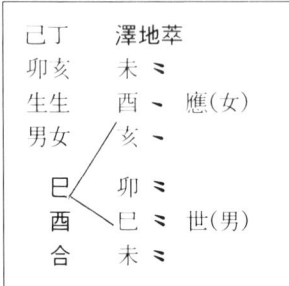 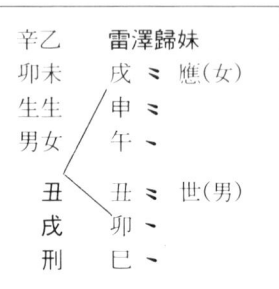

뇌택귀매괘(雷澤歸妹卦)가 되므로 丑戌 三刑이 되어 파란만장한 생애를 헤쳐나가는 宮合이다. 실패하고 애정이 없어 보따리를 몇번 싸서 친정으로 돌아와야 하는 궁합이다.

따라서 壬寅生男과 丙午生女도 뇌택귀매괘(雷澤歸妹卦)가 되어 같이 살기 힘들다. 甲辰生과 戊申生女도 중수감괘(重水坎卦)가 되어 掛中 子午가 相冲하여 애정이 없고 파란이 많아 나쁜 궁합이다.

※ 四柱를 빼는 방법도 마찬가지이다. 수자(數字)에서 나오는 주역팔괘법(周易八卦法)으로 혼천박괘(渾天作卦)하여 四柱나 신수(身數)를 보아야 정확한 판단이 된다.

가령 前記한 壬申年 正月 十五日 寅時生이라고 하자. 사주는 다음과 같다.

男 壬 壬 甲 丙　　大　5　15　25　35　45　55
子 申 寅 子 寅　　運　癸　甲　乙　丙　丁　戊
　年 月 日 時　　　　　　卯　辰　巳　午　未　申

그러므로 1,729① 이라는 숫자가 나오므로 본궁사주(本宮四柱)는 산택손괘(山澤損卦)가 된다. 동효괘(動爻卦)는 산수몽괘(山水蒙卦)가 되며, 호괘(互卦)는 지뢰복괘(地雷復卦)가 된다.

七才에 국민학교에 들어갈 때는 1,856② 으로 지뢰복괘(地雷復卦)가 되어 지택림괘(地澤臨卦)로 前進한다. 18才 大學 시험을 보는 해는 己丑年으로 1,874② 지산겸괘(地山謙卦)가 되어 지풍승(地風升)으로

變한다. 27才 戊辰年에는 1,866⑥ 지풍승괘(地風升卦)가 되므로 고시
(考試)에 합격한다. 28才 己亥年에는 1,917③ 천산둔괘(天山遯卦)이나
白虎(產神)지세(持世)하였으므로 결혼한다. 29才 庚子年에는 1,902⑥
산천대축괘(山天大畜卦)에 六爻가 發動하여 지천태괘(地天泰卦)가 되
고 酉孫이 動해 나오니 득남(得男)한다. 만일 29才 庚子年에 결혼한
다면 30才 辛丑年에는 1,861① 지풍승괘(地風升卦)에 初爻인 白虎가
發動하므로 得男하고 영전하게 된다.

　四柱는 추명학(推命學)이므로 이와같이 數字로 나오며, 몇십년 후나
몇백년 후의 일도 훤히 알 수 있는 것이다.

제4장 작명(作名)의 실제(實際)

九획수의 姓氏. 柳 姜 南 宣 洪氏
十七획수의 姓氏. 韓 鞠氏 등
① 천지비괘(天地否卦) ② 택천쾌괘(澤天夬卦) ③ 화택규괘(火澤睽卦) ④ 뇌화풍괘(雷火豊卦) ⑤ 풍뇌익괘(風雷益卦) ⑥ 수풍정괘(水風井卦) ⑦ 지산겸괘(地山謙卦)가 있다.
④ 뇌화풍괘(雷火風卦)와 ⑤ 풍뇌익괘(風雷益卦)는 大吉하다. ② 택천쾌괘(澤天決卦)는 平吉하다. ⑥ 수풍정괘(水風井卦)는 半凶半吉하다. ① 천지비괘(天地否卦)와 ③ 화택규괘(火澤睽卦)는 좋지않다.

甲子日生

① 의 천지비괘(天地否卦)에서는 世卯가 양인살(羊刃殺)이므로 短命한다. 肝이 나빠지고 허리도 다친다. 官인 巳가 劫殺이 되므로 학업중단이나 벼슬이 없다. 戌인 父母가 空亡이 되므로 父母德이 없는 등 파란이 많아 좋지않다.

② 의 택천쾌괘(澤天決卦)에서는 命도 길고 兄弟德도 있다. 學業도 좋고 벼슬도 한다. 그러나 財物이 좀 부족하다.

③ 의 화택규괘(火澤睽卦)에서는 命은 길고 兄弟德과 子孫德은 있으나 父母德이 부족하다. 소장(小腸)이 나빠지고 뇌도 다치며 파란이 조금 있으며, 재물도 不足하다.

④ 의 뇌화풍괘(雷火風卦)에서는 命은 길고 財物도 있고 벼슬도 하나, 子孫과 兄弟를 해친다. 삼초(三焦)가 조금 弱하고, 대장(大腸)이 좀 弱해진다.

⑤ 의 풍뇌익괘(風雷益卦)에서는 命도 길고 財運도 좋다. 父母德과 兄弟德도 있어 좋다.

⑥ 의 수풍정괘(水風井卦)에서는 世戌이 空亡이 되므로 단명한다. 子孫이 부족하다.

⑦ 의 산수몽괘(山水蒙卦)에서는 世戌이 空亡이 되므로 단명한다. 子孫을 해치고 大腸이 나빠진다.

⑧ 의 지산겸괘(地山謙卦)에서는 世인 亥가 空亡이 되므로 短命한다. 子孫을 해치며 胃와 肺를 해친다.

乙丑生日

① 의 천지비괘(天地否卦)에서는 命은 길고 財物도 좋다. 초효(初爻)가 발동(發動)하면 子孫도 성공한다. 그러나 父母德이 없고 파란이 있으며 큰 성공은 없다.

② 의 택천쾌괘(澤天夬卦)에서는 命이 길고 子孫도 성공하며 돈을 번다. 그러나 벼슬을 해친다.

③ 의 화택규괘(火澤睽卦)에서는 命이 길고 벼슬을 하며 父母德과 子孫도 좋다. 그러나 財物이 不足하다.

④ 의 뇌화풍괘(雷火風卦)에서는 命이 길고 子孫은 성공한다. 재물이 있으며 벼슬도 한다. 그러나 兄弟를 조금 해치고 허리가 약해진다.

⑤ 의 풍뢰익괘(風雷益卦)에서는 世辰이 양인(羊双)이 되므로 短命한다. 팔 다리와 허리를 다칠 염려가 있다.

⑥ 수풍정괘(水風井卦)에서는 世戌이 空亡이 되어 短命한다. 어머니를 해치고 자손이 부족하다. 양기(陽氣)가 不足하다.

⑦ 의 산수몽괘(山水蒙卦)에서는 世戌이 空亡이 되므로 短命한다. 失敗가 많고. 자손과 부모를 해치며 남의 害를 입는다.

⑧ 지산겸괘(地山謙卦)에서는 世亥가 空亡이 되므로 短命한다. 아버지와 子孫을 해치며 成功을 방해한다.

丙寅生日

① 의 천지비괘(天地否卦)에서는 심장(心臟)과 胃·肺·腦를 害친다. 파란이 많아 큰 성공은 어렵다.

② 의 택천쾌괘(澤天夬卦)에서는 命이 길고 子孫은 좋으며 벼슬을 한다. 재운(財運)도 무난(無難)하다.

③ 화택규괘(火澤睽卦)에서는 命이 길고 子孫도 성공한다. 그러나 財運이 좋지않으며 파란이 조금 있다.

④ 뇌화풍괘(雷火風卦)에서는 世申이 馬가 되므로 命을 해친다. 午財가 양인(羊刃)이 되므로 財物을 해치며 兄弟도 해한다. 心臟과 大腸을 해친다.

⑤ 의 풍뇌익괘(風雷益卦)에서는 命도 길고 父母 兄弟 子孫이 모두 좋고 건강하다.

⑥ 의 수풍정괘(水風井卦)에서는 世戌이 空亡이 되므로 短命한다. 어머니를 害친다. 양기(陽氣)가 부족하며 자손의 德이 없다.

⑦ 산수몽괘(山水蒙卦)에서는 世戌이 空亡이 되므로 短命한다. 자손과 형제를 해친다. 재물이 없다. 人德이 없어 남의 害를 받는다.

⑧ 지산겸괘(地山謙卦)에서는 世亥가 空亡이 되고 劫殺이므로 交通事故 등으로 短命한다. 벼슬과 財物도 해쳐 파란이 많다.

丁卯生日

① 의 천지비괘(天地否卦)에서는 벼슬을 하고 돈도 좀 모은다. 그러나 다른데 투자하면 실패한다. 부모덕이 없으며 파란이 조금 있는 이름이 된다.

② 택천쾌괘(澤天夬卦)에서는 命이 길고 子孫은 成功하며 재물과 벼슬도 있는 좋은 이름이다.

③ 화택규괘(火澤睽卦)에서는 命이 길고 자손은 성공하며 벼슬도

한다. 그러나 재물이 부족하고 큰 성공이 어렵다.

④ 뇌화풍괘(雷火風卦)에서는 世申이 劫殺이 되므로 短命하고 兄弟를 해친다. 胃와 大腸이 나빠진다.

⑤ 풍뇌익괘(風雷益卦)에서는 성공하는 이름이다.

⑥ 수풍정괘(水風井卦)에서는 世戌이 공망이 되므로 短命한다. 母親을 해친다. 양기(陽氣)를 죽이며 대장(大腸)이 나빠진다.

⑦ 산수몽괘(山水蒙卦)에서는 世戌이 空亡이므로 短命한다. 子孫을 상하게 한다. 재물이 없는 이름이며 남의 해도 입는다.

⑧ 지산겸괘(地山謙卦)에서는 世인 亥가 空亡이므로 短命한다. 失敗하며 交通事故도 난다. 子孫도 傷하며 삼초(三焦)가 不實해진다.

戊辰日生

① 의 천지비괘(天地否卦)에서는 官을 傷하므로 학업중단이나 벼슬이 없다. 파란이 많고 큰 성공이 없다.

② 의 택천쾌괘(澤天夬卦)에서는 命이 길고 子孫도 있고 형제덕도 있으며 재물도 있다. 그러나 官이 馬가 되므로 무관(武官)이나 경찰 등에 알맞다.

③ 화택규괘(火澤睽卦)에서는 父母德이 없다. 재물도 없으며 파란이 많다.

④ 의 뇌화풍괘(雷火風卦)에서는 재물을 傷한다. 兄弟를 해치며 허리가 弱해진다.

⑤ 의 풍뇌익괘(風雷益卦)에서는 命이 길고 재물도 많으며 모두 좋다. 그러나 벼슬이 크지 못하다.

⑥ 수풍정괘(水風井卦)에서는 世戌이 空亡이 되므로 短命하고 실패한다. 어머니를 害치며 대장(大腸)과 폐(肺)가 弱해진다.

⑦ 산수몽괘(山水蒙卦)에서는 世戌이 空亡이 되므로 短命한다. 子孫과 兄弟를 해치며 財物이 없다. 교통사고등 파란이 많다.

⑧ 지산겸괘(地山謙卦)에서는 世亥가 空亡이 되어 短命 한다. 子孫도 해치며 財物이 없다. 벼슬도 깎고 事故등 波乱이 많다.

己巳日生

① 의 천지비괘(天地否卦)에서는 父母를 해친다. 子孫이 귀하며 파란도 많아 좋지않다.

② 택천쾌괘(澤天夬卦)에서는 女兄弟를 해친다. 財物을 조금 傷하고 벼슬을 깎았다.

③ 화택규괘(火澤睽卦)에서는 財物도 없고 子孫도 없다. 여형제(女兄弟)를 害치고 파란이 많다.

④ 뇌화풍괘(雷火風卦)에서는 命도 길도 벼슬도 한다. 財物도 많다. 자손도 성공한다. 그러나 兄弟는 害친다.

⑤ 풍뇌익괘(風雷益卦)에서는 命도 길고 돈도 많고 성공하는 이름이다.

⑥ 수풍정괘(水風井卦)에서는 世戌이 空亡이 되므로 短命한다. 財物을 傷한다. 어머니를 害친다. 대장(大腸)과 胃・肺를 弱하게 만든다.

⑦ 산수몽괘(山水蒙卦)에서는 世戌이 空亡이 되므로 短命하고 실패하며 사고가 난다. 腦도 나빠지고 담이 약해진다.

⑧ 의 지산겸괘(地山謙卦)에서는 世인 亥가 空亡이 되므로 단명한다. 子孫을 해치며 실패한다. 삼초(三焦)와 胃가 약해진다.

庚午日生

① 의 천지비괘(天地否卦)에서는 波乱과 실패가 많다. 뇌신경을 좀 약하게 만든다.

② 의 택천쾌괘(澤天夬卦)에서는 世酉가 양인살(羊刃殺)이 되어 命도 짧게 하고 子孫도 해친다. 肺와 이를 나쁘게 한다.

③ 화택규계(火澤睽卦)에서는 世酉가 양인살(羊刃殺)이므로 短命한다. 사고가 나고 자손을 해친다. 눈과 肺가 나빠지고 성공을 방해한다.

④ 뇌화풍괘(雷火風卦)에서는 世申이 馬가 되므로 命을 건드려 事故가 난다. 父母를 害치며 胃와 肺를 弱하게 한다.

⑤ 의 풍뇌익괘(風雷益卦)에서는 청룡(青龍)이 辰에 피육하니 몸을 자주 다친다.

⑥의 수풍정괘(水風井卦)에서는 世戌이 空亡이 되므로 短命한다. 大腸도 나빠지며 팔 다리를 다친다.

⑦ 산수몽괘(山水蒙卦)에서는 世戌이 空亡이 되므로 短命한다. 子孫을 해친다. 胃와 大腸이 나빠진다.

⑧ 지산겸괘(地山謙卦)에서는 世亥가 空亡이고 劫殺이므로 단명하고 子孫을 害치며 재물로도 파란이 있다.

辛未日生

① 의 천지비괘(天地否卦)에서는 아버지와 兄弟를 해치는 등 파란이 많은 이름이 된다.

② 의 택천쾌괘(澤天夬卦)에서는 命이 길고 벼슬을 하며 子孫은 성공한다. 그리고 人德도 있는 좋은 이름이 된다.

③ 화택규괘(火澤睽卦)에서는 命은 길고 子孫도 성공하고 벼슬도 한다. 그러나 財物이 不足하다.

④ 뇌화풍괘(雷火風卦)에서는 世申이 劫殺이므로 命이 짧고 사고가 난다. 父母와 兄弟도 해친다.

⑤ 의 풍뇌익괘(風雷益卦)에서는 모두 좋으나 몸을 자주 다칠 수 있다.

⑥ 수풍정괘(水風井卦)에서는 世戌이 空亡이 되므로 短命한다. 양기(陽氣)가 부족하며 재물도 傷한다.

⑦ 의 산수몽괘(山水蒙卦)에서는 世戌이 空亡이 되고 양인살(羊刃殺)이 되므로 短命한다. 子孫을 해치고 胃와 大腸도 나빠지며 事故가 난다.

⑧ 지산겸괘(地山謙卦)에서는 世인 亥가 空亡이 되므로 短命하며 사고가 난다. 子孫을 害하며 男兄弟도 害친다.

壬申日生

① 의 천지비괘(天地否卦)에서는 戌이 空亡이 되므로 腦와 부친을 해친다. 巳官이 劫殺이 되므로 학업중단이나 벼슬이 없는 등 파란이

많다.

② 의 택천쾌괘(澤天夬卦)에서는 亥財가 空亡이 되고 子財는 양인살(羊刃殺)이 되므로 財物을 상한다. 양기(陽氣)가 부족해 신장을 상한다.

③ 화택규괘(火澤睽卦)에서는 巳文이 空亡이므로 母親을 傷한다. 腦를 다치며 小腸이 나빠진다.

④ 뇌화풍괘(雷火風卦)에서는 命이 길고 재물도 있고 벼슬도 하는 좋은 이름이 된다.

⑤ 풍뇌익괘(風雷益卦)에서는 命도 길고 돈도 많으며 비교적 건강한 이름이 된다.

⑥ 수풍정괘(水風井卦)에서는 世인 戌이 空亡이 되므로 短命한다. 財物을 상한다. 양기(陽氣)를 부족하게 하고 父親도 해친다.

⑦ 의 산수몽괘(山水蒙卦)에서는 世戌이 空亡이 되므로 短命한다. 子孫을 害치며 胃와 腸이 나빠진다.

⑧ 의 지산겸괘(地山謙卦)에서는 世亥가 空亡이 되므로 短命한다. 子孫도 害친다. 胃와 삼초(三焦)가 不實해진다.

癸酉日生

① 의 천지비괘(天地否卦)에서는 파란이 많아 좋지않다.

② 의 택천쾌괘(澤天夬卦)에서는 官에 劫殺이 붙었으므로 경찰이나 軍人에게는 좋다.

③ 의 화택규괘(火澤睽卦)에서는 命이 길고 벼슬을 하며 父母德도 있다. 그러나 財物이 不足하다.

④ 뇌화풍괘(雷火風卦)에서는 命도 길고 財도 있다. 벼슬도 히고 子孫도 成功한다.

⑤ 풍뇌익괘(風雷益卦)에서는 命도 길고 財運도 좋다. 재주가 좋아 문장(文章)이 되는 이름이다.

⑥ 수풍정괘(水風井卦)에서는 世戌이 空亡이 되므로 短命한다. 財物을 상하며 파란이 있다.

⑦ 의 산수몽괘(山水蒙卦)에서는 世戌이 空亡이 되므로 短命한다.

子孫도 害치며 남의 害도 받는다.
⑧의 지산겸괘(地山謙卦)에서는 世亥가 空亡이 되므로 短命한다. 삼초(三焦)와 胃를 害친다. 子孫도 해친다.

甲戌日生
①의 천지비괘(天地否卦)에서는 世卯가 양인(羊刃)이므로 몸에 칼을 대니 교통사고 기타 득병(得病)하여 手術을 해야 한다. 兄弟를 상하며 파란이 많다.
②의 택천쾌괘(澤天夬卦)에서는 世酉가 空亡이 되므로 短命하고 子孫을 害친다. 肺와 이(齒)가 나빠진다.
③의 화택규괘(火澤睽卦)에서는 世酉가 空亡이 되므로 短命한다. 子孫도 害친다. 눈과 肺가 나빠진다.
④의 뇌화풍괘(雷火風卦)에서는 世申이 空亡이 되므로 短命한다. 父母와 兄弟를 害친다.
⑤의 풍뇌익괘(風雷益卦)에서는 命이 길고 財物도 많으며 성공한다.
⑥ 수풍정괘(水風井卦)에서는 命은 길고 돈도 번다. 그러나 벼슬이 없어 成功을 방해한다. 어머니를 害친다.
⑦의 수산몽괘(水山蒙卦)에서는 命이 길고 벼슬을 하며 자손도 성공한다. 그러나 財物이 不足하다.
⑧의 지산겸괘(地山謙卦)에서는 世인 亥가 劫殺이므로 사고·수술 등으로 短命한다. 子孫과 兄弟를 해친다. 삼초(三焦)가 不實해진다.

乙亥日生
①의 천지비괘(天地否卦)에서는 命은 길고 돈도 번다. 그러나 兄弟를 害치며 파란이 많다.
② 택천쾌괘(澤天夬卦)에서는 世酉가 空亡이므로 短命한다. 자손을 해친다. 이와 肺가 나빠진다.
③의 화택규괘(火澤睽卦)에서는 世酉가 空亡이 되므로 短命한다. 成功을 방해하며 자손을 해친다. 눈과 肺가 나빠진다.

④ 뇌화풍괘(雷火風卦)에서는 世申이 空亡이 되고 劫殺도 되므로 短命한다.
사고가 난다. 胃와 肺도 나빠진다.

⑤ 의 풍뢰익괘(風雷益卦)에서는 世辰이 양인살(羊刃殺)이므로 몸에 칼을 대니 手術을 해야 한다.

⑥ 수풍정괘(水風井卦)에서는 命도 길고 돈도 번다. 그러나 학업중단이나 벼슬이 없다.

⑦ 의 산수몽괘(山水蒙卦)에서는 命이 길고 벼슬을 하며 자손은 성공한다. 그러나 재물이 부족하다.

⑧ 의 지산겸괘(地山謙卦)에서는 命도 길고 벼슬도 한다. 그러나 財物이 빠져있다.

丙子日生

① 의 천지비괘(天地否卦)에서는 兄弟를 害치고 파란이 많다.

② 의 택천쾌괘(澤天夬卦)에서는 世酉가 空亡이 되므로 短命한다. 子孫을 害친다. 이와 肺가 나빠진다.

③ 의 화택규괘(火澤睽卦)에서는 世酉가 空亡이 되므로 短命한다. 子孫과 父母도 害친다.

④ 뇌화풍괘(雷火風卦)에서는 世申이 空亡이므로 단명하며 부모을 해친다.

⑤ 풍뢰익괘(風雷益卦)에서는 오래 살고 돈도 많이 벌고 건강하다.

⑥ 수풍정괘(水風井卦)에서는 命도 길고 돈도 있다. 그러나 벼슬을 害친다.

⑦ 산수몽괘(山水蒙卦)에서는 命도 길고 벼슬도 하고 자손도 성공한다. 그러나 財物이 不足하다.

⑧ 의 지산겸괘(地山謙卦)에서는 命도 길고 子孫도 성공한다. 그러나 벼슬을 害치고 財가 不足하다.

丁丑日生

① 의 천지비괘(天地否卦)에서는 命도 길도 財物도 있다. 그러나 벼슬이 크지 못하고 파란이 있다.

② 의 택천쾌괘(澤天夬卦)에서는 世酉가 空亡이므로 短命하며 子孫을 해친다. 이와 肺가 나빠진다.

③ 화택규괘(火澤睽卦)에서는 世酉가 空亡이므로 短命한다. 재물이 부족하고 파란이 있다.

④ 의 뇌화풍괘(雷火風卦)에서는 世申이 空亡이므로 단명하며 성공을 방해한다. 胃나 肺가 약해진다.

⑤ 의 풍뇌익괘(風雷益卦)에서는 命도 길고 財物도 많고 건강하여 성공한다.

⑥ 수풍정괘(水風井卦)에서는 命이 길고 財運도 좋으며 건강하다. 그러나 벼슬이 不足하다.

⑦ 산수몽괘(山水蒙卦)에서는 命도 길고 벼슬도 하고 자손도 성공한다. 그러나 재물이 부족하다.

⑧ 지산겸괘(地山謙卦)에서는 命을 조금 害친다. 胃와 腦가 약하며 財物도 不足하다.

戊寅日生

① 의 천지비괘(天地否卦)에서는 命은 길고 벼슬도 한다. 부모도 강녕(康寧)하고 재물도 있다. 그러나 兄弟를 해치고 파란이 많다.

② 의 택천쾌괘(澤天夬卦)에서는 世酉가 空亡이 되므로 단명한다. 자손과 재물을 傷한다. 사고가 나서 몸을 다치는 등 좋지않다.

③ 의 화택규괘(火澤睽卦)에서는 世酉가 空亡이므로 사고가 나서 短命한다. 財物이 부족하다. 파란이 많은 등 좋지않은 이름이다.

④ 의 뇌화풍괘(雷火風卦)에서는 世申이 空亡이 되므로 사고가 난다. 단명한다. 財物을 傷한다. 父母를 해친다. 胃와 肺를 약하게 한다.

⑤ 의 풍뇌익괘(風雷益卦)에서는 命이 길고 子孫은 성공하며 財物도 많다. 父母 兄弟도 성공하며 몸은 건강하는 등 좋은 이름이 된다.

⑥의 수풍정괘(水風井卦)에서는 命은 길고 財物도 있다. 그러나 벼슬이 傷한다. 父母를 害치는 이름이 된다.

⑦의 산수몽괘(山水蒙卦)에서는 命은 기나 兄弟를 害치고 재물이 없다. 남의 害를 입어 人德이 없는 이름이 된다.

⑧의 지산겸괘(地山謙卦)에서는 世亥가 겁살(劫殺)이므로 事故가 나서 短命한다. 財物이 부족하다. 胃와 肺·삼초(三焦)를 나쁘게 한다. 벼슬도 깎는다. 자손과 兄弟까지 해치는 나쁜 이름이 된다.

己卯日生

①의 천지비괘(天地否卦)에서는 命은 길다. 벼슬도 작은 벼슬은 한다. 子孫이 不足하며 兄弟를 해치는 등 파란이 많다.

②의 택천쾌괘(澤天夬卦)에서는 世酉가 空亡이 되므로 사고가 나서 단명한다. 子孫을 해친다. 이와 폐(肺)가 나빠진다.

③의 화택규괘(火澤睽卦)에서는 世酉가 空亡이 되므로 사고가 나서 단명한다. 財物이 없다. 눈과 肺가 나빠지고 波乱이 많다.

④의 뇌화풍괘(雷火豊卦)에서는 世申이 空亡이 되고 劫殺이 되므로 運命을 억압(抑壓)하여 成功을 방해한다. 사고가 나고 短命하며 父母를 害친다. 胃와 肺를 나쁘게 만든다.

⑤의 풍뇌익괘(風雷益卦)에서는 命도 길고 財物도 많다. 오복(五福)이 구족(具足)하여 건강하고 幸福한 이름이 된다.

⑥의 수풍정괘(水風井卦)에서는 命도 길고 財物도 있다. 부모덕(父母德)이나 人德도 있으나, 벼슬을 깎고 자손이 부족하다.

⑦의 산수몽괘(山水蒙卦)에서는 命은 길고 벼슬도 한다. 자손도 성공한다. 그러나 財物이 없고 남의 피해(被害)를 입는다.

⑧의 지산겸괘(地山謙卦)에서는 命은 보통(普通)이고 벼슬도 하고 인덕(人德)도 있다. 그러나 財物이 不足하고 형제를 害친다.

庚辰日生

①의 천지비괘(天地否卦)에서는 命은 길고 財物도 조금 있으나 자

손이 부족하다. 兄弟를 害치며 벼슬도 크지 못하다.
　②의 택천쾌괘(澤天夬卦)에서는 世酉가 空亡이 되고 양인살(羊刃殺)이 붙으므로 사고가 나고 수술(手術)을 하며 短命한다. 파란이 있고 성공을 방해한다. 肺와 이가 나쁘다. 子孫을 害친다.
　③의 화택규괘(火澤暌卦)에서는 世酉가 空亡이 되므로 事故가 나고 短命한다. 財物이 없으며 父母를 해친다. 肺와 눈이 나빠진다.
　④의 뇌화풍괘(雷火風卦)에서는 世申이 空亡이 되므로 사고가 나고 短命한다. 胃와 肺가 나빠진다. 파란이 있으며 父母를 害친다.
　⑤의 풍뇌익괘(風雷益卦)에서는 命은 길고 財物도 있다. 건강하고 성공하는 이름이 된다.
　⑥의 수풍정괘(水風井卦)에서는 命은 길고 財物이 있으며 인덕도 있다. 그러나 벼슬을 깎고 子孫이 不足하다.
　⑦의 산수몽괘(山水蒙卦)에서는 命도 길고 벼슬도 한다. 자손과 형제도 성공한다. 그러나 재물이 부족하고 남의 피해(被害)를 입는다.
　⑧의 지산겸괘(地山謙卦)에서는 命도 길고 벼슬도 하며 人德도 있다. 그러나 財物이 부족하고 형제를 害친다.

辛巳日生
　①의 천지비괘(天地否卦)에서는 命은 길고 재물도 있고 벼슬도 한다. 그러나 子孫이 부족하고 재물이나 벼슬이 크지 못하며 파란이 많다.
　②의 택천쾌괘(澤天夬卦)에서는 世酉가 空亡이 되므로 事故가 나고 단명한다. 이와 폐(肺)가 나쁘다. 자손을 해친다.
　③의 화택규괘(火澤暌卦)에서는 世酉가 空亡이 되므로 사고가 나고 短命한다. 재물이 없다. 자손을 해치며 눈이 나빠진다.
　④의 뇌화풍괘(雷火風卦)에서는 世申이 空亡이 되므로 사고가 나고 短命한다. 父母를 해친다.
　⑤의 풍뇌익괘(風雷益卦)에서는 命도 길고 財物도 많고 건강한 이름이 된다.

⑥의 수풍정괘(水風井卦)에서는 命도 길고 財物도 있고 人德도 있다. 그러나 벼슬을 깎고 자손이 부족하다.

⑦의 산수몽괘(山水蒙卦)에서는 命은 길고 父母 兄弟 子孫이 성공한다. 벼슬도 한다. 그러나 재물이 부족하고 남의 害를 입는다.

⑧의 지산겸괘(地山謙卦)에서는 世亥에 馬가 붙으니 고향(故鄕)을 떠나 살게 된다. 자손이 나가며 형제를 해친다. 재물이 不足하다.

壬午日生

①의 천지비괘(天地否卦)에서는 命이 길고 財物이 있으며 벼슬을 한다. 그러나 子孫과 兄弟를 해친다.

②의 택천쾌괘(澤天夬卦)에서는 世酉가 空亡이 되므로 사고가 나고 단명한다. 子孫을 해친다. 이와 肺가 나빠진다.

③의 화택규괘(火澤睽卦)에서는 世酉가 空亡이 되므로 사고가 나고 短命한다. 財物이 없고 子孫을 해친다. 눈과 폐가 나빠지는 등 흉명(凶名)이 된다.

④의 뇌화풍괘(雷火風卦)에서는 世申이 空亡이므로 사고가 나서 短命한다. 父母와 兄弟를 해치고 波亂이 많다.

⑤의 풍뇌익괘(風雷益卦)에서는 命은 길고 財物이 많다. 자손과 兄弟도 성공하는 길명(吉名)이 된다.

⑥의 수풍정괘(水風井卦)에서는 命이 길고 財物도 있다. 그러나 벼슬을 깎고 아버지와 子孫을 害친다.

⑦의 산수몽괘(山水蒙卦)에서는 命이 길고 벼슬도 한다. 부모 형제 자손은 성공한다. 그러나 재물이 부족하다.

⑧의 지산겸괘(地山謙卦)에서는 世亥가 劫殺이므로 事故가 나서 몸을 크게 다친다. 子孫과 형제를 해친다. 財物이 不足하다.

癸未日生

①의 천지비괘(天地否卦)에서는 命이 길고 財物이 있다. 벼슬도 한다. 그러나 子孫과 兄弟를 해친다.

제2편 작 명 137

② 의 택천쾌괘(澤天夬卦)에서는 世酉가 空亡이므로 사고가 나고 短命한다. 子孫을 해친다. 이와 肺가 나빠진다.

③ 의 화택규괘(火澤睽卦)에서는 世酉가 空亡이므로 사고가 나고 短命한다. 눈과 肺가 나빠지고 파란이 많은 흉명(凶名)이 된다.

④ 의 뇌화풍괘(雷火風卦)에서는 世申이 空亡이므로 사고가 나고 短命한다. 父母를 해친다. 위와 肺가 약해진다.

⑤ 의 풍뇌익괘(風雷益卦)에서는 命이 길고 재물이 많다. 부모 형제 자손이 모두 성공하는 행복한 이름이 된다.

⑥ 의 수풍정괘(水風井卦)에서는 命이 길고 財物이 있다. 부모는 장수강녕(長壽康寧)하나 벼슬을 깎는다. 子孫의 근심이 있다.

⑦ 의 산수몽괘(山水蒙卦)에서는 命이 길고 벼슬을 한다. 부모 형제 자손이 모두 안강(安康)한다. 그러나 財物이 부족하다.

⑧ 의 지산겸괘(地山謙卦)에서는 命은 보통이며 벼슬을 한다. 부모와 자손은 안강(安康)하다. 그러나 兄弟를 해치고 財物이 부족하다.

甲申日生

① 의 천지비괘(天地否卦)에서는 世卯가 양인(羊刃)이므로 短命한다. 肝과 胃가 약해지며 벼슬이 크지 않는 등 파란이 많다.

② 의 택천쾌괘(澤天夬卦)에서는 命도 길고 벼슬도 한다. 財運도 좋고 건강하다.

③ 의 화택규괘(火澤睽卦)에서는 命은 길고 子孫도 成功한다. 그러나 官을 해치고 財가 부족하다.

④ 의 뇌화풍괘(雷火風卦)에서는 命도 길고 벼슬도 한다. 그러나 子孫과 財物을 해친다. 심장(心臟)이 조금 弱해진다.

⑤ 의 풍뇌익괘(風雷益卦)에서는 命도 길고 재운(財運)도 좋고 건강하다.

⑥ 의 수풍정괘(水風井卦)에서는 命이 길고 건강하다. 벼슬도 하고 財運도 좋다. 그러나 큰 成功은 어렵다.

⑦ 의 산수몽괘(山水蒙卦)에서는 命도 길고 건강하며 벼슬도 한다.

子孫은 성공한다. 그러나 허리를 다칠 염려가 있다.
　⑧의 지산겸괘(地山謙卦)에서는 命도 길고 건강하며 子孫도 성공한다. 그러나 財가 부족하고 벼슬을 깎는 이름이 된다.

乙酉日生
　①의 천지비괘(天地否卦)에서는 命은 길고 財物이 있다. 부모 형제는 안강(安康)하다. 그러나 子孫이 부족하거나 자손으로 파란이 있으며 벼슬을 깎는 이름이 된다.
　②의 택천쾌괘(澤天夬卦)에서는 命도 길고 재물도 많다. 자손이나 형제도 안강(安康)하다. 벼슬은 무관(武官)이나 경찰관·법관(法官) 등으로 成功하는 이름이 된다.
　③의 화택규괘(火澤睽卦)에서는 命은 길고 벼슬도 한다. 부모 형제 자손은 안강(安康)하다. 그러나 財物이 없고 파란이 있는 이름이 된다.
　④의 뇌화풍괘(雷火風卦)에서는 命이 길고 벼슬도 한다. 재물이 있다. 부모 형제 자손이 모두 安康하고 행복한 이름이 된다.
　⑤의 풍뇌익괘(風雷益卦)에서는 命은 보통(普通)이고 부모 형제 자손은 안강(安康)하다. 그러나 벼슬을 깎고 재물을 해친다.
　⑥의 수풍정괘(水風井卦)에서는 命이 길고 재물이 있다. 벼슬도 한다. 그러나 子孫이 不足하다.
　⑦의 산수몽괘(山水蒙卦)에서는 命이 길고 벼슬을 한다. 그러나 財物이 없고 父母 兄弟를 해친다.
　⑧의 지산겸괘(地山謙卦)에서는 몸을 다칠 수 있다. 벼슬을 깎는다. 재물로도 파란이 있는 이름이 된다.

丙戌日生
　①의 천지비괘(天地否卦)에서는 命은 보통이고 재물도 조금 있다. 그러나 벼슬을 깎는다. 자손과 어머니를 해친다. 심장이 弱해지는 이름이 된다.
　②의 택천쾌괘(澤天夬卦)에서는 命이 길고 벼슬도 하고 재물이

있다. 子孫은 성공하며 형제도 안강(安康)하여 행복한 이름이 된다.
　③의 화택규괘(火澤睽卦)에서는 命은 길고 벼슬이 있다. 子孫은 성공한다. 부모 형제는 安康하다. 그러나 재물이 없어 파란이 있다.
　④의 뇌화풍괘(雷火風卦)에서는 命을 길고 벼슬은 한다. 부모 형제가 安康하고 人德도 있다. 그러나 財物은 조금 傷한다.
　⑤의 풍뇌익괘(風雷益卦)에서는 命은 길고 財物도 많다. 자손은 성공한다. 부모 형제도 安康하여 행복하고 건강한 이름이 된다.
　⑥의 수풍정괘(水風井卦)에서는 命이 길고 재물이 있다. 벼슬도 한다. 그러나 子孫으로 파란이 있다.
　⑦의 산수몽괘(山水蒙卦)에서는 命이 길고 벼슬을 한다. 부모와 子孫도 안강(安康)하다. 그러나 兄弟를 해치고 재물로 파란이 많다.
　⑧의 지산겸괘(地山謙卦)에서는 世亥가 劫殺이 되므로 短命한다. 벼슬을 깎는다. 재물로 파란이 많으며 자손을 해친다. 胃와 삼초(三焦)가 약해진다.

丁亥日生
　①의 천지비괘(天地否卦)에서는 命은 보통이고 財物은 조금 있다. 그러나 벼슬을 깎는다. 어머니와 형제를 해치며 자손으로 파란이 많은 이름이 된다.
　②의 택천쾌괘(澤天夬卦)에서는 命도 길고 재물도 많으며 벼슬도 한다. 자손도 성공하는 등 건강하고 행복한 이름이 된다.
　③의 화택규괘(火澤睽卦)에서는 命은 길고 벼슬을 한다. 자손도 성공한다. 그러나 부모가 부실(不實)하고 재물이 없어 파란이 많은 이름이 된다.
　④의 뇌화풍괘(雷火風卦)에서는 世申이 劫殺이 되므로 사고가 나고 短命한다. 財物을 傷하며 부모를 해치는 등 좋지않은 이름이 된다.
　⑤의 풍뇌익괘(風雷益卦)에서는 命도 길고 재물도 많다. 부모 형제 자손도 안강(安康)하여 행복한 이름이 된다.
　⑥의 수풍정괘(水風井卦)에서는 命이 길고 財物은 있으며 벼슬도

한다. 부모도 강녕(康寧)하다. 그러나 子孫으로 파란이 있는 이름이 된다.

⑦의 산수몽괘(山水蒙卦)에서는 命은 길고 벼슬을 하며 부모와 자손도 安康하다. 그러나 재물로 파란이 있는 이름이 된다.

⑧의 지산겸괘(地山謙卦)에서는 命은 길고 부모 형제 자손은 성공한다. 그러나 財物이 부족하고 벼슬을 깎아 파란이 있다.

戊子日生

①의 천지비괘(天地否卦)에서는 命은 보통(普通)이고 재물도 조금 있다. 그러나 벼슬을 깎는다. 어머니를 해치며 자손으로 파란이 많은 이름이 된다.

②의 택천쾌괘(澤天夬卦)에서는 命은 길고 재물이 있으며 벼슬도 한다. 자손과 형제도 안강하다. 人德도 있는 좋은 이름이 된다.

③의 화택규괘(火澤睽卦)에서는 命은 길고 벼슬도 있다. 부모는 成功하고 강녕(康寧)하다. 兄弟와 子孫도 安康하다. 그러나 財物로 파란이 있다.

④의 뇌화풍괘(雷火風卦)에서는 命이 길고 벼슬을 한다. 부모 형제 자손이 모두 안강하다. 그러나 財物을 조금 해친다.

⑤의 풍뢰익괘(風雷益卦)에서는 命도 길고 재물도 많다. 자손도 성공한다. 부모 형제도 安康하며 행복하고 건강한 이름이 된다.

⑥의 수풍정괘(水風井卦)에서는 命이 길고 재물도 있다. 벼슬도 하고 건강하다. 그러나 子孫으로 波乱이 있는 이름이 된다.

⑦의 산수몽괘(山水蒙卦)에서는 命은 보통이고 벼슬은 한다. 그러나 父母와 兄弟를 해치며 재물로 파란이 많은 이름이 된다.

⑧의 지산겸괘(地山謙卦)에서는 命은 길고 부모 형제 자손은 安康하다. 그러나 벼슬을 깎으며 財物로 파란이 있는 이름이 된다.

己丑日生

①의 천지비괘(天地否卦)에서는 命은 길고 財物도 조금 있다. 그

러나 벼슬을 깎으며 父母와 子孫을 해친다. 심장과 비장이 약해지는 이름이 된다.

② 의 택천쾌괘(澤天夬卦)에서는 命은 보통이고 財物이 있다. 兄弟와 子孫이 안강하다. 그러나 벼슬을 깎는다.

③ 의 화택규괘(火澤睽卦)에서는 命은 보통이고 벼슬도 조금 있다. 부모 형제 자손도 安康하다. 그러나 재물이 없어 파란이 많다.

④ 의 뇌화풍괘(雷火風卦)에서는 命도 길고 벼슬도 하며 재물이 있고 안강하다. 부모 형제 자손이 모두 安康하여 행복한 이름이 된다.

⑤ 의 풍뇌익괘(風雷益卦)에서는 命도 길고 財物도 있다. 부모 형제 자손이 모두 安康한 이름이 된다.

⑥ 의 수풍정괘(水風井卦)에서는 命도 길고 財物이 있으며 벼슬도 한다. 그러나 子孫으로 파란이 있다.

⑦ 의 산수몽괘(山水蒙卦)에서는 命은 길고 벼슬이 있다. 자손도 성공한다. 그러나 부모와 형제를 해치며 재물로 파란이 많다.

⑧ 의 지산겸괘(地山謙卦)에서는 몸을 다칠 수 있고 벼슬을 깎는다. 재물로 파란이 있다. 자손도 해치는 이름이 된다.

庚寅日生

① 의 천지비괘(天地否卦)에서는 命은 길고 財物은 조금 있다. 그러나 벼슬을 깎는다. 자손으로 파란이 있는 이름이 된다.

② 의 택천쾌괘(澤天夬卦)에서는 世酉가 양인(羊刃)이므로 사고가 나고 手術을 하게 되고 短命한다. 재물을 조금 害친다. 자손도 해친다. 이와 肺가 나빠지는 흉명(凶名)이 된다.

③ 의 화택규괘(火澤睽卦)에서는 世酉가 양인(羊刃)이므로 사고가 나서 수술하고 단명한다. 財物이 없으며 子孫을 해친다. 눈과 肺가 나빠지는 흉명(凶名)이 된다.

④ 의 뇌화풍괘(雷火風卦)에서는 命도 길고 벼슬도 한다. 재물도 있다. 부모와 자손도 安康하여 행복한 이름이 된다.

⑤ 의 풍뇌익괘(風雷益卦)에서는 命도 길고 재물도 있다. 부모 형

제 자손도 모두 安康하다. 그러나 몸을 가끔 다칠 수 있다.

⑥의 수풍정괘(水風井卦)에서는 命도 길고 財物도 있다. 벼슬도 한다. 그러나 어머니를 해친다. 자손으로 파란이 있다.

⑦의 산수몽괘(山水蒙卦)에서는 命도 길다. 벼슬도 한다. 부모와 자손도 安康하다. 그러나 兄弟를 해치며 財物로 波乱이 많다.

⑧의 지산겸괘(地山謙卦)에서는 世亥가 劫殺이 되므로 사고가 나고 短命한다. 벼슬을 깎는다. 재물로 파란이 있으며 子孫과 女兄弟를 害친다. 胃와 肺를 나쁘게 하여 흉명(凶名)이 된다.

辛卯日生

①의 천지비괘(天地否卦)에서는 命은 길고 財物은 조금 있다. 그러나 벼슬을 깎는다. 學業中斷의 우려가 있다. 부모 형제 자손을 모두 해친다. 심장과 비장이 나빠지는 등 파란이 많은 흉명(凶名)이다.

②의 택천쾌괘(澤天夬卦)에서는 命도 길고 財物이 있다. 벼슬도 크고 자손이 성공하는 등 행복하고 건강한 길명(吉名)이다.

③의 화택규괘(火澤睽卦)에서는 命은 길고 벼슬도 조금 한다. 자손은 성공한다. 그러나 財物이 없고 父母도 해치는 좋지않은 이름이 된다.

④의 뇌화풍괘(雷火風卦)에서는 世申이 劫殺이 되어 사고가 나고 短命한다. 財物을 傷하는 나쁜 이름이 된다.

⑤의 풍뇌익괘(風雷益卦)에서는 命은 보통이고 재물이 있다. 부모 형제는 安康하다. 그러나 子孫을 조금 害치고 몸을 가끔 다칠 수 있다.

⑥의 수풍정괘(水風井卦)에서는 벼슬을 하고 재물이 있다. 부모는 강녕(康寧)하다. 그러나 子孫으로 파란이 있다. 身이 극왕자(極旺者)는 몸을 다칠 수 있다.

⑦의 산수몽괘(山水蒙卦)에서는 벼슬은 하나 재물이 없다. 형제와 자손을 해친다. 몸을 다칠 수 있으며 파란이 많은 이름이 된다.

⑧의 지산겸괘(地山謙卦)에서는 命은 길고 부모와 子孫은 안강(安康)하다. 그러나 벼슬을 깎고 財物로 波乱이 있는 이름이 된다.

壬辰日生

① 의 천지비괘(天地否卦)에서는 命은 길고 財物이 있다. 부모 형제는 安康하다. 그러나 벼슬을 깎으며 학업중단의 염려도 있다. 자손으로 파란이 많은 이름이 된다.

② 의 택천쾌괘(澤天夬卦)에서는 命도 길고 財物이 많다. 벼슬을 한다. 子孫과 兄弟도 安康하여 행복하고 건강한 이름이 된다.

③ 의 화택규괘(火澤睽卦)에서는 命도 길고 벼슬을 한다. 그러나 財物이 없다. 자손과 父母로 파란이 있는 좋지못한 이름이 된다.

④ 의 뇌화풍괘(雷火風卦)에서는 命도 길고 벼슬을 한다. 부모 형제 자손이 모두 안강하는 등 행복하고 건강한 이름이 된다.

⑤ 의 풍뇌익괘(風雷益卦)에서는 命도 길고 財物이 많다. 형제 자손이 安康하고 행복한 이름이 된다.

⑥ 의 수풍정괘(水風井卦)에서는 命도 길고 재물도 있으며 벼슬도 한다. 어머니는 오래 모시는데 아버지를 害친다. 자손으로 파란이 있다.

⑦ 의 산수몽괘(山水蒙卦)에서는 命도 길고 자손은 성공한다. 그러나 벼슬을 깎으며 財物로 波乱이 많다. 형제와 부모를 해친다.

⑧ 의 지산겸괘(地山謙卦)에서는 命이 길고 부모 형제는 安康하다. 子孫은 성공한다. 그러나 벼슬을 깎는다. 재물로 파란이 있다.

癸巳日生

① 의 천지비괘(天地否卦)에서는 命이 길고 재물과 벼슬도 조금 있다. 그러나 자손으로 파란이 있다.

② 의 택천쾌괘(澤天夬卦)에서는 命도 길고 재물이 많다. 벼슬도 하고 안강하다. 자손과 형제도 安康하여 행복한 이름이 된다.

③ 의 화택규괘(火澤睽卦)에서는 命이 길고 벼슬을 한다. 부모 형제 자손도 모두 安康하다. 그러나 재물로 파란이 따른다.

④ 의 뇌화풍괘(雷火風卦)에서는 命도 길고 벼슬도 하며 건강하다. 부모 형제 자손이 모두 安康하여 행복한 이름이 된다.

⑤의 풍뇌익괘(風雷益卦)에서는 命도 길고 財物도 많으며 건강하다. 부모 형제 자손이 모두 성공하여 행복한 이름이 된다.

⑥의 수풍정괘(水風井卦)에서는 命도 길고 財物도 많다. 벼슬을 하며 父母도 강녕(康寧)하다. 그러나 자손으로 파란이 있다.

⑦의 산수몽괘(山水蒙卦)에서는 命도 길고 벼슬을 한다. 자손은 安康하다. 그러나 父母와 兄弟를 害치며 財物로 파란이 많다.

⑧의 지산겸괘(地山謙卦)에서는 몸을 다칠 수 있다. 벼슬을 깎는다. 재물로 파란이 있고, 자손을 해치는 이름이 된다.

甲午日生

①의 천지비괘(天地否卦)에서는 世卯가 양인(羊刃)이 되어 短命한다. 財物과 벼슬을 해친다. 肝과 胃·小腸이 弱해지고 허리도 다칠 수 있다.

②의 택천쾌괘(澤天夬卦)에서는 命도 길고 벼슬도 하며 재물도 좋으며 건강하다.

③의 화택규괘(火澤睽卦)에서는 命도 길고 자손도 성공한다. 그러나 財와 벼슬을 傷한다. 父母를 해치며 小腸이 나빠진다.

④의 뇌화풍괘(雷火風卦)에서는 벼슬도 하고 재물도 많다. 그러나 자손과 건강을 조금 害친다.

⑤의 풍뇌익괘(風雷益卦)에서는 世辰이 空亡이 되므로 短命한다. 자손과 女兄弟를 害친다.
腦와 肝·맹장·小腸을 약하게 한다.

⑥의 수풍정괘(水風井卦)에서는 命도 길고 재물도 있다. 벼슬도 하며 건강하다. 그러나 자손이 빠졌다.

⑦의 산수몽괘(山水蒙卦)에서는 命도 길고 벼슬도 한다. 그러나 財運이 약하다.

⑧의 지산겸괘(地山謙卦)에서는 世亥가 劫殺이 되어 命을 害하고 子女를 해친다. 胃와 삼초(三焦)를 약하게 한다.

乙未日生

① 의 천지비괘(天地否卦)에서는 命은 길고 財物이 있다. 부모 형제는 安康하다. 그러나 벼슬을 조금 깎는다. 자손의 근심이 있는 이름이다.

② 의 택천쾌괘(澤天夬卦)에서는 命이 길고 재물이 많다. 벼슬을 한다. 자손과 형제도 안강하여 행복한 이름이 된다.

③ 의 화택규괘(火澤睽卦)에서는 命이 길고 벼슬을 한다. 자손과 형제는 安康하다. 그러나 財物이 없고 부모를 해쳐 파란이 있는 이름이 된다.

④ 의 뇌화풍괘(雷火風卦)에서는 世申이 劫殺이므로 사고에 短命하고 父母를 해친다. 胃와 肺가 나빠지고 파란이 많은 이름이 된다.

⑤ 의 풍뇌익괘(風雷益卦)에서는 世辰이 空亡이므로 사고가 나고 短命한다. 재물을 상한다. 자손을 해쳐 파란이 있는 이름이 된다.

⑥ 의 수풍정괘(水風井卦)에서는 命이 길고 재물이 있으며 벼슬도 한다. 부모는 장수(長壽)하여 平吉한 이름이 된다.

⑦ 의 산수몽괘(山水蒙卦)에서는 命이 길고 벼슬을 한다. 부모 형제는 安康하다. 그러나 재물이 부족하고 자손을 조금 해친다.

⑧ 의 지산겸괘(地山謙卦)에서는 命이 길고 벼슬을 한다. 자손과 형제는 安康하다. 그러나 재물이 부족하고 아버지를 해친다.

丙申日生

① 의 천지비괘(天地否卦)에서는 命은 보통이고(65才) 재물은 조금 있다. 父母 兄弟는 安康하다. 그러나 벼슬을 깎아 직업이 불안하고 자손의 근심이 있다.

② 의 택천쾌괘(澤天夬卦)에서는 命이 길고 재물이 많다. 벼슬을 한다. 자손이 성공하는 등 행복한 이름이 된다.

③ 의 화택규괘(火澤睽卦)에서는 命이 길고 벼슬을 한다. 子孫은 성공한다. 형제는 安康하다. 그러나 재물이 없고 父母를 해쳐 파란이 있는 이름이 된다.

④의 뇌화풍괘(雷火風卦)에서는 命이 길고 벼슬을 한다. 재물이 있다. 형제는 성공한다. 부모와 자손은 안강하여 행복한 이름이 된다.
⑤의 풍뇌익괘(風雷益卦)에서는 世辰이 空亡이므로 사고가 나서 몸을 크게 다친다. 재물을 상하며 자손을 해쳐 파란이 있다.
⑥의 수풍정괘(水風井卦)에서는 命이 길고 벼슬을 한다. 재물이 있다. 부모는 성공장수(成功長壽)한다. 그러나 子孫의 근심이 있다.
⑦의 산수몽괘(山水蒙卦)에서는 命이 길고 벼슬을 한다. 그러나 財物이 부족하고 子孫의 근심이 있다.
⑧의 지산겸괘(地山謙卦)에서는 命이 길고 子孫과 兄弟는 크게 성공한다. 그러나 벼슬을 깎고 財物이 부족하며 아버지를 害친다.

丁酉日生

①의 천지비괘(天地否卦)에서는 命은 보통이고 財物과 벼슬이 조금씩 있다. 그러나 子孫으로 波乱이 있는 이름이 된다.
②의 택천쾌괘(澤天夬卦)에서는 命이 길고 재물은 많다. 벼슬을 하며 子孫은 크게 成功하여 행복한 이름이 된다.
③의 화택규괘(火澤睽卦)에서는 命이 길고 벼슬을 하며 子孫은 크게 성공한다. 그러나 財物이 없고 父母를 해쳐 파란이 많다.
④의 뇌화풍괘(雷火風卦)에서는 命이 길고 財物은 많으며 벼슬을 한다. 兄弟는 성공하고 父母와 子孫은 안강(安康)하여 幸福한 이름이 된다.
⑤의 풍뇌익괘(風雷益卦)에서는 世辰이 空亡이므로 사고가 나서 몸을 크게 다친다. 財物을 상하며 子孫과 兄弟를 해치다.
⑥의 수풍정괘(水風井卦)에서는 命이 길고 벼슬은 높고 재물이 있다. 父母도 장수안강(長壽安康)하다. 그러나 子孫의 근심이 있다.
⑦의 산수몽괘(山水蒙卦)에서는 命이 길고 벼슬을 하며 兄弟는 成功한다. 그러나 財物이 부족하고 父母를 해쳐 波乱이 있다.
⑧의 지산겸괘(地山謙卦)에서는 命이 길고 벼슬은 높다. 자손과 형제도 成功하여 幸福한 이름이 된다.

戊戌日生

① 의 천지비괘(天地否卦)에서는 命은 보통이고 財物과 벼슬은 조금씩 있으며 父母 兄弟는 안강(安康)하다. 그러나 子孫의 근심이 있다.

② 의 택천쾌괘(澤天夬卦)에서는 命이 길고 재물이 있으며 벼슬을 한다. 兄弟와 子孫도 안강(安康)하여 平吉한 이름이 된다.

③ 의 화택규괘(火澤睽卦)에서는 命이 길고 벼슬을 한다. 兄弟는 성공하고 父母와 子孫은 안강(安康)하다. 그러나 財物이 없어 波乱이 있다.

④ 의 뇌화풍괘(雷火風卦)에서는 命이 길고 벼슬은 높으며 재물이 있다. 父母와 子孫도 안강(安康)하여 幸福한 이름이 된다.

⑤ 의 풍뇌익괘(風雷益卦)에서는 世辰이 空亡이므로 사고가 나서 몸을 크게 다친다. 재물을 상하며 자손도 해친다.

⑥ 의 수풍정괘(水風井卦)에서는 命이 길고 財物이 많으며 벼슬을 한다. 그러나 어머니를 해치고 子孫의 근심이 있는 이름이 된다.

⑦ 의 산수몽괘(山水蒙卦)에서는 命은 보통이고 벼슬을 하며 父母와 子孫은 안강(安康)하다. 그러나 兄弟를 해치고 財物이 부족하다.

⑧ 의 지산겸괘(地山謙卦)에서는 世亥가 劫殺이니 事故가 나고 短命한다. 벼슬을 깎고 子孫을 해치며 財物이 부족하여 波乱이 있다.

己亥日生

① 의 천지비괘(天地否卦)에서는 命이 길고 財物이 있으며 벼슬을 한다. 그러나 兄弟와 子孫을 해친다.

② 의 택천쾌괘(澤天夬卦)에서는 命이 길고 재물은 많으며 벼슬을 한다. 子孫도 안강(安康)하여 幸福한 이름이 된다.

③ 의 화택규괘(火澤睽卦)에서는 命은 보통이고 벼슬을 한다. 그러나 父母를 해치고 財物이 없어 波乱이 있는 이름이 된다.

④ 의 뇌화풍괘(雷火風卦)에서는 世申이 劫殺이니 事故가 나서 몸을 크게 다치고 短命한다. 父母를 해친다.

⑤ 의 풍뇌익괘(風雷益卦)에서는 世辰이 空亡이므로 사고가 나고

短命한다. 財物을 傷하고 子孫을 害친다.

⑥의 수풍정괘(水風井卦)에서는 命이 길고 財物이 있으며 부모는 장수강녕(長壽康寧)하다. 그러나 子孫의 근심이 있다.

⑦의 산수몽괘(山水蒙卦)에서는 命이 길고 벼슬을 한다. 형제는 成功하고 父母와 子孫은 안강(安康)하다. 그러나 財物이 없어 파란이 있다.

⑧의 지산겸괘(地山謙卦)에서는 命은 보통이고 벼슬을 하며 子孫과 兄弟는 안강(安康)하다. 그러나 아버지를 해치고 財物이 부족하다.

庚子日生

①의 천지비괘(天地否卦)에서는 命이 길고 財物이 있으며 벼슬을 한다. 부모와 형제는 성공한다. 그러나 子孫의 근심이 있다.

②의 택천쾌괘(澤天夬卦)에서는 世酉가 양인(羊刃)이므로 사고가 나서 몸을 크게 다쳐 手術을 한다. 자손을 해치고 이와 肺가 나빠진다.

③의 화택규괘(火澤睽卦)에서는 世酉가 양인(羊刃)이므로 사고가 나서 몸을 크게 다쳐 수술을 하게 되고 短命한다. 재물이 없고 父母를 해쳐 파란이 많다.

④의 뇌화풍괘(雷火風卦)에서는 命이 길고 벼슬은 높고 재물은 많다. 건강하며 부모가 성공장수(成功長壽)한다. 자손과 형제도 安康하여 행복한 이름이 된다.

⑤의 풍뇌익괘(風雷益卦)에서는 世辰이 空亡이므로 사고가 나고 단명한다. 재물을 傷하고 자손을 해쳐 파란이 많다.

⑥의 수풍정괘(水風井卦)에서는 命이 길고 재물이 있으며 벼슬을 한다. 부모도 안강하다. 그러나 子孫의 근심이 있다.

⑦의 산수몽괘(山水蒙卦)에서는 命이 길고 벼슬을 하며 부모 형제 자손은 安康하다. 그러나 재물이 없어 파란이 있다.

⑧의 지산겸괘(地山謙卦)에서는 命은 보통이고 벼슬을 한다. 어머니와 男兄弟는 安康 成功 長壽한다. 그러나 아버지와 女兄弟를 해치며 재물이 부족하여 파란이 있다.

辛丑日生

① 의 천지비괘(天地否卦)에서는 命은 길고 財物과 벼슬은 조금씩 있다. 부모와 형제는 安康하다. 그러나 子孫의 근심이 있다.

② 의 택천쾌괘(澤天夬卦)에서는 命이 길고 벼슬을 하며 재물도 있다. 子孫이 성공하여 행복한 이름이 된다.

③ 의 화택규괘(火澤睽卦)에서는 命이 길고 벼슬을 하며 자손은 성공하고 兄弟는 安康하나, 父母를 해치고 財物이 부족하다.

④ 의 뇌화풍괘(雷火風卦)에서는 命이 길고 재물이 많으며 벼슬을 한다. 부모 형제 자손이 안강하여 행복한 이름이 된다.

⑤ 의 풍뇌익괘(風雷益卦)에서는 世辰이 空亡이므로 사고가 나고 短命한다. 財物을 상하며 子孫과 아버지를 해친다.

⑥ 의 수풍정괘(水風井卦)에서는 命은 보통이고 벼슬을 하고 재물이 있다. 부모는 안강하나 자손의 근심이 있다.

⑦ 의 산수몽괘(山水蒙卦)에서는 命은 보통이고 벼슬은 한다. 그러나 재물이 부족하다. 부모를 해쳐 파란이 있다.

⑧ 의 지산겸괘(地山謙卦)에서는 명이 길고 벼슬을 한다. 자손과 형제는 安康하다. 그러나 아버지를 해치고 재물이 부족하다.

壬寅日生

① 의 천지비괘(天地否卦)에서는 命이 길고 재물이 있고 벼슬도 한다. 부모와 兄弟는 安康하다. 그러나 자손의 근심이 있다.

② 의 택천쾌괘(澤天夬卦)에서는 命이 길고 벼슬을 하며 재물도 있다. 子孫도 安康하여 평길(平吉)한 이름이 된다.

③ 의 화택규괘(火澤睽卦)에서는 命이 길고 벼슬을 하며 자손과 형제는 安康하다. 그러나 부모를 해치고 재물이 부족하다.

④ 의 뇌화풍괘(雷火風卦)에서는 命이 길고 재물이 있으며 벼슬을 한다. 子孫은 成功하며 父母와 兄弟도 안강하여 행복한 이름이 된다.

⑤ 의 풍뇌익괘(風雷益卦)에서는 世辰이 空亡이 되므로 사고가 나고 短命한다. 재물을 傷하고 파란이 있다.

⑥의 수풍정괘(水風井卦)에서는 命이 길고 재물이 있으며 벼슬을 하고 건강하다. 그러나 아버지와 자손의 근심이 있다.
⑦의 산수몽괘(山水蒙卦)에서는 命이 길고 부모 형제 자손은 안강하다. 그러나 재물이 부족하고 벼슬을 깎아 파란이 있다.
⑧의 지산겸괘(地山謙卦)에서는 世亥가 劫殺이 되므로 事故가 나고 短命한다. 자손과 아버지를 해치고 財物이 부족하다.

癸卯日生
①의 천지비괘(天地否卦)에서는 命은 길고 재물은 있다. 그러나 벼슬을 조금 깎고 자손과 형제를 해치는 이름이 된다.
②의 택천쾌괘(澤天夬卦)에서는 命이 길고 재물이 많으며 벼슬을 한다. 오복(五福)을 갖추어 건강하고 행복한 이름이 된다.
③의 화택규괘(火澤睽卦)에서는 命은 길고 벼슬을 하며 자손과 형제는 安康하다. 그러나 財物이 없고 父母를 해쳐 파란이 있다.
④의 뇌화풍괘(雷火風卦)에서는 世申이 劫殺이 되므로 사고가 나서 몸을 크게 다치고 短命한다. 胃와 肺가 나빠진다.
⑤의 풍뇌익괘(風雷益卦)에서는 世辰이 空亡이 되므로 사고가 나고 단명한다. 財物을 傷하며 子孫을 해친다. 맹장이 나빠지고 허리를 다친다.
⑥의 수풍정괘(水風井卦)에서는 命이 길고 재물이 있으며 벼슬을 한다. 부모도 安康하다. 그러나 子孫의 근심이 있다.
⑦의 산수몽괘(山水蒙卦)에서는 命이 길고 벼슬은 한다. 그러나 財物로 손해(損害)가 많고 파란이 있다.
⑧의 지산겸괘(地山謙卦)에서는 命은 보통이나 재물이 부족하다. 아버지와 男兄弟를 해친다.

甲辰日生
①의 천지비괘(天地否卦)에서는 世卯가 空亡이며 양인살(羊刃殺)이 되므로 事故가 나고 手術을 하게 되며 短命한다. 肝도 약하게 하

고 파란이 많아 성공을 못하게 한다.

②의 택천쾌괘(澤天夬卦)에서는 命도 길고 財物도 있으며 자손과 兄弟도 성공한다. 그러나 官空亡이므로 벼슬은 큰 것이 없다.

③의 화택규괘(火澤睽卦)에서는 卯官이 空亡이므로 벼슬을 害친다. 父母德이 없으며 財物도 없는 좋지못한 이름이다.

④의 뇌화풍괘(雷火風卦)에서는 命이 길고 벼슬을 하며 재물도 많다. 그러나 子孫을 조금 해친다.

⑤의 풍뇌익괘(風雷益卦)에서는 命도 길고 富者가 되며 성공한다. 그러나 兄弟를 해친다.

⑥의 수풍정괘(水風井卦)에서는 命도 길고 건강하며 財와 官이 모두 있다. 그러나 子女를 해친다.

⑦의 산수몽괘(山水蒙卦)에서는 命도 길고 벼슬도 한다. 그러나 財物이 부족하고 부모를 해친다.

⑧의 지산겸괘(地山謙卦)에서는 命도 길고 벼슬을 한다. 자손과 형제는 安康하다. 그러나 재물이 부족하여 파란이 조금 있다.

乙巳日生

①의 천지비괘(天地否卦)에서는 世卯가 空亡이므로 사고가 나서 몸을 크게 다친다. 재물을 상하고 자손의 근심이 있는 흉명(凶名)이 된다.

②의 택천쾌괘(澤天夬卦)에서는 命이 길고 재물이 있으며 벼슬을 한다. 자손과 형제도 安康한 平吉의 이름이 된다.

③의 화택규괘(火澤睽卦)에서는 名을 길고 부모 형제 자손은 安康하다. 그러나 벼슬을 깎고 재물이 부족한 이름이 된다.

④의 뇌화풍괘(雷火風卦)에서는 命이 길고 재물이 있으며 벼슬을 한다. 父母와 子孫이 성공하고 兄弟는 안강하여 행복한 이름이 된다.

⑤의 풍뇌익괘(風雷益卦)에서는 命이 길고 재물이 많다. 부모 형제 자손이 모두 성공안강(成功安康)하여 행복한 이름이 된다.

⑥의 수풍정괘(水風井卦)에서는 命이 길고 재물이 있으며 벼슬

을 한다. 父母도 安康하다. 그러나 子孫의 근심이 있다.

⑦의 산수몽괘(山水蒙卦)에서는 命이 길고 벼슬을 하며 자손과 형제는 安康하다. 그러나 父母를 해치고 재물이 없어 파란이 있다.

⑧의 지산겸괘(地山謙卦)에서는 命이 길고 벼슬을 하며 부모 형제 자손이 모두 安康하다. 그러나 財物이 不足하다.

丙午日生

①의 천지비괘(天地否卦)에서는 世卯가 空亡이므로 사고가 나고 短命한다. 재물을 傷하여 파란이 많으며 子孫의 근심이 있다. 肝·胃·心臟이 나빠지며 허리도 다치는 흉명(凶名)이다.

②의 택천쾌괘(澤天夬卦)에서는 命이 길고 재물이 많다. 자손과 형제도 성공하여 平吉한 이름이 된다.

③의 화택규괘(火澤睽卦)에서는 命이 길고 부모와 자손이 성공강녕(成功康寧)하고 형제도 安康하다. 그러나 벼슬을 깎고 재물이 부족하여 파란이 많다.

④의 뇌화풍괘(雷火豊卦)에서는 命이 길고 벼슬을 하며 財物이 있다. 父母 兄弟 子孫이 모두 安康하여 행복한 이름이 된다.

⑤의 풍뇌익괘(風雷益卦)에서는 命이 길고 재물은 많다. 자손은 성공하며 父母는 안강하다. 그러나 형제를 해친다.

⑥의 수풍정괘(水風井卦)에서는 命이 길고 재물은 있으며 벼슬을 하며 건강하다. 그러나 자손의 근심이 있다.

⑦의 산수몽괘(山水蒙卦)에서는 命이 길고 벼슬을 하며 자손은 성공한다. 그러나 부모와 형제를 해치고 재물로 파란이 있는 이름이 된다.

⑧의 지산겸괘(地山謙卦)에서는 世亥가 劫殺이므로 사고가 나서 몸을 크게 다친다.

벼슬을 깎고 財物을 傷하며 子孫을 해친다. 胃와 삼초(三焦)를 약하게 한다.

丁未日生

① 의 천지비괘(天地否卦)에서는 世卯가 空亡이므로 사고가 나고 短命한다. 財物을 상하고 형제와 자손을 해친다. 肝과 胃가 나빠지며 허리도 다치는 흉명(凶名)이 된다.

② 의 택천쾌괘(澤天夬卦)에서는 命이 길고 재물은 많으며 벼슬을 한다. 자손이 성공하며 형제는 安康하여 행복한 이름이 된다.

③ 의 화택규괘(火澤睽卦)에서는 命이 길고 자손은 성공한다. 부모 형제는 安康하다. 그러나 벼슬을 깎고 재물을 傷하여 파란이 많다.

④ 의 뇌화풍괘(雷火風卦)에서는 世申이 劫殺이므로 사고가 나고 短命하며 父母를 해친다.

⑤ 의 풍뇌익괘(風雷益卦)에서는 命이 길고 財物은 많다. 부모와 자손도 安康하여 平吉한 이름이 된다.

⑥ 의 수풍정괘(水風井卦)에서는 命이 길고 財物은 있으며 벼슬을 한다. 부모도 安康하다. 그러나 자손의 근심이 있다.

⑦ 의 산수몽괘(山水蒙卦)에서는 命이 길고 벼슬을 하고 형제가 성공한다. 자손은 安康하다. 그러나 父母를 해치고 재물로 파란이 있다.

⑧ 의 지산겸괘(地山謙卦)에서는 命이 길고 벼슬을 하며 자손과 형제가 成功한다. 부모도 안강하여 平吉한 이름이 된다.

戊申日生

① 의 천지비괘(天地否卦)에서는 世卯가 空亡이므로 사고가 나고 短命한다. 재물을 상하고 자손을 해친다. 肝과 胃가 나빠지고 허리도 다치는 흉명(凶名)이 된다.

② 의 택천쾌괘(澤天夬卦)에서는 命이 길고 財物이 있으며 형제는 성공한다. 자손은 안강하여 행복한 이름이 된다.

③ 의 화택규괘(火澤睽卦)에서는 命이 길고 부모 형제는 성공한다. 자손은 안강하다. 그러나 벼슬을 깎고 재물이 없어 파란이 많다.

④ 의 뇌화풍괘(雷火風卦)에서는 命이 길고 벼슬은 높고 재물이 있다. 부모 형제 자손도 안강하여 平吉한 이름이 된다.

⑤의 풍뇌익괘(風雷益卦)에서는 命은 길고 재물이 많다. 부모와 자손도 安康하여 平吉한 이름이다.

⑥의 수풍정괘(水風井卦)에서는 命이 길고 재물이 있으며 벼슬을 한다. 그러나 子孫의 근심이 있다.

⑦의 산수몽괘(山水蒙卦)에서는 命이 길고 벼슬을 하며 자손은 安康하다. 그러나 부모와 형제를 해치며 재물이 부족하여 파란이 많다.

⑧의 지산겸괘(地山謙卦)에서는 命이 길고 부모 형제 자손은 성공하고 安康하다. 그러나 벼슬을 깎고 재물로 파란이 있다.

己酉日生

①의 천지비괘(天地否卦)에서는 世卯가 空亡이므로 事故가 나고 短命한다. 재물을 상해서 파란이 많다. 자손을 해친다. 肝과 胃·허리가 약해지는 흉명(凶名)이 된다.

②의 택천쾌괘(澤天夬卦)에서는 命은 길고 재물이 있다. 형제와 자손도 安康하여 平吉한 이름이 된다.

③의 화택규괘(火澤睽卦)에서는 命은 보통이고 父母 兄弟 子孫이 건강하다. 그러나 벼슬을 깎고 財物이 부족하여 파란이 많다.

④의 뇌화풍괘(雷火豊卦)에서는 命이 길고 財物은 많으며 벼슬을 한다. 부모 형제 자손이 모두 안강(安康)하여 幸福한 이름이 된다.

⑤의 풍뇌익괘(風雷益卦)에서는 命은 길고 재물이 많다. 부모와 자손이 成功 안강(安康)하여 平吉한 이름이 된다.

⑥의 수풍정괘(水風井卦)에서는 命도 길고 재물이 있다. 부모는 장수안강(長壽安康)하나 자손의 근심이 있다.

⑦의 산수몽괘(山水蒙卦)에서는 命이 길고 벼슬을 한다. 자손과 형제는 성공한다. 그러나 부모를 해치고 재물이 부족하여 파란이 있다.

⑧의 지산겸괘(地山謙卦)에서는 命은 보통이고 벼슬을 한다. 兄弟는 成功하고 父母와 子孫은 안강(安康)하여 平吉한 이름이 된다.

庚戌日生

①의 천지비괘(天地否卦)에서는 世卯가 空亡이므로 事故가 나고 短命한다. 財物을 傷하며 子孫을 害친다. 肝과 胃가 나빠지고 허리도 다친다.

②의 택천쾌괘(澤天夬卦)에서는 世酉가 양인(羊刃)이므로 事故가 나서 몸을 다쳐 手術을 한다. 자손을 해친다. 이와 肺가 나빠진다.

③의 화택규괘(火澤睽卦)에서는 世酉가 羊刃이므로 사고가 나서 短命한다. 子孫을 害친다. 재물이 없어 파란이 많다. 눈과 肺가 나빠지는 등 흉명(凶名)이 된다.

④의 뇌화풍괘(雷火風卦)에서는 命이 길고 벼슬은 높으며 재물이 많은 등 오복(五福)을 갖춘 길명(吉名)이 된다.

⑤의 풍뇌익괘(風雷益卦)에서는 命은 보통이고 재물이 많다. 父母와 子孫은 安康하다. 그러나 兄弟를 害치고 몸을 가끔 다칠 수 있다.

⑥의 수풍정괘(水風井卦)에서는 命이 길고 財物이 있으며 벼슬을 한다. 그러나 어머니와 子孫의 근심이 있다.

⑦의 산수몽괘(山水蒙卦)에서는 命이 길고 벼슬을 한다. 자손과 형제는 안강(安康)하다. 그러나 부모를 해치고 재물이 부족하여 파란이 있다.

⑧의 지산겸괘(地山謙卦)에서는 世亥가 劫殺이므로 事故가 나고 短命한다. 자손과 女兄弟를 害치고 財物이 不足하여 파란이 많다.

辛亥日生

①의 천지비괘(天地否卦)에서는 世卯가 空亡이므로 事故가 나고 短命한다. 財物을 傷하며 子孫을 해친다. 肝과 胃가 나빠지고 허리를 다치는 凶名이 된다.

②의 택천쾌괘(澤天夬卦)에서는 命이 길고 財物이 있으며 벼슬을 한다. 자손이 성공하는 등 오복(五福)을 갖춘 길명(吉名)이 된다.

③의 화택규괘(火澤睽卦)에서는 命은 길고 子孫은 성공하며 父母兄弟도 安康하나 벼슬을 깎고 財物이 부족하여 파란이 있다.

④의 뇌화풍괘(雷火風卦)에서는 世申이 劫殺이므로 事故가 나고 短命한다. 부모와 자손을 해쳐 파란이 있다.

⑤의 풍뇌익괘(風雷益卦)에서는 命은 보통이고 財物이 있다. 그러나 兄弟를 해치며 몸을 가끔 다칠 수 있다.

⑥의 수풍정괘(水風井卦)에서는 命은 보통이고 財物이 있으며 벼슬을 한다. 그러나 子孫의 근심이 있다.

⑦의 산수몽괘(山水蒙卦)에서는 命은 보통이고 벼슬을 한다. 그러나 父母를 해치고 재물이 不足하여 波乱이 있다.

⑧의 지산겸괘(地山謙卦)에서는 命이 길고 벼슬을 한다. 그러나 財物이 부족하다.

壬子日生

①의 천지비괘(天地否卦)에서는 世卯가 空亡이므로 事故가 나고 短命한다. 財物을 傷한다. 子孫의 근심이 있다. 肝과 胃가 나빠지며 허리도 다치는 흉명(凶名)이 된다.

②의 택천쾌괘(澤天夬卦)에서는 命이 길고 財物은 있으며 벼슬을 한다. 子孫과 형제도 安康하여 幸福한 이름이 된다.

③의 화택규괘(火澤睽卦)에서는 命이 길고 벼슬을 한다. 부모 형제 자손은 안강(安康)하다. 그러나 財物이 不足하다.

④의 뇌화풍괘(雷火風卦)에서는 命이 길고 財物이 있으며 벼슬을 한다. 父母 兄弟 子孫이 모두 成功하고 安康하여 행복한 이름이 된다.

⑤의 풍뇌익괘(風雷益卦)에서는 命이 길고 財物은 많다. 형제와 자손이 성공하는 平吉의 이름이 된다.

⑥의 수풍정괘(水風井卦)에서는 命이 길고 재물이 있으며 벼슬을 한다. 父母도 장수(長壽)한다. 그러나 子孫의 근심이 있다.

⑦의 산수몽괘(山水蒙卦)에서는 命은 길고 子孫과 兄弟는 안강(安康)하다. 그러나 벼슬을 깎고 재물이 부족하고 부모를 해쳐 파란이 있다.

⑧의 지산겸괘(地山謙卦)에서는 命이 길고 벼슬을 하며 子孫은 成

功한다. 父母 兄弟도 安康하나 財物이 부족한 이름이 된다.

癸丑日生

① 의 천지비괘(天地否卦)에서는 世卯가 空亡이므로 事故가 나고 短命한다. 財物을 傷한다. 肝이 나빠지고 허리를 다치는 흉명(凶名)이 된다.

② 의 택천쾌괘(澤天夬卦)에서는 命은 길고 財物이 많다. 子孫과 형제도 안강하여 행복한 이름이 된다.

③ 의 화택규괘(火澤睽卦)에서는 命은 길고 부모 형제 子孫은 安康하다. 그러나 財物이 없고 벼슬을 깎는다.

④ 의 뇌화풍괘(雷火風卦)에서는 命은 길고 재물이 있으며 벼슬을 하여 행복한 이름이 된다.

⑤ 의 풍뇌익괘(風雷益卦)에서는 命은 길고 재물이 많으며 부모와 자손도 成功하여 幸福한 이름이 된다.

⑥ 의 수풍정괘(水風井卦)에서는 命은 길고 재물이 있으며 벼슬을 한다. 父母도 성공장수(成功長壽)한다. 그러나 子孫의 근심이 있다.

⑦ 의 산수몽괘(山水蒙卦)에서는 命은 길고 벼슬을 하고 자손과 형제는 안강(安康)하다. 그러나 財物이 不足하고 父母를 해쳐 파란이 있다.

⑧ 의 지산겸괘(地山謙卦)에서는 命은 보통이고 벼슬을 한다. 부모 형제 자손은 안강(安康)하다. 그러나 財物이 부족하다.

甲寅日生

① 의 천지비괘(天地否卦)에서는 世卯가 양인살(羊刃殺)이 되므로 短命한다. 子孫의 근심과 파란이 많은 이름이 된다.

② 의 택천쾌괘(澤天夬卦)에서는 命도 길고 兄弟 子孫도 성공한다. 벼슬도 한다. 그러나 財物은 조금 傷한다.

③ 의 화택규괘(火澤睽卦)에서는 命도 길고 兄弟도 성공한다. 그러나 官을 傷하고 財物이 빠져 있다.

④의 뇌화풍괘(雷火風卦)에서는 벼슬도 하고 財物도 많으며 성공한다. 그러나 子孫을 좀 害하고 몸이 약해지는 이름이 된다.

⑤의 풍뇌익괘(風雷益卦)에서는 命도 길고 健康하며 財物도 많은 등 성공하는 이름이다.

⑥의 수풍정괘(水風井卦)에서는 命도 길고 벼슬도 하며 財物도 있다. 그러나 父母를 害치고 양기(陽氣)를 不足하게 한다.

⑦의 산수몽괘(山水蒙卦)에서는 命도 길고 父母 형제 자손이 모두 좋다. 그러나 벼슬이 없고 財物이 不足한 이름이 된다.

⑧의 지산겸괘(地山謙卦)에서는 世亥가 劫殺이므로 短命하고 失敗한다. 胃 삼초(三焦) 방광(膀胱)이 약해진다.

乙卯日生

①의 천지비괘(天地否卦)에서는 命은 길고 財物도 있고 비교적 健康하다. 그러나 子孫을 害치고 兄弟를 傷하며 파란이 많다.

②의 택천쾌괘(澤天夬卦)에서는 命도 길고 벼슬도 하며 재물도 있다. 兄弟와 子孫이 성공하며 비교적 건강하다. 人德도 있는 등 幸福한 이름이 된다.

③의 화택규괘(火澤睽卦)에서는 命은 길고 벼슬도 하며 子孫도 있다. 그러나 財物이 없고 처궁(妻宮)이 不安하며 人德이 부족하여 파란이 있다.

④의 뇌화풍괘(雷火風卦)에서는 世申이 劫殺이므로 事故가 나서 短命한다. 父母를 害치며 波乱이 있는 이름이 된다.

⑤의 풍뇌익괘(風雷益卦)에서는 世辰이 양인(羊刃)이 되므로 몸을 다치고 수술(手術)을 해야 한다. 父母를 해치고 신장과 소장이 약해진다.

⑥의 수풍정괘(水風井卦)에서는 命은 길고 財物도 있으며 벼슬도 한다. 그러나 子孫이 부족하고 신장과 방광이 조금 약해진다.

⑦의 산수몽괘(山水蒙卦)에서는 財物이 없고 벼슬이 깎여 학업중단이나 人德이 부족하다.

⑧의 지산겸괘(地山謙卦)에서는 命은 길고 벼슬도 하며 人德도 있다. 子孫도 성공한다. 그러나 財物이 不足하고 父母를 害친다.

丙辰日生

①의 천지비괘(天地否卦)에서는 命은 보통(普通)이고 財物도 조금 있다. 그러나 벼슬을 깎고 학업을 중단하고 子孫을 해쳐 파란이 많은 이름이 된다.

②의 택천쾌괘(澤天夬卦)에서는 命도 길고 財物도 있으며 벼슬도 한다. 子孫과 兄弟도 성공하며 人德도 있다. 처궁(妻宮)도 있는 등 健康하고 행복한 이름이 된다.

③의 화택규괘(火澤睽卦)에서는 命은 길고 벼슬도 한다. 그러나 財物이 없고 父母 형제를 해친다. 뇌와 小腸을 나쁘게 한다.

④의 뇌화풍괘(雷火風卦)에서는 命은 길고 부모 형제 자손은 성공한다. 그러나 벼슬과 財物을 조금 害친다.

⑤의 풍뇌익괘(風雷益卦)에서는 命도 길고 財物도 많으며 비교적 건강하다. 그러나 父母와 子孫을 조금 害친다.

⑥의 수풍정괘(水風井卦)에서는 命도 길고 財物도 있으며 벼슬도 한다. 그러나 子孫으로 파란이 있다.

⑦의 산수몽괘(山水蒙卦)에서는 命은 길고 子孫은 성공한다. 그러나 財物이 없으며 벼슬을 깎고 부모와 형제를 해치며 人德도 없다.

⑧의 지산겸괘(地山謙卦)에서는 命은 길고 子孫과 兄弟도 성공한다. 그러나 벼슬을 깎고 재물로 파란이 있는 이름이 된다.

丁巳日生

①의 천지비괘(天地否卦)에서는 命은 보통(普通)이고 財物도 조금 있으며 벼슬도 한다. 父母 兄弟도 성공한다. 그러나 子孫이 없고 波乱이 많다.

②의 택천쾌괘(澤天夬卦)에서는 命도 길고 財物도 있으며 벼슬도 한다. 子孫과 兄弟도 성공하고 건강하여 행복한 이름이 된다.

③의 화택규괘(火澤睽卦)에서는 命도 길고 벼슬도 한다. 子孫이 貴하게 된다. 父母 兄弟도 건강하다. 그러나 財物이 없어 파란이 있다.

④의 뇌화풍괘(雷火風卦)에서는 命이 길고 財物은 많으며 벼슬을 한다. 兄弟가 貴하게 된다. 父母와 子孫도 안강(安康)하여 행복한 이름이 된다.

⑤의 풍뇌익괘(風雷益卦)에서는 命이 길고 財物은 많으며 자손은 성공하는 등 건강한 좋은 이름이 된다.

⑥의 수풍정괘(水風井卦)에서는 命이 길고 財物은 있으며 벼슬도 한다. 그러나 父母를 害치고 子孫이 없다.

⑦의 산수몽괘(山水蒙卦)에서는 命은 길고 子孫과 兄弟도 성공한다. 그러나 재물이 없고 벼슬을 깎으며 부모를 害친다.

⑧의 지산겸괘(地山謙卦)에서는 命이 길고 벼슬이 높다. 자손과 형제도 성공한다. 그러나 財物이 부족하고 어머니를 해친다.

戊午日生

①의 천지비괘(天地否卦)에서는 命은 보통(普通)이고 財物은 조금 있다. 벼슬을 하나 높지 못하다. 父母는 장수(長壽)하나 자손과 형제를 害치고 파란이 있다.

②의 택천쾌괘(澤天夬卦)에서는 命이 길고 벼슬을 하며 財物도 있다. 자손과 형제도 成功하고 비교적 건강하나 신장(腎臟)은 보해야 한다.

③의 화택규괘(火澤睽卦)에서는 命이 길고 벼슬도 있다. 부모 형제 자손이 모두 성공한다. 그러나 財物이 조금 부족하다.

④의 뇌화풍괘(雷火風卦)에서는 몸을 다칠 수 있고 財物을 傷한다. 父母와 兄弟를 害친다. 심장·방광·삼초(三焦)·胃가 허약해진다.

⑤의 풍뇌익괘(風雷益卦)에서는 命이 길고 재물은 많다. 자손도 성공하고 형제도 건실(健實)하다.

⑥의 수풍정괘(水風井卦)에서는 命이 길고 財物은 있으며 벼슬도 한다. 그러나 子孫이 없거나 害치고 父母도 害친다. 신장과 방광

이 약해진다.
⑦ 의 산수몽괘(山水蒙卦)에서는 命은 길고 父母와 子孫이 성공한다. 그러나 財物이 없다. 벼슬을 깎는다. 兄弟를 害친다. 신장과 심장이 약해지고 허리도 다친다.
⑧ 의 지산겸괘(地山謙卦)에서는 世亥가 劫殺이므로 事故가 나고 短命한다. 財物을 傷한다. 벼슬을 깎는다. 子孫과 어머니를 害친다. 胃·삼초(三焦)·방광·심장이 弱해진다.

己未日生
① 의 천지비괘(天地否卦)에서는 命이 길고 財物은 있으며 벼슬도 한다. 부모 형제도 건실(健實)하다. 그러나 자손이 없거나 傷하고 波亂이 있다.
② 의 택천쾌괘(澤天夬卦)에서는 命이 길고 財物은 있으며 벼슬도 한다. 子孫과 兄弟도 成功하는 좋은 이름이 된다.
③ 의 화택규괘(火澤睽卦)에서는 命은 보통(普通)이고 벼슬을 하며 子孫과 父母도 성공한다. 그러나 財物이 없고 兄弟를 害친다.
④ 의 뇌화풍괘(雷火風卦)에서는 世申이 劫殺이므로 事故가 나고 短命한다. 父母를 害치고 위와 폐가 조금 약해진다.
⑤ 의 풍뇌익괘(風雷益卦)에서는 命이 길고 재물은 있으며 비교적 건강한 이름이 된다.
⑥ 의 수풍정괘(水風井卦)에서는 命이 길고 재물은 있으며 벼슬도 한다. 그러나 子孫이 없거나 傷한다.
⑦ 의 산수몽괘(山水蒙卦)에서는 命은 길고 父母 兄弟 子孫이 모두 성공한다. 그러나 벼슬을 깎고 財物이 不足하다.
⑧ 의 지산겸괘(地山謙卦)에서는 命은 보통(普通)이고 벼슬도 한다. 부모 형제 자손이 모두 성공한다. 그러나 財物이 不足하다.

庚申日生
① 의 천지비괘(天地否卦)에서는 命이 길고 財物은 있으며 벼슬

도 한다. 父母 兄弟도 성공한다. 그러나 子孫을 害친다.

②의 택천쾌괘(澤天夬卦)에서는 世酉가 양인살(羊刃殺)이므로 몸을 다쳐 수술을 해야하고 短命을 한다. 子孫도 해친다.

③의 화택규괘(火澤睽卦)에서는 世酉가 양인(羊刃)이므로 事故가 나서 수술을 해야 하고 短命한다. 子孫과 父母를 害친다. 눈과 肺가 나빠진다.

④의 뇌화풍괘(雷火風卦)에서는 命이 길고 財物은 있으며 벼슬도 한다. 子孫과 兄弟도 건실(健實)하고 父母도 성공하여 오래 살게 되는 좋은 이름이 된다.

⑤의 풍뇌익괘(風雷益卦)에서는 命은 보통(普通)이고 財物도 있다. 그러나 父母와 子孫을 害친다.

⑥의 수풍정괘(水風井卦)에서는 命은 길고 財物은 있으며 벼슬도 한다. 그러나 子孫을 害치고 아버지를 害친다.

⑦의 산수몽괘(山水蒙卦)에서는 命은 길고 子孫과 兄弟는 성공한다. 그러나 財物과 벼슬을 傷하고, 人德이 없고 신장이 약해진다.

⑧의 지산겸괘(地山謙卦)에서는 命은 길고 벼슬을 한다. 부모 자손 兄弟德과 人德도 있다. 그러나 財物을 傷한다.

辛酉日生

①의 천지비괘(天地否卦)에서는 命이 길고 財物은 있으며 벼슬도 하며 비교적 건강하다. 그러나 子孫이 없고 파란이 있다.

②의 택천쾌괘(澤天夬卦)에서는 世酉가 정록(正祿)이므로 命도 길고 成功하며 재물도 있다. 벼슬도 하며 人德도 있다. 子孫이 성공하고 형제도 건실(健實)하다.

③의 화택규괘(火澤睽卦)에서는 世酉가 정록(正祿)이니 命이 길고 健康하다. 子孫은 成功하며 父母 兄弟도 健康하다. 그러나 財物이 부족하다.

④의 뇌화풍괘(雷火風卦)에서는 命이 길고 재물은 많다. 부모와 子孫도 成功하는 좋은 이름이 된다.

⑤의 풍뇌익괘(風雷益卦)에서는 命은 보통(普通)이고 재물은 많다. 그러나 몸을 가끔 다치고 부모 형제 자손이 모두 건강하지 못하다.

⑥의 수풍정괘(水風井卦)에서는 世戌이 양인(羊刃)이 되므로 몸을 다치고 재물을 傷한다. 부모를 害치며 신장 방광 삼초(三焦)가 약해진다.

⑦의 산수몽괘(山水蒙卦)에서는 世戌이 양인(羊刃)으로 몸을 크게 다친다. 벼슬을 깎고 재물이 없다. 양기(陽氣)가 不足해진다.

⑧의 지산겸괘(地山謙卦)에서는 世亥에 상문(喪問)이 붙으므로 健康을 害친다. 子孫과 어머니를 害치며 財物을 깎는다

壬戌日生

①의 천지비괘(天地否卦)에서는 命이 길고 財物은 있으며 벼슬도 한다. 그러나 兄弟와 子孫을 害친다.

②의 택천쾌괘(澤天夬卦)에서는 命이 길고 財物은 있으며 벼슬도 한다. 子孫과 兄弟도 건실(健實)하고 비교적 健康한 이름이 된다.

③의 화택규괘(火澤睽卦)에서는 命이 길고 벼슬도 한다. 부모와 子孫도 성공한다. 그러나 財物이 不足하다.

④의 뇌화풍괘(雷火風卦)에서는 世申에 馬가 붙으므로 몸을 다친다. 父母 兄弟를 害친다. 삼초(三焦)와 방광이 약해진다.

⑤의 풍뇌익괘(風雷益卦)에서는 命이 길고 財物은 많으며 자손과 형제도 성공하며 건강하고 행복한 이름이 된다.

⑥의 수풍정괘(水風井卦)에서는 命은 길고 재물이 있으며 벼슬도 한다. 그러나 子孫이 없고 부모를 해친다. 신장·방광·삼초(三焦)가 약해진다.

⑦의 산수몽괘(山水蒙卦)에서는 命이 길고 자손과 父母 兄弟가 건장(健壯)하다. 그러나 財物이 없고 벼슬을 깎아 波乱이 있다.

⑧의 지산겸괘(地山謙卦)에서는 世亥에 겁살(劫殺)이 붙으니 事故가 나고 短命한다. 子孫과 어머니를 害친다. 위(胃)와 삼초(三焦)가 약해진다.

癸亥日生

①의 천지비괘(天地否卦)에서는 命은 길고 재물이 있으며 벼슬도 한다. 그러나 子孫을 깎고 兄弟를 害친다.

②의 택천쾌괘(澤天夬卦)에서는 命이 길고 재물은 있으며 벼슬도 한다. 子孫과 兄弟도 건실(健實)하여 좋은 이름이 된다.

③의 화택규괘(火澤睽卦)에서는 命은 길고 벼슬도 한다. 부모와 자손도 성공한다. 그러나 財物이 不足하다.

④의 뇌화풍괘(雷火風卦)에서는 世申이 劫殺이 되므로 事故가 나고 短命한다. 父母를 害치고 胃와 肺가 약해진다.

⑤의 풍뢰익괘(風雷益卦)에서는 命은 길고 財物은 많다. 자손과 형제가 모두 성공하는 건강하고 행복한 이름이 된다.

⑥의 수풍정괘(水風井卦)에서는 命은 길고 재물이 있으며 벼슬을 한다. 父母도 강녕(康寧)한다. 그러나 子孫을 극(克)한다.

⑦의 산수몽괘(山水蒙卦)에서는 命은 길고 벼슬도 한다. 부모 형제 자손이 모두 강녕(康寧)하다. 그러나 재물(財物)이 없고 손해(損害)가 많다.

⑧의 지산겸괘(地山謙卦)에서는 命은 보통(普通)이고 부모 형제 자손이 평상(平常)하다. 人德이 있으며 벼슬도 한다. 그러나 財物이 不足하다.

二劃數의 姓氏. 丁 卜氏
十劃數. 徐 高 孫 晋 曺 殷 馬氏 등

① 천산둔괘(天山遯卦) ② 택지췌괘(澤地萃卦) ③ 화천대유괘(火天大有卦) ④ 뇌택귀매괘(雷澤歸妹卦) ⑤ 풍화가인괘(風火家人卦) ⑥ 수뢰둔괘(水雷屯卦) ⑦ 산풍고괘(山風蠱卦) ⑧ 지수사괘(地水師卦) 등

②의 택지췌괘(澤地萃卦)와 ③의 화천대유괘(火天大有卦)는 大吉하다. ⑤의 풍화가인괘(風火家人卦)는 平吉하다. ⑧의 지수사괘(地水師卦)는 半凶半吉하다. 나머지는 凶하다.

甲子日生

① 의 천산돈괘(天山遯卦)에서는 돈(遯)은 피해 숨어야 하므로 햇빛을 못보고 成功을 못한다. 財物도 부족하여 波乱이 많다.

② 의 택지췌괘(澤地萃卦)에서는 世巳가 劫殺이 되므로 短命한다. 財도 해치며 子孫도 害친다.

③ 의 화천대유괘(火天大有卦)에서는 命도 길며 건강하며 재물도 많다. 子孫도 성공하는 좋은 이름이 된다.

④ 의 뇌택귀매괘(雷澤歸妹卦)에서는 官·財物·父母를 害치고 파란이 많은 이름이 된다.

⑤ 의 풍화가인괘(風火家人卦)에서는 命은 길고 財物은 많다. 그러나 官이 없고 형제와 자손을 害치며 肝을 나쁘게 만든다.

⑥ 의 수뢰둔괘(水雷屯卦)에서는 命은 길다. 그러나 財物이 없고 파란이 많은 나쁜 이름이 된다.

⑦ 의 산풍고괘(山風蠱卦)에서는 命은 길고 재물은 있으며 벼슬도 한다. 그러나 子孫 등으로 파란이 있다.

⑧ 의 지수사괘(地水師卦)에서는 命이 길고 재물은 있으며 벼슬도 한다. 子孫도 성공한다. 그러나 兄弟를 害친다.

乙丑日生

① 의 천산돈괘(天山遯卦)에서는 命이 길고 벼슬도 한다. 그러나 財物과 子孫이 없고 파란이 많은 이름이 된다.

② 의 택지췌괘(澤地萃卦)에서는 命은 길고 벼슬을 하며 재물도 많다. 父母兄弟도 성공하는 좋은 이름이 된다.

③ 의 화천대유괘(火天大有卦)에서는 命은 길고 벼슬도 하며 부모형제도 성공하고 건강하다. 그러나 財物을 조금 傷하게 한다.

④ 의 뇌택귀매괘(雷澤歸妹卦)에서는 命은 길고 벼슬을 하며 財物도 있다. 兄弟도 성공한다. 그러나 父母와 子孫을 害친다.

⑤ 의 풍화가인괘(風火家人卦)에서는 命이 길고 재물은 있으며 형제자손도 성공한다. 그러나 父母를 害친다.

⑥ 의 수뢰둔괘(水雷屯卦)에서는 世寅이 劫殺이므로 事故가 나고 몸을 다친다. 벼슬을 깎는다. 財物이 없고 코가 나빠진다.
⑦ 의 산풍고괘(山風蠱卦)에서는 命은 길고 벼슬도 하고 재물도 있다. 그러나 子孫이 없고 파란이 많다.
⑧ 의 지수사괘(地水師卦)에서는 命이 길고 財物은 있다. 부모도 성공한다. 그러나 子孫과 兄弟를 害친다.

丙寅日生

① 의 천산돈괘(天山遯卦)에서는 短命한다. 心臟이 나빠진다. 벼슬은 하는데 재물과 자손으로 파란이 있다.
② 의 택지췌괘(澤地萃卦)에서는 命이 길고 벼슬도 하며 재물도 있다. 부모 형제도 성공한다. 그러나 子孫을 害친다.
③ 의 화천대유괘(火天大有卦)에서는 命이 길고 벼슬은 높다. 재물도 많다. 부모 형제 子孫은 성공하고 건강하여 幸福한 이름이 된다.
④ 의 뇌택귀매괘(雷澤歸妹卦)에서는 命이 길고 財物은 있으며 벼슬도 한다. 그러나 子孫이 없고 父母와 兄弟를 害치고 파란이 있는 이름이다.
⑤ 의 풍화가인괘(風火家人卦)에서는 命이 길고 財物은 있다. 子孫과 兄弟도 성공한다. 그러나 벼슬을 깎고 父母를 害친다.
⑥ 의 수뢰둔괘(水雷屯卦)에서는 命은 기나 벼슬은 크지 못하다. 兄弟와 子孫은 成功하나 財物이 없다. 父母를 해쳐 파란이 있다.
⑦ 의 산풍고괘(山風蠱卦)에서는 命은 길고 벼슬을 하며 財物도 조금 있다. 그러나 子孫이 없고 파란이 있는 이름이 된다.
⑧ 의 지수사괘(地水師卦)에서는 世午에 양인살(羊刃殺)이 드니 事故가 나고 手術을 한다. 財物을 傷하고 兄弟를 害친다. 심장과 三焦가 약해지고 허리를 다치는 이름이다.

丁卯日生

① 의 천산돈괘(天山遯卦)에서는 命이 길고 벼슬을 하나 재물이

제2편 작 명 167

없다. 子孫과 兄弟를 害친다.
　② 의 택지췌괘(澤地萃卦)에서는 命도 길고 벼슬을 하며 재물도 있다. 兄弟와 子孫도 성공하는 좋은 이름이 된다.
　③ 의 화천대유괘(火天大有卦)에서는 命이 길고 재물은 있으며 벼슬도 한다. 父母 兄弟 子孫이 모두 성공하고 건강하여 행복한 이름이 된다.
　④ 의 뇌택귀매괘(雷澤歸妹卦)에서는 命이 길고 벼슬을 한다. 財物은 적으나 어머니는 오래 모시고, 兄弟와 子孫으로 波乱이 있는 이름이다.
　⑤ 의 풍화가인괘(風火家人卦)에서는 命이 길고 財物은 있으며 자손과 兄弟도 성공한다. 그러나 벼슬이 없고 父母를 害친다.
　⑥ 의 수뢰둔괘(水雷屯卦)에서는 命은 보통이고 벼슬은 작다. 子孫과 兄弟運도 보통이나 財物이 없다. 그리고 父母를 害쳐 파란이 있는 이름이다.
　⑦ 의 산풍고괘(山風蠱卦)에서는 命은 길고 벼슬은 보통이다. 재물도 조금 있다. 그러나 子孫이 없고 어머니를 해쳐 파란이 있는 이름이다.
　⑧ 의 지수사괘(地水師卦)에서는 命은 길고 재물이 있으며 벼슬도 한다. 父母와 子孫도 성공한다. 그러나 兄弟를 害친다.

　戊辰日生
　① 의 천산돈괘(天山遯卦)에서는 世午가 양인(羊刃)이 되므로 몸을 다치고 手術을 한다. 財物이 없고 子孫이 없어 파란이 많다.
　② 의 택지췌괘(澤地萃卦)에서는 世에 劫殺이 되니 事故가 나서 몸을 다칠 念慮가 있다.
　③ 의 화천대유괘(火天大有卦)에서는 命이 길고 財物은 있으며 벼슬도 한다. 人德이 있다. 부모 형제 자손이 모두 성공하고 건강하여 행복한 이름이 된다.
　④ 의 뇌택귀매괘(雷澤歸妹卦)에서는 命이 길고 財物은 조금 있으나 벼슬을 깎고 子孫으로 파란이 있는 이름이다.
　⑤ 의 풍화가인괘(風火家人卦)에서는 命이 길고 財物은 있다. 그러

나 兄弟와 男兒는 성공하나 벼슬이 없고 女兒와 父母를 害친다.

⑥의 수뢰둔괘(水雷屯卦)에서는 世寅에 馬가 붙으니 安定이 되지 못하고 몸을 다친다. 子孫이 나가고 재물이 없어 파란이 있는 이름이다.

⑦의 산풍고괘(山風蠱卦)에서는 命이 길고 벼슬을 하는데 재물을 손상(損傷)한다. 어머니와 兄弟를 害친다. 子孫도 없어 파란이 많은 이름이다.

⑧의 지수사괘(地水師卦)에서는 世午가 양인(羊寅)이므로 命이 不足하고 手術을 하고 몸을 다친다. 財物을 傷하며 兄弟를 害친다. 심장과 삼초(三焦)가 약해지는 이름이다.

己巳日生

①의 천산돈괘(天山遯卦)에서는 命이 길고 벼슬을 한다. 형제는 성공하고 부모는 안강(安康)하다. 그러나 財物이 없고 자손의 근심이 있다.

②의 택지췌괘(澤地萃卦)에서는 命이 길고 벼슬을 하며 재물이 있다. 부모 형제 자손이 모두 안강(安康)하여 행복한 이름이 된다.

③의 화천대유괘(火天大有卦)에서는 命이 길고 벼슬을 하며 재물은 있다. 子孫은 성공하고 부모 형제는 安康하여 행복한 이름이 된다.

④의 뇌택귀매괘(雷澤歸妹卦)에서는 命은 보통이고 벼슬과 財物은 조금씩 있다. 그러나 子孫의 근심이 있다.

⑤의 풍화가인괘(風火家人卦)에서는 命이 길고 財物은 있으며 자손과 형제는 안강(安康)하다. 그러나 벼슬이 없고 父母를 害친다.

⑥의 수뢰둔괘(水雷屯卦)에서는 世寅이 劫殺이므로 事故가 나고 短命한다. 財物이 없고 子孫을 해쳐 파란이 많은 흉명(凶名)이 된다.

⑦의 산풍고괘(山風蠱卦)에서는 命이 길고 財物은 있으며 벼슬을 한다. 그러나 어머니와 형제 자손을 모두 해쳐 파란이 있는 이름이 된다.

⑧의 지수사괘(地水師卦)에서는 命은 길고 財物이 있으며 벼슬을

한다. 父母는 안강(安康)하다. 그러나 子孫과 兄弟를 해치는 이름이 된다.

庚午日生

① 의 천산돈괘(天山遯卦)에서는 命은 보통이고 벼슬이 조금 있다. 兄弟는 成功하고 부모는 安康하다. 그러나 財物이 없고 子孫의 근심이 있다.

② 의 택지췌괘(澤地萃卦)에서는 命이 길고 財物은 있으며 벼슬을 한다. 父母는 장수강녕(長壽康寧)하다. 그러나 子孫과 兄弟를 조금 해친다.

③ 의 화천대유괘(火天大有卦)에서는 命은 보통이고 財物이 있으며 벼슬을 한다. 부모와 자손이 안강(安康)하여 平吉한 이름이 된다.

④ 의 뇌택귀매괘(雷澤歸妹卦)에서는 命이 길고 벼슬과 재물은 조금씩 있다. 부모와 형제는 성공안강(成功安康)하다. 그러나 子孫의 근심이 있다.

⑤ 의 풍화가인괘(風火家人卦)에서는 命이 길고 재물은 많다. 자손과 형제는 안강(安康)하다. 그러나 벼슬이 없고 父母를 害치는 이름이 된다.

⑥ 의 수뢰둔괘(水雷屯卦)에서는 命이 길고 벼슬을 하며 부모 형제 자손이 모두 안강하다. 그러나 財物이 부족하여 波乱이 있다.

⑦ 의 산풍고괘(山風蠱卦)에서는 世酉가 양인(羊刃)이므로 事故가 나고 短命한다. 벼슬을 깎아 직업이 不安하고 파란이 많다. 어머니와 子孫을 해친다. 肺와 허리도 약해지는 흉명(凶名)이 된다.

⑧ 의 지수사괘(地水師卦)에서는 命이 길고 財物은 있으며 벼슬을 한다. 그러나 父母와 兄弟를 害친다.

辛未日生

① 의 천산돈괘(天山遯卦)에서는 命이 길고 벼슬을 하나 재물이 없다. 부모와 자손 형제를 모두 해치는 이름이 된다.

②의 택지췌괘(澤地萃卦)에서는 命이 길고 財物은 있으며 벼슬도 한다. 부모 형제는 성공하고 장수(長壽)하는 행복한 이름이 된다.

③의 화천대유괘(火天大有卦)에서는 命은 보통이고 財物이 있으며 벼슬도 한다. 형제는 성공하고 父母와 子孫이 안강(安康)하여 행복한 이름이 된다.

④의 뇌택귀매괘(雷澤歸妹卦)에서는 命은 보통이고 벼슬과 財物은 조금씩 있다. 그러나 아버지와 형제 자손을 모두 해쳐 파란이 있다.

⑤의 풍화가인괘(風火家人卦)에서는 命이 길고 財物은 있으며 자손과 형제는 安康하다. 그러나 벼슬이 없고 부모를 해친다.

⑥의 수뢰둔괘(水雷屯卦)에서는 命이 길고 벼슬을 하며 자손은 성공한다. 兄弟도 安康하다. 그러나 父母를 해치고 재물이 없어 파란이 있다.

⑦의 산풍고괘(山風蠱卦)에서는 命이 길고 벼슬을 하며 재물은 있다. 兄弟는 成功하며 父母는 安康하다. 그러나 子孫의 근심이 있다.

⑧의 지수사괘(地水師卦)에서는 命이 길고 財物은 있으며 벼슬을 한다. 父母와 子孫은 성공장수(成功長壽)한다. 그러나 兄弟를 害치는 이름이 된다.

壬申日生

①의 천산돈괘(天山遯卦)에서는 命이 길고 벼슬을 하나 財物이 없다. 父母 兄弟 子孫을 모두 해쳐 파란이 많은 이름이 된다.

②의 택지췌괘(澤地萃卦)에서는 世巳가 劫殺이므로 事故가 나서 몸을 크게 다친다. 벼슬을 깎고 자손을 조금 해친다.

③의 화천대유괘(火天大有卦)에서는 命이 길고 財物은 있으며 벼슬을 한다. 父母 兄弟 子孫이 모두 안강(安康)하여 행복한 이름이 된다.

④의 뇌택귀매괘(雷澤歸妹卦)에서는 命은 보통이고 벼슬과 財物은 조금씩 있다. 그러나 父母와 子孫의 근심이 있고 몸을 가끔 다칠 수 있다.

⑤의 풍화가인괘(風火家人卦)에서는 命이 길고 財物은 있다. 父

母 兄弟 子孫이 모두 성공하여 행복한 이름이 된다.

⑥의 수뢰둔괘(水雷屯卦)에서는 命이 길고 벼슬은 조금 한다. 父母와 子孫은 안강(安康)하다. 그러나 財物이 없고 兄弟를 해쳐 파란(波乱)이 있다.

⑦의 산풍고괘(山風蠱卦)에서는 命은 보통이고 財物과 벼슬은 조금씩 있다. 그러나 父母와 兄弟를 해쳐 파란이 있다.

⑧의 지수사괘(地水師卦)에서는 命이 길고 財物은 있으며 벼슬을 한다. 父母 兄弟 子孫이 安康하여 平吉한 이름이 된다.

癸酉日生

①의 천산돈괘(天山遯卦)에서는 命이 길고 벼슬을 한다. 그러나 財物이 不足하고 子孫의 근심이 있다.

②의 택지췌괘(澤地萃卦)에서는 命이 길고 벼슬이 높으며 재물이 많다. 부모 형제 자손이 모두 안강(安康)하여 幸福한 이름이 된다.

③의 화천대유괘(火天大有卦)에서는 命이 길고 벼슬은 높으며 재물도 있다. 子孫이 성공하고 부모 형제도 안강(安康)하여 행복한 이름이 된다.

④의 뇌택귀매괘(雷澤歸妹卦)에서는 命은 보통이고 財物과 벼슬이 있다. 그러나 子孫의 근심이 있고 몸을 가끔 다칠 수 있다.

⑤의 풍화가인괘(風火家人卦)에서는 命이 길고 財物은 있으며 부모 형제 자손이 모두 성공하여 平吉한 이름이 된다.

⑥의 수뢰둔괘(水雷屯卦)에서는 世寅이 劫殺이 되므로 事故가 나고 短命한다. 子孫을 害치고 財物이 不足하며 코(鼻)가 나빠지는 등 흉명(凶名)이 된다.

⑦의 산풍고괘(山風蠱卦)에서는 命은 보통이고 벼슬과 財物이 조금씩 있다. 그러나 어머니와 兄弟와 子孫을 해치니 파란이 있다.

⑧의 지수사괘(地水師卦)에서는 命은 길고 財物이 있으며 벼슬을 한다. 그러나 子孫과 兄弟를 해친다.

甲戌日生

① 의 천산돈괘(天山遯卦)에서는 財物이 없어 波乱이 있다. 兄弟를 해친다. 胃도 나빠진다.

② 의 택지췌괘(澤地萃卦)에서는 命이 길고 벼슬을 하며 성공한다. 그러나 財物을 좀 깎았고 兄弟를 害한다.

③ 의 화천대유괘(火天大有卦)에서는 命도 길고 健康하다. 財運·名譽運·子孫運·父母運이 모두 좋은 이름이 된다.

④ 의 뇌택귀매괘(雷澤歸妹卦)에서는 命은 기나 벼슬·財物·子孫·兄弟를 害하여 波乱이 많은 나쁜 이름이 된다.

⑤ 의 풍화가인괘(風火家人卦)에서는 財物도 좋고 子孫이나 부모운도 모두 좋다. 그러나 벼슬이 크지 못하고 몸을 가끔 다칠 수가 있다.

⑥ 의 수뢰둔괘(水雷屯卦)에서는 몸은 健康하고 벼슬도 한다. 그러나 父母를 害하고 財物이 없어 波乱이 많다.

⑦ 의 산풍고괘(山風蠱卦)에서는 世酉가 空亡이 되므로 短命한다. 부모덕도 없다. 벼슬을 깎고 波乱이 많은 이름이 된다.

⑧ 의 지수사괘(地水師卦)에서는 父母德이 없고 兄弟德도 없다. 胃·肺·삼초(三焦)도 약해지는 이름이 된다.

乙亥日生

① 의 천산돈괘(天山遯卦)에서는 命이 길고 벼슬은 한다. 그러나 子孫과 兄弟를 해치고 財物이 없어 파란이 많은 이름이 된다.

② 의 택지췌괘(澤地萃卦)에서는 命이 길고 벼슬은 높으며 재물도 많다. 父母와 子孫도 안강(安康)하여 행복한 이름이 된다.

③ 의 화천대유괘(火天大有卦)에서는 命이 길고 財物은 있으며 벼슬을 한다. 子孫이 성공한다. 父母도 安康하여 幸福한 이름이 된다.

④ 의 뇌택귀매괘(雷澤歸妹卦)에서는 命이 길고 財物은 있으며 벼슬도 한다. 父母는 안강(安康)하다. 그러나 子孫의 근심이 있다.

⑤ 의 풍화가인괘(風火家人卦)에서는 命은 보통이고 財物이 있으며 兄弟는 成功한다. 父母와 子孫도 安康하여 平吉한 이름이 된다.

제2편 작 명   173

⑥ 의 수뢰둔괘(水雷屯卦)에서는 命이 길고 벼슬을 하며 兄弟는 성공하고 子孫은 안강(安康)하다. 그러나 父母를 害치고 재물이 없어 파란이 있다.

⑦ 의 산풍고괘(山風蠱卦)에서는 世酉가 空亡이 되므로 事故가 나고 短命한다. 子孫의 근심이 있다. 벼슬을 깎고 직업이 不安하여 파란이 있으며 폐(肺)가 나빠진다.

⑧ 의 지수사괘(地水師卦)에서는 命이 길고 財物은 있으며 벼슬도 한다. 자손과 兄弟는 안강(安康)하다. 그러나 父母를 해치는 이름이 된다.

丙子日生

① 의 천산돈괘(天山遯卦)에서는 世午가 양인(羊刃)이 되므로 事故가 나서 몸을 다쳐 手術을 하고 短命한다. 兄弟와 子孫을 害친다. 그리고 財物이 없어 파란이 많은 이름이 된다.

② 의 택지췌괘(澤地萃卦)에서는 世巳가 劫殺이므로 事故가 나서 몸을 크게 다친다. 벼슬을 깎고 兄弟를 해친다.

③ 의 화천대유괘(火天大有卦)에서는 命이 길고 財物은 있으며 벼슬도 한다. 父母와 子孫도 안강(安康)하여 幸福한 이름이 된다.

④ 의 뇌택귀매괘(雷澤歸妹卦)에서는 命이 길고 벼슬을 하며 財物도 있다. 父母는 安康하다. 그러나 子孫과 兄弟를 해치는 이름이 된다.

⑤ 의 풍화가인괘(風火家人卦)에서는 命이 길고 財物은 있으며 부모 형제 자손이 모두 안강(安康)하여 平吉한 이름이 된다.

⑥ 의 수뢰둔괘(水雷屯卦)에서는 命은 보통이고 벼슬을 하고 형제와 자손은 안강하다. 그러나 父母를 害치고 財物이 없어 波乱이 있다.

⑦ 의 산풍고괘(山風蠱卦)에서는 世酉가 空亡이므로 事故가 나고 短命한다. 벼슬을 깎아 직업이 不安하다. 子孫을 해친다. 肺가 나빠지고 허리를 다치는 흉명(凶名)이 된다.

⑧ 의 지수사괘(地水師卦)에서는 世午가 양인(羊刃)이므로 事故가 나고 短命한다. 財物을 傷하여 파란이 많다. 부모를 해친다. 심장이

나빠지고 허리를 다치며 양기(陽氣)도 죽이는 흉명(凶名)이 된다.

丁丑日生

① 의 천산돈괘(天山遯卦)에서는 命이 길고 벼슬을 하며 父母는 안강(安康)하다. 그러나 財物이 없고 兄弟와 子孫을 해치고 파란이 있다.

② 의 택지췌괘(澤地萃卦)에서는 命이 길고 벼슬을 하며 재물도 있다. 父母 兄弟 子孫이 모두 성공장수(成功長壽)하여 행복한 이름이 된다.

③ 의 화천대유괘(火天大有卦)에서는 命이 길고 벼슬을 하며 財物도 있다. 父母 兄弟 子孫이 모두 안강(安康)하여 행복한 이름이 된다.

④ 의 뇌택귀매괘(雷澤歸妹卦)에서는 命이 길고 벼슬을 하며 財物도 있다. 그러나 子孫의 근심이 있다.

⑤ 의 풍화가인괘(風火家人卦)에서는 命이 길고 財物은 있으며 부모 형제 자손이 모두 성공하는 平吉의 이름이 된다.

⑥ 의 수뢰둔괘(水雷屯卦)에서는 世寅이 劫殺이므로 事故가 나고 短命한다. 子孫과 父母를 해치고 財物이 없어 파란이 있는 이름이 된다.

⑦ 의 산풍고괘(山風蠱卦)에서는 世酉가 空亡이므로 事故가 나고 단명한다. 兄弟와 子孫을 해친다. 벼슬을 깎아 직업이 不安하다. 肺가 나빠지고 허리를 다치며 파란이 많은 흉명(凶名)이 된다.

⑧ 의 지수사괘(地水師卦)에서는 命이 길고 財物은 있으며 벼슬도 한다. 兄弟는 成功하나 父母와 子孫을 해친다.

戊寅日生

① 의 천산돈괘(天山遯卦)에서는 世午가 양인(羊刃)이므로 事故가 나고 몸을 크게 다쳐 短命한다. 벼슬을 깎아 직업이 不安하다. 형제와 子孫을 해쳐 파란이 많은 凶名이 된다.

② 의 택지췌괘(澤地萃卦)에서는 命이 길고 벼슬은 높으며 재물도 있다. 父母 兄弟 子孫이 成功하여 행복한 이름이 된다.

③의 화천대유괘(火天大有卦)에서는 命이 길고 벼슬은 높으며 財物도 있다. 父母와 子孫이 成功하여 행복한 이름이 된다.

④의 뇌택귀매괘(雷澤歸妹卦)에서는 命이 길고 벼슬을 하며 財物도 있다. 父母도 장수안강(長壽安康)하다. 그러나 子孫과 兄弟를 해친다.

⑤의 풍화가인괘(風火家人卦)에서는 命이 길고 財物이 많으며 子孫이 성공한다. 兄弟도 안강(安康)하여 平吉한 이름이 된다.

⑥의 수뢰둔괘(水雷屯卦)에서는 命은 보통이고 벼슬도 하나 재물이 없다. 父母를 해쳐 파란이 있다.

⑦의 산풍고괘(山風蠱卦)에서는 世酉가 空亡이므로 事故가 나고 短命한다. 벼슬을 깎아 직업이 不安하다. 어머니와 子孫을 해치고 肺가 빠지는 등 파란이 많은 흉명(凶名)이 된다.

⑧의 지수사괘(地水師卦)에서는 世午가 양인(羊刃)이므로 事故가 나서 몸을 다쳐 수술을 하며 短命한다. 財物을 傷하고 父母와 형제를 害친다. 심장이 나빠지고 허리를 다치며 양기(陽氣)를 죽이며 귀도 나빠지는 凶名이 된다.

己卯日生

①의 천산돈괘(天山遯卦)에서는 命이 길고 벼슬을 하며 父母는 안강(安康)하다. 그러나 兄弟와 子孫을 해치며 財物이 없어 파란이 많다.

②의 택지췌괘(澤地萃卦)에서는 命이 길고 벼슬을 하며 財物도 많다. 父母나 子孫도 안강(安康)하여 幸福한 이름이 된다.

③의 화천대유괘(火天大有卦)에서는 命이 길고 벼슬을 하며 財物도 있다. 子孫은 성공하고 父母는 안강(安康)하여 幸福한 이름이 된다.

④의 뇌택귀매괘(雷澤歸妹卦)에서는 命은 보통이고 벼슬을 하며 財物도 있다. 父母는 安康하다. 그러나 兄弟와 子孫을 해치는 이름이 된다.

⑤의 풍화가인괘(風火家人卦)에서는 命이 길고 財物은 있으며 父母 兄弟 子孫이 모두 안강(安康)하여 平吉한 이름이 된다.

⑥의 수뢰둔괘(水雷屯卦)에서는 命은 보통이고 벼슬을 하며 子孫

과 兄弟는 안강(安康)하다. 그러나 父母를 해치고 財物이 없어 파란이 있는 이름이 된다.

⑦의 산풍고괘(山風蠱卦)에서는 世酉가 空亡이므로 事故가 나고 短命한다. 子孫을 해친다. 벼슬을 깎아 직업이 不安하여 파란이 많고 肺와 허리가 약해지는 凶名이 된다.

⑧의 지수사괘(地水師卦)에서는 命이 길고 財物은 있으며 벼슬도 한다. 子孫과 兄弟는 安康하나 父母를 해친다.

庚辰日生

①의 천산돈괘(天山遯卦)에서는 命은 보통이고 벼슬은 조금 있다. 父母는 안강(安康)하다. 그러나 子孫과 兄弟를 해치고 財物이 없어 파란이 많다.

②의 택지췌괘(澤地萃卦)에서는 世巳가 劫殺이므로 事故가 나서 몸을 크게 다친다. 兄弟를 해치고 벼슬을 깎아 파란이 있다.

③의 화천대유괘(火天大有卦)에서는 命은 보통이고 벼슬을 하며 財物도 있다. 父母와 子孫이 성공하는 등 平吉한 이름이 된다.

④의 뇌택귀매괘(雷澤歸妹卦)에서는 命이 길고 벼슬을 하며 재물도 조금 있다. 父母는 안강(安康)하다. 그러나 兄弟와 子孫을 해치는 이름이 된다.

⑤의 풍화가인괘(風火家人卦)에서는 命이 길고 財物은 많으며 父母 兄弟 子孫이 안강(安康)하여 平吉한 이름이 된다.

⑥의 수뢰둔괘(水雷屯卦)에서는 命이 길고 벼슬을 하며 자손과 형제는 안강(安康)하다. 그러나 父母를 해치고 財物이 없이 波亂이 있다.

⑦의 산풍고괘(山風蠱卦)에서는 世酉가 空亡이고 양인(羊刃)이므로 事故가 나고 短命한다. 子孫을 해친다. 벼슬을 깎아 직업이 不安하고 파란이 많다. 肺가 나빠지고 허리가 약해지는 흉명(凶名)이 된다.

⑧의 지수사괘(地水師卦)에서는 命이 길고 財物은 있으며 벼슬도 한다. 子孫과 兄弟는 안강(安康)하다. 그러나 父母를 해치는 이름이 된다.

辛巳日生

① 의 천산돈괘(天山遯卦)에서는 命이 길고 벼슬을 하며 父母는 안강(安康)하다. 그러나 兄弟와 子孫을 해치고 財物이 없어 파란이 많은 이름이 된다.

② 의 택지췌괘(澤地萃卦)에서는 命이 길고 財物은 있으며 벼슬도 한다. 父母 兄弟 子孫이 모두 안강(安康)하여 幸福한 이름이 된다.

③ 의 화천대유괘(火天大有卦)에서는 命은 보통이고 벼슬을 하며 財物도 있다. 父母와 子孫도 安康하여 平吉한 이름이 된다.

④ 의 뇌택귀매괘(雷澤歸妹卦)에서는 命이 길고 벼슬을 하며 재물도 있다. 父母는 安康하다. 그러나 子孫과 兄弟를 해친다.

⑤ 의 풍화가인괘(風火家人卦)에서는 命은 보통이고 財物이 있으며 父母 兄弟 子孫이 모두 안강(安康)한 平吉의 이름이 된다.

⑥ 의 수뢰둔괘(水雷屯卦)에서는 世寅이 劫殺이므로 事故가 나고 短命한다. 子孫과 兄弟를 해치고 財物이 없어 파란이 많은 이름이 된다.

⑦ 의 산풍고괘(山風蠱卦)에서는 世酉가 空亡이므로 事故가 나고 短命한다. 벼슬을 깎아 직업이 不安하다. 子孫을 해친다. 肺가 나빠진다.

⑧ 의 지수사괘(地水師卦)에서는 命이 길고 財物은 있으며 벼슬도 한다. 兄弟는 安康하다. 그러나 父母와 子孫을 해치는 이름이 된다.

壬午日生

① 의 천산돈괘(天山遯卦)에서는 命이 길고 벼슬을 하며 父母는 안강(安康)하다. 그러나 兄弟와 子孫을 해치고 財物이 없어 파란이 많은 이름이 된다.

② 의 택지췌괘(澤地萃卦)에서는 命이 길고 벼슬은 높으며 재물도 많다. 子孫은 성공하고 부모는 安康하여 幸福한 이름이 된다.

③ 의 화천대유괘(火天大有卦)에서는 命이 길고 벼슬은 높으며 財物도 많다. 오복(五福)을 두루 갖추어 행복한 이름이 된다.

④ 의 뇌택귀매괘(雷澤歸妹卦)에서는 命은 보통이고 벼슬을 하고

⑤의 풍화가인괘(風火家人卦)에서는 命이 길고 財物도 있다. 父母와 兄弟 子孫이 모두 안강(安康)하여 平吉한 이름이 된다.

⑥의 수뢰둔괘(水雷屯卦)에서는 命이 길고 벼슬을 하며 子孫은 安康하다. 그러나 父母와 兄弟를 해치는 이름이 된다.

⑦의 산풍고괘(山風蠱卦)에서는 世酉가 空亡이 되므로 事故가 나고 短命한다. 子孫을 해치고 벼슬을 깎고 肺가 나빠지는 흉명(凶名)이 된다.

⑧의 지수사괘(地水師卦)에서는 命이 길고 財物은 있으며 벼슬도 한다. 子孫과 兄弟는 安康하다. 그러나 父母를 해친다.

癸未日生

①의 천산돈괘(天山遯卦)에서는 命이 길고 벼슬은 조금 한다. 그러나 財物이 없고 子孫과 兄弟를 해친다.

②의 택지췌괘(澤地萃卦)에서는 命이 길고 벼슬은 높으며 재물도 많다. 父母와 子孫도 안강(安康)하여 幸福한 이름이 된다.

③의 화천대유괘(火天大有卦)에서는 命이 길고 財物은 있으며 벼슬도 높다. 子孫은 성공하고 父母는 안강(安康)하여 행복한 이름이 된다.

④의 뇌택귀매괘(雷澤歸妹卦)에서는 命은 보통이고 財物과 벼슬이 있다. 그러나 子孫과 兄弟를 해친다.

⑤의 풍화기인괘(風火家人卦)에시는 命은 보통이고 財物이 있고 子孫과 兄弟는 성공한다. 父母는 장수강녕(長壽康寧)하여 平吉한 이름이 된다.

⑥의 수뢰둔괘(水雷屯卦)에서는 命이 길고 벼슬을 한다. 자손과 兄弟는 安康하다. 그러나 父母를 해치고 재물이 없어 파란이 많다.

⑦의 산풍고괘(山風蠱卦)에서는 世酉가 空亡이므로 事故가 나고 短命한다. 벼슬을 깎아 직업이 不安하다. 肺가 나빠지고 허리도 다

치며 파란이 많은 흉명(凶名)이 된다.
　⑧의 지수사괘(地水師卦)에서는 命은 길고 財物이 있으며 벼슬도 한다. 子孫과 兄弟가 안강(安康)하다. 그러나 父母를 해친다.

甲申日生
　①의 천산돈괘(天山遯卦)에서는 世午가 空亡이 되므로 短命한다. 학업중단 내지 벼슬이 없고 파란이 많다. 심장(心臟)이 나빠진다.
　②의 택지췌괘(澤地萃卦)에서는 世巳가 劫殺이 되므로 몸을 다친다. 官을 깎아 벼슬이 크지 못한다. 父母德도 없고 胃와 小腸 肝을 害친다.
　③의 화천대유괘(火天大有卦)에서는 命도 길고 재운(財運)도 좋다. 子孫도 성공하는 좋은 이름이 된다.
　④의 뇌택귀매괘(雷澤歸妹卦)에서는 벼슬과 재물을 해친다. 심장·간·小腸을 해친다.
　⑤의 풍화가인괘(風火家人卦)에서는 命은 길고 재물도 있다. 그러나 비장(脾臟)·소장(小腸)·肝을 약하게 한다.
　⑥의 수뢰둔괘(水雷屯卦)에서는 命도 길고 子孫도 성공하며 벼슬도 한다. 그러나 財物이 없고 파란이 많은 이름이 된다.
　⑦의 산풍고괘(山風蠱卦)에서는 命이 길고 벼슬도 있으며 부모덕도 있다. 그러나 子孫의 근심이 있고 파란이 있는 이름이 된다.
　⑧의 지수사괘(地水師卦)에서는 世午가 空亡이 되므로 短命한다. 成功을 방해(妨害)한다. 심장(心臟)이 나빠지고 허리도 다치며 파란이 있다.

乙酉日生
　①의 천산돈괘(天山遯卦)에서는 世午가 空亡이 되므로 短命한다. 官을 害치며 財物이 없어 파란이 있다. 심장(心臟)이 나빠지고 부모덕이 없다.
　②의 택지췌괘(澤地萃卦)에서는 命도 길고 벼슬도 하며 재물도 있다. 그러나 비장(脾臟)이 弱해진다.

③의 화천대유괘(火天大有卦)에서는 世辰이 양인살(羊刃殺)이 되니 手術을 해야 한다. 신경(神經)과 담(膽)을 약하게 하고 팔 다리를 자주 다친다. 父母를 害친다.

④의 뇌택귀매괘(雷澤歸妹卦)에서는 벼슬을 깎고 파란이 많아 성공을 방해한다.

⑤의 풍화가인괘(風火家人卦)에서는 命도 길고 財物도 있으며 父母 兄弟德도 있다. 그러나 몸을 가끔 다칠 수 있다.

⑥의 수뢰둔괘(水雷屯卦)에서는 世寅이 劫殺이 되므로 短命한다. 子孫을 해치며 財物도 없고 파란이 많은 이름이 된다.

⑦의 산풍고괘(山風蠱卦)에서는 命도 길고 財物도 있고 父母德도 있다. 그러나 兄弟를 害치고 파란이 있는 이름이 된다.

⑧의 지수사괘(地水師卦)에서는 世午가 공망이 되므로 短命한다. 財物을 상하고 심장(心臟)이 나빠지며 허리도 다치는 등 波乱이 많은 이름이 된다.

丙戌日生

①의 천산돈괘(天山遯卦)에서는 世午가 空亡이 되므로 事故가 나고 短命한다. 벼슬을 깎아 학업이 중단된다. 財物이 없고 子孫으로 파란이 많으며 兄弟를 해친다. 심장이 나빠지고 팔 다리도 다치는 흉명(凶名)이다.

②의 택지췌괘(澤地萃卦)에서는 命도 길고 벼슬도 높으며 재물도 많다. 子孫과 兄弟도 성공하며 행복하고 건강한 이름이 된다.

③의 화천대유괘(火天大有卦)에서는 命도 길고 벼슬이 높고 財物이 있다. 父母 兄弟 子孫이 모두 안강(安康)하고 파란이 없다. 행복하고 건강하며 人德도 있는 길명(吉名)이다.

④의 뇌택귀매괘(雷澤歸妹卦)에서는 命은 길며 財物은 조금 있으나 벼슬을 깎고 子孫을 害친다. 兄弟도 傷하는 흉명(凶名)이다.

⑤의 풍화가인괘(風火家人卦)에서는 命도 길고 財物도 있다. 父母 兄弟 子孫도 安康하여 吉名이 된다.

⑥의 수뢰둔괘(水雷屯卦)에서는 財物이 없어 波乱이 많은 이름이 된다.

⑦의 산풍고괘(山風蠱卦)에서는 命은 길고 벼슬을 하고 財物도 있다. 父母 兄弟도 안강(安康)하다. 그러나 子孫으로 波乱이 있다.

⑧의 지수사괘(地水師卦)에서는 世午가 空亡이 되고 양인(羊刃)까지 겸하였으므로 事故가 나고 短命한다. 財物을 傷하고 심장이 나빠지고 양기(陽氣)를 죽이며 허리를 다치는 흉명(凶名)이다.

丁亥日生

①의 천산돈괘(天山遯卦)에서는 世午가 空亡이 되므로 事故가 나고 短命한다. 벼슬을 깎아 학업이 중단된다. 財物이 없으며 子孫을 해친다. 심장도 나빠지는 흉명(凶名)이다.

②의 택지췌괘(澤地萃卦)에서는 命은 길고 벼슬을 하며 財物도 있다. 子孫과 兄弟도 成功한다. 그러나 父母를 害치고 몸을 다칠 수 있다.

③의 화천대유괘(火天大有卦)에서는 命은 길고 財物이 있으며 벼슬도 한다. 父母 兄弟 子孫이 모두 성공하는 행복한 길명(吉名)이다.

④의 뇌택귀매괘(雷澤歸妹卦)에서는 命이 길고 財物은 조금 있다. 父母는 강녕(康寧)하다. 그러나 兄弟와 子孫을 害치며 波乱이 있는 이름이 된다.

⑤의 풍화가인괘(風火家人卦)에서는 命이 길고 財物도 있다. 父母 兄弟 子孫이 모두 안강(安康)하고 파란이 없어 길명(吉名)이 된다.

⑥의 수뢰둔괘(水雷屯卦)에서는 命은 보통이고 벼슬은 한다. 그러나 財物이 없어 파란이 있다.

⑦의 산풍고괘(山風蠱卦)에서는 命은 길고 벼슬도 조금 있다. 財物도 조금 있다. 그러나 子孫을 해쳐 파란이 있는 이름이 된다.

⑧의 지수사괘(地水師卦)에서는 世午가 空亡이 되므로 事故가 나고 短命한다. 財物을 傷하고 심장이 나빠지며 허리를 다치며 陽氣를 죽이는 흉명(凶名)이 된다.

戊子日生

① 의 천산돈괘(天山遯卦)에서는 世午가 空亡이 되고 양인(羊双)까지 겸하니 事故가 나고 短命한다. 手術을 해야 하고 학업중단에 벼슬이 없다. 그리고 심장이 나빠지는 흉명(凶名)이 된다.

② 의 택지췌괘(澤地萃卦)에서는 벼슬을 하고 재물이 있으며 父母 兄弟 子孫이 모두 안강(安康)하다. 그러나 몸을 크게 다칠 수 있다.

③ 의 화천대유괘(火天大有卦)에서는 命도 길고 財物이 있으며 벼슬을 하며 건강하다. 父母 兄弟 子孫이 모두 건강하고 성공하는 吉名이다.

④ 의 뇌택귀매괘(雷澤歸妹卦)에서는 命은 길고 財物도 조금 있다. 그러나 벼슬을 깎아 파란이 있고 자손을 해치는 좋지못한 이름이 된다.

⑤ 의 풍화가인괘(風火家人卦)에서는 命이 길고 財物도 많다. 건강하다. 父母 兄弟 子孫도 모두 안강(安康)하여 幸福한 吉名이 된다.

⑥ 의 수뢰둔괘(水雷屯卦)에서는 財物이 없고 몸을 다칠 수 있다. 그리고 子孫을 害치며 파란이 있는 이름이 된다.

⑦ 의 산풍고괘(山風蠱卦)에서는 命은 길고 財物이 있으며 벼슬도 한다. 그러나 子孫과 兄弟 등으로 波乱이 있는 이름이 된다.

⑧ 의 지수사괘(地水師卦)에서는 世午가 空亡이며 양인살(羊双殺)이 되므로 事故가 나고 手術을 하며 短命한다. 財物을 害치며 심장이 나빠진다. 양기(陽氣)도 죽이며 귀가 나빠지는 흉명(凶名)이다.

己丑日生

① 의 천산돈괘(天山遯卦)에서는 世午가 空亡이 되므로 事故가 나고 短命한다. 학업중단과 직업이 不安하다. 財物이 없고 子孫으로 파란이 많다. 심장이 나빠지고 팔 다리도 다치는 흉명(凶名)이다.

② 의 택지췌괘(澤地萃卦)에서는 命도 길고 벼슬은 높으며 재물도 많다. 子孫과 兄弟도 성공하고 파란이 없이 성공하는 길명(吉名)이다.

③ 의 화천대유괘(火天大有卦)에서는 命도 길고 벼슬이 높으며 재물도 있다. 子孫도 성공하고 父母 兄弟도 안강(安康)하여 幸福하

고 건전(健全)한 길명(吉名)이 된다.

④의 뇌택귀매괘(雷澤歸妹卦)에서는 命은 보통이고 財物과 벼슬을 조금씩 있다. 그러나 子孫으로 波乱이 많은 이름이 된다.

⑤의 풍화가인괘(風火家人卦)에서는 命이 길고 財物이 있으며 부모 형제 자손이 모두 안강(安康)하여 平吉한 이름이 된다.

⑥의 수뢰둔괘(水雷屯卦)에서는 世寅이 劫殺이므로 事故가 나고 短命한다. 財物이 없고 자손을 해치며 코가 나빠지는 흉명(凶名)이다.

⑦의 산풍고괘(山風蠱卦)에서는 命은 길고 財物이 조금 있으며 벼슬도 한다. 그러나 兄弟와 子孫을 害친다.

⑧의 지수사괘(地水師卦)에서는 世午가 空亡이 되므로 事故가 나고 短命한다. 財物을 상하고 子孫과 兄弟도 害친다. 심장·귀·코를 나쁘게 하고 양기(陽氣)도 죽이는 흉명(凶名)이다.

庚寅日生

①의 천산돈괘(天山遯卦)에서는 世午가 空亡이 되므로 事故가 나고 短命한다. 벼슬을 깎아 직업이 不安하고 학업이 중단된다. 財物이 없고 子孫으로 파란이 많은 흉명(凶名)이다.

②의 택지췌괘(澤地萃卦)에서는 命은 길고 財物이 많으며 벼슬을 하고 자신은 성공한다. 그러나 父母 兄弟 子孫을 조금 해친다.

③의 화천대유괘(火天大有卦)에서는 命은 보통이고 財物이 있으며 벼슬도 높다. 子孫도 父母도 안강(安康)하다. 그러나 몸을 가끔 다칠 수 있다.

④의 뇌택귀매괘(雷澤歸妹卦)에서는 命이 길고 財物과 벼슬은 조금 있다. 그러나 子孫으로 파란이 있는 반흉(半凶)한 이름이 된다.

⑤의 풍화가인괘(風火家人卦)에서는 命이 길고 財物도 많다. 부모 형제 자손도 안강(安康)하여 平吉한 이름이 된다.

⑥의 수뢰둔괘(水雷屯卦)에서는 命은 길고 벼슬도 조금 있다. 父母 兄弟 子孫도 안강(安康)하다. 그러나 財物이 없어 파란이 많은 이름이 된다.

⑦의 산풍고괘(山風蠱卦)에서는 世酉가 양인(羊刃)이므로 事故가 나고 短命한다. 벼슬을 깎으니 직업이 不安하다. 그리고 子孫을 害치는 흉명(凶名)이 된다.

⑧의 지수사괘(地水師卦)에서는 世午가 空亡이므로 事故가 나고 短命한다. 財物을 傷하고 父母와 兄弟를 害친다. 심장과 귀가 나빠지고 양기(陽氣)를 죽이며 허리를 다치는 흉명(凶名)이 된다.

壬辰日生

①의 천산돈괘(天山遯卦)에서는 世午가 空亡이므로 事故가 나고 短命한다. 벼슬을 깎아 학업이 중단되고 직업이 不安하다. 財物이 없고 심장이 나빠지며 子孫을 害치는 흉명(凶名)이다.

②의 택지췌괘(澤地萃卦)에서는 財物이 있으며 벼슬도 높고 子孫은 성공한다. 그러나 몸을 크게 다칠 수 있다.

③의 화천대유괘(火天大有卦)에서는 命이 길고 재물은 많으며 벼슬도 높다. 父母 兄弟 子孫도 안강(安康)하여 幸福하고 吉한 이름이 된다.

④의 뇌택귀매괘(雷澤歸妹卦)에서는 財物이 있고 벼슬도 한다. 그러나 子孫을 害치고 몸을 다칠 수 있는 이름이 된다.

⑤의 풍화가인괘(風火家人卦)에서는 命이 길고 財物도 있다. 父母 兄弟 子孫이 모두 성공하여 행복하고 건강(健康)한 길명(吉名)이 된다.

⑥의 수뢰둔괘(水雷屯卦)에서는 벼슬은 작게 하나 財物이 없다. 兄弟와 子孫을 害친다. 몸을 다칠 수도 있는 凶名이 된다.

⑦의 산풍고괘(山風蠱卦)에서는 命은 보통이고 財物과 벼슬이 조금은 있다. 그러나 아버지와 兄弟 子孫을 해쳐 파란이 있는 좋지못한 이름이 된다.

⑧의 지수사괘(地水師卦)에서는 世午가 空亡이므로 事故가 나고 短命한다. 財物을 傷하고 子孫도 해친다. 심장과 귀가 나빠지며 陽氣도 죽이는 波乱이 많은 흉명(凶名)이 된다.

癸巳日生

① 의 천산돈괘(天山遯卦)에서는 世午가 空亡이 되므로 事故가 나고 短命한다. 벼슬을 깎고 財物과 子孫으로 파란이 많은 凶名이 된다.

② 의 택지췌괘(澤地萃卦)에서는 命이 길고 벼슬은 높으며 재물도 많다. 健康하고 幸福한 吉名이 된다.

③ 의 화천대유괘(火天大有卦)에서는 命이 길고 벼슬은 높으며 財物도 많다. 子孫이 성공하고 父母 兄弟도 안강(安康)한 吉名이다.

④ 의 뇌택귀매괘(雷澤歸妹卦)에서는 財物과 벼슬은 조금씩 있으나 子孫을 害친다. 몸을 다칠 수 있는 좋지않은 이름이 된다.

⑤ 의 풍화가인괘(風火家人卦)에서는 名이 길고 재물도 있으며 父母 兄弟 子孫도 안강(安康)하여 平吉한 이름이 된다.

⑥ 의 수뢰둔괘(水雷屯卦)에서는 世寅이 劫殺이므로 事故가 나고 短命한다. 財物이 없고 子孫도 害치는 흉명(凶名)이 된다.

⑦ 의 산풍고괘(山風蠱卦)에서는 命은 보통이고 財物과 벼슬도 조금 있다. 그러나 子孫을 害치는 흉명(凶名)이 된다.

⑧ 의 지수사괘(地水師卦)에서는 世午가 空亡이므로 事故가 나고 短命한다. 財物을 傷하고 子孫을 害친다. 심장과 귀가 나빠지고 陽氣도 죽이며 허리도 다치는 흉명(凶名)이 된다.

甲午日生

① 의 천산돈괘(天山遯卦)에서는 財物이 없고 波乱이 많아 좋지못한 이름이 된다.

② 의 택지췌괘(澤地萃卦)에서는 世巳가 空亡이 되므로 短命한다. 子孫을 害치며 財物과 官도 해친다. 胃와 肝을 나쁘게 하고 小腸도 해친다.

③ 의 화천대유괘(火天大有卦)에서는 世辰이 空亡이 되므로 短命한다. 官을 害치며 신경(神經)도 약해지고 허리도 다치며 맹장이 나빠진다.

④ 의 뇌택귀매괘(雷澤歸妹卦)에서는 官과 財物을 害쳐 파란

이 많은 生을 보내는 이름이 된다.

⑤의 풍화가인괘(風火家人卦)에서는 命이 길고 돈도 많다. 그러나 子孫을 害치고 눈(目)과 삼초(三焦)가 약해지고 손발(手足)을 자주 다친다.

⑥의 수뢰둔괘(水雷屯卦)에서는 命이 길고 재물이 많으며 벼슬도 하며 人德도 있다. 그러나 子孫으로 파란이 많은 이름이 된다.

⑦의 산풍고괘(山風蠱卦)에서는 命이 길고 財物은 많으며 벼슬도 하며 人德도 있다. 그러나 자손으로 인해 파란이 많은 이름이 된다.

⑧의 지수사괘(地水師卦)에서는 命이 길고 財物도 많다. 벼슬도 하며 人德도 있다. 그러나 陽氣를 조금 不足하게 할 수 있다.

乙未日生

①의 천산돈괘(天山遯卦)에서는 命이 길고 벼슬은 작으나 한다. 그러나 財物이 없고 父母 兄弟 子孫을 모두 害친다.

②의 택지췌괘(澤地萃卦)에서는 世巳가 空亡이 되므로 事故가 나서 몸을 크게 다친다. 벼슬을 깎아 파란이 있게 된다.

③의 화천대유괘(火天大有卦)에서는 世辰이 空亡이므로 사고가 나서 몸을 크게 다친다. 父母를 해치고 벼슬을 깎는다.

④의 뇌택귀매괘(雷澤歸妹卦)에서는 命이 길고 財物과 벼슬이 조금씩 있다. 그러나 子孫과 兄弟를 해치는 이름이 된다.

⑤의 풍화가인괘(風火家人卦)에서는 命이 길고 財物이 있다. 오복(五福)을 갖추어 平吉한 이름이 된다.

⑥의 수뢰둔괘(水雷屯卦)에서는 命이 길고 벼슬을 하며 父母와 子孫은 安康하다. 그러나 財物이 없어 파란이 있는 이름이 된다.

⑦의 산풍고괘(山風蠱卦)에서는 命이 길고 벼슬을 하며 財物도 있다. 그러나 子孫의 근심이 있다.

⑧의 지수사괘(地水師卦)에서는 命이 길고 財物은 있으며 벼슬도 한다. 父母 兄弟 子孫도 안강(安康)하여 平吉한 이름이 된다.

丙申日生

① 의 천산돈괘(天山遯卦)에서는 世午가 양인(羊刃)이므로 事故가 나서 몸을 크게 다치고 短命한다. 財物이 없고 벼슬을 깎는다. 부모형제 子孫을 모두 해치고 심장도 나빠지는 흉명(凶名)이 된다.

② 의 택지췌괘(澤地萃卦)에서는 世巳가 空亡이고 劫殺이므로 事故가 나고 短命한다. 벼슬을 깎는다. 위장이 약해지며 파란이 많다.

③ 의 화천대유괘(火天大有卦)에서는 世辰이 空亡이므로 事故가 나고 短命한다. 벼슬을 깎고 父母를 해친다. 허리를 다치는 이름이 된다.

④ 의 뇌택귀매괘(雷澤歸妹卦)에서는 벼슬을 깎고 子孫을 해치고 파란이 있는 이름이 된다.

⑤ 의 풍화가인괘(風火家人卦)에서는 命이 길고 財物이 있다. 오복(五福)을 갖춘 平吉한 이름이 된다.

⑥ 의 수뢰둔괘(水雷屯卦)에서는 命은 보통이고 父母兄弟 자손은 안강(安康)하다. 그러나 財物이 없어 波乱이 있다.

⑦ 의 산풍고괘(山風蠱卦)에서는 命이 길고 벼슬을 하며 재물도 있다. 父母兄弟는 성공안강(成功安康)하다. 그러나 子孫의 근심이 있다.

⑧ 의 지수사괘(地水師卦)에서는 世午가 양인(羊刃)이므로 事故가 나서 몸을 크게 다친다. 財物을 상하고 심장이 나빠지고 허리를 다치는 흉명(凶名)이다.

丁酉日生

① 의 천산돈괘(天山遯卦)에서는 命이 길고 벼슬을 한다. 그러나 財物이 없고 子孫을 해쳐 파란이 있다.

② 의 택지췌괘(澤地萃卦)에서는 世巳가 空亡이므로 事故가 나서 몸을 크게 다친다. 벼슬을 깎아 波乱이 있다.

③ 의 화천대유괘(火天大有卦)에서는 世辰空亡이므로 事故로 몸을 크게 다친다. 아버지를 害치고 財物과 벼슬을 깎아 파란이 있다.

④ 의 뇌택귀매괘(雷澤歸妹卦)에서는 命이 길고 財物은 있으며 벼슬도 한다. 父母兄弟도 안강(安康)하다. 그러나 子孫의 근심이 있다.

⑤의 풍화가인괘(風火家人卦)에서는 命이 길고 財物은 있으며 健康하다. 오복(五福)을 갖춘 平吉한 이름이 된다.
⑥의 수뢰둔괘(水雷屯卦)에서는 世寅이 劫殺이므로 事故가 나고 短命한다. 子孫을 해치고 財物이 없어 파란이 많다. 코도 나빠진다.
⑦의 산풍고괘(山風蠱卦)에서는 命이 길고 벼슬을 하며 財物도 있다. 父母는 안강(安康)하다. 그러나 子孫과 兄弟를 害친다.
⑧의 지수사괘(地水師卦)에서는 命이 길고 財物은 있으며 벼슬도 한다. 父母 兄弟도 성공하는 平吉의 이름이 된다.

戊戌日生

①의 천산돈괘(天山遯卦)에서는 世午가 양인(羊刃)이므로 事故가 나서 몸을 다쳐 短命한다. 벼슬을 깎고 財物을 傷하여 波乱이 많은 이름이 된다.
②의 택지췌괘(澤地萃卦)에서는 世巳가 空亡이므로 事故가 나서 몸을 크게 다친다. 벼슬을 깎고 子孫도 해쳐 波乱이 있다.
③의 화천대유괘(火天大有卦)에서는 世辰이 空亡이므로 事故가 나서 몸을 크게 다친다. 벼슬을 깎고 父母를 해치고 허리를 다칠 수 있다.
④의 뇌택귀매괘(雷澤歸妹卦)에서는 命이 길고 財物은 조금 있다. 父母는 안강(安康)하다. 그러나 벼슬을 깎고 子孫의 근심이 있다.
⑤의 풍화가인괘(風火家人卦)에서는 命이 길고 財物은 많으며 健康하다. 오복(五福)을 갖춘 平吉한 이름이 된다.
⑥의 수뢰둔괘(水雷屯卦)에서는 命은 보통이고 벼슬은 조금 한다. 父母 兄弟 子孫은 안강(安康)하다. 그러나 財物이 不足하여 파란이 있다.
⑦의 산풍고괘(山風蠱卦)에서는 命이 길고 벼슬을 하고 재물도 있다. 그러나 어머니와 子孫을 해친다.
⑧의 지수사괘(地水師卦)에서는 世午가 양인(羊刃)이므로 事故가 나서 몸을 크게 다치고 短命한다. 財物을 傷하며 심장이 나빠지고 허리를 다치며 양기(陽氣)도 부족해진다.

己亥日生

① 의 천산돈괘(天山遯卦)에서는 命이 길고 벼슬은 한다. 그러나 財物이 없다. 父母 兄弟 子孫을 모두 해쳐 파란이 있는 이름이 된다.

② 의 택지췌괘(澤地萃卦)에서는 世巳가 空亡이므로 事故가 나서 몸을 크게 다친다. 벼슬을 깎는다.

③ 의 화천대유괘(火天大有卦)에서는 世辰이 空亡이므로 事故가 나고 短命한다. 벼슬을 깎고 父母를 해친다. 신경이 약해지고 허리도 다친다.

④ 의 뇌택귀매괘(雷澤歸妹卦)에서는 命은 보통이고 財物과 벼슬도 있다. 그러나 子孫과 兄弟를 害치는 이름이 된다.

⑤ 의 풍화가인괘(風火家人卦)에서는 命이 길고 財物은 있으며 건강하여 平吉한 이름이 된다.

⑥ 의 수뢰둔괘(水雷屯卦)에서는 命은 보통이고 벼슬을 조금 있다. 父母 兄弟 子孫은 안강(安康)하다. 그러나 財物이 없어 파란이 있다.

⑦ 의 산풍고괘(山風蠱卦)에서는 命이 길고 벼슬과 財物도 조금 있다. 그러나 子孫의 근심이 있다.

⑧ 의 지수사괘(地水師卦)에서는 命이 길고 財物이 있으며 벼슬을 한다. 父母 兄弟 子孫이 안강(安康)하여 平吉한 이름이 된다.

庚子日生

① 의 천산돈괘(天山遯卦)에서는 命은 보통이고 벼슬은 조금 있다. 그러나 財物이 부족하고 子孫을 해쳐 파란이 있는 이름이 된다.

② 의 택지췌괘(澤地萃卦)에서는 世巳가 空亡이고 劫殺이므로 事故가 나고 短命한다. 벼슬을 깎고 형제를 해치며 위와 小腸이 약해진다.

③ 의 화천대유괘(火天大有卦)에서는 世辰이 空亡이므로 事故가 나고 短命한다. 벼슬을 깎고 부모를 해치고 허리를 다친다.

④ 의 뇌택귀매괘(雷澤歸妹卦)에서는 命이 길고 재물과 벼슬이 조금씩 있다. 그러나 子孫의 근심이 있다.

⑤ 의 풍화가인괘(風火家人卦)에서는 命이 길고 財物은 많으며 건

강하여 平吉한 이름이 된다.
　⑥의 수뢰둔괘(水雷屯卦)에서는 命이 길고 벼슬을 한다. 부모 형제 자손이 모두 안강하다. 그러나 財物로 波乱이 있다.
　⑦의 산풍고괘(山風蠱卦)에서는 世酉가 양인(羊刃)이므로 事故가 나서 몸을 크게 다쳐 短命한다. 벼슬을 깎아 파란이 많다. 子孫의 근심도 있다.
　⑧의 지수사괘(地水師卦)에서는 命이 길고 財物은 있으며 건강하여 平吉한 이름이 된다.

辛丑日生

　①의 천산돈괘(天山遯卦)에서는 命이 길고 벼슬을 한다. 그러나 財物이 없고 子孫을 해쳐 파란이 많다.
　②의 택지췌괘(澤地萃卦)에서는 世亡가 空亡이므로 事故가 나서 몸을 다친다. 벼슬을 깎아 파란이 있는 이름이 된다.
　③의 화천대유괘(火天大有卦)에서는 世辰이 空亡이므로 事故가 나고 短命한다. 벼슬을 깎고 財物을 상하며 父母를 해치고 허리도 다친다.
　④의 뇌택귀매괘(雷澤歸妹卦)에서는 命이 길고 財物과 벼슬도 조금씩 있다. 그러나 子孫의 근심이 있다.
　⑤의 풍화가인괘(風火家人卦)에서는 命이 길고 財物은 있으며 건강하여 平吉한 이름이 된다.
　⑥의 수뢰둔괘(水雷屯卦)에서는 世寅이 겁살(劫殺)이므로 事故가 나고 短命한다. 財物이 없고 子孫을 해치며 코(鼻)가 나빠지는 이름이 된다.
　⑦의 산풍고괘(山風蠱卦)에서는 命이 길고 벼슬과 財物도 있다. 그러나 子孫과 兄弟를 해친다.
　⑧의 지수사괘(地水師卦)에서는 命이 길고 財物이 있으며 벼슬도 조금 있다. 그러나 子孫을 조금 해친다.

壬寅日生

① 의 천산돈괘(天山遯卦)에서는 命이 길고 벼슬을 한다. 그러나 財物이 없고 子孫을 해친다.

② 의 택지췌괘(澤地萃卦)에서는 世巳가 空亡이므로 事故가 나서 몸을 다칠 수 있다. 벼슬을 조금 깎는 이름이 된다.

③ 의 화천대유괘(火天大有卦)에서는 世辰 空亡이므로 事故로 몸을 다친다. 아버지를 해치고 신경이 약해지며 허리를 다칠 수 있다.

④ 의 뇌택귀매괘(雷澤歸妹卦)에서는 命은 보통이고 財物과 벼슬은 조금 있다. 그러나 子孫의 근심이 있고 몸을 가끔 다칠 수 있다.

⑤ 의 풍화가인괘(風火家人卦)에서는 命이 길고 財物이 있다. 父母 兄弟 子孫이 모두 성공하여 幸福한 이름이 된다.

⑥ 의 수뢰둔괘(水雷屯卦)에서는 命은 길고 벼슬은 있다. 그러나 財物이 없고 父母를 해쳐 파란이 있는 이름이 된다.

⑦ 의 산풍고괘(山風蠱卦)에서는 命은 보통이고 財物과 벼슬이 조금은 있다. 그러나 子孫의 근심이 있는 이름이 된다.

⑧ 의 지수사괘(地水師卦)에서는 命이 길고 財物이 있으며 벼슬도 한다. 父母 兄弟 子孫이 안강(安康)하여 平吉한 이름이 된다.

癸卯日生

① 의 천산돈괘(天山遯卦)에서는 命이 길고 벼슬은 한다. 그러나 財物이 없고 子孫과 兄弟를 해쳐 파란이 있는 이름이 된다.

② 의 택지췌괘(澤地萃卦)에서는 世巳가 空亡이므로 事故가 나서 몸을 다칠 수 있다. 벼슬을 깎아 波乱이 있는 이름이 된다.

③ 의 화천대유괘(火天大有卦)에서는 世辰이 空亡이므로 事故가 나서 몸을 다칠 수 있다. 父母를 해치며 허리를 다치는 이름이 된다.

④ 의 뇌택귀매괘(雷澤歸妹卦)에서는 命은 보통이고 財物이 있으며 벼슬도 한다. 그러나 子孫과 兄弟를 해치고 몸을 가끔 다칠 수 있는 이름이 된다.

⑤ 의 풍화가인괘(風火家人卦)에서는 命이 길고 財物은 있으며 父

母 兄弟 子孫이 모두 성공하고 안강(安康)하여 幸福해지는 이름이 된다.

⑥의 수뢰둔괘(水雷屯卦)에서는 命이 길고 벼슬을 한다. 형제와 子孫은 성공한다. 그러나 財物이 不足하고 父母를 해쳐 波乱이 있는 이름이 된다.

⑦의 산풍고괘(山風蠱卦)에서는 命은 보통이고 財物이 있으며 벼슬도 한다. 父母와 兄弟는 성공하고 안강(安康)하다. 그러나 子孫의 근심이 있는 이름이 된다.

⑧의 지수사괘(地水師卦)에서는 命이 길고 財物은 있으며 벼슬도 한다. 父母 兄弟 子孫이 모두 안강(安康)하여 平吉한 이름이 된다.

甲辰日生

①의 천산돈괘(天山遯卦)에서는 命이 길고 벼슬도 하며 人德도 있다. 그러나 財物이 없고 波乱이 많은 이름이 된다.

②의 택지췌괘(澤地萃卦)에서는 世巳가 劫殺이므로 命을 깎고 몸을 다친다. 財物을 깎고 胃와 小腸을 傷하게 한다.

③의 화천대유괘(火天大有卦)에서는 命이 길고 子孫도 성공하며 財物도 있고 벼슬도 한다. 人德도 있는 좋은 이름이 된다.

④의 뇌택귀매괘(雷澤歸妹卦)에서는 命은 기나 財物을 傷하고 子孫 등으로 파란이 있는 이름이 된다.

⑤의 풍화가인괘(風火家人卦)에서는 命이 길고 財物도 많다. 그러나 벼슬을 깎는 이름이 된다.

⑥의 수뢰둔괘(水雷屯卦)에서는 命을 깎고 子孫도 해친다. 財物도 부족하여 파란이 있다.

⑦의 산풍고괘(山風蠱卦)에서는 命이 길고 財物도 있으며 벼슬도 한다. 인덕(人德)도 있다. 그러나 子孫으로 파란(波乱)이 있는 이름이 된다.

⑧의 지수사괘(地水師卦)에서는 命이 길고 財物은 많으며 벼슬도 하며 人德도 있고 성공한다. 그러나 子孫을 조금 해친다.

乙巳日生

① 의 천산돈괘(天山遯卦)에서는 命이 길고 벼슬을 하며 부모 형제는 성공안강(成功安康)하다. 그러나 財物이 不足하고 子孫을 해친다.

② 의 택지췌괘(澤地萃卦)에서는 命이 길고 벼슬을 하며 재물도 있다. 父母 兄弟 子孫이 모두 안강(安康)하여 幸福한 이름이 된다.

③ 의 화천대유괘(火天大有卦)에서는 命이 길고 벼슬을 하며 財物도 있다. 子孫은 성공하고 父母 兄弟는 安康하여 吉名 이 된다.

④ 의 뇌택귀매괘(雷澤歸妹卦)에서는 命이 길고 벼슬을 하고 財物도 있다. 父母 兄弟는 성공안강(成功安康)하다. 그러나 子孫의 근심이 있다.

⑤ 의 풍화가인괘(風火家人卦)에서는 命이 길고 財物은 있으며 父母 兄弟 子孫이 모두 안강(安康)하여 平吉한 이름이 된다.

⑥ 의 수뢰둔괘(水雷屯卦)에서는 世寅이 空亡이고 劫殺이므로 事故가 나고 短命한다. 子孫을 해치고 財物이 없어 파란이 많은 이름이 된다.

⑦ 의 산풍고괘(山風蠱卦)에서는 命이 길고 벼슬을 하며 財物도 있다. 父母는 장수안강(長壽安康)하다. 그러나 子孫과 兄弟를 해치는 이름이 된다.

⑧ 의 지수사괘(地水師卦)에서는 命이 길고 財物은 있으며 벼슬도 한다. 父母 兄弟는 안강(安康)하다. 그러나 子孫을 조금 해친다.

丙午日生

① 의 천산돈괘(天山遯卦)에서는 世午가 양인(羊刃)이므로 事故가 나서 몸을 다쳐 手術을 하고 短命한다. 벼슬을 깎고 財物이 없어 파란이 많다. 子孫도 해치고 심장이 나빠지는 흉명(凶名)이 된다.

② 의 택지췌괘(澤地萃卦)에서는 命이 길고 벼슬은 높고 財物도 있다. 父母 兄弟 子孫이 모두 성공하는 행복한 이름이 된다.

③ 의 화천대유괘(火天大有卦)에서는 命이 길고 벼슬은 높고 재물도 있다. 父母 兄弟 子孫이 모두 성공하여 幸福해지는 이름이 된다.

④의 뇌택귀매괘(雷澤歸妹卦)에서는 命이 길고 벼슬도 조금 있다. 그러나 財物을 傷하고 子孫을 해치는 이름이 된다.

⑤의 풍화가인괘(風火家人卦)에서는 命이 길고 財物은 있으며 父母와 子孫은 성공한다. 그러나 兄弟를 해친다.

⑥의 수뢰둔괘(水雷屯卦)에서는 世寅이 空亡이 되므로 事故가 나고 短命한다. 財物이 없고 子孫을 해치며 코가 나빠지는 凶名이 된다.

⑦의 산풍고괘(山風蠱卦)에서는 命이 길고 벼슬을 하며 재물도 있다. 그러나 子孫과 兄弟를 해친다.

⑧의 지수사괘(地水師卦)에서는 世午가 양인(羊刃)이므로 事故가 나고 短命한다. 財物을 상하고 심장과 코가 나빠진다. 허리를 다치며 양기(陽氣)를 죽이고 子孫도 해치는 흉명(凶名)이 된다.

丁未日生

①의 천산돈괘(天山遯卦)에서는 命이 길고 벼슬을 하며 부모는 안강(安康)하다. 그러나 財物이 없고 子孫과 兄弟를 해치고 파란이 많은 이름이 된다.

②의 택지췌괘(澤地萃卦)에서는 命이 길고 벼슬을 하며 財物도 있다. 父母 兄弟 子孫이 모두 成功하는 幸福한 이름이 된다.

③의 화천대유괘(火天大有卦)에서는 命이 길고 벼슬을 하며 재물도 있다. 兄弟는 성공하고 부모와 子孫은 안강(安康)하여 幸福한 이름이 된다.

④의 뇌택귀매괘(雷澤歸妹卦)에서는 命이 길고 벼슬을 한다. 재물도 조금 있다. 그러나 子孫과 兄弟를 헤치는 이름이 된다.

⑤의 풍화가인괘(風火家人卦)에서는 命이 길고 財物은 있다. 父母와 子孫이 성공하는 平吉한 이름이 된다.

⑥의 수뢰둔괘(水雷屯卦)에서는 世寅이 空亡이 되므로 事故가 나고 短命한다. 財物이 없고 子孫을 해치며 코(鼻)가 나빠지는 등 파란이 많은 흉명(凶名)이다.

⑦의 산풍고괘(山風蠱卦)에서는 命이 길고 벼슬을 하며 財物도 있

다. 父母는 장수안강(長壽安康)하다. 그러나 子孫과 兄弟를 해친다.
⑧의 지수사괘(地水師卦)에서는 命이 길고 財物은 있으며 벼슬도 한다. 父母 兄弟는 成功한다. 子孫도 안강(安康)한 평길(平吉)의 이름이 된다.

戊申日生
①의 천산돈괘(天山遯卦)에서는 世午가 양인(羊刃)이므로 事故가 나고 短命한다. 財物이 없고 벼슬을 깎는다. 子孫의 근심이 있는 등 파란이 많은 凶名이다.
②의 택지췌괘(澤地萃卦)에서는 世巳가 劫殺이므로 事故가 나서 몸을 다친다. 벼슬을 깎고 財物을 상하여 파란이 있다.
③의 화천대유괘(火天大有卦)에서는 命이 길고 벼슬을 하며 財物도 있다. 父母 兄弟 子孫이 안강(安康)하여 平吉한 이름이 된다.
④의 뇌택귀매괘(雷澤歸妹卦)에서는 命이 길고 父母와 兄弟는 안강(安康)하다. 그러나 벼슬을 깎고 재물을 상하고 子孫을 해쳐 파란이 많은 이름이 된다.
⑤의 풍화가인괘(風火家人卦)에서는 命이 길고 財物은 많다. 父母와 子孫은 安康하다. 그러나 兄弟를 해친다.
⑥의 수뢰둔괘(水雷屯卦)에서는 世寅이 空亡이므로 事故가 나고 短命한다. 財物이 없고 子孫을 해치며 코가 나빠지는 흉명(凶名)이 된다.
⑦의 산풍고괘(山風蠱卦)에서는 命이 길고 벼슬을 하며 財物도 있다. 子孫과 兄弟를 해친다.
⑧의 지수사괘(地水師卦)에서는 世午가 양인(羊刃)이므로 事故가 나고 短命한다. 財物을 상하고 자손을 해친다. 심장이 나빠지고 양기(陽氣)를 죽이고 허리를 다치는 흉명(凶名)이 된다.

己酉日生
①의 천산돈괘(天山遯卦)에서는 命이 길고 벼슬을 한다. 父母 兄

弟는 안강(安康)하다. 그러나 財物이 없고 子孫을 해친다.

②의 택지췌괘(澤地萃卦)에서는 命이 길고 벼슬을 하고 재물도 있다. 父母 兄弟 子孫이 모두 안강(安康)하여 幸福한 이름이 된다.

③의 화천대유괘(火天大有卦)에서는 命이 길고 벼슬을 하며 財物도 있다. 子孫은 成功하고 父母 兄弟는 안강(安康)하여 平吉한 이름이 된다.

④의 뇌택귀매괘(雷澤歸妹卦)에서는 命은 보통이고 벼슬을 한다. 財物도 조금 있다. 兄弟는 성공하고 父母는 安康하다. 그러나 子孫을 해친다.

⑤의 풍화가인괘(風火家人卦)에서는 命이 길고 財物은 있으며 父母와 子孫은 안강(安康)하다. 그러나 兄弟를 해친다.

⑥의 수뢰둔괘(水雷屯卦)에서는 世寅이 空亡이고 劫殺이므로 事故가 나고 短命한다. 財物이 없고 子孫을 해친다. 코가 나빠지고 신경도 약해지는 등 파란이 많은 흉명(凶名)이 된다.

⑦의 산풍고괘(山風蠱卦)에서는 命이 길고 벼슬을 하며 財物도 있다. 父母는 장수안강(長壽安康)하다. 그러나 子孫과 兄弟를 해친다.

⑧의 지수사괘(地水師卦)에서는 命이 길고 財物은 있으며 벼슬도 한다. 父母 兄弟는 안강(安康)하다. 그러나 子孫을 해친다.

庚戌日生

①의 천산돈괘(天山遯卦)에서는 命은 보통이고 벼슬은 조금 한다. 父母 兄弟는 안강(安康)하다. 그러나 財物이 없고 子孫을 해친다.

②의 택지췌괘(澤地萃卦)에서는 命이 길고 벼슬을 하고 부모는 장수안강(長壽安康)하다. 그러나 財物을 조금 상하고 子孫과 兄弟를 해친다.

③의 화천대유괘(火天大有卦)에서는 命은 보통이고 벼슬을 한다. 父母와 子孫은 안강(安康)하다. 그러나 兄弟를 해치고 財物을 상하고 몸을 가끔 다친다.

④의 뇌택귀매괘(雷澤歸妹卦)에서는 命이 길고 벼슬을 하며 父

母 兄弟는 成功한다. 그러나 財物을 깎고 子孫을 해친다.
　⑤의 풍화가인괘(風火家人卦)에서는 命이 길고 財物은 많으며 子孫은 안강(安康)하다. 그러나 父母와 兄弟를 해친다.
　⑥의 수뢰둔괘(水雷屯卦)에서는 世寅이 空亡이므로 事故가 나고 短命한다. 財物이 없고 子孫을 해치며 코가 나빠지는 등 파란이 많은 흉명(凶名)이다.
　⑦의 산풍고괘(山風蠱卦)에서는 世酉가 양인(羊刃)이므로 事故가 나고 短命한다. 벼슬을 깎고 부모와 子孫을 해친다. 肺가 나빠지고 허리를 다치는 흉명(凶名)이 된다.
　⑧의 지수사괘(地水師卦)에서는 命이 길고 財物은 있으며 벼슬도 한다. 그러나 父母 兄弟 子孫을 모두 해치는 이름이 된다.

辛亥日生
　①의 천산돈괘(天山遯卦)에서는 命이 길고 벼슬은 한다. 그러나 財物이 없고 子孫과 兄弟를 해친다.
　②의 택지췌괘(澤地萃卦)에서는 命이 길고 벼슬을 하며 財物도 있다. 父母 兄弟 子孫이 安康하여 平吉한 이름이 된다.
　③의 화천대유괘(火天大有卦)에서는 命은 보통이고 벼슬을 하고 兄弟는 成功한다. 父母와 子孫은 안강(安康)하다. 그러나 財物을 조금 상하고 몸을 가끔 다치는 이름이 된다.
　④의 뇌택귀매괘(雷澤歸妹卦)에서는 命은 보통이고 벼슬을 한다. 그러나 財物을 조금 상하고 子孫과 兄弟를 해친다.
　⑤의 풍화가인괘(風火家人卦)에서는 命은 보통이고 財物은 조금 있다. 父母와 子孫은 安康하나 兄弟를 해친다.
　⑥의 수뢰둔괘(水雷屯卦)에서는 世寅이 空亡이므로 事故가 나고 短命한다. 財物이 없고 子孫과 兄弟를 해친다. 코가 나빠지고 파란이 많은 흉명(凶名)이 된다.
　⑦의 산풍고괘(山風蠱卦)에서는 命이 길고 벼슬을 하며 財物도 있다. 그러나 子孫과 兄弟를 해친다.

⑧ 의 지수사괘(地水師卦)에서는 命이 길고 財物은 있으며 벼슬도 한다. 父母 兄弟 子孫이 모두 안강(安康)하여 平吉한 이름이 된다.

壬子日生

① 의 천산돈괘(天山遯卦)에서는 命이 길고 벼슬을 하며 부모 형제는 안강(安康)하다. 그러나 財物이 없고 子孫을 해친다.

② 의 택지췌괘(澤地萃卦)에서는 世巳가 劫殺이므로 事故가 나서 몸을 다칠 수 있다. 벼슬을 깎아 파란이 조금 있다.

③ 의 화천대유괘(火天大有卦)에서는 命이 길고 벼슬을 하며 財物도 있다. 父母 兄弟 子孫이 모두 安康하여 平吉한 이름이 된다.

④ 의 뇌택귀매괘(雷澤歸妹卦)에서는 命은 보통이고 벼슬은 한다. 父母 兄弟는 안강(安康)하다. 그러나 財物을 상하고 子孫을 해친다.

⑤ 의 풍화가인괘(風火家人卦)에서는 命이 길고 財物은 있으며 父母 兄弟 子孫은 성공하여 平吉한 이름이 된다.

⑥ 의 수뢰둔괘(水雷屯卦)에서는 世寅이 空亡이므로 事故가 나고 短命한다. 財物이 없고 子孫과 兄弟를 해치며 파란이 많은 凶名이 된다.

⑦ 의 산풍고괘(山風蠱卦)에서는 命은 보통이고 벼슬을 하며 財物도 있다. 그러나 아버지와 兄弟 子孫을 해친다.

⑧ 의 지수사괘(地水師卦)에서는 命이 길고 財物은 있으며 벼슬도 한다. 父母 兄弟 子孫이 모두 성공안강(成功安康)하여 平吉한 이름이 된다.

癸丑日生

① 의 천산돈괘(天山遯卦)에서는 命이 길고 벼슬을 하며 父母 兄弟도 안강(安康)하다. 그러나 財物이 없고 子孫의 근심이 있다.

② 의 택지췌괘(澤地萃卦)에서는 命이 길고 벼슬도 높다. 부모 형제 자손이 모두 安康하는 등 행복한 이름이 된다.

③ 의 화천대유괘(火天大有卦)에서는 命이 길고 벼슬은 높으며 子

孫은 成功한다. 부모 형제는 안강(安康)하여 幸福한 이름이 된다.
　④의 뇌택귀매괘(雷澤歸妹卦)에서는 命은 보통이고 벼슬을 한다. 그러나 財物을 상하고 子孫을 해치며 몸을 가끔 다칠 염려가 있다.
　⑤의 풍화가인괘(風火家人卦)에서는 命은 보통이고 財物이 있다. 父母와 子孫은 성공안강(成功安康)하다. 그러나 兄弟를 해친다.
　⑥의 수뢰둔괘(水雷屯卦)에서는 世寅이 劫殺이므로 事故가 나고 短命한다. 財物이 없고 子孫을 해치며 코가 나빠지는 흉명(凶名)이 된다.
　⑦의 산풍고괘(山風蠱卦)에서는 命은 보통이고 벼슬과 財物이 조금 있다. 父母는 장수강녕(長壽康寧)한다. 그러나 子孫과 兄弟를 해친다.
　⑧의 지수사괘(地水師卦)에서는 命은 길고 財物은 있으며 벼슬도 한다. 父母 兄弟는 安康하다. 그러나 子孫을 해친다.

甲寅日生
　①의 천산돈괘(天山遯卦)에서는 命이 길고 벼슬을 하며 人德도 있다. 그러나 財物과 子孫으로 파란이 있는 이름이 된다.
　②의 택지췌괘(澤地萃卦)에서는 命이 길고 벼슬을 하며 父母德과 人德이 있다. 그러나 財物과 子孫을 조금 해친다.
　③의 화천대유괘(火天大有卦)에서는 命이 길고 財物은 많으며 벼슬도 한다. 父母德·人德이 있다. 그러나 子孫을 조금 해친다.
　④의 뇌택귀매괘(雷澤歸妹卦)에서는 世丑이 空亡이 되므로 短命한다. 財物도 해치고 이와 肝도 나쁘게 만든다.
　⑤의 풍화가인괘(風火家人卦)에서는 世丑이 空亡이므로 短命한다. 財物이 상하며 눈도 나빠진다. 父母德이 없고 방광(膀胱)이 나빠지며 허리도 다치는 이름이 된다.
　⑥의 수뢰둔괘(水雷屯卦)에서는 命이 길고 子孫은 성공하며 벼슬도 한다. 그러나 兄弟를 害하고 신장(腎臟)을 해친다. 財物이 없어 파란이 많은 이름이 된다.
　⑦의 산풍고괘(山風蠱卦)에서는 命이 길고 벼슬을 하며 財物도 있

다. 그러나 子孫 등으로 파란이 있고 父母運을 害친다.
　⑧의 지수사괘(地水師卦)에서는 命이 길고 財物은 있으며 벼슬도 한다. 子孫은 성공하며 人德도 있다.

乙卯日生
　①의 천산돈괘(天山遯卦)에서는 命이 길고 벼슬은 작은 걸 한다. 그러나 財物이 없고 子孫을 해치는 흉명(凶名)이 된다.
　②의 택지췌괘(澤地萃卦)에서는 命이 길고 財物은 많으며 벼슬도 하며 健康하다. 父母 兄弟 子孫이 모두 안강(安康)하고 幸福한 길명(吉名)이 된다.
　③의 화천대유괘(火天大有卦)에서는 命이 길고 財物은 있으며 벼슬도 한다. 父母 兄弟 子孫이 모두 안강(安康)한 吉名이 된다.
　④의 뇌택귀매괘(雷澤歸妹卦)에서는 世丑이 空亡이므로 事故가 나고 短命한다. 어머니와 兄弟 子孫을 害친다. 이와 방광(膀胱)이 나빠지고 허리를 다치는 흉명(凶名)이 된다.
　⑤의 풍화가인괘(風火家人卦)에서는 世丑이 空亡이 되므로 事故가 나고 短命한다. 財物을 傷하고 눈이 나빠지며 방광(膀胱)이 약해지는 흉명(凶名)이 된다.
　⑥의 수뢰둔괘(水雷屯卦)에서는 命이 길고 벼슬은 작은 대로 한다. 그러나 財物이 없고 부모 형제를 해치는 좋지않은 이름이 된다.
　⑦의 산풍고괘(山風蠱卦)에서는 命이 길고 財物과 벼슬은 조금씩 있다. 그러나 아버지와 子孫을 害치는 이름이 된다.
　⑧의 지수사괘(地水師卦)에서는 命이 길고 財物은 있으며 벼슬도 한다. 父母 兄弟 子孫이 모두 안강(安康)하여 平吉한 이름이 된다.

丙辰日生
　①의 천산돈괘(天山遯卦)에서는 命이 길고 벼슬은 약간 있다. 그러나 財物이 없고 子孫을 해쳐 波乱이 있는 이름이 된다.
　②의 택지췌괘(澤地萃卦)에서는 命이 길고 재물은 많으며 벼슬도

높다. 子孫과 兄弟도 성공하며 父母도 안강(安康)하여 행복한 이름이다. 그러나 몸을 크게 다칠 수 있으므로 交通 등에 주의해야 한다.

③의 화천대유괘(火天大有卦)에서는 命이 길고 財物도 많으며 벼슬도 한다. 父母 兄弟도 성공하는 길명(吉名)이 된다.

④의 뇌택귀매괘(雷澤歸妹卦)에서는 世丑이 空亡이므로 事故가 나고 短命한다. 父母와 子孫을 害친다. 이가 나빠지고 방광(膀胱)이 약해지며 허리를 다치는 흉명(凶名)이 된다.

⑤의 풍화가인괘(風火家人卦)에서는 世丑이 空亡이 되므로 事故가 나고 短命한다. 눈이 나빠지고 방광(膀胱)이 약해지는 나쁜 이름이 된다.

⑥의 수뢰둔괘(水雷屯卦)에서는 벼슬은 조금 있으나 財物이 없다. 兄弟와 子孫을 害치며 몸을 조금 다칠 수 있는 흉명(凶名)이다.

⑦의 산풍고괘(山風蠱卦)에서는 命이 길고 벼슬을 하며 財物도 조금 있다. 그러나 아버지와 子孫을 害치는 이름이 된다.

⑧의 지수사괘(地水師卦)에서는 世午가 양인(陽刃)이므로 몸을 다쳐 수술을 해야 한다. 財物을 傷하고 심장이 약해진다. 또한 귀가 나빠지며 양기(陽氣)를 죽이는 흉명(凶名)이 된다.

丁巳日生

①의 천산돈괘(天山遯卦)에서는 命이 길고 벼슬을 한다. 부모 형제는 안강(安康)하다. 그러나 財物이 없고 子孫으로 波乱이 있다.

②의 택지췌괘(澤地萃卦)에서는 命이 길고 벼슬은 높으며 재물도 많다. 子孫과 兄弟도 成功하며 父母도 안강(安康)하여 행복하고 건강한 좋은 이름이 된다.

③의 화천대유괘(火天大有卦)에서는 命이 길고 벼슬을 하며 財物도 있다. 兄弟는 성공하고 父母는 안강(安康)하다. 그러나 子孫을 조금 해친다.

④의 뇌택귀매괘(雷澤歸妹卦)에서는 世丑이 空亡이 되므로 事故가 나고 短命한다. 父母와 子孫을 害친다. 이가 나빠지고 방광(膀胱)이

약해지며 허리도 다치는 등 凶名이 된다.

　⑤의 풍화가인괘(風火家人卦)에서는 世丑이 空亡이 되므로 事故가 나고 短命한다. 財物을 傷하고 눈이 나빠지며 방광(膀胱)이 약해지는 등 흉명(凶名)이 된다.

　⑥의 수뢰둔괘(水雷屯卦)에서는 世寅이 劫殺이 되므로 事故가 나고 短命한다. 財物이 없다. 子孫과 兄弟를 해친다. 코가 나빠지고 신경(神經)도 약해지는 흉명(凶名)이 된다.

　⑦의 산풍고괘(山風蠱卦)에서는 命이 길고 벼슬을 하며 財物도 조금 있다. 그러나 父母 兄弟 子孫을 모두 해치는 이름이 된다.

　⑧의 지수사괘(地水師卦)에서는 命이 길고 財物은 있으며 벼슬도 한다. 父母 兄弟도 성공한다. 그러나 子孫을 조금 害친다.

戊午日生

　①의 천산돈괘(天山遯卦)에서는 世午가 양인(陽刃)이므로 事故가 나고 몸을 다치며 手術을 해야 한다. 벼슬을 깎아 직업이 不安하다. 財物이 없고 子孫으로 파란이 있는 凶名이 된다.

　②의 택지췌괘(澤地萃卦)에서는 命이 길고 벼슬은 높으며 재물도 많다. 父母는 성공강녕(成功康寧)하고 兄弟와 子孫도 安康한 길명(吉名)이 된다.

　③의 화천대유괘(火天大有卦)에서는 命이 길고 벼슬은 높으며 財物도 있다. 父母는 성공강녕(成功康寧)하며 兄弟와 子孫도 安康한 吉名이 된다.

　④의 뇌택귀매괘(雷澤歸妹卦)에서는 世丑이 空亡이므로 事故가 나서 短命한다. 父母와 子孫도 해친다. 이가 나빠지고 방광과 허리도 약해지는 흉명(凶名)이 된다.

　⑤의 풍화가인괘(風火家人卦)에서는 世丑이 空亡이므로 事故가 나고 短命한다. 財物을 傷하고 눈이 나빠지고 방광이 약해지고 父母도 해치는 흉명(凶名)이 된다.

　⑥의 수뢰둔괘(水雷屯卦)에서는 命은 보통이고 벼슬도 한다. 그러

나 兄弟와 父母를 해치고 재물로 波乱이 있는 좋지못한 이름이 된다.
⑦의 산풍고괘(山風蠱卦)에서는 命이 길고 벼슬도 하며 財物도 있다. 本人은 좋으나 子孫과 父母를 害치는 이름이 된다.
⑧의 지수사괘(地水師卦)에서는 世午가 양인(羊刃)이 되므로 몸을 다쳐 手術을 해야 하고 短命한다. 財物을 깎고 형제를 害친다. 심장이 나빠지고 허리를 다치며 양기(陽氣)를 죽이는 흉명(兇名)이 된다.

己未日生

①의 천산돈괘(天山遯卦)에서는 命이 길고 벼슬을 하며 父母 兄弟는 安康하다. 그러나 子孫을 害치고 財物이 없어 波乱이 있는 이름이 된다.
②의 택지췌괘(澤地萃卦)에서는 命이 길고 財物은 있으며 벼슬도 한다. 부모 형제 자손이 모두 안강(安康)하다. 그러나 몸을 조금 다칠 수 있다.
③의 화천대유괘(火天大有卦)에서는 命이 길고 財物이 있으며 벼슬도 한다. 父母 兄弟 子孫도 모두 안강(安康)하여 행복한 이름이 된다.
④의 뇌택귀매괘(雷澤歸妹卦)에서는 世丑이 空亡이므로 事故가 나고 短命한다. 父母와 兄弟를 害친다. 이가 나빠지고 방광과 허리가 약해진다.
⑤의 풍화가인괘(風火家人卦)에서는 世丑이 공망이 되므로 事故가 나고 短命한다. 財物을 傷하고 눈이 나빠지고 방광이 약해지는 兇名이 된다.
⑥의 수뢰둔괘(水雷屯卦)에서는 命은 보통이고 벼슬도 한다. 그러나 財物이 不足하다. 父母와 兄弟를 害치는 좋지못한 이름이 된다.
⑦의 산풍고괘(山風蠱卦)에서는 命이 길고 벼슬을 하며 財物도 있다. 그러나 子孫과 아버지를 害친다.
⑧의 지수사괘(地水師卦)에서는 命이 길고 재물이 있다. 부모 형제 자손이 안강(安康)하여 무난(無難)한 이름이 된다.

庚申日生

① 의 천산돈괘(天山遯卦)에서는 命은 보통이고 벼슬도 한다. 부모 형제는 안강(安康)하다. 그러나 財物이 없고 子孫을 害치는 이름이 된다.

② 의 택지췌괘(澤地萃卦)에서는 世巳가 劫殺이므로 事故가 나고 短命한다. 벼슬을 깎고 胃와 소장(小腸)이 나빠진다.

③ 의 화천대유괘(火天大有卦)에서는 命은 보통이고 財物이 있으며 벼슬도 한다. 父母는 안강(安康)하다. 그러나 兄弟와 子孫을 害치고 몸을 가끔 다칠 수 있다.

④ 의 뇌택귀매괘(雷澤歸妹卦)에서는 世丑이 空亡이므로 事故가 나고 短命한다. 子孫으로 波乱이 있는 흉명(兇名)이 된다.

⑤ 의 풍화가인괘(風火家人卦)에서는 世丑이 空亡이므로 事故가 나고 短命한다. 財物이 상한다. 눈이 나빠지고 방광이 약해지는 兇名이 된다.

⑥ 의 수뢰둔괘(水雷屯卦)에서는 命이 길고 父母와 子孫은 안강(安康)하며 벼슬도 한다. 그러나 財物이 없어 파란이 많다. 兄弟를 害치고 몸을 다칠 수 있는 이름이 된다.

⑦ 의 산풍고괘(山風蠱卦)에서는 世酉가 양인(陽刃)이 되므로 몸을 다치고 事故가 나서 手術을 해야 하며 短命한다. 벼슬을 깎아 직업이 不安하며 아버지와 子孫을 害치는 흉명(兇名)이 된다.

⑧ 의 지수사괘(地水師卦)에서는 命이 길고 財物이 있으며 벼슬도 한다. 子孫과 兄弟도 安康하다. 그러나 父母를 害친다.

辛酉日生

① 의 천산돈괘(天山遯卦)에서는 命이 길고 벼슬을 하나 財物이 없다. 子孫으로 波乱이 있다.

② 의 택지췌괘(澤地萃卦)에서는 命이 길고 재물은 많으며 벼슬도 한다. 兄弟가 성공하고 父母와 子孫도 안강(安康)하여 幸福하고 건강한 길명(吉名)이 된다.

③의 화천대유괘(火天大有卦)에서는 命은 보통이고 벼슬을 하며 財物도 있다. 兄弟는 성공하고 父母와 子孫도 安康하다. 그러나 몸을 가끔 다칠 수 있다.

④의 뇌택귀매괘(雷澤歸妹卦)에서는 世丑이 空亡이므로 事故가 나고 短命한다. 父母를 해치며 子孫으로 파란이 있다. 이가 나빠지고 허리와 방광(膀胱)이 약해지는 흉명(兇名)이 된다.

⑤의 풍화가인괘(風火家人卦)에서는 世丑이 空亡이므로 事故가 나고 短命한다. 財物을 害친다. 눈이 나빠지고 방광이 약해지는 兇名이 된다.

⑥의 수뢰둔괘(水雷屯卦)에서는 世寅이 劫殺이 되므로 事故가 나고 短命한다. 子孫과 兄弟를 害치고 財物이 없어 파란이 많은 兇名이 된다.

⑦의 산풍고괘(山風蠱卦)에서는 命이 길고 벼슬은 한다. 그러나 財物을 傷하고 부모 형제 자손을 모두 害치는 좋지못한 이름이 된다.

⑧의 지수사괘(地水師卦)에서는 命이 길고 財物이 있으며 벼슬도 조금 있다. 父母는 강녕(康寧)하다. 그러나 子孫과 兄弟를 害친다.

壬戌日生

①의 천산돈괘(天山遯卦)에서는 命이 길고 벼슬을 한다. 그러나 財物이 없고 子孫도 해쳐 파란이 있는 좋지못한 이름이 된다.

②의 택지췌괘(澤地萃卦)에서는 命이 길고 벼슬은 높으며 재물도 많다. 父母 兄弟 子孫이 모두 안강성공(安康成功)하며 幸福한 吉名이 된다.

③의 화천대유괘(火天大有卦)에서는 命이 길고 벼슬이 높으며 財物도 많다. 父母 兄弟 子孫이 모두 안강(安康)하여 幸福한 길명(吉名)이 된다.

④의 뇌택귀매괘(雷澤歸妹卦)에서는 世丑이 空亡이 되므로 事故가 나고 短命한다. 父母와 兄弟 子孫을 해친다. 이가 나빠지고 방광과

허리가 약해지는 흉명(兇名)이 된다.

⑤의 풍화가인괘(風火家人卦)에서는 世丑이 空亡이 되므로 事故가 나고 短命한다. 財物을 상하며 눈이 나빠지고 방광이 약해지는 兇名이 된다.

⑥의 수뢰둔괘(水雷屯卦)에서는 命이 길고 벼슬을 하며 부모와 자손은 安康하다. 그러나 財物이 없고 兄弟를 害치는 좋지못한 이름이 된다.

⑦의 산풍고괘(山風蠱卦)에서는 命은 보통이고 벼슬과 財物은 조금씩 있다. 그러나 父母와 子孫을 害치는 이름이 된다.

⑧의 지수사괘(地水師卦)에서는 命이 길고 財物이 있으며 벼슬도 조금은 한다. 父母 兄弟 子孫이 안강(安康)하여 무난(無難)한 이름이 된다.

癸亥日生

①의 천산돈괘(天山遯卦)에서는 命이 길고 벼슬을 하며 父母는 安康하다. 그러나 財物이 없고 子孫과 兄弟를 害치는 이름이 된다.

②의 택지췌괘(澤地萃卦)에서는 命이 길고 벼슬도 크며 財物도 많다. 父母 兄弟 子孫이 모두 안강(安康)하여 幸福한 吉名이 된다.

③의 화천대유괘(火天大有卦)에서는 命이 길고 財物이 많으며 벼슬을 한다. 父母 兄弟 子孫이 모두 安康하여 행복한 吉名이 된다.

④의 뇌택귀매괘(雷澤歸妹卦)에서는 世丑이 空亡이 되므로 事故가 나고 短命한다. 父母와 子孫을 害친다. 이가 나빠지고 방광과 허리가 약해지는 흉명(兇命)이 된다.

⑤의 풍화가인괘(風火家人卦)에서는 世丑이 공망이므로 事故가 나고 短命한다. 財物이 傷한다. 눈이 나빠지고 방광이 약해지는 兇名이 된다.

⑥의 수뢰둔괘(水雷屯卦)에서는 命이 길고 벼슬을 하며 子孫은 성공한다. 그러나 財物이 없고 父母 兄弟를 害치는 좋지못한 이름이 된다.

⑦의 산풍고괘(山風蠱卦)에서는 命은 보통이고 벼슬과 財物도 조금 있다. 그러나 子孫으로 파란이 많은 이름이 된다.
⑧의 지수사괘(地水師卦)에서는 命이 길고 재물이 있으며 벼슬도 한다. 父母 兄弟 子孫이 모두 안강(安康)하여 平吉한 이름이 된다.

二劃數의 姓氏. 千氏
十一劃數의 姓氏. 張 崔 陳 梁氏 등
① 천수송(天水訟) ② 택산함(澤山咸) ③ 화지진(火地晋) ④ 뇌천대장(雷天大壯) ⑤ 풍택중부(風澤中孚) ⑥ 수화기제(水火旣濟) ⑦ 산뢰이(山雷頤) ⑧ 지풍승괘(地風升卦) 등이 있다.
③의 화지진괘(火地晋卦)와 ⑧의 지풍승괘(地風升卦)는 大吉하다. ④의 뇌천대장괘(雷天大壯卦)와 ⑥의 수화기제괘(水火旣濟卦)는 平吉하다. ①의 천수송(天水訟) ②의 택산함(澤山咸) ⑤의 풍택중부괘(風澤中孚卦) ⑦의 산뢰이괘(山雷頤卦)는 半凶半吉한 이름이 된다.

甲子日生
①의 천수송괘(天水訟卦)에서는 命이 길고 財物이 있으며 자손도 있다. 그러나 官이 빠져 약간의 파란이 있는 이름이 된다.
②의 택산함괘(澤山咸卦)에서는 命이 길고 벼슬을 하며 父母德·兄弟德이 있다. 그러나 子孫을 깎고 財物이 없어 파란이 있는 이름이다.
③의 화지진괘(火地晋卦)에서는 命도 길고 벼슬이 있으며 재물도 있어 成功한다. 그러나 子孫의 근심이 조금 있다.
④의 뇌천대장괘(雷天大壯卦)에서는 命이 길고 벼슬을 하며 財物도 있다. 子孫도 성공한다. 그러나 人德이 조금 부족한 이름이 된다.
⑤의 풍택중부괘(風澤中孚卦)에서는 命이 길고 兄弟德도 있다. 그러나 財物이 不足하고 벼슬도 깎았다. 父母德도 부족하고 子孫도 없는 이름이 된다.

⑥의 수화기제괘(水火既濟卦)에서는 世亥가 空亡이 되므로 短命한다. 子孫을 깎고 財物도 없어 波乱이 있다. 눈이 나빠지고 삼초(三焦)도 약하고 허리도 다치는 이름이 된다.

⑦의 산뢰이괘(山雷頤卦)에서는 世戌이 空亡이 되니 事故가 나고 短命한다. 財物을 傷하고 벼슬이 없어 직업이 不安하고 子孫으로 파란이 있다. 兄弟도 해치며 대장(大腸)이 나빠지는 흉명(兇名)이 된다.

⑧의 지풍승괘(地風升卦)에서는 命이 길고 財物도 많으며 벼슬도 하여 平吉한 이름이 된다.

乙丑日生

①의 천수송괘(天水訟卦)에서는 命이 길고 財物은 있다. 父母 兄弟 子孫은 모두 안강(安康)하다. 그러나 벼슬은 없다.

②의 택산함괘(澤山咸卦)에서는 命이 길고 벼슬을 하고 父母 兄弟는 안강(安康)하다. 그러나 財物이 不足하고 子孫을 害친다.

③의 화지진괘(火地晋卦)에서는 命이 길고 財物은 많으며 벼슬도 높다. 父母 兄弟 子孫이 모두 안강(安康)하여 행복한 길명(吉名)이 된다.

④의 뇌천대장괘(雷天大壯卦)에서는 命이 길고 財物은 많으며 벼슬도 한다. 子孫이 성공하며 부모 형제도 안강(安康)하여 행복한 길명(吉名)이 된다.

⑤의 풍택중부괘(風澤中孚卦)에서는 命이 길고 벼슬을 한다. 부모 형제는 안강(安康)하다. 그러나 財物이 없고 子孫을 害친다.

⑥의 수화기제괘(水火既濟卦)에서는 世亥가 空亡이므로 事故가 나고 短命한다. 財物이 없고 兄弟를 害친다. 눈이 나빠지고 삼초(三焦)가 약해지며 허리를 다치는 흉명(兇名)이 된다.

⑦의 산뢰이괘(山雷頤卦)에서는 世戌이 空亡되므로 事故가 나고 短命한다. 財物을 傷하고 兄弟와 子孫을 해친다. 벼슬이 없어 직업이 불안(不安)한 兇名이 된다.

⑧의 지풍승괘(地風升卦)에서는 命이 길고 財物은 많으며 벼슬도

한다. 안강(安康)하고 행복한 이름이다.

丙寅日生

① 의 천수송괘(天水訟卦)에서는 世午가 양인(羊刃)이므로 몸을 다쳐 手術을 해야 하고 파란이 많은 凶名이 된다.

② 의 택산함괘(澤山咸卦)에서는 몸을 다칠 수 있고 벼슬을 깎으며 財物도 傷하고 子孫도 해치는 凶名이 된다.

③ 의 화지진괘(火地晋卦)에서는 命이 길고 벼슬은 높으며 재물도 있다. 父母 兄弟도 安康하여 행복한 吉名이 된다.

④ 의 뇌천대장괘(雷天大壯卦)에서는 世午가 양인(羊刃)이 되므로 事故가 나고 手術을 해야 하고 短命한다. 父母를 害치고 심장이 나빠지는 凶名이 된다.

⑤ 의 풍택중부괘(風澤中孚卦)에서는 命이 길며 벼슬을 한다. 父母와 兄弟는 안강(安康)하다. 그러나 財物이 없고 子孫으로 파란이 있다.

⑥ 의 수화기제괘(水火旣濟卦)에서는 世亥가 空亡이요 劫殺까지 되므로 事故가 나고 短命한다. 財物도 害치는 凶名이 된다.

⑦ 의 산뢰이괘(山雷頤卦)에서는 世戌이 空亡이므로 事故가 나고 短命한다. 財物을 傷하고 벼슬이 없어 직업이 불안하다. 子孫으로도 파란이 있는 흉명(兇名)이 된다.

⑧ 의 지풍승괘(地風升卦)에서는 命이 길고 財物은 있으며 벼슬도 높으며 健康하고 행복한 길명(吉名)이 된다.

丁卯日生

① 의 천수송괘(天水訟卦)에서는 命이 길고 父母 兄弟 子孫은 모두 안강(安康)하다. 그러나 財物을 傷하고 벼슬이 없는 이름이 된다.

② 의 택산함괘(澤山咸卦)에서는 世申이 劫殺이 되므로 事故가 나고 短命한다. 財物이 없고 兄弟와 子孫을 害치는 흉명(兇名)이 된다.

③ 의 화지진괘(火地晋卦)에서는 命이 길고 財物은 있으며 벼슬도 한다. 兄弟는 成功하고 父母는 안녕(安寧)하여 행복한 이름이 된다.

④의 뇌천대장괘(雷天大壯卦)에서는 命이 길고 벼슬을 하며 財物도 있다. 父母 兄弟도 안강(安康)하여 平吉한 이름이 된다.
⑤의 풍택중부괘(風澤中孚卦)에서는 財物이 없고 子孫으로 파란이 많은 좋지않은 이름이 된다.
⑥의 수화기제괘(水火旣濟卦)에서는 世亥가 空亡이므로 事故가 나고 短命한다. 재물이 없고 父母 兄弟를 해치는 흉명(兇名)이 된다.
⑦의 산뢰이괘(山雷頤卦)에서는 世戌이 空亡이므로 事故가 나고 短命한다. 財物이 傷하고 벼슬이 없으니 직업이 不安하다. 그리고 子孫으로 파란이 있고 대장(大腸)이 나빠지는 흉명(兇名)이 된다.
⑧의 지풍승괘(地風升卦)에서는 命이 길고 벼슬은 높으며 재물도 있어 건강하고 행복한 이름이 된다.

戊辰日生

①의 천수송괘(天水訟卦)에서는 世午가 양인(羊刃)이므로 事故가 나고 短命한다. 학업중단의 우려도 있다. 兄弟를 해치고 심장이 나빠지는 흉명(兇名)이 된다.
②의 택산함괘(澤山咸卦)에서는 財物이 없고 벼슬을 깎고 자손도 해치는 좋지못한 이름이 된다.
③의 화지진괘(火地晋卦)에서는 命이 길고 財物은 있으며 벼슬도 한다. 兄弟와 父母도 강녕(康寧)하여 幸福한 길명(吉名)이 된다.
④의 뇌천대장괘(雷天大壯卦)에서는 世午가 양인(陽刃)이므로 事故가 나서 몸을 다쳐 手術을 해야하고 短命한다. 父母를 害치고 심장이 나빠지는 兇名이 된다.
⑤의 풍택중부괘(風澤中孚卦)에서는 命이 길고 벼슬을 하며 父母 兄弟도 안강(安康)하다. 그러나 財物이 없고 子孫으로 波乱이 많다.
⑥의 수화기제괘(水火旣濟卦)에서는 世亥가 空亡이므로 事故가 나고 短命한다. 財物이 없고 兄弟를 해친다. 눈이 나빠지고 삼초(三焦)가 허약해지며 허리도 다치게 되는 흉명(兇名)이 된다.
⑦의 산뢰이괘(山雷頤卦)에서는 世戌이 空亡이 되니 事故가 나고

短命한다. 財物이 傷하고 官이 없어 직업이 不安하다. 子孫도 害치며 胃와 大腸도 나쁘게 되는 凶名이 된다.

⑧의 지풍승괘(地風升卦)에서는 命이 길고 財物은 많고 벼슬도 하고 건강하여 행복해지는 吉名이 된다.

己巳日生

① 의 천수송괘(天水訟卦)에서는 命이 길고 財物은 있으며 자손과 형제는 성공한다. 그러나 父母를 해치고 벼슬이 없다.

② 의 택산함괘(澤山咸卦)에서는 命이 길고 벼슬을 한다. 부모와 형제도 안강(安康)하다. 그러나 子孫을 害치고 財物이 부족하다.

③ 의 화지진괘(火地晋卦)에서는 命이 길고 財物이 있으며 벼슬도 한다. 父母 兄弟도 안강(安康)하여 幸福하고 健康한 吉名이 된다.

④ 의 뇌천대장괘(雷天大壯卦)에서는 命이 길고 財物이 있으며 벼슬을 한다. 父母와 子孫 兄弟가 모두 성공하고 강녕(康寧)하여 행복하고 건강한 길명(吉名)이 된다.

⑤ 의 풍택중부괘(風澤中孚卦)에서는 財物이 없고 子孫으로 파란이 있어 좋지못한 이름이 된다.

⑥ 의 수화기제괘(水火旣濟卦)에서는 世亥가 空亡이 되므로 事故가 나고 短命한다. 財物이 없고 父母와 兄弟를 해치고 실패가 많은 凶名이 된다.

⑦ 의 산뢰이괘(山雷頤卦)에서는 世戌이 空亡이 되므로 事故가 나고 短命한다. 財物을 害치고 벼슬도 없으며 子孫을 해치는 등 실패가 많은 흉명(凶名)이 된다.

⑧ 의 지풍승괘(地風升卦)에서는 命이 길고 財物이 있으며 벼슬도 하며 건강하고 행복하여 성공하는 吉名이 된다.

庚午日生

① 의 천수송괘(天水訟卦)에서는 命이 길고 財物은 있으며 부모 형제 자손이 모두 안강(安康)하여 平吉한 이름이 된다.

②의 택산함괘(澤山咸卦)에서는 命이 길고 벼슬을 하며 부모는 안강(安康)하다. 그러나 財物이 부족하고 子孫을 해치는 이름이 된다.

③의 화지진괘(火地晋卦)에서는 世酉가 양인(羊刃)이므로 事故가 나고 몸을 다쳐 수술을 하고 短命하여 파란이 많은 이름이 된다.

④의 뇌천대장괘(雷天大壯卦)에서는 命이 길고 벼슬을 하며 財物도 있다. 子孫은 성공하고 父母와 兄弟도 안강(安康)하여 행복하고 평길한 이름이다.

⑤의 풍택중부괘(風澤中孚卦)에서는 命이 길고 벼슬을 하며 兄弟가 성공하며 父母는 강녕(康寧)하다. 그러나 재물이 부족하고 자손으로 파란이 있다.

⑥의 수화기제괘(水火旣濟卦)에서는 世亥가 空亡이 되므로 事故가 나고 短命한다. 財物이 없고 兄弟도 害친다. 눈이 나빠지고 三焦가 약해지며 허리를 다치고 실패가 많은 凶名이 된다.

⑦의 산뢰이괘(山雷頤卦)에서는 世戌이 空亡이므로 事故가 나고 短命한다. 財物이 傷하고 子孫을 害치며 失敗가 많은 凶名이 된다.

⑧의 지풍승괘(地風升卦)에서는 命이 길고 財物이 많으나 벼슬을 깎고 父母를 害치는 이름이 된다.

辛未日生

①의 천수송괘(天水訟卦)에서는 命이 길고 財物은 있으며 부모 형제 자손이 모두 성공한다. 그러나 벼슬은 없다.

②의 택산함괘(澤山咸卦)에서는 世申이 劫殺이므로 事故가 나고 短命한다. 財物이 없어 파란이 많고 失敗하는 凶名이 된다.

③의 화지진괘(火地晋卦)에서는 命이 길고 財物이 많으며 벼슬도 한다. 兄弟는 成功하며 父母도 강녕(康寧)하여 행복한 吉名이 된다.

④의 뇌천대장괘(雷天大壯卦)에서는 命이 길고 벼슬을 하며 財物도 있다. 父母 兄弟 子孫도 모두 成功하여 幸福한 吉名이 된다.

⑤의 풍택중부괘(風澤中孚卦)에서는 命이 길고 벼슬을 한다. 그러나 財物이 없고 子孫으로 파란이 많은 이름이 된다.

⑥의 수화기제괘(水火旣濟卦)에서는 世亥가 空亡이 되므로 事故가 나고 短命한다. 財物이 없고 실패가 많다. 눈이 나빠지고 三焦가 허약해지며 허리를 다친다. 父母와 兄弟도 害치는 凶名이 된다.

⑦의 산뢰이괘(山雷頤卦)에서는 世戌이 空亡이 되므로 事故가 나고 短命한다. 財物을 傷하고 직업이 불안하다. 子孫도 害치며 실패가 많은 흉명(凶名)이 된다.

⑧의 지풍승괘(地風升卦)에서는 命이 길고 財物이 있으며 벼슬도 높다. 건강하고 행복한 吉名이 된다.

壬申日生

①의 천수송괘(天水訟卦)에서는 命이 길고 재물도 있다. 부모와 형제 자손도 안강(安康)하다. 그러나 벼슬은 없는 이름이 된다.

②의 택산함괘(澤山咸卦)에서는 命은 보통이고 벼슬도 한다. 兄弟와 父母는 안강(安康)하다. 그러나 子孫을 害치고 財物이 不足하다.

③의 화지진괘(火地晋卦)에서는 命이 길고 財物이 많으며 벼슬도 높다. 父母 兄弟도 안강(安康)하여 성공하는 행복한 吉名이 된다.

④의 뇌천대장괘(雷天大壯卦)에서는 命이 길고 財物이 있으며 벼슬을 한다. 父母 兄弟 子孫이 모두 안강(安康)하여 평길(平吉)한 이름이 된다.

⑤의 풍택중부괘(風澤中孚卦)에서는 命이 길고 벼슬을 한다. 그러나 財物이 없고 子孫으로 파란이 있고 부모를 害친다.

⑥의 수화기제괘(水火旣濟卦)에서는 世亥가 空亡이 되므로 事故가 나고 短命한다. 財物이 없고 兄弟도 害치며 실패가 많다. 눈이 나빠지고 三焦가 약해지며 허리를 다치는 흉명(兇名)이 된다.

⑦의 산뢰이괘(山雷頤卦)에서는 世戌이 空亡이므로 事故가 나고 短命하며 실패가 많은 흉명(兇名)이 된다.

⑧의 지풍승괘(地風升卦)에서는 命이 길고 財物은 많으며 벼슬을 하고 성공하는 吉名이 된다.

癸酉日生

① 의 천수송괘(天水訟卦)에서는 命이 길고 財物이 있으며 자손과 형제는 安康하다. 그러나 官이 없고 父母를 害친다.

② 의 택산함괘(澤山咸卦)에서는 命은 보통이고 벼슬을 한다. 부모 형제 자손은·안강(安康)하나 財物이 없는 이름이 된다.

③ 의 화지진괘(火地晋卦)에서는 命이 길고 財物은 많으며 벼슬도 높다. 父母 兄弟도 안강(安康)하여 행복하고 건강한 吉名이 된다.

④ 의 뇌천대장괘(雷天大壯卦)에서는 命이 길고 財物은 있으며 벼슬도 하고 건강하다. 父母 兄弟 子孫이 모두 安康한 吉名이 된다.

⑤ 의 풍택중부괘(風澤中孚卦)에서는 命이 길고 벼슬을 한다. 父母 兄弟도 안강(安康)하다. 그러나 財物이 부족하고 子孫으로 파란이 있다.

⑥ 의 수화기제괘(水火旣濟卦)에서는 世亥가 空亡이 되므로 事故가 나고 短命한다. 실패가 많고 財物도 없다. 女兄弟를 害치고 눈이 나빠지고 삼초(三焦)가 약해지며 허리도 다치는 흉명(凶名)이 된다.

⑦ 의 산뢰이괘(山雷頤卦)에서는 世戌이 空亡이므로 事故가 나고 短命한다. 財物이 傷하고 실패가 많다. 子孫으로도 파란이 있고 대장(大腸)이 나빠지는 등 凶名이 된다.

⑧ 의 지풍승괘(地風升卦)에서는 命이 길고 財物이 있으며 벼슬도 하고 건강하고 행복하여 파란이 없는 吉名이 된다.

甲戌日生

① 의 천수송괘(天水訟卦)에서는 命이 길고 父母德이 있으며 子孫도 成功한다. 그러나 官이 없고 財物이 空亡되어 파란이 있는 이름이 된다.

② 의 택산함괘(澤山咸卦)에서는 世申이 空亡이 되어 短命한다. 兄弟德이 없으며 子孫을 害친다. 胃가 나빠지고 허리도 다치며 成功을 妨害하는 나쁜 이름이 된다.

③ 의 화지진괘(火地晋卦)에서는 世酉가 空亡이 되므로 短命한다. 兄弟를 害치고 子孫德도 부족하다. 눈(目)과 肺도 나빠진다.

④의 뇌천대장괘(雷天大壯卦)에서는 命이 길고 財物이 있으며 벼슬도 한다. 그러나 子孫을 조금 害친다.
⑤의 풍택중부괘(風澤中孚卦)에서는 命은 기나 벼슬을 害친다. 財物도 없고 子孫을 해쳐 파란이 많다. 肝도 나빠지는 이름이 된다.
⑥의 수화기제괘(水火旣濟卦)에서는 世亥가 劫殺이 되므로 短命하고 父母와 兄弟德이 없다. 눈과 삼초(三焦)와 胃가 나빠지며 허리도 다친다.
⑦의 산뢰이괘(山雷頤卦)에서는 命이 길고 財物이 있으며 부모와 형제덕도 있다. 그러나 벼슬은 없다.
⑧의 지풍승괘(地風升卦)에서는 命이 길고 財物도 있다. 그러나 官이 크지 못하고 父母의 運을 害치고 三焦와 肺·허리를 다친다.

乙亥日生
①의 천수송괘(天水訟卦)에서는 命이 길고 父母 兄弟 子孫은 안강하다. 그러나 벼슬이 없고 財物이 상하여 파란이 있다.
②의 택산함괘(澤山咸卦)에서는 世申이 空亡에 劫殺까지 겸하였으니 事故가 나고 短命한다. 兄弟를 害치고 재물이 없어·파란이 많다. 위와 肺가 나빠지고 허리도 다치는 흉명(凶名)이다.
③의 화지진괘(火地晋卦)에서는 世酉가 空亡이므로 事故가 나고 短命한다. 兄弟와 子孫을 해치며 눈과 肺가 나빠지는 이름이 된다.
④의 뇌천대장괘(雷天大壯卦)에서는 命이 길고 재물이 많으며 벼슬도 한다. 父母와 형제도 안강(安康)하여 幸福한 이름이 된다.
⑤의 풍택중부괘(風澤中孚卦)에서는 命이 길고 벼슬을 하며 부모 형제는 安康하다. 그러나 子孫을 해치고 재물이 부족하여 파란이 있는 이름이 된다.
⑥의 수화기제괘(水火旣濟卦)에서는 命은 보통이고 벼슬은 조금 있다. 그러나 父母를 해치고 재물이 없어 파란이 있는 이름이 된다.
⑦의 산뢰이괘(山雷頤卦)에서는 命이 길고 財物이 있으며 부모 형제는 성공한다. 그러나 子孫과 벼슬이 빠져있는 이름이 된다.

⑧ 의 지풍승괘(地風升卦)에서는 命이 길고 재물이 있으며 부모는 안강(安康)하다. 그러나 벼슬을 깎고 子孫의 근심이 있는 이름이 된다.

丙子日生

① 의 천수송괘(天水訟卦)에서는 世午가 양인(羊刃)이므로 事故가 나고 몸을 크게 다쳐 短命한다. 財物을 傷하고 벼슬을 깎으며 자손을 해친다. 심장과 신경이 약해지고 허리도 다치는 凶名이 된다.

② 의 택산함괘(澤山咸卦)에서는 世申이 空亡이 되므로 事故가 나고 短命한다. 兄弟를 해치고 벼슬을 깎는다. 財物이 不足하여 파란이 많은 凶名이 된다.

③ 의 화지진괘(火地晋卦)에서는 世酉가 空亡이므로 事故가 나고 短命한다. 兄弟를 해치고 자손의 근심이 있다. 눈과 肺가 나빠지는 흉명(凶名)이 된다.

④ 의 뇌천대장괘(雷天大壯卦)에서는 世午가 양인(羊刃)이므로 事故가 나서 몸을 다치고 短命한다. 父母와 兄弟를 해치고 심장과 위장이 나빠진다.

⑤ 의 풍택중부괘(風澤中孚卦)에서는 命이 길고 벼슬을 한다. 그러나 財物이 부족하고 자손의 근심이 있다.

⑥ 의 수화기제괘(水火旣濟卦)에서는 命이 길고 벼슬을 한다. 형제와 자손은 안강(安康)하다. 그러나 父母를 해치고 재물이 부족한 이름이 된다.

⑦ 의 산뢰이괘(山雷頤卦)에서는 命이 길고 재물이 있으며 건강하다. 그러나 子孫의 근심이 있다.

⑧ 의 지풍승괘(地風升卦)에서는 命이 길고 재물이 있으며 벼슬을 한다. 父母도 장수강녕(長壽康寧)하여 幸福한 이름이 된다.

丁丑日生

① 의 천수송괘(天水訟卦)에서는 命이 길고 財物이 있으며 父母 兄

弟 子孫은 안강(安康)하다. 그러나 벼슬이 없다.

　② 의 택산함괘(澤山咸卦)에서는 世申이 空亡이 되므로 事故가 나고 短命한다. 兄弟를 해치고 재물이 없어 파란이 많다. 위가 약해지고 허리도 다치는 凶名이 된다.

　③ 의 화지진괘(火地晋卦)에서는 世酉가 空亡이므로 事故가 나고 몸을 크게 다치며 형제를 해친다. 눈이 나빠지고 肺가 약해지는 이름이 된다.

　④ 의 뇌천대장괘(雷天大壯卦)에서는 命이 길고 財物이 있으며 父母 兄弟는 안강(安康)하다. 그러나 벼슬을 깎고 자손을 해친다.

　⑤ 의 풍택중부괘(風澤中孚卦)에서는 命은 보통이고 벼슬을 한다. 그러나 재물이 부족하고 子孫을 해치는 이름이 된다.

　⑥ 의 수화기제괘(水火旣濟卦)에서는 命이 길고 벼슬을 한다. 그러나 財物이 부족하고 父母를 해친다.

　⑦ 의 산뢰이괘(山雷頤卦)에서는 命이 길고 財物이 있으며 부모는 安康하다. 그러나 兄弟와 子孫을 해치고 벼슬이 없는 이름이 된다.

　⑧ 의 지풍승괘(地風升卦)에서는 命이 길고 財物이 있으며 벼슬을 한다. 父母도 장수강녕(長壽康寧)하여 幸福한 이름이 된다.

　戊寅日生
　① 의 천수송괘(天水訟卦)에서는 世午가 양인(羊刃)이므로 事故가 나서 몸을 크게 다치고 短命한다. 兄弟를 해치고 財物을 상하여 파란이 많다. 심장과 위가 나빠지는 흉명(凶名)이 된다.

　② 의 택산함괘(澤山咸卦)에서는 世申이 空亡이 되어 事故가 나고 短命한다. 兄弟와 子孫을 해치고 벼슬을 깎으며 財物이 없어 파란이 많은 凶名이 된다.

　③ 의 화지진괘(火地晋卦)에서는 世酉가 空亡이므로 事故가 나고 短命한다. 兄弟를 해치고 눈과 肺가 나빠지는 凶名이 된다.

　④ 의 뇌천대장괘(雷天大壯卦)에서는 世午가 양인(陽刃)이므로 事故가 나서 몸을 크게 다치고 短命한다. 父母와 子孫을 해치고 파란이

많은 흉명(凶名)이 된다.

⑤의 풍택중부괘(風澤中孚卦)에서는 命이 길고 벼슬을 하며 부모 형제가 성공한다. 그러나 財物이 부족하고 子孫의 근심이 있다.

⑥의 수화기제괘(水火旣濟卦)에서는 世亥가 劫殺이 되니 사고가 나고 短命한다. 父母와 兄弟를 해치고 재물이 없어 파란이 있는 凶名이 된다.

⑦의 산뢰이괘(山雷頤卦)에서는 命이 길고 財物은 있으며 건강하다. 父母 兄弟는 안강(安康)하다. 그러나 벼슬이 없고 子孫의 근심이 있다.

⑧의 지풍승괘(地風升卦)에서는 命이 길고 財物이 많다. 그러나 벼슬을 조금 깎고 父母를 해친다.

己卯日生

①의 천수송괘(天水訟卦)에서는 命이 길고 父母 兄弟 子孫은 모두 안강(安康)하다. 그러나 財物을 傷하고 벼슬을 깎는 이름이 된다.

②의 택산함괘(澤山咸卦)에서는 世申이 空亡이 되고 劫殺이므로 事故가 나고 短命한다. 兄弟를 해치고 재물로 파란이 많다. 胃가 나빠지고 허리도 다치는 흉명(凶名)이 된다.

③의 화지진괘(火地晋卦)에서는 世酉가 空亡이므로 事故가 나고 短命한다. 兄弟를 해치고 눈과 肺가 나빠지는 凶名이 된다.

④의 뇌천대장괘(雷天大壯卦)에서는 命이 길고 재물은 있으며 벼슬도 한다. 父母 兄弟 子孫이 모두 성공하고 안강(安康)하여 행복한 이름이 된다.

⑤의 풍택중부괘(風澤中孚卦)에서는 命은 보통이고 벼슬을 한다. 그러나 子孫의 근심이 있고 財物이 부족한 이름이 된다.

⑥의 수화기제괘(水火旣濟卦)에서는 命이 길고 벼슬을 한다. 그러나 父母를 해치고 財物이 부족하다.

⑦의 산뢰이괘(山雷頤卦)에서는 命이 길고 財物이 있으며 부모 형제는 安康하다. 그러나 벼슬을 깎고 子孫의 근심이 있다.

⑧의 지풍승괘(地風升卦)에서는 命이 길고 재물이 있으며 五福

을 갖춘 길명(吉名)이 된다.

庚辰日生

① 의 천수송괘(天水訟卦)에서는 命이 길고 재물은 있으며 부모 형제 자손이 모두 안강(安康)하여 平吉한 이름이 된다.

② 의 택산함괘(澤山咸卦)에서는 世申이 空亡이므로 事故가 나서 몸을 크게 다친다. 형제를 해친다. 財物이 不足하고 허리를 다칠 수 있다.

③ 의 화지진괘(火地晋卦)에서는 世酉가 空亡이고 양인(羊刃)이므로 事故가 나서 몸을 크게 다치고 短命한다. 兄弟를 해치고 벼슬을 깎는다. 눈과 肺가 나빠지는 흉명(凶名)이 된다.

④ 의 뇌천대장괘(雷天大壯卦)에서는 命이 길고 財物은 있으며 벼슬을 한다. 父母 兄弟 子孫이 모두 안강(安康)하여 吉한 이름이 된다.

⑤ 의 풍택중부괘(風澤中孚卦)에서는 命이 길고 벼슬을 한다. 그러나 재물이 부족하고 부모와 子孫을 해치는 이름이 된다.

⑥ 의 수화기제괘(水火旣濟卦)에서는 命이 길고 벼슬을 하며 부모 형제 자손이 모두 안강(安康)하다. 그러나 財物이 부족하다.

⑦ 의 산뢰이괘(山雷頤卦)에서는 命이 길고 財物이 있다. 그러나 子孫의 근심이 있다.

⑧ 의 지풍승괘(地風升卦)에서는 命이 길고 財物이 있으며 벼슬을 한다. 오복(五福)을 갖춘 平吉한 이름이다.

辛巳日生

① 의 천수송괘(天水訟卦)에서는 命이 길고 財物이 있으며 부모 형제 자손이 모두 성공하고 安康하여 平吉한 이름이 된다.

② 의 택산함괘(澤山咸卦)에서는 世申이 空亡이므로 事故가 나고 短命한다. 兄弟를 해치고 財物이 부족하다. 위와 허리가 나빠지는 凶名이다.

③ 의 화지진괘(火地晋卦)에서는 世酉가 空亡이므로 事故가 나서

몸을 크게 다친다. 형제를 해치고 눈과 肺가 나빠진다.

④의 뇌천대장괘(雷天大壯卦)에서는 命이 길고 財物이 있으며 벼슬을 한다. 부모 형제 자손이 모두 安康하여 平吉한 이름이 된다.

⑤의 풍택중부괘(風澤中孚卦)에서는 命이 길고 벼슬을 한다. 그러나 財物이 부족하고 자손의 근심이 있다.

⑥의 수화기제괘(水火旣濟卦)에서는 命이 길고 벼슬을 한다. 그러나 父母를 해치고 財物이 부족하다.

⑦의 산뢰이괘(山雷頤卦)에서는 命이 길고 財物이 많다. 그러나 벼슬이 없고 자손의 근심이 있다.

⑧의 지풍승괘(地風升卦)에서는 命이 길고 財物이 있으며 벼슬을 하며 오복(五福)을 갖춘 길명(吉名)이 된다.

壬午日生

①의 천수송괘(天水訟卦)에서는 命이 길고 財物이 있으며 부모 형제 자손이 安康하여 平吉한 이름이 된다.

②의 택산함괘(澤山咸卦)에서는 世申이 空亡이므로 事故가 나고 短命한다. 兄弟와 子孫을 해치고 재물이 부족한 이름이 된다.

③의 화지진괘(火地晋卦)에서는 世酉가 空亡이므로 事故가 나고 短命한다. 兄弟를 해치고 子孫의 근심이 있으며 눈과 肺가 나빠진다.

④의 뇌천대장괘(雷天大壯卦)에서는 命이 길고 벼슬을 하며 재물이 있다. 오복(五福)을 갖추어 행복한 이름이 된다.

⑤의 풍택중부괘(風澤中孚卦)에서는 命이 길고 벼슬을 하며 부모 형제도 安康하다. 그러나 財物이 부족하고 子孫의 근심이 있다.

⑥의 수화기제괘(水火旣濟卦)에서는 世亥가 劫殺이므로 事故가 나고 短命한다. 財物이 부족하고 父母와 兄弟를 해친다. 눈과 허리가 약해진다.

⑦의 산뢰이괘(山雷頤卦)에서는 命이 길고 財物은 있다. 그러나 父母와 子孫을 해친다.

⑧의 지풍승괘(地風升卦)에서는 命이 길며 財物은 많고 오복(五福)

을 갖춘 平吉한 이름이 된다.

癸未日生

①의 천수송괘(天水訟卦)에서는 命이 길고 父母 兄弟 子孫은 안강(安康)하다. 그러나 벼슬이 없고 財物을 傷하여 파란이 있는 이름이다.

②의 택산함괘(澤山咸卦)에서는 世申이 空亡이고 劫殺이 되어 事故가 나고 短命한다. 兄弟를 해치고 財物이 부족하여 파란이 많다. 위가 나빠지고 허리를 다치는 흉명(凶名)이 된다.

③의 화지진괘(火地晋卦)에서는 世酉가 空亡이므로 事故가 나고 短命한다. 兄弟와 子孫을 해치고 눈과 肺가 나빠진다.

④의 뇌천대장괘(雷天大壯卦)에서는 命이 길고 財物이 많으며 벼슬을 한다. 父母 兄弟 子孫이 모두 안강(安康)하여 행복한 이름이 된다.

⑤의 풍택중부괘(風澤中孚卦)에서는 命이 길고 벼슬을 한다. 그러나 財物이 不足하고 자손의 근심이 있다.

⑥의 수화기제괘(水火旣濟卦)에서는 命은 보통이고 벼슬을 한다. 그러나 재물이 不足하고 父母를 해치는 이름이 된다.

⑦의 산뢰이괘(山雷頤卦)에서는 命이 길고 재물이 있다. 그러나 벼슬이 없고 자손의 근심이 있다.

⑧의 지풍승괘(地風升卦)에서는 命이 길고 財物이 있으며 벼슬을 한다. 오복(五福)을 갖추어 건강하고 평안(平安)한 吉名이 된다.

甲申日生

①의 천수송괘(天水訟卦)에서는 世午가 空亡이 되므로 短命한다. 심장(心臟)이 나빠지고 허리도 다친다. 父母運도 害친다.

②의 택산함괘(澤山咸卦)에서는 命이 길고 父母 兄弟德과 인덕도 있다. 그러나 벼슬이 크지 못하고 財物로 波亂이 있는 이름이 된다.

③의 화지진괘(火地晋卦)에서는 命이 길고 父母 兄弟德도 있다. 그러나 벼슬을 깎고 財物을 조금 깎았다.

④의 뇌천대장괘(雷天大壯卦)에서는 世午가 空亡이 되므로 短命한다. 심장(心臟)이 나빠지고 父母運을 해치며 胃도 조금 약해진다.

⑤의 풍택중부괘(風澤中孚卦)에서는 世未가 空亡이 되니 단명(短命)한다. 父母運을 해치며 벼슬을 깎고 財物이 없어 파란이 많다. 肝도 나빠지고 소장(小腸)도 나빠진다.

⑥의 수화기제괘(水火旣濟卦)에서는 命이 길고 父母德과 형제덕도 있다. 그러나 財物이 없고 子孫을 害친다.

⑦의 산뢰이괘(山雷頤卦)에서는 命이 길고 財物과 父母德도 있다. 그러나 벼슬이 없고 兄弟를 해친다. 담이 조금 나빠진다.

⑧의 지풍승괘(地風升卦)에서는 命이 길고 財物이 있으며 벼슬도 한다. 父母德도 있는 건강한 이름이 된다.

乙酉日生

①의 천수송괘(天水訟卦)에서는 世午가 空亡이 되니 事故가 나고 短命한다. 父母와 兄弟를 害친다. 心臟・腦神經・코(鼻)・膽이 나빠지고 실패가 많고 파란이 많은 흉명(凶名)이 된다.

②의 택산함괘(澤山咸卦)에서는 命이 길고 父母 兄弟 子孫은 건강하다. 그러나 벼슬을 깎고 財物이 不足한 이름이 된다.

③의 화지진괘(火地晋卦)에서는 命이 길고 財物이 많으며 벼슬도 하는 등 건강하고 행복한 이름이 된다.

④의 뇌천대장괘(雷天大壯卦)에서는 世午가 空亡이 되므로 事故가 나고 短命한다. 벼슬을 깎고 父母를 해친다. 심장이 나빠지고 실패가 많은 凶名이 된다.

⑤의 풍택중부괘(風澤中孚卦)에서는 世未가 空亡이 되니 사고가 나고 短命한다. 財物이 없고 兄弟도 해치며 실패가 많아 凶名이 된다.

⑥의 수화기제괘(水火旣濟卦)에서는 財物이 없어 파란이 있다. 그리고 몸을 다칠 수 있는 좋지못한 이름이 된다.

⑦의 산뢰이괘(山雷頤卦)에서는 命이 길고 財物이 있으며 건강하다. 父母도 강녕(康寧)하다. 그러나 子孫으로 波乱이 있다.

⑧의 지풍승괘(地風升卦)에서는 命이 길고 財物이 많으며 벼슬을 하며 健康하고 행복한 이름이 된다.

丙戌日生

①의 천수송괘(天水訟卦)에서는 世午가 空亡이니 事故가 나고 短命한다. 兄弟를 해친다. 심장이 나빠지고 신경이 약해지며 실패가 많아 흉명(凶名)이 된다.

②의 택산함괘(澤山咸卦)에서는 父母 兄弟 子孫은 모두 健康하다. 그러나 財物이 없고 벼슬을 깎아 파란이 있는 이름이 된다.

③의 화지진괘(火地晋卦)에서는 命이 길고 벼슬은 높으며 재물도 있으며 건강하다. 그리고 형제가 성공하는 행복한 이름이 된다.

④의 뇌천대장괘(雷天大壯卦)에서는 世午가 空亡이고 양인(羊刃)까지 되므로 事故가 나고 短命한다. 부모를 해친다. 심장이 나빠지며 실패가 많은 흉명(凶名)이 된다.

⑤의 풍택중부괘(風澤中孚卦)에서는 世未가 空亡이니 事故가 나고 短命한다. 兄弟와 子孫을 해친다. 財物이 없으며 실패가 많다. 비장이 나빠지는 등 흉명(凶名)이 된다.

⑥의 수화기제괘(水火旣濟卦)에서는 世亥가 劫殺이 되므로 사고가 나고 短命한다. 財物이 없으며 兄弟를 害친다. 눈이 나빠지고 三焦가 허약해지고 허리도 다치며 실패가 많은 凶名이 된다.

⑦의 산뢰이괘(山雷頤卦)에서는 命이 길고 財物이 있으며 부모 형제는 안강(安康)하다. 그러나 子孫으로 파란이 있다.

⑧의 지풍승괘(地風升卦)에서는 命이 길고 벼슬은 높으며 재물도 있는 건강하고 파란이 없는 행복한 이름이 된다.

丁亥日生

①의 천수송괘(天水訟卦)에서는 世午가 空亡이 되니 事故가 나고 短命한다. 벼슬이 없고 財物을 傷하며 兄弟를 害친다. 심장이 나빠지고 신경이 쇠약해지며 실패하고 파란이 많은 흉명(凶名)이 된다.

②의 택산함괘(澤山咸卦)에서는 世申이 劫殺이 되니 事故가 나고 短命한다. 財物이 없고 형제를 해친다. 胃가 나빠지고 허리를 다치며 실패가 많고 파란이 많은 凶名이 된다.

③의 화지진괘(火地晉卦)에서는 命이 길고 財物이 있으며 벼슬을 한다. 형제도 성공하고 인덕이 있는 행복하고 건강한 吉名이 된다.

④의 뇌천대장괘(雷天大壯卦)에서는 世午가 空亡이므로 사고가 나고 短命한다. 父母와 子孫을 害친다. 심장이 나빠지고 실패하고 파란이 많은 흉명(凶名)이 된다.

⑤의 풍택중부괘(風澤中孚卦)에서는 世未가 空亡이니 事故가 나고 短命한다. 財物이 없고 兄弟도 해친다. 子孫으로도 파란이 있고 실패하고 파란이 많은 凶名이 된다.

⑥의 수화기제괘(水火旣濟卦)에서는 命이 길고 벼슬을 하며 子孫과 兄弟가 安康하다. 그러나 父母를 害치고 財物이 없어 파란이 있다.

⑦의 산뢰이괘(山雷頤卦)에서는 命이 길고 財物이 있으며 부모 형제는 안강(安康)하다. 그러나 子孫으로 파란이 있다.

⑧의 지풍승괘(地風升卦)에서는 命이 길고 벼슬은 높으며 재물이 있다. 父母도 성공하는 등 행복하고 건강한 길명(吉名)이 된다.

戊子日生

①의 천수송괘(天水訟卦)에서는 世午가 空亡이 되고 양인(羊刃)까지 되니 事故가 나고 短命한다. 兄弟를 해친다. 심장이 나빠지고 신경이 쇠약하며 실패가 많은 흉명(凶名)이 된다.

②의 택산함괘(澤山咸卦)에서는 命이 길고 父母 兄弟 子孫이 모두 안강(安康)하다. 그러나 벼슬을 깎고 財物이 없어 파란이 있는 이름이 된다.

③의 화지진괘(火地晉卦)에서는 命이 길고 재물이 있으며 건강하다. 그러나 벼슬과 子孫을 害친다.

④의 뇌천대장괘(雷天大壯卦)에서는 世午가 空亡이고 羊刃이 되므로 事故가 나고 短命한다. 失敗가 많으며 父母를 害친다. 심장이 나

빠진다.
　⑤의 풍택중부괘(風澤中孚卦)에서는 世未가 空亡이 되니 사고가 나고 短命한다. 兄弟와 子孫을 害친다. 財物도 없고 실패도 많다.
　⑥의 수화기제괘(水火旣濟卦)에서는 命은 보통이고 벼슬도 한다. 그러나 財物이 不足하다.
　⑦의 산뢰이괘(山雷頤卦)에서는 命이 길고 財物도 있다. 그러나 子孫이 속을 썩인다.
　⑧의 지풍승괘(地風升卦)에서는 命이 길고 財物이 많으며 벼슬도 하는 행복한 이름이 된다.

己丑日生
　①의 천수송괘(天水訟卦)에서는 世午가 空亡이니 事故가 나고 短命한다. 父母와 兄弟를 해친다. 심장이 나빠지고 코와 신경이 약해진다.
　②의 택산함괘(澤山咸卦)에서는 命이 길고 벼슬은 조금 한다. 그러나 財物이 없어 파란이 있다.
　③의 화지진괘(火地晉卦)에서는 命이 길고 財物이 있으며 벼슬도 하여 幸福한 이름이 된다.
　④의 뇌천대장괘(雷天大壯卦)에서는 世午가 空亡이니 事故가 나고 短命한다. 실패한다. 父母도 害치고 심장이 나빠진다.
　⑤의 풍택중부괘(風澤中孚卦)에서는 世未가 空亡이 되니 사고가 나고 短命한다. 財物이 없고 兄弟를 害치며 실패가 많다.
　⑥의 수화기제괘(水火旣濟卦)에서는 財物이 없고 몸을 다칠 수 있다.
　⑦의 산뢰이괘(山雷頤卦)에서는 벼슬이 없고 형제를 해친다.
　⑧의 지풍승괘(地風升卦)에서는 命이 길고 財物이 있으며 벼슬도 하는 등 건강하고 행복한 이름이 된다.

庚寅日生
　①의 천수송괘(天水訟卦)에서는 世午가 空亡이 되니 事故가 나고

短命한다. 兄弟를 害친다. 심장이 나빠지고 신경이 약해진다.

② 의 택산함괘(澤山咸卦)에서는 벼슬을 깎고 財物이 없다. 子孫을 해치며 몸을 다칠 수 있다.

③ 의 화지진괘(火地晋卦)에서는 世酉가 양인(羊刃)이므로 몸을 다쳐 수술을 해야 하고 短命한다. 父母도 해치는 이름이 된다.

④ 의 뇌천대장괘(雷天大壯卦)에서는 世午가 空亡이니 사고가 나고 短命한다. 부모를 해치고 심장이 나빠진다.

⑤ 의 풍택중부괘(風澤中孚卦)에서는 世未가 空亡이 되니 사고가 나고 短命한다. 財物을 傷하여 실패와 파란이 많다. 子孫도 害치며 비장이 나빠진다.

⑥ 의 수화기제괘(水火旣濟卦)에서는 世亥가 劫殺이니 事故가 나고 短命한다. 財物이 없어 실패가 많다. 兄弟를 害친다. 눈이 나빠지고 삼초(三焦)가 허약하며 허리를 다친다.

⑦ 의 산뢰이괘(山雷頤卦)에서는 命이 길고 財物이 있으며 건강하다. 父母와 兄弟도 안강(安康)하다. 그러나 子孫으로 근심이 있다.

⑧ 의 지풍승괘(地風升卦)에서는 命이 길고 財物이 많으며 벼슬도 하여 무난(無難)한 이름이 된다.

辛卯日生

① 의 천수송괘(天水訟卦)에서는 世午가 空亡이니 事故가 나고 短命한다. 兄弟를 害친다. 심장이 나빠지고 신경이 쇠약해진다.

② 의 택산함괘(澤山咸卦)에서는 世申이 劫殺이니 事故가 나고 短命한다. 兄弟를 害친다. 財物이 부족하고 실패가 많다.

③ 의 화지진괘(火地晋卦)에서는 命이 길고 財物이 많으며 벼슬도 하여 成功하는 이름이 된다.

④ 의 뇌천대장괘(雷天大壯卦)에서는 世午가 空亡이니 事故가 나고 短命한다. 父母를 害친다. 심장이 나빠지고 실패가 많다.

⑤ 의 풍택중부괘(風澤中孚卦)에서는 世未가 空亡이 되니 사고가 나고 短命한다. 兄弟를 害치고 財物이 상하여 失敗가 많다.

⑥ 의 수화기제괘(水火旣濟卦)에서는 命이 길고 벼슬을 하며 子孫과 兄弟도 안강(安康)하다. 그러나 父母를 해치고 財物을 傷한다.
⑦ 의 산뢰이괘(山雷頤卦)에서는 命이 길고 財物이 있으며 건강하다. 父母 兄弟도 안강(安康)하다. 그러나 子孫의 근심이 있다.
⑧ 의 지풍승괘(地風升卦)에서는 命이 길고 벼슬은 높고 財物도 있으며 건강하고 행복하여 어려움이 없는 이름이 된다.

壬辰日生
① 의 천수송괘(天水訟卦)에서는 世午가 空亡이니 事故가 나고 短命한다. 학업을 중단하고 직업이 不安하다. 兄弟를 해치며 심장과 신경이 약해지는 흉명(凶名)이 된다.
② 의 택산함괘(澤山咸卦)에서는 命은 보통이고 子孫은 성공한다. 父母와 兄弟는 안강(安康)하고 벼슬도 한다. 그러나 財物이 부족(不足)하다.
③ 의 화지진괘(火地晉卦)에서는 命이 길고 財物이 많으며 벼슬도 높아 행복한 이름이 된다.
④ 의 뇌천대장괘(雷天大壯卦)에서는 世午가 空亡이니 事故가 나고 短命한다. 財物이 상하고 父母를 해친다. 심장이 나빠지는 등 凶名이 된다.
⑤ 의 풍택중부괘(風澤中孚卦)에서는 世未가 空亡이니 事故가 나고 短命한다. 財物이 없고 형제와 자손을 해친다. 비장과 위장이 나빠지고 파란이 많은 凶名이 된다.
⑥ 의 수화기제괘(水火旣濟卦)에서는 命이 길고 벼슬을 한다. 父母 兄弟 子孫이 모두 성공한다. 그러나 財物이 부족하다.
⑦ 의 산뢰이괘(山雷頤卦)에서는 命이 길고 財物이 있다. 그러나 벼슬이 없고 父母와 子孫을 해친다.
⑧ 의 지풍승괘(地風升卦)에서는 命이 길고 財物이 많으며 벼슬을 한다. 父母는 성공장수(成功長壽)하는 등 행복한 이름이 된다.

癸巳日生

① 의 천수송괘(天水訟卦)에서는 世午空亡이니 事故에 短命하고 父母 兄弟를 害친다. 심장과 신경이 약해지고 파란이 많은 凶名이 된다.

② 의 택산함괘(澤山咸卦)에서는 命은 보통이고 아버지와 형제 자손은 안강(安康)하다. 그러나 어머니를 해치고 벼슬을 깎고 財物이 부족하다.

③ 의 화지진괘(火地晋卦)에서는 命이 길고 財物이 많으며 벼슬은 높고 건강하여 행복한 이름이 된다.

④ 의 뇌천대장괘(雷天大壯卦)에서는 世午가 空亡이니 事故가 나고 短命한다. 벼슬을 깎고 부모를 해친다. 심장과 위장이 약해진다.

⑤ 의 풍택중부괘(風澤中孚卦)에서는 世未가 空亡이니 事故가 나고 短命한다. 財物이 없고 형제와 자손을 해친다. 비장과 위장이 나빠지는 凶名이 된다.

⑥ 의 수화기제괘(水火旣濟卦)에서는 命은 보통이고 벼슬을 하며 父母 兄弟 子孫은 성공장수(成功長壽)한다. 그러나 財物이 부족하다.

⑦ 의 산뢰이괘(山雷頤卦)에서는 命이 길고 財物이 있으며 부모는 장수강녕(長壽康寧)하다. 그러나 兄弟와 子孫을 해치는 이름이 된다.

⑧ 의 지풍승괘(地風升卦)에서는 命이 길고 財物이 많으며 벼슬을 하며 건강하여 행복한 이름이 된다.

甲午日生

① 의 천수송괘(天水訟卦)에서는 命이 길고 父母 兄弟德도 있다. 그러나 맹장을 手術해야 하고 벼슬이 없다.

② 의 택산함괘(澤山咸卦)에서는 命이 길고 父母德과 人德이 있고 벼슬도 한다. 그러나 財物이 빠져있어 약간의 파란이 따른다.

③ 의 화지진괘(火地晋卦)에서는 命이 길고 父母 兄弟德도 있으며 人德도 있다. 그러나 벼슬을 깎고 財物이 조금 傷한다.

④ 의 뇌천대장괘(雷天大壯卦)에서는 命이 길고 財物이 있으며 벼슬도 하고 父母 兄弟 子孫이 모두 좋다.

⑤ 의 풍택중부괘(風澤中孚卦)에서는 命이 길고 父母 兄弟德도 있다. 그러나 子孫과 財物이 빠져 파란이 있다.

⑥ 의 수화기제괘(水火旣濟卦)에서는 世亥가 劫殺이니 短命한다. 눈이 나빠지고 삼초(三焦)가 약해지며 허리도 다친다. 財物이 없어 파란이 많은 이름이 된다.

⑦ 의 산뢰이괘(山雷頤卦)에서는 命이 길고 財物이 있으며 父母 兄弟德도 있다. 그러나 子孫과 벼슬이 빠져있다.

⑧ 의 지풍승괘(地風升卦)에서는 命이 길고 財物이 많으며 벼슬도 한다. 성공하는 이름이다.

乙未日生

① 의 천수송괘(天水訟卦)에서는 命이 길고 父母 兄弟 子孫은 안강(安康)하다. 그러나 벼슬이 없고 재물을 조금 害친다.

② 의 택산함괘(澤山咸卦)에서는 세신(世申)이 겁살(劫殺)이니 事故가 나고 短命한다. 財物로 실패(失敗)가 많다. 兄弟를 害치고 허리를 다친다.

③ 의 화지진괘(火地晋卦)에서는 命이 길고 財物도 많다. 그러나 벼슬을 깎는다.

④ 의 뇌천대장괘(雷天大壯卦)에서는 命이 길고 財物이 있으며 벼슬도 한다. 父母 兄弟는 安康하다. 그러나 子孫을 조금 해친다.

⑤ 의 풍택중부괘(風澤中孚卦)에서는 命이 길고 벼슬도 한다. 그러나 재물이 부족하고 父母와 子孫을 害친다.

⑥ 의 수화기제괘(水火旣濟卦)에서는 命이 길고 벼슬을 하며 父母와 兄弟 子孫이 모두 성공한다. 그러나 財物이 좀 부족하다.

⑦ 의 산뢰이괘(山雷頤卦)에서는 命이 길고 財物이 있으며 부모 형제는 성공한다. 그러나 子孫으로 근심이 조금 있다.

⑧ 의 지풍승괘(地風升卦)에서는 命이 길고 財物이 많으며 벼슬은 높다. 건강하고 행복한 이름이 된다.

丙申日生

① 의 천수송괘(天水訟卦)에서는 世午가 양인(羊刃)이니 事故가 나서 몸을 다쳐 手術을 해야하고 短命한다. 失敗가 많으며 兄弟를 해친다. 心臟이 나빠지고 신경(神經)도 약해진다.

② 의 택산함괘(澤山咸卦)에서는 命이 길고 父母 兄弟 子孫이 모두 성공한다. 그러나 벼슬을 깎고 財物이 부족하다.

③ 의 화지진괘(火地晋卦)에서는 命이 길고 財物이 있으며 벼슬도 한다. 건강하고 행복한 이름이 된다.

④ 의 뇌천대장괘(雷天大壯卦)에서는 世午가 양인(陽刃)이므로 事故가 나고 수술을 하며 短命한다. 실패가 많고 父母와 兄弟를 해친다. 심장이 나빠지고 허리를 다칠 염려가 있다.

⑤ 의 풍택중부괘(風澤中孚卦)에서는 命이 길고 벼슬을 한다. 그러나 財物이 부족하고 子孫을 해치는 이름이 된다.

⑥ 의 수화기제괘(水火旣濟卦)에서는 命이 길고 벼슬을 하며 父母 兄弟 子孫이 모두 安康하다. 그러나 財物이 不足하다.

⑦ 의 산뢰이괘(山雷頤卦)에서는 命이 길고 財物도 있다. 그러나 벼슬이 없고 子孫을 害친다.

⑧ 의 지풍승괘(地風升卦)에서는 命이 길고 벼슬도 높으며 財物이 있다. 父母도 성공강녕(成功康寧)하여 행복한 이름이 된다.

丁酉日生

① 의 천수송괘(天水訟卦)에서는 命이 길고 財物도 있다. 그러나 父母와 子孫을 해친다.

② 의 택산함괘(澤山咸卦)에서는 命이 길고 벼슬을 하며 父母 兄弟 子孫은 모두 성공한다. 그러나 財物이 조금 부족하다.

③ 의 화지진괘(火地晋卦)에서는 命이 길고 財物이 있으며 벼슬도 하고 건강하여 平吉한 이름이 된다.

④ 의 뇌천대장괘(雷天大壯卦)에서는 命이 길고 財物이 있으며 벼슬을 한다. 비교적 健康하여 平吉한 이름이 된다.

⑤의 풍택중부괘(風澤中孚卦)에서는 命이 길고 벼슬도 한다. 그러나 財物이 없고 父母와 子孫을 해친다.

⑥의 수화기제괘(水火旣濟卦)에서는 命이 길고 벼슬도 하며 父母 兄弟 子孫이 모두 安康하다. 그러나 財物이 부족하다.

⑦의 산뢰이괘(山雷頤卦)에서는 命이 길고 財物이 있다. 그러나 벼슬이 없고 兄弟와 子孫을 해친다.

⑧의 지풍승괘(地風升卦)에서는 命이 길고 벼슬은 높고 재물이 있다. 父母는 康寧하며 행복하고 건강하여 파란이 없는 이름이 된다.

戊戌日生

①의 천수송괘(天水訟卦)에서는 世午가 양인(陽刃)이 되니 事故가 나고 몸을 다쳐 수술을 해야 하고 短命한다. 벼슬이 없고 형제를 해친다. 심장이 약해지고 신경도 쇠약해진다.

②의 택산함괘(澤山咸卦)에서는 命은 길다. 그러나 벼슬을 깎고 財物이 상한다. 子孫과 아버지를 害치고 몸을 다칠 수 있다.

③의 화지진괘(火地晋卦)에서는 命이 길고 財物이 있으며 벼슬을 한다. 父母는 강녕(康寧)하여 행복한 이름이 된다.

④의 뇌천대장괘(雷天大壯卦)에서는 世午가 양인(陽刃)이므로 事故가 나서 몸을 다치고 父母를 害친다. 심장이 나빠지고 短命하며 파란이 많다.

⑤의 풍택중부괘(風澤中孚卦)에서는 命이 길고 벼슬을 하며 兄弟는 成功하고 父母는 강녕(康寧)하다. 그러나 財物이 부족하고 子孫을 해친다.

⑥의 수화기제괘(水火旣濟卦)에서는 世亥가 劫殺이니 事故가 나고 短命한다. 財物이 없고 형제를 해친다. 눈이 나빠지고 삼초(三焦)가 약해진다. 허리를 다치며 실패가 많다.

⑦의 산뢰이괘(山雷頤卦)에서는 命이 길고 財物이 있으며 부모와 형제는 안강(安康)하다. 그러나 子孫을 해치고 벼슬을 깎는다.

⑧의 지풍승괘(地風升卦)에서는 命이 길고 財物이 많으며 벼슬도

하여 本人은 성공한다. 그러나 父母를 조금 해친다.

己亥日生
① 의 천수송괘(天水訟卦)에서는 命이 길고 財物이 있으며 형제는 성공하고 父母와 子孫도 安康한 平吉한 이름이 된다.

② 의 택산함괘(澤山咸卦)에서는 世申이 劫殺이므로 事故가 나고 短命한다. 財物로 실패가 많고 허리를 다치는 흉명(凶名)이 된다.

③ 의 화지진괘(火地晋卦)에서는 命이 길고 財物이 있다. 그러나 벼슬을 조금 깎는다.

④ 의 뇌천대장괘(雷天大壯卦)에서는 命이 길고 財物이 있으며 벼슬도 한다. 父母 兄弟 子孫은 안강(安康)하여 平吉한 이름이 된다.

⑤ 의 풍택중부괘(風澤中孚卦)에서는 命은 보통이고 벼슬을 한다. 그러나 財物이 없고 父母와 子孫을 害치는 이름이 된다.

⑥ 의 수화기제괘(水火旣濟卦)에서는 命이 길고 벼슬을 하며 형제는 성공한다. 子孫도 안강(安康)하다. 그러나 재물이 부족하다.

⑦ 의 산뢰이괘(山雷頤卦)에서는 命이 길고 財物이 있으며 부모는 성공강녕(成功康寧)하다. 그러나 子孫으로 근심이 있다.

⑧ 의 지풍승괘(地風升卦)에서는 命이 길고 財物이 있으며 벼슬도 하며 건강하고 행복한 이름이다.

庚子日生
① 의 천수송괘(天水訟卦)에서는 命이 길고 財物이 많으며 부모 형제 자손이 모두 安康하여 平吉한 이름이 된다.

② 의 택산함괘(澤山咸卦)에서는 命이 길고 벼슬을 하며 父母 兄弟 子孫은 안강(安康)하다. 그러나 財物이 부족하다.

③ 의 화지진괘(火地晋卦)에서는 世酉가 양인(羊刃)이므로 사고가 나서 몸을 다치고 수술을 한다. 눈이 나빠지고 肺가 약해지며 실패한다.

④ 의 뇌천대장괘(雷天大壯卦)에서는 命이 길고 財物이 있으며 벼

슬을 한다. 子孫은 成功하며 父母 兄弟도 안강(安康)하여 幸福한 이름이 된다.

⑤의 택풍대과괘(澤風大過卦)에서는 命이 길고 벼슬을 하며 兄弟도 성공한다. 그러나 財物이 부족하고 父母와 子孫을 해친다.

⑥의 수화기제괘(水火旣濟卦)에서는 命이 길고 벼슬을 하고 부모는 성공강녕(成功康寧)하다. 子孫과 兄弟도 안강(安康)하다. 그러나 財物이 不足하다.

⑦의 산뢰이괘(山雷頤卦)에서는 命이 길고 財物이 있으며 父母 兄弟는 안강(安康)하다. 그러나 子孫으로 근심이 있다.

⑧의 지풍승괘(地風升卦)에서는 命이 길고 財物이 많으며 벼슬도 하여 안강(安康)한 이름이 된다.

辛丑日生

①의 천수송괘(天水訟卦)에서는 命이 길고 財物이 있다. 그러나 벼슬이 없고 父母를 해친다.

②의 택산함괘(澤山咸卦)에서는 命이 길고 벼슬을 하고 兄弟와 子孫은 안강(安康)하다. 그러나 財物이 부족하고 아버지를 해친다.

③의 화지진괘(火地晋卦)에서는 命이 길고 財物이 많으며 벼슬을 하여 幸福한 이름이 된다.

④의 뇌천대장괘(雷天大壯卦)에서는 命이 길고 財物이 있으며 벼슬을 한다. 父母 兄弟 子孫이 안강(安康)하여 平吉한 이름이 된다.

⑤의 풍택중부괘(風澤中孚卦)에서는 命이 길고 벼슬을 한다. 그러나 재물이 없고 父母와 子孫을 해쳐 파란이 많다.

⑥의 수화기제괘(水火旣濟卦)에서는 命이 길고 벼슬을 하며 부모 형제 자손은 안강(安康)하다. 그러나 財物이 부족하다.

⑦의 산뢰이괘(山雷頤卦)에서는 命이 길고 財物이 있다. 그러나 子孫과 兄弟를 해친다.

⑧의 지풍승괘(地風升卦)에서는 命은 보통이고 벼슬이 높으며 財物이 있다. 그러나 몸을 가끔 다칠 수 있다.

壬寅日生

① 의 천수송괘(天水訟卦)에서는 命이 길고 財物이 있으며 부모 형제 자손이 安康하여 平吉한 이름이 된다.

② 의 택산함괘(澤山咸卦)에서는 命은 보통이고 벼슬을 한다. 父母 兄弟 子孫이 모두 안강(安康)하다. 그러나 財物이 부족하다.

③ 의 화지진괘(火地晋卦)에서는 命이 길고 財物이 많으며 벼슬을 하여 幸福한 이름이 된다.

④ 의 뇌천대장괘(雷天大壯卦)에서는 命이 길고 벼슬을 하며 財物이 있다. 父母 兄弟 子孫이 모두 안강(安康)하여 平吉한 이름이 된다.

⑤ 의 풍택중부괘(風澤中孚卦)에서는 命이 길고 벼슬을 한다. 그러나 父母와 子孫을 해치고 財物이 부족하다.

⑥ 의 수화기제괘(水火旣濟卦)에서는 世亥가 劫殺이니 事故가 나서 몸을 크게 다치고 短命한다. 財物이 부족하고 兄弟를 해친다. 눈이 나빠지고 삼초(三焦)가 약해지며 허리도 다친다.

⑦ 의 산뢰이괘(山雷頤卦)에서는 命이 길고 財物이 있다. 그러나 벼슬이 없고 父母와 子孫을 해친다.

⑧ 의 지풍승괘(地風升卦)에서는 命이 길고 財物이 있으며 벼슬을 하여 幸福한 이름이 된다.

癸卯日生

① 의 천수송괘(天水訟卦)에서는 命이 길고 父母 兄弟는 안강(安康)하다. 그러나 財物을 傷하고 벼슬을 깎아 파란이 있다.

② 의 택산함괘(澤山咸卦)에서는 世申이 劫殺이니 事故가 나서 短命한다. 財物이 없고 兄弟를 해친다. 위가 약해지고 허리를 다치며 파란이 많은 이름이 된다.

③ 의 화지진괘(火地晋卦)에서는 命이 길고 財物이 많으며 벼슬을 하여 행복한 이름이 된다.

④ 의 뇌천대장괘(雷天大壯卦)에서는 命이 길고 財物이 많으며 벼슬을 한다. 오복(五福)을 갖추어 平吉한 이름이 된다.

⑤의 풍택중부괘(風澤中孚卦)에서는 命이 길고 벼슬을 한다. 그러나 財物이 부족하고 父母와 子孫을 해치는 이름이 된다.

⑥의 수화기제괘(水火旣濟卦)에서는 命은 보통이고 벼슬을 한다. 兄弟와 子孫은 성공한다. 그러나 財物이 부족하고 부모를 해쳐 파란이 있다.

⑦의 산뢰이괘(山雷頤卦)에서는 命이 길고 財物이 있으며 부모 형제는 성공장수(成功長壽)한다. 그러나 子孫을 해친다.

⑧의 지풍승괘(地風升卦)에서는 命이 길고 財物이 있으며 벼슬을 하여 행복한 이름이 된다.

甲辰日生
①의 천수송괘(天水訟卦)에서는 命이 길고 財物이 있다. 형제 자손은 成功한다. 그러나 父母運을 해치고 벼슬이 없다.

②의 택산함괘(澤山咸卦)에서는 命이 길고 父母 兄弟 子孫의 德도 있으며 인덕(人德)도 있다. 財物이 좀 부족(不足)하다고 하나 벼슬은 한다.

③의 화지진괘(火地晋卦)에서는 命이 길고 父母 兄弟德도 있다. 그러나 벼슬을 깎고 財物을 조금 傷한다.

④의 뇌천대장괘(雷天大壯卦)에서는 命이 길고 財物이 있으며 父母 兄弟 子孫의 德도 있다. 그러나 벼슬을 크지 못하다.

⑤의 풍택중부괘(風澤中孚卦)에서는 命은 기나 벼슬과 財物이 없다. 子孫도 없어 파란이 많은 이름이 된다.

⑥의 수화기제괘(水火旣濟卦)에서는 命이 길고 벼슬을 한다. 그러나 財物이 없고 子孫을 害친다.

⑦의 산뢰이괘(山雷頤卦)에서는 命이 길고 財物이 많으며 父母德도 있다. 그러나 벼슬이 없고 兄弟의 德이 없다.

⑧의 지풍승괘(地風升卦)에서는 命이 길고 財物이 많으며 벼슬도 하는 좋은 이름이 된다.

乙巳日生

① 의 천수송괘(天水訟卦)에서는 命이 길고 財物이 있다. 형제와 자손은 안강(安康)하다. 그러나 父母를 해친다.

② 의 택산함괘(澤山咸卦)에서는 命이 길고 벼슬을 하며 兄弟는 성공한다. 父母와 子孫도 安康하다. 그러나 財物이 부족하다.

③ 의 화지진괘(火地晋卦)에서는 命이 길고 벼슬을 하며 재물도 있다. 부모도 安康하여 파란이 없는 행복한 이름이 된다.

④ 의 뇌천대장괘(雷天大壯卦)에서는 命이 길고 財物이 많으며 벼슬을 한다. 子孫은 成功하며 父母와 兄弟도 安康하여 행복한 이름이 된다.

⑤ 의 풍택중부괘(風澤中孚卦)에서는 命이 길다. 그러나 재물과 벼슬을 깎아 파란이 있다.

⑥ 의 수화기제괘(水火旣濟卦)에서는 命은 보통이고 父母 兄弟 子孫은 모두 成功하며 벼슬도 한다. 그러나 財物이 부족하다.

⑦ 의 산뢰이괘(山雷頤卦)에서는 命이 길고 財物도 있으며 부모는 성공강녕(成功康寧)하다. 그러나 兄弟와 子孫을 해치고 벼슬을 깎는다.

⑧ 의 지풍승괘(地風升卦)에서는 命이 길고 재물이 많으며 벼슬을 하여 행복한 이름이 된다.

丙午日生

① 의 천수송괘(天水訟卦)에서는 世午가 陽刃이니 事故에 수술을 하며 실패하고 短命한다. 父母 兄弟도 害치고 심장이 나빠진다.

② 의 택산함괘(澤山咸卦)에서는 벼슬을 깎고 財物이 없다. 자손을 해치고 몸을 다칠 수 있다.

③ 의 화지진괘(火地晋卦)에서는 命이 길고 벼슬이 높으며 재물도 있어 안락(安樂)한 이름이 된다.

④ 의 뇌천대장괘(雷天大壯卦)에서는 世午가 양인(陽刃)이 되니 事故가 나고 수술을 하며 실패하고 短命한다. 벼슬을 깎고 부모를 해친다. 心臟이 나빠지고 胃도 약해진다.

⑤의 풍택중부괘(風澤中孚卦)에서는 命이 길고 부모는 성공강녕(成功康寧)하다. 형제는 安康하다. 그러나 벼슬을 깎고 財物이 없으며 子孫을 해친다.

⑥의 수화기제괘(水火旣濟卦)에서는 世亥가 劫殺이 되니 사고가 나고 短命한다. 財物이 부족하고 兄弟와 子孫을 해친다. 눈이 나빠지고 삼초(三焦)가 약해지며 허리를 다치는 흉명(兇名)이 된다.

⑦의 산뢰이괘(山雷頤卦)에서는 命이 길고 財物이 있다. 그러나 벼슬이 없고 兄弟와 子孫을 해친다.

⑧의 지풍승괘(地風升卦)에서는 命이 길고 財物이 있으며 벼슬도 높아 평안(平安)한 이름이 된다.

丁未日生

①의 천수송괘(天水訟卦)에서는 命은 길다. 그러나 財物을 깎고 父母를 害치고 벼슬이 없다.

②의 택산함괘(澤山咸卦)에서는 世申이 劫殺이니 事故가 나고 短命하며 失敗한다. 兄弟를 해치고 허리를 다치며 財物이 없다.

③의 화지진괘(火地晋卦)에서는 命이 길고 財物이 있으며 벼슬을 하여 안강(安康)한 이름이 된다.

④의 뇌천대장괘(雷天大壯卦)에서는 命이 길고 財物이 있으며 父母 兄弟는 성공한다. 그러나 벼슬을 깎고 子孫을 해친다.

⑤의 풍택중부괘(風澤中孚卦)에서는 命이 길고 兄弟는 安康하다. 그러나 재물이 없고 벼슬을 깎는다. 父母와 子孫을 害치고 肝이 나빠진다.

⑥의 수화기제괘(水火旣濟卦)에서는 命이 길고 벼슬을 하며 형제는 성공한다. 그러나 財物이 부족하고 父母와 子孫을 害친다.

⑦의 산뢰이괘(山雷頤卦)에서는 命이 길고 財物이 있으며 부모는 강녕(康寧)하다. 그러나 兄弟와 子孫을 해치고 벼슬을 깎는다.

⑧의 지풍승괘(地風升卦)에서는 命이 길고 벼슬은 높고 재물이 있다. 父母도 康寧하여 행복하고 파란이 없이 건강한 이름이 된다.

戊申日生

① 의 천수송괘(天水訟卦)에서는 世午가 양인(陽刃)이므로 事故가 나고 手術을 하고 파란이 많으며 短命한다. 父母와 兄弟를 해친다. 심장이 나빠지고 신경이 약해지며 허리도 다친다.

② 의 택산함괘(澤山咸卦)에서는 命이 길고 父母 兄弟 子孫은 모두 안강(安康)하다. 그러나 벼슬을 깎고 財物이 부족하다.

③ 의 화지진괘(火地晋卦)에서는 命이 길고 父母 兄弟는 안강(安康)하다. 그러나 벼슬을 깎고 財物이 傷한다.

④ 의 뇌천대장괘(雷天大壯卦)에서는 世午가 양인(羊刃)이니 사고가 나고 短命한다. 벼슬을 깎고 父母를 害치며 심장이 나빠지는 등 흉명(凶名)이다.

⑤ 의 풍택중부괘(風澤中孚卦)에서는 命이 길고 兄弟는 성공한다. 그러나 벼슬을 깎고 財物로 파란이 많다. 父母도 害친다.

⑥ 의 수화기제괘(水火旣濟卦)에서는 命이 길고 벼슬을 하고 父母와 兄弟는 안강(安康)하다. 그러나 子孫을 해치고 財物이 不足하다.

⑦ 의 산뢰이괘(山雷頤卦)에서는 命이 길고 財物이 있으며 부모는 강녕(康寧)하다. 그러나 兄弟와 子孫을 해친다.

⑧ 의 지풍승괘(地風升卦)에서는 命이 길고 財物이 많으며 벼슬도 한다. 父母도 안강(安康)하여 幸福하고 파란이 없는 吉名이 된다.

己酉日生

① 의 천수송괘(天水訟卦)에서는 命이 길고 財物이 있으며 형제는 成功한다. 자손은 安康하다. 그러나 벼슬이 없고 부모를 해친다.

② 의 택산함괘(澤山咸卦)에서는 命이 길고 벼슬은 높으며 형제는 성공한다. 부모와 자손은 安康하다. 그러나 財物이 不足하다.

③ 의 화지진괘(火地晋卦)에서는 命이 길고 벼슬을 하며 재물이 있다. 애로가 없는 안강(安康)한 이름이 된다.

④ 의 뇌천대장괘(雷天大壯卦)에서는 命이 길고 돈이 많으며 벼슬도 있다. 父母와 子孫은 성공강녕(成功康寧)하고 兄弟도 安樂하여 吉名

이 된다.

⑤ 의 풍택중부괘(風澤中孚卦)에서는 벼슬을 깎고 財物이 없다. 子孫도 해치는 이름이다.

⑥ 의 수화기제괘(水火旣濟卦)에서는 벼슬을 하고 父母와 兄弟는 성공장수(成功長壽)한다. 그러나 子孫을 해치고 財物이 부족하다. 몸을 다칠 수 있다.

⑦ 의 산뢰이괘(山雷頤卦)에서는 命이 길고 財物이 있으며 부모는 건강장수(健康長壽)하다. 그러나 兄弟와 子孫을 해친다.

⑧ 의 지풍승괘(地風升卦)에서는 命이 길고 재물이 있으며 벼슬을 하고 편안(便安)한 일생(一生)을 보낸다.

庚戌日生

① 의 천수송괘(天水訟卦)에서는 命이 길고 財物이 있으며 자손과 형제는 안강(安康)하다. 그러나 벼슬이 없고 父母를 害친다.

② 의 택산함괘(澤山咸卦)에서는 命이 길고 벼슬을 한다. 그러나 財物이 부족하고 子孫과 女兄弟를 害친다.

③ 의 화지진괘(火地晉卦)에서는 世酉가 양인(陽刃)이니 몸을 다쳐 手術을 해야 한다. 兄弟를 해친다. 눈과 肺가 나빠진다.

④ 의 뇌천대장괘(雷天大壯卦)에서는 命이 길고 財物이 있으며 벼슬을 한다. 子孫은 成功하며 父母와 兄弟도 안강(安康)하여 吉한 이름이 된다.

⑤ 의 풍택중부괘(風澤中孚卦)에서는 命이 길고 兄弟는 성공한다. 그러나 벼슬을 깎고 財物이 없으며 子孫을 害치는 이름이 된다.

⑥ 의 수화기제괘(水火旣濟卦)에서는 世亥가 劫殺이니 事故가 나고 短命한다. 子孫과 兄弟를 害친다. 눈과 삼초(三焦)가 나빠지고 허리도 다친다.

⑦ 의 산뢰이괘(山雷頤卦)에서는 命이 길고 財物이 있다. 그러나 兄弟와 子孫을 해친다.

⑧ 의 지풍승괘(地風升卦)에서는 命이 길고 財物이 많다. 그러

나 벼슬을 깎고 父母를 害친다.

辛亥日生
① 의 천수송괘(天水訟卦)에서는 命이 길고 兄弟와 子孫은 안강(安康)하다. 그러나 벼슬이 없고 財物을 해치고 부모를 害친다.
② 의 택산함괘(澤山咸卦)에서는 世申이 劫殺이니 事故가 나고 短命한다. 財物이 없고 형제를 해치며 허리를 다친다.
③ 의 화지진괘(火地晋卦)에서는 命이 길고 벼슬을 하며 부모 형제는 安康하다. 그러나 財物을 조금 傷한다.
④ 의 뇌천대장괘(雷天大壯卦)에서는 命이 길고 財物이 있으며 父母 兄弟는 安康하다. 그러나 벼슬을 깎고 子孫을 害친다.
⑤ 의 풍택중부괘(風澤中孚卦)에서는 벼슬을 깎아 직업이 불안하다. 財物이 없고 자손을 害친다.
⑥ 의 수화기제괘(水火旣濟卦)에서는 命이 길고 벼슬을 한다. 그러나 財物이 부족하고 子孫과 父母도 害친다.
⑦ 의 산뢰이괘(山雷頤卦)에서는 벼슬이 없고 자손과 형제를 해치며 몸을 다칠 수 있다.
⑧ 의 지풍승괘(地風升卦)에서는 命이 길고 벼슬은 높으며 재물이 있으며 건강하고 행복한 이름이 된다.

壬子日生
① 의 천수송괘(天水訟卦)에서는 命이 길고 財物이 있다. 형제와 子孫은 안강(安康)하다. 그러나 벼슬이 없고 父母를 害친다.
② 의 택산함괘(澤山咸卦)에서는 命이 길고 벼슬을 하며 자손은 성공한다. 부모 형제도 安康하다. 그러나 財物이 不足하다.
③ 의 화지진괘(火地晋卦)에서는 命이 길고 財物이 많으며 벼슬도 한다. 건강하고 행복한 이름이 된다.
④ 의 뇌천대장괘(雷天大壯卦)에서는 命이 길고 父母 兄弟 子孫은 안강(安康)하다. 그러나 벼슬을 깎고 財物을 傷한다.

⑤의 풍택중부괘(風澤中孚卦)에서는 命이 길고 벼슬을 하며 父母는 성공장수(成功長壽)한다. 兄弟는 안강(安康)하다. 그러나 財物이 부족하고 子孫을 害친다.

⑥의 수화기제괘(水火旣濟卦)에서는 命이 길고 벼슬을 하고 부모 형제 자손은 安康하다. 그러나 財物이 不足하다.

⑦의 산뢰이괘(山雷頤卦)에서는 命이 길고 財物이 있다. 그러나 벼슬이 없고 父母 兄弟 子孫을 모두 害친다. 신장과 담이 나빠진다.

⑧의 지풍승괘(地風升卦)에서는 命이 길고 財物이 있으며 벼슬을 한다. 父母도 장수성공(長壽成功)하는 좋은 이름이 된다.

癸丑日生

①의 천수송괘(天水訟卦)에서는 命이 길고 財物이 있으며 兄弟 子孫은 안강(安康)하다. 그러나 父母를 해치고 벼슬이 없다.

②의 택산함괘(澤山咸卦)에서는 命이 길고 벼슬을 한다. 부모 형제 자손이 모두 安康하다. 그러나 財物이 부족하다.

③의 화지진괘(火地晋卦)에서는 命이 길고 벼슬은 높으며 재물도 많다. 건강하고 행복한 이름이 된다.

④의 뇌천대장괘(雷天大壯卦)에서는 命이 길고 財物이 많으며 벼슬을 한다. 父母 兄弟 子孫이 모두 安康하여 幸福한 이름이 된다.

⑤의 풍택중부괘(風澤中孚卦)에서는 命이 길고 벼슬을 하며 부모 형제는 성공장수(成功長壽) 한다. 그러나 財物이 부족하고 子孫을 害친다.

⑥의 수화기제괘(水火旣濟卦)에서는 命은 보통이고 벼슬을 한다. 父母 兄弟 子孫은 안강(安康)하다. 그러나 財物이 부족하다.

⑦의 산뢰이괘(山雷頤卦)에서는 命이 길고 財物이 있으며 부모는 건강장수(健康長壽)하다. 그러나 子孫과 兄弟를 害치고 벼슬이 없다.

⑧의 지풍승괘(地風升卦)에서는 命이 길고 財物이 있으며 벼슬을

하는 행복한 이름이 된다.

甲寅日生

①의 천수송괘(天水訟卦)에서는 命이 길고 財物이 있다. 父母 兄弟 子孫의 德도 있다. 그러나 벼슬이 빠져 있다.

②의 택산함괘(澤山咸卦)에서는 命이 길고 父母 兄弟德도 있다. 그러나 財物이 부족하고 子孫을 害친다.

③의 화지진괘(火地晋卦)에서는 命이 길고 父母德도 있으며 벼슬도 한다. 그러나 財物을 조금 傷한다.

④의 뇌천대장괘(雷天大壯卦)에서는 命이 길고 벼슬을 한다. 父母 兄弟 子孫이 모두 성공한다. 그러나 재물이 조금 傷하고 신장이 약해진다.

⑤의 풍택중부괘(風澤中孚卦)에서는 命이 길고 父母德과 인덕이 있다. 그러나 財物이 부족하고 벼슬을 깎는다. 肝이 좋지않고 허리와 방광이 약해진다.

⑥의 수화기제괘(水火旣濟卦)에서는 世亥가 劫殺이므로 短命한다. 兄弟德이 없다. 눈(目)·신장(腎臟)·방광(膀胱)·삼초(三焦) 등이 약해진다.

⑦의 산뢰이괘(山雷頤卦)에서는 命이 길고 財物이 많다. 형제덕과 인덕도 있다. 그러나 벼슬이 없고 子孫이 부족하다. 부모를 해치고 신장이 약해진다.

⑧의 지풍승괘(地風升卦)에서는 世丑이 空亡이 되니 短命한다. 財物과 妻를 害친다. 胃와 방광(膀胱)이 약해진다.

乙卯日生

①의 천수송괘(天水訟卦)에서는 命이 길고 父母 兄弟 子孫도 성공한다. 그러나 벼슬이 없고 財物이 조금 傷한다.

②의 택산함괘(澤山咸卦)에서는 世申이 劫殺이니 短命한다. 몸을 다치며 허리를 다치고 胃가 약해진다.

③ 의 화지진괘(火地晋卦)에서는 命이 길고 돈이 많으며 벼슬도 한다. 人德도 있어 成功한다.

④ 의 뇌천대장괘(雷天大壯卦)에서는 命이 길고 벼슬도 한다. 그러나 財物이 傷하고 子孫을 해친다.

⑤ 의 풍택중부괘(風澤中孚卦)에서는 命이 길고 벼슬도 한다. 그러나 財物이 없고 子孫이 없어 파란이 있는 이름이 된다.

⑥ 의 수화기제괘(水火旣濟卦)에서는 命이 길고 子孫이 성공한다. 그러나 父母를 害치고 신장과 방광이 조금 약해진다.

⑦ 의 산뢰이괘(山雷頤卦)에서는 命이 길고 돈을 많이 번다. 兄弟德과 人德이 있다. 그러나 벼슬이 없고 父母運을 害친다. 신장(腎臟)이 약해지고 양기(陽氣)가 不足해진다.

⑧ 의 지풍승괘(地風升卦)에서는 世丑이 空亡이 되니 短命한다. 財物과 妻를 害친다. 胃와 방광(膀胱)이 弱해진다.

丙辰日生

① 의 천수송괘(天水訟卦)에서는 世午가 양인(陽刃)이니 事故가 나고 몸을 크게 다쳐 手術을 해야 하고 短命한다. 파란이 많으며 실패한다. 兄弟를 해치고 심장이 나빠진다.

② 의 택산함괘(澤山咸卦)에서는 命이 길고 父母 兄弟 子孫이 모두 성공장수(成功長壽)한다. 그러나 벼슬을 깎고 財物이 부족하다.

③ 의 화지진괘(火地晋卦)에서는 命이 길고 벼슬이 높으며 재물도 있다. 兄弟도 成功하여 幸福한 이름이 된다.

④ 의 뇌천대장괘(雷天大壯卦)에서는 世午가 양인(羊刃)이니 事故가 나서 몸을 크게 다쳐 手術을 해야 한다. 파란이 많고 실패한다. 財物을 傷하고 부모를 해친다. 심장이 나빠지는 등 흉명(凶名)이 된다.

⑤ 의 풍택중부괘(風澤中孚卦)에서는 命이 길고 벼슬을 한다. 父母 兄弟는 안강(安康)하다. 그러나 財物이 부족하고 子孫을 해친다.

⑥ 의 수화기제괘(水火旣濟卦)에서는 命이 길고 벼슬을 한다. 女兄弟가 成功하고 父母 兄弟도 안강(安康)하다. 그러나 男兄弟를 害치

고 財物이 부족하다.
　⑦의 산뢰이괘(山雷頤卦)에서는 命이 길고 財物도 있다. 그러나 벼슬이 없고 父母 兄弟 子孫을 모두 害친다.
　⑧의 지풍승괘(地風升卦)에서는 世丑이 空亡이니 事故가 나고 短命한다. 財物이 傷하고 胃와 방광(膀胱)이 약해진다.

丁巳日生
　①의 천수송괘(天水訟卦)에서는 命이 길고 財物이 있으며 兄弟 子孫은 성공한다. 그러나 벼슬이 없고 父母를 害친다.
　②의 택산함괘(澤山咸卦)에서는 命이 길고 벼슬이 높다. 父母 兄弟 子孫이 모두 성공한다. 그러나 財物이 부족하다.
　③의 화지진괘(火地晋卦)에서는 命이 길고 벼슬을 하며 財物도 있어 안강(安康)하고 幸福한 이름이다.
　④의 뇌천대장괘(雷天大壯卦)에서는 命이 길고 부모는 성공장수(成功長壽)한다. 兄弟와 子孫도 안강(安康)하다. 그러나 재물을 傷하고 벼슬을 깎는다.
　⑤의 풍택중부괘(風澤中孚卦)에서는 命은 보통이고 벼슬을 한다. 그러나 財物이 부족하고 자손을 해친다.
　⑥의 수화기제괘(水火旣濟卦)에서는 命이 길고 벼슬을 한다. 父母 兄弟 子孫은 모두 안강(安康)하다. 그러나 財物이 부족하고 몸을 다칠 수 있다.
　⑦의 산뢰이괘(山雷頤卦)에서는 命이 길고 財物이 있다. 그러나 父母 兄弟 子孫을 모두 害치며 벼슬을 깎는다.
　⑧의 지풍승괘(地風升卦)에서는 父母는 장수(長壽)한다. 그러나 世丑이 空亡이 되니 事故가 나고 短命한다. 財物을 傷하고 膀胱과 胃腸이 약해진다.

戊午日生
　①의 천수송괘(天水訟卦)에서는 世午가 양인(陽刃)이니 事故가 나

서 몸을 크게 다쳐 手術을 하고 短命한다. 兄弟를 해치고 심장이 나빠지는 등 파란이 많은 흉명(凶名)이 된다.

② 의 택산함괘(澤山咸卦)에서는 벼슬을 깎고 재물이 없다. 子孫과 형제를 해치고 몸을 다칠 수 있다.

③ 의 화지진괘(火地晉卦)에서는 命이 길고 벼슬이 높으며 재물도 있다. 父母는 성공장수(成功長壽)하고 兄弟도 安康하여 행복한 이름이 된다.

④ 의 뇌천대장괘(雷天大壯卦)에서는 世午가 양인(羊刃)이므로 事故가 나고 手術을 하며 短命한다. 財物을 傷하고 父母를 害치며 심장이 나빠지는 등 凶名이 된다.

⑤ 의 풍택중부괘(風澤中孚卦)에서는 命이 길고 벼슬을 하며 父母 兄弟도 성공한다. 그러나 財物이 不足하고 子孫을 害친다.

⑥ 의 수화기제괘(水火旣濟卦)에서는 世亥가 劫殺이니 事故가 나고 短命한다. 財物이 부족하고 兄弟를 害친다. 눈이 나빠지고 삼초(三焦)가 약해지며 허리를 다치는 흉명(凶名)이 된다.

⑦ 의 산뢰이괘(山雷頤卦)에서는 命이 길고 財物이 있다. 그러나 벼슬이 없고 父母를 해친다. 子孫으로 근심이 있다.

⑧ 의 지풍승괘(地風升卦)에서는 世丑이 空亡이니 事故가 나고 短命한다. 財物을 傷하고 父母를 害친다. 胃가 나빠지고 방광(膀胱)이 약해지는 凶名이 된다.

己未日生

① 의 천수송괘(天水訟卦)에서는 命이 길고 財物이 있다. 父母 兄弟 子孫이 모두 安康하다. 그러나 벼슬이 없다.

② 의 택산함괘(澤山咸卦)에서는 世申이 劫殺이 되니 事故가 나고 短命한다. 財物이 부족하고 兄弟를 害치며 허리를 다치는 등 凶名이 된다.

③ 의 화지진괘(火地晉卦)에서는 命이 길고 財物이 있으며 벼슬도 하는 파란이 없는 平吉名이 된다.

④의 뇌천대장괘(雷天大壯卦)에서는 命이 길고 벼슬을 한다. 그러나 財物을 傷하고 子孫을 해치는 이름이 된다.
⑤의 풍택중부괘(風澤中孚卦)에서는 財物이 부족하고 父母 兄弟 子孫도 害치는 좋지못한 이름이 된다.
⑥의 수화기제괘(水火旣濟卦)에서는 命이 길고 子孫은 안강(安康)하다. 그러나 財物이 부족하고 벼슬을 깎는다. 父母와 兄弟도 害치는 좋지못한 이름이다.
⑦의 산뢰이괘(山雷頤卦)에서는 命이 길고 財物이 있다. 그러나 벼슬이 없고 父母와 子孫을 害치는 이름이 된다.
⑧의 지풍승괘(地風升卦)에서는 世丑이 空亡이니 事故가 나고 短命한다. 財物을 傷하고 胃와 방광(膀胱)이 나빠진다.

庚申日生
①의 천수송괘(天水訟卦)에서는 命이 길고 財物이 많다. 父母 兄弟 子孫이 모두 안강(安康)하다. 그러나 벼슬이 없다.
②의 택산함괘(澤山咸卦)에서는 命이 길고 벼슬을 한다. 父母 兄弟 子孫이 모두 安康하다. 그러나 財物이 不足하다.
③의 화지진괘(火地晉卦)에서는 世酉가 양인(羊刃)이니 事故가 나고 몸을 크게 다쳐 手術을 해야 한다. 벼슬을 깎고 형제를 해친다. 肺와 눈이 나빠지는 등 凶名이 된다.
④의 뇌천대장괘(雷天大壯卦)에서는 命이 길고 벼슬을 하며 子孫은 성공한다. 父母 兄弟도 안강(安康)하다. 그러나 財物을 傷한다.
⑤의 풍택중부괘(風澤中孚卦)에서는 命이 길고 벼슬을 한다. 형제는 성공한다. 그러나 財物이 부족하고 父母와 子孫을 害친다.
⑥의 수화기제괘(水火旣濟卦)에서는 命이 길고 부모는 건강장수(健康長壽)하고 벼슬을 한다. 兄弟와 子孫도 安康하다. 그러나 財物이 부족하다.
⑦의 산뢰이괘(山雷頤卦)에서는 命이 길고 財物이 있다. 형제는 안강하다. 그러나 父母와 子孫을 害치며 벼슬이 없다.

⑧의 지풍승괘(地風升卦)에서는 世丑이 空亡이니 事故가 나고 短命한다. 財物을 傷하고 벼슬을 깎아 파란이 많은 이름이 된다.

辛酉日生
①의 천수송괘(天水訟卦)에서는 命이 길고 財物이 있으며 父母 兄弟도 성공장수(成功長壽)하고 子孫도 안강(安康)하다. 그러나 벼슬이 없다.

②의 택산함괘(澤山咸卦)에서는 命은 보통이고 벼슬을 하며 父母 兄弟 子孫은 모두 안강(安康)하다. 그러나 財物이 부족하다.

③의 화지진괘(火地晋卦)에서는 命이 길고 財物이 많으며 벼슬을 한다. 兄弟는 成功하며 父母도 안강(安康)하여 행복한 이름이 된다.

④의 뇌천대장괘(雷天大壯卦)에서는 命이 길고 부모는 건강장수(健康長壽)하다. 子孫과 兄弟는 安康하며 벼슬과 재물도 있다. 그러나 처(妻)를 害친다.

⑤의 풍택중부괘(風澤中孚卦)에서는 命이 길고 벼슬을 하며 父母 兄弟는 안강(安康)하다. 그러나 子孫을 해치고 財物이 부족하다.

⑥의 수화기제괘(水火旣濟卦)에서는 命이 길고 벼슬도 조금 있다. 父母와 子孫은 안강(安康)하다. 그러나 男兄弟를 해치고 財物이 부족하다.

⑦의 산뢰이괘(山雷頤卦)에서는 父母 兄弟 子孫을 모두 해치고 몸을 다칠 수 있다. 腎臟·膽·코(鼻)가 나빠진다.

⑧의 지풍승괘(地風升卦)에서는 世丑이 空亡이 되니 事故가 나고 短命한다. 財物을 傷하고 위와 방광이 나빠진다.

壬戌日生
①의 천수송괘(天水訟卦)에서는 命이 길고 財物이 있다. 父母 兄弟 子孫은 안강(安康)하다. 그러나 벼슬이 없다.

②의 택산함괘(澤山咸卦)에서는 벼슬을 하고 父母와 子孫은 安康하다. 그러나 財物이 없고 몸을 다칠 수 있고 兄弟를 害친다.

③의 화지진괘(火地晋卦)에서는 命이 길고 벼슬은 높으며 재물도 많아 건강하고 행복한 이름이 된다.

④의 뇌천대장괘(雷天大壯卦)에서는 命이 길고 벼슬을 하며 財物도 조금 있다. 父母 兄弟 子孫도 모두 安康하여 平吉한 이름이 된다.

⑤의 풍택중부괘(風澤中孚卦)에서는 命이 길고 벼슬을 한다. 父母 兄弟도 안강(安康)하다. 그러나 財物이 부족하고 子孫을 害친다.

⑥의 수화기제괘(水火旣濟卦)에서는 世亥가 劫殺이니 事故가 나고 短命한다. 財物이 없고 兄弟를 해친다. 눈이 나빠지고 허리를 다친다.

⑦의 산뢰이괘(山雷頤卦)에서는 命이 길고 財物이 있다. 그러나 벼슬이 없고 부모와 자손을 해친다.

⑧의 지풍승괘(地風升卦)에서는 世丑이 空亡이니 事故가 나고 短命한다. 財物을 傷하고 父母와 子孫을 害친다. 위와 방광이 나빠지고 실패하며 파란이 많다.

癸亥日生

①의 천수송괘(天水訟卦)에서는 命이 길고 父母 兄弟 子孫이 모두 안강(安康)하다. 그러나 벼슬이 없고 財物이 傷하여 파란이 있는 이름이 된다.

②의 택산함괘(澤山咸卦)에서는 世申이 劫殺이니 事故가 나고 短命한다. 兄弟를 해치고 財物이 없어 파란이 많다. 위가 나빠지고 허리를 다치는 흉명(凶名)이 된다.

③의 화지진괘(火地晋卦)에서는 命이 길고 財物이 많으며 벼슬도 높다. 오복(五福)을 모두 갖춘 건강하고 행복한 이름이 된다.

④의 뇌천대장괘(雷天大壯卦)에서는 命이 길고 벼슬을 하며 財物이 있다. 父母 兄弟 子孫도 안강(安康)하여 平吉한 이름이 된다.

⑤의 풍택중부괘(風澤中孚卦)에서는 命이 길고 벼슬을 한다. 父母 兄弟도 성공하고 강녕(康寧)하다. 그러나 財物이 부족하고 子孫의 근심이 있는 이름이 된다.

⑥의 수화기제괘(水火旣濟卦)에서는 命은 보통이고 벼슬을 한다.

兄弟와 子孫은 安康하다. 그러나 父母를 해치고 財物이 不足한 이름이 된다.

⑦의 산뢰이괘(山雷頤卦)에서는 命이 길고 財物이 있으며 父母 兄弟는 안강(安康)하다. 그러나 벼슬을 깎고 子孫의 근심이 있는 이름이 된다.

⑧의 지풍승괘(地風升卦)에서는 命이 길고 재물이 있으며 벼슬도 한다. 부모가 장수강녕(長壽康寧)하며 오복(五福)을 갖춘 행복한 이름이 된다.

四劃數의 姓氏. 尹 元 文 太 王氏
十二劃數의 姓氏. 黃 曾 彭氏
二十劃數의 姓氏. 嚴 蘇氏 등

① 천풍구괘(天風姤卦) ② 택수곤괘(澤水困卦) ③ 화산려괘(火山旅卦) ④ 뇌지예괘(雷地豫卦) ⑤ 풍천소축괘(風天小畜卦) ⑥ 수택절괘(水澤節卦) ⑦ 산화비괘(山火賁卦) ⑧ 지뢰복괘(地雷復卦)등이 있다.

⑧의 지뢰복괘(地雷復卦)는 大吉하다. ④의 뇌지예괘(雷地豫卦)는 中吉하다. ③의 화산려괘(火山旅卦)와 ⑦의 산화비괘(山火賁卦)는 平吉하다. ⑤의 풍천소축괘(風天小畜卦)는 半凶半吉하다. ①의 천풍구괘(天風姤卦)와 ②의 택수곤괘(澤水困卦) ⑥의 수택절괘(水澤節卦)는 좋지않다.

甲子日生

①의 천풍구괘(天風姤卦)에서는 命이 길고 벼슬도 하며 兄弟德도 있다. 그러나 財物이 없다. 병신자식(病身子息)을 두거나 子孫을 害친다. 대장(大腸)과 삼초(三焦)를 약하게 한다.

②의 택수곤괘(澤水困卦)에서는 命이 길고 財物이 있으며 벼슬도 한다. 父母 兄弟德도 있으나 子孫 때문에 파란이 있다.

③의 화산려괘(火山旅卦)에서는 財物이 있고 子孫과 兄弟德도 있다. 그러나 벼슬이 없고 가끔 몸을 다칠 수 있다.

④의 뇌지예괘(雷地豫卦)에서는 命이 길고 財物이 많으며 벼슬을 한다. 子孫도 성공하는 좋은 이름이 된다.

⑤의 풍천소축괘(風天小畜卦)에서는 命이 길고 財物도 있다. 그러나 벼슬이 없고 子孫을 害친다. 肝이 조금 약해진다.

⑥의 수택절괘(水澤節卦)에서는 世巳가 劫殺이니 短命하고 몸을 다친다. 肝이 조금 나빠지고 대장(大腸)도 약해진다.

⑦의 산화비괘(山火賁卦)에서는 世卯가 양인살(羊刃殺)이니 短命하고, 몸에 칼을 대어야 하므로 대수술(大手術)을 해야 한다. 肝이 나빠지고 눈이 나빠진다. 삼초(三焦)도 약해지고 허리도 다친다.

⑧의 지뢰복괘(地雷復卦)에서는 命이 길고 財物이 많으며 벼슬도 높다. 子孫도 성공하고 兄弟德도 있는 좋은 이름이 된다.

乙丑日生

①의 천풍구괘(天風姤卦)에서는 命은 기나 財物이 不足하다. 子孫을 해치며 父母의 運도 해쳐 파란이 많은 이름이 된다.

②의 택수곤괘(澤水困卦)에서는 世寅이 劫殺이므로 短命한다. 財物을 傷하며 子孫을 해친다. 담(膽)이 나빠지고 귀도 나빠져 좋지않다.

③의 화산려괘(火山旅卦)에서는 世辰이 양인(羊刃)이니 短命한다. 몸에 칼을 대었으니 대수술(大手術)을 해야 한다. 사내아이도 해치는 이름이다.

④의 뇌지예괘(雷地豫卦)에서는 命이 길고 財物이 많으며 벼슬도 한다. 子孫도 성공하고 人德도 있는 좋은 이름이 된다.

⑤의 풍천소축괘(風天小畜卦)에서는 命이 길고 財物이 있으며 父母德도 있다. 그러나 벼슬이 없고 人德이 부족하다. 담이 조금 약하고 신경도 약해진다.

⑥의 수택절괘(水澤節卦)에서는 命이 길고 벼슬도 한다. 자손도 성공하고 父母德도 있다. 그러나 대장(大腸)이 조금 약하고 파란이 조금 있다.

⑦의 산화비괘(山火賁卦)에서는 命이 길고 벼슬을 하며 人德도

있다. 그러나 子孫이 빠져있고 兄弟를 害친다. 허리를 다칠 염려가 있다.

⑧의 지뢰복괘(地雷復卦)에서는 命이 길고 財物이 많다. 자손과 형제도 성공한다. 그러나 벼슬이 크지 못한 게 아쉽다.

丙寅日生

①의 천풍구괘(天風姤卦)에서는 命은 보통이고 벼슬은 한다. 그러나 父母와 兄弟를 害치고 財物이 없다.

②의 택수곤괘(澤水困卦)에서는 命이 길고 財物이 있다. 父母 兄弟는 안강(安康)하다. 그러나 벼슬을 깎고 子孫을 害친다.

③의 화산려괘(火山旅卦)에서는 命이 길고 財物이 있다. 자손과 女兄弟는 成功한다. 그러나 男兄弟를 해치고 벼슬이 없다.

④의 뇌지예괘(雷地豫卦)에서는 命이 길고 財物이 있으며 벼슬도 한다. 子孫과 兄弟도 安康하여 平吉한 이름이 된다.

⑤의 풍천소축괘(風天小畜卦)에서는 命은 보통이고 財物이 있으며 子孫은 성공한다. 父母 兄弟는 안강(安康)하다. 그러나 벼슬이 없다.

⑥의 수택절괘(水澤節卦)에서는 命이 길고 財物은 있으며 벼슬도 한다. 父母 兄弟 子孫도 모두 안강(安康)한 이름이 된다.

⑦의 산화비괘(山火賁卦)에서는 命이 길고 財物이 있으며 비교적 건강하다. 그러나 子孫의 근심이 있다.

⑧의 지뢰복괘(地雷復卦)에서는 命은 보통이고 財物이 있으며 벼슬을 한다. 子孫과 兄弟도 安康하여 平吉한 이름이 된다.

丁卯日生

①의 천풍구괘(天風姤卦)에서는 命은 보통이고 벼슬을 하고 형제는 성공한다. 그러나 財物이 없고 아버지와 子孫을 해친다.

②의 택수곤괘(澤水困卦)에서는 命이 길고 財物이 있으며 형제는 성공한다. 부모는 안강(安康)하다. 그러나 子孫을 해친다.

③의 화산려괘(火山旅卦)에서는 命이 길고 財物이 있으며 자손과 형제는 安康하다. 그러나 벼슬이 없다.

④의 뇌지예괘(雷地豫卦)에서는 命이 길고 財物이 있으며 벼슬을 한다. 그리고 子孫도 성공하는 平吉한 이름이 된다.

⑤의 풍천소축괘(風天小畜卦)에서는 命은 보통이고 財物이 있다. 子孫과 兄弟는 安康하다. 그러나 벼슬이 없다.

⑥의 수택절괘(水澤節卦)에서는 命이 길고 財物이 있으며 벼슬을 한다. 자손과 형제도 안강하다. 그러나 父母를 해친다.

⑦의 산화비괘(山火賁卦)에서는 命이 길고 財物이 있으며 벼슬도 한다. 그러나 子孫의 근심이 있다.

⑧의 지뢰복괘(地雷復卦)에서는 命이 길고 財物이 있으며 벼슬을 한다. 子孫과 兄弟도 성공하여 幸福한 이름이 된다.

戊辰日生

①의 천풍구괘(天風姤卦)에서는 命은 기나 財物이 없다. 벼슬을 깎고 자손을 해치며 아버지도 해쳐 파란이 많다.

②의 택수곤괘(澤水困卦)에서는 벼슬을 깎고 재물을 해치며 자손을 해친다. 몸을 다칠 수 있다.

③의 화산려괘(火山旅卦)에서는 命이 길고 財物이 있으며 자손과 女兄弟는 성공한다. 그러나 男兄弟를 害치고 벼슬이 없다.

④의 뇌지예괘(雷地豫卦)에서는 命이 길고 財物이 있으며 벼슬을 한다. 子孫은 성공한다. 兄弟은 안강하여 행복한 이름이 된다.

⑤의 풍천소축괘(風天小畜卦)에서는 命은 보통이고 財物은 있다. 父母 兄弟 子孫도 안강(安康)하다. 그러나 벼슬이 없다.

⑥의 수택절괘(水澤節卦)에서는 世巳가 劫殺이니 事故가 나고 短命한다. 財物을 害친다. 이와 小腸이 나빠지며 파란이 많은 凶名이다.

⑦의 산화비괘(山火賁卦)에서는 命은 보통이고 財物이 있으며 벼슬도 한다. 그러나 子孫을 害치고 처궁(妻宮)이 不安하다.

⑧의 지뢰복괘(地雷復卦)에서는 命이 길고 財物이 있으며 벼슬을 한다. 兄弟와 子孫이 모두 安康하여 행복한 이름이 된다.

己巳日生

① 의 천풍구괘(天風姤卦)에서는 命이 길고 벼슬을 하며 兄弟는 성공한다. 그러나 財物이 없고 子孫과 아버지를 害친다.

② 의 택수곤괘(澤水困卦)에서는 世寅이 劫殺이니 事故가 나고 短命한다. 財物을 손상하고 자손과 妻를 害친다.

③ 의 화산려괘(火山旅卦)에서는 命이 길고 財物이 있으며 자손과 형제도 성공한다. 그러나 벼슬이 없다.

④ 의 뇌지예괘(雷地豫卦)에서는 벼슬을 하고 재물이 있으며 子孫은 성공한다. 兄弟는 안강(安康)하다. 그러나 신강사주(身强四柱)는 몸을 다칠 수 있다.

⑤ 의 풍천소축괘(風天小畜卦)에서는 命이 길고 財物이 있으며 父母와 子孫은 성공한다. 그러나 男兄弟를 해치고 벼슬이 없다.

⑥ 의·수택절괘(水澤節卦)에서는 命이 길고 재물이 있으며 벼슬도 조금 한다. 父母 兄弟 子孫이 성공안강(成功安康)하나 조금 波乱이 있다.

⑦ 의 산화비괘(山火賁卦)에서는 命은 보통이고 財物이 있으며 벼슬을 조금 한다. 그러나 처궁(妻宮)이 不安하고 子孫을 害친다.

⑧ 의 지뢰복괘(地雷復卦)에서는 命이 길고 財物이 있으며 벼슬을 한다. 子孫이나 兄弟도 安康하여 幸福한 이름이 된다.

庚午日生

① 의 천풍구괘(天風姤卦)에서는 命이 길고 벼슬은 한다. 그러나 子孫과 아버지와 女兄弟를 해치고 財物이 없다.

② 의 택수곤괘(澤水困卦)에서는 命은 보통이고 벼슬도 한다. 그러나 子孫과 女兄弟를 해친다.

③ 의 화산려괘(火山旅卦)에서는 命이 길고 財物이 있으며 자손은 성공한다. 형제는 安康하다. 그러나 처궁(妻宮)이 불안하고 벼슬을 해친다.

④ 의 뇌지예괘(雷地豫卦)에서는 命이 길고 財物이 많으며 벼슬도

높다. 子孫과 兄弟도 안강(安康)하여 행복한 이름이 된다.

⑤의 풍천소축괘(風天小畜卦)에서는 命이 길고 財物이 있으며 父母 兄弟 子孫은 안강(安康)하다. 그러나 벼슬이 없다.

⑥의 수택절괘(水澤節卦)에서는 命이 길고 財物이 있으며 벼슬을 한다. 父母 兄弟 子孫이 안강(安康)한 平吉의 이름이 된다.

⑦의 산화비괘(山火賁卦)에서는 命은 보통이고 벼슬을 하며 財物도 조금 있다. 그러나 子孫을 해친다.

⑧의 지뢰복괘(地雷復卦)에서는 命이 길고 財物이 많으며 벼슬은 높다. 兄弟와 子孫도 安康하여 행복한 이름이 된다.

辛未日生

①의 천풍구괘(天風姤卦)에서는 命이 길고 벼슬을 하며 兄弟와 어머니는 안강(安康)하다. 그러나 재물(財物)이 없고 子孫과 아버지를 害친다.

②의 택수곤괘(澤水困卦)에서는 命이 길고 財物이 있으며 벼슬을 한다. 그러나 子孫을 해치고 처궁(妻宮)이 불안하다.

③의 화산려괘(火山旅卦)에서는 命이 길고 財物이 있으며 형제와 자손도 安康하다. 그러나 벼슬을 깎는다.

④의 뇌지예괘(雷地豫卦)에서는 命이 길고 財物이 많으며 벼슬을 한다. 子孫이나 兄弟도 安康하여 행복한 이름이 된다.

⑤의 풍천소축괘(風天小畜卦)에서는 命이 길고 財物이 있으며 父母 兄弟 子孫은 安康하다. 그러나 벼슬을 깎는다.

⑥의 수택절괘(水澤節卦)에서는 命이 길고 벼슬을 하며 財物도 있다. 그러나 父母를 害치고 처궁(妻宮)이 불안하다.

⑦의 산화비괘(山火賁卦)에서는 命은 보통이고 벼슬을 하고 財物이 있다. 그러나 子孫을 해치고 처궁(妻宮)이 不安하다.

⑧의 지뢰복괘(地雷復卦)에서는 命이 길고 財物이 많으며 벼슬도 높다. 子孫은 성공하고 兄弟도 안강(安康)하여 행복(幸福)한 이름이 된다.

壬申日生

① 의 천풍구괘(天風姤卦)에서는 命은 보통이고 벼슬을 하고 父母 兄弟 子孫도 안강(安康)하다. 그러나 財物이 없다.

② 의 택수곤괘(澤水困卦)에서는 命이 길고 財物이 있으며 벼슬을 한다. 父母 兄弟 子孫은 安康하다. 그러나 妻宮이 불안하다.

③ 의 화산려괘(火山旅卦)에서는 命은 보통이고 財物이 있다. 兄弟와 子孫은 安康하다. 그러나 벼슬을 해친다.

④ 의 뇌지예괘(雷地豫卦)에서는 命이 길고 財物이 있으며 벼슬을 한다. 兄弟와 子孫은 성공하고 人德도 있어 행복한 이름이 된다.

⑤ 의 풍천소축괘(風天小畜卦)에서는 世子가 양인(羊刃)이므로 事故가 나고 手術을 하며 短命한다. 벼슬이 없고 父母를 해친다. 신장이 나빠지고 양기(陽氣)를 죽이며 손발을 다치고 신경이 약해진다.

⑥ 의 수택절괘(水澤節卦)에서는 世巳가 劫殺이니 事故가 나고 短命한다. 財物이 상하고 兄弟도 해친다. 이와 소장이 나빠진다.

⑦ 의 산화비괘(山火賁卦)에서는 命이 길고 벼슬을 하며 財物도 있다. 그러나 子孫으로 근심이 있다.

⑧ 의 지뢰복괘(地雷復卦)에서는 世子가 양인(羊刃)이니 수술을 하고 短命한다. 재물을 깎고 양기(陽氣)를 죽이고 신장이 나빠진다.

癸酉日生

① 의 천풍구괘(天風姤卦)에서는 命은 보통이고 벼슬을 하는데 財物이 부족하다. 子孫을 해치며 삼초(三焦)가 약해진다.

② 의 택수곤괘(澤水困卦)에서는 世寅이 劫殺이니 事故가 나고 短命한다. 財物을 상하고 子孫을 해치며 妻宮이 불안하다. 귀와 코가 나빠지고 陽氣를 죽인다.

③ 의 화산려괘(火山旅卦)에서는 命이 길고 재물이 있으며 형제와 자손은 성공한다. 그러나 벼슬을 깎는다.

④ 의 뇌지예괘(雷地豫卦)에서는 命이 길고 財物이 많으며 벼슬을 한다. 兄弟와 子孫도 成功하여 행복하고 건강한 이름이 된다.

⑤의 풍천소축괘(風天小畜卦)에서는 命이 길고 財物이 있으며 父母 兄弟 子孫이 모두 성공장수(成功長壽)한다. 그러나 벼슬을 깎는다.

⑥의 수택절괘(水澤節卦)에서는 命이 길고 財物이 있으며 벼슬을 한다. 父母 兄弟 子孫도 모두 安康하여 平吉한 이름이 된다.

⑦의 산화비괘(山火賁卦)에서는 命이 길고 벼슬을 하며 財物도 있다. 그러나 처궁(妻宮)이 불안하고 子孫의 근심이 있다.

⑧의 지뢰복괘(地雷復卦)에서는 命이 길고 財物이 많으며 자손과 형제도 安康하여 행복하고 건전(健全)한 이름이 된다.

甲戌日生

①의 천풍구괘(天風姤卦)에서는 命이 길고 父母德이 있다. 그러나 財物로 파란이 많다. 兄弟와 子孫을 害치며 肺를 나쁘게 한다.

②의 택수곤괘(澤水困卦)에서는 命이 길고 財物이 있으며 벼슬도 한다. 子孫과 兄弟를 害한다. 肺와 삼초(三焦)를 弱하게 한다.

③의 화산려괘(火山旅卦)에서는 벼슬이 없고 財物을 傷한다. 몸을 자주 다치고 아들도 害친다. 胃와 肺가 나빠지게 된다.

④의 뇌지예괘(雷地豫卦)에서는 命이 길고 財物이 많다. 자손도 성공한다. 그러나 벼슬을 조금 깎고 형제를 조금 해친다.

⑤의 풍천소축괘(風天小畜卦)에서는 命이 길고 財物이 있으며 父母德도 있다. 그러나 벼슬이 없다.

⑥의 수택절괘(水澤節卦)에서는 命이 길고 財物이 있으며 벼슬도 한다. 그러나 父母와 子孫을 害한다.

⑦의 산화비괘(山火賁卦)에서는 世卯가 양인(羊刃)이 되니 몸에 큰 수술을 하며 短命한다. 肝과 눈이 나빠진다.

⑧의 지뢰복괘(地雷復卦)에서는 命이 길고 財物도 많으며 벼슬도 크다. 건강하고 좋은 이름이 된다.

乙亥日生

①의 천풍구괘(天風姤卦)에서는 命이 길고 벼슬을 한다. 父母와

男兄弟는 安康하다. 그러나 子孫 兄弟를 害치고 벼슬을 깎는다.

② 의 택수곤괘(澤水困卦)에서는 命이 길고 財物이 있으며 벼슬도 한다. 부모와 자손은 安康하다. 그러나 兄弟를 害친다.

③ 의 화산려괘(火山旅卦)에서는 財物을 傷하고 벼슬을 깎고 몸을 다칠 수 있다.

④ 의 뇌지예괘(雷地豫卦)에서는 命이 길고 財物이 있으.며 兄弟와 子孫은 성공하고 벼슬하면서 행복한 人生을 살아가는 이름이 된다.

⑤ 의 풍천소축괘(風天小畜卦)에서는 命이 길고 財物이 있으며 兄弟와 子孫은 안강(安康)하다. 그러나 벼슬을 깎는다.

⑥ 의 수택절괘(水澤節卦)에서는 命이 길고 벼슬을 하며 財物도 있다. 兄弟와 子孫은 成功한다. 그러나 父母를 해친다.

⑦ 의 산화비괘(山火賁卦)에서는 命이 길고 벼슬을 하며 財物이 있고 건강하다. 그러나 子孫의 근심이 있다.

⑧ 의 지뢰복괘(地雷復卦)에서는 命이 길고 財物이 많으며 벼슬도 하며 건강하고 행복한 이름이 된다.

丙子日生

① 의 천풍구괘(天風姤卦)에서는 命은 보통이고 子孫은 성공하고 父母는 安康하다. 그러나 財物이 부족하고 벼슬을 깎고 兄弟를 해친다.

② 의 택수곤괘(澤水困卦)에서는 命이 길고 財物이 있으며 자손은 성공한다. 父母는 安康하다. 그러나 兄弟를 해치고 벼슬을 깎는다.

③ 의 화산려괘(火山旅卦)에서는 命이 길고 子孫은 安康하다. 그러나 兄弟를 해치고 재물이 상하며 벼슬이 없다.

④ 의 뇌지예괘(雷地豫卦)에서는 命이 길고 財物이 있으며 벼슬도 한다. 子孫과 兄弟도 安康하여 幸福한 이름이 된다.

⑤ 의 풍천소축괘(風天小畜卦)에서는 命이 길고 財物이 있으며 父母 兄弟 子孫이 안강(安康)하다. 그러나 벼슬이 없다.

⑥ 의 수택절괘(水澤節卦)에서는 巳에 劫殺이 되니 事故가 나고 短命한다. 財物을 傷하고 父母를 害친다. 이와 소장(小腸)이 나빠진다.

⑦의 산화비괘(山火賁卦)에서는 命이 길고 벼슬을 하고 재물이 있으며 健康하다. 그러나 子孫으로 근심이 있다.

⑧의 지뢰복괘(地雷復卦)에서는 命이 길고 財物이 있으며 벼슬을 한다. 子孫과 兄弟도 安康하고 행복한 이름이 된다.

丁丑日生

①의 천풍구괘(天風姤卦)에서는 命은 보통이고 벼슬을 하고 子孫과 兄弟는 성공한다. 父母은 안강(安康)하다. 그러나 財物이 不足하다.

②의 택수곤괘(澤水困卦)에서는 世寅이 劫殺이니 事故가 나고 短命한다. 財物을 傷한다. 코가 나빠지고 양기(陽氣)를 죽이며 귀도 나빠진다.

③의 화산려괘(火山旅卦)에서는 命이 길고 子孫과 兄弟는 성공한다. 그러나 財物을 傷하고 벼슬을 깎는다.

④의 뇌지예괘(雷地豫卦)에서는 命이 길고 재물이 있으며 벼슬을 한다. 子孫이 성공하고 兄弟도 안강(安康)하여 幸福한 이름이 된다.

⑤의 풍천소축괘(風天小畜卦)에서는 命은 보통이고 財物이 있으며 子孫은 안강(安康)하다. 그러나 兄弟를 害치고 벼슬을 깎는다.

⑥의 수택절괘(水澤節卦)에서는 命이 길고 財物이 있으며 벼슬을 한다. 子孫과 兄弟도 安康하다. 그러나 벼슬을 害친다.

⑦의 산화비괘(山火賁卦)에서는 命이 길고 벼슬을 하며 財物이 있다. 그러나 子孫으로 근심이 있다.

⑧의 지뢰복괘(地雷復卦)에서는 命은 보통이고 財物이 있으며 벼슬을 하며 건강하고 행복한 이름이 된다.

戊寅日生

①의 천풍구괘(天風姤卦)에서는 命이 길고 父母는 장수강녕(長壽康寧)하다. 그러나 벼슬을 깎아 직업이 不安하고 財物이 부족하다. 자손과 형제를 해친다.

②의 택수곤괘(澤水困卦)에서는 命은 보통이고 財物은 조금 있

제2편 작 명 259

다. 그러나 벼슬을 깎아 직업이 불안하고 자손과 형제를 해친다.
　③의 화산려괘(火山旅卦)에서는 명이 길고 子孫과 女兄弟는 成功한다. 그러나 男兄弟를 害치고 財物을 傷하며 벼슬이 없다.
　④의 뇌지예괘(雷地豫卦)에서는 命이 길고 財物이 많으며 벼슬을 하며 건강하고 행복한 이름이 된다.
　⑤의 풍천소축괘(風天小畜卦)에서는 命은 보통이고 財物이 있으.며 子孫은 성공한다. 형제는 안강(安康)하다. 그러나 벼슬이 없다.
　⑥의 수택절괘(水澤節卦)에서는 命이 길고 財物이 있으며 벼슬을 한다. 子孫과 兄弟는 안강(安康)하다. 그러나 父母를 해친다.
　⑦의 산화비괘(山火賁卦)에서는 命은 보통이고 財物이 있으며 벼슬을 한다. 그러나 子孫의 근심이 있다.
　⑧의 지뢰복괘(地雷復卦)에서는 命이 길고 財物이 있으며 벼슬을 하여 平吉한 이름이 된다.

己卯日生
　①의 천풍구괘(天風姤卦)에서는 命이 길고 벼슬을 하며 부모는 長壽康寧하다. 그러나 財物이 부족하고 子孫과 兄弟를 해친다.
　②의 택수곤괘(澤水困卦)에서는 命은 보통이고 벼슬을 하고 財物은 조금은 있다. 父母와 子孫도 安康하다. 그러나 兄弟를 해친다.
　③의 화산려괘(火山旅卦)에서는 命이 길고 子孫과 兄弟는 안강(安康)하다. 그러나 財物을 傷하고 벼슬을 깎는다.
　④의 뇌지예괘(雷地豫卦)에서는 命이 길고 財物이 있으며 벼슬을 한다. 子孫은 성공하고 兄弟는 안강하여 행복한 이름이 된다.
　⑤의 풍천소축괘(風天小畜卦)에서는 命이 길고 財物이 있으며 父母 兄弟 子孫은 안강(安康)하다. 그러나 벼슬을 깎는다.
　⑥의 수택절괘(水澤節卦)에서는 命이 길고 財物이 있으며 벼슬이 있다. 子孫과 兄弟는 안강(安康)하다. 그러나 父母를 害친다.
　⑦의 산화비괘(山火賁卦)에서는 命은 보통이고 財物이 있으며 벼슬도 한다. 그러나 子孫으로 근심이 있다.

⑧의 지뢰복괘(地雷復卦)에서는 命이 길고 財物이 있으며 벼슬을 한다. 子孫과 兄弟도 安康하여 행복한 이름이 된다.

庚辰日生

①의 천풍구괘(天風姤卦)에서는 命이 길고 벼슬을 하며 父母와 子孫은 成功한다. 그러나 兄弟를 해치며 財物이 없다.

②의 택수곤괘(澤水困卦)에서는 命은 보통이고 벼슬을 하며 財物도 조금 있다. 父母와 子孫은 안강(安康)하다. 그러나 兄弟를 해치고 몸을 다칠 수 있다.

③의 화산려괘(火山旅卦)에서는 命이 길고 子孫은 成功한다. 그러나 財物을 傷하고 벼슬이 없다.

④의 뇌지예괘(雷地豫卦)에서는 命이 길고 財物이 많으며 벼슬을 한다. 子孫과 兄弟도 안강(安康)하여 행복한 이름이 된다.

⑤의 풍천소축괘(風天小畜卦)에서는 命이 길고 財物이 있다. 그러나 벼슬이 없고 자손을 해친다.

⑥의 수택절괘(水澤節卦)에서는 世巳가 劫殺이니 事故가 나고 短命한다. 財物이 상하고 父母를 해친다. 이가 나빠지고 소장(小腸)이 약해진다.

⑦의 산화비괘(山火賁卦)에서는 命은 보통이고 財物이 있으며 벼슬을 한다. 그러나 子孫을 해친다.

⑧의 지뢰복괘(地雷復卦)에서는 命이 길고 財物이 있으며 벼슬도 하여 幸福한 이름이 된다.

辛巳日生

①의 천풍구괘(天風姤卦)에서는 命이 길고 벼슬을 한다. 부모와 자손은 안강(安康)하다. 그러나 兄弟를 해치고 재물이 없다.

②의 택수곤괘(澤水困卦)에서는 世寅이 劫殺이니 事故가 나고 短命한다. 財物을 傷하며 코와 귀가 나빠지고 형제도 해친다.

③의 화산려괘(火山旅卦)에서는 命이 길고 子孫과 兄弟는 안강(安

康)하다. 그러나 財物을 傷하고 벼슬이 없다.

④의 뇌지예괘(雷地豫卦)에서는 命이 길고 財物이 있으며 벼슬을 한다. 子孫과 兄弟도 성공하여 행복한 이름이 된다.

⑤의 풍천소축괘(風天小畜卦)에서는 命이 길고 財物이 있으며 父母 兄弟 子孫도 안강(安康)하다. 그러나 벼슬이 없다.

⑥의 수택절괘(水澤節卦)에서는 命은 보통이고 財物이 있으며 벼슬을 한다. 子孫과 兄弟는 안강(安康)하다. 그러나 父母를 해친다.

⑦의 산화비괘(山火賁卦)에서는 命은 보통이고 벼슬을 하고 재물도 있다. 그러나 子孫으로 근심이 있다.

⑧의 지뢰복괘(地雷復卦)에서는 命이 길고 財物이 있으며 벼슬을 한다. 兄弟나 子孫도 安康하여 행복한 이름이 된다.

壬午日生

①의 천풍구괘(天風姤卦)에서는 命은 보통이고 벼슬을 하고 부모와 자손은 安康하다. 그러나 兄弟를 해치고 벼슬이 없다.

②의 택수곤괘(澤水困卦)에서는 命이 길고 財物이 있으며 벼슬을 한다. 父母와 子孫은 安康하다. 그러나 兄弟를 해친다.

③의 화산려괘(火山旅卦)에서는 命은 보통이고 子孫과 兄弟는 안강(安康)하다. 그러나 財物을 해치고 벼슬이 없다.

④의 뇌지예괘(雷地豫卦)에서는 命이 길고 재물이 있으며 벼슬을 한다. 子孫과 兄弟도 안강(安康)하여 幸福한 이름이 된다.

⑤의 풍천소축괘(風天小畜卦)에서는 世子가 양인(羊刃)이니 事故가 나서 몸을 크게 다쳐 手術을 하고 短命한다. 父母를 해치고 신장이 나빠지며 양기를 죽인다.

⑥의 수택절괘(水澤節卦)에서는 命이 길고 財物이 있으며 벼슬을 한다. 子孫은 성공한다. 그러나 父母와 兄弟를 해친다.

⑦의 산화비괘(山火賁卦)에서는 命이 길고 벼슬을 하고 財物이 있다. 그러나 子孫으로 근심이 있다.

⑧의 지뢰복괘(地雷復卦)에서는 世子가 양인(羊刃)이니 事故가 나

서 몸을 다쳐 수술을 하고 短命한다. 財物이 상한다. 신장이 나빠지고 양기(陽氣)를 죽인다.

甲申日生

① 의 천풍구괘(天風姤卦)에서는 命이 길고 父母德과 人德도 있다. 그러나 벼슬을 깎고 재물을 상한다.

② 의 택수곤괘(澤水困卦)에서는 命이 길고 財物이 있으며 부모나 子孫도 성공한다. 그러나 벼슬을 깎고 심장(心臟)을 나쁘게 만든다.

③ 의 화산려괘(火山旅卦)에서는 財物이 있으나 벼슬은 없다. 자손을 해치며 몸을 자주 다친다.

④ 의 뇌지예괘(雷地豫卦)에서는 世未가 空亡이니 短命하고 벼슬은 하나 財物이 상한다. 자손을 해친다. 胃・소장(小腸)・心臟・비장(脾臟)이 나빠진다.

⑤ 의 풍천소축괘(風天小畜卦)에서는 命이 길고 財物이 있다. 父母 兄弟德도 있다. 그러나 벼슬이 없고 子孫을 害친다.

⑥ 의 수택절괘(水澤節卦)에서는 世巳가 劫殺이니 短命한다. 財物을 傷하며 子孫을 害친다. 小腸과 肝이 나빠지고 이가 좋지않다.

⑦ 의 산화비괘(山火賁卦)에서는 世卯가 양인(羊刃)이니 命이 상한다. 벼슬을 깎고 肝과 눈을 나쁘게 한다.

⑧ 의 지뢰복괘(地雷復卦)에서는 命이 길고 財物이 많으며 벼슬도 높다. 子孫과 兄弟가 모두 성공하며 건강한 대길명(大吉名)이 된다.

乙酉日生

① 의 천풍구괘(天風姤卦)에서는 命이 길고 父母 兄弟 子孫은 안강(安康)하다. 그러나 벼슬을 깎고 財物이 없는 이름이 된다.

② 의 택수곤괘(澤水困卦)에서는 世寅이 劫殺이니 事故가 나고 短命한다. 財物을 깎고 벼슬을 傷한다. 코가 나빠지고 陽氣를 죽인다.

③ 의 화산려괘(火山旅卦)에서는 命은 보통이고 財物이 있다. 그러나 벼슬이 없고 子孫과 兄弟를 해친다.

④ 의 뇌지예괘(雷地豫卦)에서는 世未가 空亡이니 事故가 나고 短命한다. 財物을 傷하고 子孫을 害친다.
⑤ 의 풍천소축괘(風天小畜卦)에서는 命이 길고 財物이 있다. 그러나 벼슬이 없고 처궁(妻宮)이 불안하다.
⑥ 의 수택절괘(水澤節卦)에서는 命이 길고 財物이 있으며 벼슬을 한다. 父母 兄弟 子孫이 모두 성공장수(成功長壽)하여 平吉한 이름이 된다.
⑦ 의 산화비괘(山火賁卦)에서는 命이 길고 벼슬을 하며 財物이 있으며 건강하다. 그러나 子孫의 근심이 있다.
⑧ 의 지뢰복괘(地雷復卦)에서는 命이 길고 財物이 많으며 벼슬을 한다. 子孫과 兄弟도 성공장수(成功長壽)하여 행복하고 健康한 이름이 된다.

丙戌日生
① 의 천풍구괘(天風姤卦)에서는 命은 보통이다. 父母 兄弟 子孫은 성공장수(成功長壽)한다. 그러나 벼슬을 깎고 財物이 없는 이름이다.
② 의 택수곤괘(澤水困卦)에서는 命이 길고 財物이 있으며 父母 兄弟 子孫은 成功한다. 그러나 벼슬을 깎아 직업이 不安하다.
③ 의 화산려괘(火山旅卦)에서는 命이 길고 財物이 있다. 그러나 벼슬이 없고 兄弟와 子孫을 해친다.
④ 의 뇌지예괘(雷地豫卦)에서는 世未가 空亡이니 事故가 나고 短命한다. 財物을 傷하고 子孫을 害친다.
⑤ 의 풍천소축괘(風天小畜卦)에서는 命은 보통이나 벼슬이 없고 財物을 傷하며 처궁(妻宮)이 불안하다.
⑥ 의 수택절괘(水澤節卦)에서는 命이 길고 財物이 있으며 벼슬을 한다. 兄弟와 子孫은 안강(安康)하다. 그러나 父母는 조금 해친다.
⑦ 의 산화비괘(山火賁卦)에서는 命이 길고 벼슬을 하고 財物이 있다. 그러나 子孫의 근심이 있다.
⑧ 의 지뢰복괘(地雷復卦)에서는 命은 보통이고 財物이 많으며 벼

슬을 한다. 子孫과 兄弟도 성공하여 행복한 이름이 된다.

丁亥日生

① 의 천풍구괘(天風姤卦)에서는 命은 보통이고 父母 兄弟 子孫은 成功한다. 그러나 벼슬을 깎아 직업이 不安하고 財物을 傷한다.

② 의 택수곤괘(澤水困卦)에서는 命이 길고 財物이 있으며 父母 兄弟 子孫은 成功한다. 그러나 벼슬을 깎는다.

③ 의 화산려괘(火山旅卦)에서는 命이 길고 財物이 있다. 그러나 벼슬이 없고 兄弟와 子孫을 해친다.

④ 의 뇌지예괘(雷地豫卦)에서는 世未가 空亡이 되니 事故가 나고 短命한다. 財物을 상하고 벼슬을 깎으며 子孫도 해친다.

⑤ 의 풍천소축괘(風天小畜卦)에서는 命은 보통이나 벼슬이 없다. 재물이 상하고 처궁(妻宮)이 不安하다.

⑥ 의 수택절괘(水澤節卦)에서는 命은 보통이고 벼슬과 재물도 조금 있다. 그러나 父母를 해친다.

⑦ 의 산화비괘(山火賁卦)에서는 命이 길고 벼슬을 하고 財物이 있어 평길한 이름이 된다.

⑧ 의 지뢰복괘(地雷復卦)에서는 命도 길고 벼슬을 하고 財物도 있다. 子孫과 兄弟는 成功하여 幸福한 이름이 된다.

戊子日生

① 의 천풍구괘(天風姤卦)에서는 命이 길고 父母 兄弟 子孫은 안강(安康)하다. 그러나 財物이 없고 벼슬을 깎아 직업이 불안하다.

② 의 택수곤괘(澤水困卦)에서는 벼슬을 깎아 직업이 불안하다. 재물을 조금 傷하고 어머니를 해치며 몸을 좀 다칠 수 있다.

③ 의 화산려괘(火山旅卦)에서는 命이 길고 財物이 있으며 女兄弟와 남아(男兒)는 成功한다. 그러나 男兄弟와 여아(女兒)를 해치고 벼슬이 없다.

④ 의 뇌지예괘(雷地豫卦)에서는 世未가 空亡이니 事故가 나서 몸

을 다칠 수 있다. 財物을 傷하고 子孫을 해친다.

⑤의 풍천소축괘(風天小畜卦)에서는 命은 보통이고 父母 兄弟 子孫은 안강(安康)하다. 그러나 財物을 傷하고 벼슬을 깎는다.

⑥의 수택절괘(水澤節卦)에서는 世巳가 劫殺이니 事故가 나고 短命한다. 財物을 傷하고 이와 小腸이 나빠진다.

⑦의 산화비괘(山火賁卦)에서는 命은 보통이고 財物이 있으며 벼슬을 한다. 兄弟는 성공한다. 그러나 子孫을 해친다.

⑧의 지뢰복괘(地雷復卦)에서는 命이 길고 財物이 있다. 형제와 자손도 성공하여 행복한 이름이 된다.

己丑日生

①의 천풍구괘(天風姤卦)에서는 命이 길고 벼슬을 하며 父母 兄弟 子孫은 안강(安康)하다. 그러나 財物이 不足하다.

②의 택수곤괘(澤水困卦)에서는 世寅이 劫殺이 되니 事故가 나고 短命한다. 財物이 상하고 벼슬을 깎는다. 코와 심장이 나빠지고 양기가 부족하며 귀가 나빠진다.

③의 화산려괘(火山旅卦)에서는 命이 길고 財物이 있다. 그러나 벼슬이 없고 兄弟와 女兒를 害친다.

④의 뇌지예괘(雷地豫卦)에서는 世未가 空亡이니 事故가 나고 短命한다. 財物이 傷하고 兄弟를 害친다.

⑤의 풍천소축괘(風天小畜卦)에서는 命이 길고 父母는 성공장수(成功長壽)한다. 그러나 벼슬이 없고 財物을 傷하고 兄弟를 害친다.

⑥의 수택절괘(水澤節卦)에서는 命이 길고 財物이 있으며 벼슬을 한다. 父母 兄弟 子孫이 모두 성공장수(成功長壽)하는 이름이 된다.

⑦의 산화비괘(山火賁卦)에서는 命은 보통이고 財物이 있고 벼슬도 한다. 그러나 자손으로 근심이 있다.

⑧의 지뢰복괘(地雷復卦)에서는 命이 길고 財物이 많으며 벼슬을 한다. 兄弟와 子孫도 安康하여 행복한 이름이 된다.

庚寅日生
① 의 천풍구괘(天風姤卦)에서는 命이 길고 父母는 健康長壽한다. 그러나 財物이 없고 벼슬을 깎으며 子孫 女兄弟를 해친다.
② 의 택수곤괘(澤水困卦)에서는 命은 보통이고 財物이 조금 있으며 父母는 安康하다. 그러나 벼슬을 깎고 자손과 兄弟를 害친다.
③ 의 화산려괘(火山旅卦)에서는 命이 길고 財物이 있다. 그러나 벼슬이 없고 兄弟를 해친다.
④ 의 뇌지예괘(雷地豫卦)에서는 世未가 空亡이니 事故가 나고 短命한다. 財物을 傷하고 子孫을 해친다.
⑤ 의 풍천소축괘(風天小畜卦)에서는 命이 길고 재물은 조금 있다. 그러나 벼슬이 없고 처궁(妻宮)이 불안하다.
⑥ 의 수택절괘(水澤節卦)에서는 命이 길고 벼슬을 하고 財物이 조금이 있다. 父母 兄弟 子孫은 安康하나 큰 성공이 없다.
⑦ 의 산화비괘(山火賁卦)에서는 命은 보통이고 財物과 벼슬이 조금 있다. 그러나 子孫의 근심이 있다.
⑧ 의 지뢰복괘(地雷復卦)에서는 命이 길고 財物이 있으며 벼슬을 하여 행복한 이름이 된다.

辛卯日生
① 의 천풍구괘(天風姤卦)에서는 命이 길고 벼슬도 조금 한다. 父母 兄弟 子孫이 모두 안강(安康)하나 財物이 조금 부족하다.
② 의 택수곤괘(澤水困卦)에서는 命이 길고 재물도 조금 있다. 父母 兄弟 子孫이 모두 安康하나 재물이 부족하다.
③ 의 화산려괘(火山旅卦)에서는 命이 길고 財物은 조금 있다. 父母 兄弟 子孫이 모두 安康하나 벼슬을 깎는다.
④ 의 뇌지예괘(雷地豫卦)에서는 世未가 空亡이니 事故가 나고 短命한다. 財物을 傷하고 벼슬을 깎으며 子孫을 해친다.
⑤ 의 풍천소축괘(風天小畜卦)에서는 命이 길고 父母 兄弟 子孫

은 안강(安康)하다. 그러나 벼슬이 없고 財物을 傷하며 妻를 해친다.
　⑥의 수택절괘(水澤節卦)에서는 命은 보통이고 벼슬과 財物도 조금씩 있다. 그러나 父母를 해친다.
　⑦의 산화비괘(山火賁卦)에서는 命은 보통이고 벼슬과 재물은 조금씩 있다. 그러나 子孫의 근심이 있다.
　⑧의 지뢰복괘(地雷復卦)에서는 命이 길고 벼슬도 높으며 재물이 많다. 子孫은 성공하고 兄弟도 安康하여 행복한 吉名이 된다.

壬辰日生
　①의 천풍구괘(天風姤卦)에서는 命은 보통이고 子孫은 성공한다. 父母 兄弟도 安康하나 벼슬을 깎고 財物이 없어 파란이 있다.
　②의 택수곤괘(澤水困卦)에서는 命이 길고 財物이 있으며 자손은 성공한다. 父母 兄弟도 安康하다. 그러나 벼슬을 깎아 파란이 있다.
　③의 화산려괘(火山旅卦)에서는 命은 보통이고 財物이 있다. 子孫은 安康하다. 그러나 벼슬이 없고 형제를 해친다.
　④의 뇌지예괘(雷地豫卦)에서는 世未가 空亡이니 事故가 나고 短命한다. 財物을 傷하고 자손을 해친다.
　⑤의 풍천소축괘(風天小畜卦)에서는 世子가 양인(羊刃)이니 事故가 나서 몸을 다쳐 手術을 하고 短命한다. 父母와 子孫과 妻를 해친다.
　⑥의 수택절괘(水澤節卦)에서는 世巳가 劫殺이니 事故가 나고 短命한다. 財物을 傷하고 小腸과 이가 나빠진다.
　⑦의 산화비괘(山火賁卦)에서는 命이 길고 벼슬을 하며 財物이 있어 무난(無難)한 이름이 된다.
　⑧의 지뢰복괘(地雷復卦)에서는 世子가 양인(羊刃)이니 事故가 나서 몸을 다치고 手術을 하고 財物이 상한다. 신장이 나빠지고 양기(陽氣)를 죽인다.

癸巳日生
　①의 천풍구괘(天風姤卦)에서는 命은 보통이나 財物이 없고 벼슬

을 깎아 파란이 있다.

②의 택수곤괘(澤水困卦)에서는 世寅이 劫殺이니 事故가 나고 短命한다. 財物을 상하고 벼슬을 깎는다. 코(鼻)·귀(耳)·심장(心臟)이 나빠지고 陽氣도 죽인다.

③의 화산려괘(火山旅卦)에서는 命은 보통이고 財物이 있다. 그러나 벼슬이 없고 형제를 해친다.

④의 뇌지예괘(雷地豫卦)에서는 世未가 空亡이니 事故가 나고 短命한다. 財物을 傷하고 子孫을 害친다.

⑤의 풍천소축괘(風天小畜卦)에서는 命이 길고 父母 兄弟 子孫은 모두 성공한다. 그러나 벼슬이 없다. 財物을 傷하고 妻를 해친다.

⑥의 수택절괘(水澤節卦)에서는 命이 길고 재물이 있으며 벼슬을 한다. 父母 兄弟 子孫이 모두 안강(安康)하다. 그러나 큰 성공은 없다.

⑦의 산화비괘(山火賁卦)에서는 命이 길고 벼슬이 높으며 재물도 많다. 그러나 子孫이 빠져 있다.

⑧의 지뢰복괘(地雷復卦)에서는 命이 길고 財物도 많으며 벼슬을 한다. 父母 兄弟 子孫이 모두 安康하여 행복한 이름이 된다.

甲午日生

①의 천풍구괘(天風姤卦)에서는 命이 길고 벼슬도 하나 財物이 없다. 子孫을 害치며 파란이 많은 이름이 된다.

②의 택수곤괘(澤水困卦)에서는 命이 길고 財物이 있으며 벼슬을 한다. 父母德도 있다. 그러나 子孫을 해치고 한때 실패하는 등 파란이 있다.

③의 화산려괘(火山旅卦)에서는 世辰이 空亡이 되니 短命한다. 子孫을 해치며 벼슬이 없는 이름이다.

④의 뇌지예괘(雷地豫卦)에서는 命이 길고 財物이 많으며 벼슬도 하며 비교적 健康하다. 그러나 兄弟를 조금 해친다.

⑤의 풍천소축괘(風天小畜卦)에서는 命이 길고 父母德이 있다. 그러나 벼슬이 없고 財物을 조금 傷하고 子孫을 害친다. 肝과 小腸

이 조금 약해진다.

⑥의 수택절괘(水澤節卦)에서는 世巳가 空亡이니 短命한다. 자손을 害치고 肝·小腸·이(齒)가 나빠진다.

⑦의 산화비괘(山火賁卦)에서는 世卯가 양인(羊刃)이므로 短命한다. 肝과 눈이 나빠진다.

⑧의 지뢰복괘(地雷復卦)에서는 命이 길고 財物이 많으며 벼슬도 높다. 子孫은 성공하여 행복한 이름이 된다.

乙未日生

①의 천풍구괘(天風姤卦)에서는 命은 보통이고 벼슬이 있다. 父母 兄弟 子孫은 安康하다. 그러나 財物이 없다.

②의 택수곤괘(澤水困卦)에서는 命이 길고 財物이 있으며 벼슬을 한다. 兄弟와 子孫은 안강(安康)하다. 그러나 아버지를 해친다.

③의 화산려괘(火山旅卦)에서는 世辰이 空亡이니 事故가 나고 短命한다. 벼슬이 없고 子孫을 해친다.

④의 뇌지예괘(雷地豫卦)에서는 命이 길고 財物이 있으며 벼슬을 한다. 건강하고 형제와 子孫이 성공하여 행복한 이름이 된다.

⑤의 풍천소축괘(風天小畜卦)에서는 命이 길고 재물이 조금 있다. 父母 兄弟가 成功하나 벼슬이 없고 子孫을 해친다.

⑥의 수택절괘(水澤節卦)에서는 世巳가 空亡이니 사고가 나고 短命한다. 財物을 傷하고 父母를 해친다. 이가 나빠지고 소장(小腸)이 약해지는 흉명(凶名)이 된다.

⑦의 산화비괘(山火賁卦)에서는 命이 길고 벼슬을 하며 재물이 있다. 그러나 子孫의 근심이 있다.

⑧의 지뢰복괘(地雷復卦)에서는 命이 길고 財物이 많으며 벼슬을 한다. 兄弟와 子孫도 安康하여 幸福한 이름이 된다.

丙申日生

①의 천풍구괘(天風姤卦)에서는 命은 보통이고 父母 兄弟 子孫

은 안강(安康)하다. 그러나 벼슬을 깎고 財物이 없는 이름이 된다.

② 의 택수곤괘(澤水困卦)에서는 命은 보통이고 財物이 조금 있다. 父母 兄弟 子孫이 모두 성공장수(成功長壽)한다. 그러나 벼슬을 깎아 직업이 불안하다.

③ 의 화산려괘(火山旅卦)에서는 世辰이 空亡이니 事故가 나고 短命한다. 子孫과 兄弟를 해치고 벼슬이 없다.

④ 의 뇌지예괘(雷地豫卦)에서는 命이 길며 財物과 벼슬이 있다. 그러나 子孫을 해친다.

⑤ 의 풍천소축괘(風天小畜卦)에서는 命은 보통이나 財物을 깎고 자손을 해치며 벼슬이 없다.

⑥ 의 수택절괘(水澤節卦)에서는 世巳가 空亡이고 劫殺까지 되니 事故가 나고 短命한다. 財物을 傷한다. 이가 나빠지고 小腸이 약해지며 손발을 자주 다치는 흉명(凶名)이 된다.

⑦ 의 산화비괘(山火賁卦)에서는 命이 길고 벼슬을 하고 財物도 있다. 그러나 자손을 해친다.

⑧ 의 지뢰복괘(地雷復卦)에서는 命이 길고 財物이 많으며 벼슬도 한다. 오복(五福)을 두루 갖추어 행복한 이름이 된다.

丁酉日生

① 의 천풍구괘(天風姤卦)에서는 命은 보통이고 벼슬을 하고 자손과 형제는 성공한다. 父母도 安康하다. 그러나 財物이 없다.

② 의 택수곤괘(澤水困卦)에서는 世寅이 劫殺이니 事故가 나도 短命한다. 財物을 傷하고 父母를 害친다. 귀와 코가 나빠지고 陽氣를 죽인다.

③ 의 화산려괘(火山旅卦)에서는 世辰이 空亡이 되니 事故가 나고 短命한다. 子孫과 女兄弟를 해치고 벼슬이 없다.

④ 의 뇌지예괘(雷地豫卦)에서는 命이 길고 財物이 있으며 벼슬을 하며 子孫도 成功하는 등 오복(五福)을 두루 갖춘 길명(吉名)이 된다.

⑤의 풍천소축괘(風天小畜卦)에서는 命은 보통이나 兄弟와 子孫을 해친다. 財物을 傷하고 벼슬이 없어 파란이 있다.

⑥의 수택절괘(水澤節卦)에서는 世가 空亡이니 事故가 나고 短命한다. 財物이 상한다. 이가 나빠지고 소장(小腸)이 약해지고 손발을 자주 다치는 凶名이 된다.

⑦의 산화비괘(山火賁卦)에서는 命이 길고 財物이 있으며 건강하다. 그러나 子孫의 근심이 있다.

⑧의 지뢰복괘(地雷復卦)에서는 命이 길고 財物이 많으며 벼슬을 한다. 자손이 성공하는 등 五福을 두루 갖춘 吉名이 된다.

戊戌日生

①의 천풍구괘(天風姤卦)에서는 命이 길고 父母는 장수강녕(長壽康寧)하다. 그러나 財物이 없고 벼슬을 깎아 파란이 있다. 子孫과 兄弟도 해친다.

②의 택수곤괘(澤水困卦)에서는 命이 보통이고 財物은 조금 있다. 그러나 벼슬을 깎고 子孫을 해치며 파란이 많다.

③의 화산려괘(火山旅卦)에서는 世辰이 空亡이니 事故가 나고 短命한다. 벼슬이 없고 子孫과 兄弟를 해치는 凶名이 된다.

④의 뇌지예괘(雷地豫卦)에서는 命이 길고 財物이 많으며 벼슬을 하며 오복(五福)을 두루 갖춘 길명(吉名)이 된다.

⑤의 풍천소축괘(風天小畜卦)에서는 命이 보통이고 財物이 있다. 그러나 벼슬이 없고 子孫을 해친다.

⑥의 수택절괘(水澤節卦)에서는 世巳가 공망(空亡)이니 事故가 나고 短命한다. 財物을 傷한다. 이(齒)와 소장(小腸)이 나빠지는 흉명(凶名)이 된다.

⑦의 산화비괘(山火賁卦)에서는 命은 보통이고 벼슬을 한다. 그러나 財物을 조금 傷하고 子孫의 근심이 있다.

⑧의 지뢰복괘(地雷復卦)에서는 命이 길고 財物이 있으며 벼슬을 하며 五福을 모두 갖춘 吉名이다.

己亥日生

① 의 천풍구괘(天風姤卦)에서는 命이 길고 벼슬을 하며 父母도 安康하다. 그러나 財物이 없어 파란이 있다.

② 의 택수곤괘(澤水困卦)에서는 命은 보통이고 벼슬을 하고 재물도 조금 있다. 그러나 父母를 해치고 파란이 있다.

③ 의 화산려괘(火山旅卦)에서는 世辰이 空亡이니 事故가 나고 短命한다. 子孫과 兄弟를 해치는 흉명(凶名)이 된다.

④ 의 뇌지예괘(雷地豫卦)에서는 命이 길고 재물이 있으며 벼슬을 한다. 子孫은 성공하는 등 행복하고 건강한 吉名이 된다.

⑤ 의 풍천소축괘(風天小畜卦)에서는 命이 길고 財物이 조금 있다. 父母와 兄弟는 안강(安康)하다. 그러나 子孫을 해치고 벼슬이 없다.

⑥ 의 수택절괘(水澤節卦)에서는 世巳가 空亡이 되니 事故가 나고 短命한다. 財物을 傷한다. 이와 小腸이 나빠지는 흉명(凶名)이 된다.

⑦ 의 산화비괘(山火賁卦)에서는 命은 보통이고 財物이 있으며 벼슬도 한다. 그러나 子孫의 근심이 있다.

⑧ 의 지뢰복괘(地雷復卦)에서는 命이 길고 재물이 많으며 오복(五福)을 갖춘 吉名이 된다.

庚子日生

① 의 천풍구괘(天風姤卦)에서는 命이 길고 벼슬을 한다. 父母 兄弟 子孫은 안강(安康)하다. 그러나 財物이 없어 파란이 있다.

② 의 택수곤괘(澤水困卦)에서는 命은 보통이고 벼슬을 한다. 그러나 財物이 조금 상하고 몸을 다칠 수 있고 파란이 있다.

③ 의 화산려괘(火山旅卦)에서는 世辰이 空亡이 되니 事故가 나고 短命한다. 벼슬이 없고 자손과 兄弟를 해치는 凶名이 된다.

④ 의 뇌지예괘(雷地豫卦)에서는 命이 길고 財物이 많으며 벼슬을 한다. 健康하고 五福이 갖추어진 길명(吉名)이 된다.

⑤ 의 풍천소축괘(風天小畜卦)에서는 命이 길고 財物도 조금 있다. 父母도 安康하다. 그러나 벼슬이 없어 파란이 있고 子孫을 해친다.

⑥의 수택절괘(水澤節卦)에서는 世巳가 空亡이고 劫殺이니 사고가 나고 短命한다. 財物을 傷하고 이와 小腸이 나빠지는 凶名이 된다.
⑦의 산화비괘(山火賁卦)에서는 命은 보통이고 벼슬을 하며 재물도 있다. 그러나 子孫의 근심이 있다.
⑧의 지뢰복괘(地雷復卦)에서는 命이 길고 財物이 많으며 벼슬을 하며 五福을 구비한 吉名이 된다.

辛丑日生
①의 천풍구괘(天風姤卦)에서는 命이 길고 벼슬을 한다. 그러나 財物이 없어 파란이 많다.
②의 택수곤괘(澤水困卦)에서는 世寅劫殺이니 事故에 短命한다. 財物을 傷하고 父母를 해친다. 코·귀가 나빠지고 陽氣를 죽인다.
③의 화산려괘(火山旅卦)에서는 世辰이 空亡이니 事故가 나고 短命한다. 子孫과 女兄弟를 害치고 벼슬이 없다.
④의 뇌지예괘(雷地豫卦)에서는 命이 길고 財物이 있으며 벼슬을 하며 健康하다. 子孫도 성공하여 五福이 갖추어진 행복한 이름이 된다.
⑤의 풍천소축괘(風天小畜卦)에서는 命이 길고 財物은 조금 있다. 그러나 벼슬이 없고 子孫과 兄弟를 해친다.
⑥의 수택절괘(水澤節卦)에서는 世巳가 空亡이 되니 事故가 나고 短命한다. 財物을 傷한다. 이와 小腸이 나빠지고 손발을 자주 다치는 흉명(凶名)이 된다.
⑦의 산화비괘(山火賁卦)에서는 命은 보통이고 벼슬을 하고 재물도 있다. 그러나 子孫의 근심이 있다.
⑧의 지뢰복괘(地雷復卦)에서는 命이 길고 財物이 있으며 벼슬도 높다. 子孫도 성공하는 吉名이 된다.

壬寅日生
①의 천풍구괘(天風姤卦)에서는 命은 보통이고 벼슬이 있다. 그러나 財物이 없어 파란이 있다.

②의 택수곤괘(澤水困卦)에서는 命이 길고 財物도 조금 있으며 벼슬도 한다. 그러나 父母와 子孫을 해친다.

③의 화산려괘(火山旅卦)에서는 世辰이 空亡이니 事故가 나고 短命하며 벼슬이 없다. 자손과 女兄弟를 해친다.

④의 뇌지예괘(雷地豫卦)에서는 命도 길고 財物이 있으며 벼슬을 한다. 子孫과 兄弟도 成功하며 五福이 갖추어져 행복하고 건강한 吉名이 된다.

⑤의 풍천소축괘(風天小畜卦)에서는 世子가 양인(羊刃)이므로 事故가 나고 몸을 다쳐 手術을 하고 短命한다. 벼슬이 없고 父母와 자손을 해친다.

⑥의 수택절괘(水澤節卦)에서는 世巳가 空亡이므로 事故가 나고 短命한다. 財物이 상하고 형제를 해친다. 이와 소장이 나빠지는 凶名이 된다.

⑦의 산화비괘(山火賁卦)에서는 命이 길고 벼슬은 높으며 재물도 많다. 그러나 子孫의 근심이 있다.

⑧의 지뢰복괘(地雷復卦)에서는 世子가 양인(羊刃)이니 事故가 나서 短命한다. 財物을 傷하고 陽氣를 죽이는 凶名이 된다.

癸卯日生

①의 천풍구괘(天風姤卦)에서는 命은 보통이고 벼슬을 한다. 父母와 子孫은 安康하다. 그러나 財物이 없고 형제를 해친다.

②의 택수곤괘(澤水困卦)에서는 命이 길고 財物이 있으며 벼슬도 한다. 그러나 아버지를 해친다.

③의 화산려괘(火山旅卦)에서는 世辰이 空亡이니 事故가 나고 短命한다. 子孫과 女兄弟를 해치는 이름이 된다.

④의 뇌지예괘(雷地豫卦)에서는 命이 길고 재물이 있으며 벼슬을 한다. 子孫과 兄弟도 성공하는 平吉한 이름이 된다.

⑤의 풍천소축괘(風天小畜卦)에서는 命이 길고 財物이 있으며 부모 형제는 성공한다. 그러나 벼슬이 없고 子孫을 조금 해친다.

⑥의 수택절괘(水澤節卦)에서는 世巳가 空亡이니 事故가 나고 短命한다. 財物을 傷한다. 이와 小腸이 나빠지며 파란이 많은 凶名이 된다.

⑦의 산화비괘(山火賁卦)에서는 命이 길고 벼슬을 하며 財物이 있다. 그러나 子孫의 근심이 있다.

⑧의 지뢰복괘(地雷復卦)에서는 命이 길고 財物이 많으며 벼슬이 높다. 子孫과 兄弟도 성공하여 행복한 이름이 된다.

甲辰日生

①의 천풍구괘(天風姤卦)에서는 命이 길고 벼슬이 있으며 父母德과 人德도 있다. 그러나 財物이 없어 파란이 있다.

②의 택수곤괘(澤水困卦)에서는 世寅이 空亡이 되니 短命하고 財物이 상한다. 담(膽)과 신경(神經)을 약하게 하고 귀를 나쁘게 한다.

③의 화산려괘(火山旅卦)에서는 財物이 있고 子孫도 있다. 그러나 가끔 몸을 다치고 벼슬이 없다.

④의 뇌지예괘(雷地豫卦)에서는 命이 길고 재물이 있으며 벼슬을 한다. 子孫도 성공하는 좋은 이름이 된다.

⑤의 풍천소축괘(風天小畜卦)에서는 命이 길고 財物이 있다. 그러나 子孫과 兄弟를 害친다. 담(膽)·간(肝)·소장(小腸)이 조금 약해지고 신경(神經)도 약해진다.

⑥의 수택절괘(水澤節卦)에서는 世巳가 劫殺이니 短命하고 財物과 子孫을 害한다. 肝·小腸·이가 나빠진다.

⑦의 산화비괘(山火賁卦)에서는 世卯가 空亡이니 短命하고 벼슬을 깎는다. 肝·눈·뇌신경(腦神經)이 약해진다.

⑧의 지뢰복괘(地雷復卦)에서는 命이 길고 財物도 많으며 자손과 형제가 성공한다. 건강하고 행복하게 사는 이름이 된다.

乙巳日生

①의 천풍구괘(天風姤卦)에서는 命이 길고 벼슬을 한다. 父母 兄

弟 子孫이 모두 안강(安康)하다. 그러나 財物이 없어 파란이 있다.

② 의 택수곤괘(澤水困卦)에서는 世寅이 空亡이고 劫殺이 되니 事故가 나고 短命한다. 財物을 傷한다. 귀와 코가 나빠지고 양기도 죽이는 흉명(凶名)이 된다.

③ 의 화산려괘(火山旅卦)에서는 命은 보통이고 財物이 있다. 兄弟와 子孫도 安康하다. 그러나 벼슬이 없어 파란이 있다.

④ 의 뇌지예괘(雷地豫卦)에서는 命이 길고 財物이 있으며 벼슬도 높다. 子孫과 兄弟는 안강(安康)하며 오복(五福)을 갖춘 행복한 길명(吉名)이 된다.

⑤ 의 풍천소축괘(風天小畜卦)에서는 命이 길고 財物이 있으며 父母와 子孫은 안강(安康)하다. 그러나 벼슬이 없고 형제를 해친다.

⑥ 의 수택절괘(水澤節卦)에서는 命이 길고 재물이 있으며 벼슬을 한다. 父母 兄弟는 성공한다. 그러나 子孫을 해친다.

⑦ 의 산화비괘(山火賁卦)에서는 世卯가 空亡이니 事故가 나고 短命한다. 벼슬을 깎으며 눈이 나빠지고 肝이 나빠지는 흉명(凶名)이 된다.

⑧ 의 지뢰복괘(地雷復卦)에서는 命이 길고 財物이 많으며 형제와 자손은 安康하여 행복한 이름이 된다.

丙午日生

① 의 천풍구괘(天風姤卦)에서는 命은 보통이고 형제와 자손은 성공한다. 父母는 안강(安康)하다. 그러나 財物이 없고 벼슬을 깎아 직업이 불안하고 파란이 많다.

② 의 택수곤괘(澤水困卦)에서는 世寅이 空亡이니 事故가 나고 短命한다. 財物을 傷하고 벼슬을 깎으며 자손과 妻를 해친다. 귀와 코가 나빠지고 파란이 많은 흉명(凶名)이 된다.

③ 의 화산려괘(火山旅卦)에서는 命이 길고 財物이 있으며 자손은 安康하다. 그러나 벼슬이 없고 형제를 해친다.

④ 의 뇌지예괘(雷地豫卦)에서는 命이 길고 財物이 있으며 벼슬을

한다. 兄弟도 성공하여 오복(五福)을 갖춘 길명(吉名)이 된다.
⑤의 풍천소축괘(風天小畜卦)에서는 命은 보통이고 財物은 조금 있다. 子孫은 성공하고 부모는 安康하다. 그러나 벼슬이 없고 형제를 해친다.
⑥의 수택절괘(水澤節卦)에서는 명이 길고 벼슬을 하며 재물이 많다. 그러나 자손을 해친다.
⑦의 산화비괘(山火賁卦)에서는 世卯가 空亡이니 事故가 나고 短命한다. 벼슬을 깎아 직업이 불안하고 財物을 傷한다. 눈과 肝이 나빠지는 凶名이 된다.
⑧의 지뢰복괘(地雷復卦)에서는 命은 보통이고 財物이 있으며 벼슬을 한다. 자손도 성공하여 행복한 이름이 된다.

丁未日生

①의 천풍구괘(天風姤卦)에서는 命은 보통이고 벼슬을 하며 父母 兄弟 子孫이 모두 안강(安康)하다. 그러나 財物이 없어 파란이 있다.
②의 택수곤괘(澤水困卦)에서는 命이 길고 財物이 있으며 벼슬을 한다. 父母 兄弟 子孫이 모두 成功하고 안강(安康)하다. 그러나 큰 것은 없다.
③의 화산려괘(火山旅卦)에서는 命이 길고 財物이 있으며 형제와 자손도 安康하다. 그러나 벼슬이 없다.
④의 뇌지예괘(雷地豫卦)에서는 命이 길고 財物이 있으며 벼슬을 한다. 子孫도 성공하여 행복한 이름이 된다.
⑤의 풍천소축괘(風天小畜卦)에서는 命은 보통이고 財物이 있다. 그러나 벼슬이 없고 형제를 해친다.
⑥의 수택절괘(水澤節卦)에서는 命이 길고 財物이 있으며 벼슬도 한다. 그러나 子孫과 父母를 해친다.
⑦의 산화비괘(山火賁卦)에서는 世卯가 空亡이니 事故가 나고 短命한다. 벼슬을 깎아 직업이 불안하다. 눈과 肝이 나빠지는 凶名이다.
⑧의 지뢰복괘(地雷復卦)에서는 命이 길고 財物이 있으며 벼슬을

한다. 子孫이 성공하고 兄弟도 안강(安康)하여 행복한 이름이 된다.

戊申日生
① 의 천풍구괘(天風姤卦)에서는 命이 길고 父母 兄弟 子孫은 安康하다. 그러나 財物이 없고 벼슬을 깎아 직업이 불안하다.

② 의 택수곤괘(澤水困卦)에서는 世寅이 空亡이니 事故가 나고 短命한다. 財物을 傷하고 벼슬을 깎는다. 귀와 코가 나빠지고 양기(陽氣)를 죽이는 흉명(凶名)이 된다.

③ 의 화산려괘(火山旅卦)에서는 命이 길고 財物이 있으며 자손도 성공한다. 그러나 벼슬이 없고 형제를 해친다.

④ 의 뇌지예괘(雷地豫卦)에서는 命이 길고 財物이 많으며 벼슬은 높다. 子孫도 성공하여 행복한 이름이 된다.

⑤ 의 풍천소축괘(風天小畜卦)에서는 命은 보통이고 財物이 있다. 그러나 벼슬이 없고 子孫과 兄弟를 害친다.

⑥ 의 수택절괘(水澤節卦)에서는 世巳가 空亡이니 事故가 나고 短命한다. 財物을 傷하고 子孫을 해친다. 이와 소장(小腸)이 나빠지는 흉명(凶名)이다.

⑦ 의 산화비괘(山火賁卦)에서는 世卯가 空亡이니 사고가 나고 短命한다. 벼슬을 상하여 직업이 불안하다. 눈과 肝이 나빠진다.

⑧ 의 지뢰복괘(地雷復卦)에서는 命이 길고 財物이 많으며 벼슬을 한다. 兄弟와 子孫도 성공하여 행복한 吉名이 된다.

己酉日生
① 의 천풍구괘(天風姤卦)에서는 命이 길고 벼슬을 한다. 父母 兄弟 子孫은 안강(安康)하다. 그러나 財物이 없어 파란이 있다.

② 의 택수곤괘(澤水困卦)에서는 世寅이 空亡이고 劫殺까지 되니 事故가 나고 短命한다. 財物을 傷하며 귀와 코가 나빠지고 양기를 죽인다.

③ 의 화산려괘(火山旅卦)에서는 命이 길고 財物이 있으며 子孫

과 兄弟도 成功하고 안강(安康)하다. 그러나 벼슬을 깎는다.

④의 뇌지예괘(雷地豫卦)에서는 命이 길고 財物이 있으며 벼슬도 크다. 子孫도 성공하여 幸福한 이름이 된다.

⑤의 풍천소축괘(風天小畜卦)에서는 命이 길고 財物이 있다. 그러나 벼슬이 없고 형제를 해친다.

⑥의 수택절괘(水澤節卦)에서는 命이 길고 財物이 있으며 벼슬을 한다. 父母 兄弟는 성공한다. 그러나 子孫을 해친다.

⑦의 산화비괘(山火賁卦)에서는 世卯가 空亡이니 事故가 나고 短命한다. 벼슬을 상하여 직업이 불안하며 눈과 肝이 나빠지는 凶名이 된다.

⑧의 지뢰복괘(地雷復卦)에서는 命이 길고 財物이 많은 오복(五福)을 갖춘 길명(吉名)이 된다.

庚戌日生

①의 천풍구괘(天風姤卦)에서는 命이 길고 벼슬이 있다. 父母 兄弟는 성공하나 재물이 없다. 子孫을 해친다.

②의 택수곤괘(澤水困卦)에서는 世寅이 空亡이니 事故가 나고 短命한다. 財物을 傷하고 子孫과 兄弟를 해친다. 귀와 코가 나빠지는 凶名이다.

③의 화산려괘(火山旅卦)에서는 命이 길고 재물이 있으며 자손과 형제도 安康하다. 그러나 벼슬을 깎는다.

④의 뇌지예괘(雷地豫卦)에서는 命이 길고 財物이 많으며 벼슬도 높다. 子孫도 安康하여 행복한 이름이 된다.

⑤의 풍천소축괘(風天小畜卦)에서는 命이 길고 재물이 있다. 그러나 벼슬이 없고 형제를 해친다.

⑥의 수택절괘(水澤節卦)에서는 命은 보통이고 재물이 있으며 벼슬도 한다. 그러나 자손을 해친다.

⑦의 산화비괘(山火賁卦)에서는 世卯가 空亡이니 事故가 나고 短命한다. 벼슬을 깎고 財物이 傷하며 눈과 肝이 나빠지는 凶名이 된다.

⑧의 지뢰복괘(地雷復卦)에서는 命이 길고 財物이 있으며 벼슬을 하는 안락(安樂)한 이름이 된다.

辛亥日生

①의 천풍구괘(天風姤卦)에서는 命이 길고 벼슬을 한다. 父母 兄弟 子孫도 안강(安康)하다. 그러나 財物이 없다.

②의 택수곤괘(澤水困卦)에서는 世寅이 空亡이니 事故가 나고 短命한다. 財物을 傷하며 귀와 코도 나빠지는 흉명(凶名)이 된다.

③의 화산려괘(火山旅卦)에서는 命이 길고 財物이 있다. 자손과 형제도 安康하다. 그러나 財物이 없다.

④의 뇌지예괘(雷地豫卦)에서는 命이 길고 財物이 있으며 자손도 성공하여 행복한 이름이 된다.

⑤의 풍천소축괘(風天小畜卦)에서는 命이 길고 재물이 있다. 그러나 벼슬이 없고 형제를 해친다.

⑥의 수택절괘(水澤節卦)에서는 命은 보통이고 財物과 벼슬은 조금씩 있다. 그러나 子孫과 父母를 해친다.

⑦의 산화비괘(山火賁卦)에서는 世卯가 空亡이니 事故가 나고 短命한다. 벼슬이 상하여 직업이 불안하다. 눈과 肝이 나빠지는 凶名이 된다.

⑧의 지뢰복괘(地雷復卦)에서는 命이 길고 財物이 많으며 벼슬이 높다. 子孫이 성공(成功)하는 등 오복(五福)을 모두 갖춘 행복(幸福)한 이름이 된다.

壬子日生

①의 천풍구괘(天風姤卦)에서는 命은 보통이고 벼슬이 있다. 子孫은 성공하고 父母 兄弟도 안강(安康)하다. 그러나 財物이 부족하여 파란이 있다.

②의 택수곤괘(澤水困卦)에서는 世寅이 空亡이니 事故가 나고 短命하며 財物을 傷한다. 귀와 코가 나빠지고 양기(陽氣)도 죽이는 흉

명(凶名)이 된다.

③의 화산려괘(火山旅卦)에서는 命은 보통이고 財物은 있으며 子孫과 兄弟는 안강하다. 그러나 벼슬이 없어 직업이 不安하다.

④의 뇌지예괘(雷地豫卦)에서는 命이 길고 財物이 있으며 벼슬을 하는 등 오복(五福)이 갖추어진 행복한 이름이 된다.

⑤의 풍천소축괘(風天小畜卦)에서는 世子가 양인(羊刃)이 되니 事故가 나고 몸을 다쳐 短命한다. 父母 兄弟를 해치고 벼슬이 없으며 子孫도 傷한다. 신장(腎臟)이 나빠지고 양기(陽氣)를 죽이는 凶名이 된다.

⑥의 수택절괘(水澤節卦)에서는 世巳가 劫殺이 되니 事故가 나고 短命한다. 재물을 깎고 子孫과 父母도 해친다. 이가 나빠지고 小腸이 약해지는 흉명(凶名)이 된다.

⑦의 산화비괘(山火賁卦)에서는 世卯가 空亡이니 事故가 나고 短命한다. 벼슬을 깎아 직업이 不安하며 눈과 肝이 나빠진다. 그리고 자손의 근심이 있는 흉명(凶名)이 된다.

⑧의 지뢰복괘(地雷復卦)에서는 世子가 양인(羊刃)이 되니 事故가 나고 短命한다. 財物이 상하고 벼슬을 깎는다. 신장이 나빠지고 양기를 죽인다.

癸丑日生

①의 천풍구괘(天風姤卦)에서는 命은 보통이고 벼슬을 한다. 父母 兄弟 子孫도 안강(安康)하다. 그러나 財物이 없어 파란이 있다.

②의 택수곤괘(澤水困卦)에서는 世寅이 空亡이 되고 劫殺이 되니 事故가 나고 短命한다. 財物을 傷하며 귀와 코가 나빠지고 양기를 죽이는 흉명(凶名)이 된다.

③의 화산려괘(火山旅卦)에서는 命은 보통이고 財物도 있다. 그러나 벼슬이 없어 파란이 있다.

④의 뇌지예괘(雷地豫卦)에서는 命이 길고 財物이 있으며 벼슬을 한다. 子孫도 성공하는 오복(五福)을 두루 갖춘 길명(吉名)이 된다.

⑤의 풍천소축괘(風天小畜卦)에서는 命이 길고 財物이 있으며 父母와 子孫은 성공한다. 그러나 벼슬이 없고 兄弟를 해치는 이름이 된다.

⑥의 수택절괘(水澤節卦)에서는 命이 길고 財物이 있으며 벼슬을 한다. 부모와 형제는 安康하다. 그러나 子孫을 해친다.

⑦의 산화비괘(山火賁卦)에서는 世卯가 空亡이니 事故가 나고 短命한다. 벼슬을 깎아 직업이 불안하다. 눈과 肝이 나빠지는 凶名이 된다.

⑧의 지뢰복괘(地雷復卦)에서는 命이 길고 財物이 많으며 벼슬을 한다. 子孫과 兄弟도 안강(安康)하여 행복한 이름이 된다.

甲寅日生

①의 천풍구괘(天風姤卦)에서는 世丑이 空亡이 되니 事故가 나고 短命한다. 실패가 많고 어머니와 子孫을 해친다. 재물이 없고 膀胱이 나빠지는 凶名이 된다.

②의 택수곤괘(澤水困卦)에서는 命이 길고 財物이 있으며 벼슬도 한다. 그러나 처(妻)와 子孫을 해치고 파란이 있는 이름이 된다.

③의 화산려괘(火山旅卦)에서는 財物이 있으며 처궁(妻宮)도 좋다. 그러나 벼슬이 없고 몸을 가끔 다칠 수 있다.

④의 뇌지예괘(雷地豫卦)에서는 命이 길고 財物이 있으며 자손은 성공한다. 비교적 건강하고 행복하게 보낼 이름이 된다.

⑤의 풍천소축괘(風天小畜卦)에서는 世子가 空亡이 되니 단명한다. 부모를 해치고 신장(腎臟)이 약해지며 양기(陽氣)도 부족하게 된다.

⑥의 수택절괘(水澤節卦)에서는 財物이 있으며 벼슬도 한다. 그러나 子孫과 兄弟를 해친다. 신장(腎臟)과 방광(膀胱)을 약하게 만든다.

⑦의 산화비괘(山火賁卦)에서는 世卯가 양인(羊双)이니 대수술(大手術)을 해야 하고 短命한다. 肝과 눈이 나빠지며 신장과 방광도 약해진다.

⑧의 지뢰복괘(地雷復卦)에서는 世子가 空亡이 되니 短命한다.

財物과 妻를 해친다. 신장이 나빠지고 양기(陽氣)가 부족하게 된다.

乙卯日生
① 의 천풍구괘(天風姤卦)에서는 世丑이 空亡이 되니 事故가 나고 短命한다. 방광이 나빠지고 파란이 많아 좋지않은 이름이 된다.

② 의 택수곤괘(澤水困卦)에서는 命이 길고 재물이 있으며 자손이나 형제도 성공하나 파란이 있다.

③ 의 화산려괘(火山旅卦)에서는 벼슬이 없고 命이 길지 못하며 財物과 兄弟도 害친다.

④ 의 뇌지예괘(雷地豫卦)에서는 命이 길고 財物이 많으며 형제나 자손은 성공하며 건강하여 행복한 이름이 된다.

⑤ 의 풍천소축괘(風天小畜卦)에서는 世子가 空亡이니 事故가 나고 短命한다. 벼슬이 없고 陽氣를 죽이며 父母도 해치는 좋지못한 이름이 된다.

⑥ 의 수택절괘(水澤節卦)에서는 世巳에 馬가 붙으니 몸을 다친다. 벼슬과 財物이 傷한다. 父母와 兄弟도 해친다.

⑦ 의 산화비괘(山火賁卦)에서는 命이 길고 벼슬을 한다. 그러나 子孫이 없고 재물과 형제를 해친다.

⑧ 의 지뢰복괘(地雷復卦)에서는 世子가 空亡이 되니 事故가 나고 短命한다. 財物을 傷하며 腎臟과 膀胱이 나빠져 陽氣가 부족하다.

丙辰日生
① 의 천풍구괘(天風姤卦)에서는 世丑이 空亡이 되니 事故가 나고 短命한다. 財物이 없고 벼슬도 깎는다. 방광이 약하고 심장이 나빠진다.

② 의 택수곤괘(澤水困卦)에서는 世寅에 馬가 붙으니 財物을 傷하고 몸을 다치며 벼슬을 깎는다.

③ 의 화산려괘(火山旅卦)에서는 命이 길고 財物이 있으며 자손도 성공한다. 그러나 벼슬이 없고 형제를 해친다.

④의 뇌지예괘(雷地豫卦)에서는 命이 길고 재물이 많으며 벼슬도 한다. 비교적 건강하고 성공하는 이름이 된다.

⑤의 풍천소축괘(風天小畜卦)에서는 世子가 空亡이니 사고가 나고 短命한다. 벼슬이 없고 부모와 자손을 해친다. 신장이 나빠지고 양기를 죽인다.

⑥의 수택절괘(水澤節卦)에서는 世巳가 劫殺이니 사고가 나고 단명한다. 재물을 깎는다. 이가 나빠지며 방광(膀胱)·소장(小腸)·허리가 약해진다.

⑦의 산화비괘(山火賁卦)에서는 命이 길고 벼슬을 하며 재물이 있다. 그러나 자손이 없다.

⑧의 지뢰복괘(地雷復卦)에서는 世子가 空亡이니 事故가 나고 단명한다. 재물을 깎는다. 腎臟이 나빠져 陽氣를 부족하게 한다.

丁巳日生

①의 천풍구괘(天風姤卦)에서는 世丑이 空亡이 되니 事故가 나고 短命한다. 재물이 없고 어머니를 해치며 방광이 나빠진다.

②의 택수곤괘(澤水困卦)에서는 世寅이 劫殺이니 事故가 나고 短命한다. 재물을 해치고 神經이 약해진다. 코가 나빠진다.

③의 화산려괘(火山旅卦)에서는 命이 길고 재물이 있다. 형제와 자손도 성공한다. 그러나 벼슬이 없다.

④의 뇌지예괘(雷地豫卦)에서는 命은 보통이고 재물이 있으며 벼슬도 한다. 자손이나 형제도 성공하는 이름이 된다.

⑤의 풍천소축괘(風天小畜卦)에서는 世子가 空亡이니 事故가 나고 단명하며 벼슬이 없다. 父母 兄弟를 해친다.

⑥의 수택절괘(水澤節卦)에서는 命이 길고 財物이 있다. 그러나 형제와 벼슬로 파란이 있다. 방광이 약하고 허리를 다칠 염려가 있다.

⑦의 산화비괘(山火賁卦)에서는 벼슬도 하고 재물도 있다. 그러나 子孫이 없다.

⑧의 지뢰복괘(地雷復卦)에서는 世子가 空亡이 되니 短命한다.

財物을 해친다. 腎臟과 膀胱이 약해지고 陽氣가 부족해진다.

戊午日生
① 의 천풍구괘(天風姤卦)에서는 世丑이 空亡이 드니 短命한다. 재물이 없으며 벼슬을 깎는다. 父母와 子孫을 해친다. 방광(膀胱)·삼초(三焦)·심장(心臟)이 약해진다.

② 의 택수곤괘(澤水困卦)에서는 命은 보통이고 재물은 조금 있다. 그러나 벼슬을 깎고 자손을 해친다. 심장과 삼초(三焦)가 약해진다.

③ 의 화산려괘(火山旅卦)에서는 命이 길고 財物이 있으며 자손과 형제는 성공한다. 그러나 벼슬이 없다.

④ 의 뇌지예괘(雷地豫卦)에서는 命이 길고 財物이 있으며 벼슬도 한다. 자손과 형제도 성공하며 건강하여 행복한 이름이 된다.

⑤ 의 풍천소축괘(風天小畜卦)에서는 世子가 空亡이니 事故가 나고 短命한다. 벼슬이 없고 신장이 나빠지며 양기를 죽인다.

⑥ 의 수택절괘(水澤節卦)에서는 命이 길고 財物이 있으며 벼슬도 한다. 그러나 父母 兄弟가 不安하다.

⑦ 의 산화비괘(山火賁卦)에서는 命은 보통이고 벼슬을 한다. 그러나 子孫이 없고 財物을 傷한다. 女兄弟를 害치며 신장과 방광이 나빠진다.

⑧ 의 지뢰복괘(地雷復卦)에서는 世子가 空亡이니 事故가 나고 短命한다. 財物을 傷하고 신장과 방광이 나빠진다.

己未日生
① 의 천풍구괘(天風姤卦)에서는 世丑이 空亡이 되니 短命하고 사고가 난다. 방광이 나빠지고 어머니를 害친다.

② 의 택수곤괘(澤水困卦)에서는 命은 보통이며 벼슬을 하며 재물도 있다. 그러나 파란이 있는 이름이다.

③ 의 화산려괘(火山旅卦)에서는 命이 길고 財物이 있으며 자손과 형제는 성공하고 건강하다. 그러나 벼슬이 없다.

④ 의 뇌지예괘(雷地豫卦)에서는 命은 보통이고 財物이 있으며 자

손과 형제도 성공하는 吉한 이름이 된다.

⑤의 풍천소축괘(風天小畜卦)에서는 世子가 空亡이 되니 단명한다. 신장이 나빠지고 양기를 죽인다. 父母와 子孫을 해친다.

⑥의 수택절괘(水澤節卦)에서는 世巳가 馬가 붙으니 몸을 다치고 재물과 벼슬을 깎는다. 父母 兄弟 子孫을 害치고 파란이 많다.

⑦의 산화비괘(山火賁卦)에서는 命은 보통이고 벼슬을 하며 재물도 있다. 그러나 子孫이 없고 兄弟를 害친다.

⑧의 지뢰복괘(地雷復卦)에서는 世子에 空亡이 되니 事故가 나서 短命한다. 財物을 깎고 兄弟를 해친다. 腎臟과 膀胱이 나빠지고 파란이 많은 이름이 된다.

庚申日生

①의 천풍구괘(天風姤卦)에서는 世丑이 空亡이 되니 事故가 나고 短命한다. 재물이 없고 어머니를 해친다. 방광도 나빠지는 凶名이 된다.

②의 택수곤괘(澤水困卦)에서는 命은 보통이고 재물과 벼슬은 조금씩 있다. 그러나 형제를 해친다.

③의 화산려괘(火山旅卦)에서는 命이 길고 財物이 있으며 자손은 성공한다. 그러나 벼슬이 없고 妻와 子孫을 해친다.

④의 뇌지예괘(雷地豫卦)에서는 命이 길고 財物이 많으며 벼슬은 높다. 五福을 모두 갖춘 행복한 이름이 된다.

⑤의 풍천소축괘(風天小畜卦)에서는 世子가 空亡이니 事故가 나고 短命한다. 벼슬이 없고 부모와 자손을 해친다. 신장이 나빠지고 양기를 죽이는 凶名이 된다.

⑥의 수택절괘(水澤節卦)에서는 世巳가 劫殺이니 事故가 나고 短命한다. 財物을 傷하여 失敗와 波乱이 많으며 兄弟를 해친다. 이(齒)와 小腸도 나빠지는 凶名이 된다.

⑦의 산화비괘(山火賁卦)에서는 命은 보통이고 벼슬과 재물이 조금씩 있다. 그러나 子孫의 근심이 있고 女兄弟를 해친다.

⑧ 의 지뢰복괘(地雷復卦)에서는 世子가 空亡이니 사고가 나고 短命한다. 財物을 傷하고 女兄弟와 妻를 해친다. 腎臟이 나빠지고 陽氣를 죽이는 이름이 된다.

辛酉日生
① 의 천풍구괘(天風姤卦)에서는 世丑이 空亡이니 事故가 나고 短命한다. 財物이 없고 어머니를 해치며 방광이 나빠지는 凶名이 된다.
② 의 택수곤괘(澤水困卦)에서는 世寅이 劫殺이니 事故가 나고 短命한다. 財物을 傷하고 失敗하여 파란이 많다. 귀와 코가 나빠지는 凶名이 된다.
③ 의 화산려괘(火山旅卦)에서는 命이 길고 財物이 있으며 자손과 형제도 성공한다. 그러나 벼슬이 없다.
④ 의 뇌지예괘(雷地豫卦)에서는 命이 길고 재물이 있으며 벼슬을 한다. 자손과 형제도 성공하여 행복한 이름이 된다.
⑤ 의 풍천소축괘(風天小畜卦)에서는 世子가 空亡이니 事故가 나고 短命한다. 벼슬이 없고 부모와 형제를 해친다. 신장이 나빠지고 양기를 죽이는 凶名이 된다.
⑥ 의 수택절괘(水澤節卦)에서는 命은 보통이고 재물이 있으며 벼슬도 조금 있다. 그러나 형제를 해친다.
⑦ 의 산화비괘(山火賁卦)에서는 命은 보통이고 재물과 벼슬도 조금씩 있다. 그러나 女兄弟를 해치고 子孫의 근심이 있다.
⑧ 의 지뢰복괘(地雷復卦)에서는 世子가 空亡이니 事故가 나고 短命한다. 財物을 傷하고 벼슬을 깎는다. 女兄弟와 妻를 해치고 腎臟이 나빠지며 陽氣를 죽인다.

壬戌日生
① 의 천풍구괘(天風姤卦)에서는 世丑이 空亡이니 事故가 나고 短命한다. 財物이 없고 父母와 子孫을 해친다. 방광(膀胱)도 나빠지는 凶名이 된다.

②의 택수곤괘(澤水困卦)에서는 命이 길고 財物과 벼슬이 조금씩 있다. 父母 兄弟 子孫이 안강(安康)하나 큰 성공이 없다.

③의 화산려괘(火山旅卦)에서는 命은 보통이고 財物이 있다. 그러나 벼슬이 없다. 兄弟와 子孫은 안강(安康)하다.

④의 뇌지예괘(雷地豫卦)에서는 命이 길고 財物이 있으며 벼슬을 한다. 子孫과 兄弟도 성공하여 행복한 이름이 된다.

⑤의 풍천소축괘(風天小畜卦)에서는 世子가 空亡이고 양인(羊刃)이니 事故가 나고 수술을 하며 短命한다. 벼슬이 없고 부모를 해친다. 신장이 나빠지고 양기를 죽이는 흉명이 된다.

⑥의 수택절괘(水澤節卦)에서는 命이 길고 財物이 있으며 벼슬도 조금 있다. 그러나 형제를 해친다.

⑦의 산화비괘(山火賁卦)에서는 命이 길고 벼슬을 하며 재물이 있다. 그러나 子孫과 女兄弟를 해친다.

⑧의 지뢰복괘(地雷復卦)에서는 世子가 空亡이 되고 羊刃이 되니 사고가 나고 短命한다. 財物을 傷하고 妻를 해친다. 신장이 나빠지고 양기를 죽이는 凶名이 된다.

癸亥日生

①의 천풍구괘(天風姤卦)에서는 世丑이 空亡이 되니 事故가 나고 短命한다. 재물이 없고 어머니와 男兄弟를 해치고 방광이 약해진다.

②의 택수곤괘(澤水困卦)에서는 財物과 벼슬도 조금씩 있으며 父母 兄弟 子孫은 安康하다. 그러나 큰 성공은 없다.

③의 화산려괘(火山旅卦)에서는 命은 보통이고 財物이 있으며 형제와 자손은 안강(安康)하다. 그러나 벼슬이 없다.

④의 뇌지예괘(雷地豫卦)에서는 命이 길고 財物이 있으며 벼슬도 한다. 兄弟와 子孫도 성공하여 행복한 이름이 된다.

⑤의 풍천소축괘(風天小畜卦)에서는 世子가 空亡이니 事故가 나고 短命한다. 벼슬이 없고 父母를 害친다. 신장(腎臟)이 나빠지고 양기(陽氣)를 죽인다.

⑥의 수택절괘(水澤節卦)에서는 命이 길고 재물이 있으며 벼슬도 한다. 그러나 兄弟를 해친다.

⑦의 산화비괘(山火賁卦)에서는 命이 길고 벼슬을 하며 재물이 있다. 그러나 子孫과 女兄弟를 해친다.

⑧의 지뢰복괘(地雷復卦)에서는 世子가 空亡이니 事故가 나고 短命한다. 財物이 傷하고 腎臟이 나빠지며 陽氣를 죽인다.

五劃數의 姓氏. 白 玉 玄 田 申 史氏
十三劃數의 姓氏. 慎氏 등

① 천뢰무망(天雷无妄) ② 택풍대과(澤風大過) ③ 화수미제(火水未濟) ④ 뇌산소과(雷山小過) ⑤ 풍지관(風地觀) ⑥ 수천수(水天需) ⑦ 산택손(山澤損) ⑧ 지화명이괘(地火明夷卦) 등이 있다.

①의 천뢰무망괘(天雷无妄卦)와 ⑤의 풍지관괘(風地觀卦)는 平吉하다. ②의 택풍대과(澤風大過) ③ 화수미제(火水未濟) ⑦ 산택손괘(山澤損卦)는 半凶半吉하다. ④ 뇌산소과괘(雷山小過卦)와 ⑧ 지화명이괘(地火明夷卦)는 凶하다.

甲子日生

①의 천뢰무망괘(天雷无妄卦)에서는 命이 길고 財物이 있으며 벼슬을 한다. 子孫과 兄弟도 성공하며 비교적 健康하다.

②의 택풍대과괘(澤風大過卦)에서는 世亥가 空亡이 되니 단명한다. 삼초(三焦)가 약하며 이가 나빠진다. 父母와 子孫도 해친다.

③의 화수미제괘(火水未濟卦)에서는 命이 길고 財物이 있으며 父母 兄弟 子孫德도 있다. 그러나 벼슬이 없고 약간의 파란이 있다.

④의 뇌산소과괘(雷山小過卦)에서는 命이 길고 벼슬을 한다. 그러나 財物과 子孫이 없다. 父母도 害치며 波乱이 많은 이름이 된다.

⑤의 풍지관괘(風地觀卦)에서는 命이 길고 父母德도 있다. 그러나 자손이 없고 財物과 벼슬을 깎았다. 소장(小腸)과 肝이 나빠진다.

⑥의 수천수괘(水天需卦)에서는 命이 길고 財物이 많으며 벼슬도

한다. 자손과 형제와 처덕(妻德)도 있으며 건강하고 행복하게 사는 이름이다.

⑦의 산택손괘(山澤損卦)에서는 命이 길고 財物이 있으며 벼슬도 있다. 그러나 子孫이 빠지고 父母를 害친다. 肝·小腸·大腸이 조금 나빠진다.

⑧의 지화명이괘(地火明夷卦)에서는 命이 길고 벼슬을 한다. 그러나 財物이 없고 子孫을 해친다. 처덕(妻德)도 없어 파란이 많은 이름이 된다.

乙丑日生

①의 천뢰무망괘(天雷无妄卦)에서는 命이 길고 재물(財物)이 있으며 벼슬이 높다. 父母와 子孫은 안강(安康)하여 평길(平吉)한 이름이 된다.

②의 택풍대과괘(澤風大過卦)에서는 世亥가 空亡이니 事故가 나고 短命한다. 父母와 子孫을 해친다. 이(齒)가 나빠지고 삼초(三焦)가 약해진다.

③의 화수미제괘(火水未濟卦)에서는 命이 길고 財物이 있으며 子孫과 兄弟도 安康하다. 그러나 벼슬이 없고 父母를 해친다.

④의 뇌산소과괘(雷山小過卦)에서는 命이 길고 벼슬을 한다. 그러나 재물이 없고 자손을 해친다.

⑤의 풍지관괘(風地觀卦)에서는 命이 길고 財物이 있으며 벼슬도 한다. 그러나 子孫의 근심이 있다.

⑥의 수천수괘(水天需卦)에서는 命이 길고 財物이 많으며 벼슬을 한다. 子孫은 성공(成功)하고 兄弟는 안강(安康)하여 행복(幸福)한 이름이 된다.

⑦의 산택손괘(山澤損卦)에서는 命이 길고 財物이 있으며 벼슬을 한다. 그러나 子孫의 근심이 있다.

⑧의 지화명이괘(地火明夷卦)에서는 命이 길고 벼슬을 하며 子孫은 成功한다. 그러나 財物이 없고 兄弟를 害친다.

丙寅日生

① 의 천뢰무망괘(天雷无妄卦)에서는 世午가 양인(羊刃)이니 事故가 나고 手術을 하며 短命한다. 子孫을 해치고 심장이 나빠지는 凶名이 된다.

② 의 택풍대과괘(澤風大過卦)에서는 世亥가 空亡이고 劫殺이니 事故가 나고 短命한다. 父母를 해치고 이가 나빠지며 三焦가 약해진다.

③ 의 화수미제괘(火水未濟卦)에서는 世午가 양인(陽刃)이니 事故가 나고 短命한다. 財物이 없고 벼슬을 깎아 직업이 불안하다. 兄弟도 해치고 심장이 나빠진다.

⑤ 의 풍지관괘(風地觀卦)에서는 命이 길고 벼슬이 높으며 재물이 있고 건강하다. 그러나 子孫을 해친다.

⑥ 의 수천수괘(水天需卦)에서는 命은 보통이고 재물이 있으며 벼슬을 한다. 子孫이나 兄弟도 안강(安康)하여 吉名이 된다.

⑦ 의 산택손괘(山澤損卦)에서는 命이 길고 財物이 있으며 벼슬을 한다. 父母와 兄弟는 성공한다. 그러나 子孫의 근심이 있다.

⑧ 의 지화명이괘(地火明夷卦)에서는 命이 길고 벼슬을 하며 父母와 子孫은 성공한다. 그러나 재물이 없고 형제를 해친다.

丁卯日生

① 의 천뢰무망괘(天雷无妄卦)에서는 命이 길고 財物이 있으며 벼슬을 한다. 子孫도 성공하고 父母 兄弟도 安康하여 平吉한 이름이 된다.

② 의 택풍대과괘(澤風大過卦)에서는 世亥가 空亡이니 事故가 나고 短命한다. 父母 子孫을 해친다. 이가 나빠지고 三焦가 약해진다.

③ 의 화수미제괘(火水未濟卦)에서는 命이 길고 財物이 많으며 兄弟가 성공한다. 父母와 子孫은 안강(安康)하나 벼슬은 없다.

④ 의 뇌산소과괘(雷山小過卦)에서는 命이 길고 벼슬을 한다. 그러나 財物과 子孫을 상하고 형제도 해친다.

⑤ 의 풍지관괘(風地觀卦)에서는 命이 길고 財物이 있으며 벼슬을

하며 비교적 건강하다. 그러나 子孫의 근심이 있다.

⑥의 수천수괘(水天需卦)에서는 世申이 劫殺이니 事故가 나고 短命한다. 子孫을 해치고 胃가 약해지고 귀도 나빠진다.

⑦의 산택손괘(山澤損卦)에서는 命이 길고 財物이 있으며 벼슬을 한다. 父母 兄弟도 安康하다. 그러나 자손의 근심이 있다.

⑧의 지화명이괘(地火明夷卦)에서는 命이 길고 벼슬을 하며 父母와 子孫은 성공한다. 그러나 재물이 없고 형제를 해친다.

戊辰日生

①의 천뢰무망괘(天雷无妄卦)에서는 世午가 양인(陽刃)이니 사고가 나고 短命한다. 子孫을 해치고 심장이 나빠지는 凶名이 된다.

②의 택풍대과괘(澤風大過卦)에서는 世亥가 空亡이니 事故가 나고 短命한다. 父母와 자손을 해친다. 이가 나빠지고 삼초(三焦)가 약해지는 흉명(凶名)이 된다.

③의 화수미제괘(火水未濟卦)에서는 世午가 양인(陽刃)이니 事故가 나고 短命한다. 벼슬이 없고 형제를 해친다. 심장이 나빠지고 양기도 죽이는 凶名이 된다.

④의 뇌산소과괘(雷山小過卦)에서는 世午가 양인(陽刃)이니 事故가 나고 短命한다. 재물이 없고 벼슬을 깎아 직업이 불안하다. 子孫도 해치며 심장과 胃가 약해지는 흉명(凶名)이 된다.

⑤의 풍지관괘(風地觀卦)에서는 命이 길고 財物이 있다. 그러나 벼슬을 깎고 子孫을 해친다.

⑥의 수천수괘(水天需卦)에서는 命이 길고 財物이 있으며 벼슬을 한다. 형제와 자손도 安康하여 행복한 이름이 된다.

⑦의 산택손괘(山澤損卦)에서는 命이 길고 財物이 있으며 벼슬을 한다. 그러나 父母와 子孫을 害친다.

⑧의 지화명이괘(地火明夷卦)에서는 命은 보통이고 벼슬을 한다. 그러나 財物이 없고 兄弟를 해친다.

己巳日生

① 의 천뢰무망괘(天雷无妄卦)에서는 命이 길고 벼슬은 높으며 재물이 있다. 父母와 子孫도 성공하여 행복하고 건강한 이름이 된다.

② 의 택풍대과괘(澤風大過卦)에서는 世亥가 空亡이니 事故가 나고 短命한다. 父母와 子孫을 해친다. 이가 나빠지고 三焦가 약해지는 凶名이 된다.

③ 의 화수미제괘(火水未濟卦)에서는 命이 길고 財物이 있다. 그러나 벼슬이 없고 父母를 해친다.

④ 의 뇌산소과괘(雷山小過卦)에서는 命이 길고 벼슬을 한다. 그러나 재물이 없고 子孫을 해친다.

⑤ 의 풍지관괘(風地觀卦)에서는 命이 길고 財物이 있으며 벼슬을 하며 건강하다. 그러나 자손을 해친다.

⑥ 의 수천수괘(水天需卦)에서는 命이 길고 財物이 있으며 벼슬을 한다. 子孫은 성공하여 행복한 이름이 된다.

⑦ 의 산택손괘(山澤損卦)에서는 命은 보통이고 재물이 있으며 벼슬을 한다. 그러나 자손을 해친다.

⑧ 의 지화명이괘(地火明夷卦)에서는 命이 길고 벼슬을 한다. 그러나 財物이 없고 兄弟를 해친다.

庚午日生

① 의 천뢰무망괘(天雷无妄卦)에서는 命이 길고 벼슬은 높으며 財物이 있다. 父母 兄弟 子孫이 安康하여 행복한 이름이 된다.

② 의 택풍대과괘(澤風大過卦)에서는 世亥가 空亡이고 劫殺이니 事故가 나고 短命한다. 벼슬을 깎아 직업이 불안하다. 父母와 자손을 해친다. 이가 나빠지고 삼초(三焦)가 약해지는 흉명(凶名)이 된다.

③ 의 화수미제괘(火水未濟卦)에서는 命이 길고 父母 兄弟 子孫은 안강(安康)하다. 그러나 財物을 傷하고 벼슬이 없어 파란이 있다.

④ 의 뇌산소과괘(雷山小過卦)에서는 命이 길고 벼슬은 조금 한다. 그러나 財物이 없고 자손을 해쳐 파란이 있는 이름이 된다.

⑤의 풍지관괘(風地觀卦)에서는 命이 길고 財物이 있으며 벼슬을 한다. 부모는 장수강녕(長壽康寧)하다. 그러나 子孫으로 근심이 있다.

⑥의 수천수괘(水天需卦)에서는 命이 길고 財物이 있으며 벼슬을 한다. 子孫은 성공하여 행복한 이름이 된다.

⑦의 산택손괘(山澤損卦)에서는 命이 길고 벼슬을 하며 財物이 있다. 兄弟도 성공한다. 그러나 子孫으로 근심이 있다.

⑧의 지화명이괘(地火明夷卦)에서는 命이 길고 벼슬을 한다. 그러나 財物이 없고 父母와 子孫을 害치는 좋지못한 이름이 된다.

辛未日生

①의 천뢰무망괘(天雷无妄卦)에서는 命이 길고 財物이 있으며 벼슬을 한다. 子孫과 兄弟도 성공하며 父母도 안강(安康)하여 平吉한 이름이 된다.

②의 택풍대과괘(澤風大過卦)에서는 世亥가 空亡이니 事故가 나고 短命하며 父母를 해친다. 이가 나빠지고 삼초(三焦)가 약해지는 凶名이 된다.

③의 화수미제괘(火水未濟卦)에서는 命이 길고 財物이 있다. 父母 兄弟 子孫이 모두 성공한다. 그러나 벼슬을 깎는다.

④의 뇌산소과괘(雷山小過卦)에서는 命이 길고 벼슬을 한다. 그러나 財物이 없고 子孫을 해쳐 파란이 있는 이름이 된다.

⑤의 풍지관괘(風地觀卦)에서는 命이 길고 財物이 있으며 벼슬도 한다. 그러나 子孫을 해치는 이름이 된다.

⑥의 수천수괘(水天需卦)에서는 世申이 劫殺이니 事故가 나고 短命한다. 子孫을 해치고 귀와 위가 나빠지고 양기도 죽인다.

⑦의 산택손괘(山澤損卦)에서는 命이 길고 財物이 있으며 벼슬도 한다. 그러나 자손으로 파란이 있다.

⑧의 지화명이괘(地火明夷卦)에서는 命이 길고 벼슬을 한다. 父母와 子孫은 安康하다. 그러나 재물이 없고 형제를 해친다.

壬申日生

① 의 천뢰무망괘(天雷无妄卦)에서는 命이 길고 재물이 있으며 벼슬을 한다. 자손이나 형제는 安康하다. 그러나 父母를 해친다.

② 의 택풍대과괘(澤風大過卦)에서는 世亥가 空亡이니 사고가 나고 短命한다. 父母와 子孫을 해친다.

③ 의 화수미제괘(火水未濟卦)에서는 命이 길고 財物이 있으며 父母 兄弟 子孫은 안강(安康)하다. 그러나 벼슬이 없다.

④ 의 뇌산소과괘(雷山小過卦)에서는 命이 길고 벼슬을 한다. 그러나 財物이 없고 子孫을 해친다.

⑤ 의 풍지관괘(風地觀卦)에서는 命이 길고 財物이 많으며 벼슬도 하여 행복한 이름이 된다.

⑥ 의 수천수괘(水天需卦)에서는 命이 길고 벼슬을 하고 財物이 있다. 子孫과 兄弟도 안강(安康)하여 平吉한 이름이 된다.

⑦ 의 산택손괘(山澤損卦)에서는 命은 보통이고 벼슬을 하고 재물이 있다. 그러나 子孫의 근심이 있다.

⑧ 의 지화명이괘(地火明夷卦)에서는 命이 길고 벼슬을 하며 子孫은 성공한다. 父母도 安康하다. 그러나 財物이 없고 형제를 해친다.

癸酉日生

① 의 천뢰무망괘(天雷无妄卦)에서는 命이 길고 財物이 있으며 벼슬을 한다. 父母와 子孫도 안강(安康)하여 平吉한 이름이 된다.

② 의 택풍대과괘(澤風大過卦)에서는 世亥가 空亡이니 事故가 나고 短命한다. 父母 子孫을 해친다. 이가 나빠지고 三焦가 약해진다.

③ 의 화수미제괘(火水未濟卦)에서는 命이 길고 財物이 있으며 子孫과 兄弟는 안강(安康)하다. 그러나 父母를 해치며 벼슬이 없다.

④ 의 뇌산소과괘(雷山小過卦)에서는 命이 길고 벼슬을 한다. 그러나 재물이 없고 子孫을 해친다.

⑤ 의 풍지관괘(風地觀卦)에서는 命이 길고 財物이 많으며 벼슬도 높아 행복한 이름이 된다.

⑥의 수천수괘(水天需卦)에서는 命이 길고 財物이 많으며 벼슬을 한다. 자손과 형제도 安康하여 행복한 이름이 된다.

⑦의 산택손괘(山澤損卦)에서는 命이 보통이고 재물과 벼슬도 있다. 그러나 자손의 근심이 있다.

⑧의 지화명이괘(地火明夷卦)에서는 命이 길고 벼슬을 하며 子孫은 성공한다. 그러나 財物이 없고 형제를 해친다.

甲戌日生

①의 천뢰무망괘(天雷无妄卦)에서는 命이 길고 財物이 있다. 父母 兄弟 子孫은 성공하고 安康하다. 그러나 벼슬을 조금 깎는다.

②의 택풍대과괘(澤風大過卦)에서는 世亥가 劫殺이니 短命하고 부모를 해치고 자손이 없다. 胃와 삼초(三焦)가 약해지고 이가 나빠지는 등 파란이 많은 이름이 된다.

③의 화수미제괘(火水未濟卦)에서는 命이 길고 父母와 子孫은 성공한다. 그러나 財物을 깎고 벼슬이 없으며 약간의 파란이 있다.

④의 뇌산소과괘(雷山小過卦)에서는 命이 길고 벼슬도 하며 父母德도 있다. 그러나 재물(財物)이 없고 子孫도 없어 파란(波乱)이 많은 이름이 된다.

⑤의 풍지관괘(風地觀卦)에서는 命이 길고 벼슬도 하며 父母德도 있다. 그러나 재물을 깎고 子孫이 없는 이름이 된다.

⑥의 수천수괘(水天需卦)에서는 世申이 空亡이 되니 短命한다. 胃가 나빠지고 子孫을 해친다.

⑦의 산택손괘(山澤損卦)에서는 命이 길고 財物도 있으며 벼슬도 한다. 그러나 肝을 약하게 하고 子孫이 없는 이름이 된다.

⑧의 지화명이괘(地火明夷卦)에서는 命이 길고 벼슬도 한다. 그러나 財物이 없고 子孫을 해치고 兄弟와 父母德이 없다. 삼초(三焦)와 肝을 약하게 하고 뇌신경(腦神經)을 조금 약하게 하며 허리를 다치는 이름이 된다.

乙亥日生

① 의 천뢰무망괘(天雷无妄卦)에서는 命이 길고 財物이 있으며 벼슬을 한다. 父母 兄弟 子孫이 모두 성공하고 장수(長壽)하여 幸福한 이름이 된다.

② 의 택풍대과괘(澤風大過卦)에서는 命은 보통이고 財物이 있다. 그러나 벼슬을 깎고 자손의 근심이 있다.

③ 의 화수미제괘(火水未濟卦)에서는 命이 길고 父母 兄弟 子孫이 모두 안강(安康)하다. 그러나 財物을 傷하고 벼슬이 없다.

④ 의 뇌산소과괘(雷山小過卦)에서는 命이 길고 벼슬을 한다. 그러나 財物이 없고 형제와 자손을 해친다.

⑤ 의 풍지관괘(風地觀卦)에서는 命이 길고 財物이 있으며 벼슬을 하는 平吉한 이름이 된다.

⑥ 의 수천수괘(水天需卦)에서는 世申이 空亡이니 事故가 나고 短命하며 子孫을 해친다. 귀와 위가 나빠지고 양기도 죽이는 凶名이 된다.

⑦ 의 산택손괘(山澤損卦)에서는 命이 길고 財物이 있으며 벼슬을 한다. 그러나 子孫의 근심이 있다.

⑧ 의 지화명이괘(地火明夷卦)에서는 命이 길고 벼슬을 하며 子孫은 성공한다. 그러나 財物이 없고 父母를 해친다.

丙子日生

① 의 천뢰무망괘(天雷无妄卦)에서는 世午가 羊刃이니 事故로 몸을 다쳐 手術을 한다. 벼슬을 깎고 子孫을 해치며 心臟이 나빠진다.

② 의 택풍대과괘(澤風大過卦)에서는 命이 길고 財物이 있으며 父母는 성공장수(成功長壽)한다. 그러나 벼슬을 깎고 子孫을 해친다.

③ 의 화수미제괘(火水未濟卦)에서는 世午가 양인(陽刃)이니 事故가 나서 몸을 다쳐 수술을 한다. 벼슬이 없고 財物을 깎고 兄弟를 해친다. 심장이 나빠지고 허리를 다친다.

④ 의 뇌산소과괘(雷山小過卦)에서는 世午가 양인(陽刃)이니 事故

가 나서 몸을 다쳐 수술을 한다. 財物이 없고 벼슬을 깎아 직업이 불안하다. 형제와 자손을 해친다. 심장과 위장이 약해지는 흉명(凶名)이 된다.

⑤의 풍지관괘(風地觀卦)에서는 命이 길고 벼슬을 하며 財物이 있어 幸福한 이름이 된다.

⑥의 수천수괘(水天需卦)에서는 世申이 空亡이니 事故가 나서 短命한다. 子孫을 해치고 위장이 약해지고 귀도 나빠진다.

⑦의 산택손괘(山澤損卦)에서는 命이 길고 財物이 있으며 벼슬을 한다. 그러나 子孫의 근심이 있다.

⑧의 지화명이괘(地火明夷卦)에서는 命이 길고 벼슬을 한다. 兄弟와 子孫은 성공한다. 그러나 재물이 없고 父母를 해친다.

丁丑日生

①의 천뢰무망괘(天雷无妄卦)에서는 命이 길고 財物이 있으며 벼슬을 한다. 子孫은 성공하여 행복한 이름이다.

②의 택풍대과괘(澤風大過卦)에서는 命이 길고 財物이 있으며 父母는 장수강녕(長壽康寧)하다. 그러나 벼슬을 깎고 子孫의 근심이 있다.

③의 화수미제괘(火水未濟卦)에서는 命이 길고 형제와 자손은 성공한다. 그러나 벼슬이 없고 財物을 상하며 父母를 해친다.

④의 뇌산소과괘(雷山小過卦)에서는 命이 길고 벼슬을 한다. 그러나 財物이 없고 兄弟와 子孫을 해친다.

⑤의 풍지관괘(風地觀卦)에서는 命은 보통이고 財物이 있고 벼슬을 한다. 그러나 子孫의 근심이 있다.

⑥의 수천수괘(水天需卦)에서는 世申이 空亡이 되니 事故가 나고 短命한다. 子孫을 해치고 위장이 나빠진다.

⑦의 산택손괘(山澤損卦)에서는 命이 길고 財物이 있으며 벼슬을 하고 건강하다. 그러나 자손의 근심이 있다.

⑧의 지화명이괘(地火明夷卦)에서는 命이 길고 子孫과 兄弟는 성공한다. 그러나 財物이 없고 父母를 해친다.

戊寅日生

① 의 천뢰무망괘(天雷无妄卦)에서는 世午가 양인(陽刃)이니 事故가 나고 몸을 크게 다쳐 수술을 하고 短命한다. 財物을 傷하고 子孫을 해치며 심장이 나빠진다.

② 의 택풍대과괘(澤風大過卦)에서는 世亥가 劫殺이니 事故가 나고 短命한다. 父母와 子孫을 해친다. 이가 나빠지고 삼초(三焦)가 약해진다.

③ 의 화수미제괘(火水未濟卦)에서는 世午가 양인(羊刃)이니 事故가 나서 몸을 크게 다쳐 수술을 하고 短命한다. 벼슬이 없고 형제를 해친다. 심장이 나빠지고 허리를 다친다.

④ 의 뇌산소과괘(雷山小過卦)에서는 世午가 양인(羊刃)이니 事故가 나고 수술을 하여 短命한다. 財物이 없고 벼슬을 깎아 직업이 불안하고 파란이 많다. 심장도 나빠지는 흉명(凶名)이 된다.

⑤ 의 풍지관괘(風地觀卦)에서는 命이 길고 벼슬을 높도 財物이 있으며 건강하여 행복한 이름이 된다.

⑥ 의 수천수괘(水天需卦)에서는 世申이 空亡이 되니 事故가 나고 短命한다. 子孫을 해치고 위장이 약해지며 귀가 나빠지고 陽氣도 죽인다.

⑦ 의 산택손괘(山澤損卦)에서는 命이 길고 財物이 있으며 벼슬을 한다. 父母 兄弟도 성공장수(成功長壽)한다. 그러나 子孫의 근심이 있다.

⑧ 의 지화명이괘(地火明夷卦)에서는 命이 길고 벼슬을 한다. 그러나 財物이 없고 父母와 子孫을 해친다.

己卯日生

① 의 천뢰무망괘(天雷无妄卦)에서는 命이 길고 財物이 있으며 벼슬을 한다. 父母와 子孫도 성공하고 健康하여 平吉한 이름이 된다.

② 의 택풍대과괘(澤風大過卦)에서는 命이 길고 財物이 있다. 그러나 벼슬을 깎고 子孫을 해친다.

③의 화수미제괘(火水未濟卦)에서는 命이 길고 兄弟는 성공하고 父母 兄弟도 안강(安康)하다. 그러나 벼슬이 없고 財物을 깎는다.

④의 뇌산소과괘(雷山小過卦)에서는 命이 길고 벼슬을 한다. 그러나 財物이 없고 兄弟와 子孫을 해친다.

⑤의 풍지관괘(風地觀卦)에서는 命은 보통이고 財物이 있으며 벼슬도 한다. 그러나 子孫의 근심이 있다.

⑥의 수천수괘(水天需卦)에서는 世申이 空亡이니 事故가 나고 短命한다. 子孫을 해친다.

⑦의 산택손괘(山澤損卦)에서는 命이 길고 財物이 있으며 벼슬을 한다. 그러나 子孫의 근심이 있다.

⑧의 지화명이괘(地火明夷卦)에서는 命이 길고 벼슬을 한다. 그러나 財物이 없고 父母를 해친다.

庚辰日生

①의 천뢰무망괘(天雷无妄卦)에서는 命이 길고 財物이 있으며 벼슬을 한다. 父母 兄弟 子孫이 모두 안강(安康)하여 平吉한 이름이 된다.

②의 택풍대과괘(澤風大過卦)에서는 命은 보통이고 財物이 많다. 그러나 벼슬을 깎고 子孫을 해친다.

③의 화수미제괘(火水未濟卦)에서는 命이 길고 子孫과 兄弟는 안강(安康)하다. 그러나 벼슬이 없고 財物을 傷한다.

④의 뇌산소과괘(雷山小過卦)에서는 命이 길고 벼슬을 한다. 그러나 財物이 없고 子孫을 해친다.

⑤의 풍지관괘(風地觀卦)에서는 命이 길고 財物이 있으며 벼슬을 한다. 父母도 건강장수(健康長壽)하는 平吉名이다.

⑥의 수천수괘(水天需卦)에서는 世申이 空亡이니 事故가 나고 短命한다. 子孫을 해치고 위장과 귀가 나빠진다.

⑦의 산택손괘(山澤損卦)에서는 命이 길고 財物이 있으며 벼슬을 한다. 兄弟도 성공한다. 그러나 父母를 해치고 子孫의 근심이 있다.

⑧의 지화명이괘(地火明夷卦)에서는 命이 길고 벼슬을 한다. 그러

나 財物이 없고 父母와 子孫을 해친다.

辛巳日生

① 의 천뢰무망괘(天雷无妄卦)에서는 命이 길고 財物이 있으며 벼슬을 한다. 子孫도 성공하여 平吉한 이름이 된다.

② 의 택풍대과괘(澤風大過卦)에서는 命은 보통이고 財物이 있으며 벼슬을 한다. 그러나 子孫의 근심이 있다.

③ 의 화수미제괘(火水未濟卦)에서는 命이 길고 財物이 있다. 그러나 벼슬이 없고 父母를 해친다.

④ 의 뇌산소과괘(雷山小過卦)에서는 命이 길고 벼슬을 한다. 그러나 財物이 없고 子孫과 兄弟를 해친다.

⑤ 의 풍지관괘(風地觀卦)에서는 命이 길고 財物이 있으며 벼슬을 하여 건강하고 平吉한 이름이 된다.

⑥ 의 수천수괘(水天需卦)에서는 世申이 空亡이니 事故가 나고 短命한다. 벼슬을 깎고 子孫을 해치며 위와 귀가 나빠진다.

⑦ 의 산택손괘(山澤損卦)에서는 命이 길고 財物이 있으며 벼슬을 한다. 그러나 子孫의 근심이 있다.

⑧ 의 지화명이괘(地火明夷卦)에서는 命은 보통이고 벼슬을 한다. 그러나 재물이 없고 父母를 해친다.

壬午日生

① 의 천뢰무망괘(天雷无妄卦)에서는 命이 길고 財物이 있으며 벼슬을 한다. 子孫과 兄弟도 안강(安康)하여 平吉한 이름이 된다.

② 의 택풍대과괘(澤風大過卦)에서는 命이 길고 財物이 있으며 父母도 장수강녕(長壽康寧)하다. 그러나 벼슬을 깎고 자손의 근심이 있다.

③ 의 화수미제괘(火水未濟卦)에서는 命이 길고 父母 兄弟 子孫은 모두 안강(安康)하다. 그러나 財物을 傷하고 벼슬이 없다.

④ 의 뇌산소과괘(雷山小過卦)에서는 命이 길고 벼슬을 한다. 그러나 財物이 없고 子孫과 兄弟를 해친다.

⑤의 풍지관괘(風地觀卦)에서는 命이 길고 財物이 많으며 벼슬이 높은 건강하고 행복한 이름이 된다.

⑥의 수천수괘(水天需卦)에서는 世申이 空亡이니 短命한다. 財物을 깎고 子孫을 해치며 위와 귀가 나빠진다.

⑦의 산택손괘(山澤損卦)에서는 命이 길고 벼슬을 하며 父母 兄弟도 안강(安康)하다.
그러나 財物을 傷하고 子孫의 근심이 있다.

⑧의 지화명이괘(地火明夷卦)에서는 命이 길고 벼슬을 하며 子孫은 成功한다. 그러나 財物이 없고 父母를 해친다.

癸未日生

①의 천뢰무망괘(天雷无妄卦)에서는 命이 길고 財物이 있으며 벼슬을 한다. 父母도 장수강녕(長壽康寧)하여 平吉한 이름이 된다.

②의 택풍대과괘(澤風大過卦)에서는 命은 보통이고 財物은 있다. 그러나 벼슬을 깎고 子孫을 해친다.

③의 화수미제괘(火水未濟卦)에서는 命이 길고 父母 兄弟 子孫은 안강(安康)하다. 그러나 財物을 깎고 벼슬이 없다.

④의 뇌산소과괘(雷山小過卦)에서는 命이 길고 벼슬을 한다. 그러나 財物이 없고 子孫과 兄弟를 해친다.

⑤의 풍지관괘(風地觀卦)에서는 命이 길고 財物이 많으며 벼슬은 높다. 몸도 건강하여 幸福한 이름이 된다.

⑥의 수천수괘(水天需卦)에서는 財物이 있고 벼슬도 한다. 그러나 世申이 空亡이 되니 事故가 나고 短命한다. 子孫을 해치고 위와 귀가 나빠지고 子孫을 해친다.

⑦의 산택손괘(山澤損卦)에서는 命은 보통이고 財物이 있으며 벼슬을 한다. 父母 兄弟도 안강(安康)하다. 그러나 子孫의 근심이 있다.

⑧의 지화명이괘(地火明夷卦)에서는 命이 길고 벼슬을 하며 子孫은 成功하고 兄弟는 안강(安康)하다. 그러나 財物이 없고 父母를 해친다.

甲申日生

① 의 천뢰무망괘(天雷无妄卦)에서는 世午가 空亡이 되니 단명한다. 심장(心臟)・위(胃)・신경(神經)이 약해진다.

② 의 택풍대과괘(澤風大過卦)에서는 벼슬도 하고 財物도 있다. 그러나 子孫이 없는 이름이 된다.

③ 의 화수미제괘(火水未濟卦)에서는 世午가 空亡이니 短命한다. 여아(女兒)를 害치며 兄弟도 害친다. 심장(心臟)・비장(脾臟)・소장(小腸)이 나쁘며 허리도 다친다.

④ 의 뇌산소과괘(雷山小過卦)에서는 世午가 空亡이 되니 파란이 많고 短命한다. 財物과 子孫이 없다. 벼슬도 깎고 심장(心臟)도 나빠지는 나쁜 이름이다.

⑤ 의 풍지관괘(風地觀卦)에서는 世未가 空亡이니 短命한다. 子孫이 없으며 父母도 害친다. 財物을 傷하고 벼슬을 깎았다. 위(胃)・비장(脾臟)・간(肝)・소장(小腸)을 나쁘게 만든다.

⑥ 의 수천수괘(水天需卦)에서는 命이 길고 돈이 많으며 벼슬도 한다. 子孫 兄弟도 성공하며 건강하고 행복하게 살아가는 吉名이다.

⑦ 의 산택손괘(山澤損卦)에서는 命이 길고 財物이 있으며 벼슬도 한다. 그러나 子孫이 없고 小腸과 肝이 나빠지게 된다.

⑧ 의 지화명이괘(地火明夷卦)에서는 命이 길고 벼슬을 한다. 그러나 財物이 없고 子孫을 害치게 된다.

乙酉日生

① 의 천뢰무망괘(天雷无妄卦)에서는 世午가 空亡이니 事故가 나고 短命한다. 子孫과 兄弟를 해치며 심장이 나빠진다.

② 의 택풍대과괘(澤風大過卦)에서는 命은 보통이고 財物이 있으며 벼슬을 한다. 그러나 子孫을 해치고 몸을 다칠 수 있다.

③ 의 화수미제괘(火水未濟卦)에서는 世午가 空亡이니 事故가 나고 短命한다. 벼슬이 없고 兄弟를 害친다. 심장(心臟)이 나빠지고 허리를 다친다.

④의 뇌산소과괘(雷山小過卦)에서는 事故가 나고 短命한다. 財物이 없고 子孫을 해친다. 벼슬을 깎아 직업이 불안하는 등 凶名이 된다.

⑤의 풍지관괘(風地觀卦)에서는 世未가 空亡이니 事故가 나고 短命한다. 父母를 해치고 子孫의 근심이 있다.

⑥의 수천수괘(水天需卦)에서는 命이 길고 財物이 많으며 자손과 형제도 성공하여 행복한 이름이 된다.

⑦의 산택손괘(山澤損卦)에서는 命이 길고 財物이 있으며 벼슬을 한다. 그러나 子孫의 근심이 있다.

⑧의 지화명이괘(地火明夷卦)에서는 命이 길고 벼슬을 하며 子孫도 성공한다. 父母도 안강(安康)하다. 그러나 財物이 없는 이름이 된다.

丙戌日生

①의 천뢰무망괘(天雷无妄卦)에서는 世午가 空亡이고 양인(羊刃)이니 事故가 나고 短命한다. 子孫을 해치고 심장이 나빠진다.

②의 택풍대과괘(澤風大過卦)에서는 世亥가 劫殺이니 事故가 나고 短命한다. 父母와 子孫을 해치고 이가 나빠지고 삼초(三焦)가 약해진다.

③의 화수미제괘(火水未濟卦)에서는 世午가 空亡이고 양인(羊刃)이니 事故가 나고 短命한다. 벼슬이 없고 兄弟를 해친다. 심장과 귀가 나빠지고 허리를 다치는 凶名이 된다.

④의 뇌산소과괘(雷山小過卦)에서는 世午가 空亡이고 양인(羊刃)이니 事故가 나고 短命한다. 財物이 없고 벼슬을 깎아 직업이 불안하다. 子孫을 해치며 심장이 나빠지는 흉명(凶名)이 된다.

⑤의 풍지관괘(風地觀卦)에서는 世未가 空亡이니 事故가 나고 短命하다. 父母와 子孫을 해치고 비장과 위가 약해진다.

⑥의 수천수괘(水天需卦)에서는 命이 길고 財物이 있으며 벼슬을 한다. 子孫과 兄弟도 성공하여 행복한 이름이 된다.

⑦의 산택손괘(山澤損卦)에서는 命이 길고 벼슬을 하며 재물이 있다. 父母 兄弟도 成功한다. 그러나 子孫의 근심이 있다.

⑧ 의 지화명이괘(地火明夷卦)에서는 命이 길고 벼슬을 한다. 그러나 財物이 없고 子孫을 해친다.

丁亥日生

① 의 천뢰무망괘(天雷无妄卦)에서는 世午가 空亡이니 事故가 나고 短命한다. 子孫을 해치고 심장이 나빠진다.

② 의 택풍대과괘(澤風大過卦)에서는 命이 길고 財物이 있으며 벼슬을 한다. 父母도 장수강녕(長壽康寧)하다. 그러나 子孫을 해친다.

③ 의 화수미제괘(火水未濟卦)에서는 世午가 空亡이니 事故가 나고 短命한다. 벼슬이 없고 兄弟를 해친다.

④ 의 뇌산소과괘(雷山小過卦)에서는 世午가 空亡이니 事故가 나고 短命한다. 財物이 없고 子孫을 해친다. 벼슬을 깎아 직업이 불안하며 심장이 나빠지는 흉명(凶名)이 된다.

⑤ 의 풍지관괘(風地觀卦)에서는 世未가 空亡이니 事故가 나고 短命한다. 父母를 해치고 비장과 위가 약해진다.

⑥ 의 수천수괘(水天需卦)에서는 世申이 劫殺이니 事故가 나고 短命한다. 子孫을 해치고 위와 귀가 나빠진다.

⑦ 의 산택손괘(山澤損卦)에서는 命이 길고 財物이 있으며 벼슬을 한다. 그러나 子孫의 근심이 있다.

⑧ 의 지화명이괘(地火明夷卦)에서는 命이 길고 벼슬을 한다. 父母 兄弟 子孫이 모두 성공장수(成功長壽)한다. 그러나 재물(財物)이 부족(不足)하다.

戊子日生

① 의 천뢰무망괘(天雷无妄卦)에서는 世午가 空亡이고 양인(羊刃)이니 事故가 나고 短命한다. 子孫을 해치고 심장이 약해진다.

② 의 택풍대과괘(澤風大過卦)에서는 命이 길고 財物이 많으며 벼슬을 한다. 그러나 子孫의 근심이 있다.

③ 의 화수미제괘(火水未濟卦)에서는 世午가 空亡이고 양인(羊刃)

이니 事故가 나고 수술을 하며 短命한다. 벼슬이 없고 兄弟를 해치며 귀와 심장이 나빠지고 허리를 다친다.

④의 뇌산소과괘(雷山小過卦)에서는 世午가 空亡이고 양인(羊刃)이니 短命하고 財物이 없다. 벼슬을 깎아 직업이 不安하다. 子孫도 해치는 凶名이 된다.

⑤의 풍지관괘(風地觀卦)에서는 世未가 空亡이니 事故가 나고 短命한다. 子孫의 근심도 있다.

⑥의 수천수괘(水天需卦)에서는 命이 길고 財物이 있으며 벼슬을 한다. 子孫과 兄弟도 성공하여 행복한 이름이 된다.

⑦의 산택손괘(山澤損卦)에서는 命이 길고 財物이 있으며 벼슬을 한다. 父母 兄弟도 성공안강(成功安康)하다. 그러나 子孫의 근심이 있다.

⑧의 지화명이괘(地火明夷卦)에서는 命이 길고 벼슬을 한다. 그러나 財物이 不足하다.

己丑日生

①의 천뢰무망괘(天雷无妄卦)에서는 世午가 空亡이니 事故가 나고 短命한다. 子孫을 해치고 심장이 나빠진다.

②의 택풍대과괘(澤風大過卦)에서는 命이 길고 財物이 있으며 벼슬을 한다. 그러나 子孫의 근심이 있다.

③의 화수미제괘(火水未濟卦)에서는 世午가 空亡이니 事故가 나고 短命한다. 벼슬이 없고 兄弟를 해친다. 심장과 귀가 나빠지고 허리를 다친다.

④의 뇌산소과괘(雷山小過卦)에서는 世午가 空亡이니 事故가 나고 短命한다. 財物이 없고 벼슬을 깎아 직업이 불안하다. 子孫을 해친다.

⑤의 풍지관괘(風地觀卦)에서는 世未가 空亡이니 事故가 나고 短命한다. 父母와 子孫을 해치고 脾臟과 위가 약해진다.

⑥의 수천수괘(水天需卦)에서는 命이 길고 財物이 많으며 벼슬을 한다. 子孫과 兄弟도 성공하고 건강하여 행복한 이름이 된다.

⑦의 산택손괘(山澤損卦)에서는 命은 보통이고 財物이 있으며 벼슬을 한다. 그러나 子孫의 근심이 있다.

⑧의 지화명이괘(地火明夷卦)에서는 命이 길고 벼슬을 한다. 父母 兄弟 子孫은 안강(安康)하다. 그러나 財物이 없다.

庚寅日生

①의 천뢰무망괘(天雷无妄卦)에서는 世午가 空亡이니 事故가 나서 短命한다. 子孫을 해치고 심장과 신경이 약해진다.

②의 택풍대과괘(澤風大過卦)에서는 世亥가 劫殺이니 事故가 나고 短命한다. 父母를 해치며 子孫의 근심이 있다. 이가 나빠지고 삼초(三焦)가 약해진다.

③의 화수미제괘(火水未濟卦)에서는 世午가 空亡이니 事故가 나고 短命한다. 벼슬이 없고 형제를 해친다. 심장과 귀가 나빠지고 허리를 다친다.

④의 뇌산소과괘(雷山小過卦)에서는 世午가 空亡이니 事故가 나고 短命한다. 財物이 없고 子孫을 해친다. 벼슬이 없어 직업이 불안한 凶名이다.

⑤의 풍지관괘(風地觀卦)에서는 世未가 空亡이니 事故가 나고 短命한다. 父母와 子孫을 해치며 비장과 위가 약해진다.

⑥의 수천수괘(水天需卦)에서는 命이 길고 財物이 많으며 벼슬을 한다. 子孫과 兄弟도 성공하고 건강하며 행복한 이름이 된다.

⑦의 산택손괘(山澤損卦)에서는 命이 길고 財物이 있으며 벼슬을 한다. 兄弟도 성공한다. 그러나 子孫의 근심이 있다.

⑧의 지화명이괘(地火明夷卦)에서는 命이 길고 벼슬을 한다. 그러나 財物이 없고 父母와 兄弟를 해친다.

辛卯日生

①의 천뢰무망괘(天雷无妄卦)에서는 世午가 空亡이니 事故가 나고 短命한다. 子孫을 해치고 心臟과 神經이 약해진다.

②의 택풍대과괘(澤風大過卦)에서는 命은 보통이고 벼슬을 하고 財物이 있다. 그러나 子孫의 근심이 있다.

③의 화수미제괘(火水未濟卦)에서는 世午가 空亡이니 事故가 나고 短命한다. 벼슬이 없고 형제를 해친다. 심장과 귀가 나빠지고 허리도 다친다.

④의 뇌산소과괘(雷山小過卦)에서는 世午가 空亡이니 事故가 나고 短命한다. 財物이 없고 벼슬을 깎아 직업이 不安하다. 子孫도 해친다.

⑤의 풍지관괘(風地觀卦)에서는 世未가 空亡이니 事故가 나고 短命한다. 父母와 子孫을 해치고 비장과 위가 나빠진다.

⑥의 수천수괘(水天需卦)에서는 世申이 劫殺이니 事故가 나고 短命한다. 子孫을 해치고 위와 귀가 나빠진다.

⑦의 산택손괘(山澤損卦)에서는 命이 길고 벼슬을 하며 재물도 있다. 그러나 子孫의 근심이 있다.

⑧의 지화명이괘(地火明夷卦)에서는 命은 보통이고 벼슬이 있다. 父母 兄弟 子孫은 安康하다. 그러나 財物이 없어 파란이 있다.

壬辰日生

①의 천뢰무망괘(天雷无妄卦)에서는 世午가 空亡이니 事故가 나고 短命한다. 子孫을 해치고 심장과 신경이 약해지고 父母도 해친다.

②의 택풍대과괘(澤風大過卦)에서는 命이 길고 財物이 있으며 벼슬을 한다. 父母도 장수강녕(長壽康寧)하다. 그러나 子孫의 근심이 있다.

③의 화수미제괘(火水未濟卦)에서는 世午가 空亡이니 事故가 니고 短命한다. 벼슬이 없고 형제를 해친다. 심장과 귀가 나빠지고 허리도 다친다.

④의 뇌산소과괘(雷山小過卦)에서는 世午가 空亡이니 事故가 나고 短命한다. 財物이 없고 子孫을 해치며 벼슬을 깎아 직업이 불안하다. 심장도 나빠지는 흉명(凶名)이 된다.

⑤의 풍지관괘(風地觀卦)에서는 世未가 空亡이니 事故가 나고 短

命한다. 父母와 子孫을 해치고 비장과 위가 약해진다.
⑥의 수천수괘(水天需卦)에서는 命이 길고 벼슬을 하며 財物이 있다. 子孫과 兄弟도 성공하여 행복한 이름이 된다.
⑦의 산택손괘(山澤損卦)에서는 命은 보통이고 벼슬을 하고 재물이 있다. 父母 兄弟는 안강(安康)하다. 그러나 子孫의 근심이 있다.
⑧의 지화명이괘(地火明夷卦)에서는 命이 길고 벼슬을 하며 子孫과 兄弟는 成功한다. 父母는 康寧하다. 그러나 財物로 파란이 있다.

癸巳日生
①의 천뢰무망괘(天雷无妄卦)에서는 世午가 空亡이니 事故가 나고 短命한다. 子孫과 兄弟를 해치고 심장과 신경이 약해진다.
②의 택풍대과괘(澤風大過卦)에서는 命이 길고 재물이 있으며 벼슬을 한다. 그러나 子孫의 근심이 있다.
③의 화수미제괘(火水未濟卦)에서는 世午가 空亡이니 事故가 나고 短命한다. 벼슬이 없고 부모와 형제를 해친다. 심장과 귀가 나빠지고 허리도 다치는 흉명(凶名)이 된다.
④의 뇌산소과괘(雷山小過卦)에서는 世午가 空亡이니 事故가 나고 短命한다. 財物이 없고 子孫을 해친다. 官을 깎아 직업이 불안한 凶名이다.
⑤의 풍지관괘(風地觀卦)에서는 世未가 空亡이니 事故가 나고 短命한다. 父母를 해치고 子孫의 근심이 있다. 비장과 위가 약해진다.
⑥의 수천수괘(水天需卦)에서는 命이 길고 재물이 많으며 벼슬을 한다. 子孫과 兄弟도 安康하여 행복한 이름이 된다.
⑦의 산택손괘(山澤損卦)에서는 命은 보통이고 벼슬은 높으며 財物이 많다. 父母와 兄弟는 安康하다. 그러나 子孫의 근심이 있다.
⑧의 지화명이괘(地火明夷卦)에서는 命이 길고 벼슬을 하며 子孫은 성공한다. 父母 兄弟는 안강(安康)하다. 그러나 財物이 없어 파란(波乱)이 있다.

甲午日生
 ①의 천뢰무망괘(天雷无妄卦)에서는 命이 길고 財物이 있으며 벼슬도 한다. 父母 兄弟 子孫도 成功하는 좋은 이름이 된다.
 ②의 택풍대과괘(澤風大過卦)에서는 世亥가 劫殺이니 短命하고 子孫이 없다. 삼초(三焦)와 이가 나빠진다.
 ③의 화수미제괘(火水未濟卦)에서는 命이 길고 財物이 있으며 父母德도 있다. 그러나 남아(男兒)를 傷하고 女兄弟를 害한다. 맹장(盲腸)과 소장(小腸)이 弱해진다.
 ④의 뇌산소과괘(雷山小過卦)에서는 命이 길고 벼슬을 한다. 그러나 財物과 子孫이 없어 波乱이 많은 이름이 된다.
 ⑤의 풍지관괘(風地觀卦)에서는 命이 길고 父母德도 있다. 그러나 財物과 벼슬을 해치고 소장(小腸)과 간(肝)·폐(肺)가 약해지는 이름이 된다.
 ⑥의 수천수괘(水天需卦)에서는 命이 길고 재물이 많으며 벼슬도 한다. 子孫은 성공하여 건강하고 행복하게 살아가는 좋은 이름이 된다.
 ⑦의 산택손괘(山澤損卦)에서는 命이 길고 財物이 있으며 벼슬도 한다. 그러나 子孫이 부족하고 파란이 있다. 肝과 小腸이 조금 약해진다.
 ⑧의 지화명이괘(地火明夷卦)에서는 命이 길고 벼슬도 한다. 그러나 財物이 없고 子孫과 兄弟를 해친다. 肝과 삼초(三焦)가 약해지고 파란이 있다.

乙未日生
 ①의 천뢰무망괘(天雷无妄卦)에서는 命이 길고 벼슬이 높으며 財物이 있다. 父母 兄弟 子孫이 모두 성공하여 행복한 이름이 된다.
 ②의 택풍대과괘(澤風大過卦)에서는 命은 보통이고 財物이 있으며 벼슬을 한다. 그러나 子孫의 근심이 있다.
 ③의 화수미제괘(火水未濟卦)에서는 命이 길고 財物이 있다. 그러나 벼슬이 없고 子孫과 女兄弟를 해친다.

④의 뇌산소과괘(雷山小過卦)에서는 命이 길고 벼슬은 있다. 그러나 財物이 없고 子孫의 근심이 있으며 파란이 많은 이름이 된다.
⑤의 풍지관괘(風地觀卦)에서는 命이 길고 재물이 많으며 벼슬도 한다. 그러나 子孫의 근심이 있다.
⑥의 수천수괘(水天需卦)에서는 世申이 劫殺이니 事故가 나서 몸을 다칠 수 있다. 子孫과 兄弟도 해칠 수 있다.
⑦의 산택손괘(山澤損卦)에서는 命이 길고 벼슬을 하며 재물도 있다. 그러나 父母를 해치고 子孫의 근심이 있다.
⑧의 지화명이괘(地火明夷卦)에서는 命이 길고 벼슬을 하며 子孫은 성공한다. 그러나 財物이 없고 波乱이 많다.

丙申日生
①의 천뢰무망괘(天雷无妄卦)에서는 世午가 양인(羊刃)이니 事故가 나고 몸을 크게 다쳐 수술을 한다. 자손을 해치고 심장이 약해진다.
②의 택풍대과괘(澤風大過卦)에서는 命이 길고 벼슬을 하며 財物이 있다. 부모는 장수강녕(長壽康寧)하다. 그러나 子孫의 근심이 있다.
③의 화수미제괘(火水未濟卦)에서는 世午가 양인(羊刃)이니 事故가 나서 몸을 크게 다쳐 수술을 해야 한다. 벼슬이 없고 兄弟와 子孫도 해친다. 심장과 귀가 나빠지고 허리도 다친다.
④의 뇌산소과괘(雷山小過卦)에서는 世午가 羊刃이니 事故가 나서 몸을 크게 다쳐 수술을 해야 한다. 財物이 없고 벼슬이 깎여 직업이 불안하다. 子孫과 父母도 해치며 심장이 나빠지는 凶名이 된다.
⑤의 풍지관괘(風地觀卦)에서는 命이 길고 財物이 있다. 그러나 벼슬을 깎고 子孫의 근심이 있다.
⑥의 수천수괘(水天需卦)에서는 命이 길고 財物이 있으며 벼슬을 한다. 건강하고 행복한 이름이 된다.
⑦의 산택손괘(山澤損卦)에서는 命이 길고 財物이 있으며 벼슬을 한다. 그러나 父母를 해치고 子孫의 근심이 있다.
⑧의 지화명이괘(地火明夷卦)에서는 命이 길고 벼슬을 한다. 父

母 兄弟 子孫이 안강(安康)하다. 그러나 財物이 없어 파란이 있다.

丁酉日生
① 의 천뢰무망괘(天雷无妄卦)에서는 命이 길고 財物이 있으며 벼슬을 한다. 父母 兄弟 子孫이 안강(安康)하여 平吉한 이름이 된다.

② 의 택풍대과괘(澤風大過卦)에서는 命이 길고 벼슬이 높으며 財物이 있다. 父母는 장수강녕(長壽康寧)하다. 그러나 子孫의 근심이 있다.

③ 의 화수미제괘(火水未濟卦)에서는 命이 길고 財物이 있으며 兄弟는 성공한다. 그러나 벼슬이 없고 父母와 子孫을 해친다.

④ 의 뇌산소과괘(雷山小過卦)에서는 命이 길고 벼슬을 한다. 그러나 財物이 없어 파란이 많고 子孫을 해친다.

⑤ 의 풍지관괘(風地觀卦)에서는 命이 길고 財物이 있다. 그러나 벼슬을 깎고 子孫의 근심이 있다.

⑥ 의 수천수괘(水天需卦)에서는 命이 길고 財物이 있으며 벼슬을 한다. 子孫과 兄弟도 安康하여 平吉한 이름이 된다.

⑦ 의 산택손괘(山澤損卦)에서는 命이 길고 財物이 있으며 벼슬을 한다. 그러나 父母와 子孫을 해친다.

⑧ 의 지화명이괘(地火明夷卦)에서는 命이 길고 벼슬을 하며 父母 兄弟 子孫이 안강(安康)하다. 그러나 財物이 없어 파란이 많다.

戊戌日生
① 의 천뢰무망괘(天雷无妄卦)에서는 世午가 양인(羊刃)이니 事故가 나서 몸을 다쳐 수술을 한다. 子孫을 해치고 심장이 나빠진다.

② 의 택풍대과괘(澤風大過卦)에서는 世亥가 劫殺이니 事故가 나서 短命한다. 父母와 子孫을 해친다. 이가 나빠지고 삼초(三焦)가 약해진다.

③ 의 화수미제괘(火水未濟卦)에서는 世午가 양인(羊刃)이니 事故가 나고 몸을 다쳐 수술을 한다. 벼슬이 없고 兄弟와 子孫을 해친다.

심장과 귀가 나빠지고 허리를 다친다.

④의 뇌산소과괘(雷山小過卦)에서는 世午가 양인(羊刃)이니 事故가 나서 몸을 크게 다쳐 手術을 하고 短命하다. 財物과 子孫이 없고 직업이 不安하다. 심장도 나빠지는 凶名이다.

⑤의 풍지관괘(風地觀卦)에서는 命이 길고 벼슬이 높으며 재물이 있다. 父母는 장수강녕(長壽康寧)하다. 그러나 子孫의 근심이 있다.

⑥의 수천수괘(水天需卦)에서는 命이 길고 財物이 있으며 벼슬을 한다. 子孫도 안강(安康)하여 행복한 이름이 된다.

⑦의 산택손괘(山澤損卦)에서는 命이 길고 벼슬을 하며 財物이 있다. 父母 兄弟가 성공장수(成功長壽)하는데, 子孫의 근심이 있다.

⑧의 지화명이괘(地火明夷卦)에서는 命이 길고 벼슬을 한다. 그러나 子孫과 兄弟를 해치고 財物이 없어 파란이 많다.

己亥日生

①의 천뢰무망괘(天雷无妄卦)에서는 命이 길고 財物이 있으며 벼슬을 한다. 父母와 子孫이 성공하고 兄弟도 안강(安康)하여 행복한 이름이 된다.

②의 택풍대과괘(澤風大過卦)에서는 命이 길고 財物이 있으며 벼슬을 한다. 그러나 子孫의 근심이 있다.

③의 화수미제괘(火水未濟卦)에서는 命이 길고 財物이 있으며 兄弟는 성공한다. 父母와 子孫은 안강(安康)하다. 그러나 벼슬이 없어 직업이 불안하다.

④의 뇌산소과괘(雷山小過卦)에서는 命이 길고 벼슬을 한다. 그러나 財物이 없고 父母 兄弟 子孫을 모두 해쳐 파란이 많다.

⑤의 풍지관괘(風地觀卦)에서는 命이 길고 財物이 있다. 그러나 벼슬을 깎고 子孫의 근심이 있다.

⑥의 수천수괘(水天需卦)에서는 世申이 劫殺이니 몸을 크게 다칠 수 있고 子孫도 해친다.

⑦의 산택손괘(山澤損卦)에서는 命은 보통이고 벼슬을 하고 財物

도 조금 있다. 그러나 父母와 子孫을 해친다.
　⑧의 지화명이괘(地火明夷卦)에서는 命이 길고 벼슬을 하며 父母 兄弟 子孫은 安康하다. 그러나 財物이 없어 파란이 많다.

庚子日生
　①의 천뢰무망괘(天雷无妄卦)에서는 命이 길고 벼슬이 높으며 財物이 있다. 父母 兄弟 子孫도 안강(安康)하여 행복한 이름이 된다.
　②의 택풍대과괘(澤風大過卦)에서는 命은 보통이고 財物이 많으며 벼슬을 한다. 그러나 子孫의 근심이 있다.
　③의 화수미제괘(火水未濟卦)에서는 命이 길고 男兄弟와 부모는 安康하다. 그러나 벼슬이 없고 子孫과 女兄弟를 해치고 財物도 상한다.
　④의 뇌산소과괘(雷山小過卦)에서는 命이 길고 벼슬을 하며 형제는 성공한다. 그러나 父母와 子孫을 해치고 財物이 없어 파란이 많다.
　⑤의 풍지관괘(風地觀卦)에서는 命이 길고 財物이 있다. 그러나 벼슬을 깎고 子孫의 근심이 있다.
　⑥의 수천수괘(水天需卦)에서는 命이 길고 財物이 있으며 벼슬을 한다. 건강하고 子孫이 성공하는 등 행복한 길명(吉名)이 된다.
　⑦의 산택손괘(山澤損卦)에서는 命이 길고 벼슬을 하며 財物이 있다. 兄弟도 성공하는데 父母와 子孫을 해친다.
　⑧의 지화명이괘(地火明夷卦)에서는 命이 길고 벼슬을 한다. 그러나 父母를 해치고 財物이 없어 파란이 있다.

辛丑日生
　①의 천뢰무망괘(天雷无妄卦)에서는 命이 길고 벼슬을 하며 財物이 있다. 父母와 子孫은 성공안태(成功安泰)하여 평길한 이름이 된다.
　②의 택풍대과괘(澤風大過卦)에서는 命은 보통이고 벼슬이 높으며 財物이 있다. 그러나 子孫의 근심이 있고 몸을 다칠 염려가 있다.
　③의 화수미제괘(火水未濟卦)에서는 命이 길고 財物이 많으며 父母 兄弟가 成功한다. 그러나 子孫을 해치고 벼슬이 없어 파란이 있다.

④의 뇌산소과괘(雷山小過卦)에서는 命이 길고 벼슬을 한다. 그러나 子孫을 해치고 財物이 없어 파란이 많다.
⑤의 풍지관괘(風地觀卦)에서는 命이 길고 財物이 있다. 그러나 벼슬을 깎고 子孫의 근심이 있다.
⑥의 수천수괘(水天需卦)에서는 命이 길고 財物이 있으며 벼슬을 한다. 子孫과 兄弟도 안강(安康)하여 平吉한 이름이 된다.
⑦의 산택손괘(山澤損卦)에서는 命이 길고 벼슬을 하며 財物이 있다. 그러나 父母와 子孫을 해친다.
⑧의 지화명이괘(地火明夷卦)에서는 命은 보통이고 벼슬은 조금 있다. 父母 兄弟 子孫은 안강(安康)하다. 그러나 財物이 없어 파란이 많다.

壬寅日生

①의 천뢰무망괘(天雷无妄卦)에서는 命이 길고 벼슬을 하며 財物이 있다. 子孫과 兄弟도 安康하여 平吉한 이름이 된다.
②의 택풍대과괘(澤風大過卦)에서는 世亥가 劫殺이 되니 몸을 크게 다칠 수 있고 父母를 해친다. 이가 나빠지고 삼초(三焦)가 약해진다.
③의 화수미제괘(火水未濟卦)에서는 命이 길고 財物이 있다. 그러나 벼슬이 없어 파란이 있고 子孫을 조금 해친다.
④의 뇌산소과괘(雷山小過卦)에서는 命이 길고 벼슬이 조금 있다. 그러나 子孫을 해치고 財物이 없어 파란이 있다.
⑤의 풍지관괘(風地觀卦)에서는 命이 길고 財物이 많으며 건강하다. 그러나 子孫의 근심이 있다.
⑥의 수천수괘(水天需卦)에서는 命이 길고 벼슬을 하며 財物이 있다. 그리고 健康하며 平吉한 이름이 된다.
⑦의 산택손괘(山澤損卦)에서는 命은 보통이고 벼슬을 한다. 그러나 財物을 조금 傷하고 子孫의 근심이 있다.
⑧의 지화명이괘(地火明夷卦)에서는 命이 길고 벼슬을 하며 子孫과 父母는 성공안강(成功安康)하다. 그러나 벼슬이 없어 파란이 있다.

癸卯日生

① 의 천뢰무망괘(天雷无妄卦)에서는 命이 길고 벼슬을 하며 財物이 있다. 父母 兄弟 子孫이 성공하고 안강(安康)하여 행복한 이름이 된다.

② 의 택풍대과괘(澤風大過卦)에서는 命이 길고 財物이 있으며 벼슬을 한다. 그러나 子孫의 근심이 있다.

③ 의 화수미제괘(火水未濟卦)에서는 命이 길고 財物이 있다. 그러나 벼슬이 없고 子孫을 조금 해친다.

④ 의 뇌산소과괘(雷山小過卦)에서는 命이 길고 벼슬을 한다. 그러나 父母와 子孫을 해치고 財物이 없다.

⑤ 의 풍지관괘(風地觀卦)에서는 命이 길고 財物이 많으며 벼슬을 한다. 그러나 자손의 근심이 있다.

⑥ 의 수천수괘(水天需卦)에서는 命이 길고 財物이 많으며 벼슬을 한다. 子孫과 兄弟도 안강(安康)하여 幸福한 이름이 된다.

⑦ 의 산택손괘(山澤損卦)에서는 命은 보통이고 벼슬을 하며 재물이 있다. 그러나 子孫의 근심이 있다.

⑧ 의 지화명이괘(地火明夷卦)에서는 命이 길고 벼슬을 하며 子孫은 성공한다. 父母 兄弟도 안강(安康)하다. 그러나 財物이 없어 파란이 많다.

甲辰日生

① 의 천뢰무망괘(天雷无妄卦)에서는 命이 길고 財物도 있으며 벼슬도 한다. 子孫과 父母도 성공하고 건강하게 살아가는 좋은 이름이 된다.

② 의 택풍대과괘(澤風大過卦)에서는 財物이 있으며 벼슬도 한다. 그러나 子孫과 兄弟가 없는 이름이다.

③ 의 화수미제괘(火水未濟卦)에서는 財物이 있으며 子孫도 있고 命이 길다. 그러나 父母를 해치고 女兄弟를 해친다. 담(膽)과 소장(小腸)이 나빠진다.

④ 의 뇌산소과괘(雷山小過卦)에서는 命이 길고 벼슬을 한다. 그러

나 財物과 子孫이 없어 파란이 많은 이름이 된다.
⑤ 의 풍지관괘(風地觀卦)에서는 命은 길다. 그러나 財物과 벼슬을 傷하고 子孫이 없는 이름이다. 肝과 小腸이 나빠진다.
⑥ 의 수천수괘(水天需卦)에서는 命이 길고 財物이 많으며 자손과 형제도 성공하며 벼슬도 하는 좋은 이름이 된다.
⑦ 의 산택손괘(山澤損卦)에서는 命이 길고 兄弟도 성공한다. 그러나 벼슬을 깎고 父母를 해친다. 肝・小腸・神經이 약해진다.
⑧ 의 지화명이괘(地火明夷卦)에서는 命이 길고 벼슬도 한다. 그러나 財物이 없고 子孫을 해치며 肝이 나빠진다.

乙巳日生

① 의 천뢰무망괘(天雷无妄卦)에서는 命이 길고 벼슬은 높으며 財物이 있다. 父母는 장수강녕(長壽康寧)하고 子孫도 健康하여 행복한 이름이 된다.
② 의 택풍대과괘(澤風大過卦)에서는 命은 보통이고 벼슬도 한다. 그러나 자손의 근심이 있다.
③ 의 화수미제괘(火水未濟卦)에서는 命이 길고 財物이 있으며 子孫과 兄弟는 안강(安康)하다. 그러나 父母를 해치고 벼슬이 없어 파란이 있다.
④ 의 뇌산소과괘(雷山小過卦)에서는 命이 길고 벼슬을 하며 父母 兄弟는 안강(安康)하다. 그러나 子孫을 해치고 財物이 없어 파란이 많다.
⑤ 의 풍지관괘(風地觀卦)에서는 命이 길고 벼슬을 한다. 그러나 財物을 傷하고 子孫의 근심이 있다.
⑥ 의 수천수괘(水天需卦)에서는 命이 길고 財物이 많으며 벼슬을 한다. 子孫은 성공하고 형제는 건강하여 행복한 이름이 된다.
⑦ 의 산택손괘(山澤損卦)에서는 命이 길고 財物이 있다. 그러나 子孫의 근심이 있고 벼슬을 깎아 파란이 있다.
⑧ 의 지화명이괘(地火明夷卦)에서는 命이 길고 벼슬을 하며 子孫

은 성공한다. 父母 兄弟는 안강(安康)하다. 그러나 財物이 없어 파란이 있다.

丙午日生

① 의 천뢰무망괘(天雷无妄卦)에서는 世午가 양인(羊刃)이니 사고가 나서 몸을 크게 다치고 수술을 한다. 子孫과 兄弟도 해치고 심장이 약해진다.

② 의 택풍대과괘(澤風大過卦)에서는 世亥가 劫殺이니 事故가 나고 短命한다. 父母와 子孫을 해친다. 이가 나빠지고 삼초(三焦)가 약해진다.

③ 의 화수미제괘(火水未濟卦)에서는 世午가 양인(羊刃)이니 事故가 나서 몸을 크게 다쳐 수술을 한다. 父母와 兄弟를 해치고 벼슬이 없어 파란이 많다. 심장이 약해지고 허리도 다친다.

④ 의 뇌산소과괘(雷山小過卦)에서는 世午가 양인(羊刃)이니 몸을 크게 다쳐 수술을 한다. 벼슬을 깎고 재물이 없어 파란이 많다. 자손을 해치며 심장이 약해지는 흉명(凶名)이다.

⑤ 의 풍지관괘(風地觀卦)에서는 命이 길고 벼슬을 한다. 그러나 子孫의 근심이 있고 財物을 傷하여 파란이 있는 이름이 된다.

⑥ 의 수천수괘(水天需卦)에서는 命이 길고 財物이 있으며 벼슬을 한다. 子孫과 兄弟도 安康하여 平吉한 이름이 된다.

⑦ 의 산택손괘(山澤損卦)에서는 命이 길고 財物이 있으며 父母 兄弟는 성공한다. 그러나 자손의 근심이 있고 벼슬을 깎아 파란이 있는 이름이다.

⑧ 의 지화명이괘(地火明夷卦)에서는 命이 길고 벼슬을 하며 父母 兄弟는 안강(安康)하다. 그러나 子孫을 해치고 財物이 없어 파란이 있는 이름이 된다.

丁未日生

① 의 천뢰무망괘(天雷无妄卦)에서는 命이 길고 財物이 있으며 벼

슬을 한다. 子孫도 성공하는 등 행복한 이름이 된다.
　② 의 택풍대과괘(澤風大過卦)에서는 命이 길고 벼슬을 하며 財物이 있다. 父母는 장수강녕(長壽康寧)하다. 그러나 자손의 근심이 있다.
　③ 의 화수미제괘(火水未濟卦)에서는 命이 길고 財物이 있으며 子孫과 兄弟는 성공한다. 그러나 父母를 해치고 벼슬이 없어 파란이 있다.
　④ 의 뇌산소과괘(雷山小過卦)에서는 命이 길고 벼슬을 한다. 그러나 子孫과 兄弟를 해치고 재물이 없어 파란이 많은 이름이 된다.
　⑤ 의 풍지관괘(風地觀卦)에서는 命이 길고 벼슬은 조금 한다. 그러나 子孫을 해치고 財物을 傷하여 파란이 있다.
　⑥ 의 수천수괘(水天需卦)에서는 世申이 劫殺이니 事故가 나고 短命한다. 벼슬을 깎고 子孫을 해친다. 귀와 위가 나빠진다.
　⑦ 의 산택손괘(山澤損卦)에서는 命이 길고 財物이 있다. 그러나 子孫을 해치고 벼슬을 깎아 파란이 많다.
　⑧ 의 지화명이괘(地火明夷卦)에서는 命이 길고 벼슬을 하며 父母 兄弟 子孫이 성공한다. 그러나 財物이 없어 파란(波乱)이 있는 이름이 된다.

戊申日生
　① 의 천뢰무망괘(天雷无妄卦)에서는 世午가 양인(羊刃)이니 몸을 크게 다쳐 수술을 해야 한다. 子孫과 兄弟도 해치고 심장이 나빠진다.
　② 의 택풍대과괘(澤風大過卦)에서는 命이 길고 돈이 많으며 벼슬을 한다. 그러나 子孫의 근심이 있다.
　③ 의 화수미제괘(火水未濟卦)에서는 世午가 羊刃이니 몸을 크게 다쳐 수술을 해야 한다. 父母 兄弟를 해치며 벼슬이 없어 파란이 있다.
　④ 의 뇌산소과괘(雷山小過卦)에서는 世午가 양인(羊刃)이니 사고가 나서 몸을 크게 다쳐 수술을 해야 한다. 財物이 없고 벼슬을 깎아 파란이 많다. 심장이 나빠진다.
　⑤ 의 풍지관괘(風地觀卦)에서는 命이 길고 벼슬을 한다. 그러나

子孫을 해치고 財物을 傷하여 파란이 있는 이름이 된다.

⑥의 수천수괘(水天需卦)에서는 命이 길고 財物이 있으며 벼슬을 한다. 子孫과 兄弟도 안강(安康)하여 행복하고 健康한 이름이 된다.

⑦의 산택손괘(山澤損卦)에서는 命이 길고 財物이 있다. 그러나 벼슬을 깎고 子孫을 해쳐 파란이 있는 이름이 된다.

⑧의 지화명이괘(地火明夷卦)에서는 命이 길고 벼슬을 하며 父母 兄弟 子孫은 안강(安康)하다. 그러나 財物이 없어 파란이 많은 이름이 된다.

己酉日生

①의 천뢰무망괘(天雷无妄卦)에서는 命이 길고 벼슬이 높으며 財物이 많다. 父母와 子孫이 성공하여 행복하고 안락(安樂)한 이름이 된다.

②의 택풍대과괘(澤風大過卦)에서는 命이 길고 벼슬을 하며 財物이 있다. 그러나 子孫으로 근심이 있고 파란이 있는 이름이 된다.

③의 화수미제괘(火水未濟卦)에서는 命이 길고 財物이 있으며 兄弟와 子孫은 성공한다. 그러나 父母를 해치고 벼슬이 없어 파란이 있는 이름이 된다.

④의 뇌산소과괘(雷山小過卦)에서는 命이 길고 벼슬을 하며 父母 兄弟는 안강(安康)하다. 그러나 子孫을 해치며 재물이 없어 파란이 많은 이름이다.

⑤의 풍지관괘(風地觀卦)에서는 命이 길고 벼슬을 한다. 그러나 子孫을 해치고 財物을 傷하여 파란이 있다.

⑥의 수천수괘(水天需卦)에서는 命이 길고 財物이 많으며 자손이 성공하고 형제는 安康하니 행복한 이름이 된다.

⑦의 산택손괘(山澤損卦)에서는 命은 보통이고 財物이 있으며 父母 兄弟는 안강(安康)하다. 그러나 子孫을 해치고 벼슬을 깎아 파란이 있다.

⑧의 지화명이괘(地火明夷卦)에서는 命이 길고 벼슬을 한다. 그러

나 子孫을 해치고 財物이 없어 파란이 있는 이름이 된다.

庚戌日生

① 의 천뢰무망괘(天雷无妄卦)에서는 命이 길고 벼슬을 하며 財物이 있다. 父母와 子孫도 안강(安康)하여 平吉한 이름이 된다.

② 의 택풍대과괘(澤風大過卦)에서는 世亥가 劫殺이니 사고가 나고 短命한다. 父母와 子孫을 해친다. 이가 나빠지고 삼초(三焦)가 약해지는 凶名이 된다.

③ 의 화수미제괘(火水未濟卦)에서는 命이 길고 子孫과 兄弟는 안강(安康)하다. 그러나 벼슬이 없고 財物을 傷하며 父母를 해쳐 파란이 많은 이름이 된다.

④ 의 뇌산소과괘(雷山小過卦)에서는 命이 길고 벼슬을 하며 父母 兄弟는 안강(安康)하다. 그러나 子孫을 해치고 財物이 없어 파란이 많은 이름이 된다.

⑤ 의 풍지관괘(風地觀卦)에서는 命이 길고 벼슬을 한다. 그러나 子孫을 해치고 財物을 상한다.

⑥ 의 수천수괘(水天需卦)에서는 命이 길고 財物이 있으며 벼슬을 한다. 子孫은 성공하고 兄弟도 성공하는 행복한 이름이 된다.

⑦ 의 산택손괘(山澤損卦)에서는 命이 길고 財物이 있으며 형제는 성공하고 父母는 안강(安康)하다. 그러나 子孫을 해치고 벼슬을 깎아 파란이 있다.

⑧ 의 지화명이괘(地火明夷卦)에서는 命이 길고 벼슬을 한다. 그러나 父母 兄弟 子孫을 모두 해치고 재물(財物)이 없어 파란(波乱)이 많은 이름이 된다.

辛亥日生

① 의 천뢰무망괘(天雷无妄卦)에서는 命이 길고 財物이 있으며 벼슬을 한다. 子孫은 成功하고 父母는 안강(安康)하여 평길(平吉)한 이름이 된다.

②의 택풍대과괘(澤風大過卦)에서는 命은 보통이고 벼슬을 하며 財物이 있다. 그러나 子孫의 근심이 있다.

③의 화수미제괘(火水未濟卦)에서는 命이 길고 財物이 있으며 兄弟와 子孫은 안강(安康)하다. 그러나 父母를 해치고 벼슬이 없어 파란이 있다.

④의 뇌산소과괘(雷山小過卦)에서는 命이 길고 벼슬을 한다. 그러나 子孫과 兄弟를 해치고 財物이 없어 파란이 많다.

⑤의 풍지관괘(風地觀卦)에서는 命이 길고 벼슬은 조금 있다. 그러나 子孫을 해치고 財物을 傷하여 파란이 있다.

⑥의 수천수괘(水天需卦)에서는 世申이 劫殺이니 事故가 나고 短命한다. 子孫을 해치고 위와 귀가 나빠지는 이름이 된다.

⑦의 산택손괘(山澤損卦)에서는 命이 길고 財物은 있다. 그러나 子孫을 해치고 벼슬을 깎아 파란이 있는 이름이 된다.

⑧의 지화명이괘(地火明夷卦)에서는 命은 보통이고 벼슬은 조금 있다. 父母 兄弟는 안강(安康)하다. 그러나 子孫을 해치고 財物이 없어 파란이 많다.

壬子日生

①의 천뢰무망괘(天雷无妄卦)에서는 命이 길고 財物이 있으며 벼슬을 한다. 子孫도 안강(安康)하여 平吉한 이름이 된다.

②의 택풍대과괘(澤風大過卦)에서는 命이 길고 財物이 있으며 벼슬을 한다. 그러나 子孫으로 근심이 있다.

③의 화수미제괘(火水未濟卦)에서는 命이 길고 財物이 있으며 兄弟와 子孫은 안강(安康)하다. 그러나 父母를 해치고 벼슬이 없어 파란이 있다.

④의 뇌산소과괘(雷山小過卦)에서는 命이 길고 벼슬을 한다. 그러나 子孫을 해치고 財物이 없어 파란이 많은 이름이 된다.

⑤의 풍지관괘(風地觀卦)에서는 命이 길고 벼슬과 財物이 조금씩 있다. 그러나 子孫을 해친다.

⑥ 의 수천수괘(水天需卦)에서는 命이 길고 財物이 있으며 벼슬을 한다. 子孫과 兄弟도 안강(安康)하여 平吉한 이름이 된다.

⑦ 의 산택손괘(山澤損卦)에서는 命은 보통이나 財物을 傷하고 벼슬을 깎으며 子孫을 해쳐 파란이 많은 이름이 된다.

⑧ 의 지화명이괘(地火明夷卦)에서는 命이 길고 벼슬을 하며 父母 兄弟 子孫은 안강(安康)하다. 그러나 財物이 없어 波乱이 많은 이름이 된다.

癸丑日生

① 의 천뢰무망괘(天雷无妄卦)에서는 命이 길고 財物이 있으며 벼슬을 한다. 父母와 子孫도 성공하여 平吉한 이름이 된다.

② 의 택풍대과괘(澤風大過卦)에서는 命이 길고 財物이 있으며 벼슬을 한다. 그러나 子孫의 근심이 있다.

③ 의 화수미제괘(火水未濟卦)에서는 命이 길고 財物이 있으며 子孫과 兄弟도 안강(安康)하다. 그러나 父母를 해치고 벼슬이 없어 파란이 있다.

④ 의 뇌산소과괘(雷山小過卦)에서는 命이 길고 벼슬을 하며 父母 兄弟는 안강(安康)하다. 그러나 子孫을 해치고 財物이 없어 파란이 많다.

⑤ 의 풍지관괘(風地觀卦)에서는 命이 길고 벼슬을 하며 財物이 있으며 건강(健康)하다. 父母도 안강(安康)하다. 그러나 子孫의 근심이 있다.

⑥ 의 수천수괘(水天需卦)에서는 命이 길고 재물(財物)이 많으며 벼슬을 한다. 子孫과 兄弟도 안강(安康)하여 행복(幸福)한 이름이 된다.

⑦ 의 산택손괘(山澤損卦)에서는 命은 보통이고 財物은 조금 있다. 그러나 벼슬을 깎고 子孫을 해쳐 파란이 있는 이름이 된다.

⑧ 의 지화명이괘(地火明夷卦)에서는 命이 길고 벼슬을 한다. 그러나 子孫을 해치고 벼슬이 없어 波乱이 많은 이름이 된다.

甲寅日生

① 의 천뢰무망괘(天雷无妄卦)에서는 命이 길고 돈이 많으며 벼슬도 한다. 자손과 형제도 성공한다. 그러나 신장이 조금 弱해진다.

② 의 택풍대과괘(澤風大過卦)에서는 世亥가 劫殺이니 短命하고 父母를 해친다. 방광(膀胱)과 삼초(三焦)를 약하게 한다.

③ 의 화수미제괘(火水未濟卦)에서는 命이 길고 財物이 있으며 子孫과 兄弟도 성공한다. 그러나 벼슬이 없는 이름이 된다.

④ 의 뇌산소과괘(雷山小過卦)에서는 命이 길고 벼슬은 조금 있으나 크지 못하다. 財物과 子孫이 없어 파란이 많고 兄弟도 害친다.

⑤ 의 풍지관괘(風地觀卦)에서는 命이 길고 벼슬도 한다. 그러나 子孫이 없고 財物을 傷한다. 肝과 허리를 약하게 한다.

⑥ 의 수천수괘(水天需卦)에서는 벼슬도 하고 兄弟도 성공한다. 그러나 財物과 子孫을 상하게 한다. 신장(腎臟)을 나쁘게 하고 胃도 약하게 만든다.

⑦ 의 산택손괘(山澤損卦)에서는 世丑이 空亡이 되니 短命한다. 이(齒)·肝·신장(身長)이 나빠지고 양기(陽氣)를 부족하게 한다. 財物을 傷하여 나쁜 이름이 된다.

⑧ 의 지화명이괘(地火明夷卦)에서는 世丑이 空亡이 되니 단명한다. 벼슬을 깎고 財物이 없다. 삼초(三焦)와 胃를 상하여 파란이 많은 나쁜 이름이 된다.

乙卯日生

① 의 천뢰무망괘(天雷无妄卦)에서는 命이 길고 財物이 있으며 벼슬을 한다. 子孫과 兄弟도 安康한 平吉한 이름이 된다.

② 의 택풍대과괘(澤風大過卦)에서는 命은 보통이고 벼슬을 하고 財物이 있다. 그러나 子孫의 근심이 있다.

③ 의 화수미제괘(火水未濟卦)에서는 命이 길고 財物이 있으며 父母 兄弟 子孫도 안강(安康)하다. 그러나 벼슬이 없어 波乱이 있다.

④ 의 뇌산소과괘(雷山小過卦)에서는 命이 길고 벼슬을 한다. 그러

나 子孫의 근심이 있고 財物이 없어 파란이 많다.

⑤의 풍지관괘(風地觀卦)에서는 命이 길고 財物이 많으며 벼슬을 한다. 父母도 안강(安康)하다. 그러나 子孫의 근심이 있는 이름이 된다.

⑥의 수천수괘(水天需卦)에서는 命이 길고 財物이 있으며 벼슬을 한다. 子孫과 兄弟도 성공하여 幸福한 이름이 된다.

⑦의 산택손괘(山澤損卦)에서는 世丑이 空亡이니 事故나 단명한다. 兄弟 父母는 安康하나 子孫으로 근심이 있고 이와 방광이 나빠진다.

⑧의 지화명이괘(地火明夷卦)에서는 世丑이 空亡이니 事故가 나고 短命한다. 벼슬을 깎아 파란이 많다. 위와 방광이 약해지는 흉명(凶名)이 된다.

丙辰日生

①의 천뢰무망괘(天雷无妄卦)에서는 世午가 양인(羊刃)이니 事故가 나고 몸을 다쳐 수술을 한다. 子孫과 父母를 害치며 심장과 신장이 약해진다.

②의 택풍대과괘(澤風大過卦)에서는 命이 길고 벼슬이 높으며 財物이 있다. 父母는 성공장수(成功長壽)한다. 그러나 子孫으로 근심이 있다.

③의 화수미제괘(火水未濟卦)에서는 世午가 양인(羊刃)이니 事故가 나서 몸을 다쳐 수술을 한다. 兄弟를 해친다. 심장이 나빠지고 허리를 다치며 양기도 죽이는 凶名이 된다.

④의 뇌산소과괘(雷山小過卦)에서는 世午가 양인(羊刃)이니 事故가 나고 몸을 다쳐 수술을 한다. 財物이 없고 벼슬을 깎아 직업이 불안하다. 심장도 약해지는 凶名이 된다.

⑤의 풍지관괘(風地觀卦)에서는 命이 길고 財物이 있으며 벼슬도 한다. 그러나 子孫으로 근심이 있다.

⑥의 수천수괘(水天需卦)에서는 命이 길고 財物이 있으며 벼슬을 한다. 子孫과 兄弟도 안강(安康)하여 平吉한 이름이 된다.

⑦의 산택손괘(山澤損卦)에서는 世丑이 空亡이니 事故가 나고 短

命한다. 財物을 傷하고 子孫과 兄弟를 해친다. 이가 나빠지고 허리도 다치며 방광이 약해지는 흉명(凶名)이다.

⑧의 지화명이괘(地火明夷卦)에서는 世丑이 空亡이니 事故가 나고 短命한다. 財物이 없고 벼슬을 깎아 직업이 不安하다. 子孫을 해치며 위와 방광이 약해지는 凶名이 된다.

丁巳日生

①의 천뢰무망괘(天雷无妄卦)에서는 命이 길고 財物이 있으며 벼슬을 한다. 子孫도 안강(安康)하여 平吉한 이름이 된다.

②의 택풍대과괘(澤風大過卦)에서는 命이 길고 벼슬은 높으며 財物이 있다. 父母는 장수건강(長壽健康)하다. 그러나 子孫의 근심이 있는 이름이 된다.

③의 화수미제괘(火水未濟卦)에서는 命이 길고 財物이 있으며 子孫과 兄弟는 성공하고 안강(安康)하다. 그러나 父母를 해치고 벼슬이 없다.

④의 뇌산소과괘(雷山小過卦)에서는 命이 길고 벼슬을 한다. 그러나 子孫을 해치고 財物이 없어 파란이 많은 이름이 된다.

⑤의 풍지관괘(風地觀卦)에서는 命은 보통이고 벼슬을 하고 財物이 있다. 그러나 子孫의 근심이 있다.

⑥의 수천수괘(水天需卦)에서는 命이 길고 財物이 있으며 벼슬을 한다. 子孫과 兄弟도 安康하여 平吉한 이름이 된다.

⑦의 산택손괘(山澤損卦)에서는 世丑이 空亡이니 事故가 나고 短命한다. 財物을 傷하고 子孫을 해친다. 이가 나빠지고 허리도 디친다.

⑧의 지화명이괘(地火明夷卦)에서는 世丑이 空亡이니 事故가 나고 短命한다. 財物이 없고 벼슬을 깎아 직업이 불안하고 파란이 많다. 위와 방광이 약해지는 凶名이 된다.

戊午日生

①의 천뢰무망괘(天雷无妄卦)에서는 世午가 양인(羊刃)이니 事故

가 나서 몸을 다쳐 수술을 한다. 子孫과 父母를 해치고 심장과 신장이 나빠진다.

② 의 택풍대과괘(澤風大過卦)에서는 世亥가 劫殺이니 事故가 나고 短命한다. 父母와 子孫을 해친다. 이가 나빠지고 삼초(三焦)가 약해진다.

③ 의 화수미제괘(火水未濟卦)에서는 世午가 양인(羊刃)이니 事故가 나고 몸을 다쳐 수술을 한다. 벼슬이 없고 兄弟를 해친다. 심장이 나빠지고 허리를 다치며 양기도 죽이는 흉명(凶名)이다.

④ 의 뇌산소과괘(雷山小過卦)에서는 世午가 양인(羊刃)이니 事故가 나고 수술을 한다. 財物이 없고 벼슬을 깎아 직업이 불안하고 파란이 많다. 子孫을 해치고 심장이 나빠지는 凶名이 된다.

⑤ 의 풍지관괘(風地觀卦)에서는 命이 길고 벼슬은 높으며 재물이 있다. 父母는 건강장수(健康長壽)하다. 그러나 자손의 근심이 있는 이름이 된다.

⑥ 의 수천수괘(水天需卦)에서는 命이 길고 벼슬을 하며 財物이 있다. 子孫과 兄弟도 안강(安康)하여 平吉한 이름이 된다.

⑦ 의 산택손괘(山澤損卦)에서는 世丑이 空亡이니 事故가 나고 短命한다. 財物을 傷하고 兄弟와 子孫을 해친다. 이가 나빠지고 허리를 다치는 흉명(凶名)이 된다.

⑧ 의 지화명이괘(地火明夷卦)에서는 世丑이 空亡이니 事故가 난다. 財物이 없고 벼슬을 깎아 직업이 불안하고 형제를 해친다. 위·방광·三焦가 약해지는 凶名이 된다.

己未日生

① 의 천뢰무망괘(天雷无妄卦)에서는 命이 길고 財物이 있으며 벼슬을 한다. 子孫이 성공하며 父母 兄弟도 안강(安康)하여 平吉한 이름이 된다.

② 의 택풍대과괘(澤風大過卦)에서는 命이 길고 財物이 있으며 벼슬을 한다. 父母도 안강(安康)하나 子孫으로 근심이 있다.

③의 화수미제괘(火水未濟卦)에서는 命이 길고 財物이 있으며 兄弟는 成功한다. 父母와 子孫도 안강(安康)하나 벼슬이 없다.

④의 뇌산소과괘(雷山小過卦)에서는 命이 길고 벼슬을 한다. 그러나 財物이 없고 子孫과 兄弟를 해치며 波乱이 있는 이름이 된다.

⑤의 풍지관괘(風地觀卦)에서는 命이 길고 財物이 있으며 벼슬을 한다. 그러나 子孫의 근심이 있다.

⑥의 수천수괘(水天需卦)에서는 世申이 劫殺이니 事故가 나서 몸을 다친다. 財物을 傷하고 子孫을 해친다. 위와 귀가 나빠진다.

⑦의 산택손괘(山澤損卦)에서는 世丑이 空亡이니 事故가 나고 短命한다. 財物을 傷하고 兄弟와 子孫을 해친다. 이와 허리를 다친다.

⑧의 지화명이괘(地火明夷卦)에서는 世丑이 空亡이니 事故가 나고 短命한다. 財物이 없고 벼슬을 깎아 직업이 不安하다. 위와 방광이 약해지는 흉명(凶名)이 된다.

庚申日生

①의 천뢰무망괘(天雷无妄卦)에서는 命이 길고 벼슬을 하며 財物이 있다. 子孫과 兄弟도 安康하여 平吉한 이름이 된다.

②의 택풍대과괘(澤風大過卦)에서는 命은 보통이고 財物이 많다. 그러나 벼슬을 깎고 子孫을 해친다.

③의 화수미제괘(火水未濟卦)에서는 命이 길고 父母 兄弟 子孫은 안강(安康)하다. 그러나 벼슬이 없고 財物을 깎아 波乱이 있다.

④의 뇌산소과괘(雷山小過卦)에서는 命이 길고 벼슬을 하며 父母와 兄弟는 성공한다. 그러나 財物이 없고 子孫을 해쳐 파란이 많은 이름이 된다.

⑤의 풍지관괘(風地觀卦)에서는 命이 길고 財物이 있으며 부모도 장수강녕(長壽康寧)하다. 그러나 子孫의 근심이 있다.

⑥의 수천수괘(水天需卦)에서는 命이 길고 벼슬을 하며 財物이 있다. 子孫은 성공하고 兄弟도 안강(安康)하여 平吉한 이름이 된다.

⑦의 산택손괘(山澤損卦)에서는 世丑이 空亡이니 事故가 나서 몸

을 다친다. 財物을 傷하고 父母 兄弟 子孫을 모두 해친다. 이가 나
빠지고 허리를 다치는 흉명(凶名)이 된다.
　⑧의 지화명이괘(地火明夷卦)에서는 世丑이 공망(空亡)이니 事故가
나고 몸을 다친다. 財物이 없고 벼슬을 깎아 직업이 불안한 凶名이
된다.

辛酉日生
　①의 천뢰무망괘(天雷无妄卦)에서는 命이 길고 벼슬을 하고 財物이
있다. 子孫도 성공하여 平吉한 이름이 된다.
　②의 택풍대과괘(澤風大過卦)에서는 命은 보통이고 벼슬을 하고
財物이 있다. 그러나 子孫의 근심이 있고 몸을 다칠 수 있다.
　③의 화수미제괘(火水未濟卦)에서는 命이 길고 財物이 있으며 兄
弟나 子孫은 성공한다. 그러나 벼슬이 없고 父母를 해친다.
　④의 뇌산소과괘(雷山小過卦)에서는 命이 길고 벼슬을 한다. 그러나
子孫이 없고 財物이 없어 파란이 많다.
　⑤의 풍지관괘(風地觀卦)에서는 命이 길고 벼슬을 하고 財物이 있
다. 그러나 子孫의 근심이 있다.
　⑥의 수천수괘(水天需卦)에서는 命이 길고 벼슬을 하며 財物이 있
다. 子孫과 兄弟도 안강(安康)하여 平吉한 이름이 된다.
　⑦의 산택손괘(山澤損卦)에서는 世丑이 空亡이니 事故가 나고 短
命한다. 財物을 傷하고 子孫을 해친다. 이가 나빠지고 허리를 다친다.
　⑧의 지화명이괘(地火明夷卦)에서는 世丑이 空亡이 되니 사고가
나고 短命한다. 財物이 없고 벼슬을 깎아 직업이 不安하다. 위와 방
광이 약해지는 흉명(凶名)이 된다.

壬戌日生
　①의 천뢰무망괘(天雷无妄卦)에서는 命이 길고 財物이 있으며 벼
슬을 한다. 子孫과 兄弟도 안강(安康)하여 平吉한 이름이 된다.
　②의 택풍대과괘(澤風大過卦)에서는 世亥가 劫殺이 되니 사고가

나고 短命한다. 父母와 子孫을 해친다. 이가 나빠지고 삼초(三焦)가 약해진다.
 ③의 화수미제괘(火水未濟卦)에서는 命이 길고 財物이 있으며 父母 兄弟 子孫이 모두 안강(安康)하다. 그러나 벼슬이 없다.
 ④의 뇌산소과괘(雷山小過卦)에서는 命이 길고 벼슬은 조금 한다. 그러나 子孫을 해치고 財物이 없어 波乱이 많다.
 ⑤의 풍지관괘(風地觀卦)에서는 命이 길고 財物이 많으며 벼슬을 하고 건강하다. 그러나 子孫의 근심이 있다.
 ⑥의 수천수괘(水天需卦)에서는 命이 길고 벼슬을 하며 재물이 있다. 子孫과 兄弟도 안강(安康)하여 平吉한 이름이 된다.
 ⑦의 산택손괘(山澤損卦)에서는 世丑이 空亡이니 事故가 나고 短命한다. 兄弟와 子孫을 해치고 財物을 傷하여 波乱이 많다. 이가 나빠지고 허리도 다치는 흉명(凶名)이 된다.
 ⑧의 지화명이괘(地火明夷卦)에서는 世丑이 空亡이니 事故가 나고 短命한다. 兄弟를 해치고 벼슬을 깎아 직업이 不安하다. 위와 방광도 약해지는 흉명(凶名)이 된다.

癸亥日生
 ①의 천뢰무망괘(天雷无妄卦)에서는 命이 길고 財物이 있으며 벼슬을 한다. 父母 兄弟 子孫이 모두 안강(安康)하여 平吉한 이름이 된다.
 ②의 택풍대과괘(澤風大過卦)에서는 命은 보통이고 벼슬을 하며 財物이 있다. 그러나 子孫의 근심이 있다.
 ③의 화수미제괘(火水未濟卦)에서는 命이 길고 財物이 있으며 父母 兄弟 子孫이 모두 안강(安康)하다. 그러나 벼슬이 없다.
 ④의 뇌산소과괘(雷山小過卦)에서는 命이 길고 벼슬을 한다. 그러나 兄弟와 子孫을 해치고 財物이 없어 波乱이 많다.
 ⑤의 풍지관괘(風地觀卦)에서는 命이 길고 財物이 있으며 벼슬을 하고 건강하여 平吉한 이름이 된다.
 ⑥의 수천수괘(水天需卦)에서는 世申이 劫殺이니 事故가 나고 短

命한다. 財物을 조금 傷하고 子孫을 해친다. 위와 귀가 나빠진다.
⑦의 산택손괘(山澤損卦)에서는 世丑이 空亡이니 事故가 나고 短命한다. 兄弟와 子孫을 해친다. 방광과 허리도 약해지는 凶名이 된다.
⑧의 지화명이괘(地火明夷卦)에서는 世丑이 空亡이니 事故가 나고 短命한다. 財物이 없고 벼슬을 깎아 직업이 불안하다. 위(胃)도 약한 凶名이 된다.

六劃數의 姓氏. 朴 安 全 任 吉 朱 池
十四劃數의 姓氏. 趙
二十二劃數의 姓氏. 權氏 등
① 천화동인(天火同人) ② 택뢰수(澤雷隨) ① 화풍정(火風鼎) ④ 뇌수해(雷水解) ⑤ 풍산점(風山漸) ⑥ 수지비(水地比) ⑦ 산천대축(山天大畜) ① 지택림괘(地澤臨卦) 등이 있다.
① 천화동인(天火同人) ③ 화풍정괘(火風鼎卦) ④ 뇌수해괘(雷水解卦) ⑦ 산천대축괘(山天大畜卦) ⑧ 지택림괘(地澤臨卦) 등은 大吉하다. ⑤의 풍산점괘(風山漸卦)와 ⑥의 수지비괘(水地比卦) 등은 平吉하다. ②의 택뢰수괘(澤雷隨卦)는 半凶半吉하다.

甲子日生
① 의 천화동인괘(天火同人卦)에서는 世亥가 空亡이 되니 단명한다. 子孫을 害친다. 肝・삼초(三焦)가 약하게 되어 당뇨병 등이 생긴다.
② 의 택뢰수괘(澤雷隨卦)에서는 命이 길고 財物이 있으며 벼슬도 있으나 크지 못하고 子孫이 빠져있다.
③ 의 화풍정괘(火風鼎卦)에서는 世亥가 空亡이니 短命하다. 삼초(三焦)가 약해지고 팔 다리를 다치며 小腸과 뇌신경(腦神經)이 약해진다.
④ 의 뇌수해괘(雷水解卦)에서는 命이 길고 財物이 있으며 벼슬도 한다. 子孫과 兄弟도 성공하고 健康하니 좋은 이름이 된다.
⑤ 의 풍산점괘(風山漸卦)에서는 命이 길고 子孫과 父母 兄弟도 성

공한다. 그러나 벼슬을 깎고 財物이 빠져 있다.

⑥ 의 수지비괘(水地比卦)에서는 世卯가 양인(羊刃)이니 몸을 칼에 대어 대수술(大手術)을 해야하고 短命한다. 벼슬을 깎고 肝과 胃를 약하게 한다.

⑦ 의 산천대축괘(山天大畜卦)에서는 命이 길고 벼슬도 크고 財物이 많고 健康하여 幸福한 삶을 보내게 된다.

⑧ 의 지택림괘(地澤臨卦)에서는 世卯가 양인(羊刃)이니 몸에 대수술(大手術)을 해야 하고 短命한다. 벼슬과 財物을 깎는다. 肝·삼초(三焦)·이(齒)가 나빠진다.

乙丑日生

① 의 천화동인괘(天火同人卦)에서는 世亥가 空亡이 되니 단명한다. 삼초(三焦)가 약해지고 눈이 나빠지며 허리를 다친다.

② 의 택뢰수괘(澤雷隨卦)에서는 世辰이 양인(羊刃)이니 命을 해쳐 파란이 많다.

③ 의 화풍정괘(火風鼎卦)에서는 世亥가 空亡이 되니 短命한다. 삼초(三焦)가 약해지고 당뇨병에 걸릴 염려가 있다.

④ 의 뇌수해괘(雷水解卦)에서는 世辰이 양인(羊刃)이니 몸에 칼을 대어야 하고 短命한다. 귀가 나빠질 염려가 있고 양기(陽氣)도 不足해질 수 있다.

⑤ 의 풍산점괘(風山漸卦)에서는 命이 길고 벼슬을 하고 子孫과 父母도 健康하고 人德도 있어 행복한 生을 영위하는 이름이 된다.

⑥ 의 수지비괘(水地比卦)에서는 命이 길고 벼슬이 높으며 財物이 있다. 父母 兄弟 子孫이 모두 健康하고 성공하여 행복한 삶을 누릴 좋은 이름이 된다.

⑦ 의 산천대축괘(山天大畜卦)에서는 世寅이 劫殺이 되니 벼슬을 깎고 短命하며 파란이 많다. 子孫이 없고 담(膽)이 나빠지며 神經도 약해지고 팔 다리를 자주 다친다.

⑧ 의 지택림괘(地澤臨卦)에서는 命이 길고 벼슬도 높으며 父母 兄

弟 子孫이 모두 성공하고 건강하다. 그러나 妻宮(妻宮)과 財物을 조금 해친다.

丙寅日生

① 의 천화동인괘(天火同人卦)에서는 世亥가 空亡이 되고 劫殺이 되니 短命한다. 벼슬도 깎고 子孫도 害친다. 눈과 허리가 약해지고 당뇨병에 걸릴 수 있는 나쁜 이름이 된다.

② 의 택뢰수괘(澤雷隨卦)에서는 命이 길고 財物이 있으며 벼슬도 한다. 그러나 子孫이 없다.

③ 의 화풍정괘(火風鼎卦)에서는 世亥가 空亡이며 劫殺까지 되니 事故가 나고 短命하며 파란이 많다. 벼슬도 害치고 삼초(三焦)가 약하고 당뇨병에 걸릴 수 있는 나쁜 이름이 된다.

④ 의 뇌수해괘(雷水解卦)에서는 命이 길고 財物이 있다. 벼슬은 軍人이나 경찰관(警察官)에 적합(適合)하다. 子孫과 兄弟도 성공하는 이름이다.

⑤ 의 풍산점괘(風山漸卦)에서는 世申에 馬가 붙으니 外國에 나가 살면 좋다. 國內에서는 불리(不利)하고 심장(心臟)과 胃 허리가 약해진다.

⑥ 의 수지비괘(水地比卦)에서는 命이 길고 벼슬도 하며 財物도 있다. 그러나 子孫을 옆에 두고 보지못하며 대장(大腸)을 약하게 한다.

⑦ 의 산천대축괘(山天大畜卦)에서는 命이 길고 벼슬을 하며 財物이 많아 健康한 生을 누릴 수 있다.

⑧ 의 지택림괘(地澤臨卦)에서는 命이 길고 벼슬을 한다. 財物이 있고 子孫은 貴하게 되며 父母 兄弟德도 있어 건강하고 행복한 이름이 된다.

丁卯日生

① 의 천화동인괘(天火同人卦)에서는 世亥가 空亡이 되니 命이 짧고 벼슬을 깎고 子孫을 해친다. 눈이 나빠지고 삼초(三焦)와 허리가 약

해지며 당뇨병(糖尿病)에 걸린다.

②의 택뢰수괘(澤雷隨卦)에서는 命이 길고 벼슬을 하며 財物이 있으며 건강하다. 그러나 子孫이 없다.

③의 화풍정괘(火風鼎卦)에서는 世亥가 空亡이니 短命한다. 벼슬을 깎고 삼초(三焦)가 약해지고 당뇨병 등 파란이 많은 이름이 된다.

④의 뇌수해괘(雷水解卦)에서는 命이 길고 財物이 있으며 벼슬도 한다. 子孫과 兄弟도 성공하는 좋은 이름이 된다.

⑤의 풍산점괘(風山漸卦)에서는 世申이 劫殺이니 短命한다. 子孫을 傷하고 財物이 없어 파란이 많다. 胃가 약해지고 허리를 다친다.

⑥의 수지비괘(水地比卦)에서는 命이 길고 벼슬을 하며 재물이 있다. 人德도 있고 兄弟德도 있다. 그러나 子孫과 父母를 약간 害친다.

⑦의 산천대축괘(山天大畜卦)에서는 命이 길고 벼슬을 하며 財物도 있다. 兄弟德과 人德도 있다. 그러나 子孫이 나갈 염려가 있다.

⑧의 지택림괘(地澤臨卦)에서는 命이 길고 벼슬을 하며 財物이 있다. 子孫이 성공하고 兄弟德과 人德도 있는 좋은 이름이 된다.

戊辰日生

①의 천화동인괘(天火同人卦)에서는 世亥가 空亡이 되니 단명한다. 벼슬을 깎고 아들도 해친다. 삼초(三焦)와 눈이 나빠지고 허리도 다치며 황달이나 당뇨병(糖尿病)에 걸릴 위험이 있다.

②의 택뢰수괘(澤雷隨卦)에서는 命이 길고 財物이 있으며 벼슬도 한다. 그러나 子孫이 不足하다.

③의 화풍정괘(火風鼎卦)에서는 世亥가 空亡이 되니 短命한다. 벼슬을 깎는다. 子孫은 성공하고 재물이 있다. 그러나 삼초(三焦)가 부실(不實)하고 황달(黃疸)이나 당뇨병(糖尿病)에 걸려 신체가 허약(虛弱)하게 된다.

④의 뇌수해괘(雷水解卦)에서는 命이 길고 財物이 많으며 벼슬도 한다. 그러나 子孫을 害치고 심장(心臟)과 대장(大腸)이 조금 나빠진다.

⑤의 풍산점괘(風山漸卦)에서는 命이 길고 벼슬을 하며 子孫과 兄

弟는 성공한다. 그러나 財物이 부족하고 父母를 해친다. 심장(心臟)과 소장(小腸)이 조금 弱해진다.

⑥의 수지비괘(水地比卦)에서는 命은 보통이고 벼슬을 하며 재물도 있다. 子孫과 兄弟도 성공한다. 그러나 父母를 조금 해친다.

⑦의 산천대축괘(山天大畜卦)에서는 財物이 있고 人德이 있으며 兄弟德도 있다. 그러나 子孫이 부족하고 命과 官을 건드려 관사(官事)나 手術病에 걸릴 염려가 있다. 담(膽)과 신경(神經)이 약해진다.

⑧의 지택림괘(地澤臨卦)에서는 命이 길고 벼슬을 하며 財物이 있다. 子孫과 兄弟도 성공하는 좋은 이름이 된다.

己巳日生

①의 천화동인괘(天火同人卦)에서는 世亥가 空亡이 되니 단명한다. 삼초(三焦)와 허리가 약하고 눈이 나빠지며 황달(黃疸)과 당뇨병(糖尿病)에 걸리기 쉽다.

②의 택뢰수괘(澤雷隨卦)에서는 命은 보통이고 財物이 있으며 벼슬도 한다. 그러나 子孫이 부족하고 兄弟를 해치며 膽을 나쁘게 한다.

③의 화풍정괘(火風鼎卦)에서는 世亥가 空亡이니 短命한다. 벼슬을 깎고 파란이 많다. 삼초(三焦)가 약해지고 당뇨(糖尿)와 황달병(黃疸病)으로 苦生한다.

④의 뇌수해괘(雷水解卦)에서는 命이 길고 財物이 많으며 벼슬도 높다. 子孫도 성공하여 건강하고 행복하게 살아가는 좋은 이름이 된다.

⑤의 풍산점괘(風山漸卦)에서는 命이 길고 벼슬을 하며 父母德도 있고 人德도 있다. 그러나 財物이 부족한 이름이다.

⑥의 수지비괘(水地比卦)에서는 命이 길고 벼슬을 하고 財物이 있다. 子孫도 성공하고 人德도 있다. 그러나 兄弟를 害친다.

⑦의 산천대축괘(山天大畜卦)에서는 世寅이 劫殺이니 短命한다. 벼슬을 깎고 子孫이 부족하다. 담(膽)이 나빠지고 신경(神經)을 약하게 만든다.

⑧의 지택림괘(地澤臨卦)에서는 命이 길고 벼슬을 하며 子孫도 성

공하며 人德도 있다. 그러나 財物을 傷하고 妻를 해친다.

庚午日生

① 의 천화동인괘(天火同人卦)에서는 世인 亥가 空亡이 되고 劫殺까지 되니 短命한다. 벼슬을 깎고 아들을 해친다. 눈이 나빠지고 三焦가 약하며 허리도 다친다. 황달(黃疸)과 당뇨병(糖尿病) 등 약체(弱體)에 파란이 많은 生을 보내게 된다.

② 의 택뢰수괘(澤雷隨卦)에서는 몸을 자주 다치고 벼슬을 깎는다. 母親을 害치며 肺와 三焦가 不實한 이름이 된다.

③ 의 화풍정괘(火風鼎卦)에서는 世인 亥가 空亡이요 劫殺도 되니 短命한다. 벼슬을 깎고 財物도 상한다. 삼초(三焦)와 폐(肺)가 약해지고 황달(黃疸) 당뇨(糖尿) 등 허약(虛弱)하고 파란이 많은 이름이다.

④ 의 뇌수해괘(雷水解卦)에서는 命이 길고 財物이 있으며 벼슬이 높다. 子孫도 성공하며 행복하게 살아가는 이름이 된다.

⑤ 의 풍산점괘(風山漸卦)에서는 世申이 馬을 타고 문상(問喪) 가는 형국(形局)이니 命이 길지 못하다. 子孫도 害치며 허리를 다칠 수 있다.

⑥ 의 수지비괘(水地比卦)에서는 命이 길고 벼슬을 하며 財物과 처덕(妻德)도 있으며 人德도 있어 좋은 이름이 된다.

⑦ 의 산천대축괘(山天大畜卦)에서는 命이 길고 벼슬이 높으며 財物도 많다. 처덕(妻德) 인덕(人德)이 모두 좋고 건강한 이름이 된다.

⑧ 의 지택림괘(地澤臨卦)에서는 命이 길고 兄弟도 성공한다. 그러나 子孫을 害치고 財物을 傷한다.

辛未日生

① 의 천화동인괘(天火同人卦)에서는 世인 亥가 空亡이 되니 短命하고 파란이 많다. 벼슬을 깎고 財物을 傷한다. 눈이 나빠지고 허리가 약해지며 子孫도 해친다. 황달(黃疸)과 당뇨병(糖尿病)을 조심해야 한다.

② 의 택뢰수괘(澤雷隨卦)에서는 벼슬을 하고 財物도 있고 형제도

성공한다. 그러나 母親을 해치고 子孫의 근심이 있으며 몸을 가끔 다치는 이름이 된다.

③ 의 화풍정괘(火風鼎卦)에서는 財物이 있으나 世亥가 空亡이 되니 短命하고 파란이 많다. 팔과 다리를 다친다. 삼초(三焦)가 不實하며 황달(黃疸)과 당뇨병(糖尿病)에 걸리기도 쉽다.

④ 의 뇌수해괘(雷水解卦)에서는 命은 보통이고 財物이 있으며 子孫도 성공한다. 그러나 벼슬을 깎고 妻를 해친다.

⑤ 의 풍산점괘(風山漸卦)에서는 世申이 劫殺이니 短命하고 子孫을 해치며 財物로 파란이 많은 이름이 된다.

⑥ 의 수지비괘(水地比卦)에서는 命이 길고 벼슬을 하며 財物도 좋고 건강하다. 그러나 子孫과 兄弟를 해친다.

⑦ 의 산천대축괘(山天大畜卦)에서는 世寅이 天乙貴人이 되니 命이 길고 벼슬이 높으며 財物도 있어 건강하고 성공한다. 그러나 子孫이 부족할 수 있다.

⑧ 의 지택림괘(地澤臨卦)에서는 命이 길고 벼슬이 높으며 자손도 성공한다. 그러나 財物을 조금 傷하고 妻를 조금 해친다.

壬申日生

① 의 천화동인괘(天火同人卦)에서는 世亥가 空亡이 되고 주작(朱雀)이 투강(投江)하니 命이 짧고 벼슬을 깎는다. 子孫과 처궁(妻宮)을 해친다. 눈과 허리 삼초(三焦)가 약해지고 당뇨(糖尿)도 조심해야 할 이름이 된다.

② 의 택뢰수괘(澤雷隨卦)에서는 命이 길고 財物이 있으며 벼슬도 한다. 그러나 어머니를 해치고 子孫이 없는 이름이 된다.

③ 의 화풍정괘(火風鼎卦)에서는 世亥가 정록(正祿)이나, 공망(空亡)이 되니 命이 짧다. 벼슬을 깎고 兄弟를 해치며 파란(波乱)이 있는 이름이 된다.

④ 의 뇌수해괘(雷水解卦)에서는 벼슬을 깎고 兄弟를 害치고 몸을 가끔 다치게 된다.

⑤의 풍산점괘(風山漸卦)에서는 命은 보통이고 벼슬도 높다. 父母 兄弟 子孫이 모두 성공하고 人德도 있어 좋은 이름이 된다.

⑥의 수지비괘(水地比卦)에서는 命이 길고 벼슬도 높다. 부모와 자손은 성공한다. 그러나 벼슬과 妻를 傷한다.

⑦의 산천대축괘(山天大畜卦)에서는 世寅에 역마(驛馬)가 붙으니 外國에 나가 살거나 외교관(外交官)이 되면 좋은 이름이다. 國內에서 살면 命을 傷하고 벼슬을 깎고 財物과 妻도 상하여 좋지못한 이름이 된다.

⑧의 지택림괘(地澤臨卦)에서는 命이 길고 벼슬도 높다. 父母 兄弟 子孫이 모두 성공하고 건강하여 행복한 이름이 된다.

癸酉日生

①의 천화동인괘(天火同人卦)에서는 世亥가 空亡이 되니 단명한다. 벼슬을 깎고 삼초(三焦)와 허리가 약해지고 눈도 나빠지는 이름이 된다.

②의 택뢰수괘(澤雷隨卦)에서는 命이 길고 재물이 있으며 벼슬도 한다. 父母德도 있다. 그러나 子孫이 빠져있고 兄弟를 傷한다.

③의 화풍정괘(火風鼎卦)에서는 世亥가 空亡이 되니 短命한다. 벼슬을 깎고 파란이 많다. 삼초(三焦)가 약하고 당뇨(糖尿) 등의 위험(危險)이 있다.

④의 뇌수해괘(雷水解卦)에서는 벼슬도 하고 子孫도 성공한다. 그러나 兄弟와 財物을 傷하고 몸을 가끔 다칠 수 있다.

⑤의 풍산점괘(風山漸卦)에서는 命은 보통이고 벼슬도 한다. 父母 兄弟 子孫은 성공하고 人德도 있다. 그러나 財物로 조금 파란이 있다.

⑥의 수지비괘(水地比卦)에서는 命이 길고 벼슬을 하며 財物도 많다. 父母와 子孫도 성공하며 人德도 있는 이름이다.

⑦의 산천대축괘(山天大畜卦)에서는 世寅이 劫殺이니 短命하고 파란이 많다. 벼슬을 깎고 담(膽)과 신경(神經)이 쇠약(衰弱)해지는 이름이 된다.

⑧의 지택림괘(地澤臨卦)에서는 命이 길고 벼슬은 높으며 父母 兄弟 子孫도 성공한다. 그러나 妻를 조금 害친다.

甲戌日生

①의 천화동인괘(天火同人卦)에서는 世亥가 劫殺이니 短命하며 벼슬을 깎고 財物을 傷한다. 눈이 나빠지고 허리를 다치며 파란이 많아 좋지않은 이름이다.

②의 택뢰수괘(澤雷隨卦)에서는 벼슬을 깎고 어머니를 해치며 子孫이 없는 이름이 된다.

③의 화풍정괘(火風鼎卦)에서는 世亥가 劫殺이 되니 短命하며 사고가 나고 波乱이 많다. 벼슬도 깎고 財物도 상하고 당뇨병(糖尿病)에도 걸릴 수 있다.

④의 뇌수해괘(雷水解卦)에서는 命이 길고 재운(財運)도 좋다. 兄弟와 子孫은 성공한다. 그러나 벼슬을 깎는다.

⑤의 풍산점괘(風山漸卦)에서는 世申이 空亡이 되니 短命한다. 子孫을 傷하고 胃와 허리가 약해진다.

⑥의 수지비괘(水地比卦)에서는 世卯가 양인살(羊刃殺)이니 몸에 칼을 대어 대수술(大手術)을 해야 한다. 벼슬을 傷하고 子孫을 害친다. 肝과 胃가 나빠진다.

⑦의 산천대축괘(山天大畜卦)에서는 病이 없이 건강하고 命이 길고 벼슬은 높으며 財物도 많다. 처덕(妻德)과 人德도 있어 안락(安樂)한 생활을 한다.

⑧의 지택림괘(地澤臨卦)에서는 世卯가 양인살(羊刃殺)이 되니 短命한다. 벼슬을 깎고 子孫과 財物도 傷한다. 肝과 이가 나빠지고 肺와 삼초(三焦)도 약해진다.

乙亥日生

①의 천화동인괘(天火同人卦)에서는 命은 보통이고 父母德이 있으며 子孫도 成功한다. 벼슬도 한다. 그러나 財物을 조금 傷한다.

②의 택뢰수괘(澤雷隨卦)에서는 命이 길고 財物이 있으며 부모덕도 있다. 그러나 벼슬을 깎고 子孫의 근심이 있다.

③의 화풍정괘(火風鼎卦)에서는 命은 보통이고 벼슬을 하며 子孫도 성공한다. 그러나 財物을 傷한다.

④의 뇌수해괘(雷水解卦)에서는 世辰이 양인(羊刃)이니 手術을 해야 한다. 財物을 傷하고 벼슬을 깎는다. 맹장(盲腸)이 약하고 胃와 肺가 조금 약해진다.

⑤의 풍산점괘(風山漸卦)에서는 世申이 空亡이 되니 短命한다. 子孫을 害친다. 胃가 약해지고 허리를 다친다. 財物로 파란이 있다.

⑥의 수지비괘(水地比卦)에서는 命은 보통이고 벼슬을 하며 財物도 있다. 처덕(妻德)과 人德이 있다. 그러나 子孫을 조금 傷한다.

⑦의 산천대축괘(山天大畜卦)에서는 命이 길고 벼슬이 높으며 財物도 많으며 비교적 건강하다. 그러나 子孫의 근심이 조금 있다.

⑧의 지택림괘(地澤臨卦)에서는 命이 길고 벼슬이 높으며 부자가 되고 兄弟德도 있다. 그러나 子孫의 근심이 조금 있다.

丙子日生

①의 천화동인괘(天火同人卦)에서는 命이 길고 벼슬을 하며 父母德도 있고 子孫도 성공한다. 그러나 財物과 兄弟를 害친다.

②의 택뢰수괘(澤雷隨卦)에서는 命이 길고 財物이 있으며 부모덕도 있다. 그러나 子孫과 벼슬을 상하고 肺의 건강이 염려가 된다.

③의 화풍정괘(火風鼎卦)에서는 命이 길고 벼슬이 높으며 자손도 성공한다. 그러나 兄弟를 해치고 財物을 傷한다.

④의 뇌수해괘(雷水解卦)에서는 命이 길고 財物이 많다. 그러나 벼슬을 깎고 子孫을 해친다. 胃와 심장(心臟)이 약해진다.

⑤의 풍산점괘(風山漸卦)에서는 世申이 空亡이 되니 단명한다. 子孫을 害치고 父母도 해친다. 胃와 심장(心臟)·小腸이 약해지는 좋지않은 이름이 된다.

⑥의 수지비괘(水地比卦)에서는 命은 보통이고 벼슬을 하고 財物

이 있다. 그러나 父母와 子孫을 害친다.

⑦의 산천대축괘(山天大畜卦)에서는 몸을 가끔 다칠 수 있고 벼슬을 건드려 크지 못한다. 담(膽)과 신경(神經)을 조금 약하게 한다.

⑧의 지택림괘(地澤臨卦)에서는 命은 보통이고 벼슬을 하며 財物이 많다. 妻와 兄弟 人德도 있어 행복하게 사는 이름이 된다.

丁丑日生

①의 천화동인괘(天火同人卦)에서는 世亥가 역마(驛馬)가 되니 사고가 날 염려가 있다. 財物을 害치며 눈이 나빠지고 허리를 다칠 염려가 있다.

②의 택뢰수괘(澤雷隨卦)에서는 命이 길고 財物이 많다. 그러나 兄弟와 子孫을 해치고 벼슬을 깎고 肺와 담이 약해진다.

③의 화풍정괘(火風鼎卦)에서는 世亥에 馬가 붙으니 사고가 날 염려가 있다. 벼슬을 깎고 財物을 깎아 파란이 있다.

④의 뇌수해괘(雷水解卦)에서는 命이 길고 財物이 많으며 자손도 성공하므로 자그마한 애로는 이겨나가는 이름이다.

⑤의 풍산점괘(風山漸卦)에서는 世申이 空亡이 되니 短命하고 파란이 많으며 子孫을 害친다. 胃와 비장(脾臟)이 나빠지고 財物로 고생한다.

⑥의 수지비괘(水地比卦)에서는 命은 보통이고 벼슬을 하고 財物이 있다. 父母德 妻德 人德도 있다. 그러나 子孫을 조금 해친다.

⑦의 산천대축괘(山天大畜卦)에서는 世寅이 劫殺이니 短命한다. 사고가 나며 벼슬을 깎는다. 담(膽)과 神經이 약해진다.

⑧의 지택림괘(地澤臨卦)에서는 命이 길고 벼슬을 하며 재물이 많다. 妻德과 人德도 있어 편안하고 건강하며 성공하게 된다.

戊寅日生

①의 천화동인괘(天火同人卦)에서는 世亥가 劫殺이니 短命한다. 벼슬을 깎고 財物을 傷한다. 눈이 나빠지고 삼초(三焦)와 허리가 약

해진다.

② 의 택뢰수괘(澤雷隨卦)에서는 命이 길고 財物이 있으며 비교적 건강하다. 그러나 벼슬을 깎고 子孫을 傷한다.

③ 의 화풍정괘(火風鼎卦)에서는 世亥가 劫殺이니 命을 해치고 벼슬을 깎고 財物을 傷한다. 팔 다리를 다치고 당뇨(糖尿)가 생길 염려가 있다.

④ 의 뇌수해괘(雷水解卦)에서는 命이 길고 財物이 많다. 그러나 벼슬을 깎고 子孫을 害친다. 심장(心臟)과 위(胃)가 나빠지고 허리도 약해지는 이름이 된다.

⑤ 의 풍산점괘(風山漸卦)에서는 世申이 空亡이 되니 短命한다. 子孫을 害치고 財物로 波乱이 있다. 심장(心臟)과 胃가 나빠지고 허리도 다친다.

⑥ 의 수지비괘(水地比卦)에서는 命은 보통이고 벼슬을 하며 財物이 있다. 父母 兄弟도 건강하고 성공한다. 그러나 子孫을 조금 해친다.

⑦ 의 산천대축괘(山天大畜卦)에서는 命은 보통이고 벼슬을 하며 재물이 많다. 처덕(妻德)도 있어 좋은 이름이 된다.

⑧ 의 지택림괘(地澤臨卦)에서는 命은 보통이고 벼슬을 하고 재물도 많다. 父母 兄弟가 모두 健康하고 성공한다. 처덕(妻德)고 있고 人德도 있어 행복한 생을 보내는 이름이 된다.

己卯日生

① 의 천화동인괘(天火同人卦)에서는 命이 길고 벼슬을 하며 父母 兄弟 子孫이 모두 성공하는 좋은 이름이 된다.

② 의 택뢰수괘(澤雷隨卦)에서는 命은 보통이고 財物이 있으며 父母德도 있다. 그러나 子孫이 빠져있고 벼슬을 깎는 이름이다. 肺가 조금 약해진다.

③ 의 화풍정괘(火風鼎卦)에서는 命이 길고 官이 높다. 그러나 財物을 깎고 子孫과 兄弟를 害친다. 肺와 비장(脾臟)을 조금 약하게 한다.

④ 의 뇌수해괘(雷水解卦)에서는 命이 길고 財物이 많으며 자손도

⑤의 풍산점괘(風山漸卦)에서는 世申이 空亡이고 劫殺까지 되니 短命한다. 사고가 나며 허리도 다치며 胃도 나빠진다.

⑥의 수지비괘(水地比卦)에서는 命이 길고 벼슬을 하며 財物이 있다. 처덕(妻德)과 人德도 있어 좋은 이름이 된다.

⑦의 산천대축괘(山天大畜卦)에서는 命이 보통(60才에서 70才 以内)이고 벼슬도 한다. 財物도 있고 妻德 人德도 있다. 그러나 子孫의 파란이 조금 있다.

⑧의 지택림괘(地澤臨卦)에서는 命이 보통이고 벼슬을 하며 財物도 있다. 妻德과 人德도 있다.

庚辰日生

①의 천화동인괘(天火同人卦)에서는 命이 길고 벼슬이 크며 財物도 있다. 子孫도 성공하며 건강하고 행복하게 지낼 이름이 된다.

②의 택뢰수괘(澤雷隨卦)에서는 벼슬을 깎고 子孫의 근심이 있으며 몸을 가끔 다칠 수 있는 이름이 된다.

③의 화풍정괘(火風鼎卦)에서는 命이 길고(70以上) 벼슬도 하고 子女도 성공한다. 그러나 財物을 傷하고 肺가 조금 약해진다.

④의 뇌수해괘(雷水解卦)에서는 命은 보통이고 財物이 있으며 子孫도 성공한다. 그러나 財物을 조금 상한다.

⑤의 풍산점괘(風山漸卦)에서는 世申이 空亡이 되니 短命하며 파란이 많다. 子孫도 해치며 胃가 나빠지고 허리를 다친다.

⑥의 수지비괘(水地比卦)에서는 命이 길고 벼슬을 하며 財物이 있다. 兄弟도 성공하고 처덕(妻德)도 있고 人德도 있다.

⑦의 산천대축괘(山天大畜卦)에서는 財物이 있고 妻德과 人德이 있다. 兄弟도 성공하는데 몸을 크게 다칠 수 있다.

⑧의 지택림괘(地澤臨卦)에서는 命이 길고 벼슬은 크고 財物은 많다. 처덕(妻德)·형제덕(兄弟德)·인덕(人德)도 있다. 그러나 자식(子息)을 해치고 뇌(腦)가 약해진다.

辛巳日生

① 의 천화동인괘(天火同人卦)에서는 벼슬은 높은데 財物과 子孫을 해친다. 몸을 크게 다칠 수 있다. 胃·大腸·三焦를 약하게 한다.

② 의 택뢰수괘(澤雷隨卦)에서는 재복(財福)이 있고 형제덕도 있다. 그러나 벼슬을 깎고 子孫의 근심이 있다.

③ 의 화풍정괘(火風鼎卦)에서는 財物을 깎고 몸을 크게 다칠 수 있다. 肺와 삼초(三焦)를 약하게 한다.

④ 의 뇌수해괘(雷水解卦)에서는 命은 보통이고 財物이 있으며 子孫도 성공한다. 그러나 벼슬을 깎고 妻를 害친다.

⑤ 의 풍산점괘(風山漸卦)에서는 世申이 空亡이 되니 파란이 많고 短命한다. 허리를 다치고 子孫을 해치며 財物도 상해서 좋지 않다.

⑥ 의 수지비괘(水地比卦)에서는 命이 길고 벼슬이 높으며 재물이 있다. 처덕(妻德)과 인덕(人德)도 있다. 그러나 子孫과 兄弟를 조금 害친다.

⑦ 의 산천대축괘(山天大畜卦)에서는 世寅이 劫殺이니 事故가 나고 短命한다. 벼슬을 깎고 子孫을 害치며 담(膽)과 神經이 약해진다.

⑧ 의 지택림괘(地澤臨卦)에서는 命이 길고 벼슬을 하고 인덕(人德)도 있는 좋은 이름이 된다.

壬午日生

① 의 천화동인괘(天火同人卦)에서는 世亥가 劫殺이니 事故가 나고 短命한다. 벼슬을 깎고 財物을 傷하여 파란이 많다. 눈이 나빠지고 허리를 다치며 삼초(三焦)가 허약해지는 凶名이 된다.

② 의 택뢰수괘(澤雷隨卦)에서는 벼슬을 깎아 파란이 있다. 父母와 子孫을 해치는 이름이 된다.

③ 의 화풍정괘(火風鼎卦)에서는 世亥가 劫殺이니 事故가 나서 몸을 크게 다친다. 벼슬을 깎고 財物을 傷하여 波乱이 많은 凶名이 된다.

④ 의 뇌수해괘(雷水解卦)에서는 몸을 가끔 다칠 수 있고 벼슬을 깎아 약간의 파란(波乱)이 있다.

⑤의 풍산점괘(風山漸卦)에서는 世申이 空亡이니 事故가 나고 短命한다. 子孫을 害치고 재물이 부족하여 파란이 많다. 허리를 다치는 흉명(凶名)이 된다.

⑥의 수지비괘(水地比卦)에서는 命이 길고 벼슬이 높으며 재물이 있다. 父母 兄弟 子孫이 성공하고 안강(安康)하여 平吉한 이름이 된다.

⑦의 산천대축괘(山天大畜卦)에서는 命이 길고 벼슬을 하며 財物이 있고 건강하여 平吉한 이름이 된다.

⑧의 지택림괘(地澤臨卦)에서는 命이 길고 벼슬이 높으며 재물이 많다. 父母 兄弟 子孫이 성공하여 행복한 이름이 된다.

癸未日生

①의 천화동인괘(天火同人卦)에서는 命은 보통이고 벼슬을 하고 父母 兄弟 子孫이 안강(安康)하다. 그러나 財物을 傷한다.

②의 택뢰수괘(澤雷隨卦)에서는 命이 길고 財物이 조금 있고 父母 兄弟는 안강(安康)하다. 그러나 벼슬을 깎고 子孫의 근심이 있는 이름이 된다.

③의 화풍정괘(火風鼎卦)에서는 命이 길고 벼슬을 하며 부모와 자손이 안강(安康)하다. 그러나 財物을 傷하고 피가 부족한 이름이 된다.

④의 뇌수해괘(雷水解卦)에서는 몸을 가끔 다칠 수 있고 벼슬을 깎아 파란이 있다.

⑤의 풍산점괘(風山漸卦)에서는 世申이 空亡이고 劫殺이니 사고가 나고 短命한다. 子孫을 해치고 재물이 부족하여 파란이 많다. 위가 나빠지고 허리를 다치는 흉명(凶名)이 된다.

⑥의 수지비괘(水地比卦)에서는 命이 길고 벼슬이 높으며 재물이 많다. 父母 兄弟 子孫이 성공안강(成功安康)하여 행복한 이름이 된다.

⑦의 산천대축괘(山天大畜卦)에서는 命이 길고 벼슬을 하며 재물이 많다. 오복(五福)을 갖추어 행복해지는 이름이 된다.

⑧의 지택림괘(地澤臨卦)에서는 命이 길고 벼슬이 높으며 재물이 있다. 父母 兄弟 子孫이 모두 安康하여 행복한 이름이 된다.

甲申日生

① 의 천화동인괘(天火同人卦)에서는 命이 길고 벼슬을 하며 財物도 있고 子孫도 성공한다. 그러나 父母 兄弟를 조금 害친다.

② 의 택뢰수괘(澤雷隨卦)에서는 命이 길고 財物이 있으며 벼슬도 한다. 父母 兄弟도 성공한다. 그러나 子孫의 근심이 있다.

③ 의 화풍정괘(火風鼎卦)에서는 命은 보통이고 벼슬을 하고 財物이 많으며 子孫은 성공한다. 그러나 兄弟를 조금 해친다.

④ 의 뇌수해괘(雷水解卦)에서는 命이 길고 財物이 많으며 벼슬도 한다. 그러나 子孫을 害치고 심장(心臟)이 조금 약해진다.

⑤ 의 풍산점괘(風山漸卦)에서는 命이 길고 子孫은 성공한다. 그러나 父母 兄弟를 害치고 벼슬을 깎는다. 심장(心臟)과 소장(小腸)·간(肝)이 조금 약해진다.

⑥ 의 수지비괘(水地比卦)에서는 世卯가 양인(羊刃)이니 命을 깎고 벼슬을 깎는다. 父母를 害치고 肝과 小腸이 나빠진다.

⑦ 의 산천대축괘(山天大畜卦)에서는 命은 보통이고 財物이 있으며 子孫은 성공한다. 그러나 몸을 다칠 수 있고 子孫의 근심이 있다.

⑧ 의 지택림괘(地澤臨卦)에서는 世卯가 양인(羊刃)이 되니 事故가 나서 短命한다. 벼슬을 깎고 肝과 이가 나빠진다.

乙酉日生

① 의 천화동인괘(天火同人卦)에서는 世亥가 역마(驛馬)가 되고 상문(喪問)이 되니 事故가 나서 몸을 다칠 수 있다. 三焦와 눈이 약해지고 허리를 다칠 수 있다.

② 의 택뢰수괘(澤雷隨卦)에서는 世辰이 양인(羊刃)이니 몸을 크게 다쳐 수술을 할 수 있다. 財物을 傷하고 兄弟와 어머니를 해친다.

③ 의 화풍정괘(火風鼎卦)에서는 世亥가 역마(驛馬)요 상문(喪問)에 드니 事故가 나고 몸을 다칠 수 있다. 벼슬을 깎는다.

④ 의 뇌수해괘(雷水解卦)에서는 世辰이 양인(羊刃)이니 몸을 다칠 수 있고 子孫을 害치며 심장(心臟)이 약해진다.

⑤의 풍산점괘(風山漸卦)에서는 命이 길고 벼슬을 하며 子孫은 성공한다. 그러나 父母 兄弟를 해치고 財物을 傷한다.
⑥의 수지비괘(水地比卦)에서는 命이 길고 벼슬을 하며 財物이 있다. 처덕(妻德)과 人德이 있으며 子孫도 성공하는 좋은 이름이 된다.
⑦의 산천대축괘(山天大畜卦)에서는 世寅이 劫殺이니 事故가 나고 短命한다. 담(膽)과 神經이 약해지고 벼슬을 깎는다.
⑧의 지택림괘(地澤臨卦)에서는 命이 길고 벼슬이 높으며 재물이 있다. 父母 兄弟 子孫이 모두 성공하고 건강하여 행복한 生을 누릴 좋은 이름이 된다.

丙戌日生
①의 천화동인괘(天火同人卦)에서는 世亥가 劫殺이니 事故가 나고 短命한다. 兄弟를 해치고 벼슬을 깎아 직업이 불안하여 파란이 많다. 눈이 나빠지고 삼초(三焦)가 약해지며 허리를 다친다.
②의 택뢰수괘(澤雷隨卦)에서는 命이 길고 재물이 있으며 벼슬을 한다. 그러나 어머니와 子孫을 해친다.
③의 화풍정괘(火風鼎卦)에서는 世亥가 劫殺이니 事故가 나고 短命한다. 벼슬을 깎아 직업이 불안하고 삼초(三焦)가 약해진다.
④의 뇌수해괘(雷水解卦)에서는 命이 길고 財物이 있으며 벼슬을 한다. 그러나 子孫을 害친다.
⑤의 풍산점괘(風山漸卦)에서는 命이 길고 벼슬을 한다. 그러나 財物이 없고 父母 兄弟를 해친다.
⑥의 수지비괘(水地比卦)에서는 命이 길고 벼슬을 하며 財物이 있다. 父母와 子孫도 안강(安康)하여 平吉한 이름이 된다.
⑦의 산천대축괘(山天大畜卦)에서는 命이 길고 財物이 있으며 벼슬을 한다. 그러나 子孫의 근심이 있다.
⑧의 지택림괘(地澤臨卦)에서는 命이 길고 벼슬을 하며 財物이 많다. 父母 兄弟 子孫이 모두 성공(成功)하여 행복(幸福)한 이름이 된다.

丁亥日生

① 의 천화동인괘(天火同人卦)에서는 命이 길고 벼슬을 하며 재물이 있다. 父母와 子孫이 안강(安康)하여 행복한 이름이 된다.

② 의 택뢰수괘(澤雷隨卦)에서는 命이 길고 財物이 있으며 벼슬을 한다. 그러나 子孫의 근심이 있다.

③ 의 화풍정괘(火風鼎卦)에서는 命이 길고 벼슬이 높으며 재물이 많아 행복한 이름이 된다.

④ 의 뇌수해괘(雷水解卦)에서는 命이 길고 財物이 있으나 벼슬을 깎고 子孫을 害치는 이름이 된다.

⑤ 의 풍산점괘(風山漸卦)에서는 世申이 劫殺이니 事故가 나고 短命한다. 財物이 不足하고 父母 兄弟 子孫을 모두 해친다. 위가 약하고 허리도 다치는 흉명(凶名)이 된다.

⑥ 의 수지비괘(水地比卦)에서는 命은 보통이고 벼슬을 하고 재물이 있다. 그러나 子孫과 女兄弟를 해친다.

⑦ 의 산천대축괘(山天大畜卦)에서는 命은 보통이고 벼슬을 하고 財物이 있다. 그러나 子孫의 근심이 있다.

⑧ 의 지택림괘(地澤臨卦)에서는 命이 길고 벼슬을 하며 財物이 있다. 子孫은 성공하고 父母 兄弟가 안강(安康)하여 행복한 이름이 된다.

戊子日生

① 의 천화동인괘(天火同人卦)에서는 命이 길고 벼슬을 하며 財物이 있다. 子孫은 성공하고 父母는 안강(安康)하여 행복한 이름이 된다.

② 의 택뢰수괘(澤雷隨卦)에서는 命이 길고 財物이 있으며 벼슬을 한다. 父母 兄弟는 安康하다. 그러나 子孫의 근심이 있다.

③ 의 화풍정괘(火風鼎卦)에서는 命은 보통이고 벼슬을 하고 財物이 있다. 子孫과 兄弟도 성공하여 平吉한 이름이 된다.

④ 의 뇌수해괘(雷水解卦)에서는 命이 길고 財物이 있으며 벼슬도 한다. 그러나 子孫을 害친다.

⑤의 풍산점괘(風山漸卦)에서는 命이 길고 벼슬을 하며 子孫과 兄弟는 안강(安康)하다. 그러나 財物이 不足하고 아버지를 害친다.
⑥의 수지비괘(水地比卦)에서는 命은 보통이고 벼슬을 하고 財物이 있다. 父母 兄弟 子孫도 안강(安康)하여 平吉한 이름이 된다.
⑦의 산천대축괘(山天大畜卦)에서는 命은 보통이고 벼슬을 하고 재물이 있다. 그러나 子孫의 근심이 있다.
⑧의 지택림괘(地澤臨卦)에서는 命이 길고 財物이 있으며 벼슬을 한다. 父母 兄弟 子孫이 모두 성공하여 행복한 이름이 된다.

己丑日生
①의 천화동인괘(天火同人卦)에서는 命이 길고 벼슬을 하며 財物이 있다. 父母 兄弟 子孫이 안강(安康)하여 행복한 이름이 된다.
②의 택뢰수괘(澤雷隨卦)에서는 命은 보통이고 財物과 벼슬이 조금씩 있다. 그러나 兄弟를 害치고 子孫의 근심이 있다.
③의 화풍정괘(火風鼎卦)에서는 命이 길고 벼슬을 하며 財物이 있다. 兄弟나 子孫도 안강(安康)하여 平吉한 이름이 된다.
④의 뇌수해괘(雷水解卦)에서는 命이 길고 財物이 있으며 벼슬을 한다. 그러나 父母와 子孫을 해친다.
⑤의 풍산점괘(風山漸卦)에서는 命이 길고 벼슬을 하며 子孫은 성공한다. 그러나 아버지와 女兄弟를 해치고 財物이 부족하다.
⑥의 수지비괘(水地比卦)에서는 命이 길고 벼슬을 하며 財物이 있다. 처덕(妻德)과 人德이 있으며 자손과 父母도 성공하고 安康하여 행복한 이름이 된다.
⑦의 산천대축괘(山天大畜卦)에서는 世寅이 劫殺이니 事故가 나고 短命한다. 子孫의 근심이 있고 벼슬을 깎아 직업이 불안하다. 코가 나빠지고 신경이 약해지는 흉명(凶名)이 된다.
⑧의 지택림괘(地澤臨卦)에서는 命이 길고 벼슬을 하며 財物이 있다. 父母 兄弟 子孫이 모두 안강(安康)하여 平吉한 이름이 된다.

庚寅日生

① 의 천화동인괘(天火同人卦)에서는 世亥가 劫殺이니 事故가 나고 短命한다. 벼슬을 깎아 직업이 불안하며 兄弟를 해친다. 눈이 나빠지고 삼초(三焦)가 약해지며 허리도 다친다.

② 의 택뢰수괘(澤雷隨卦)에서는 命은 보통이고 財物은 조금 있다. 그러나 벼슬을 깎고 어머니를 해치고 子孫의 근심이 있다.

③ 의 화풍정괘(火風鼎卦)에서는 世亥가 劫殺이니 事故가 나고 短命한다. 벼슬을 깎고 財物을 傷하여 波乱이 많으며 삼초(三焦)가 약해진다.

④ 의 뇌수해괘(雷水解卦)에서는 命이 길고 財物이 있으며 벼슬을 한다. 그러나 子孫을 害친다.

⑤ 의 풍산점괘(風山漸卦)에서는 命이 길고 벼슬을 하며 子孫은 성공한다. 그러나 財物이 없고 아버지와 女兄弟를 해친다.

⑥ 의 수지비괘(水地比卦)에서는 命이 길고 벼슬을 하며 財物이 있다. 子孫은 성공하고 父母 兄弟도 안강(安康)하여 平吉한 이름이 된다.

⑦ 의 산천대축괘(山天大畜卦)에서는 命이 길고 벼슬을 하며 財物이 있다. 그러나 子孫의 근심이 있다.

⑧ 의 지택림괘(地澤臨卦)에서는 命이 길고 벼슬을 한다. 그러나 財物을 傷하고 子孫을 害친다.

辛卯日生

① 의 천화동인괘(天火同人卦)에서는 命이 길고 벼슬을 하며 父母와 子孫은 安康하다. 그러나 財物을 傷하고 兄弟를 해친다.

② 의 택뢰수괘(澤雷隨卦)에서는 命은 보통이고 벼슬을 하고 財物이 조금 있다. 父母 兄弟는 안강(安康)하다. 그러나 子孫의 근심이 있고 몸을 가끔 다친다.

③ 의 화풍정괘(火風鼎卦)에서는 命이 길고 벼슬을 하며 재물이 많아 平吉한 이름이 된다.

④ 의 뇌수해괘(雷水解卦)에서는 命이 길고 財物이 있으며 부모는

安康하다. 그러나 벼슬을 깎고 子孫을 해치는 이름이 된다.
　⑤의 풍산점괘(風山漸卦)에서는 世申이 劫殺이니 事故가 나고 短命한다. 財物이 부족하고 父母와 子孫을 해쳐 파란이 많다.
　⑥의 수지비괘(水地比卦)에서는 命이 길고 벼슬을 하며 財物이 있다. 父母는 안강(安康)하다. 그러나 子孫과 女兄弟를 害친다.
　⑦의 산천대축괘(山天大畜卦)에서는 命이 길고 벼슬은 높으며 財物이 있으며 兄弟는 안강(安康)하다. 그러나 子孫의 근심이 있다.
　⑧의 지택림괘(地澤臨卦)에서는 命이 길고 벼슬을 하며 財物이 있다. 子孫은 성공하고 父母 兄弟도 安康하여 행복한 이름이 된다.

壬辰日生
　①의 천화동인괘(天火同人卦)에서는 命이 길고 벼슬은 높으며 財物이 있다. 父母와 子孫도 성공하고 건강하여 행복한 삶을 누릴 좋은 이름이 된다.
　②의 택뢰수괘(澤雷隨卦)에서는 命이 길고 財物이 있으며 벼슬을 한다. 어머니는 健康하고 오래 모시나 아버지를 害치고 子孫의 근심이 있다.
　③의 화풍정괘(火風鼎卦)에서는 世亥에 천록(天祿)이 되며 더구나 청룡(靑龍)이 임(臨)하니 용면북해(龍眠北海)에 두각지쟁영(頭角之崢嶸)이요 용투천문즉의기양양(龍透天門則意氣洋洋)하여 命이 길고 벼슬도 높다. 재복(財福)도 있어 좋은 이름이 된다.
　④의 뇌수해괘(雷水解卦)에서는 용도진이피륙(龍到辰而被戮)하니 몸을 자주 다친다. 子孫을 害치고 財物을 傷하니 좋지않다.
　⑤의 풍산점괘(風山漸卦)에서는 命은 보통이고 父母와 女兄弟를 害치고 財物로 파란이 있는 이름이 된다.
　⑥의 수지비괘(水地比卦)에서는 命이 길고 벼슬이 크고 子孫도 성공한다. 그러나 兄弟・妻・財物을 傷한다.
　⑦의 산천대축괘(山天大畜卦)에서는 世寅이 馬가 되고 조객(吊客)이 되니 몸을 다치고 벼슬・財物・妻를 害친다.

⑧의 지택림괘(地澤臨卦)에서는 命이 길고 벼슬은 높으며 재물이 많다. 妻德과 人德이 많으며 子孫과 父母도 성공하며 건강하게 生을 보내는 좋은 이름이 된다.

癸巳日生

①의 천화동인괘(天火同人卦)에서는 世亥에 馬가 붙고 주작(朱雀)이 붙으니 주작투강(朱雀投江)에 새옹실마(塞翁失馬)라 몸을 다칠 수 있다. 그리고 벼슬로 형벌(刑罰) 등이 있어서 좋지못한 이름이 된다.

②의 택뢰수괘(澤雷隨卦)에서는 命이 길고 財物이 있으며 벼슬을 한다. 그러나 兄弟와 子孫을 害치고 財物이나 벼슬이 크지 못하다.

③의 화풍정괘(火風鼎卦)에서는 世亥와 官에 馬가 붙으니 벼슬이 갑자기 올라 출세(出世)할 수 있다. 그러나 子孫을 害친다.

④의 뇌수해괘(雷水解卦)에서는 世辰에 청룡(靑龍)이 임(臨)하니 용도진이피륙(龍到辰而被戮)하여 몸을 자주 다칠 수 있다. 그리고 子孫을 害치니 좋지못한 이름이 된다.

⑤의 풍산점괘(風山漸卦)에서는 命은 보통이고 벼슬을 하고 子孫도 건강하다. 그러나 아버지와 女兄弟를 해친다.

⑥의 수지비괘(水地比卦)에서는 命이 길고 벼슬이 높으며 재물이 있다. 처덕(妻德)·인덕(人德)·부모덕(父母德)도 있고 자손도 건강하여 좋은 이름이 된다.

⑦의 산천대축괘(山天大畜卦)에서는 世寅이 劫殺이니 몸을 다치고 短命한다. 벼슬을 깎고 담(膽)과 신경(神經)이 약해진다.

⑧의 지택림괘(地澤臨卦)에서는 命이 길고 벼슬이 높으며 인덕이 있다. 父母와 子孫도 성공하는 좋은 이름이다.

甲午日生

①의 천화동인괘(天火同人卦)에서는 世亥가 劫殺이니 事故가나고 短命한다. 벼슬을 깎고 눈이 나빠지고 삼초(三焦)가 약해지며 허리도 다치고 당뇨병(糖尿病) 등으로 좋지않다.

② 의 택뢰수괘(澤雷隨卦)에서는 世辰이 空亡이 되니 短命한다. 맹장(盲腸)이 弱해지고 허리를 다치며 兄弟와 子孫을 害친다.

③ 의 화풍정괘(火風鼎卦)에서는 世亥가 劫殺이니 短命한다. 벼슬을 깎고 양기(陽氣)를 죽인다. 삼초(三焦)를 약하게 하고 팔 다리도 자주 다치는 좋지못한 이름이 된다.

④ 의 뇌수해괘(雷水解卦)에서는 世辰이 空亡이 되니 短命하고 財物을 傷한다. 양기(陽氣)를 죽이며 벼슬도 깎아 좋지못한 이름이 된다.

⑤ 의 풍산점괘(風山漸卦)에서는 世申이 馬가 되니 事故의 위험(危險)이 있다. 男兄弟와 어머니를 害치고 벼슬도 깎아 파란이 많은 이름이 된다.

⑥ 의 수지비괘(水地比卦)에서는 世卯가 양인(羊刃)이니 대수술(大手術)을 해야 하고 短命한다. 벼슬을 깎고 父母와 子孫을 害친다. 肝과 胃도 나빠진다.

⑦ 의 산천대축괘(山天大畜卦)에서는 世寅에 정록(正祿)이 되니 장수(長壽)하고 건강하다. 벼슬도 높고 財物도 많다. 妻德과 인덕도 있어 행복한 一生을 보낸다.

⑧ 의 지택림괘(地澤臨卦)에서는 世卯가 양인(羊刃)이니 몸에 칼을 대어 대수술을 해야 한다. 벼슬을 깎고 財物을 傷하고 短命하며 파란이 많아 좋지않은 이름이 된다.

乙未日生

① 의 천화동인괘(天火同人卦)에서는 命은 보통이고 벼슬을 하며 재물이 많다. 父母 兄弟 子孫이 모두 성공하고 건강하여 행복한 생을 보낼 이름이 된다.

② 의 택뢰수괘(澤雷隨卦)에서는 世辰이 空亡이 되니 短命한다. 財物을 傷하고 허리를 다치며 파란이 많아 좋지못한 이름이 된다.

③ 의 화풍정괘(火風鼎卦)에서는 命은 보통이고 財物이 많으며 벼슬이 있다. 子孫도 성공하는데 兄弟를 해친다.

④ 의 뇌수해괘(雷水解卦)에서는 世辰이 空亡이 되니 短命한다. 財

物을 傷하고 벼슬을 깎으며 양기(陽氣)를 약하게 하고 파란(波乱)이 많은 이름이 된다.

⑤의 풍산점괘(風山漸卦)에서는 世申이 劫殺이니 사고가 나고 短命한다. 子孫을 害치고 男兄弟와 母親을 害치고 파란이 많은 이름이 된다.

⑥의 수지비괘(水地比卦)에서는 命이 길고 벼슬을 하며 財物도 많다. 처덕(妻德)과 人德도 있으며 子孫도 성공한다. 그러나 父母를 조금 害친다.

⑦의 산천대축괘(山天大畜卦)에서는 命이 길고 벼슬을 하며 財物이 있다. 妻德과 人德도 있다. 그러나 兄弟와 子孫을 조금 害친다.

⑧의 지택림괘(地澤臨卦)에서는 命이 길고 벼슬도 높으며 재물도 많다. 妻德과 人德도 있으며 자손과 형제도 성공하는 좋은 이름이 된다.

丙申日生

①의 천화동인괘(天火同人卦)에서는 命이 길고 벼슬을 하며 財物이 있다. 父母와 子孫은 안강(安康)하다. 그러나 兄弟는 害친다.

②의 택뢰수괘(澤雷隨卦)에서는 世辰이 空亡이니 事故가 나고 短命한다. 財物이 傷하고 子孫이 없는 이름이 된다.

③의 화풍정괘(火風鼎卦)에서는 命이 길고 벼슬을 하며 財物이 많다. 子孫도 건실(健實)한 이름이 된다.

④의 뇌수해괘(雷水解卦)에서는 世辰이 空亡이니 事故가 나고 短命한다. 財物을 傷하고 子孫을 害치며 심장과 귀가 나빠진다.

⑤의 풍산점괘(風山漸卦)에서는 命이 길고 벼슬을 하며 자손은 건실(健實)하고 성공한다. 그러나 父母 兄弟를 害친다.

⑥의 수지비괘(水地比卦)에서는 命은 보통이고 벼슬을 하고 재물이 있다. 子孫과 兄弟도 건실(健實)하나 父母를 害친다.

⑦의 산천대축괘(山天大畜卦)에서는 世寅이 馬가 되니 몸을 다칠 수 있고 神經이 약해진다.

⑧의 지택림괘(地澤臨卦)에서는 命은 보통이고 財物이 많으며 벼슬도 하고 비교적 건강하고 子孫도 성공하는 이름이 된다.

丁酉日生
①의 천화동인괘(天火同人卦)에서는 命이 길고 벼슬도 하나 오래가지 못한다. 財物이 있고 父母 兄弟 子孫이 모두 건장(健壯)하다.
②의 택뢰수괘(澤雷隨卦)에서는 世辰이 空亡이 되니 事故가 나고 短命한다. 財物이 傷하고 허리도 다친다.
③의 화풍정괘(火風鼎卦)에서는 世亥가 馬가 붙으니 몸을 가끔 다칠 염려가 있다. 財物이 많으며 子孫도 건실(健實)하다.
④의 뇌수해괘(雷水解卦)에서는 世辰이 空亡이니 事故가 나고 短命한다. 財物을 傷하고 귀가 나빠지고 양기를 害친다.
⑤의 풍산점괘(風山漸卦)에서는 命이 길고 벼슬을 하고 子孫도 건실(健實)하다. 그러나 어머니와 男兄弟를 害친다.
⑥의 수지비괘(水地比卦)에서는 命은 보통이고 벼슬을 하며 財物이 있다. 子孫과 兄弟도 건실(健實)하다. 그러나 父母를 害친다.
⑦의 산천대축괘(山天大畜卦)에서는 世寅이 劫殺이니 事故가 나고 短命한다. 官을 깎고 神經이 약하고 코가 나빠진다.
⑧의 지택림괘(地澤臨卦)에서는 命이 길고 財物이 많으며 벼슬도 한다. 子孫도 성공하며 형제도 건실(健實)하며 성공하여 행복한 이름이 된다.

戊戌日生
①의 천화동인괘(天火同人卦)에서는 世亥에 劫殺이 붙으니 事故가 나고 短命한다. 벼슬을 깎아 학업을 中斷할 수 있다. 형제를 해치고 눈이 나빠지며 삼초(三焦)와 허리가 약해진다.
②의 택뢰수괘(澤雷隨卦)에서는 世辰이 空亡이 되니 事故가 나서 短命한다. 財物을 傷하고 허리를 다치며 어머니를 害친다.
③의 화풍정괘(火風鼎卦)에서는 世亥가 劫殺이니 事故가 나고 短

命한다. 벼슬을 깎고 삼초(三焦)가 약해진다.

④의 뇌수해괘(雷水解卦)에서는 世辰이 空亡이니 事故가 나고 短命한다. 財物을 傷하고 子孫을 害친다. 귀와 심장이 나빠지고 양기가 부족해진다.

⑤의 풍산점괘(風山漸卦)에서는 世申에 馬가 붙으니 몸을 다칠 수 있다. 子孫과 어머니와 男兄弟를 害친다. 심장과 小腸도 약해진다.

⑥의 수지비괘(水地比卦)에서는 命은 보통이고 벼슬을 하며 재물이 있다. 人德도 있으나 父母를 害친다.

⑦의 산천대축괘(山天大畜卦)에서는 命은 보통이고 財物이 있으며 벼슬을 한다. 人德도 있는데 子孫이 없는 이름이 된다.

⑧의 지택림괘(地澤臨卦)에서는 命은 보통이고 財物이 있으며 벼슬도 한다. 兄弟는 成功하고 자손건실(子孫健實)하다.

己亥日生

①의 천화동인괘(天火同人卦)에서는 命이 길고 벼슬이 있으며 財物도 있다. 父母 兄弟 子孫이 모두 健實하여 행복한 이름이 된다.

②의 택뢰수괘(澤雷隨卦)에서는 世辰이 空亡이 되니 事故가 나고 短命한다. 財物을 傷하고 허리를 다친다.

③의 화풍정괘(火風鼎卦)에서는 命이 길고 벼슬을 하며 財物이 있다. 子孫도 건실(健實)하여 행복한 이름이 된다.

④의 뇌수해괘(雷水解卦)에서는 世辰이 空亡이 되니 事故가 나고 短命한다. 財物과 妻를 해치고 벼슬을 깎아 파란이 많은 이름이 된다.

⑤의 풍산점괘(風山漸卦)에서는 世申이 劫殺이니 事故가 나고 短命한다. 子孫과 兄弟와 어머니를 害친다.

⑥의 수지비괘(水地比卦)에서는 財物이 많으며 벼슬을 하고 命도 길다. 그러나 子孫과 父母를 害친다.

⑦의 산천대축괘(山天大畜卦)에서는 命이 길고 벼슬을 하며 財物이 있다. 그러나 子孫과 兄弟를 해친다.

⑧의 지택림괘(地澤臨卦)에서는 命이 길고 벼슬을 하며 財物이 있

다. 子孫과 兄弟도 건실(健實)하며 健康한 이름이 된다.

庚子日生
①의 천화동인괘(天火同人卦)에서는 命이 길고 벼슬을 하며 財物이 많다. 父母 兄弟 子孫이 모두 성공하고 健康한 좋은 이름이 된다.

②의 택뢰수괘(澤雷隨卦)에서는 世辰이 空亡이 되고 財物이 空亡이 되니 事故가 나고 短命한다. 財物을 傷하여 좋지못한 이름이 된다.

③의 화풍정괘(火風鼎卦)에서는 命이 길고 벼슬을 하며 子孫도 성공한다. 그러나 財物을 傷한다.

④의 뇌수해괘(雷水解卦)에서는 世辰이 空亡이 되니 事故가 나고 短命한다. 財物을 傷하고 귀가 나빠지며 양기도 부족해진다.

⑤의 풍산점괘(風山漸卦)에서는 世申에 정록(正祿)이 되니 命이 길다. 인덕(人德)이 있으며 벼슬을 하고 子孫도 성공한다. 그러나 財物이 부족하다.

⑥의 수지비괘(水地比卦)에서는 命이 길고 財物이 있으며 벼슬은 높다. 자손과 兄弟도 성공하고 人德도 많은 이름이 된다.

⑦의 산천대축괘(山天大畜卦)에서는 世寅에 馬가 붙으니 몸을 다칠 수 있다. 벼슬은 위태위태하고 財物은 있다.

⑧의 지택림괘(地澤臨卦)에서는 命이 길고 벼슬은 높으며 재물이 있다. 兄弟는 성공한다. 그러나 父母와 子孫을 害친다.

辛丑日生
①의 천화동인괘(天火同人卦)에서는 世亥와 官에 馬가 붙으니 몸을 다칠 수 있다. 그러나 벼슬은 갑자기 비등하는데 오래가지 못할 염려가 있다. 兄弟가 성공하고 父母와 子孫은 건실(健實)하다.

②의 택뢰수괘(澤雷隨卦)에서는 世辰이 空亡이 드니 事故가 나고 단명한다. 財物을 깎고 兄弟와 어머니를 害친다.

③의 화풍정괘(火風鼎卦)에서는 世亥에 馬가 붙으니 몸을 다칠 수 있다. 벼슬을 크게 오르나 오래가지 못할 염려가 있다. 재물은 많다.

④의 뇌수해괘(雷水解卦)에서는 世辰이 空亡이 되니 事故가 나고 短命한다. 財物을 傷하고 귀가 나빠지며 陽氣가 부족해질 염려가 있다.

⑤의 풍산점괘(風山漸卦)에서는 命은 보통이고 자손과 아버지는 건실(健實)하다. 그러나 어머니와 男兄弟를 해치고 財物이 부족하다.

⑥의 수지비괘(水地比卦)에서는 命이 길고 벼슬이 높으며 재물이 있다. 人德이 있으며 子孫과 兄弟도 健實한 이름이 된다.

⑦의 산천대축괘(山天大畜卦)에서는 世寅에 劫殺이 되니 사고가 나고 短命한다. 벼슬을 깎고 관재구설(官災口舌)이 생긴다. 뇌신경과 코가 나빠진다.

⑧의 지택림괘(地澤臨卦)에서는 命이 길고 벼슬이 높으며 재물이 많다. 子孫도 성공하고 비교적 건강하여 행복한 이름이 된다.

壬寅日生

①의 천화동인괘(天火同人卦)에서는 世亥가 劫殺이고 官 또한 劫殺이니 命이 짧다. 벼슬을 깎는다. 눈과 허리가 나빠지고 당뇨병(糖尿病) 등이 생길 염려가 있다.

②의 택뢰수괘(澤雷隨卦)에서는 世辰이 空亡이니 단명한다. 財物을 傷하고 허리를 다치며 맹장이 나빠진다. 父母를 害친다.

③의 화풍정괘(火風鼎卦)에서는 世亥가 劫殺이니 事故가 나고 短命한다. 황달(黃疸)이나 당뇨병(糖尿病) 등이 있게 된다.

④의 뇌수해괘(雷水解卦)에서는 世辰이 空亡이 되니 短命한다. 財物을 傷하고 벼슬을 깎으며 양기(陽氣)를 죽인다.

⑤의 풍산점괘(風山漸卦)에서는 世申이 馬가 되니 몸을 다칠 수 있다. 어머니와 男兄弟와 子孫을 害친다.

⑥의 수지비괘(水地比卦)에서는 命이 길고 벼슬을 한다. 그러나 財物을 傷하고 父母와 子孫을 害친다.

⑦의 산천대축괘(山天大畜卦)에서는 命이 길고 벼슬을 한다. 그러나 財物을 傷하고 妻와 兄弟를 害친다.

⑧의 지택림괘(地澤臨卦)에서는 命이 길고 벼슬이 높으며 자손과

형제도 성공하며 건강하여 행복한 생활을 하는 이름이 된다.

癸卯日生
① 의 천화동인괘(天火同人卦)에서는 命은 보통이고 벼슬을 하며 父母 兄弟 子孫이 모두 성공하고 비교적 건강한 이름이 된다.

② 의 택뢰수괘(澤雷隨卦)에서는 世辰이 空亡이 되니 短命한다. 財物을 傷하고 파란이 많은 이름이 된다.

③ 의 화풍정괘(火風鼎卦)에서는 命이 길고 벼슬은 높으며 재물이 많은 비교적 건강한 이름이 된다.

④ 의 뇌수해괘(雷水解卦)에서는 世辰이 空亡이 되니 短命한다. 財物과 벼슬을 깎아 파란이 많은 이름이 된다.

⑤ 의 풍산점괘(風山漸卦)에서는 世申이 劫殺이니 事故가 나고 短命한다. 子孫과 男兄弟와 母親을 해친다. 胃와 小腸이 약해지고 허리도 다치게 된다.

⑥ 의 수지비괘(水地比卦)에서는 命이 길고 벼슬을 하며 財物이 있다. 妻德과 人德이 있어 건강하고 행복하게 지내는 이름이다.

⑦ 의 산천대축괘(山天大畜卦)에서는 命이 길고 벼슬은 높고 財物이 많다. 妻德과 人德도 있어 건강(健康)한 生을 보내는 이름이 된다.

⑧ 의 지택림괘(地澤臨卦)에서는 命이 길고 벼슬도 높고 재물이 많다. 처덕(妻德)과 人德도 있으며 자손도 성공하여 행복한 삶을 보내는 이름이 된다.

甲辰日生
① 의 천화동인괘(天火同人卦)에서는 命은 보통이고 벼슬을 하며 財物이 있다. 子孫도 성공하는데 父母를 해친다.

② 의 택뢰수괘(澤雷隨卦)에서는 命이 길고 財物이 있으며 벼슬도 한다. 父母도 성공하는데 兄弟와 子孫을 害친다.

③ 의 화풍정괘(火風鼎卦)에서는 命은 보통이고 벼슬이 있으며 재물도 많다. 子孫도 성공하는 좋은 이름이 된다.

④의 뇌수해괘(雷水解卦)에서는 命이 길고 財物이 많으며 벼슬을 한다. 子孫도 성공하는 좋은 이름이 된다.

⑤의 풍산점괘(風山漸卦)에서는 命이 길고 父母 兄弟 子孫은 모두 成功한다. 그러나 벼슬을 깎고 肝과 小腸이 조금 약해진다.

⑥의 수지비괘(水地比卦)에서는 世卯가 空亡이니 短命하고 벼슬을 깎는다. 肝이 나빠지고 허리를 다치며 파란이 많은 이름이 된다.

⑦의 산천대축괘(山天大畜卦)에서는 世寅이 空亡이 되니 단명한다. 벼슬을 깎고 담(膽)은 나쁘게 하며 뇌신경(腦神經)을 약하게 하여 파란이 많은 이름이 된다.

⑧의 지택림괘(地澤臨卦)에서는 世卯가 空亡이니 단명한다. 벼슬을 깎고 父母를 해친다. 肝·이·소장(小腸)이 나빠지고 파란이 많은 이름이 된다.

乙巳日生

①의 천화동인괘(天火同人卦)에서는 世亥에 馬가 붙으니 몸을 다칠 수 있다. 벼슬을 깎고 父母를 해친다. 삼초(三焦)가 약해지며 눈과 肝이 조금 약해진다.

②의 택뢰수괘(澤雷隨卦)에서는 世辰이 양인(羊刃)이니 몸을 다쳐 手術을 할 수 있다. 兄弟와 子孫을 害치며 담(膽)이 나빠진다.

③의 화풍정괘(火風鼎卦)에서는 世亥가 馬가 붙으니 몸을 다칠 수 있다. 벼슬을 깎고 파란이 있는 이름이 된다.

④의 뇌수해괘(雷水解卦)에서는 世辰이 양인(羊刃)이니 手術을 해야 하며 財物을 깎아 파란이 있다.

⑤의 풍산점괘(風山漸卦)에서는 命이 길고 子孫이 성공하고 父母 德도 있는 좋은 이름이 된다.

⑥의 수지비괘(水地比卦)에서는 世卯가 空亡이니 短命한다. 벼슬을 깎고 肝이 나빠지며 파란이 많은 이름이 된다.

⑦의 산천대축괘(山天大畜卦)에서는 世寅이 空亡이 되니 단명한다. 벼슬을 害치고 담(膽)이 나빠지고 神經이 약해지며 파란이 많은 이

름이 된다.
⑧ 의 지택림괘(地澤臨卦)에서는 世卯가 空亡이니 短命한다. 벼슬을 깎고 이(齒)와 肝이 나빠지며 파란이 많다.

丙午日生
① 의 천화동인괘(天火同人卦)에서는 世亥가 空亡이니 事故가 나고 短命한다. 벼슬을 깎아 직업이 불안하다. 파란이 있으며 父母도 해친다. 눈이 나빠지고 삼초(三焦)가 약해지며 허리도 다치게 된다.
② 의 택뢰수괘(澤雷隨卦)에서는 命이 길고 財物과 벼슬이 조금씩 있다. 그러나 어머니와 兄弟를 해치는 이름이 된다.
③ 의 화풍정괘(火風鼎卦)에서는 世亥가 劫殺이니 事故가 나고 短命한다. 벼슬을 깎아 波乱이 있고 삼초(三焦)가 허약해진다.
④ 의 뇌수해괘(雷水解卦)에서는 命이 길고 財物이 있으며 벼슬을 한다. 그러나 父母와 子孫을 害친다.
⑤ 의 풍산점괘(風山漸卦)에서는 命이 길고 父母 兄弟 子孫은 안강(安康)하다. 그러나 財物이 부족하고 벼슬을 깎아 파란이 있다.
⑥ 의 수지비괘(水地比卦)에서는 世卯가 空亡이니 事故가 나고 短命한다. 벼슬을 깎아 파란이 많고 肝과 위가 약해지는 흉명(凶名)이 된다.
⑦ 의 산천대축괘(山天大畜卦)에서는 世寅이 空亡이니 事故가 나고 短命한다. 벼슬을 깎아 직업이 불안하여 파란이 많다. 子孫의 근심이 있고 코가 나빠지고 신경이 약해진다.
⑧ 의 지택림괘(地澤臨卦)에서는 世卯가 空亡이니 事故가 나고 短命한다. 벼슬을 깎고 財物도 상한다. 이가 나빠지고 肝이 약해진다.

丁未日生
① 의 천화동인괘(天火同人卦)에서는 命이 길고 벼슬을 하며 父母와 子孫은 안강(安康)하다. 그러나 財物을 傷하고 兄弟를 해친다.
② 의 택뢰수괘(澤雷隨卦)에서는 命이 길고 財物과 벼슬도 조금씩

있다. 그러나 子孫의 근심이 있다.

③의 화풍정괘(火風鼎卦)에서는 命이 길고 벼슬이 높으며 재물이 많다. 子孫과 兄弟도 안강(安康)하여 행복한 이름이 된다.

④의 뇌수해괘(雷水解卦)에서는 命이 길고 財物이 있으며 벼슬을 한다. 子孫도 성공하여 행복한 이름이 된다.

⑤의 풍산점괘(風山漸卦)에서는 世申이 劫殺이니 事故가 나고 短命한다. 財物이 부족하고 벼슬을 깎고 子孫을 해친다. 위와 허리가 약해지는 흉명(凶名)이 된다.

⑥의 수지비괘(水地比卦)에서는 世卯가 空亡이니 事故가 나고 短命한다. 벼슬을 깎고 子孫을 해치며 肝이 나빠지고 허리를 다친다.

⑦의 산천대축괘(山天大畜卦)에서는 世寅이 空亡이니 事故가 나고 短命한다. 벼슬을 깎아 파란이 많다. 子孫을 해치며 코와 신경이 약해진다.

⑧의 지택림괘(地澤臨卦)에서는 世卯가 空亡이니 事故가 나고 短命한다. 벼슬을 깎아 파란이 있다. 肝과 이가 나빠진다.

戊申日生

①의 천화동인괘(天火同人卦)에서는 命이 길고 벼슬을 하며 財物이 있다. 子孫도 성공한다. 父母 兄弟를 조금 해친다.

②의 택뢰수괘(澤雷隨卦)에서는 命이 길고 財物과 벼슬은 조금씩 있다. 그러나 兄弟와 子孫을 해친다.

③의 화풍정괘(火風鼎卦)에서는 命이 길고 財物이 있으며 벼슬을 한다. 子孫과 兄弟도 성공하여 행복한 이름이 된다.

④의 뇌수해괘(雷水解卦)에서는 命이 길고 財物이 있으며 벼슬을 한다. 그러나 父母와 子孫을 害친다.

⑤의 풍산점괘(風山漸卦)에서는 命이 길고 子孫과 兄弟는 안강(安康)하다. 그러나 父母를 害치고 벼슬을 깎고 財物이 不足한 이름이 된다.

⑥의 수지비괘(水地比卦)에서는 世卯가 空亡이니 事故가 나고 短

命한다. 벼슬을 깎아 파란이 있고 肝과 위가 나빠진다.

⑦의 산천대축괘(山天大畜卦)에서는 世寅이 空亡이니 事故가 나고 短命한다. 벼슬을 깎아 파란이 많고 子孫도 해친다.

⑧의 지택림괘(地澤臨卦)에서는 世卯가 空亡이니 事故가 나고 短命한다. 벼슬을 깎아 파란이 있고 이와 肝이 나빠진다.

己酉日生

①의 천화동인괘(天火同人卦)에서는 命이 길고 벼슬을 하며 財物이 많다. 兄弟와 子孫도 성공하여 행복한 이름이 된다.

②의 택뢰수괘(澤雷隨卦)에서는 命은 보통이고 財物과 벼슬은 조금씩 있다. 父母도 강녕(康寧)하다. 그러나 兄弟와 子孫을 害친다.

③의 화풍정괘(火風鼎卦)에서는 命이 길고 벼슬을 하며 財物이 있다. 子孫과 兄弟도 안강(安康)하여 幸福한 이름이 된다.

④의 뇌수해괘(雷水解卦)에서는 命이 길고 財物이 있으며 벼슬이 높다. 子孫도 성공건강(成功健康)하여 행복한 이름이 된다.

⑤의 풍산점괘(風山漸卦)에서는 命이 길고 子孫과 父母가 성공한다. 그러나 벼슬을 깎고 財物이 부족하다.

⑥의 수지비괘(水地比卦)에서는 世卯가 空亡이니 事故가 나고 短命한다. 벼슬을 깎아 파란이 많고 肝과 胃가 나빠진다.

⑦의 산천대축괘(山天大畜卦)에서는 世寅이 空亡이니 事故가 나고 短命한다. 벼슬을 깎아 파란이 많으며 子孫을 해친다. 코가 나빠지고 신경이 약해진다.

⑧의 지택림괘(地澤臨卦)에서는 世卯가 空亡이니 事故가 나서 短命한다. 벼슬을 깎아 파란이 있고 肝과 이가 나빠진다.

庚戌日生

①의 천화동인괘(天火同人卦)에서는 世亥가 劫殺이니 事故가 나고 短命한다. 벼슬을 깎아 파란이 있다. 눈이 나빠지고 삼초(三焦)가 약해지며 허리도 다친다.

②의 택뢰수괘(澤雷隨卦)에서는 몸을 다칠 수 있고 벼슬을 깎고 子孫과 어머니와 兄弟를 해치며 파란이 많다.

③의 화풍정괘(火風鼎卦)에서는 世亥가 劫殺이니 事故가 나고 短命한다. 벼슬을 깎아 파란이 많으며 삼초(三焦)를 해친다.

④의 뇌수해괘(雷水解卦)에서는 命이 길고 財物이 있으며 벼슬을 한다. 子孫도 성공하는 좋은 이름이다.

⑤의 풍산점괘(風山漸卦)에서는 命이 길고 子孫과 兄弟가 성공하며 父母도 안강(安康)하다. 그러나 벼슬을 깎고 財物이 부족하다.

⑥의 수지비괘(水地比卦)에서는 世卯가 空亡이니 事故가 나고 短命한다. 벼슬을 깎아 파란이 있다. 肝과 胃가 나빠지고 허리도 다친다.

⑦의 산천대축괘(山天大畜卦)에서는 世寅이 空亡이니 事故가 나고 短命한다. 벼슬을 깎아 파란이 많다. 子孫도 해치며 코가 나빠지고 신경이 약해진다.

⑧의 지택림괘(地澤臨卦)에서는 世卯가 空亡이니 事故가 나고 短命한다. 벼슬을 깎아 파란이 있고 肝과 이가 나빠진다.

辛亥日生

①의 천화동인괘(天火同人卦)에서는 命이 길고 벼슬을 하며 財物이 있다. 兄弟와 子孫도 성공하여 행복한 이름이 된다.

②의 택뢰수괘(澤雷隨卦)에서는 命은 보통이고 벼슬과 財物은 조금씩 있다. 그러나 父母와 子孫을 해치고 몸을 가끔 다친다.

③의 화풍정괘(火風鼎卦)에서는 命이 길고 財物이 많으며 벼슬을 한다. 子孫과 兄弟도 안강(安康)하여 幸福한 이름이 된다.

④의 뇌수해괘(雷水解卦)에서는 命이 길고 財物이 있으며 벼슬을 한다. 子孫과 父母도 성공하여 행복해지는 이름이 된다.

⑤의 풍산점괘(風山漸卦)에서는 世申이 劫殺이니 事故가 나고 短命한다. 벼슬을 깎고 財物이 부족하며 子孫을 해치고 허리를 다친다.

⑥의 수지비괘(水地比卦)에서는 世卯가 空亡이니 事故가 나고 短命한다. 벼슬을 깎고 파란이 많으며 子孫을 해친다. 肝과 이가 나빠

진다.

⑦의 산천대축괘(山天大畜卦)에서는 世寅이 空亡이니 事故가 나고 短命한다. 벼슬을 깎아 파란이 많다. 子孫을 해치고 코가 나빠지고 신경이 약해진다.

⑧의 지택림괘(地澤臨卦)에서는 世卯가 空亡이니 事故가 나고 短命한다. 벼슬을 깎아 파란이 있고 肝과 이가 나빠진다.

壬子日生

①의 천화동인괘(天火同人卦)에서는 命이 길고 벼슬이 높으며 財物이 있다. 父母 兄弟 子孫이 모두 成功 안강(安康)하여 행복한 이름이 된다.

②의 택뢰수괘(澤雷隨卦)에서는 命이 길고 財物과 벼슬도 조금씩 있다. 아버지와 兄弟 子孫을 해치니 좋지못한 이름이 된다.

③의 화풍정괘(火風鼎卦)에서는 命이 길고 벼슬이 높으며 재물이 있다. 兄弟와 子孫도 성공하여 행복한 이름이 된다.

④의 뇌수해괘(雷水解卦)에서는 命이 길고 財物이 있으며 벼슬을 하며 子孫은 성공한다. 그러나 몸을 가끔 다칠 염려가 있다.

⑤의 풍산점괘(風山漸卦)에서는 命이 길고 父母 兄弟 子孫이 모두 성공안강(成功安康)하다. 그러나 벼슬을 깎고 財物이 부족하다.

⑥의 수지비괘(水地比卦)에서는 世卯가 空亡이니 몸을 다치는 事故가 나고 벼슬을 깎는다.

⑦의 산천대축괘(山天大畜卦)에서는 世寅이 空亡이니 사고가 나고 短命한다. 벼슬을 깎아 파란이 많고 子孫을 해친다.

⑧의 지택림괘(地澤臨卦)에서는 世卯가 空亡이니 事故가 나고 몸을 다친다. 벼슬을 깎고 父母를 해친다. 간과 이가 나빠진다.

癸丑日生

①의 천화동인괘(天火同人卦)에서는 命이 길고 벼슬을 하며 財物이 있어 행복한 이름이 된다.

② 의 택뢰수괘(澤雷隨卦)에서는 命이 길고 財物과 벼슬이 조금씩 있다. 父母는 성공하나 子孫의 근심이 있다.

③ 의 화풍정괘(火風鼎卦)에서는 命이 길고 벼슬을 하며 財物이 있다. 兄弟 子孫이 성공하는 이름이다.

④ 의 뇌수해괘(雷水解卦)에서는 命이 길고 財物이 있으며 벼슬을 하고 子孫은 안강(安康)하다. 그러나 父母를 해치고 몸을 가끔 다친다.

⑤ 의 풍산점괘(風山漸卦)에서는 命이 길고 父母 兄弟 子孫이 모두 안강(安康)하다. 그러나 벼슬을 깎고 財物이 조금 부족하다.

⑥ 의 수지비괘(水地比卦)에서는 世卯가 空亡이니 事故가 나고 몸을 크게 다친다. 官을 깎아 波乱이 있고 肝과 胃가 나빠진다.

⑦ 의 산천대축괘(山天大畜卦)에서는 世寅이 空亡이고 劫殺이니 事故가 나고 短命하며 波乱이 많다. 子孫을 害치고 신경이 약해진다.

⑧ 의 지택림괘(地澤臨卦)에서는 世卯가 空亡이니 事故가 나서 몸을 크게 다치고 파란이 있다. 肝과 이가 나빠진다.

甲寅日生

① 의 천화동인괘(天火同人卦)에서는 世亥가 劫殺이니 短命한다. 벼슬을 깎으며 여아(女兒)를 해치고 父母도 해친다. 삼초(三焦)가 약하고 눈을 나쁘게 하며 파란이 많은 이름이 된다.

② 의 택뢰수괘(澤雷隨卦)에서는 命이 길고 財物이 있으며 벼슬도 하고 兄弟는 성공한다. 그러나 父母를 害친다.

③ 의 화풍정괘(火風鼎卦)에서는 世亥가 劫殺이니 事故가 나며 短命한다. 벼슬을 깎고 당뇨병(糖尿病)에 걸리기 쉬우며 파란이 많은 이름이다.

④ 의 뇌수해괘(雷水解卦)에서는 命이 길고 財物이 있다. 형제와 子孫도 성공하고 건강하여 좋은 이름이 된다.

⑤ 의 풍산점괘(風山漸卦)에서는 世申에 馬가 붙으니 事故나 몸을 다칠 수 있다. 벼슬을 깎고 子孫도 害치며 財物로 파란이 있다.

⑥ 의 수지비괘(水地比卦)에서는 世卯가 양인(羊刃)이니 短命한다.

벼슬도 깎고 財物이 傷하며 子孫과 妻를 해친다. 肝과 胃가 나빠지며 파란이 많은 이름이 된다.

⑦의 산천대축괘(山天大畜卦)에서는 命이 길고 벼슬이 높다. 그러나 財物을 깎고 妻를 해치며 子孫도 해친다. 신장(腎臟)도 나빠지는 이름이 된다.

⑧의 지택림괘(地澤臨卦)에서는 世卯가 양인(羊刃)이니 命을 傷한다. 벼슬을 깎고 財物을 傷하고 妻와 兄弟를 害친다. 肝・膀胱・이가 나빠지고 파란이 많은 이름이 된다.

乙卯日生

①의 천화동인괘(天火同人卦)에서는 命은 보통이고 벼슬을 하며 財物이 있다. 父母 兄弟德도 있다. 그러나 女兄弟를 害친다.

②의 택뢰수괘(澤雷隨卦)에서는 世辰이 양인(羊刃)이 되니 事故날 염려가 있다. 아버지와 인연(因緣)이 적으며 子孫 등으로 파란(波乱)이 있다.

③의 화풍정괘(火風鼎卦)에서는 命은 보통이고 벼슬을 하며 재물도 있어 무난(無難)한 이름이 된다.

④의 뇌수해괘(雷水解卦)에서는 世辰이 양인(羊刃)이니 몸을 다칠 수 있다. 벼슬을 깎아 약간의 파란이 있다.

⑤의 풍산점괘(風山漸卦)에서는 世申이 劫殺이 되니 事故가 나고 短命한다. 子孫을 害치고 男兄弟도 害한다. 허리를 다치고 胃도 나빠진다.

⑥의 수지비괘(水地比卦)에서는 命이 길고 벼슬을 한다. 그러나 財物을 깎고 妻와 父母 子孫을 害친다.

⑦의 산천대축괘(山天大畜卦)에서는 命이 길고 벼슬을 하고 兄弟德도 있다. 그러나 妻와 子孫과 財物을 害친다.

⑧의 지택림괘(地澤臨卦)에서는 命이 길고 벼슬을 하며 財物이 많다. 인덕(人德)・처덕(妻德)・자손덕(子孫德)이 있어 좋은 이름이 된다.

丙辰日生

① 의 천화동인괘(天火同人卦)에서는 命은 길고 벼슬이 높다. 財物이 높고 父母와 子孫도 안강(安康)하여 幸福한 이름이 된다.

② 의 택뢰수괘(澤雷隨卦)에서는 命이 길고 벼슬을 하며 財物이 있다. 어머니는 오래 모시나 아버지와 兄弟를 害친다.

③ 의 화풍정괘(火風鼎卦)에서는 命이 길고 벼슬이 높으며 재물이 많다. 兄弟가 성공하고 子孫도 健全한 좋은 이름이다.

④ 의 뇌수해괘(雷水解卦)에서는 命이 길고 財物이 많으며 벼슬을 하고 건강하다. 그러나 子孫을 해친다.

⑤ 의 풍산점괘(風山漸卦)에서는 命이 길고 벼슬을 하며 어머니와 子孫과 兄弟는건강(健康)하다. 그러나 아버지를 해치고 財物이 부족하다.

⑥ 의 수지비괘(水地比卦)에서는 命이 길고 財物이 있으며 벼슬을 한다. 父母 兄弟 子孫이 모두 안강(安康)하여 행복한 이름이 된다.

⑦ 의 산천대축괘(山天大畜卦)에서는 世寅에 馬가 붙으니 몸을 다칠 수 있다. 직업이 안정되지 못하여 자주 옮겨 다녀야 한다. 財物을 傷하고 妻를 해치며 子孫이 없거나 子息德이 없다.

⑧ 의 지택림괘(地澤臨卦)에서는 命이 길고 財物이 많으며 벼슬을 한다. 父母 子孫이 성공하고 妻德·人德이 있는 좋은 이름이 된다.

丁巳日生

① 의 천화동인괘(天火同人卦)에서는 命은 보통이고 財物이 있고 벼슬은 직장을 가끔 옮기고 형제는 성공한다. 父母와 子孫도 안강하다.

② 의 택뢰수괘(澤雷隨卦)에서는 命이 길고 財物이 있으며 벼슬도 한다. 子孫이 부족하고 兄弟와 父母를 害친다.

③ 의 화풍정괘(火風鼎卦)에서는 財物이 많으며 벼슬은 직장을 가끔 옮기고 크지 못하다. 子孫을 害치고 몸을 다칠 염려가 있다.

④ 의 뇌수해괘(雷水解卦)에서는 命이 길고 財物이 많으며 벼슬을 한다. 子孫은 成功하고 健康하여 행복한 이름이 된다.

⑤ 의 풍산점괘(風山漸卦)에서는 命이 길고 벼슬을 한다. 父母 兄弟 子孫도 안강(安康)하다. 그러나 財物이 不足하다.

⑥ 의 수지비괘(水地比卦)에서는 命이 길고 벼슬을 한다. 父母 兄弟 子孫은 안강(安康)하다. 그러나 財物을 害치고 처궁(妻宮)이 不安하다.

⑦ 의 산천대축괘(山天大畜卦)에서는 世寅이 劫殺이니 事故가 나서 短命한다. 벼슬을 깎고 財物을 傷한다. 妻를 해치고 子孫이 부족하다.

⑧ 의 지택림괘(地澤臨卦)에서는 命이 길고 재물이 많으며 자손도 성공한다. 父母는 安康하고 人德도 있는 좋은 이름이 된다.

戊午日生

① 의 천화동인괘(天火同人卦)에서는 世亥가 劫殺이니 事故가 나고 短命한다. 벼슬을 깎고 財物의 지출이 많다. 兄弟와 여아(女兒)를 해친다. 눈이 나빠지고 삼초(三焦)와 허리가 약해진다.

② 의 택뢰수괘(澤雷隨卦)에서는 命이 길고 財物이 있으며 벼슬도 한다. 父母 子孫과의 인연(因緣)이 박(薄)하다.

③ 의 화풍정괘(火風鼎卦)에서는 世亥가 劫殺이 되니 事故가 나고 短命한다. 벼슬을 깎아 직업이 불안하다. 학업을 중단하거나 三焦가 허약하고 팔과 다리도 다친다.

④ 의 뇌수해괘(雷水解卦)에서는 命이 길고 財物이 있다. 그러나 직업이 불안하고 子孫을 해친다.

⑤ 의 풍산점괘(風山漸卦)에서는 벼슬을 하고 父母 兄弟는 안강(安康)하다. 그러나 子孫이 나가고 몸을 다칠 수 있다.

⑥ 의 수지비괘(水地比卦)에서는 命이 길고 벼슬을 한다. 父母 兄弟德이 있다. 그러나 財物을 傷하고 妻와 子孫을 害친다.

⑦ 의 산천대축괘(山天大畜卦)에서는 命이 길고 벼슬을 하며 兄弟 德도 있다. 그러나 財物을 傷하고 妻와 子孫을 害친다.

⑧ 의 지택림괘(地澤臨卦)에서는 命이 길고 벼슬을 하며 財物이 있다. 父母는 성공장수(成功長壽)한다. 子孫과 兄弟도 안강(安康)하여 좋은 이름이 된다.

己未日生

① 의 천화동인괘(天火同人卦)에서는 命이 길고 財物이 많으며 벼슬을 한다. 兄弟가 성공하고 父母와 子孫도 안강(安康)한 이름이다.

② 의 택뢰수괘(澤雷隨卦)에서는 命은 보통이고 벼슬을 하며 재물이 있다. 父母 兄弟德도 있다. 그러나 子孫이 없거나 인연(因緣)이 없다.

③ 의 화풍정괘(火風鼎卦)에서는 命이 길고 벼슬을 하며 財物이 있으며 成功을 한다. 그러나 子孫과 兄弟가 不安하다.

④ 의 뇌수해괘(雷水解卦)에서는 命이 길고 財物이 있으며 벼슬을 한다. 子孫은 성공하고 건강하며 행복한 이름이 된다.

⑤ 의 풍산점괘(風山漸卦)에서는 世申이 劫殺이 되니 事故가 나고 短命한다. 子孫을 害치고 허리를 다치며 胃가 나빠진다.

⑥ 의 수지비괘(水地比卦)에서는 命이 길고 벼슬을 한다. 그러나 子孫을 害치고 財物을 傷하며 妻를 害치게 된다.

⑦ 의 산천대축괘(山天大畜卦)에서는 命이 길고 벼슬을 한다. 그러나 子孫이 不足하고 財物과 妻를 해친다.

⑧ 의 지택림괘(地澤臨卦)에서는 命이 길고 벼슬을 하며 財物이 있다. 父母와 子孫은 안강(安康)하다. 人德도 있으며 성공하고 행복한 이름이 된다.

庚申日生

① 의 천화동인괘(天火同人卦)에서는 命이 길고 벼슬을 하며 財物이 많다. 父母 兄弟 妻子가 모두 안강(安康)하고 幸福한 이름이 된다.

② 의 택뢰수괘(澤雷隨卦)에서는 財物은 조금 있으나 벼슬을 깎는다. 子孫이 없고 父母 兄弟도 해치며 몸을 가끔 다치는 좋지않은 이름이다.

③ 의 화풍정괘(火風鼎卦)에서는 命이 길고 벼슬을 하며 子孫도 성공한다. 그러나 財物의 손실(損失)이 있고 兄弟를 害친다.

④ 의 뇌수해괘(雷水解卦)에서는 命이 길고 벼슬이 높으며 재물이 있다. 처자(妻子)가 안강(安康)하여 행복한 이름이 된다.

⑤ 의 풍산점괘(風山漸卦)에서는 命이 길고 벼슬을 한다. 자손과

형제는 성공한다. 그러나 財物이 부족하고 어머니를 害친다.
　⑥의 수지비괘(水地比卦)에서는 命이 길고 벼슬을 하며 자손과 형제는 성공한다. 그러나 財物을 傷하고 妻와 父母가 불안하다.
　⑦의 산천대축괘(山天大畜卦)에서는 命은 보통이고 직장을 자주 옮기며 벼슬을 한다. 그러나 子孫이 없고 財物과 妻를 해친다.
　⑧의 지택림괘(地澤臨卦)에서는 命이 길고 벼슬을 하며 財物이 있다. 妻德과 人德도 있어 本人은 행복하다. 그러나 父母 兄弟 子孫을 모두 해친다.

辛酉日生
　①의 천화동인괘(天火同人卦)에서는 命이 길고 財物이 있으며 벼슬을 한다. 兄弟는 성공하고 父母는 안강(安康)하다. 그러나 子孫을 해친다.
　②의 택뢰수괘(澤雷隨卦)에서는 벼슬을 하고 財物은 조금 있으며 兄弟는 성공한다. 그러나 子孫과 아버지를 해치고 몸을 가끔 다친다.
　③의 화풍정괘(火風鼎卦)에서는 命이 길고 財物이 많으며 벼슬이 높다. 子孫과 兄弟도 안강(安康)하고 행복한 이름이다.
　④의 뇌수해괘(雷水解卦)에서는 命이 길고 벼슬을 하며 재물이 있다. 子孫과 兄弟가 성공하여 행복한 이름이 된다.
　⑤의 풍산점괘(風山漸卦)에서는 命이 길고 벼슬을 하며 父母 兄弟 子孫도 모두 안강(安康)하여 本人도 건강하다. 그러나 財物이 부족하다.
　⑥의 수지비괘(水地比卦)에서는 命이 길고 벼슬을 하며 父母 兄弟 子孫은 안강(安康)하다. 그러나 財物을 깎고 처궁(妻宮)이 불안하다.
　⑦의 산천대축괘(山天大畜卦)에서는 命은 보통이고 벼슬을 한다. 그러나 子孫과 인연(因緣)이 없다. 財物을 傷하고 妻를 해친다.
　⑧의 지택림괘(地澤臨卦)에서는 命이 길고 벼슬을 하며 재물이 있다. 子孫이 성공하고 人德이 있는 행복한 이름이 된다.

壬戌日生

① 의 천화동인괘(天火同人卦)에서는 世亥에 劫殺이 되니 사고가 나고 短命한다. 벼슬을 깎고 財物의 소비(消費)가 많다.

② 의 택뢰수괘(澤雷隨卦)에서는 命이 길고 財物이 조금 있으며 벼슬도 한다. 그러나 子孫과 인연(因緣)이 없고 父母를 해친다.

③ 의 화풍정괘(火風鼎卦)에서는 命은 보통이고 벼슬을 하고 財物이 있으며 兄弟는 성공한다. 그러나 몸을 다치고 事故가 날 염려가 있다.

④ 의 뇌수해괘(雷水解卦)에서는 命은 보통이고 財物이 있으며 兄弟와 子孫은 안강(安康)하다. 벼슬은 하나 직장을 자주 옮기며 몸을 가끔 다친다.

⑤ 의 풍산점괘(風山漸卦)에서는 命은 보통이고 벼슬을 하고 父母 兄弟도 성공한다. 그러나 財物이 부족하고 子孫과 몸을 다칠 염려가 있다.

⑥ 의 수지비괘(水地比卦)에서는 命이 길고 벼슬이 높다. 父母 兄弟는 성공한다. 그러나 財物을 傷하고 妻를 해치며 子息이 불안하다.

⑦ 의 산천대축괘(山天大畜卦)에서는 命이 길고 벼슬을 한다. 兄弟는 성공하나 財物을 傷한다. 妻를 해치고 子孫과 인연이 없다.

⑧ 의 지택림괘(地澤臨卦)에서는 命이 길고 벼슬이 높으며 재물이 많다. 父母와 子孫도 성공장수(成功長壽)하여 행복한 이름이 된다.

癸亥日生

① 의 천화동인괘(天火同人卦)에서는 命은 보통이고 父母는 성공장수(成功長壽)한다. 兄弟 子孫은 안강(安康)하다. 그러나 재물을 상한다.

② 의 택뢰수괘(澤雷隨卦)에서는 命이 길고 財物이 있으며 벼슬을 한다. 父母 兄弟도 성공장수(成功長壽)한다. 그러나 자손(子孫)과의 인연(因緣)이 없다.

③ 의 화풍정괘(火風鼎卦)에서는 命이 길고 벼슬을 하며 財物이 있다. 兄弟는 성공하고 子孫도 건장(健壯)하여 행복한 이름이 된다.

④ 의 뇌수해괘(雷水解卦)에서는 命은 보통이고 財物이 있으며 子

孫과 兄弟는 안강(安康)하다. 그러나 벼슬을 깎고 몸을 가끔 다친다.
　⑤의 풍산점괘(風山漸卦)에서는 벼슬이 있고 父母 兄弟도 성공한다. 그러나 世申이 劫殺이니 事故가 나서 短命한다. 子孫도 害친다.
　⑥의 수지비괘(水地比卦)에서는 命이 길고 벼슬이 높으며 재물이 있다. 人德이 있으며 父母 兄弟도 성공장수(成功長壽)한다. 그러나 子孫이 不安하다.
　⑦의 산천대축괘(山天大畜卦)에서는 命이 길고 벼슬을 하며 財物이 있다. 그러나 子孫이 不安하다.
　⑧의 지택림괘(地澤臨卦)에서는 命이 길고 벼슬이 높으며 재물이 있다. 妻德과 人德이 있으며 父母는 성공장수(成功長壽)한다. 그리고 子孫도 안강(安康)한 이름이다.

　七劃數의 姓氏. 李 宋 吳 成 車 辛 呂 杜
　十五劃數의 姓氏. 魯　鄭氏 등
　① 천택이괘(天澤履卦) ② 택화혁괘(澤火革卦) ③ 화뢰서합괘(火雷噬嗑卦) ④ 뇌풍항괘(雷風恒卦) ⑤ 풍수환괘(風水渙卦) ⑥ 수산건괘(水山蹇卦) ⑦ 산지박(山地剝卦) ⑧ 지천태괘(地天泰卦) 등이 있다.
⑧의 지천태괘(地天泰卦)는 大吉하다. ④의 뇌항풍괘(雷恒風卦)는 中吉하다. ③의 화뢰서합괘(火雷噬嗑卦)는 平吉하다. ①의 천택이(天澤履) ②의 택화혁(澤火革) ⑦의 산지박괘(山地剝卦)는 반흉반길(半凶半吉)하다. ⑤의 풍수환괘(風水渙卦)와 ⑥의 수산건괘(水山蹇卦)는 좋지않다.

　甲子日生
　①의 천택이괘(天澤履卦)에서는 命이 길고 子孫도 성공한다. 그러나 財物이 없고 벼슬을 깎는다. 어머니를 해치고 男兄弟도 害치는 이름이 된다.
　②의 택화혁괘(澤火革卦)에서는 世인 亥가 空亡이 되니 短命한다. 財物이 없어 파란이 많다. 胃와 삼초(三焦)와 이가 나빠지고 兄弟도

해친다.

③의 화뢰서합괘(火雷噬嗑卦)에서는 命이 길고 財物이 많으며 벼슬을 한다. 父母 兄弟도 성공하고 건강하여 행복하게 살아간다.

④의 뇌풍항괘(雷風恒卦)에서는 命이 길고 벼슬을 하며 財物이 있다. 子孫은 성공한다. 그러나 父母와 妻를 조금 해친다.

⑤의 풍수환괘(風水渙卦)에서는 世巳가 劫殺이니 事故가 나고 短命한다. 財物과 벼슬이 없어 파란이 많은 一生을 보낸다.

⑥의 수산건괘(水山蹇卦)에서는 命은 길다. 그러나 財物이 없어 波乱이 많고 父母를 害쳐 좋지못하다.

⑦의 산지박괘(山地剝卦)에서는 命이 길고 財物이 있으며 자손도 성공한다. 그러나 벼슬을 깎고 아버지를 해치며 肝과 小腸이 나빠진다.

⑧의 지천태괘(地天泰卦)에서는 命이 길고 벼슬이 높으며 재물이 많다. 兄弟와 子孫도 성공하는 좋은 이름이 된다.

乙丑日生

①의 천택이괘(天澤履卦)에서는 命이 길고 벼슬을 한다. 자손은 성공한다. 그러나 財物이 빠져 한때 파란이 따른다.

②의 택화혁괘(澤火革卦)에서는 世亥가 空亡이 되니 短命한다. 삼초(三焦)도 약하고 이가 나빠지며 허리가 약해지고 파란이 많은 이름이 된다.

③의 화뢰서합괘(火雷噬嗑卦)에서는 命이 길고 재물이 많으며 벼슬이 있으며 자손도 건강하다. 그러나 兄弟를 해친다.

④의 뇌풍항괘(雷風恒卦)에서는 命이 길고 벼슬을 하며 財物이 있다. 子孫도 성공하는 좋은 이름이 된다.

⑤의 풍수환괘(風水渙卦)에서는 命은 보통이나 벼슬이 없고 財物도 없어 파란이 있는 이름이 된다.

⑥의 수산건괘(水山蹇卦)에서는 命은 보통이나 재물이 없어 파란이 많은 이름이 된다.

⑦의 산지박괘(山地剝卦)에서는 命이 길고 벼슬을 하며 財物이 있

다. 子孫도 성공하는 中吉의 이름이 된다.
⑧의 지천태괘(地天泰卦)에서는 命은 보통이고 財物이 있으며 子孫도 성공한다. 그러나 벼슬을 깎는다.

丙寅日生
①의 천택이괘(天澤履卦)에서는 命이 길고 벼슬을 한다. 그러나 財物이 부족하고 아버지와 男兄弟를 해친다.
②의 택화혁괘(澤火革卦)에서는 世亥가 空亡이니 事故가 나고 短命한다. 財物이 없고 兄弟를 해친다. 이가 나빠지고 삼초(三焦)와 胃가 약해지는 흉명(凶名)이 된다.
③의 화뢰서합괘(火雷噬嗑卦)에서는 命이 길고 財物이 있으며 벼슬을 한다. 子孫은 성공하고 父母 兄弟도 安康한 이름이 된다.
④의 뇌풍항괘(雷風恒卦)에서는 命이 길고 벼슬은 높으며 재물이 있다. 父母는 장수강녕(長壽康寧)하여 吉한 이름이 된다.
⑤의 풍수환괘(風水渙卦)에서는 命이 길고 父母와 子孫과 女兄弟는 성공안강(成功安康)하다. 그러나 男兄弟를 해치고 財物과 벼슬이 없어 파란이 많은 이름이 된다.
⑥의 수산건괘(水山蹇卦)에서는 命이 길고 父母 兄弟 子孫은 안강(安康)하다. 그러나 벼슬을 깎고 財物이 없어 파란이 많은 이름이 된다.
⑦의 산지박괘(山地剝卦)에서는 命이 길고 벼슬을 하며 財物이 있다. 그러나 아버지를 해친다.
⑧의 지천태괘(地天泰卦)에서는 命이 길고 財物이 많으며 벼슬을 한다. 子孫과 兄弟도 成功하여 행복한 이름이 된다.

丁卯日生
①의 천택이괘(天澤履卦)에서는 世申이 劫殺이니 事故가 나고 短命한다. 財物이 不足하고 子孫을 해친다. 胃가 나빠지고 신경이 약해지는 凶名이 된다.
②의 택화혁괘(澤火革卦)에서는 世亥가 空亡이니 事故가 나고 단

명한다. 財物이 없고 兄弟를 해친다. 이가 나빠지고 胃와 삼초(三焦)가 약해지며 허리도 다치는 흉명(凶名)이 된다.

③의 화뢰서합괘(火雷噬嗑卦)에서는 命은 보통이고 벼슬을 하고 財物이 있다. 父母 兄弟 子孫도 安康하여 平吉한 이름이 된다.

④의 뇌풍항괘(雷風恒卦)에서는 命이 길고 벼슬은 높으며 재물이 있다. 父母와 子孫이 성공강녕(成功康寧)하여 행복한 이름이 된다.

⑤의 풍수환괘(風水渙卦)에서는 命은 보통이고 父母 兄弟 子孫은 모두 성공하고 안강(安康)하다. 그러나 벼슬과 財物이 없어 파란이 많다.

⑥의 수산건괘(水山蹇卦)에서는 世申이 劫殺이니 事故가 나고 단명한다. 財物이 없고 子孫을 해친다. 위가 약해지고 귀가 나빠지며 양기(陽氣)도 죽이는 흉명(凶名)이 된다.

⑦의 산지박괘(山地剝卦)에서는 命이 길고 財物이 있으며 벼슬을 하여 平吉한 이름이 된다.

⑧의 지천태괘(地天泰卦)에서는 命이 길고 財物이 많으며 벼슬을 한다. 子孫과 兄弟도 성공하여 행복한 이름이 된다.

戊辰日生

①의 천택이괘(天澤履卦)에서는 命이 길고 벼슬을 한다. 그러나 財物이 부족하고 父母 兄弟를 해쳐 파란이 조금 있다.

②의 택화혁괘(澤火革卦)에서는 世亥가 空亡이니 事故가 나고 短命한다. 財物이 없고 兄弟를 해친다. 이가 나빠지고 胃와 삼초(三焦)가 약해지며 허리도 다치는 凶名이 된다.

③의 화뢰서합괘(火雷噬嗑卦)에서는 命이 길고 財物이 많으며 벼슬을 한다. 父母 兄弟 子孫이 모두 安康하여 행복한 이름이 된다.

④의 뇌풍항괘(雷風恒卦)에서는 命이 길고 벼슬을 하며 재물이 많다. 건강하고 행복한 이름이 된다.

⑤의 풍수환괘(風水渙卦)에서는 世巳가 劫殺이니 事故가 나고 短命한다. 벼슬과 財物이 없고 兄弟를 해친다. 소장(小腸)과 肺가 나빠

지는 흉명(凶名)이 된다.

⑥의 수산건괘(水山蹇卦)에서는 命이 길고 父母 兄弟 子孫은 안강(安康)하다. 그러나 벼슬을 깎고 財物이 없어 파란이 많다.

⑦의 산지박괘(山地剝卦)에서는 命이 길고 財物이 있으며 벼슬을 한다. 그러나 아버지를 해친다.

⑧의 지천태괘(地天泰卦)에서는 命이 길고 재물이 많으며 벼슬을 한다. 兄弟와 子孫도 성공하여 행복한 이름이 된다.

己巳日生

①의 천택이괘(天澤履卦)에서는 命이 길고 벼슬을 하며 父母와 子孫이 성공하고 兄弟는 안강(安康)하다. 그러나 財物이 부족하다.

②의 택화혁괘(澤火革卦)에서는 世亥가 空亡이니 事故가 나고 短命한다. 재물이 없고 兄弟를 해친다. 이가 나빠지고 胃와 삼초(三焦)가 약해지고 허리도 다치는 흉명(凶名)이 된다.

③의 화뢰서합괘(火雷噬嗑卦)에서는 命이 길고 재물이 있으며 벼슬을 한다. 父母와 子孫은 성공하는데 兄弟를 해친다.

④의 뇌풍항괘(雷風恒卦)에서는 命이 길고 벼슬을 하며 財物이 있다. 子孫은 성공하여 행복한 이름이 된다.

⑤의 풍수환괘(風水渙卦)에서는 命이 길고 父母 兄弟 子孫은 안강(安康)하다. 그러나 財物과 벼슬이 없어 파란이 많다.

⑥의 수산건괘(水山蹇卦)에서는 命이 길고 벼슬을 하며 父母 兄弟 子孫은 모두 성공한다. 그러나 財物이 없어 파란이 있다.

⑦의 산지박괘(山地剝卦)에서는 命이 길고 벼슬을 하며 財物이 있다. 子孫은 성공하여 平吉한 이름이 된다.

⑧의 지천태괘(地天泰卦)에서는 命이 길고 財物이 있으며 벼슬을 한다. 兄弟와 子孫도 安康하여 幸福한 이름이 된다.

庚午日生

①의 천택이괘(天澤履卦)에서는 世申이 馬가 되니 몸을 다칠 수

있다. 子孫을 害치며 財物로 파란이 있는 이름이 된다.

② 의 택화혁괘(澤火革卦)에서는 世가 空亡이고 劫殺이 되니 事故가 나고 短命한다. 파란이 많으며 財物도 없고 父母 兄弟도 害하니 아주 나쁜 이름이 된다.

③ 의 화뢰서합괘(火雷噬嗑卦)에서는 命이 길고 財物이 있으며 父母 兄弟 子孫도 성공한다. 그러나 벼슬을 조금 깎는다.

④ 의 뇌풍항괘(雷風恒卦)에서는 世酉가 양인살(羊刃殺)이 되니 事故가 나며 短命한다. 父母도 害치는 이름이 된다.

⑤ 의 풍수환괘(風水渙卦)에서는 命은 보통이나 財物이 없고 벼슬도 없어 波乱이 있는 이름이 된다.

⑥ 의 수산건괘(水山蹇卦)에서는 世申에 馬가 붙으니 몸을 다치고 財物이 없어 파란이 많은 이름이 된다.

⑦ 의 산지박괘(山地剝卦)에서는 命은 보통이고 財物이 있고 벼슬도 하며 子孫도 성공하는 이름이 된다.

⑧ 의 지천태괘(地天泰卦)에서는 命은 보통이고 벼슬도 하고 財物도 있다. 그러나 몸을 가끔 다칠 수 있고 子孫을 害친다.

辛未日生

① 의 천택이괘(天澤履卦)에서는 命이 길고 子孫은 성공하며 벼슬도 한다. 그러나 財物로 한때 파란이 있는 이름이 된다.

② 의 택화혁괘(澤火革卦)에서는 世亥가 空亡이니 短命한다. 財物이 없고 兄弟를 해치며 파란이 많은 이름이 된다.

③ 의 화뢰서합괘(火雷噬嗑卦)에서는 命이 길고 財物이 많으며 벼슬도 한다. 父母 兄弟 子孫이 모두 성공하고 건강하게 행복한 삶을 보내는 이름이 된다.

④ 의 뇌풍항괘(雷風恒卦)에서는 命이 길고 벼슬도 한다. 그러나 父母를 해치고 처(妻)를 해친다.

⑤ 의 풍수환괘(風水渙卦)에서는 命은 보통이나 世巳에 馬가 붙으니 몸을 가끔 다칠 수 있다.

⑥의 수산건괘(水山蹇卦)에서는 世申이 劫殺이 되니 事故가 나고 短命한다. 財物도 없고 파란이 많은 生을 마친다.

⑦의 산지박괘(山地剝卦)에서는 命은 보통이고 財物이 있으며 子孫도 성공하는 이름이 된다.

⑧의 지천태괘(地天泰卦)에서는 벼슬을 하고 財物이 있으며 子孫도 成功한다. 그러나 몸을 가끔 다칠 수 있는 이름이 된다.

壬申日生

①의 천택이괘(天澤履卦)에서는 命이 길고 벼슬을 하며 父母 兄弟 子孫이 모두 성공한다. 그러나 財物이 부족하다.

②의 택화혁괘(澤火革卦)에서는 世亥가 空亡이니 事故가 나고 短命한다. 兄弟를 害치고 財物이 없어 波亂이 많다. 이가 나빠지고 胃와 삼초(三焦)가 약해지는 흉명(凶名)이 된다.

③의 화뢰서합괘(火雷噬嗑卦)에서는 命이 길고 財物이 있으며 벼슬을 한다. 父母 兄弟 子孫도 安康하여 平吉한 이름이 된다.

④의 뇌풍항괘(雷風恒卦)에서는 命이 길고 벼슬을 하며 財物이 있어 오복(五福)이 갖추어진 길명(吉名)이다.

⑤의 풍수환괘(風水渙卦)에서는 世巳가 劫殺이니 事故가 나고 短命한다. 財物과 벼슬이 없어 파란이 많다. 소장(小腸)과 肺가 나빠지는 흉명(凶名)이 된다.

⑥의 수산건괘(水山蹇卦)에서는 名이 길고 父母 兄弟는 안강(安康)하다. 그러나 財物이 없어 파란이 많으며 子孫도 해치는 좋지못한 이름이 된다.

⑦의 산지박괘(山地剝卦)에서는 世子가 양인(羊刃)이 되니 事故가 나서 몸을 크게 다치고 手術을 하며 短命한다. 子孫도 해쳐 파란이 많은 이름이 된다.

⑧의 지천태괘(地天泰卦)에서는 命이 길고 벼슬을 하며 財物이 있다. 兄弟와 子孫도 안강(安康)하여 행복한 이름이 된다.

癸酉日生

① 의 천택이괘(天澤履卦)에서는 命이 길고 벼슬을 하며 父母 兄弟 子孫이 모두 成功한다. 그러나 財物이 부족하다.

② 의 택화혁괘(澤火革卦)에서는 世亥가 空亡이니 事故가 나고 短命한다. 兄弟를 害치고 財物이 없다. 이가 나빠지고 胃와 三焦가 약해지며 허리도 다치는 凶名이 된다.

③ 의 화뢰서합괘(火雷噬盍卦)에서는 命이 길고 財物이 있으며 벼슬을 한다. 父母와 子孫도 성공하여 平吉한 이름이 된다.

④ 의 뇌풍항괘(雷風恒卦)에서는 命이 길고 財物이 있으며 벼슬을 하는 등 오복(五福)을 갖추어 平吉한 이름이 된다.

⑤ 의 풍수환괘(風水渙卦)에서는 命이 길고 父母 兄弟 子孫이 모두 성공한다. 그러나 財物과 벼슬이 부족하여 파란이 있는 이름이 된다.

⑥ 의 수산건괘(水山蹇卦)에서는 命이 길고 벼슬을 하며 父母 兄弟 子孫은 안강(安康)하다. 그러나 財物이 없어 파란이 있다.

⑦ 의 산지박괘(山地剝卦)에서는 命이 길고 財物이 있으며 벼슬을 한다. 父母와 子孫도 성공하여 平吉한 이름이 된다.

⑧ 의 지천태괘(地天泰卦)에서는 命이 길고 財物이 있으며 벼슬을 한다. 兄弟와 子孫도 성공하는 幸福한 이름이 된다.

甲戌日生

① 의 천택이괘(天澤履卦)에서는 世申이 空亡이니 短命하고 파란이 많은 좋지않은 이름이다.

② 의 택화혁괘(澤火革卦)에서는 世亥가 劫殺이니 短命하고 사고가 나서 파란이 많은 이름이 된다.

③ 의 화뢰서합괘(火雷噬盍卦)에서는 命이 길고 財物이 많으며 벼슬을 하고 건강하여 행복하게 살아가는 이름이 된다.

④ 의 뇌풍항괘(雷風恒卦)에서는 世酉가 空亡이니 事故가 나서 短命하며 벼슬도 깎아 파란이 있는 이름이 된다.

⑤ 의 풍수환괘(風水渙卦)에서는 命은 보통이고 子孫도 성공한다.

그러나 벼슬이 없고 財物도 없어 파란이 많은 이름이 된다.

⑥의 수산건괘(水山蹇卦)에서는 世申이 空亡이니 事故가 나고 短命한다. 胃가 나빠지고 허리도 다치며 財物이 없어 파란이 많은 이름이다.

⑦의 산지박괘(山地剝卦)에서는 命이 길고 財物과 벼슬도 있으며 人德도 있다. 그리고 子孫과 父母도 성공하는 이름이 된다.

⑧의 지천태괘(地天泰卦)에서는 命이 길고 벼슬은 높으며 재물도 있어 성공하는 이름이 된다.

乙亥日生

①의 천택이괘(天澤履卦)에서는 世申이 空亡이 되니 事故가 나고 短命한다. 胃와 肺가 나빠지고 子孫도 해쳐 좋지못한 이름이 된다.

②의 택화혁괘(澤火革卦)에서는 命은 보통이고 벼슬이 있으며 子孫도 성공한다. 그러나 財物로 파란이 있는 이름이 된다.

③의 화뢰서합괘(火雷噬嗑卦)에서는 命이 길고 財物이 있으며 벼슬도 한다. 父母 兄弟 子孫이 모두 성공하는 이름이다.

④의 뇌풍항괘(雷風恒卦)에서는 世酉가 空亡이니 事故가 나고 短命하고 벼슬을 깎는다. 胃와 肺가 나빠지고 허리도 다치는 이름이 된다.

⑤의 풍수환괘(風水渙卦)에서는 世巳에 馬가 붙으니 몸을 다쳐 좋지못한 이름이 된다.

⑥의 수산건괘(水山蹇卦)에서는 世申이 공망이 되니 事故가 나고 短命한다. 胃가 나빠지고 허리도 다치며 財物로 파란이 많은 나쁜 이름이 된다.

⑦의 산지박괘(山地剝卦)에서는 命이 길고 財物이 있으며 자손은 성공하고 人德도 있는 이름이 된다.

⑧의 지천태괘(地天泰卦)에서는 命이 길고 벼슬은 높으며 재물이 많다. 子孫은 성공하며 건강하고 행복하게 보내는 좋은 이름이 된다.

丙子日生

① 의 천택이괘(天澤履卦)에서는 世申이 空亡이니 事故가 나고 短命한다. 財物이 부족하고 아버지와 子孫을 해친다. 胃·肺·심장(心臟)이 나빠지는 흉명(凶名)이 된다.

② 의 택화혁괘(澤火革卦)에서는 命이 길고 벼슬을 하며 父母 兄弟 子孫이 모두 성공한다. 그러나 財物이 없어 파란이 있다.

③ 의 화뢰서합괘(火雷噬嗑卦)에서는 命이 길고 財物이 있으며 벼슬을 한다. 父母 兄弟 子孫도 모두 安康하여 평길한 이름이 된다.

④ 의 뇌풍항괘(雷風恒卦)에서는 世酉가 空亡이니 事故가 나서 몸을 크게 다치며 벼슬을 깎아 파란이 많다. 子孫도 害친다.

⑤ 의 풍수환괘(風水渙卦)에서는 世巳가 劫殺이니 事故가 나고 短命한다. 財物과 벼슬도 없어 파란이 많은 흉명(凶名)이 된다.

⑥ 의 수산건괘(水山蹇卦)에서는 世申이 空亡이니 事故가 나고 短命한다. 財物이 없어 파란이 많으며 벼슬을 깎고 兄弟를 해친다. 胃와 귀도 나빠지고 양기도 죽이는 凶名이 된다.

⑦ 의 산지박괘(山地剝卦)에서는 命이 길고 財物이 있으며 부모와 자손도 安康하여 平吉한 이름이 된다.

⑧ 의 지천태괘(地天泰卦)에서는 命이 길고 財物이 많으며 벼슬을 한다. 子孫과 兄弟도 성공하여 행복한 이름이 된다.

丁丑日生

① 의 천택이괘(天澤履卦)에서는 世申이 空亡이니 事故가 나고 短命한다. 財物이 부족하고 子孫을 해친다. 胃와 肺가 약해지는 凶名이 된다.

② 의 택화혁괘(澤火革卦)에서는 命이 길고 벼슬을 하며 父母 兄弟 子孫은 모두 성공한다. 그러나 財物이 없어 파란이 있다.

③ 의 화뢰서합괘(火雷噬嗑卦)에서는 命은 보통이고 財物이 있으며 벼슬도 조금 한다. 그러나 兄弟를 조금 해친다.

④ 의 뇌풍항괘(雷風恒卦)에서는 世酉가 空亡이니 事故가 나서 몸

을 크게 다치고 벼슬을 깎아 파란이 있는 이름이 된다.

⑤의 풍수환괘(風水渙卦)에서는 命은 보통이고 兄弟와 子孫은 성공한다. 그러나 아버지를 해치고 財物과 벼슬이 없어 파란이 있는 이름이 된다.

⑥의 수산건괘(水山蹇卦)에서는 世申이 空亡이니 事故가 나고 短命한다. 財物이 없고 兄弟를 해친다. 胃와 귀가 나빠지고 양기를 죽이며 허리도 다치는 흉명(凶名)이 된다.

⑦의 산지박괘(山地剝卦)에서는 命이 길고 벼슬을 하며 財物이 있다. 父母와 子孫도 安康하여 平吉한 이름이 된다.

⑧의 지천태괘(地天泰卦)에서는 命이 길고 財物이 많으며 벼슬을 한다. 子孫과 兄弟도 성공안강(成功安康)하여 행복한 이름이 된다.

戊寅日生

①의 천택이괘(天澤履卦)에서는 世申이 空亡이니 事故가 나고 短命하며 財物이 부족하다. 子孫과 아버지를 해친다. 胃·肺·神經이 약해지고 파란이 많은 凶名이 된다.

②의 택화혁괘(澤火革卦)에서는 世亥가 劫殺이니 事故가 나고 短命한다. 財物이 없고 父母와 兄弟도 해치며 파란이 많은 흉명(凶名)이 된다.

③의 화뢰서합괘(火雷噬嗑卦)에서는 命이 길고 財物이 많으며 子孫은 성공한다. 父母 兄弟도 안강(安康)하여 幸福한 이름이 된다.

④의 뇌풍항괘(雷風恒卦)에서는 世酉가 空亡이니 事故가 나고 短命한다. 父母와 子孫을 害치고 벼슬을 깎아 파란이 많다.

⑤의 풍수환괘(風水渙卦)에서는 命은 길다. 그러나 男兄弟를 해치고 財物과 벼슬이 없어 파란이 많은 이름이 된다.

⑥의 수산건괘(水山蹇卦)에서는 世申이 空亡이니 事故가 나고 短命한다. 財物이 없고 벼슬을 깎으며 兄弟를 해친다. 胃와 귀가 나빠지며 양기를 죽이고 허리도 다치게 되는 흉명(凶名)이 된다.

⑦의 산지박괘(山地剝卦)에서는 命이 길고 벼슬을 하며 財物이 있

다. 父母와 子孫도 성공하여 平吉한 이름이 된다.

⑧의 지천태괘(地天泰卦)에서는 命이 길고 벼슬을 하며 財物이 있다. 兄弟도 성공하여 행복한 이름이 된다.

己卯日生

①의 천택이괘(天澤履卦)에서는 世申이 空亡이니 事故가 나고 몸을 크게 다친다. 財物이 부족하고 子孫을 해치며 파란이 많은 凶名이 된다.

②의 택화혁괘(澤火革卦)에서는 命이 길고 벼슬을 하며 父母 兄弟 子孫은 안강(安康)하다. 그러나 財物이 없어 파란이 많다.

③의 화뢰서합괘(火雷噬嗑卦)에서는 命은 보통이고 財物이 있으며 父母 兄弟 子孫은 안강(安康)하다. 그러나 벼슬을 깎는다.

④의 뇌풍항괘(雷風恒卦)에서는 世酉가 空亡이니 事故가 나고 短命한다. 벼슬을 깎아 파란이 있다. 肺가 나빠지고 허리를 다친다.

⑤의 풍수환괘(風水渙卦)에서는 命은 보통이나 財物이 없고 벼슬이 없어 파란이 많은 이름이 된다.

⑥의 수산건괘(水山蹇卦)에서는 世申이 空亡이니 事故가 나고 短命한다. 財物이 없고 兄弟를 害친다. 위와 귀가 나빠지고 양기도 죽이며 허리도 다치는 凶名이 된다.

⑦의 산지박괘(山地剝卦)에서는 命은 보통이고 財物과 벼슬이 조금씩 있다. 父母와 子孫도 성공하여 平吉한 이름이 된다.

⑧의 지천태괘(地天泰卦)에서는 命이 길고 財物이 많으며 벼슬도 하고 건강하여 행복한 이름이 된다.

庚辰日生

①의 천택이괘(天澤履卦)에서는 世申이 空亡이니 事故가 나고 短命한다. 財物이 부족하고 子孫과 어머니를 해치는 흉명(凶名)이 된다.

②의 택화혁괘(澤火革卦)에서는 命은 보통이나 財物이 없고 父母를 해치고 파란(波乱)이 있다.

③의 화뢰서합괘(火雷噬嗑卦)에서는 命이 길고 財物이 많다. 그러나 벼슬을 깎고 子孫은 해친다.

④의 뇌풍항괘(雷風恒卦)에서는 世酉가 空亡이고 양인(羊刃)이니 사고가 나서 몸을 크게 다쳐 수술을 하고 短命한다. 벼슬을 깎아 파란이 많다. 肺가 나빠지고 허리도 다치는 凶名이 된다.

⑤의 풍수환괘(風水渙卦)에서는 世巳가 劫殺이니 事故가 나고 短命한다. 財物과 벼슬이 없고 兄弟도 해치고 파란이 많은 凶名이 된다.

⑥의 수산건괘(水山蹇卦)에서는 世申이 空亡이니 事故가 나고 短命한다. 兄弟도 해치고 財物이 없어 파란이 많다. 위와 귀가 나빠지고 양기를 죽이며 허리도 다치는 凶名이 된다.

⑦의 산지박괘(山地剝卦)에서는 命이 길고 財物이 있다. 그러나 벼슬을 깎는다.

⑧의 지천태괘(地天泰卦)에서는 命이 보통이고 財物이 있으며 벼슬을 한다. 女兄弟도 성공한다. 그러나 몸을 가끔 다칠 수 있다.

辛巳日生

①의 천택이괘(天澤履卦)에서는 世申이 空亡이니 事故가 나고 短命한다. 財物이 不足하고 子孫을 해치며 신경이 약해지고 위가 나빠진다.

②의 택화혁괘(澤火革卦)에서는 財物이 없고 父母를 해쳐 파란이 많은 이름이 된다.

③의 화뢰서합괘(火雷噬嗑卦)에서는 命이 길고 財物이 있으며 벼슬을 한다. 父母 兄弟 子孫이 모두 성공안강(成功安康)하여 행복한 이름이 된다.

④의 뇌풍항괘(雷風恒卦)에서는 世酉가 空亡이니 事故가 나고 短命한다. 벼슬을 깎아 학업중단이나 직업이 불안하다. 肺가 나빠지고 허리를 다치는 凶名이 된다.

⑤의 풍수환괘(風水渙卦)에서는 命은 길다. 그러나 財物과 벼슬이 없다. 아버지를 해쳐 파란이 많은 이름이 된다.

⑥의 수산건괘(水山蹇卦)에서는 世申이 空亡이니 事故가 나고 短命한다. 財物이 없고 兄弟를 해친다. 위와 귀가 나빠지고 허리도 다치는 흉명(凶名)이 된다.

⑦의 산지박괘(山地剝卦)에서는 命이 길고 벼슬을 하며 父母와 子孫도 安康하다. 그러나 財物을 조금 傷한다.

⑧의 지천태괘(地天泰卦)에서는 命은 보통이고 財物이 있으며 벼슬을 한다. 子孫은 성공하고 兄弟는 安康하다. 그러나 몸을 가끔 다칠 수 있는 이름이 된다.

壬午日生

①의 천택이괘(天澤履卦)에서는 世申이 空亡이며 馬가 붙으니 事故가 나고 短命하며 파란이 많은 좋지못한 凶名이 된다.

②의 택화혁괘(澤火革卦)에서는 命은 보통이고 벼슬을 하며 子孫은 성공한다. 그러나 財物이 빠져있어 파란이 있는 이름이 된다.

③의 화뢰서합괘(火雷噬嗑卦)에서는 命이 길고 財物이 많으며 子孫은 성공한다. 그러나 벼슬을 조금 깎고 父母를 해친다.

④의 뇌풍항괘(雷風恒卦)에서는 世酉가 空亡이니 事故가 나고 短命한다. 벼슬을 깍고 肺와 胃를 나쁘게 하고 허리도 다치게 되는 이름이다.

⑤의 풍수환괘(風水渙卦)에서는 命이 길고 父母 兄弟 子孫이 모두 건강(健康)하고 성공한다. 그러나 벼슬이 없고 財物이 부족하여 파란이 있는 이름이 된다.

⑥의 수산건괘(水山蹇卦)에서는 世申이 空亡이 되고 馬가 붙으니 事故가 나고 短命한다. 胃와 허리를 약하게 하며 財物이 없어 파란이 많은 이름이 된다.

⑦의 산지박괘(山地剝卦)에서는 世子가 양인(羊刃)이 되니 事故가 나며 대수술(大手術)을 해야 하고 파란이 많게 된다.

⑧의 지천태괘(地天泰卦)에서는 命이 길고 벼슬이 크고 財物이 많다. 兄弟德도 있어 성공하는 좋은 이름이 된다.

癸未日生

① 의 천택이괘(天澤履卦)에서는 世申이 空亡이 되고 劫殺도 되니 事故가 나고 短命한다. 胃와 肺가 나빠지고 파란이 많은 이름이 된다.

② 의 택화혁괘(澤火革卦)에서는 命은 보통이고 벼슬이 있으며 자손도 성공한다. 그러나 財物과 父母 兄弟로 파란이 있는 이름이 된다.

③ 의 화뢰서합괘(火雷噬嗑卦)에서는 命이 길고 財物이 많고 父母 兄弟 子孫가 성공하며 건강하고 행복한 이름이 된다.

④ 의 뇌풍항괘(雷風恒卦)에서는 世酉가 空亡이니 事故가 나고 短命하며 벼슬을 害친다. 胃와 肺가 나빠지고 허리도 다치는 이름이 된다.

⑤ 의 풍수환괘(風水渙卦)에서는 父母 兄弟 子孫이 모두 성공한다. 그러나 世巳에 馬가 붙으니 몸을 다칠 수 있고 財物로 파란이 있다.

⑥ 의 수산건괘(水山蹇卦)에서는 世申이 空亡이고 劫殺이니 事故가 나고 短命한다. 胃가 나빠지고 허리도 다쳐 파란이 많은 이름이 된다.

⑦ 의 산지박괘(山地剝卦)에서는 命이 길고 財物이 많으며 벼슬을 한다. 父母도 장수(長壽)하고 子孫도 성공하는 좋은 이름이 된다.

⑧ 의 지천태괘(地天泰卦)에서는 命이 길고 벼슬이 높으며 재물도 많고 건강하고 행복하게 살아가는 이름이 된다.

甲申日生

① 의 천택이괘(天澤履卦)에서는 命은 보통이고 子孫과 兄弟는 성공한다. 그러나 벼슬을 깎고 어머니를 害치고 財物로 파란이 조금 있는 이름이 된다.

② 의 택화혁괘(澤火革卦)에서는 命은 보통이고 벼슬을 하며 父母는 평안(平安)하고 子孫도 성공하다. 그러나 財物이 빠져있고 兄弟로 고민(苦憫)이 있는 이름이 된다.

③ 의 화뢰서합괘(火雷噬嗑卦)에서는 世未가 空亡이 되니 短命한다. 파란이 있으며 형제를 해친다.

④ 의 뇌풍항괘(雷風恒卦)에서는 命이 길고 財物이 많으며 벼슬도

한다. 그러나 子孫을 害친다.

⑤의 풍수환괘(風水渙卦)에서는 父母와 子孫은 성공한다. 그러나 世인 巳가 劫殺이 되니 事故가 날 염려가 있고 단명하며 파란이 있는 이름이 된다.

⑥의 수산건괘(水山蹇卦)에서는 命은 보통이고 父母 兄弟 子孫의 德이 있다. 그러나 벼슬을 깎고 財物로 파란이 있는 이름이 된다.

⑦의 산지박괘(山地剝卦)에서는 命이 길고 財物이 있으며 자손도 성공한다. 그러나 벼슬을 깎고 母親을 害치는 이름이 된다.

⑧의 지천태괘(地天泰卦)에서는 命이 길고 財物이 많으며 벼슬을 한다. 子孫과 兄弟도 성공하며 안락(安樂)하고 행복한 삶을 누릴 이름이 된다.

乙酉日生

①의 천택이괘(天澤履卦)에서는 命이 길고 벼슬을 하며 子孫과 兄弟도 성공한다. 그러나 財物과 母親을 해친다.

②의 택화혁괘(澤火革卦)에서는 世亥에 馬가 붙으니 몸을 다칠 수 있고 파란이 많은 이름이 된다.

③의 화뢰서합괘(火雷噬嗑卦)에서는 世未空亡이니 事故가 나고 短命한다. 눈이 나빠지고 비장(脾臟)이 약해지고 파란이 있게 된다.

④의 뇌풍항괘(雷風恒卦)에서는 命이 길고 벼슬을 하며 財物도 많아 幸福한 이름이 된다.

⑤의 풍수환괘(風水渙卦)에서는 命이 길고 어머니를 오래 모시고 아들도 성공한다. 그러나 딸과 아버지와 男兄弟를 害친다. 벼슬이 없고 財物도 없어 파란이 있는 이름이다.

⑥의 수산건괘(水山蹇卦)에서는 命이 길고 父母 兄弟 子孫이 成功한다. 그러나 벼슬을 깎고 財物로 파란이 있는 이름이 된다.

⑦의 산지박괘(山地剝卦)에서는 命이 길고 財物이 있으며 벼슬도 하고 子孫은 성공하여 비교적 평안(平安)한 이름이 된다.

⑧의 지천태괘(地天泰卦)에서는 世辰이 양인(羊刃)이 되니 몸을

제2편 작 명 389

가끔 다칠 수 있다. 그러나 財物이 많고 兄弟와 子孫이 성공하는 이름이 된다.

丙戌日生
① 의 천택이괘(天澤履卦)에서는 命이 길고 벼슬을 하며 子孫과 兄弟도 성공한다. 그러나 父母를 害치며 財物이 부족하여 파란이 있다.

② 의 택화혁괘(澤火革卦)에서는 世亥가 劫殺이니 事故가 나고 短命한다. 財物이 없어 파란이 많고 兄弟를 害친다. 이가 나빠지고 胃와 삼초(三焦)가 약해지며 허리도 다치는 흉명(凶名)이 된다.

③ 의 화뢰서합괘(火雷噬嗑卦)에서는 世未가 空亡이니 事故가 나고 短命한다. 財物을 상하여 파란이 있고 비장과 눈이 나빠진다.

④ 의 뇌풍항괘(雷風恒卦)에서는 命이 길고 벼슬이 높으며 재물과 처덕(妻德) 人德이 있다. 父母도 장수강녕(長壽康寧)하여 행복한 이름이 된다.

⑤ 의 풍수환괘(風水渙卦)에서는 命이 길다. 그러나 兄弟와 자손을 해치고 財物과 벼슬도 없어 파란이 많은 이름이 된다.

⑥ 의 수산건괘(水山蹇卦)에서는 몸을 가끔 다칠 수 있고 벼슬을 깎으며 財物이 없어 파란이 많은 이름이 된다.

⑦ 의 산지박괘(山地剝卦)에서는 命이 길고 벼슬을 하며 財物이 있다. 父母와 子孫도 안강(安康)하여 平吉한 이름이 된다.

⑧ 의 지천태괘(地天泰卦)에서는 命이 길고 財物이 많으며 벼슬을 한다. 子孫과 兄弟도 성공하여 행복한 이름이 된다.

丁亥日生
① 의 천택이괘(天澤履卦)에서는 世申이 劫殺이니 事故가 나고 短命하며 財物로 파란이 있다. 父母와 子孫을 害친다. 위와 심장이 약해지고 肺와 신경이 쇠약해지는 흉명(凶名)이 된다.

② 의 택화혁괘(澤火革卦)에서는 命이 길고 父母 兄弟는 성공한다. 그러나 財物이 없어 波乱이 있다.

③의 화뢰서합괘(火雷噬嗑卦)에서는 世未空亡이니 事故가 나고 短命한다. 財物을 傷하여 파란이 있고 눈이 나빠지고 비장이 약해진다.

④의 뇌풍항괘(雷風恒卦)에서는 命이 길고 벼슬이 높으며 재물이 많다. 父母와 子孫도 성공하여 행복해지는 길명(吉名)이 된다.

⑤의 풍수환괘(風水渙卦)에서는 兄弟와 子孫을 해치고 財物과 벼슬이 없어 파란이 많다. 몸도 가끔 다칠 수 있는 좋지못한 이름이 된다.

⑥의 수산건괘(水山蹇卦)에서는 世申이 劫殺이니 事故가 나고 短命한다. 財物이 없고 벼슬을 깎아 파란이 많으며 兄弟도 해친다. 위와 귀가 나빠지고 양기를 죽이며 허리도 다치는 凶名이 된다.

⑦의 산지박괘(山地剝卦)에서는 命이 길고 財物과 벼슬은 조금씩 있다. 父母와 子孫도 安康하여 平吉한 이름이 된다.

⑧의 지천태괘(地天泰卦)에서는 命이 길고 벼슬이 높으며 財物이 많다. 兄弟도 성공하여 행복한 吉名이 된다.

戊子日生

①의 천택이괘(天澤履卦)에서는 財物이 부족하여 파란이 있고 아버지를 해치는 이름이 된다.

②의 택화혁괘(澤火革卦)에서는 財物이 없어 파란이 있는 좋지못한 이름이 된다.

③의 화뢰서합괘(火雷噬嗑卦)에서는 世未가 空亡이니 事故가 나서 몸을 크게 다치며 子孫도 해친다. 눈과 비장이 나빠지고 財物도 상하여 파란이 있는 이름이 된다.

④의 뇌풍항괘(雷風恒卦)에서는 命이 길고 벼슬을 하며 財物이 많아 平吉한 이름이 된다.

⑤의 풍수환괘(風水渙卦)에서는 世巳가 劫殺이니 事故가 나서 몸을 크게 다친다. 兄弟를 해치며 財物과 벼슬이 없어 파란이 많은 凶名이다.

⑥의 수산건괘(水山蹇卦)에서는 財物이 없고 벼슬을 깎아 파란이 많은 이름이 된다.

⑦의 산지박괘(山地剝卦)에서는 命이 길고 財物이 있으며 벼슬도 조금 한다. 子孫과 父母도 안강(安康)하여 平吉한 이름이 된다.

⑧의 지천태괘(地天泰卦)에서는 命이 길고 財物이 많으며 벼슬을 한다. 子孫과 兄弟도 안강(安康)하여 幸福한 이름이 된다.

己丑日生

①의 천택이괘(天澤履卦)에서는 命이 길고 벼슬이 있으며 父母 兄弟 子孫이 모두 안강(安康)하다. 그러나 財物이 부족하다.

②의 택화혁괘(澤火革卦)에서는 命이 길고 父母 兄弟 子孫이 모두 안강(安康)하다. 그러나 財物이 없어 파란이 있는 이름이 된다.

③의 화뢰서합괘(火雷噬嗑卦)에서는 世未가 空亡이니 事故가 나서 몸을 크게 다친다. 兄弟를 害치고 財物을 조금 傷한다. 눈과 비장이 나빠지는 凶名이 된다.

④의 뇌풍항괘(雷風恒卦)에서는 命이 길고 벼슬이 높으며 재물이 많다. 子孫과 父母도 성공하고 安康하여 행복한 길명(吉名)이 된다.

⑤의 풍수환괘(風水渙卦)에서는 命은 길다. 그러나 財物과 벼슬이 없어 파란이 많다. 아버지와 男兄弟 여아(女兒)를 해친다.

⑥의 수산건괘(水山蹇卦)에서는 命이 길고 父母 兄弟 子孫이 모두 안강(安康)하다. 그러나 財物이 없고 벼슬을 깎아 파란(波乱)이 많은 이름이 된다.

⑦의 산지박괘(山地剝卦)에서는 命이 길고 벼슬을 하며 財物이 있다. 子孫과 父母도 안강(安康)하여 무난(無難)한 이름이 된다.

⑧의 지천태괘(地天泰卦)에서는 命이 길고 財物이 많으며 벼슬을 한다. 子孫과 兄弟도 安康하여 幸福한 이름이 된다.

庚寅日生

①의 천택이괘(天澤履卦)에서는 命이 길고 벼슬을 하며 兄弟와 子孫은 성공한다. 그러나 財物이 不足하고 아버지를 해치는 이름이 된다.

②의 택화혁괘(澤火革卦)에서는 世亥가 劫殺이니 事故가 나고 短

命한다. 父母 兄弟를 해치고 財物이 없어 파란이 많다. 이가 나빠지고 胃와 삼초(三焦)가 약해지며 허리도 다치는 흉명(凶名)이 된다.

③의 화뢰서합괘(火雷噬嗑卦)에서는 世未가 空亡이니 事故가 나서 몸을 크게 다친다. 벼슬을 깎고 財物을 傷하여 파란이 있는 이름이 된다.

④의 뇌풍항괘(雷風恒卦)에서는 世酉가 양인(羊刃)이니 사고가 나서 몸을 크게 다치고 短命한다. 父母를 해치고 벼슬을 깎아 파란이 많은 凶名이다.

⑤의 풍수환괘(風水渙卦)에서는 財物과 벼슬이 없어 파란이 많다. 男兄弟와 여아(女兒)를 해친다.

⑥의 수산건괘(水山蹇卦)에서는 벼슬을 깎고 財物이 없어 파란이 많은 이름이 된다.

⑦의 산지박괘(山地剝卦)에서는 命이 길고 財物이 있으며 벼슬을 한다. 父母와 子孫도 안강(安康)하여 무난(無難)한 이름이 된다.

⑧의 지천태괘(地天泰卦)에서는 命은 보통이고 벼슬을 하고 財物이 있다. 그러나 子孫을 해치고 몸을 가끔 다치는 이름이 된다.

辛卯日生

①의 천택이괘(天澤履卦)에서는 世申이 劫殺이니 事故가 나고 短命한다. 父母와 子孫을 해치며 財物이 없어 波乱이 많은 凶名이 된다.

②의 택화혁괘(澤火革卦)에서는 財物이 없어 파란이 많은 이름이 된다.

③의 화뢰서합괘(火雷噬嗑卦)에서는 世未가 空亡이니 事故가 나고 短命한다. 財物을 傷하고 눈과 비장이 나빠지는 凶名이 된다.

④의 뇌풍항괘(雷風恒卦)에서는 命이 길고 벼슬이 높으며 재물이 있다. 子孫과 父母는 성공하고 안강(安康)하여 행복한 吉名이 된다.

⑤의 풍수환괘(風水渙卦)에서는 命이 길고 父母는 安康하다. 그러나 男兄弟와 여아(女兒)를 해친다. 財物과 벼슬이 없어 파란이 많은 이름이 된다.

⑥의 수산건괘(水山蹇卦)에서는 世申이 劫殺이니 事故가 나고 短命한다. 兄弟를 해치고 벼슬을 깎고 財物이 없어 波乱이 많다. 위와 귀가 나빠지고 陽氣를 죽이며 허리도 다치는 凶名이다.

⑦의 산지박괘(山地剝卦)에서는 命이 길고 財物이 있으며 벼슬을 하여 무난(無難)한 이름이 된다.

⑧의 지천태괘(地天泰卦)에서는 命이 길고 벼슬이 높으며 재물이 많다. 子孫은 성공하고 兄弟도 安康하여 행복한 이름이 된다.

壬辰日生

①의 천택이괘(天澤履卦)에서는 命이 길고 벼슬을 하며 子孫과 兄弟도 성공한다. 그러나 父母를 해치고 財物로 한때 파란이 있다.

②의 택화혁괘(澤火革卦)에서는 命이 길고 벼슬을 하며 父母 兄弟 子孫이 성공한다. 그러나 財物이 좀 부족한 이름이 된다.

③의 화뢰서합괘(火雷噬嗑卦)에서는 世未가 空亡이니 事故가 나고 短命한다. 子孫과 兄弟를 해치고 눈이 나빠지며 波乱이 있다.

④의 뇌풍항괘(雷風恒卦)에서는 命이 길고 벼슬을 하며 財物이 많다. 비교적 건강하면서 성공하는 이름이 된다.

⑤의 풍수환괘(風水渙卦)에서는 世巳가 劫殺이 되니 短命한다. 財物과 벼슬도 없어 波乱이 많은 이름이 된다.

⑥의 수산건괘(水山蹇卦)에서는 命이 길고 父母 兄弟德도 있다. 그러나 子孫을 해치고 財物로 파란이 많은 이름이 된다.

⑦의 산지박괘(山地剝卦)에서는 世인 子가 양인(羊刃)이 되니 短命하고 파란이 많다. 子孫과 어머니를 害친다. 신장(腎臟)·소장(小腸)·비장(脾臟)이 약해지고 벼슬도 깎는다.

⑧의 지천태괘(地天泰卦)에서는 命이 길고 財物이 많으며 벼슬도 한다. 子孫과 兄弟도 성공하여 幸福한 생활을 하게 된다.

癸巳日生

①의 천택이괘(天澤履卦)에서는 命이 길고 벼슬을 한다. 父母 兄

弟 子孫도 성공한다. 그러나 財物로 한때 波乱이 있다.

　②의 택화혁괘(澤火革卦)에서는 世亥에 馬가 붙으니 몸을 다칠 수 있다. 삼초(三焦)가 약해지고 이가 나빠질 수 있으며 파란이 많은 이름이 된다.

　③의 화뢰서합괘(火雷噬嗑卦)에서는 世未가 空亡이니 短命하다. 財物이 상하고 兄弟를 害친다. 눈이 나빠지고 波乱이 있는 이름이 된다.

　④의 뇌풍항괘(雷風恒卦)에서는 命이 길고 벼슬을 하며 財物이 있어 건강하고 행복하게 보낼 수 있는 이름이다. 그러나 子孫의 건강을 염려(念慮)해야 된다.

　⑤의 풍수환괘(風水渙卦)에서는 命은 보통이나 父母 兄弟 子孫을 害친다. 심장(心臟)・비장(脾臟)・담(膽)이 나빠지고 파란이 많은 이름이 된다.

　⑥의 수산건괘(水山蹇卦)에서는 命이 길고 父母 兄弟 子孫德도 있다. 그러나 벼슬을 깎고 財物로 파란이 많은 이름이 된다.

　⑦의 산지박괘(山地剝卦)에서는 命이 길고 벼슬을 하며 財物도 있다. 子孫도 성공하고 아버지도 성공하는 이름이 된다.

　⑧의 지천태괘(地天泰卦)에서는 命이 길고 돈이 많으며 벼슬을 한다. 子孫과 兄弟도 성공하는 좋은 이름이 된다.

甲午日生

　①의 천택이괘(天澤履卦)에서는 世申에 馬가 붙으니 몸을 다칠 수 있다. 벼슬을 깎고 어머니를 해치며 財物로 파란이 있는 이름이 된다.

　②의 택화혁괘(澤火革卦)에서는 世亥가 劫殺이 되니 事故가 나고 短命한다. 兄弟와 子孫을 害친다. 삼초(三焦)와 胃와 허리도 약해지며 이가 나빠지게 된다.

　③의 화뢰서합괘(火雷噬嗑卦)에서는 命이 길고 財物이 많으며 벼슬을 한다. 父母 兄弟德도 있다. 그러나 子孫을 조금 害친다.

　④의 뇌풍항괘(雷風恒卦)에서는 命이 길고 벼슬을 하며 財物도 많

아 건강하고 행복하게 살아가는 이름이 된다.

⑤의 풍수환괘(風水渙卦)에서는 世巳가 空亡이니 事故가 나며 短命한다. 子孫과 兄弟를 害치며 財物로 파란이 많은 이름이 된다.

⑥의 수산건괘(水山蹇卦)에서는 世申에 馬가 붙으니 몸을 다친다. 父母를 害치고 財物로 파란이 많은 이름이 된다.

⑦의 산지박괘(山地剝卦)에서는 命이 길고 財物이 있으며 자손과 父母德도 있다. 그러나 벼슬을 깎는 이름이 된다.

⑧의 지천태괘(地天泰卦)에서는 世辰이 空亡이니 事故가 나며 短命한다. 파란이 많아 좋지않은 이름이 된다.

乙未日生

①의 천택이괘(天澤履卦)에서는 벼슬을 하고 父母 兄弟도 안강(安康)하다. 그러나 財物이 없고 子孫을 害치며 몸을 다칠 수 있는 이름이 된다.

②의 택화혁괘(澤火革卦)에서는 命은 보통이고 벼슬을 하고 자손은 성공한다. 父母 兄弟도 안강(安康)하다. 그러나 財物이 없는 이름이 된다.

③의 화뢰서합괘(火雷噬嗑卦)에서는 命이 길고 財物이 있으며 벼슬을 한다. 父母는 성공장수(成功長壽)하고 兄弟는 건장(健壯)하다. 그러나 子孫을 害친다.

④의 뇌풍항괘(雷風恒卦)에서는 命이 길고 벼슬을 하며 財物이 있다. 父母와 子孫은 安康하며 本人도 건강(健康)하고 人德이 있는 좋은 이름이 된다.

⑤의 풍수환괘(風水渙卦)에서는 世巳가 空亡이 되니 事故가 나고 短命한다. 小腸이 나빠지고 가슴이 답답하며 子孫과 兄弟를 害치는 좋지못한 이름이 된다.

⑥의 수산건괘(水山蹇卦)에서는 괘(卦) 이름이 다리를 저는 형상(形象)이다. 나쁜 卦에 世申이 劫殺이 되니 몸을 다치고 사고가 나며 短命한다. 財物이 없고 父母 兄弟도 害친다.

⑦의 산지박괘(山地剝卦)에서는 命이 길고 財物이 많으며 자손과 父母도 성공하고 건강한 이름이다. 그러나 벼슬을 깎는다.

⑧의 지천태괘(地天泰卦)에서는 世辰이 空亡이 되니 事故가 나고 短命한다. 허리를 다치고 신경(神經)이 쇠약(衰弱)해진다. 兄弟를 해친다.

丙申日生

①의 천택이괘(天澤履卦)에서는 命이 길고 벼슬을 하며 子孫과 兄弟는 안강(安康)하다. 그러나 財物이 없어 고생하고 부모를 해친다.

②의 택화혁괘(澤火革卦)에서는 命이 길고 벼슬을 하며 父母 兄弟 子孫은 안태(安泰)하다. 그러나 財物로 波乱이 있는 이름이 된다.

③의 화뢰서합괘(火雷噬嗑卦)에서는 命이 길고 벼슬이 높으며 財物이 많다. 父母 兄弟는 안강(安康)하다. 그러나 子孫을 해친다.

④의 뇌풍항괘(雷風恒卦)에서는 命이 길고 벼슬이 높으며 재물이 있다. 人德도 있어 좋은 이름이 된다.

⑤의 풍수환괘(風水渙卦)에서는 世巳가 空亡이니 事故가 나고 短命한다. 벼슬이 없어 직업이 불안하다. 財物도 없으며 兄弟와 子孫을 해친다. 肺와 소장(小腸)이 나빠진다.

⑥의 수산건괘(水山蹇卦)에서는 命이 길고 父母 兄弟 子孫은 안강(安康)하다. 그러나 벼슬을 깎아 직업이 불안하고 財物이 없어 파란이 많다.

⑦의 산지박괘(山地剝卦)에서는 命이 길고 財物이 있으며 부모와 子孫은 安康하다. 그러나 벼슬을 해쳐 직업이 불안하다.

⑧의 지천태괘(地天泰卦)에서는 世辰이 空亡이 되니 事故가 나고 短命한다. 허리를 다치고 神經이 약해지며 兄弟를 害친다.

丁酉日生

①의 천택이괘(天澤履卦)에서는 命이 길고 벼슬을 하며 父母 兄弟 子孫은 안강(安康)하다. 그러나 財物이 없어 고생하는 이름이 된다.

②의 택화혁괘(澤火革卦)에서는 命이 길고 父母 兄弟 子孫이 모두 성공하고 벼슬도 한다. 그러나 財物이 빠져 고생한다.

③의 화뢰서합괘(火雷噬嗑卦)에서는 命이 길고 벼슬이 높으며 財物이 있다. 父母 兄弟는 안태(安泰)하나 子孫을 害치고 몸을 다치는 사람도 있다.

④의 뇌풍항괘(雷風恒卦)에서는 命이 길고 벼슬이 높으며 부모와 자손이 성공안강(成功安康)하다. 人德이 있으며 재물이 있는 등 행복한 이름이 된다.

⑤의 풍수환괘(風水渙卦)에서는 世巳가 空亡이 되니 事故가 나고 短命한다. 벼슬과 財物이 없어 고생과 파란이 많다. 女兄弟와 아버지를 害치는 나쁜 이름이 된다.

⑥의 수산건괘(水山蹇卦)에서는 命이 길고 벼슬을 하며 父母 兄弟 子孫도 安康하다. 그러나 財物이 없어 고생이 많다.

⑦의 산지박괘(山地剝卦)에서는 命이 길고 財物이 있으며 자손과 父母도 안강(安康)하다. 그러나 벼슬을 깎고 처궁(妻宮)이 불안하다.

⑧의 지천태괘(地天泰卦)에서는 財物이 많으며 子孫은 성공한다. 그러나 세진(世辰)이 空亡이 되니 事故가 나고 短命한다. 兄弟를 해치고 허리를 다치며 신경이 쇠약해진다.

戊戌日生

①의 천택이괘(天澤履卦)에서는 벼슬을 하나 父母를 害친다. 子孫을 傷하고 몸을 다칠 수 있다.

②의 택화혁괘(澤火革卦)에서는 벼슬이 크고 父母와 子孫은 안강(安康)하다. 그러나 兄弟를 害치고 世亥가 劫殺이 되므로 事故가 나고 短命한다. 이가 나빠지고 삼초(三焦)가 약해진다.

③의 화뢰서합괘(火雷噬嗑卦)에서는 命이 길고 財物이 많으며 父母 兄弟 子孫이 安康하다.

④의 뇌풍항괘(雷風恒卦)에서는 命이 길고 벼슬을 하며 財物이 많고 人德도 있다. 그러나 子孫을 조금 다치게 한다.

⑤의 풍수환괘(風水渙卦)에서는 子孫은 성공한다. 그러나 世巳가 空亡이 되니 사고가 나고 短命한다. 兄弟를 해치며 小腸과 肺가 나빠진다.

⑥의 수산건괘(水山蹇卦)에서는 財物이 없고 벼슬을 깎아 직업이 불안하다. 父母 兄弟도 해치고 몸을 다칠 수 있는 나쁜 이름이다.

⑦의 산지박괘(山地剝卦)에서는 命이 길고 財物이 있으며 벼슬을 한다. 父母와 子孫도 安康하여 人德이 있는 이름이 된다.

⑧의 지천태괘(地天泰卦)에서는 世辰이 空亡이 되니 事故가 나서 短命한다. 兄弟를 해치고 허리를 다치며 神經이 쇠약해진다.

己亥日生

①의 천택이괘(天澤履卦)에서는 世申이 劫殺이니 事故가 나고 短命한다. 자손을 해치고 어머니도 상한다. 위와 肺가 나빠지고 신경이 약해진다.

②의 택화혁괘(澤火革卦)에서는 命이 길고 벼슬을 하며 父母 兄弟 子孫이 모두 안강(安康)하다. 그러나 財物이 없고 人德이 없다.

③의 화뢰서합괘(火雷噬嗑卦)에서는 財物이 있고 벼슬을 하며 父母는 성공장수(成功長壽)하고 兄弟는 안강(安康)하다. 그러나 자손이 나가고 몸을 조금 다칠 염려가 있다.

④의 뇌풍항괘(雷風恒卦)에서는 命이 길고 벼슬을 하며 재물이 있다. 子孫은 성공하고 父母는 안강(安康)하고 人德도 있는 健康하고 행복한 이름이 된다.

⑤의 풍수환괘(風水渙卦)에서는 世巳가 空亡이니 事故가 나고 短命한다. 肺와 小腸이 나빠지고 兄弟도 해치는 나쁜 이름이 된다.

⑥의 수산건괘(水山蹇卦)에서는 世申이 劫殺이 되니 事故가 나고 短命한다. 財物이 없어 파란이 많다. 兄弟를 해치며 胃가 나빠지고 양기(陽氣)를 죽이는 나쁜 이름이 된다.

⑦의 산지박괘(山地剝卦)에서는 命이 길고 財物이 있으며 자손과 父母는 성공하고 장수(長壽)한다. 그러나 벼슬을 깎아 직업이 불안

하다.

⑧의 지천태괘(地天泰卦)에서는 財物이 있고 벼슬을 한다. 그러나 世辰이 空亡이 되니 事故가 나고 短命할 염려가 있다.

庚子日生

①의 천택이괘(天澤履卦)에서는 命이 길고 벼슬을 하며 人德이 있다. 子孫과 兄弟가 성공하고 父親은 安康하다. 그러나 어머니를 害칠 수 있다.

②의 택화혁괘(澤火革卦)에서는 命은 보통이고 벼슬이 높으며 子孫과 兄弟는 安康하다. 그러나 父母를 해치고 財物이 없는 이름이다.

③의 화뢰서합괘(火雷噬嗑卦)에서는 命이 길고 財物이 많으며 父母兄弟는 안강(安康)하다. 직업은 의사·군인·경찰이 좋다. 자손은 害친다.

④의 뇌풍항괘(雷風恒卦)에서는 財物이 많으며 벼슬이 높고 父母와 子孫은 安康하다. 그러나 몸을 다칠 염려가 있다.

⑤의 풍수환괘(風水渙卦)에서는 世巳가 空亡이고 劫殺이 되니 事故가 나고 短命한다. 財物이 없고 職業도 불안하다. 肺와 小腸이 나빠지며 兄弟와 子孫도 害친다.

⑥의 수산건괘(水山蹇卦)에서는 命이 길고 벼슬은 조금 한다. 그러나 財物이 없어 파란이 많은 이름이다.

⑦의 산지박괘(山地剝卦)에서는 命이 길고 財物이 있으며 부모와 자손은 건강장수(健康長壽)하고 성공한다. 그러나 벼슬을 깎고 처궁(妻宮)이 불안하다.

⑧의 지천태괘(地天泰卦)에서는 世辰이 空亡이 되니 事故가 나고 短命한다. 子孫을 해치고 허리도 다치며 신경이 약해진다.

辛丑日生

①의 천택이괘(天澤履卦)에서는 命이 길고 벼슬을 하며 父母 兄弟 子孫이 平吉하다. 그러나 財物로 파란이 있다.

②의 택화혁괘(澤火革卦)에서는 몸을 다칠 수 있고 財物이 없으며 兄弟도 害친다.

③의 화뢰서합괘(火雷噬嗑卦)에서는 命이 길고 벼슬이 높으며 財物이 많다. 父母 兄弟 子孫이 모두 무난(無難)한 이름이 된다.

④의 뇌풍항괘(雷風恒卦)에서는 命이 길고 벼슬이 높으며 재물이 많다. 子孫은 성공하고 妻德과 人德이 있는 좋은 이름이 된다.

⑤의 풍수환괘(風水渙卦)에서는 世巳가 空亡이니 事故가 나고 短命한다. 肺와 小腸이 약해진다. 벼슬과 재물이 없고 파란이 많다. 兄弟와 子孫도 害친다.

⑥의 수산건괘(水山蹇卦)에서는 命은 보통이나 財物이 없어 파란이 많은 이름이 된다.

⑦의 산지박괘(山地剝卦)에서는 命이 길고 財物이 있으며 자손과 父母도 안강(安康)하다. 그러나 벼슬을 깎는다.

⑧의 지천태괘(地天泰卦)에서는 世辰이 空亡이 되니 事故가 나고 短命한다. 벼슬을 깎고 兄弟를 해치며 허리를 다친다.

壬寅日生

①의 천택이괘(天澤履卦)에서는 命이 보통이고 벼슬을 한다. 그러나 財物이 부족하고 어머니를 해치는 이름이 된다.

②의 택화혁괘(澤火革卦)에서는 世亥가 劫殺이 되니 事故가 나고 短命한다. 財物이 없고 兄弟를 해친다. 이가 나빠지고 胃가 약해지며 허리도 다치는 흉명(凶名)이 된다.

③의 화뢰서합괘(火雷噬嗑卦)에서는 命이 길고 財物이 있으며 벼슬을 한다. 그러나 父母와 子孫을 해친다.

④의 뇌풍항괘(雷風恒卦)에서는 命이 길고 벼슬을 하며 財物이 있고 건강하며 오복(五福)을 갖춘 길명(吉名)이 된다.

⑤의 풍수환괘(風水渙卦)에서는 世巳가 空亡이니 事故가 나고 短命한다. 財物과 벼슬이 없고 아들과 女兄弟를 害친다. 소장과 폐가 약해지는 흉명(凶名)이 된다.

⑥의 수산건괘(水山蹇卦)에서는 命은 보통이고 벼슬은 조금 있다. 그러나 財物이 없고 父母를 해쳐 파란이 많은 이름이 된다.

⑦의 산지박괘(山地剝卦)에서는 世子가 양인(羊刃)이니 사고가 나서 몸을 크게 다쳐 수술을 하고 短命한다. 벼슬을 깎고 子孫을 해치며 양기를 죽이는 흉명(凶名)이 된다.

⑧의 지천태괘(地天泰卦)에서는 世辰이 空亡이니 事故가 나고 단명하며 허리도 다친다.

癸卯日生

①의 천택이괘(天澤履卦)에서는 世申이 劫殺이니 事故가 나고 短命한다. 財物이 없고 어머니를 해쳐 파란이 많은 凶名이 된다.

②의 택화혁괘(澤火革卦)에서는 命은 보통이고 벼슬을 하며 子孫은 성공한다. 父母 兄弟는 안강(安康)하다. 그러나 財物이 부족하다.

③의 화뢰서합괘(火雷噬嗑卦)에서는 命이 길고 財物이 있으며 벼슬을 한다. 父母 兄弟 子孫이 성공안강(成功安康)하여 平吉한 이름이 된다.

④의 뇌풍항괘(雷風恒卦)에서는 命이 길고 벼슬을 하며 財物이 있다. 父母와 子孫도 안강(安康)하여 平吉한 이름이 된다.

⑤의 풍수환괘(風水渙卦)에서는 世巳가 空亡이니 事故가 나고 短命한다. 財物과 벼슬이 없고 아들과 女兄弟를 해친다. 小腸과 肺가 약해지고 파란이 많은 凶名이 된다.

⑥의 수산건괘(水山蹇卦)에서는 世申이 劫殺이니 事故가 나고 短命한다. 財物이 없고 兄弟를 해친다. 위가 약해지고 허리를 다치며 陽氣를 죽이고 파란이 많은 흉명(凶名)이 된다.

⑦의 산지박괘(山地剝卦)에서는 命이 길고 財物이 있으며 자손은 성공하고 父母는 안강(安康)하다. 그러나 벼슬을 깎는다.

⑧의 지천태괘(地天泰卦)에서는 世辰이 空亡이니 事故가 나고 短命한다. 허리도 다치는 이름이 된다.

甲辰日生

① 의 천택이괘(天澤履卦)에서는 命이 길고 子孫과 兄弟와 아버지도 성공한다. 그러나 벼슬을 깎고 어머니를 해치며 재물로 한때 파란이 있다.

② 의 택화혁괘(澤火革卦)에서는 命은 보통이고 벼슬을 하며 父母 德도 있다. 그러나 子孫을 害치고 財物로 파란이 있는 이름이 된다.

③ 의 화뢰서합괘(火雷噬嗑卦)에서는 命이 길고 財物이 많으며 벼슬도 한다. 그러나 子孫과 兄弟를 해친다.

④ 의 뇌풍항괘(雷風恒卦)에서는 命이 길고 벼슬도 하며 재물이 많다. 父母와 子孫도 성공하며 건강하고 행복한 生을 마치는 이름이 된다.

⑤ 의 풍수환괘(風水渙卦)에서는 世巳가 劫殺이니 事故가 나고 短命한다. 父母와 兄弟도 害친다. 간(肝)·소장(小腸)·폐(肺)가 약해진다.

⑥ 의 수산건괘(水山蹇卦)에서는 命이 길고 벼슬을 하며 父母 兄弟 子孫은 성공한다. 그러나 財物로 파란이 있는 이름이 된다.

⑦ 의 산지박괘(山地剝卦)에서는 命이 길고 父母와 子孫은 성공한다. 그러나 벼슬을 깎고 財物에 실패수(失敗數)가 들어 파란이 있는 이름이 된다.

⑧ 의 지천태괘(地天泰卦)에서는 命이 길고 財物이 많으며 자손과 형제도 성공한다. 그러나 벼슬을 깎는 이름이 된다.

乙巳日生

① 의 천택이괘(天澤履卦)에서는 命이 길고 벼슬을 한다. 무관(武官)이나 법관(法官)이 좋다. 子孫은 성공하고 父母 兄弟도 안강(安康)하다. 그러나 財物이 부족하다.

② 의 택화혁괘(澤火革卦)에서는 命은 보통이고 벼슬을 한다. 그러나 財物이 부족하고 父母 兄弟 子孫은 무난(無難)하다.

③ 의 화뢰서합괘(火雷噬嗑卦)에서는 命이 길고 財物이 많으며 벼

슬을 한다. 父母와 子孫도 성공하고 건강하여 행복한 이름이 된다.
　④의 뇌풍항괘(雷風恒卦)에서는 命이 길고 벼슬은 높으며 재물이 있다. 처덕(妻德)과 人德도 있으며 건강하고 행복한 이름이 된다.
　⑤의 풍수환괘(風水渙卦)에서는 命이 길고 子孫과 兄弟는 안강(安康)하다. 그러나 財物과 벼슬이 없어 파란이 있고 父母를 해친다.
　⑥의 수산건괘(水山蹇卦)에서는 命이 길고 벼슬을 하며 兄弟와 子孫은 성공하고 父母는 안강(安康)하다. 그러나 財物로 파란이 많다.
　⑦의 산지박괘(山地剝卦)에서는 命이 길고 벼슬을 하며 財物도 있으나 손실(損失)이 많다. 子孫은 성공하고 父母도 健康長壽한다.
　⑧의 지천태괘(地天泰卦)에서는 財物이 있고 子孫과 兄弟는 안강(安康)하다. 그러나 벼슬을 깎고 몸을 다칠 수 있다.

丙午日生

　①의 천택이괘(天澤履卦)에서는 벼슬은 조금 있으나 높지 못하고 財物이 없다. 아버지와 자손을 害치며 몸을 다칠 수 있다.
　②의 택화혁괘(澤火革卦)에서는 世亥에 劫殺이 되니 事故가 나고 短命한다. 財物이 없고 兄弟와 子孫을 해친다. 이가 나빠지고 三焦와 胃가 약해진다.
　③의 화뢰서합괘(火雷噬嗑卦)에서는 命이 길고 벼슬이 높으며 財物이 많다. 子孫도 성공하는 좋은 이름이 된다.
　④의 뇌풍항괘(雷風恒卦)에서는 命이 길고 벼슬을 하며 財物이 있다. 처덕(妻德) 인덕(人德)이 있다. 本人은 성공하나 父母와 子孫을 害친다.
　⑤의 풍수환괘(風水渙卦)에서는 命이 길고 女兄弟는 성공한다. 그러나 男兄弟와 父母를 害치고 財物과 벼슬이 없는 이름이다.
　⑥의 수산건괘(水山蹇卦)에서는 財物이 없고 벼슬을 깎으며 몸을 다친다. 兄弟도 해쳐 파란이 많은 이름이 된다.
　⑦의 산지박괘(山地剝卦)에서는 命이 길고 벼슬을 하며 子孫과 父母는 안강(安康)하다. 그러나 財物을 傷한다.

⑧의 지천태괘(地天泰卦)에서는 命이 길고 財物이 많으며 자손과 형제도 성공하여 행복한 이름이 된다.

丁未日生

①의 천택이괘(天澤履卦)에서는 父母 兄弟는 안강(安康)하나 財物이 부족하다. 世申이 劫殺이 되니 事故가 나고 短命하며 子孫도 害친다.

②의 택화혁괘(澤火革卦)에서는 命이 길고 벼슬을 하며 父母 兄弟가 성공장수(成功長壽)한다. 그러나 子孫을 害치고 財物이 부족하다.

③의 화뢰서합괘(火雷噬盍卦)에서는 벼슬을 하고 財物이 있으며 父母와 子孫도 안강(安康)하다. 그러나 兄弟를 害치고 몸을 다칠 염려가 있다.

④의 뇌풍항괘(雷風恒卦)에서는 命이 길고 벼슬을 하며 財物이 있다. 妻德·人德이 있다. 父母와 子孫도 성공하여 행복한 이름이 된다.

⑤의 풍수환괘(風水渙卦)에서는 子孫은 성공하나 父母 兄弟를 害친다. 몸을 다치며 財物과 벼슬이 없어 파란이 많은 이름이 된다.

⑥의 수산건괘(水山蹇卦)에서는 世申이 劫殺이니 事故가 나고 短命한다. 위와 귀가 나빠지고 양기(陽氣)도 죽이며 형제도 해쳐 나쁜 이름이다.

⑦의 산지박괘(山地剝卦)에서는 命이 길고 父母와 子孫은 안강(安康)하나 財物과 妻를 害친다. 직업이 불안하다.

⑧의 지천태괘(地天泰卦)에서는 命이 길고 財物은 많으며 자손과 형제가 성공하며 행복하고 건강한 이름이 된다.

戊申日生

①의 천택이괘(天澤履卦)에서는 命이 길고 子孫과 兄弟는 안강(安康)하다. 그러나 父母를 해치고 벼슬을 깎고 財物이 부족한 이름이 된다.

②의 택화혁괘(澤火革卦)에서는 命이 길고 벼슬을 하고 父母 兄弟

는 安康하다. 그러나 子孫을 害치고 財物이 부족한 이름이 된다.

③ 의 화뢰서합괘(火雷噬嗑卦)에서는 命이 길고 財物이 많으며 벼슬도 한다. 父母와 子孫은 안강(安康)하나 兄弟는 해친다.

④ 의 뇌풍항괘(雷風恒卦)에서는 命이 길고 財物이 많으며 벼슬을 한다. 妻德·人德이 있어 본인은 행복하나 子孫과 父母가 不安하다.

⑤ 의 풍수환괘(風水渙卦)에서는 世巳에 劫殺이 붙으니 事故가 나고 短命한다. 父母 兄弟를 해치며 벼슬과 財物이 없는 나쁜 이름이 된다.

⑥ 의 수산건괘(水山蹇卦)에서는 命이 길고 父母 兄弟 子孫은 안강(安康)하다. 그러나 벼슬을 깎아 직업이 불안하고 財物이 없는 이름이 된다.

⑦ 의 산지박괘(山地剝卦)에서는 命이 길고 父母와 子孫은 성공하나 財物이 상하고 벼슬을 깎아 직업이 불안하다.

⑧ 의 지천태괘(地天泰卦)에서는 命이 길고 형제는 성공하다. 財物이 있으며 子孫도 안강(安康)하여 행복한 이름이 된다.

己酉日生

① 의 천택이괘(天澤履卦)에서는 命이 길고 父母와 子孫은 성공장수(成功長壽)하고 兄弟도 安康하다. 그러나 財物이 부족하고 벼슬을 깎아 직업이 불안하다.

② 의 택화혁괘(澤火革卦)에서는 財物이 없고 子孫을 해치며 몸을 다칠 수 있는 좋지않은 이름이 된다.

③ 의 화뢰서합괘(火雷噬嗑卦)에서는 財物이 있고 벼슬을 하며 父母와 子孫은 성공장수(成功長壽)한다. 그러나 兄弟를 해치고 몸을 다칠 염려가 있다.

④ 의 뇌풍항괘(雷風恒卦)에서는 命이 길고 벼슬이 높으며 재물이 많다. 子孫도 성공하며 父母는 안강(安康)하다. 妻德·人德도 있는 건강하고 행복한 이름이 된다.

⑤ 의 풍수환괘(風水渙卦)에서는 命이 길고 父母와 子孫은 안강(安康)하다. 그러나 財物과 벼슬이 없고 父母를 害쳐 파란이 많다.

⑥의 수산건괘(水山蹇卦)에서는 命이 길고 벼슬을 하며 父母 兄弟 子孫이 성공한다. 그러나 財物이 없어 파란이 많은 이름이 된다.

⑦의 산지박괘(山地剝卦)에서는 命이 길고 벼슬을 하며 父母와 子孫도 안강(安康)하다. 그러나 財物을 傷한다.

⑧의 지천태괘(地天泰卦)에서는 命이 길고 財物이 있으며 자손과 兄弟도 안강(安康)하여 비교적 행복하다. 그러나 벼슬을 깎는다.

庚戌日生

①의 천택이괘(天澤履卦)에서는 벼슬을 깎으니 직업이 불안정하다. 子孫을 害치며 몸을 다칠 염려가 있다.

②의 택화혁괘(澤火革卦)에서는 世亥가 劫殺이니 事故가 나고 단명한다. 이가 나빠지고 胃와 삼초(三焦)가 약해지고 허리를 다친다. 兄弟와 子孫을 害친다.

③의 화뢰서합괘(火雷噬嗑卦)에서는 命이 길고 財物이 많으며 父母와 子孫은 安康하다. 그러나 兄弟를 害치고 벼슬을 깎는다.

④의 뇌풍항괘(雷風恒卦)에서는 世酉가 양인(羊刃)이 되니 몸을 다쳐 수술을 해야 한다. 父母를 害치고 허리를 다치며 肺가 나빠진다.

⑤의 풍수환괘(風水渙卦)에서는 命이 길고 子孫은 成功하고 兄弟도 건강하다. 그러나 父母를 해치고 財物과 벼슬이 없어 파란이 있다.

⑥의 수산건괘(水山蹇卦)에서는 벼슬은 조금 하나 재물이 없어 파란이 많다. 몸을 다칠 수 있고 형제도 해칠 수 있다.

⑦의 산지박괘(山地剝卦)에서는 命이 길고 벼슬을 하며 父母와 子孫도 안강(安康)하다. 그러나 財物을 傷한다.

⑧의 지천태괘(地天泰卦)에서는 命이 길고 財物이 많으며 형제는 성공한다. 그러나 벼슬을 깎고 子孫을 해치며 몸을 가끔 다친다.

辛亥日生

①의 천택이괘(天澤履卦)에서는 世申이 劫殺이 되니 事故가 나고 短命한다. 財物이 부족하고 벼슬을 깎으며 子孫도 害친다.

제2편 작 명 407

②의 택화혁괘(澤火革卦)에서는 벼슬을 하고 父母는 성공장수(成功長壽)하고 兄弟는 안강(安康)하다. 그러나 子孫을 害치고 재물이 부족하여 파란이 있다.

③의 화뢰서합괘(火雷噬嗑卦)에서는 命이 길고 財物이 많으며 벼슬이 높다. 父母는 안강(安康)하다. 그러나 子孫이 불안하고 兄弟를 해친다.

④의 뇌풍항괘(雷風恒卦)에서는 命이 길고 벼슬이 높으며 재물이 있다. 子孫이 성공하고 父母는 안강(安康)하고 人德과 妻德이 있다.

⑤의 풍수환괘(風水渙卦)에서는 兄弟는 성공하고 子孫은 안강(安康)하다. 그러나 벼슬과 財物로 파란이 있고 몸을 다칠 염려가 있다.

⑥의 수산건괘(水山蹇卦)에서는 벼슬을 하고 父母와 子孫은 안강(安康)하다. 그러나 世申이 劫殺이니 事故가 나고 短命한다. 胃와 귀가 나빠지고 양기(陽氣)를 죽이며 財物이 없어 파란이 많다.

⑦의 산지박괘(山地剝卦)에서는 命이 길고 父母와 子孫은 안강(安康)하다. 그러나 財物을 깎고 직업이 불안하여 직장을 자주 옮길 수 있다.

⑧의 지천태괘(地天泰卦)에서는 命이 길고 財物이 있으며 자손이 성공하고 형제는 안강(安康)하다. 그러나 몸을 가끔 다칠 수 있고 벼슬을 깎는다.

壬子日生

①의 천택이괘(天澤履卦)에서는 命이 길고 父母 兄弟 子孫이 안강(安康)하다. 그러나 벼슬을 깎아 직업이 불안하고 財物이 부족하다.

②의 택화혁괘(澤火革卦)에서는 世亥에 정록(正祿)이 붙으니 命이 길고 벼슬을 하며 형제가 성공한다. 父母와 子孫도 안강(安康)하다. 그러나 財物이 부족하다.

③의 화뢰서합괘(火雷噬嗑卦)에서는 命이 길고 財物이 많으며 벼슬을 하고 子孫이 성공한다. 그러나 父母 兄弟를 해친다.

④의 뇌풍항괘(雷風恒卦)에서는 命이 길고 벼슬을 하고 재물이 있

다. 父母는 성공장수(成功長壽)한다. 子孫과 妻도 안강(安康)하고 人德이 있다.

⑤의 풍수환괘(風水渙卦)에서는 命이 길고 兄弟와 子孫이 성공한다. 그러나 父母를 해치고 벼슬과 財物로 파란이 있다.

⑥의 수산건괘(水山蹇卦)에서는 命이 길고 벼슬을 하고 父母 兄弟는 안강(安康)하다. 그러나 子孫을 害치고 財物로 파란이 많다.

⑦의 산지박괘(山地剝卦)에서는 벼슬과 財物이 있으나 世子가 양인(羊刃)이 되니 몸을 다쳐 수술을 하고 短命한다. 子孫을 害치고 양기를 죽인다.

⑧의 지천태괘(地天泰卦)에서는 命이 길고 財物이 많으며 형제와 자손이 모두 안강(安康)하여 행복한 이름이 된다.

癸丑日生

①의 천택이괘(天澤履卦)에서는 命이 길고 벼슬을 하며 父母 兄弟 子孫이 모두 安康하다. 그러나 財物이 부족하다.

②의 택화혁괘(澤火革卦)에서는 命이 길고 벼슬을 하며 父母 兄弟 子孫이 모두 건장(健壯)하다. 그러나 財物이 부족하다.

③의 화뢰서합괘(火雷噬盍卦)에서는 命이 길고 財物이 많으며 벼슬을 한다. 父母와 子孫도 성공장수(成功長壽)하고 健康하여 행복한 이름이 된다.

④의 뇌풍항괘(雷風恒卦)에서는 命이 길고 벼슬을 하며 財物이 있고 妻德 人德이 있다. 健康하고 행복한 이름이 된다.

⑤의 풍수환괘(風水渙卦)에서는 命이 길고 兄弟와 子孫은 성공한다. 그러나 父母를 害치고 직업과 財物로 파란이 많다.

⑥의 수산건괘(水山蹇卦)에서는 命은 보통이고 벼슬이 있으며 子孫은 성공한다. 父母 兄弟도 안강(安康)하고 本人도 健康하다. 그러나 財物이 없어 파란이 따른다.

⑦의 산지박괘(山地剝卦)에서는 命이 길고 벼슬을 하며 財物이 있다. 子孫이 성공하고 父母는 안강(安康)하며 人德도 있는 이름이 된다.

⑧ 의 지천태괘(地天泰卦)에서는 命이 길고 財物이 많으며 자손과 형제도 건강하다. 벼슬은 무관(武官)이나 법관(法官), 경찰관이 좋으며 의사도 좋다.

甲寅日生

① 의 천택이괘(天澤履卦)에서는 命이 길고 子孫과 父母 兄弟는 성공한다. 그러나 벼슬을 깎고 財物로 파란이 있다. 肝과 방광(膀胱)이 약해진다.

② 의 택화혁괘(澤火革卦)에서는 世亥가 劫殺이니 事故가 나고 短命한다. 삼초(三焦)와 허리가 약해지고 방광(膀胱)과 肝이 나빠진다.

③ 의 화뢰서합괘(火雷噬嗑卦)에서는 命이 길고 財物이 많으며 벼슬을 한다. 子孫도 성공하는 이름이 된다.

④ 의 뇌풍항괘(雷風恒卦)에서는 命이 길고 벼슬을 하며 財物이 많다. 子孫도 성공하여 행복하고 건강한 이름이 된다.

⑤ 의 풍수환괘(風水渙卦)에서는 命이 길고 子孫과 兄弟도 성공한다. 그러나 財物로 파란이 있고 벼슬이 없는 이름이 된다.

⑥ 의 수산건괘(水山蹇卦)에서는 世申에 馬가 붙으니 몸을 다칠 수 있다. 子孫과 兄弟를 害치며 財物로 파란이 많은 이름이 된다.

⑦ 의 산지박괘(山地剝卦)에서는 世子가 空亡이니 事故가 나고 短命한다. 子孫을 害치고 양기(陽氣)가 부족해지고 신장(腎臟)과 肝이 나빠진다.

⑧ 의 지천태괘(地天泰卦)에서는 命이 길고 벼슬을 하며 子孫도 성공한다. 그러나 財物을 傷하여 한때 波乱이 있다.

乙卯日生

① 의 천택이괘(天澤履卦)에서는 벼슬을 하고 父母 兄弟는 안강(安康)하다. 그러나 世申이 劫殺이 되니 事故가 나고 短命하며 子孫도 해친다.
胃와 肺가 나빠지고 뇌신경이 쇠약해진다.

②의 택화혁괘(澤火革卦)에서는 命은 보통이고 벼슬을 하며 子孫은 成功한다. 父母 兄弟도 안강(安康)하다. 그러나 財物이 부족하다.

③의 화뢰서합괘(火雷噬嗑卦)에서는 命이 길고 財物이 많으며 벼슬을 하고 兄弟는 安康하다. 그러나 父母와 子孫이 불안하다.

④의 뇌풍항괘(雷風恒卦)에서는 命이 길고 벼슬을 하며 財物이 있다. 父母와 子孫도 安康하고 妻德·人德도 있어 건강하고 행복한 이름이 된다.

⑤의 풍수환괘(風水渙卦)에서는 命이 길고 父母는 성공장수(成功長壽)하고 子孫과 兄弟도 안강(安康)하다. 그러나 財物이 부족하고 벼슬이 없어 파란이 있고 몸을 다칠 수도 있다.

⑥의 수산건괘(水山蹇卦)에서는 世申이 劫殺이니 事故가 나고 短命한다. 胃가 나빠지고 양기(陽氣)를 죽이며 귀(耳)도 나빠진다. 兄弟와 子孫을 害친다.

⑦의 산지박괘(山地剝卦)에서는 世子가 空亡이니 事故가 나고 短命한다. 자손을 해치고 신장이 나빠진다.

⑧의 지천태괘(地天泰卦)에서는 命이 길고 벼슬을 하며 재물이 많다. 자손과 兄弟도 안강(安康)하다. 그러나 신왕(身旺)한 사람은 몸을 다칠 염려가 있다.

丙辰日生

①의 천택이괘(天澤履卦)에서는 벼슬을 하고 命이 길고 子孫은 성공한다. 그러나 財物이 부족하고 父母와 女兄弟를 害친다.

②의 택화혁괘(澤火革卦)에서는 命이 길고 벼슬을 하고 父母 兄弟 子孫이 모두 성공하고 장수(長壽)한다. 그러나 財物이 없어 波亂이 있다.

③의 화뢰서합괘(火雷噬嗑卦)에서는 命이 길고 벼슬이 높으며 財物도 있고 子孫은 성공한다. 그러나 父母 兄弟가 不安하다.

④의 뇌풍항괘(雷風恒卦)에서는 命이 길고 벼슬이 높으며 재물이 있다. 처덕(妻德)·인덕(人德)·부모덕(父母德)이 있다. 그러나 子孫

을 해친다.

⑤의 풍수환괘(風水渙卦)에서는 世巳가 劫殺이 되니 事故가 나고 短命한다. 兄弟를 해친다.

⑥의 수산건괘(水山蹇卦)에서는 命이 길고 父母 兄弟는 안강(安康)하다. 그러나 벼슬을 깎고 財物이 없으며 子孫을 害친다.

⑦의 산지박괘(山地剝卦)에서는 벼슬을 하고 財物이 있으며 父母도 安康하다. 그러나 世子가 空亡이니 事故가 나고 短命하며 子孫을 害친다. 신장이 나빠지고 양기를 죽인다.

⑧의 지천태괘(地天泰卦)에서는 命이 길고 財物이 많으며 벼슬을 한다. 子孫과 兄弟가 성공하며 장수(長壽)하는 좋은 이름이 된다.

丁巳日生

①의 천택이괘(天澤履卦)에서는 命이 길고 벼슬을 하며 父母는 성공장수(成功長壽)한다. 子孫과 兄弟는 안강(安康)하다. 그러나 財物이 없어 파란이 있다.

②의 택화혁괘(澤火革卦)에서는 命이 길고 벼슬을 하며 父母 兄弟 子孫이 모두 성공장수(成功長壽)한다. 그러나 財物이 부족하다.

③의 화뢰서합괘(火雷噬嗑卦)에서는 命은 보통이고 벼슬은 높으며 財物이 있다. 자손도 安康하다. 그러나 父母 兄弟를 해친다.

④의 뇌풍항괘(雷風恒卦)에서는 命이 길고 벼슬은 크고 財物이 있다. 妻德·人德이 있고 父母와 子孫은 성공장수(成功長壽)하는 대길한 이름이다.

⑤의 풍수환괘(風水渙卦)에서는 命은 보통이고 兄弟와 子孫은 안강(安康)하다. 그러나 아버지를 해치고 벼슬과 財物이 없어 파란이 있다.

⑥의 수산건괘(水山蹇卦)에서는 命이 길고 벼슬을 하며 父母 兄弟는 안강(安康)하다. 그러나 子孫을 해치고 財物로 파란이 많다.

⑦의 산지박괘(山地剝卦)에서는 世子가 空亡이니 事故가 나고 短命한다. 子孫을 해치고 신장이 나빠지며 양기를 죽인다.

⑧의 지천태괘(地天泰卦)에서는 命이 길고 財物이 많으며 자손과

형제도 성공장수(成功長壽)하는 吉한 이름이다. 그러나 벼슬을 조금 깎는다.

戊午日生
① 의 천택이괘(天澤履卦)에서는 命은 보통이고 벼슬은 작으나 있다. 兄弟와 어머니는 안강(安康)하다. 그러나 아버지를 해치고 자손이 불안하다. 몸을 다칠 수 있고 財物로 波乱이 있다.

② 의 택화혁괘(澤火革卦)에서는 世亥가 劫殺이니 事故가 나고 短命한다. 이가 나빠지고 胃와 삼초(三焦)가 허약해진다. 兄弟를 害친다.

③ 의 화뢰서합괘(火雷噬嗑卦)에서는 命이 길고 財物이 많으며 벼슬을 한다. 子孫은 成功하고 兄弟는 안강(安康)하다. 그러나 父母를 害친다.

④ 의 뇌풍항괘(雷風恒卦)에서는 命이 길고 벼슬을 하며 재물이 있어 本人은 성공한다. 그러나 父母와 子孫을 해친다.

⑤ 의 풍수환괘(風水渙卦)에서는 命이 길고 父母 兄弟 子孫이 모두 안강(安康)하다. 그러나 벼슬과 財物이 없어 파란이 많다.

⑥ 의 수산건괘(水山蹇卦)에서는 몸을 다치고 벼슬을 깎으므로 직업이 불안하다. 재물이 없고 子孫을 해치며 陽氣를 죽인다.

⑦ 의 산지박괘(山地剝卦)에서는 世子가 空亡이니 事故가 나고 短命한다. 陽氣를 죽이고 子孫을 害친다.

⑧ 의 지천태괘(地天泰卦)에서는 命이 길고 財物이 있으며 벼슬을 한다. 兄弟와 子孫도 성공하는 좋은 이름이 된다.

己未日生
① 의 천택이괘(天澤履卦)에서는 世申이 劫殺이니 事故가 나고 短命한다. 子孫을 해치고 뇌신경도 약해지며 재물로 파란이 있다.

② 의 택화혁괘(澤火革卦)에서는 命이 길고 벼슬은 조금 한다. 그러나 財物이 없어 波乱이 있다.

③ 의 화뢰서합괘(火雷噬嗑卦)에서는 命은 보통이고 財物이 있으

며 벼슬을 한다. 그러나 父母와 子孫이 不安하고 몸을 다칠 수 있다.

④ 의 뇌풍항괘(雷風恒卦)에서는 命이 길고 벼슬을 하며 財物이 있다. 子孫은 성공하고 父母도 안강(安康)하여 妻德·人德이 있는 좋은 이름이 된다.

⑤ 의 풍수환괘(風水渙卦)에서는 命은 보통이고 兄弟는 성공하고 父母와 子孫도 안강(安康)하다. 그러나 벼슬과 財物이 없어 파란이 많다.

⑥ 의 수산건괘(水山蹇卦)에서는 世申이 劫殺이니 事故가 나고 短命한다. 위와 귀가 나빠지며 양기를 죽인다. 兄弟를 해치고 財物이 없고 파란이 많다.

⑦ 의 산지박괘(山地剝卦)에서는 世子가 空亡이니 事故가 나고 短命한다. 양기를 죽이고 子孫도 害치는 나쁜 이름이 된다.

⑧ 의 지천태괘(地天泰卦)에서는 命이 길고 벼슬을 하며 財物이 있다. 子孫과 兄弟도 안강(安康)하다.

庚申日生

① 의 천택이괘(天澤履卦)에서는 命이 길고 벼슬을 하며 子孫은 성공한다. 그러나 어머니를 害치고 財物이 없어 波乱이 있다.

② 의 택화혁괘(澤火革卦)에서는 命은 보통이고 벼슬을 한다. 그러나 父母를 해치고 財物이 없어 파란이 많다.

③ 의 화뢰서합괘(火雷噬嗑卦)에서는 命이 길고 財物이 많으며 本人은 건강하다. 그러나 父母와 子孫을 해친다.

④ 의 뇌풍항괘(雷風恒卦)에서는 世酉가 양인(羊刃)이 되니 事故가 나서 手術을 해야 하고 短命하여 쓰지 못한다.

⑤ 의 풍수환괘(風水渙卦)에서는 世巳가 劫殺이 되니 事故가 나서 短命한다. 소장(小腸)과 肺가 나쁘다. 兄弟도 해쳐 나쁜 이름이 된다.

⑥ 의 수산건괘(水山蹇卦)에서는 命이 길고 벼슬은 조금 있다. 그러나 財物이 없어 파란이 많고 子孫을 害치는 좋지못한 이름이 된다.

⑦ 의 산지박괘(山地剝卦)에서는 世子가 空亡이니 事故가 나고 短

命한다. 벼슬을 깎고 子孫을 해친다. 신장이 나빠지고 양기(陽氣)가 부족해진다.
⑧의 지천태괘(地天泰卦)에서는 命이 길고 財物이 있다. 벼슬은 높이 하나 오래 가지 못할 염려(念慮)가 있고 子孫을 해친다.

辛酉日生
①의 천택이괘(天澤履卦)에서는 命이 길고 벼슬을 하고 父母는 성공장수(成功長壽)하고 子孫은 건장(健壯)하다. 그러나 財物이 부족하다.
②의 택화혁괘(澤火革卦)에서는 命을 깎고 재물이 없어 파란이 있는 이름이 된다.
③의 화뢰서합괘(火雷噬嗑卦)에서는 命이 길고 벼슬은 높으며 財物도 많다. 子孫도 안강(安康)하여 平吉한 이름이 된다.
④의 뇌풍항괘(雷風恒卦)에서는 命이 길고 벼슬은 크고 財物이 있다. 子孫도 성공하는 좋은 이름이다.
⑤의 풍수환괘(風水渙卦)에서는 命이 길고 父母 兄弟 子孫은 안강(安康)하다. 그러나 財物과 벼슬이 없어 波乱이 많다.
⑥의 수산건괘(水山蹇卦)에서는 命은 보통이고 벼슬도 조금 한다. 그러나 子孫을 해치고 재물이 없어 파란이 많은 이름이 된다.
⑦의 산지박괘(山地剝卦)에서는 世子가 空亡이니 事故가 나고 短命한다. 子孫을 害치고 신장과 양기도 不足하여 파란이 많다.
⑧의 지천태괘(地天泰卦)에서는 벼슬이 높고 子孫은 성공한다. 그러나 財物이 새고 몸을 가끔 다친다.

壬戌日生
①의 천택이괘(天澤履卦)에서는 命은 보통이고 벼슬을 하며 父母는 성공장수(成功長壽)한다. 그러나 財物로 波乱이 많다.
②의 택화혁괘(澤火革卦)에서는 世亥가 劫殺이니 事故가 나고 短命한다. 財物이 없어 파란이 많다. 이가 나빠지고 삼초(三焦)가 약해

지며 형제를 해친다.

③의 화뢰서합괘(火雷噬嗑卦)에서는 命이 길고 財物이 많으며 벼슬을 하고 子孫과 兄弟도 성공한다. 그러나 父母를 害친다.

④의 뇌풍항괘(雷風恒卦)에서는 命이 길고 財物이 있으며 벼슬을 한다. 처덕(妻德)·인덕(人德)도 있어 幸福한 이름이 된다.

⑤의 풍수환괘(風水渙卦)에서는 命이 길고 父母 兄弟 子孫은 성공한다. 그러나 벼슬과 財物이 없어 波乱이 많다.

⑥의 수산건괘(水山蹇卦)에서는 벼슬은 조금 있다. 그러나 財物이 없고 몸을 다칠 수 있다.

⑦의 산지박괘(山地剝卦)에서는 世子가 空亡이요 양인(羊刃)이니 事故가 나고 수술을 하고 短命한다. 子孫을 害치고 양기를 죽인다.

⑧의 지천태괘(地天泰卦)에서는 命이 길고 벼슬을 하며 財物이 있다. 子孫도 成功하여 좋은 이름이다.

癸亥日生

①의 천택이괘(天澤履卦)에서는 世申이 劫殺이니 事故가 나고 短命한다. 財物이 부족하고 子孫을 해친다. 위와 肺가 약해지고 뇌신경도 약해지며 波乱이 많은 흉명(凶名)이 된다.

②의 택화혁괘(澤火革卦)에서는 命은 보통이고 벼슬은 조금 있다. 父母 兄弟 子孫도 안강(安康)하다. 그러나 財物이 부족하다.

③의 화뢰서합괘(火雷噬嗑卦)에서는 命이 길고 財物이 있으며 벼슬을 한다. 父母 兄弟 子孫도 安康하여 平吉한 이름이 된다.

④의 뇌풍항괘(雷風恒卦)에서는 命이 길고 財物이 있으며 벼슬을 하는 오복(五福)을 갖춘 평길명(平吉名)이 된다.

⑤의 풍수환괘(風水渙卦)에서는 命이 길고 父母 兄弟 子孫이 모두 성공안강(成功安康)하다. 그러나 財物과 벼슬이 없어 波乱이 있다.

⑥의 수산건괘(水山蹇卦)에서는 世申이 劫殺이 되니 事故가 나고 短命한다. 財物이 없고 兄弟와 子孫을 해친다. 위가 약해지고 허리를 다치며 양기도 죽이는 흉명(凶名)이 된다.

⑦의 산지박괘(山地剝卦)에서는 世子가 空亡이니 事故가 나고 短命하며 子孫을 해친다. 陽氣를 죽이고 신장이 약해지며 파란이 많은 흉명(凶名)이 된다.

⑧의 지천태괘(地天泰卦)에서는 命이 길고 벼슬을 하고 財物이 있어 오복(五福)이 모두 갖추어진 幸福한 이름이 된다.

八劃數의 姓氏. 金 林 河 孟 承 表 卓 昔氏
十六劃數의 姓氏. 盧 錦氏 등
① 重天乾(乾爲天)　② 重澤兌(兌爲澤)　③ 重火離(離爲火)
④ 重雷震(震爲雷)　⑤ 重風巽(巽爲風)　⑥ 重水坎(坎爲水)
⑦ 重山艮(艮爲山)　⑧ 重地坤(坤爲地) 등이 있다.

⑧의 중지곤괘(重地坤卦)는 大吉하다. ②의 중택태괘(重澤兌卦) ③의 중화이괘(重火離卦) ⑤의 중풍손괘(重風巽卦)는 中吉하다. ①의 중천건괘(重天乾卦)와 ⑦의 중산간괘(重山艮卦)는 平吉하다. ④의 중뢰진괘(重雷震卦)와 ⑥의 중수감괘(重水坎卦)는 반흉반길(半凶半吉)한 이름이 된다.

甲子日生
①의 중천건괘(重天乾卦)에서는 世戌이 空亡이 되니 事故가 나고 短命한다. 뇌신경(腦神經)과 대장(大腸)이 약해지고 파란이 많은 나쁜 이름이 된다.

②의 중택태괘(重澤兌卦)에서는 命이 길고 父母 兄弟德도 있다. 그러나 벼슬과 財物을 害치고 子孫을 害치는 이름이 된다.

③의 중화이괘(重火離卦)에서는 世巳가 劫殺이 되니 事故가 나고 短命한다. 벼슬을 깎고 父母 兄弟도 해친다. 눈도 나빠지고 小腸과 허리도 약해진다.

④의 중뢰진괘(重雷震卦)에서는 世戌이 空亡이 되니 事故가 나고 短命한다. 財物을 傷하고 뇌(腦)를 다치고 대장(大腸)이 약해진다.

⑤의 중풍손괘(重風巽卦)에서는 世卯가 양인살(羊刃殺)이니 몸을

다치고 短命한다. 父母 兄弟 子孫을 해치고 뇌를 다치며 肝이 나빠진다.
　⑥의 중수감괘(重水坎卦)에서는 벼슬을 깎고 파란이 많은 이름이 된다.
　⑦의 중산간괘(重山艮卦)에서는 財物이 있고 父母 兄弟 子孫이 모두 성공한다. 그러나 世寅에 馬가 붙으니 벼슬을 깎고 몸을 다칠 수 있다.
　⑧의 중지곤괘(重地坤卦)에서는 命이 길고 子孫과 兄弟德도 있으며 무난(無難)한 이름이 된다.

乙丑日生

　①의 중천건괘(重天乾卦)에서는 世戌이 空亡이니 事故가 나고 短命한다. 財物을 傷하고 父母를 害친다. 뇌를 다치고 大腸이 나빠진다.
　②의 중택태괘(重澤兌卦)에서는 命은 보통이고 財物이 있으며 벼슬을 한다. 父母 兄弟德도 있는 무난(無難)한 이름이 된다.
　③의 중화이괘(重火離卦)에서는 命은 보통이고 財物이 있으며 父母 兄弟 子孫德도 있다. 그러나 벼슬을 깎고 삼초(三焦)와 허리가 약해진다.
　④의 중뢰진괘(重雷震卦)에서는 世戌이 空亡이니 事故가 나고 短命한다. 뇌를 다치고 파란이 많은 이름이 된다.
　⑤의 중풍손괘(重風巽卦)에서는 命이 길고 財物이 많으며 벼슬도 한다. 子孫과 兄弟도 성공하는 좋은 이름이 된다.
　⑥의 중수감괘(重水坎卦)에서는 命이 길고 財物도 있다. 그러나 벼슬로 파란이 많은 이름이 된다.
　⑦의 중산간괘(重山艮卦)에서는 世戌이 劫殺이니 事故가 나고 短命한다. 벼슬을 깎고 뇌신경이 약해진다. 담(膽)이 나빠지고 축농증이 생기는 이름이 된다.
　⑧의 중지곤괘(重地坤卦)에서는 命이 길고 벼슬을 한다. 父母 兄弟 子孫이 모두 成功하며 건강하고 인덕도 있어 행복한 生을 누릴 좋은 이름이 된다.

丙寅日生

① 의 중천건괘(重天乾卦)에서는 世戌이 空亡이 되니 事故가 나고 短命한다. 뇌도 다치고 心臟이 약해지고 大腸이 나빠진다.

② 의 중택태괘(重澤兌卦)에서는 命이 길고 財物이 있으며 벼슬을 한다. 父母 兄弟德도 있다. 그러나 子孫을 害친다.

③ 의 중화이괘(重火離卦)에서는 命이 길고 財物이 있으며 父母 兄弟 子孫도 성공한다. 그러나 벼슬을 깎는다.

④ 의 중뢰진괘(重雷震卦)에서는 世戌이 空亡이니 事故가 나고 短命한다. 財物을 傷하고 子孫을 害치며 벼슬도 깎아 파란이 많은 이름이 된다.

⑤ 의 중풍손괘(重風巽卦)에서는 命이 길고 벼슬을 하며 財物이 있다. 子孫과 兄弟도 성공하며 건강하여 행복한 삶을 보내는 이름이다.

⑥ 의 중수감괘(重水坎卦)에서는 命이 길고 벼슬을 하며 父母 兄弟 子孫도 성공한다. 그러나 財物로 파란이 있는 이름이 된다.

⑦ 의 중산간괘(重山艮卦)에서는 命이 길고 재물이 있으며 벼슬도 한다. 그러나 父母 兄弟 子孫을 害치는 이름이 된다.

⑧ 의 중지곤괘(重地坤卦)에서는 命이 길고 벼슬을 하며 父母 兄弟 子孫이 모두 성공하는 좋은 이름이 된다.

丁卯日生

① 의 중천건괘(重天乾卦)에서는 世戌이 空亡이니 事故가 나고 短命한다. 뇌(腦)를 다치며 兄弟도 해치는 등 파란이 많아 좋지않은 이름이 된다.

② 의 중택태괘(重澤兌卦)에서는 世未가 양인(羊刃)이니 몸을 다칠 수 있다. 벼슬을 깎고 子孫을 해치며 이가 나빠지는 이름이 된다.

③ 의 중화이괘(重火離卦)에서는 世巳에 馬가 붙으니 몸을 다칠 수 있다. 벼슬을 깎고 눈이 나빠지며 파란이 있는 이름이 된다.

④ 의 중뢰진괘(重雷震卦)에서는 世戌이 空亡이 되니 短命한다. 財物과 벼슬을 깎고 事故가 나고 파란이 많은 좋지못한 이름이 된다.

⑤의 중풍손괘(重風巽卦)에서는 命이 길고 벼슬을 하며 財物도 있어 건강한 生을 보내게 된다.
⑥의 중수감괘(重水坎卦)에서는 命이 길고 財物과 子孫은 있으나 벼슬을 깎고 父母를 해치며 파란이 있는 이름이 된다.
⑦의 중산간괘(重山艮卦)에서는 命이 길고 벼슬을 하며 財物도 있다. 그러나 子孫을 害치고 허리를 다칠 수 있다.
⑧의 중지곤괘(重地坤卦)에서는 命이 길고 벼슬을 하며 財物도 있다. 子孫과 兄弟도 성공하며 人德도 있는 이름이 된다.

戊辰日生
①의 중천건괘(重天乾卦)에서는 世戌이 空亡이니 事故가 나고 短命한다. 벼슬을 깎아 파란이 많고 父母를 害친다. 뇌를 다치고 신경이 약해지며 대장(大腸)이 나빠지는 흉명(凶名)이 된다.
②의 중택태괘(重澤兌卦)에서는 命이 길고 벼슬을 하며 財物이 있다. 父母 兄弟도 성공한다. 그러나 子孫을 害치는 이름이 된다.
③의 중화이괘(重火離卦)에서는 世巳가 劫殺이니 事故가 나고 短命하며 벼슬을 깎는다. 눈과 小腸이 나빠지고 뇌도 다치는 凶名이 된다.
④의 중뢰진괘(重雷震卦)에서는 世戌이 空亡이니 事故가 나고 短命한다. 財物을 傷하여 파란이 많고 子孫을 해친다. 大腸이 나빠지고 뇌를 다치는 흉명(凶名)이 된다.
⑤의 중풍손괘(重風巽卦)에서는 命이 길고 財物이 많으며 벼슬을 하여 平吉한 이름이 된다.
⑥의 중수감괘(重水坎卦)에서는 命은 보통이나 財物을 傷하고 벼슬을 깎아 파란이 많은 이름이 된다.
⑦의 중산간괘(重山艮卦)에서는 몸을 가끔 다칠 수 있고 父母 兄弟도 해치는 이름이 된다.
⑧의 중지곤괘(重地坤卦)에서는 命이 길고 財物이 있으며 벼슬을 한다. 父母 兄弟 子孫이 모두 成功하여 행복한 이름이 된다.

己巳日生

① 의 중천건괘(重天乾卦)에서는 世戌이 空亡이니 事故가 나고 短命한다. 財物을 傷하고 父母를 해친다. 뇌를 다치고 신경이 약해지며 대장(大腸)이 나빠지는 흉명(凶名)이 된다.

② 의 중택태괘(重澤兌卦)에서는 命이 길고 벼슬을 하며 財物이 있어 오복(五福)이 갖추어진 길명(吉名)이 된다.

③ 의 중화이괘(重火離卦)에서는 命이 길고 財物이 있으며 벼슬을 하며 오복(五福)을 갖춘 吉名이 된다.

④ 의 중뢰진괘(重雷震卦)에서는 世戌이 空亡이니 事故가 나고 短命한다. 財物을 傷하여 波乱이 많으며 兄弟를 해친다. 뇌를 다치고 大腸이 나빠지는 凶名이 된다.

⑤ 의 중풍손괘(重風巽卦)에서는 命이 길고 財物이 있으며 벼슬을 하며 오복(五福)이 갖추어진 길명(吉名)이 된다.

⑥ 의 중수감괘(重水坎卦)에서는 命은 보통이나 벼슬을 깎고 子孫을 해쳐 파란이 있는 이름이 된다.

⑦ 의 중산간괘(重山艮卦)에서는 世寅이 劫殺이 되니 事故가 나고 短命한다. 벼슬을 깎아 職業이 불안하므로 파란이 많다. 뇌를 다치고 신경이 쇠약해지며 코도 나빠지는 흉명(凶名)이 된다.

⑧ 의 중지곤괘(重地坤卦)에서는 命이 길고 벼슬을 하고 財物이 있고 건강하여 오복(五福)을 겸비한 吉名이 된다.

庚午日生

① 의 중천건괘(重天乾卦)에서는 世戌이 空亡이니 事故가 나고 短命한다. 父母를 해치고 뇌를 다치며 大腸이 나빠지는 등 파란이 많은 흉명(凶名)이 된다.

② 의 중택태괘(重澤兌卦)에서는 命이 길고 벼슬을 하고 財物이 있으며 健康하다. 그러나 子孫과 兄弟를 해치는 이름이 된다.

③ 의 중화이괘(重火離卦)에서는 命이 길고 子孫이 성공하며 父母兄弟는 안강(安康)하다. 그러나 財物을 傷하고 벼슬을 깎아 파란이

있다.

④의 중뢰진괘(重雷震卦)에서는 世戌이 空亡이니 事故가 나고 短命한다. 財物을 傷하여 파란이 많다. 뇌를 다치고 대장이 나빠지는 흉명(凶名)이 된다.

⑤의 중풍손괘(重風巽卦)에서는 命이 길고 財物이 많으며 子孫과 兄弟는 안강(安康)하다. 그러나 父母를 해치고 벼슬을 깎는다.

⑥의 중수감괘(重水坎卦)에서는 命은 보통이나 벼슬을 조금 깎아 파란이 있다.

⑦의 중산간괘(重山艮卦)에서는 命은 보통이고 재물이 있으며 벼슬을 한다. 子孫은 성공하고 父母 兄弟도 안강(安康)한 吉名이 된다.

⑧의 중지곤괘(重地坤卦)에서는 世酉가 양인(羊刃)이니 사고가 나서 몸을 크게 다쳐 수술을 한다. 財物을 傷하고 子孫도 해친다. 뇌를 다치고 肺와 삼초(三焦)도 약해지는 흉명(凶名)이 된다.

辛未日生

①의 중천건괘(重天乾卦)에서는 世戌이 空亡이니 事故가 나고 단명한다. 父母 兄弟를 해치고 뇌를 다치고 大腸이 나빠지는 파란이 많은 흉명(凶名)이 된다.

②의 중택태괘(重澤兌卦)에서는 命이 길고 벼슬이 높으며 재물이 있어 오복(五福)을 갖춘 길명(吉名)이 된다.

③의 중화이괘(重火離卦)에서는 命이 길고 財物이 많으며 벼슬을 하여 오복(五福)을 겸비한 길명(吉名)이 된다.

④의 중뢰진괘(重雷震卦)에서는 世戌이 空亡이니 사고가 나고 短命한다. 財物을 傷하고 벼슬을 깎아 파란이 많다. 뇌를 다치고 대장과 위가 나빠지는 흉명(凶名)이 된다.

⑤의 중풍손괘(重風巽卦)에서는 命이 길고 벼슬이 높으며 재물이 많고 건강한 길명(吉名)이 된다.

⑥의 중수감괘(重水坎卦)에서는 命은 보통이고 財物이 있다. 그러나 벼슬을 조금 깎고 父母를 해쳐 波乱이 있는 이름이 된다.

⑦의 중산간괘(重山艮卦)에서는 命은 보통이고 벼슬을 하고 財物이 있다. 그러나 子孫과 형제를 해치는 이름이 된다.

⑧의 중지곤괘(重地坤卦)에서는 命이 길고 벼슬이 높으며 재물이 있다. 子孫이 성공하고 父母 兄弟도 안강(安康)하여 행복한 이름이 된다.

壬申日生

①의 중천건괘(重天乾卦)에서는 世戌이 空亡이 되니 사고가 나고 短命한다. 父母와 子孫을 해치며 財物과 뇌를 傷하고 파란이 많은 이름이 된다.

②의 중택태괘(重澤兌卦)에서는 命이 길고 財物이 많으며 父母 兄弟는 성공한다. 그러나 벼슬을 깎는다.

③의 중화이괘(重火離卦)에서는 世巳가 劫殺이니 몸을 다치고 短命한다. 벼슬을 깎고 눈이 나빠지며 뇌를 다칠 염려가 있다.

④의 중뢰진괘(重雷震卦)에서는 世戌이 空亡이 되니 事故가 나고 短命한다. 뇌를 다치고 大腸이 나빠지며 파란이 많은 이름이 된다.

⑤의 중풍손괘(重風巽卦)에서는 命이 길고 財物이 있으며 벼슬도 하고 비교적 건강한 이름이 된다.

⑥의 중수감괘(重水坎卦)에서는 世子가 양인(羊刃)이니 몸을 다칠 수 있고 사고가 나고 대수술(大手術)을 해야 한다. 신장(腎臟)이 나빠지고 양기(陽氣)를 죽이며 벼슬을 깎고 파란이 많은 이름이 된다.

⑦의 중산간괘(重山艮卦)에서는 世寅에 馬가 붙으니 몸을 다치고 財物을 상하게 한다. 뇌신경을 약하게 하고 신장(腎臟)을 약하게 한다.

⑧의 중지곤괘(重地坤卦)에서는 命이 길고 벼슬이 높으며 재물이 많다. 父母 兄弟 子孫이 모두 성공하여 안락(安樂)한 이름이 된다.

癸酉日生

①의 중천건괘(重天乾卦)에서는 世戌이 空亡이니 사고가 나고 短

命한다. 財物을 傷하고 子孫을 해치며 뇌도 다칠 수 있어 파란이 많은 이름이 된다.

② 의 중택태괘(重澤兌卦)에서는 命이 길고 財物이 많으며 벼슬을 한다. 父母 兄弟德도 있는 좋은 이름이 된다.

③ 의 중화이괘(重火離卦)에서는 命이 길고 財物이 많으며 父母 兄弟 子孫이 모두 成功하는 좋은 이름이 된다.

④ 의 중뢰진괘(重雷震卦)에서는 世戌이 空亡이 되니 事故가 나고 短命한다. 뇌를 다칠 수 있고 파란이 많은 이름이 된다.

⑤ 의 중풍손괘(重風巽卦)에서는 命이 길고 財物이 많으며 벼슬도 한다. 兄弟 子孫이 성공하며 건강하고 안락(安樂)한 이름이 된다.

⑥ 의 중수감괘(重水坎卦)에서는 命이 길고 財物이 있으며 父母 兄弟 子孫이 모두 성공한다. 그러나 벼슬로 파란이 있는 이름이 된다.

⑦ 의 중산간괘(重山艮卦)에서는 世寅이 劫殺이 되니 事故가 나고 短命한다. 뇌신경(腦神經)이 약해지고 벼슬을 깎고 파란이 많은 이름이 된다.

⑧ 의 중지곤괘(重地坤卦)에서는 命이 길고 벼슬을 하며 父母 兄弟 子孫이 모두 성공하며 人德이 있는 이름이 된다.

甲戌日生

① 의 중천건괘(重天乾卦)에서는 命이 길고 財物이 있으며 벼슬도 한다. 父母와 子孫도 성공하는 이름이 된다.

② 의 중택태괘(重澤兌卦)에서는 命이 길고 벼슬을 한다. 그러나 財物을 傷하고 자손과 兄弟를 해친다. 肺와 삼초(三焦)를 조금 약하게 한다.

③ 의 중화이괘(重火離卦)에서는 命은 보통이고 財物이 많다. 子孫은 성공한다. 그러나 벼슬을 깎고 父母를 害치는 이름이 된다.

④ 의 중뢰진괘(重雷震卦)에서는 命이 길고 父母 兄弟 子孫는 성공한다. 그러나 벼슬을 깎는다.

⑤ 의 중풍손괘(重風巽卦)에서는 世卯가 양인(羊刃)이니 몸을 다치

고 벼슬을 깎는다. 肝이 나빠지고 뇌를 다칠 수 있다.

⑥의 중수감괘(重水坎卦)에서는 命이 길고 財物이 있으며 벼슬도 한다. 子孫과 兄弟도 성공하는 이름이 된다.

⑦의 중산간괘(重山艮卦)에서는 命이 길고 벼슬을 하며 財物이 있다. 그러나 子孫을 害친다.

⑧의 중지곤괘(重地坤卦)에서는 世酉가 空亡이니 事故가 나서 短命한다. 뇌를 다치고 肺가 나빠지며 子孫을 해치는 이름이 된다.

乙亥日生

①의 중천건괘(重天乾卦)에서는 命이 길고 재물이 있으며 벼슬을 한다. 父母와 子孫도 성공하는 이름이 된다.

②의 중택태괘(重澤兌卦)에서는 命이 길고 財物이 많으며 자손과 부모도 성공하는 이름이 된다.

③의 중화이괘(重火離卦)에서는 재물이 많으며 벼슬을 한다. 父母와 子孫도 성공한다. 그러나 世巳에 馬가 붙으니 몸을 다칠 수 있다.

④의 중뢰진괘(重雷震卦)에서는 命이 길고 財物이 있으며 父母 兄弟 子孫도 성공한다. 그러나 벼슬을 깎는 이름이 된다.

⑤의 중풍손괘(重風巽卦)에서는 命이 길고 財物이 많으며 父母 兄弟도 성공하는 이름이 된다.

⑥의 중수감괘(重水坎卦)에서는 命이 길고 벼슬을 하며 財物도 있다. 子孫과 兄弟도 성공하는 이름이 된다.

⑦의 중산간괘(重山艮卦)에서는 命이 길고 財物이 많으며 벼슬도 한다. 父母 兄弟德도 있으나 子孫을 害치는 이름이 된다.

⑧의 중지곤괘(重地坤卦)에서는 世酉가 공망(空亡)이니 事故가 나고 短命한다. 子孫을 해치고 뇌(腦)를 다치며 폐(肺)가 나빠지는 이름이 된다.

丙子日生

①의 중천건괘(重天乾卦)에서는 命이 길고 父母와 子孫은 건실(健

實)하다. 그러나 형제를 해치고 벼슬을 깎으며 財物의 들고 나감이 심하다.

② 의 중택태괘(重澤兌卦)에서는 命이 길고 財物이 있으며 벼슬도 한다. 子孫이 성공하고 父母 兄弟도 건실(健實)하다.

③ 의 중화이괘(重火離卦)에서는 世巳가 劫殺이니 事故가 나고 단명한다. 눈이 나빠지고 뇌를 다치는 이름이 된다.

④ 의 중뢰진괘(重雷震卦)에서는 命이 길고 財物이 있다. 그러나 벼슬을 깎고 子孫과 兄弟도 害친다.

⑤ 의 중풍손괘(重風巽卦)에서는 命이 길고 벼슬을 하며 財物이 있다. 父母 兄弟 子孫이 모두 성공하고 건실(健實)하여 행복한 이름이 된다.

⑥ 의 중수감괘(重水坎卦)에서는 命이 길고 벼슬을 한다. 그러나 財物을 傷하고 父母와 子孫을 해치며 파란이 많은 이름이 된다.

⑦ 의 중산간괘(重山艮卦)에서는 世寅이 역마(驛馬)가 되니 몸을 다칠 수 있다. 벼슬이 오래 가지 못하고 子孫과 父母를 해친다.

⑧ 의 중지곤괘(重地坤卦)에서는 世酉가 空亡이 되니 事故가 나고 短命한다. 子孫과 父母를 해친다.

丁丑日生

① 의 중천건괘(重天乾卦)에서는 命이 길고 벼슬을 하며 父母와 子孫은 건실(健實)하다. 그러나 財物을 깎고 兄弟를 해친다.

② 의 중택태괘(重澤兌卦)에서는 命은 보통이고 벼슬과 財物이 있다. 父母와 子孫도 건실(健實)하다. 그러나 兄弟를 해친다.

③ 의 중화이괘(重火離卦)에서는 命이 길고 벼슬을 하며 財物이 있다. 父母 兄弟 子孫이 모두 건실(健實)하여 행복건강(幸福健康)한 이름이다.

④ 의 중뢰진괘(重雷震卦)에서는 命이 길고 財物이 있으며 자손은 성공한다. 父母도 안녕(安寧)하나 벼슬을 깎고 兄弟를 害친다.

⑤의 중풍손괘(重風巽卦)에서는 命이 길고 財物이 있으며 父母 兄弟 子孫이 모두 건전(健全)하고 건강(健康)한 이름이다.

⑥의 중수감괘(重水坎卦)에서는 命이 길고 財物이 있으며 벼슬을 한다. 兄弟도 건장(健壯)하다. 그러나 父母와 子孫을 害친다.

⑦의 중산간괘(重山艮卦)에서는 世寅이 劫殺이 되니 事故가 나고 短命한다. 벼슬을 깎고 子孫을 害친다. 뇌신경(腦神經)을 약하게 하고 코가 나빠진다.

⑧의 중지곤괘(重地坤卦)에서는 世酉가 空亡이 되니 事故가 나고 短命한다. 子孫을 害치고 肺와 胃가 나빠진다.

戊寅日生

①의 중천건괘(重天乾卦)에서는 命이 길고 財物이 있으며 부모와 자손은 건실(健實)하다. 그러나 벼슬을 깎고 兄弟를 害친다.

②의 중택태괘(重澤兌卦)에서는 命이 길고 벼슬이 높으며 재물이 있다. 그러나 兄弟와 子孫을 害친다.

③의 중화이괘(重火離卦)에서는 命이 길고 子孫과 兄弟는 성공한다. 父母는 강녕(康寧)하며 財物이 있다. 벼슬은 무관(武官)에 적합하다.

④의 중뢰진괘(重雷震卦)에서는 命이 길고 財物이 있다. 그러나 벼슬을 깎고 子孫을 해친다.

⑤의 중풍손괘(重風巽卦)에서는 命이 길고 財物이 많으며 자손은 성공한다. 兄弟는 건장(健壯)하다. 그러나 벼슬은 높되 파란이 조금 있으며 父母를 해친다.

⑥의 중수감괘(重水坎卦)에서는 命이 길고 벼슬을 하며 兄弟와 子孫은 건실(健實)하다. 그러나 父母를 해치고 財物을 깎으며 妻를 해친다.

⑦의 중산간괘(重山艮卦)에서는 命이 길고 벼슬을 하며 재물이 있고 兄弟도 건장(健壯)하다. 그러나 父母와 子孫을 害친다.

⑧의 중지곤괘(重地坤卦)에서는 世酉가 空亡이 되니 事故가 나고 短命한다. 子孫을 해치고 財物을 傷한다. 腦·胃·肺가 나빠진다.

己卯日生

① 의 중천건괘(重天乾卦)에서는 命이 길고 벼슬이 높으며 재물이 있다. 父母와 子孫도 안강(安康)하다. 그러나 兄弟를 조금 害한다.

② 의 중택태괘(重澤兌卦)에서는 벼슬을 하고 財物이 있으며 子孫과 父母도 강녕(康寧)하다. 그러나 兄弟를 해치고 몸을 다칠 염려가 있다.

③ 의 중화이괘(重火離卦)에서는 벼슬을 하고 子孫과 父母는 안강(安康)하다. 그러나 재물을 깎고 兄弟와의 인연(因緣)이 없으며 몸을 다칠 염려가 있다.

④ 의 중뢰진괘(重雷震卦)에서는 命이 길고 財物이 있으며 자손과 부모도 성공하며 兄弟은 건장(健壯)하다. 그러나 벼슬을 깎는다.

⑤ 의 중풍손괘(重風巽卦)에서는 命은 보통이고 財物이 있으며 父母 兄弟는 안강(安康)하다. 그러나 子孫과 벼슬을 해친다.

⑥ 의 중수감괘(重水坎卦)에서는 命이 길고 財物이 많으며 벼슬을 한다. 子孫은 誠實하나 父母를 해친다.

⑦ 의 중산간괘(重山艮卦)에서는 命은 보통이고 財物이 많으며 벼슬을 한다. 父母 兄弟는 안강(安康)하다. 그러나 子孫을 해친다.

⑧ 의 중지곤괘(重地坤卦)에서는 世酉가 空亡이 되니 事故가 나고 短命한다. 子孫을 害치고 肺와 胃가 나빠진다.

庚辰日生

① 의 중천건괘(重天乾卦)에서는 命이 길고 財物이 있으며 벼슬을 한다. 父母는 安康하다. 그러나 兄弟를 해친다.

② 의 중택태괘(重澤兌卦)에서는 命이 길고 財物이 있으며 부모와 자손은 장수안강(長壽安康)하다. 그러나 兄弟를 해친다.

③ 의 중화이괘(重火離卦)에서는 世巳가 劫殺이니 事故가 나고 短命한다. 財物을 傷하고 兄弟를 해친다. 눈이 나빠지고 뇌를 다치며 小腸이 나빠지며 파란이 많은 흉명(凶名)이 된다.

④ 의 중뢰진괘(重雷震卦)에서는 命이 길고 財物이 있으며 父母 兄弟 子孫은 안강(安康)하다. 그러나 벼슬을 깎는 이름이 된다.

⑤의 중풍손괘(重風巽卦)에서는 命이 길고 財物이 많으며 父母 兄弟는 안강(安康)하다. 그러나 子孫을 해치고 벼슬을 깎는다.

⑥의 중수감괘(重水坎卦)에서는 命은 보통이고 財物과 벼슬은 있다. 그러나 父母와 子孫을 해친다.

⑦의 중산간괘(重山艮卦)에서는 命이 길고 벼슬을 하며 재물이 있다. 父母 兄弟 子孫이 모두 안강(安康)하여 平吉한 이름이 된다.

⑧의 중지곤괘(重地坤卦)에서는 世酉가 空亡이고 양인(羊刃)이니 사고가 나서 短命하고 子孫을 해친다. 뇌(腦)와 폐(肺)가 나빠지는 흉명이 된다.

辛巳日生

①의 중천건괘(重天乾卦)에서는 命이 길고 벼슬을 하며 父母와 子孫은 안강(安康)하다. 그러나 兄弟를 해치고 財物을 傷한다.

②의 중택태괘(重澤兌卦)에서는 命이 길고 財物이 있으며 벼슬을 하여 오복(五福)을 갖춘 길명(吉名)이 된다.

③의 중화이괘(重火離卦)에서는 命이 길고 財物이 있으며 벼슬을 하여 오복(五福)을 갖춘 길명(吉名)이 된다.

④의 중뢰진괘(重雷震卦)에서는 벼슬을 깎아 파란이 있고 형제도 해치는 이름이 된다.

⑤의 중풍손괘(重風巽卦)에서는 財物이 있고 벼슬을 하여 오복(五福)을 갖춘 평길명(平吉名)이 된다.

⑥의 중수감괘(重水坎卦)에서는 父母와 子孫을 害쳐 파란이 있는 이름이 된다.

⑦의 중산간괘(重山艮卦)에서는 世寅이 劫殺이니 事故가 나고 短命한다. 벼슬을 깎고 子孫을 해치며 뇌를 다치고 신경(神經)이 약해진다.

⑧의 중지곤괘(重地坤卦)에서는 世酉가 空亡이니 事故가 나서 몸을 다치고 子孫도 해치는 이름이다.

壬午日生

① 의 중천건괘(重天乾卦)에서는 命이 길고 벼슬을 하며 財物이 있다. 그러나 子孫과 兄弟를 해친다.

② 의 중택태괘(重澤兌卦)에서는 命이 길고 財物이 많으며 벼슬도 크다. 子孫과 父母도 성공하고 健康하여 안락(安樂)한 이름이 된다.

③ 의 중화이괘(重火離卦)에서는 命이 길고 父母 兄弟 子孫이 성공한다. 그러나 財物과 벼슬을 깎아 파란이 있는 이름이 된다.

④ 의 중뢰진괘(重雷震卦)에서는 命이 길고 財物이 있다. 그러나 벼슬을 깎고 父母를 해친다.

⑤ 의 중풍손괘(重風巽卦)에서는 命이 길고 財物이 있으며 父母 兄弟 子孫도 성공하여 健康하고 안락(安樂)한 이름이 된다.

⑥ 의 중수감괘(重水坎卦)에서는 世子가 양인살(羊寅殺)이니 몸을 다치고 事故가 나며 父母 兄弟를 해친다. 뇌를 다치고 신장(腎臟)이 나빠지며 양기(陽氣)가 부족해진다.

⑦ 의 중산간괘(重山艮卦)에서는 命은 보통이고 벼슬을 한다. 父母 兄弟德도 있다. 그러나 子孫을 해치고 財物을 傷한다.

⑧ 의 중지곤괘(重地坤卦)에서는 世酉가 空亡이니 事故가 나고 短命한다. 子孫을 害치고 파란이 있는 이름이 된다.

癸未日生

① 의 중천건괘(重天乾卦)에서는 命이 길고 벼슬을 하며 財物이 있다. 子孫이 성공하고 父母德도 있는 이름이 된다.

② 의 중택태괘(重澤兌卦)에서는 命이 길고 財物이 많으며 벼슬을 한다. 子孫과 父母도 성공하는 좋은 이름이 된다.

③ 의 중화이괘(重火離卦)에서는 命이 길고 벼슬을 하며 父母 兄弟 子孫이 모두 성공한다. 그러나 財物을 傷한다.

④ 의 중뢰진괘(重雷震卦)에서는 命이 길고 財物이 있으며 父母 兄弟 子孫이 모두 성공하며 재주가 있는 이름이나 벼슬을 깎는다.

⑤ 의 중풍손괘(重風巽卦)에서는 命이 길고 財物이 있으며 父母 兄

弟 子孫이 모두 성공한다. 그러나 벼슬을 깎는다.

⑥의 중수감괘(重水坎卦)에서는 命이 길고 財物이 있으며 벼슬을 한다. 兄弟와 子孫도 성공한다. 그러나 父母를 해친다.

⑦의 중산간괘(重山艮卦)에서는 命은 보통이고 財物이 있으며 父母 兄弟도 성공한다. 그러나 子孫을 해치고 胃와 허리가 약해진다.

⑧의 중지곤괘(重地坤卦)에서는 世酉가 空亡이 되니 事故가 나고 短命한다. 子孫을 해치고 腦를 다치며 肺가 나빠지게 된다.

甲申日生

①의 중천건괘(重天乾卦)에서는 命이 길고 財物이 많으며 父母 兄弟 子孫이 모두 성공한다. 그러나 벼슬을 깎고 심장이 약해진다.

②의 중택태괘(重澤兌卦)에서는 世未가 空亡이니 事故가 나고 短命한다. 財物과 벼슬을 해치고 이가 나빠지며 파란이 있는 이름이 된다.

③의 중화이괘(重火離卦)에서는 世巳가 劫殺이니 事故가 나고 短命한다. 父母 兄弟 子孫을 모두 해친다. 눈·소장(小腸)·간(肝)이 나빠진다.

④의 중뢰진괘(重雷震卦)에서는 命이 길고 財物이 있으며 벼슬을 한다. 父母 兄弟가 성공하나 자손을 해친다.

⑤의 중풍손괘(重風巽卦)에서는 世卯가 양인(羊刄)이니 몸을 다치며 子孫과 兄弟를 害친다. 뇌를 다치고 肝·小腸이 나빠진다.

⑥의 중수감괘(重水坎卦)에서는 命이 길고 벼슬을 하며 父母 兄弟 子孫이 모두 성공한다. 그러나 財物과 妻를 해친다.

⑦의 중산간괘(重山艮卦)에서는 命이 길고 벼슬을 하며 財物이 있다. 兄弟와 子孫이 성공하는 이름이 된다.

⑧의 중지곤괘(重地坤卦)에서는 命이 길고 財物이 있으며 자손도 성공한다. 그러나 벼슬을 깎고 父母 兄弟를 해친다. 간(肝)·비장(脾臟)·소장(小腸)이 나빠진다.

乙酉日生

① 의 중천건괘(重天乾卦)에서는 命이 길고 子孫과 兄弟는 성공한다. 그러나 財物과 벼슬을 깎고 심장(心臟)이 나빠진다.

② 의 중택태괘(重澤兌卦)에서는 世未가 空亡이 되니 事故가 나고 短命한다. 뇌를 다치며 이가 나빠지고 비장(脾臟)이 약해진다.

③ 의 중화이괘(重火離卦)에서는 命은 보통이고 財物이 있으며 父母 兄弟도 성공한다. 그러나 子孫을 해치고 벼슬을 깎는다.

④ 의 중뢰진괘(重雷震卦)에서는 命이 길고 財物이 있으며 벼슬을 한다. 父母德도 있다. 그러나 子孫과 兄弟를 해친다.

⑤ 의 중풍손괘(重風巽卦)에서는 命이 길고 벼슬을 하며 子孫과 兄弟도 성공한다. 그러나 父母를 해친다.

⑥ 의 중수감괘(重水坎卦)에서는 命이 길고 벼슬을 하며 父母 兄弟도 성공한다. 그러나 財物과 子孫을 해친다.

⑦ 의 중산간괘(重山艮卦)에서는 世寅이 劫殺이 되니 事故가 나고 短命한다. 벼슬을 깎고 뇌신경(腦神經)이 약해지며 父母를 해친다.

⑧ 의 중지곤괘(重地坤卦)에서는 命이 길고 벼슬은 높으며 재물이 있다. 人德도 있는 좋은 이름이 된다.

丙戌日生

① 의 중천건괘(重天乾卦)에서는 命이 길고 財物이 있으며 父母 兄弟 子孫이 모두 강녕(康寧)하고 비교적 건강하다. 그러나 벼슬을 해친다.

② 의 중택태괘(重澤兌卦)에서는 世未가 空亡이 되니 事故가 나고 短命한다. 이가 나빠지고 비장과 뇌도 약해진다.

③ 의 중화이괘(重火離卦)에서는 命이 길고 財物이 많으며 형제가 성공한다. 父母와 子孫도 건실(健實)하다. 벼슬은 무관(武官)이 좋다.

④ 의 중뢰진괘(重雷震卦)에서는 命이 길고 財物이 있으며 벼슬은 무관(武官)이 有利하다. 父母 兄弟 子孫은 건실(健實)하다. 그러나 子孫을 해친다.

⑤ 의 중풍손괘(重風巽卦)에서는 命이 길고 벼슬을 하며 財物도 있

다. 父母 兄弟 子孫이 모두 성공하여 좋은 이름이 된다.

⑥의 중수감괘(重水坎卦)에서는 命이 길고 벼슬을 하며 父母 兄弟 子孫이 모두 건실(健實)하다. 그러나 財物을 깎고 妻를 해친다.

⑦의 중산간괘(重山艮卦)에서는 命이 길고 벼슬을 하며 재물이 있다. 兄弟와 子孫도 건실(健實)하다. 그러나 父母를 해친다.

⑧의 중지곤괘(重地坤卦)에서는 命이 길고 財物이 많으며 자손과 父母는 성공하며 벼슬을 하고 人德도 있는 좋은 이름이 된다.

丁亥日生

①의 중천건괘(重天乾卦)에서는 命이 길고 財物이 있으며 父母 兄弟 子孫이 모두 건실(健實)하다. 벼슬은 무관(武官)이 적합하다.

②의 중택태괘(重澤兌卦)에서는 世末가 空亡이니 事故가 나고 短命한다. 이가 나빠지고 비장이 약해진다.

③의 중화이괘(重火離卦)에서는 벼슬은 높고 재물이 많으며 父母와 子孫도 건실(健實)하다. 그러나 世巳에 馬가 붙으니 몸을 다칠 수 있다.

④의 중뢰진괘(重雷震卦)에서는 命이 길고 財物이 있으며 父母 兄弟도 건실(健實)하다. 그러나 子孫을 해치고 벼슬을 깎는다.

⑤의 중풍손괘(重風巽卦)에서는 命이 길고 벼슬이 높으며 재물이 있다. 父母 兄弟 子孫이 모두 건강(健康)하고 本人도 건강(健康)하여 행복한 이름이 된다.

⑥의 중수감괘(重水坎卦)에서는 命이 길고 벼슬을 하며 兄弟와 子孫이 건강(健康)하다. 그러나 父母를 해치고 財物을 傷하며 처(妻)를 해친다.

⑦의 중산간괘(重山艮卦)에서는 命이 길고 벼슬을 하며 財物이 있다. 그러나 父母와 子孫을 해친다.

⑧의 중지곤괘(重地坤卦)에서는 命이 길고 財物이 많으며 벼슬을 한다. 子孫은 성공하고 父母 兄弟도 안강(安康)하여 행복한 이름이 된다.

戊子日生

① 의 중천건괘(重天乾卦)에서는 命이 길고 財物이 있으며 父母 兄弟 子孫이 모두 건실(健實)하다. 그러나 벼슬을 깎고 파란이 조금 있다.

② 의 중택태괘(重澤兌卦)에서는 벼슬이 높으며 財物이 있다. 父母 兄弟 子孫이 모두 건장(健壯)하다. 그러나 몸을 다칠 수 있다.

③ 의 중화이괘(重火離卦)에서는 財物이 있으며 벼슬을 하고 子孫은 성공하고 父母는 안강(安康)하다. 그러나 世巳가 정록(正祿)에 劫殺이 붙었으니 事故를 조심해야 한다.

④ 의 중뢰진괘(重雷震卦)에서는 命이 길고 財物이 있으며 벼슬을 하고 父母德도 있다. 그러나 子孫과 兄弟를 害친다.

⑤ 의 중풍손괘(重風巽卦)에서는 命이 길고 財物이 많으며 벼슬을 한다. 父母 兄弟 子孫이 모두 건전(健全)한 이름이 된다.

⑥ 의 중수감괘(重水坎卦)에서는 命은 보통이고 벼슬을 하며 父母 兄弟도 건장(健壯)하다. 그러나 財物을 傷하고 妻를 해친다.

⑦ 의 중산간괘(重山艮卦)에서는 財物이 있으며 子孫과 兄弟는 건장 (健壯)하다. 그러나 父母를 해치고 몸을 다칠 염려가 있다.

⑧ 의 중지곤괘(重地坤卦)에서는 命이 길고 財物이 많으며 벼슬을 한다. 父母 兄弟 子孫이 모두 성공하며 健康 幸福한 이름이 된다.

己丑日生

① 의 중천건괘(重天乾卦)에서는 命이 길고 財物이 있으며 자손과 父母는 안강(安康)하다. 그러나 兄弟를 해치고 벼슬을 깎는다.

② 의 중택태괘(重澤兌卦)에서는 財物이 있으며 벼슬을 하고 父母 兄弟 子孫이 모두 건실(健實)하다. 그러나 몸을 다칠 염려가 있다.

③ 의 중화이괘(重火離卦)에서는 命이 길고 벼슬을 하며 財物이 있다. 父母 兄弟 子孫이 모두 건실(健實)하다.

④ 의 중뢰진괘(重雷震卦)에서는 命이 길고 財物이 있으며 벼슬을 한다. 그러나 子孫을 害친다.

⑤ 의 중풍손괘(重風巽卦)에서는 命은 보통이고 財物이 있으며 벼

슬을 한다.
父母 兄弟 子孫이 모두 건실(健實)한 이름이 된다.

⑥의 중수감괘(重水坎卦)에서는 命이 길고 벼슬을 하며 父母 兄弟 子孫이 모두 건실(健實)하다. 그러나 財物을 傷하고 妻를 해친다.

⑦의 중산간괘(重山艮卦)에서는 世寅이 劫殺이 되니 事故가 나고 短命한다. 뇌신경이 쇠약해지고 코가 나빠지므로 쓰지 않는다.

⑧의 중지곤괘(重地坤卦)에서는 命이 길고 벼슬을 하며 財物이 있다. 父母 兄弟 子孫이 모두 안강(安康)하여 행복한 이름이 된다.

庚寅日生

①의 중천건괘(重天乾卦)에서는 命이 길고 財物이 있으며 父母 兄弟 子孫이 모두 건실(健實)하다. 그러나 벼슬을 깎으니 파란이 조금 있다.

②의 중택태괘(重澤兌卦)에서는 命이 길고 財物이 있으며 벼슬을 한다. 父母도 성공한다. 그러나 子孫과 兄弟를 害친다.

③의 중화이괘(重火離卦)에서는 命이 길고 子孫은 成功하고 父母 兄弟도 안강(安康)하다. 그러나 벼슬을 깎고 財物을 傷하며 妻를 해친다.

④의 중뢰진괘(重雷震卦)에서는 命이 길고 財物이 있으며 벼슬도 높다. 父母 兄弟도 안강(安康)하다. 그러나 子孫을 害친다.

⑤의 중풍손괘(重風巽卦)에서는 命은 보통이고 財物이 많다. 兄弟와 子孫도 건장(健壯)하다. 그러나 벼슬을 깎고 父母를 해친다.

⑥의 중수감괘(重水坎卦)에서는 命은 보통이고 벼슬을 하며 父母는 성공하고 장수(長壽)한다. 兄弟와 子孫은 안강(安康)하다. 그러나 財物을 傷하고 妻를 해친다.

⑦의 중산간괘(重山艮卦)에서는 命은 보통이고 財物이 있으며 벼슬을 한다. 子孫과 兄弟도 安康하다. 그러나 父母를 해친다.

⑧의 중지곤괘(重地坤卦)에서는 世酉가 양인살(羊刃殺)이 되니 몸을 다쳐 수술(手術)을 해야 한다. 子孫을 害치고 폐(肺)와 위(胃)가 약하다.

辛卯日生

① 의 중천건괘(重天乾卦)에서는 命은 보통이고 財物과 벼슬이 있다. 父母와 子孫은 안강(安康)하나 兄弟를 해친다.

② 의 중택태괘(重澤兌卦)에서는 世未가 空亡이니 事故가 나고 短命하며 父母를 해친다. 뇌를 다치고 이가 나빠지며 비장이 약해지며 파란이 있는 흉명(凶名)이 된다.

③ 의 중화이괘(重火離卦)에서는 命은 보통이고 財物이 많으며 벼슬을 한다. 그러나 子孫을 조금 해친다.

④ 의 중뢰진괘(重雷震卦)에서는 命은 보통이고 子孫과 兄弟는 성공하며 父母는 안강(安康)하다. 그러나 벼슬과 財物을 傷한다.

⑤ 의 중풍손괘(重風巽卦)에서는 命이 길고 벼슬이 높으며 재물이 있다. 父母 兄弟 子孫이 안강(安康)하여 행복한 이름이 된다.

⑥ 의 중수감괘(重水坎卦)에서는 命은 보통이다. 그러나 벼슬과 財物을 傷하고 父母를 해친다.

⑦ 의 중산간괘(重山艮卦)에서는 命이 길고 財物이 있으며 벼슬을 한다. 父母와 子孫을 해쳐 파란이 있는 이름이 된다.

⑧ 의 중지곤괘(重地坤卦)에서는 命이 길고 벼슬을 하고 財物이 있다. 子孫은 성공하고 人德도 있어 행복한 이름이 된다.

壬辰日生

① 의 중천건괘(重天乾卦)에서는 命이 길고 財物이 있으며 父母 兄弟도 성공한다. 그러나 벼슬을 깎고 子孫을 해친다.

② 의 중택태괘(重澤兌卦)에서는 世未가 봉공(逢空)하니 事故가 나고 短命한다. 이가 나빠지고 비장(脾臟)이 약해지며 뇌를 다칠 수 있다.

③ 의 중화이괘(重火離卦)에서는 世巳에 劫殺이 붙으니 事故가 나며 短命한다. 子孫과 兄弟를 害친다. 눈도 나빠지고 뇌도 다칠 수 있으며 소장(小腸)이 나빠진다.

④ 의 중뢰진괘(重雷震卦)에서는 命이 길고 財物이 있으며 벼슬을 한다. 그러나 父母 兄弟 子孫을 모두 해친다.

⑤의 중풍손괘(重風巽卦)에서는 命이 길고 벼슬을 하며 父母 兄弟도 성공한다. 그러나 財物과 子孫을 조금 해친다.

⑥의 중수감괘(重水坎卦)에서는 世子가 양인(羊刃)이 되니 몸을 다치고 財物을 傷한다. 신장(腎臟)과 腦가 상하고 양기(陽氣)를 죽인다.

⑦의 중산간괘(重山艮卦)에서는 世寅에 馬가 붙으니 몸을 다칠 수 있다. 벼슬을 깎고 父母를 해친다. 뇌신경(腦神經)이 약해지고 심장(心臟)이 조금 약해진다.

⑧의 중지곤괘(重地坤卦)에서는 命이 길고 벼슬이 높으며 재물이 많다. 父母 子孫은 성공하며 몸도 건강하여 安樂한 생활을 한다.

癸巳日生

①의 중천건괘(重天乾卦)에서는 命이 길고 父母 兄弟 子孫은 모두 성공한다. 그러나 벼슬과 재물(財物)을 害치고 심장(心臟)과 담(膽)이 약해진다

②의 중택태괘(重澤兌卦)에서는 世未가 空亡이니 事故가 나고 短命한다. 父母와 子孫을 害친다. 비장(脾臟)과 뇌신경(腦神經)이 약해진다.

③의 중화이괘(重火離卦)에서는 命은 보통이나 벼슬을 깎고 子孫을 해친다. 비장(脾臟)과 삼초(三焦)가 약해진다.

④의 중뢰진괘(重雷震卦)에서는 命이 길고 財物이 있으며 벼슬도 한다. 그러나 子孫과 兄弟를 해친다.

⑤의 중풍손괘(重風巽卦)에서는 命은 보통이고 벼슬을 하며 子孫과 兄弟도 성공한다. 그러나 財物을 깎고 父母를 해친다.

⑥의 중수감괘(重水坎卦)에서는 命이 길고 벼슬을 하며 父母 兄弟도 성공한다. 그러나 재물을 깎고 子孫을 害친다.

⑦의 중산간괘(重山艮卦)에서는 世寅이 劫殺이 되니 사고가 나고 短命한다. 벼슬을 깎고 父母를 해친다. 腦를 다칠 염려가 있다.

⑧의 중지곤괘(重地坤卦)에서는 命이 길고 벼슬을 하며 父母와 子孫은 성공한다. 그러나 財物을 깎고 비장(脾臟)이 조금 약해진다.

甲午日生

① 의 중천건괘(重天乾卦)에서는 命이 길고 財物이 있으며 벼슬을 하고 子孫도 성공하는 이름이다.

② 의 중택태괘(重澤兌卦)에서는 命이 길고 父母 兄弟도 성공한다. 그러나 벼슬과 재물을 깎고 子孫을 해친다.

③ 의 중화이괘(重火離卦)에서는 世巳가 空亡이 되니 事故가 나고 短命한다. 벼슬을 깎고 兄弟를 해치며 뇌를 다치고 눈이 나빠진다.

④ 의 중뢰진괘(重雷震卦)에서는 命이 길고 父母 兄弟 子孫도 성공한다. 벼슬은 뛰나 妻를 害친다.

⑤ 의 중풍손괘(重風巽卦)에서는 世卯가 양인(羊刃)이니 몸을 다치며 父母 兄弟 子孫을 모두 해친다. 肝이 나빠지며 腦를 다친다.

⑥ 의 중수감괘(重水坎卦)에서는 命이 길고 財物이 있으며 벼슬을 한다. 子孫과 兄弟도 성공하는 이름이다.

⑦ 의 중산간괘(重山艮卦)에서는 命이 길고 벼슬은 크고 財物이 있다. 父母德도 있는 무난(無難)한 이름이 된다.

⑧ 의 중지곤괘(重地坤卦)에서는 命이 길고 인덕(人德)도 있다. 兄弟와 子孫도 성공하여 무난(無難)한 이름이 된다.

乙未日生

① 의 중천건괘(重天乾卦)에서는 命이 길고 財物이 있으며 벼슬을 한다. 子孫도 성공하는 이름이 된다.

② 의 중택태괘(重澤兌卦)에서는 命이 길고 財物이 많으며 父母 兄弟 子孫이 성공하는 이름이다.

③ 의 중화이괘(重火離卦)에서는 世巳가 空亡이고 馬가 붙으니 事故가 나고 短命한다. 뇌를 다치고 눈이 나빠진다.

④ 의 중뢰진괘(重雷震卦)에서는 命이 길고 財物이 있으며 父母 兄弟 子孫이 모두 성공한다.

⑤ 의 중풍손괘(重風巽卦)에서는 命이 길고 財物이 있으며 벼슬을 하고 兄弟도 성공한다. 그러나 子孫을 해친다.

⑥의 중수감괘(重水坎卦)에서는 命이 길고 財物이 있으며 자손과 兄弟도 성공한다. 그러나 부모를 해치고 벼슬을 조금 깎는다.

⑦의 중산간괘(重山艮卦)에서는 命이 길고 財物이 많으며 벼슬을 하고 父母 兄弟 子孫이 모두 건실(健實)한 이름이다.

⑧의 중지곤괘(重地坤卦)에서는 命이 길고 財物이 있으며 벼슬도 한다. 兄弟와 子孫은 건장(健壯)하여 人德도 있다. 건강하고 행복한 이름이 된다.

丙申日生

①의 중천건괘(重天乾卦)에서는 命이 길고 父母 兄弟 子孫은 건실(健實)하다. 그러나 벼슬을 깎고 財物을 조금 傷하며 妻를 해친다.

②의 중택태괘(重澤兌卦)에서는 命이 길고 財物이 있으며 벼슬을 한다. 父母 兄弟 子孫이 모두 안강(安康)하여 幸福한 이름이 된다.

③의 중화이괘(重火離卦)에서는 世巳가 空亡이 되니 事故가 나고 短命한다. 눈이 나빠지고 뇌를 다치며 小腸도 약해진다.

④의 중뢰진괘(重雷震卦)에서는 命이 길고 재물이 있으며 벼슬을 한다. 父母 兄弟도 안강(安康)하다. 그러나 子孫을 害친다.

⑤의 중풍손괘(重風巽卦)에서는 命이 길고 벼슬은 높고 財物은 있다. 父母 兄弟 子孫이 모두 성공하는 이름이다.

⑥의 중수감괘(重水坎卦)에서는 命이 길고 벼슬을 하며 父母 兄弟 子孫이 모두 성공한다. 그러나 財物을 傷하고 妻를 해친다.

⑦의 중산간괘(重山艮卦)에서는 命이 길고 벼슬을 하며 財物이 있다. 子孫과 兄弟는 건실(健實)하다. 그러나 父母를 害친다.

⑧의 중지곤괘(重地坤卦)에서는 命이 길고 財物이 많으며 벼슬을 한다. 子孫은 成功하고 인덕(人德)이 있으며 건강(健康)하고 행복(幸福)한 이름이 된다.

丁酉日生

①의 중천건괘(重天乾卦)에서는 命이 길고 벼슬을 하며 父母 兄弟

子孫이 모두 성공한다. 그러나 財物을 傷한다.

②의 중택태괘(重澤兌卦)에서는 命이 길고 벼슬을 하고 재물이 있다. 父母 兄弟 子孫이 모두 성공하고 건강하며 행복한 이름이 된다.

③의 중화이괘(重火離卦)에서는 世巳가 空亡이 되니 事故가 나고 短命한다. 눈이 나빠지고 뇌를 다치며 小腸이 약해진다.

④의 중뢰진괘(重雷震卦)에서는 命이 길고 財物이 있으며 벼슬을 하고 子孫은 성공한다. 그러나 兄弟와 妻를 해친다.

⑤의 중풍손괘(重風巽卦)에서는 命이 길고 벼슬이 높으며 재물이 있다. 父母 兄弟 子孫도 성공하여 행복한 이름이 된다.

⑥의 중수감괘(重水坎卦)에서는 命이 길고 벼슬을 하며 財物이 있다. 父母 兄弟도 安康하다. 그러나 子孫을 해친다.

⑦의 중산간괘(重山艮卦)에서는 世寅이 劫殺이 되니 事故가 나고 短命한다. 뇌를 다치고 신경(神經)이 약해지고 코도 나빠진다.

⑧의 중지곤괘(重地坤卦)에서는 命이 길고 財物이 많으며 벼슬을 하고 子孫은 성공한다. 人德도 있어 건강하고 행복한 이름이 된다.

戊戌日生

①의 중천건괘(重天乾卦)에서는 命이 길고 財物이 있으며 부모와 자손도 안강(安康)하다. 그러나 벼슬을 깎아 波乱이 있다.

②의 중택태괘(重澤兌卦)에서는 命이 길고 벼슬이 높으며 재물이 있다. 父母 兄弟는 성공하나 子孫을 해친다.

③의 중화이괘(重火離卦)에서는 世巳가 空亡이 되니 事故가 나고 短命한다. 눈이 나빠지고 뇌를 다치며 小腸이 나빠진다.

④의 중뢰진괘(重雷震卦)에서는 命이 길고 財物이 있으며 父母 兄弟는 안강(安康)하다. 그러나 子孫과 妻를 害치고 직장을 자주 옮겨 불안하다.

⑤의 중풍손괘(重風巽卦)에서는 命이 길고 財物이 많으며 벼슬도 한다. 兄弟와 子孫이 건장(健壯)하다. 그러나 父母와는 因緣이 적다.

⑥의 중수감괘(重水坎卦)에서는 命은 보통이고 벼슬을 한다. 父母 兄弟 子孫은 안강(安康)하다. 그러나 財物을 傷하고 妻를 해친다.

⑦의 중산간괘(重山艮卦)에서는 命은 보통이고 財物이 있고 벼슬을 한다. 그러나 父母를 해치고 子孫과의 인연(因緣)이 박(薄)하다.

⑧의 중지곤괘(重地坤卦)에서는 命이 길고 벼슬을 하며 財物이 있다. 兄弟가 성공하고 子孫과 父母도 안강(安康)한 이름이 된다.

己亥日生

①의 중천건괘(重天乾卦)에서는 命이 길고 벼슬이 높으며 재물도 있다. 父母 兄弟 子孫은 성공한다. 그러나 처궁(妻宮)이 불안하다.

②의 중택태괘(重澤兌卦)에서는 財物이 있고 父母 兄弟 子孫은 안강(安康)하다. 그러나 벼슬을 깎고 몸을 다칠 염려가 있다.

③의 중화이괘(重火離卦)에서는 世巳가 空亡이 되니 事故가 나고 短命한다. 눈이 나빠지고 뇌를 다치고 소장(小腸)이 나빠진다.

④의 중뢰진괘(重雷震卦)에서는 命이 길고 財物이 있으며 자손은 성공한다. 父母 兄弟는 안강(安康)하다. 그러나 벼슬을 깎고 妻를 해친다.

⑤의 중풍손괘(重風巽卦)에서는 命은 보통이고 財物이 있고 벼슬을 한다. 父母 兄弟도 안강(安康)하다. 그러나 子孫과의 인연(因緣)이 박(薄)하다.

⑥의 중수감괘(重水坎卦)에서는 命이 길고 財物이 많으며 벼슬도 한다. 兄弟와 子孫은 안강(安康)하다. 그러나 父親을 害친다.

⑦의 중산간괘(重山艮卦)에서는 命은 보통이고 財物이 많으며 벼슬을 한다. 父母는 장수성공(長壽成功)하며 兄弟도 안강(安康)하다. 그러나 子孫을 害친다.

⑧의 중지곤괘(重地坤卦)에서는 命이 길고 財物이 있으며 벼슬을 한다. 子孫과 兄弟도 안장(安壯)하고 인덕(人德)이 있는 좋은 이름이 된다.

庚子日生

① 의 중천건괘(重天乾卦)에서는 命이 길고 벼슬을 하고 兄弟는 성공한다. 父母와 子孫도 안강(安康)하다. 그러나 財物의 지출(支出)이 많고 처궁(妻宮)이 不安하다.

② 의 중택태괘(重澤兌卦)에서는 命이 길고 財物이 있으며 부모는 장수(長壽)하고 덕(德)이 있다. 子孫은 안강(安康)하다. 그러나 兄弟를 害치고 벼슬을 깎는다.

③ 의 중화이괘(重火離卦)에서는 世巳가 空亡이고 劫殺이 되니 事故가 나고 短命한다. 눈이 나빠지고 뇌를 상하며 小腸과 肺가 나빠진다.

④ 의 중뢰진괘(重雷震卦)에서는 命이 길고 財物이 있으며 벼슬은 높다. 父母 兄弟 子孫도 안강(安康)하다. 그러나 財物의 지출(支出)이 많고 妻가 不安하다.

⑤ 의 중풍손괘(重風巽卦)에서는 命은 보통이고 財物은 많다. 父母 兄弟는 안강(安康)하다. 그러나 子孫을 害치고 벼슬을 깎아 직업이 불안하다.

⑥ 의 중수감괘(重水坎卦)에서는 命은 보통이고 財物이 있으며 벼슬도 한다. 父母는 장수안강(長壽安康)하고 兄弟는 平吉하다. 그러나 子孫이 불안하고 파란이 있다.

⑦ 의 중산간괘(重山艮卦)에서는 財物이 있고 子孫은 성공한다. 父母 兄弟는 안강(安康)하다. 그러나 직업이 不安하고 몸을 다칠 염려가 있다.

⑧ 의 중지곤괘(重地坤卦)에서는 財物이 있고 벼슬을 하고 형제는 성공한다. 그러나 父母와 子孫을 害치고 몸을 다칠 수 있다.

辛丑日生

① 의 중천건괘(重天乾卦)에서는 벼슬을 하고 子孫과 兄弟는 안강(安康)하다. 그러나 財物을 傷하고 처궁(妻宮)이 不安하다. 부모를 해치며 몸을 다칠 염려가 있다.

② 의 중택태괘(重澤兌卦)에서는 命이 길고 財物이 있으며 형제는 성공한다. 父母와 子孫도 安康하다. 그러나 벼슬을 깎아 직장이 불안하다.

③ 의 중화이괘(重火離卦)에서는 世巳가 空亡이 되니 事故가 나고 단명한다. 눈이 나빠지고 뇌를 다치고 소장(小腸)이 나빠진다.

④ 의 중뢰진괘(重雷震卦)에서는 벼슬을 하고 子孫은 성공하며 父母는 안강(安康)하다. 그러나 兄弟를 해치고 財物을 傷한다. 妻를 해치며 몸을 다칠 수 있다.

⑤ 의 중풍손괘(重風巽卦)에서는 命은 보통이고 벼슬을 하고 財物이 있다. 子孫을 害치고 父母가 不安하다.

⑥ 의 중수감괘(重水坎卦)에서는 命은 보통이고 財物이 있으며 父母 兄弟는 안강(安康)하다. 그러나 벼슬을 깎고 子孫을 害친다.

⑦ 의 중산간괘(重山艮卦)에서는 世寅이 劫殺이니 事故가 나고 短命한다. 학업을 중단하고 뇌신경을 약하게 하며 코가 나빠진다.

⑧ 의 중지곤괘(重地坤卦)에서는 命이 길고 財物이 있으며 벼슬을 한다. 子孫은 성공하고 人德도 있는 좋은 이름이 된다.

壬寅日生

① 의 중천건괘(重天乾卦)에서는 命이 길고 財物이 있으며 벼슬을 한다. 그러나 父母 兄弟 子孫을 모두 해친다.

② 의 중택태괘(重澤兌卦)에서는 命이 길고 財物이 많으며 父母 兄弟는 성공한다. 그러나 벼슬을 깎고 子孫을 해친다.

③ 의 중화이괘(重火離卦)에서는 世巳가 空亡이니 短命한다. 사고가 나며 눈이 나빠지고 뇌를 다치며 삼초(三焦)도 약해진다.

④ 의 중뢰진괘(重雷震卦)에서는 命이 길고 財物이 있으며 자손과 형제는 성공한다. 그러나 벼슬을 깎고 妻와 父母를 해친다.

⑤ 의 중풍손괘(重風巽卦)에서는 命이 길고 財物이 많으며 벼슬을 하고 兄弟는 성공한다. 그러나 父母와 子孫을 害친다.

⑥ 의 중수감괘(重水坎卦)에서는 世子에 양인(羊刃)이 되니 몸을

다친다. 신장이 나빠지고 양기(陽氣)를 죽이며 兄弟를 해친다.

⑦의 중산간괘(重山艮卦)에서는 命은 보통이고 벼슬을 하며 父母 兄弟는 성공한다. 그러나 財物을 깎고 子孫을 해친다.

⑧의 중지곤괘(重地坤卦)에서는 命이 길고 벼슬이 높으며 재물이 있다. 子孫과 兄弟도 성공하며 건강하고 행복하게 사는 이름이다.

癸卯日生

①의 중천건괘(重天乾卦)에서는 命이 길고 벼슬을 하며 財物이 있으며 子孫은 성공한다. 그러나 兄弟를 害친다.

②의 중택태괘(重澤兌卦)에서는 命이 길고 財物이 많으며 父母 兄弟 子孫이 모두 成功한다. 그러나 벼슬을 깎는다.

③의 중화이괘(重火離卦)에서는 世巳에 空亡이 되고 馬가 붙으니 사고가 나고 短命한다. 눈이 나빠지고 뇌도 다친다.

④의 중뢰진괘(重雷震卦)에서는 命이 길고 財物이 조금 있다. 父母 兄弟 子孫이 모두 성공한다. 그러나 벼슬을 깎고 胃와 肺가 조금 약해진다.

⑤의 중풍손괘(重風巽卦)에서는 命이 길고 財物이 있으며 벼슬도 한다. 父母 兄弟도 성공하는 좋은 이름이 된다.

⑥의 중수감괘(重水坎卦)에서는 命이 길고 財物이 있으며 처덕(妻德)과 人德도 있다. 그러나 벼슬을 깎아 父母를 해치며 파란이 있는 이름이 된다.

⑦의 중산간괘(重山艮卦)에서는 命은 보통이고 財物이 많으며 벼슬을 한다. 父母 兄弟도 성공한다. 그러나 子孫을 조금 해친다.

⑧의 중지곤괘(重地坤卦)에서는 命이 길고 財物이 있으며 벼슬도 높다. 子孫과 兄弟는 성공하고 처덕(妻德)과 人德도 있는 좋은 이름이 된다.

甲辰日生

①의 중천건괘(重天乾卦)에서는 命이 길고 벼슬을 하며 父母 兄弟

子孫이 모두 성공한다. 그러나 財物을 傷한다.

②의 중택태괘(重澤兌卦)에서는 命이 길고 父母 兄弟 子孫이 모두 성공한다. 그러나 벼슬을 깎고 財物을 傷한다.

③의 중화이괘(重火離卦)에서는 世巳가 劫殺이 되니 事故가 나고 短命한다. 눈이 나빠지고 뇌를 다치며 소장(小腸)도 나빠진다.

④의 중뢰진괘(重雷震卦)에서는 命이 길고 벼슬을 하며 재물이 많다. 父母와 子孫도 성공하고 건강한 이름이 된다.

⑤의 중풍손괘(重風巽卦)에서는 世卯가 空亡이 되고 양인(羊刃)까지 되니 事故가 나고 短命한다. 肝이 나빠지고 뇌도 다쳐 파란이 많은 나쁜 이름이 된다.

⑥의 중수감괘(重水坎卦)에서는 命이 길고 벼슬을 하며 財物이 있다. 父母 兄弟도 성공하고 처덕(妻德)과 人德도 있다. 그러나 子孫으로 波乱이 있는 이름이 된다.

⑦의 중산간괘(重山艮卦)에서는 世寅이 空亡이 되고 馬가 붙으니 事故가 나고 短命한다. 벼슬을 깎고 學業이 中斷되며 뇌를 다친다.

⑧의 중지곤괘(重地坤卦)에서는 命이 길고 財物이 많으며 형제와 子孫은 성공하며 人德도 있는 좋은 이름이 된다.

乙巳日生

①의 중천건괘(重天乾卦)에서는 命이 길고 벼슬을 하며 父母 兄弟 子孫도 모두 성공한다. 그러나 財物을 傷한다.

②의 중택태괘(重澤兌卦)에서는 命이 길고 벼슬을 하며 父母 兄弟도 성공한다. 그러나 財物을 傷하고 子孫을 조금 害친다.

③의 중화이괘(重火離卦)에서는 命이 길고 財物이 있으며 자손과 형제도 성공한다. 그러나 벼슬이 갑자기 튀고 父母를 조금 해친다.

④의 중뢰진괘(重雷震卦)에서는 命이 길고 財物이 있으며 벼슬을 한다. 父母와 子孫도 성공하는 이름이 된다.

⑤의 중풍손괘(重風巽卦)에서는 世卯가 空亡이니 事故가 나고 短命한다. 肝이 나빠지고 뇌(腦)를 다칠 수 있다.

⑥의 중수감괘(重水坎卦)에서는 命이 길고 벼슬을 하며 財物이 있다. 처덕(妻德)과 人德도 있으며 父母 兄弟도 성공한다. 그러나 자손으로 波乱이 있는 이름이 된다.

⑦의 중산간괘(重山艮卦)에서는 世寅이 空亡이 되고 劫殺까지 되니 事故가 나고 短命한다. 學業이 중단(中斷)되고 뇌신경이 상하는 나쁜 이름이 된다.

⑧의 중지곤괘(重地坤卦)에서는 命이 길고 벼슬을 하며 財物이 있다. 父母 兄弟 子孫도 성공하고 人德이 있는 이름이 된다.

丙午日生

①의 중천건괘(重天乾卦)에서는 命이 길고 財物이 있으며 자손은 건장(健壯)하다. 그러나 財物을 傷하고 벼슬을 깎는다. 학업도 중단되고 兄弟를 害치는 좋지못한 이름이 된다.

②의 중택태괘(重澤兌卦)에서는 命이 길고 벼슬을 하며 父母 兄弟는 안강(安康)하다. 그러나 財物을 傷하고 子孫을 害친다.

③의 중화이괘(重火離卦)에서는 命이 길고 財物이 많으며 형제 자손도 성공한다. 그러나 벼슬을 깎고 父母를 해친다.

④의 중뢰진괘(重雷震卦)에서는 命이 길고 財物이 있으며 부모는 안강(安康)하다. 그러나 子孫과 兄弟를 害치고 벼슬이 길지 못하며 직장을 자주 옮길 염려가 있다.

⑤의 중풍손괘(重風巽卦)에서는 世卯가 空亡이 되니 事故가 나고 短命한다. 肝이 나빠지고 뇌를 다치며 父母를 해친다.

⑥의 중수감괘(重水坎卦)에서는 命이 길고 벼슬을 한다. 그러나 財物을 傷하고 子孫을 害치며 妻를 상하고 父母와 인연(因緣)이 없다.

⑦의 중산간괘(重山艮卦)에서는 世寅이 空亡이 되니 事故가 나고 短命한다. 뇌를 다치고 神經이 상하며 코가 나빠진다. 父母를 해치고 자손이 나가게 되는 나쁜 이름이 된다.

⑧의 중지곤괘(重地坤卦)에서는 命이 길고 財物이 많으며 父母 兄弟 子孫은 성공한다. 人德도 있는 좋은 이름이 된다.

丁未日生

① 의 중천건괘(重天乾卦)에서는 命이 길고 벼슬을 하며 父母와 子孫은 안강(安康)하다. 그러나 財物을 傷하고 兄弟를 해친다.

② 의 중택태괘(重澤兌卦)에서는 命이 길고 父母 兄弟 子孫이 모두 성공한다. 그러나 직장을 자주 옮기며 財物이 傷한다.

③ 의 중화이괘(重火離卦)에서는 財物이 많고 벼슬은 높으며 子孫은 平安하다. 그러나 父母를 해치고 형제와의 인연(因緣)이 없다. 몸을 다칠 수 있다.

④ 의 중뢰진괘(重雷震卦)에서는 命이 길고 財物이 있으며 자손은 성공하고 父母는 강녕(康寧)하다. 그러나 兄弟를 해치고 벼슬을 깎아 직장이 安定되지 못한다.

⑤ 의 중풍손괘(重風巽卦)에서는 世卯가 空亡이니 事故가 나고 短命한다. 肝이 나빠지고 뇌를 다친다. 兄弟를 害치고 子息이 나가는 이름이다.

⑥ 의 중수감괘(重水坎卦)에서는 命이 길고 財物이 많으며 벼슬을 한다. 형제는 성공한다. 그러나 子孫과 父母를 해친다.

⑦ 의 중산간괘(重山艮卦)에서는 世寅이 空亡이 되니 事故가 나고 短命한다. 뇌를 다치고 코가 나빠진다. 벼슬을 깎고 직업이 불안하며 자손을 해친다.

⑧ 의 중지곤괘(重地坤卦)에서는 命이 길고 財物이 많으며 자손은 성공한다. 父母 兄弟는 안강(安康)하고 인덕(人德)이 있어 좋은 이름이 된다.

戊申日生

① 의 중천건괘(重天乾卦)에서는 命이 길고 父母 兄弟 子孫이 모두 안강(安康)하다. 그러나 財物을 傷하고 벼슬을 깎아 직업이 불안하다.

② 의 중택태괘(重澤兌卦)에서는 命이 길고 벼슬을 하며 父母는 성공장수(成功長壽)한다. 兄弟와 子孫은 안강(安康)하고 비교적 건강(健康)한 이름이다.

③의 중화이괘(重火離卦)에서는 벼슬을 하고 財物이 있으며 子孫은 成功하며 父母는 강녕(康寧)하다. 그러나 형제를 해치고 몸을 다칠 수 있다.

④의 중뢰진괘(重雷震卦)에서는 命이 길고 財物이 있으며 벼슬을 하고 父母는 장수(長壽)한다. 그러나 兄弟와 子孫을 해친다.

⑤의 중풍손괘(重風巽卦)에서는 財物이 많으며 벼슬을 하고 父母와 子孫은 안강(安康)하다. 그러나 世卯가 空亡이 되니 事故가 나고 短命한다. 肝이 나빠진다.

⑥의 중수감괘(重水坎卦)에서는 命은 보통이고 벼슬을 하며 父母 兄弟는 안강(安康)하다. 그러나 子孫을 害치고 財物을 傷하며 妻를 해친다.

⑦의 중산간괘(重山艮卦)에서는 世寅이 空亡이 되니 事故가 나고 短命한다. 벼슬을 깎고 학업중단(學業中斷)하고 직업이 불안하다. 뇌를 다치고 신경이 傷하며 코가 나빠진다. 父母도 害친다.

⑧의 중지곤괘(重地坤卦)에서는 命이 길고 財物이 있으며 父母 兄弟 子孫이 모두 成功하여 幸福한 이름이 된다.

己酉日生

①의 중천건괘(重天乾卦)에서는 命이 길고 벼슬을 하며 父母 兄弟 子孫이 모두 성공한다. 그러나 財物을 傷한다.

②의 중택태괘(重澤兌卦)에서는 命은 보통이고 벼슬을 하며 父母 兄弟 子孫은 안강(安康)하다. 그러나 財物을 깎는다.

③의 중화이괘(重火離卦)에서는 命이 길고 財物이 있으며 형제와 자손은 건장(健壯)하다. 그러나 직장을 자주 옮길 수 있고 父母가 불안하다.

④의 중뢰진괘(重雷震卦)에서는 命이 길고 財物이 있으며 벼슬은 높다. 父母와 子孫도 성공장수(成功長壽)하는 좋은 이름이 된다.

⑤의 중풍손괘(重風巽卦)에서는 世卯가 空亡이 되니 事故가 나고 短命한다. 腦를 다치고 肝이 나빠지며 兄弟를 害친다.

⑥의 중수감괘(重水坎卦)에서는 命이 길고 財物이 많으며 벼슬을 한다. 父母 兄弟는 성공장수(成功長壽)한다. 그러나 형제를 해친다.

⑦의 중산간괘(重山艮卦)에서는 世寅이 空亡이 되고 劫殺이니 사고가 나서 短命한다. 뇌를 傷하고 신경이 약해지며 코가 나빠진다. 학업도 중단되어 파란이 많은 이름이 된다.

⑧의 중지곤괘(重地坤卦)에서는 命이 길고 財物이 있으며 父母 兄弟 子孫이 안강(安康)하다. 人德도 있는 이름이 된다.

庚戌日生

①의 중천건괘(重天乾卦)에서는 命이 길고 벼슬을 하며 財物이 있다. 兄弟는 성공하고 父母와 子孫도 安康하여 건전(健全)한 이름이 된다.

②의 중택태괘(重澤兌卦)에서는 命이 길고 벼슬을 하며 재물이 있다. 그러나 子孫과 兄弟를 害친다.

③의 중화이괘(重火離卦)에서는 命이 길고 子孫은 성공하며 兄弟는 건장(健壯)하다. 그러나 벼슬과 財物을 傷한다.

④의 중뢰진괘(重雷震卦)에서는 命이 길고 財物이 있으며 벼슬을 한다. 父母와 子孫은 안강(安康)하다. 그러나 兄弟를 害친다.

⑤의 중풍손괘(重風巽卦)에서는 世卯가 空亡이니 事故가 나고 短命한다. 벼슬을 깎고 父母 兄弟도 해친다. 肝과 뇌를 상하여 나쁜 이름이 된다.

⑥의 중수감괘(重水坎卦)에서는 命은 보통이고 재물(財物)이 있으며 벼슬을 한다. 父母은 장수성공(長壽成功)하고 인덕(人德)도 있는 이름이 된다.

⑦의 중산간괘(重山艮卦)에서는 世寅이 空亡이 되니 事故가 나고 短命한다. 학업중단(學業中斷)하고 뇌신경(腦神經)이 傷하고 코(鼻)가 나빠진다.

⑧의 중지곤괘(重地坤卦)에서는 世酉가 양인(羊刃)이 되니 몸을 다쳐 수술을 해야 한다. 子孫을 害치고 벼슬과 財物을 傷한다.

辛亥日生

① 의 중천건괘(重天乾卦)에서는 벼슬을 하고 子孫과 父母는 안강(安康)하다. 그러나 兄弟를 亥치고 財物을 傷하며 몸을 다칠 수 있다.

② 의 중택태괘(重澤兌卦)에서는 命이 길고 父母 兄弟 子孫이 성공안강(成功安康)하다. 그러나 財物을 傷하고 직업이 불안하다.

③ 의 중화이괘(重火離卦)에서는 財物이 많고 벼슬을 하며 자손은 成功한다. 父母 兄弟가 불안하고 몸을 다칠 염려가 있다.

④ 의 중뢰진괘(重雷震卦)에서는 財物이 있으며 子孫은 성공하고 父母는 건강장수(健康長壽)한다. 그러나 직업이 불안하고 몸을 다칠 염려가 있다.

⑤ 의 중풍손괘(重風巽卦)에서는 벼슬을 하고 財物이 있다. 그러나 世卯가 空亡이 되니 事故가 나고 短命한다. 肝이 나빠지고 뇌를 다친다.

⑥ 의 중수감괘(重水坎卦)에서는 命은 보통이고 財物이 있으며 벼슬도 한다. 그러나 子孫과 父母를 해친다.

⑦ 의 중산간괘(重山艮卦)에서는 財物이 있으며 父母 兄弟는 성공안강(成功安康)하다. 그러나 世寅이 空亡하니 事故가 나고 短命한다. 뇌를 다치고 코가 나빠지며 學業을 중단하다.

⑧ 의 중지곤괘(重地坤卦)에서는 世酉가 정록(正祿)이 되니 命이 길고 財物이 있으며 벼슬을 한다. 子孫은 성공하고 父母 兄弟는 安康하다. 人德도 있고 건강하며 성공하는 좋은 이름이 된다.

壬子日生

① 의 중천건괘(重天乾卦)에서는 命이 길고 벼슬을 하며 父母 兄弟도 성공한다. 그러나 財物을 傷하고 子孫을 害친다.

② 의 중택태괘(重澤兌卦)에서는 命이 길고 벼슬을 하며 財物이 있다. 父母 兄弟 子孫이 모두 성공하고 건강하며 행복한 이름이 된다.

③ 의 중화이괘(重火離卦)에서는 世巳가 劫殺이 되니 事故가 나고 短命한다. 눈이 나빠지고 뇌를 다치며 파란이 많은 나쁜 이름이 된다.

④의 중뢰진괘(重雷震卦)에서는 命이 길고 財物이 있으며 벼슬을 한다. 子孫은 성공한다. 그러나 父母 兄弟를 해친다.

⑤의 중풍손괘(重風巽卦)에서는 世卯가 空亡이 되니 事故가 나고 短命한다. 肝이 나빠지고 뇌를 다친다.

⑥의 중수감괘(重水坎卦)에서는 世子가 양인(羊刃)이 되니 몸을 다친다. 신장이 나빠지고 양기(陽氣)를 죽이며 兄弟와 子孫도 해친다.

⑦의 중산간괘(重山艮卦)에서는 世寅이 空亡이 되고 馬가 붙으니 事故가 나고 短命한다. 뇌를 다치고 神經이 약해지며 양기(陽氣)도 죽인다.

⑧의 중지곤괘(重地坤卦)에서는 命이 길고 財物이 있으며 벼슬을 한다. 兄弟와 子孫도 성공하며 人德도 있는 이름이 된다.

癸丑日生

①의 중천건괘(重天乾卦)에서는 命이 길고 벼슬을 하며 父母 兄弟 子孫이 모두 성공한다. 그러나 財物을 깎는다.

②의 중택태괘(重澤兌卦)에서는 命이 길고 벼슬을 하며 財物이 있다. 父母 兄弟도 성공하는 이름이 된다.

③의 중화이괘(重火離卦)에서는 命이 길고 財物이 있으며 자손과 형제도 성공한다. 그러나 父母德이 부족하다.

④의 중뢰진괘(重雷震卦)에서는 命이 길고 財物이 있으며 벼슬을 한다. 父母와 子孫도 성공하며 건강한 이름이 된다.

⑤의 중풍손괘(重風巽卦)에서는 世卯가 空亡이 되니 事故가 나고 短命한다. 肝이 나빠지고 뇌를 다치는 파린이 많은 이름이 된다.

⑥의 중수감괘(重水坎卦)에서는 命이 길고 벼슬을 하며 財物이 있다. 父母 兄弟도 성공한다. 그러나 子孫을 害친다.

⑦의 중산간괘(重山艮卦)에서는 世寅이 空亡이 되고 劫殺이 되니 事故가 나고 短命한다. 뇌를 다치고 신경이 쇠약해진다.

⑧의 중지곤괘(重地坤卦)에서는 命이 길고 벼슬과 財物이 있다. 父母 兄弟 子孫이 모두 성공하는 좋은 이름이 된다.

甲寅日生

① 의 중천건괘(重天乾卦)에서는 命이 길고 財物이 있으며 벼슬을 하고 父母德도 있다. 그러나 子孫과 兄弟를 害친다.

② 의 중택태괘(重澤兌卦)에서는 命이 길고 벼슬을 하며 父母德도 있다. 그러나 子孫을 害치고 財物을 傷한다.

③ 의 중화이괘(重火離卦)에서는 命은 보통이고 財物이 있다. 子孫과 兄弟는 성공한다. 그러나 父母를 해치고 벼슬을 깎는다.

④ 의 중뢰진괘(重雷震卦)에서는 命이 길고 財物이 있으며 자손과 형제는 성공한다. 그러나 벼슬을 깎고 父母를 해친다.

⑤ 의 중풍손괘(重風巽卦)에서는 世卯가 양인(羊刃)이니 몸을 다치고 뇌를 다치며 肝이 나빠진다. 父母도 해치며 파란이 많은 이름이 된다.

⑥ 의 중수감괘(重水坎卦)에서는 世子가 空亡이니 事故가 나고 短命한다. 뇌를 다치고 신장이 나빠지며 양기(陽氣)도 부족하다. 부모를 해치며 파란이 많은 이름이 된다.

⑦ 의 중산간괘(重山艮卦)에서는 命이 길고 벼슬을 하며 父母 兄弟 子孫이 성공하는 이름이 된다.

⑧ 의 중지곤괘(重地坤卦)에서는 命이 길고 재물이 있으며 父母 兄弟 子孫도 모두 성공하는 이름이 된다.

乙卯日生

① 의 중천건괘(重天乾卦)에서는 命이 길고 벼슬을 하며 財物이 있다. 그러나 子孫과 兄弟를 해친다.

② 의 중택태괘(重澤兌卦)에서는 命이 길고 財物이 있으며 父母 兄弟 子孫이 모두 성공하며 건강한 이름이 된다.

③ 의 중화이괘(重火離卦)에서는 財物이 있고 벼슬을 하며 부모와 자손은 성공한다. 그러나 世巳에 馬가 붙으니 몸을 다칠 수 있다.

④ 의 중뢰진괘(重雷震卦)에서는 命이 길고 財物이 있으며 벼슬도 한다. 兄弟와 子孫도 성공하고 비교적 건강한 이름이 된다.

⑤ 의 중풍손괘(重風巽卦)에서는 命이 길고 財物이 있으며 벼슬을

한다. 父母 兄弟 子孫도 모두 성공하며 건강한 이름이 된다.

⑥의 중수감괘(重水坎卦)에서는 世子가 空亡이 되니 事故가 나고 短命한다. 뇌를 다치고 신장이 나빠지며 귀(耳)가 나빠지며 양기를 죽인다.

⑦의 중산간괘(重山艮卦)에서는 命이 길고 벼슬을 하며 父母兄弟는 성공한다. 그러나 財物을 깎고 子孫을 해친다.

⑧의 중지곤괘(重地坤卦)에서는 命이 길고 벼슬을 하며 재물이 많다. 子孫과 兄弟도 성공하며 人德이 있고 건강한 이름이 된다.

丙辰日生

①의 중천건괘(重天乾卦)에서는 命이 길고 財物이 있으며 父母兄弟도 성공한다. 그러나 벼슬을 깎고 子孫을 害친다.

②의 중택태괘(重澤兌卦)에서는 命이 길고 財物이 있으며 父母兄弟 子孫도 성공하며 건강한 이름이 된다.

③의 중화이괘(重火離卦)에서는 世巳가 劫殺이 되니 事故가 나고 短命한다. 뇌를 다치고 눈이 나빠지며 小腸이 약해진다.

④의 중뢰진괘(重雷震卦)에서는 命이 길고 財物이 있으며 벼슬을 한다. 그러나 父母 兄弟 子孫을 모두 해친다.

⑤의 중풍손괘(重風巽卦)에서는 命이 길고 벼슬을 하며 財物이 있다. 父母 兄弟 子孫도 모두 성공하는 좋은 이름이 된다.

⑥의 중수감괘(重水坎卦)에서는 世子가 空亡이니 事故가 나고 단명한다. 뇌를 다치고 귀가 나빠지며 신장이 약해진다. 양기를 해친다.

⑦의 중산간괘(重山艮卦)에서는 世寅에 馬가 붙으니 몸을 다친다. 신경이 약해지고 담이 나빠지며 뇌를 다쳐 파란이 많은 이름이 된다.

⑧의 중지곤괘(重地坤卦)에서는 命이 길고 財物이 많으며 벼슬을 한다. 人德이 있으며 건강하고 행복한 이름이 된다.

丁巳日生

①의 중천건괘(重天乾卦)에서는 命이 길고 벼슬을 하며 父母 兄弟

德이 있다. 그러나 재물을 깎고 子孫을 害친다.
  ② 의 중택태괘(重澤兌卦)에서는 世未가 양인(羊刃)이니 몸을 다친다. 이가 나빠지고 父母를 害쳐 파란이 있는 이름이 된다.
  ③ 의 중화이괘(重火離卦)에서는 命이 길고 財物이 있으며 父母 兄弟德도 있다. 그러나 벼슬을 깎고 子孫을 害친다.
  ④ 의 중뢰진괘(重雷震卦)에서는 命이 길고 財物이 있으며 벼슬도 한다. 父母 兄弟는 조금 해치나 子孫은 성공한다.
  ⑤ 의 중풍손괘(重風巽卦)에서는 命이 길고 벼슬은 높으며 재물이 있다. 兄弟와 子孫도 성공하는 이름이다.
  ⑥ 의 중수감괘(重水坎卦)에서는 世子가 空亡이니 事故가 나고 短命한다. 귀가 나빠지고 신장이 약해지며 파란이 많은 이름이 된다.
  ⑦ 의 중산간괘(重山艮卦)에서는 世寅이 劫殺이니 事故가 나고 短命한다. 뇌를 다치고 신경이 약해지며 파란이 많은 이름이 된다.
  ⑧ 의 중지곤괘(重地坤卦)에서는 命이 길고 벼슬을 하며 財物이 있다. 父母와 子孫도 성공하며 人德이 있는 좋은 이름이 된다.

戊午日生
  ① 의 중천건괘(重天乾卦)에서는 子丑이 空亡이 되니 子孫을 해친다. 午官은 양인살(羊刃殺)이니 벼슬을 깎는다. 心臟이 나빠지고 胃腸·肺·陽氣를 해친다.
  ② 의 중택태괘(重澤兌卦)에서는 命이 길고 벼슬을 하며 財物이 있으며 비교적 좋은 이름이 된다. 그러나 방광(膀胱)과 삼초(三焦)를 조금 약하게 한다.
  ③ 의 중화이괘(重火離卦)에서는 命이 길고 子孫은 성공하며 財物이 있다. 경찰이나 軍人 등의 벼슬에 유리(有利)하다.
  ④ 의 중뢰진괘(重雷震卦)에서는 命이 길고 財物이 있다. 경찰이나 군인 등의 벼슬에 유리하다. 그러나 子孫午火가 羊刃이 되니 子孫을 害친다. 그리고 子가 空亡이 되니 父母의 건강(健康)을 害친다. 腎臟이 나빠지고 陽氣를 죽인다.

⑤의 중풍손괘(重風巽卦)에서는 命이 길고 財物이 많으며 벼슬을 하고 子孫은 성공한다. 그러나 방광과 삼초(三焦)가 조금 약해지고 父母의 건강을 해친다.

⑥의 중수감괘(重水坎卦)에서는 世子가 空亡이 되니 事故가 나고 短命한다. 귀(耳)가 나빠지며 뇌를 상하고 財物을 傷한다.

⑦의 중산간괘(重山艮卦)에서는 財物을 깎고 심장이 약해지며 양기가 부족해진다. 父母의 건강(健康)을 해친다.

⑧의 중지곤괘(重地坤卦)에서는 命이 길고 벼슬을 하며 財物이 있고 人德도 있어 비교적 건강하다.

己未日生

①의 중천건괘(重天乾卦)에서는 命이 길고 벼슬을 하며 財物이 있으며 父母는 건강하다. 그러나 子孫을 해치고 양기가 不足해지며 兄弟를 해친다.

②의 중택태괘(重澤兌卦)에서는 父母를 해치고 방광(膀胱)이 나빠지고 허리를 다치며 벼슬을 조금 깎는다.

③의 중화이괘(重火離卦)에서는 命을 깎고 子孫을 害친다. 눈과 방광이 나빠진다.

④의 중뢰진괘(重雷震卦)에서는 命이 길고 財物이 있으며 자손은 성공한다. 그러나 벼슬을 깎고 父母를 해치며 양기를 부족하게 한다.

⑤의 중풍손괘(重風巽卦)에서는 命은 보통이고 벼슬을 하며 父母는 건강장수(健康長壽)하다. 그러나 財物을 깎고 방광(膀胱)이 약해진다.

⑥의 중수감괘(重水坎卦)에서는 世子가 空亡이 되니 短命한다. 귀가 나빠지며 父母 兄弟를 해치고 양기를 부족하게 한다.

⑦의 중산간괘(重山艮卦)에서는 財物을 傷하고 子孫을 해치며 위와 신장을 나쁘게 한다.

⑧의 중지곤괘(重地坤卦)에서는 命이 길고 財物이 많으며 벼슬을 한다. 人德이 있고 子孫도 성공하는 좋은 이름이 된다.

庚申日生

① 의 중천건괘(重天乾卦)에서는 子가 空亡이 되니 子孫을 害친다. 그러나 命이 길고 벼슬을 하며 兄弟와 父母는 건강(健康)하다.

② 의 중택태괘(重澤兌卦)에서는 命이 길고 財物이 많으며 父母 兄弟 子孫은 모두 성공한다. 그러나 벼슬을 조금 깎는다.

③ 의 중화이괘(重火離卦)에서는 世巳가 劫殺이 되니 短命한다. 눈이 나빠지고 소장(小腸)과 뇌신경(腦神經)이 약해진다.

④ 의 중뢰진괘(重雷震卦)에서는 命이 길고 財物이 있으며 벼슬을 하고 子孫도 성공한다. 그러나 父母 兄弟를 해친다.

⑤ 의 중풍손괘(重風巽卦)에서는 命은 보통이나 벼슬을 깎고 子孫을 해친다. 폐(肺)와 소장(小腸)을 약하게 하고 허리를 다친다.

⑥ 의 중수감괘(重水坎卦)에서는 世子가 空亡이 되니 事故가 나고 短命한다. 귀를 나쁘게 하고 양기를 죽이며 子孫과 兄弟도 해친다.

⑦ 의 중산간괘(重山艮卦)에서는 命을 깎고 벼슬과 財物을 傷한다. 뇌신경(腦神經)을 약하게 하고 양기(陽氣)도 부족하게 한다.

⑧ 의 중지곤괘(重地坤卦)에서는 世酉가 양인살(羊刃殺)이 되니 短命한다. 子孫과 父母를 해친다. 폐(肺)·뇌(腦)·위(胃)·소장(小腸)을 약하게 한다.

辛酉日生

① 의 중천건괘(重天乾卦)에서는 子孫과 財物을 害치고 양기와 神經을 약하게 한다.

② 의 중택태괘(重澤兌卦)에서는 命이 기고 財物이 많으며 벼슬도 하고 비교적 건강하다.

③ 의 중화이괘(重火離卦)에서는 命이 길고 財物이 많으며 父母 兄弟 子孫이 모두 성공하고 비교적 건강하다.

④ 의 중뢰진괘(重雷震卦)에서는 命을 害치고 父母 兄弟를 해친다. 손발과 팔 다리를 다치고 陽氣를 약하게 한다.

⑤ 의 중풍손괘(重風巽卦)에서는 命이 길고 벼슬을 하며 財物이 많

고 비교적 건강한 이름이 된다.

⑥ 의 중수감괘(重水坎卦)에서는 世子가 空亡이 되니 短命하고 子孫을 해친다. 양기(陽氣)를 죽이고 귀가 나빠진다.

⑦ 의 중산간괘(重山艮卦)에서는 世寅이 劫殺이 되니 短命하고 벼슬과 財物을 깎는다. 뇌신경이 약해지고 양기를 죽이며 肺를 약하게 된다.

⑧ 의 중지곤괘(重地坤卦)에서는 世酉에 천록(天祿)이 되니 命이 길고 벼슬을 하며 財物이 많다. 人德도 있고 子孫이 성공하며 父母 兄弟도 모두 건강(健康)하다.

壬戌日生

① 의 중천건괘(重天乾卦)에서는 命이 길고 財物이 있다. 벼슬을 하며 父母德도 있다. 그러나 子孫을 害친다.

② 의 중택태괘(重澤兌卦)에서는 命이 길고 벼슬을 하며 財物도 많다. 父母 兄弟도 성공한다. 그러나 子孫을 害친다.

③ 의 중화이괘(重火離卦)에서는 命이 길고 財物이 있으며 父母 兄弟 子孫은 성공한다. 그러나 벼슬을 깎는다.

④ 의 중뢰진괘(重雷震卦)에서는 命이 길고 財物이 있으며 자손과 형제도 성공한다. 그러나 父母德이 없다.

⑤ 의 중풍손괘(重風巽卦)에서는 命이 길고 財物이 있으며 벼슬도 한다. 父母 兄弟 子孫도 성공하여 좋은 이름이 된다.

⑥ 의 중수감괘(重水坎卦)에서는 世子가 空亡이고 양인살(羊刃殺)이 되니 事故가 나고 短命한다. 신장과 귀가 나빠지고 양기가 부족해지며 뇌도 다칠 염려가 있다.

⑦ 의 중산간괘(重山艮卦)에서는 命은 보통이고 벼슬을 한다. 父母 兄弟德도 있다. 그러나 財物을 깎고 子孫을 해친다.

⑧ 의 중지곤괘(重地坤卦)에서는 命이 길고 벼슬은 높으며 재물이 있다. 父母 兄弟 子孫이 모두 성공하여 좋은 이름이 된다.

癸亥日生

① 의 중천건괘(重天乾卦)에서는 命이 길고 벼슬을 하며 財物이 있다. 父母德도 있으며 비교적 건강(健康)한 이름이 된다.

② 의 중택태괘(重澤兌卦)에서는 命이 길고 財物이 많으며 父母 兄弟 子孫도 모두 성공하고 건강한 이름이 된다.

③ 의 중화이괘(重火離卦)에서는 世巳에 馬가 붙으니 몸을 다친다. 눈이 나빠지고 소장(小腸)이 약해지며 뇌도 나빠진다.

④ 의 중뢰진괘(重雷震卦)에서는 命이 길고 財物이 있으며 형제 자손은 성공한다. 그러나 벼슬을 깎는다.

⑤ 의 중풍손괘(重風巽卦)에서는 命이 길고 財物이 있으며 벼슬을 한다. 父母 兄弟 子孫이 모두 성공하는 좋은 이름이 된다.

⑥ 의 중수감괘(重水坎卦)에서는 世子가 空亡이 되니 事故가 나고 몸을 다치며 短命한다. 신장이 나빠지고 귀도 나빠진다.

⑦ 의 중산간괘(重山艮卦)에서는 命은 보통이고 벼슬을 한다. 그러나 財物을 傷하고 子孫을 해치며 허리를 다칠 수 있다.

⑧ 의 중지곤괘(重地坤卦)에서는 命이 길고 벼슬이 높으며 재물이 많다. 父母 兄弟 子孫이 모두 成功한다. 인덕(人德)과 처덕(妻德)이 있고 健康하며 幸福한 이름이 된다.

제5장 수리(數理)와 음오행(音五行)

1. 수리(數理)

劃數	格 名	解 說
1	기본격(基本格)	삼양회춘지상(三陽回春之像)
2	분리격(分離格)	제천분활지상(諸川分割之像)
3	성형격(成刑格)	시생만물지상(始生萬物之像)
4	부정격(不定格)	동서각비지상(東西各飛之像)
5	정성격(定成格)	능성만물지상(能成萬物之像)
6	계성격(繼成格)	음덕시태지상(陰德始胎之像)
7	독립격(獨立格)	강건전진지상(剛健前進之像)
8	개발격(開發格)	자발자활지상(自發自活之像)
9	궁박격(窮迫格)	대재부용지상(大材無用之像)
10	공허격(空虛格)	만반허무지상(萬盤虛無之像)
11	신성격(新成格)	자력갱생지상(自力更生之像)
12	박약격(薄弱格)	연약실의지상(軟弱失意之像)
13	지모격(智謀格)	구이자명지상(久而自明之像)

제2편 작 명 459

14	이산격(離散格)	운둔사산지상(運屯四散之像)
15	통솔격(統率格)	천지안전지상(天地安全之像)
16	덕망격(德望格)	온후유덕지상(溫厚有德之像)
17	건창격(健暢格)	건전창달지상(健全暢達之像)
18	발전격(發展格)	진취발전지상(進取發展之像)
19	고난격(苦難格)	봉학상익지상(鳳鶴像翼之像)
20	허망격(虛望格)	만사허공지상(萬事空虛之像)
21	두령격(頭領格)	만인앙시지상(萬人仰視之像)
22	중절격(中折格)	추풍낙엽지상(秋風落葉之像)
23	공명격(功名格)	개화만발지상(開花萬發之像)
24	입신격(立身格)	우후개화지상(雨後開花之像)
25	안전격(安全格)	순풍항해지상(順風航海之像)
26	영웅시비격 (英雄是非格)	평지풍파지상(平地風波之像)
27	중단격(中斷格)	낙마절골지상(落馬折骨之像)
28	파란격(波乱格)	대해편주지상(大海片舟之像)
29	성공격(成功格)	신록유실지상(新綠有實之像)
30	부몽격(浮夢格)	무정세월지상(無情歲月之像)
31	융창격(隆昌格)	만화방창지상(萬花芳暢之像)
32	요행격(僥幸格)	연수주유지상(緣水周遊之像)
33	승천격(昇天格)	노룡득운지상(老龍得雲之像)
34	파멸격(破滅格)	평지풍파지상(平地風波之像)
35	평범격(平凡格)	안과태평지상(安過泰平之像)
36	영걸시비격 (英傑是非格)	골육상쟁지상(骨肉相爭之像)
37	인덕격(仁德格)	고목생화지상(古木生花之像)
38	복록격(福祿格)	입신양명지상(立身揚名之像)
39	안락격(安樂格)	개화영춘지상(開花迎春之像)

40	무상격(無常格)	도로무공지상(徒勞無功之像)
41	대공격(大功格)	명진사해지상(名振四海之像)
42	고행격(苦行格)	조절죽장지상(早節竹杖之像)
43	미혹격(迷惑格)	대해광풍지상(大海狂風之像)
44	마장격(魔障格)	평지풍파지상(平地風波之像)
45	대지격(大智格)	명월광신지상(明月光新之像)
46	부지격(不知格)	암행심야지상(暗行深夜之像)
47	출세격(出世格)	일악천금지상(一握千金之像)
48	유덕격(有德格)	우순풍조지상(雨順風調之像)
49	은퇴격(隱退格)	안일자한지상(安逸自閑之像)
50	불행격(不幸格)	용변성어지상(龍變成魚之像)
51	춘추격(春秋格)	일소일노지상(一笑一怒之像)
52	능진격(能進格)	위림백호지상(威林白虎之像)
53	부지격(不知格)	태산난월지상(泰山難月之像)
54	신고격(辛苦格)	낙마절골지상(落馬折骨之像)
55	불인격(不忍格)	백사불성지상(百事不成之像)
56	부족격(不足格)	소심담대지상(小心膽大之像)
57	노력격(努力格)	일심성공지상(一心成功之像)
58	자력격(自力格)	우후향화지상(雨後香花之像)
59	불과격(不過格)	의외실패지상(意外失敗之像)
60	암흑격(暗黑格)	심야행인지상(深夜行人之像)
61	영화격(榮華格)	개화만발지상(開花萬發之像)

2. 음오행(音五行)

五 行	解 說
금금금(金金金)	고독재난격(孤獨災難格)
금금목(金金木)	평생병고격(平生病苦格)
금금수(金金水)	발전향상격(發展向上格)
금금화(金金火)	패가망신격(敗家亡身格)
금금토(金金土)	대지대업격(大志大業格)
금목금(金木金)	유전실패격(流轉失敗格)
금목목(金木木)	추풍낙엽격(秋風落葉格)
금목수(金木水)	고통난면격(苦痛難免格)
금목화(金木火)	한산공가격(寒山空家格)
금목토(金木土)	심신과로격(心身過勞格)
금수금(金水金)	부귀공명격(富貴功名格)
금수목(金水木)	발전성공격(發展成功格)
금수수(金水水)	발전평안격(發展平安格)
금수화(金水火)	선무공덕격(善無功德格)
금수토(金水土)	불의재난격(不意災難格)
금화금(金火金)	조기성패격(早起成敗格)
금화목(金火木)	욕구불만격(欲求不滿格)
금화수(金火水)	무주공산격(無主空山格)
금화화(金火火)	만고신음격(萬苦呻吟格)
금화토(金火土)	입신양명격(立身揚名格)
금토금(金土金)	의외득재격(意外得財格)
금토목(金土木)	평지풍파격(平地風波格)
금토수(金土水)	재변재난격(災變災難格)
금토화(金土火)	고목봉춘격(古木逢春格)

금토토(金土土)	입신출세격(立身出世格)
목금금(木金金)	부지쟁론격(不知爭論格)
목금목(木金木)	골육상쟁격(骨肉相爭格)
목금수(木金水)	만사불성격(萬事不成格)
목금화(木金火)	독생탄식격(獨生歎息格)
목금토(木金土)	초실후득격(初失後得格)
목목금(木木金)	고난신고격(苦難辛苦格)
목목목(木木木)	입신출세격(立身出世格)
목목수(木木水)	성공발전격(成功發展格)
목목화(木木火)	입신출세격(立身出世格)
목목토(木木土)	고난신고격(苦難辛苦格)
목수금(木水金)	어변성룡격(魚變成龍格)
목수목(木水木)	부귀쌍전격(富貴雙全格)
목수수(木水水)	대부대귀격(大富大貴格)
목수화(木水火)	속성속패격(速成速敗格)
목수토(木水土)	조기성패격(早起成敗格)
목화금(木火金)	평지풍파격(平地風波格)
목화목(木火木)	춘산화개격(春山花開格)
목화수(木火水)	선부후빈격(先富後貧格)
목화화(木火火)	고목봉춘격(古木逢春格)
목화토(木火土)	대지대업격(大志大業格)
목토금(木土金)	패가망신격(敗家亡身格)
목토목(木土木)	사고무친격(四顧無親格)
목토수(木土水)	고목낙엽격(古木落葉格)
목토화(木土火)	골육상쟁격(骨肉相爭格)
목토토(木土土)	속성속패격(速成速敗格)
수금금(水金金)	순풍순성격(順風順成格)
수금목(水金木)	암야행인격(暗夜行人格)

수금수(水金水)	어변성룡격(魚變成龍格)
수금화(水金火)	개화광풍격(開花狂風格)
수금토(水金土)	발전성공격(發展成功格)
수목금(水木金)	일길일흉격(一吉一凶格)
수목목(水木木)	만화방창격(萬花芳暢格)
수목수(水木水)	청풍명월격(淸風明月格)
수목화(水木火)	입신양명격(立身揚名格)
수목토(水木土)	망망대해격(茫茫大海格)
수수금(水水金)	춘일방창격(春日芳昌格)
수수목(水水木)	만경창화격(萬景暢花格)
수수화(水水火)	고독단명격(孤獨短命格)
수수토(水水土)	백모불성격(百謀不成格)
수화금(水火金)	심신파란격(心身波難格)
수화목(水火木)	병난신고격(病難辛苦格)
수화수(水火水)	선무공덕격(善無功德格)
수화화(水火火)	일엽편주격(一葉片舟格)
수화토(水火土)	선빈후곤격(先貧後困格)
수토금(水土金)	선고후안격(先苦後安格)
수토목(水土木)	풍전등화격(風前燈火格)
수토수(水土水)	병난신고격(病難辛苦格)
수토화(水土火)	낙마실족격(落馬失足格)
수토토(水土土)	강상풍파격(江上風波格)
화금금(火金金)	사고무친격(四顧無親格)
화금목(火金木)	개화풍난격(開花風亂格)
화금수(火金水)	개화무실격(開花無實格)
화금화(火金火)	무주공산격(無主空山格)
화금토(火金土)	선고후길격(先苦後吉格)
화목금(火木金)	선고후파격(先苦後破格)

화목목(火木木)	부귀안태격(富貴安泰格)
화목수(火木水)	자수성가격(自手成家格)
화목화(火木火)	용봉득주격(龍逢得珠格)
화목토(火木土)	선고후길격(先吉後凶格)
화수금(火水金)	설상가상격(雪上加霜格)
화수목(火水木)	의외재난격(意外災難格)
화수수(火水水)	병난신고격(病難辛苦格)
화수화(火水火)	추풍낙엽격(秋風落葉格)
화수토(火水土)	금의야행격(錦衣夜行格)
화화금(火火金)	유두무미격(有頭無尾格)
화화목(火火木)	일진월장격(日進月將格)
화화수(火火水)	평지풍파격(平地風波格)
화화화(火火火)	개화봉우격(開花逢雨格)
화화토(火火土)	미려강산격(美麗江山格)
화토금(火土金)	화류장춘격(花柳長春格)
화토목(火土木)	선길후고격(先吉後苦格)
화토수(火土水)	대해편주격(大海片舟格)
화토화(火土火)	일흥중천격(日興中天格)
화토토(火土土)	만화방창격(萬花芳暢格)
토금금(土金金)	유곡회춘격(幽谷回春格)
토금목(土金木)	봉학상익격(鳳鶴傷翼格)
토금수(土金水)	금상유문격(錦上有紋格)
토금화(土金火)	골육상쟁격(骨肉相爭格)
토금토(土金土)	일광춘풍격(日光春風格)
토목금(土木金)	소사난성격(小事難成格)
토목목(土木木)	허명무실격(虛名無實格)
토목수(土木水)	유두무미격(有頭無尾格)
토목화(土木火)	운중지월격(雲中之月格)

토목토(土木土)　　고목낙엽격(古木落葉格)
토수금(土水金)　　선빈후고격(先貧後苦格)
토수목(土水木)　　노이무공격(勞而無功格)
토수수(土水水)　　일장춘몽격(一場春夢格)
토수화(土水火)　　풍파절목격(風波折木格)
토수토(土水土)　　패가망신격(敗家亡身格)
토화금(土火金)　　고난자성격(苦難自成格)
토화목(土火木)　　일광춘성격(日光春城格)
토화수(土火水)　　진퇴양난격(進退兩難格)
토화화(土火火)　　춘일방창격(春日芳暢格)
토화토(土火土)　　입신출세격(立身出世格)
토토금(土土金)　　고원회춘격(古園回春格)
토토목(土土木)　　선고후패격(先苦後敗格)
토토수(土土水)　　사고무친격(四顧無親格)
토토화(土土火)　　금상첨화격(錦上添花格)
토토토(土土土)　　일경일고격(一慶一苦格)

제6장 사주(四柱)의 실제(實際)

▲ 성공한 사주(四柱)

장관(長官)　八月　八日　酉時

年月日時		
丙丁戊辛	戊己庚辛壬癸	
子酉申酉	戌亥子丑寅卯	
1,630 ④	5 15 25 35 45 55	

　상관(傷官)이 상진(傷盡) 되었고 傷官 패인(佩印)한 장관사주(長官四柱)다. 풍수환괘(風水渙卦)가 천수송(天水訟)으로 진신(進神)이 되었다. 二十五才 이후 벼슬길에 나섰으나 近 二十年間 총리실(總理室)에서 큰 빛을 보지못하고 지냈다. 그러나 육공(六共) 들어 갑자기 빛을 보기 시작하여 55才에 1,795 ① 천산대축괘(天山大畜卦)에 총무처장관(總務處長官)이 되었다. 57才 壬申年에 1,717 ① 중산간괘(重山艮卦)니 世寅이 응신(應申)의 克을 받았으므로 야당(野黨)의 아성에서 여당(與黨)

의 공천을 받아 國會議員에 出馬했다가 떨어졌다. 艮이 비(賁)로
前進하니 또 長官이 되었다(勞動部 長官). 李衍澤氏의 四柱다. 이름은
地天泰卦이므로 大也通也로 좋은 이름이다. 평생 고생을 모르고 幸
福하게 살고 있으며 슬하에 二男을 두었다.

國會議長(長官) 十二月 二十三日

年月日時	
甲丁辛庚	戊 己 庚 辛 壬 癸 甲
子丑丑寅	寅 卯 辰 巳 午 未 申
1,868②	6 16 26 36 46 56 66

辛金이 추운 겨울에 꽁꽁 얼어붙었으며, 庚金이 甲木을 쪼개어 인정
(引丁)하니 동량지재로 태어난 사주(四柱)이다. 오래 軍人(장군) 생활
을 하다가 오공시(五共時) 국방장관(國防長官)을 오래 했다. 그리고
國會議長까지 한 丁來赫氏 四柱다. 巳午未 南方火에 성공했다.

장관(長官) 三月 七日

年月日時	
丙辛庚乙	壬 癸 甲 乙 丙 丁
子卯戌酉	辰 巳 午 未 申 酉
	6 12 22 32 42 52

양인(羊刃)이 가설(架設)한 대관사주(大官四柱)다. 身이 왕(旺)하고
殺 天下하니 丙 대운(大運)에 오공(五共)에서 여당창당(與黨創黨) 주역
(主役)으로 원내총무(院內總務)와 사무총장(事務總長)을 거쳤다. 그리

고 丁 대운(大運)에 정무장관(政務長官)을 지냈으며 오선의원(五選議院)을 했다. 한 시대를 주름잡은 이종찬(李種贊) 氏 四柱다.

차관(次官)   九月 三日

年月日時 辛丁己甲 酉酉亥戌 1,751 ⑤	丙乙甲癸壬辛 申未午巳辰卯 9 19 29 39 49 59

상관생재(傷官生財)하니 부자(富者)다. 패인(佩印)하니 남방운(南方運)에 체신부 차관을 지낸 金某氏의 四柱다.

국회의원(國會議員)

年月日時 丙辛庚丙 子卯寅戌 1,650 ⑥	壬癸甲乙丙丁 辰巳午未申酉 9 19 29 39 49 59

庚金이 卯財旺節에 태어나 寅戌이 火局이 된다. 丙火가 두출(透出)하니 殺旺한데 年間丙火가 月干辛金과 合이 되어 水가 되니 年支子水와 함께 아능구모격(兒能救母格)이 되었다. 기자생활(記者生活)을 十五年間 하다가 未土運에 들어와 늦게 결혼(結婚)을 했다. 이어 국회의원(國會議員)에 당선(當選) 되었다. 그리고 사선의원(四選議員)으로 제일야당(第一野黨)의 원내총무(院內總務)와 사무총장(事務總長)을 거쳐 최고위원(最高委員)까지 되었다. 그러나 슬하에 子息이 없다.

국회의원(國會議員) 十月 十六日

```
年月日時
己乙丁乙    甲 癸 壬 辛 庚 己
卯亥卯巳    戌 酉 申 未 午 巳
 1,636 ④    6 16 26 36 46 56
```

日干丁火가 水旺節에 태어났으나 双乙木과 双卯木이 있고 巳火가 또 있어 신강사주(身强四柱)가 된다. 그러므로 능임재관(能壬財官)하는 四柱가 되었다. 늦게 財官이 드는 申運에 사법고시(司法考試)에 합격하여 여러 곳에서 판사(判事) 생활을 하다가 未運에 사직을 하고 변호사(辯護士) 생활을 했다. 그리고 庚大運 戊辰年에 13代 國會議員에 당선되었다. 그후 壬申年에 再選된 吳某 議員의 四柱다. 슬하에 二男一女를 두었다.

국회의원(國會議員) 十一月 二十五日

```
年月日時
癸乙辛辛    甲 癸 壬 辛 庚 己
酉丑巳卯    子 亥 戌 酉 申 未
            2 12 22 32 42 52
```

辛金日柱가 巳酉丑金 하므로 身이 너무 旺하다. 財乙木이 時支에 뿌리를 내렸고 癸水가 돕는 것이 기쁘다. 戌運에 일찍이 國會議員에 당선(當選)되어 辛酉運中에 農水産分科委員長까지 했다. 庚申運中 乙庚이 合이 되고 卯申이 合이 되어 위암으로 死亡하였다. 슬하에 二男을 두었다. 國會議員 삼선(三選)을 한 全某氏의 四柱다.

국회의원(國會議員)　十一月　三十日

```
年月日時
丁壬辛丙      辛 庚 己 戊 丁 丙
卯子卯申      亥 戌 酉 申 未 午
1,711 ④      5 15 25 35 45 55
```

傷官 遇殺에 金水傷官의 官要旺인데 丁壬이 合이 되어 殺과 傷官이 財로 化했으며, 卯申이 乙庚으로 合이 됨이 기쁘다. 44才 申運까지는 야당생활(野黨生活)을 하면서 고생을 많이 했다. 그러나 丁運부터 運이 열려 全國區 國會議員을 두번 했다. 그리고 독립산업 상무이사(常務理事)을 한 鄭某氏의 四柱다.

法官 車尚根氏　三月　二十六日

```
年月日時
癸丙丙丙      乙 甲 癸 壬 辛 庚
酉辰辰申      卯 寅 丑 子 亥 戌
              5 15 25 35 45 55
```

비록 三丙火가 있으나 辰酉가 合金하고, 申辰이 合水하며, 癸水가 天干에 나타나니 종살격(縱殺格)으로 貴格이다. 寅運中 大學在學時에 사법고시(司法考試·七回)에 合格하고 광주고법부장판사(光州高法部長判事)까지 지냈다. 婦人 金女史(乙亥生)와 宮合도 좋아 三男三女를 두고 행복하게 살고 있다.

검사(檢事)　二月　十四日

```
年月日時
甲丁辛庚      戊 己 庚 辛 壬 癸
申卯未寅      辰 巳 午 未 申 酉
1,872 ⑥　福德   10 20 30 40 50 60
```

辛金日柱가 財旺節인 卯月에 태어나 寅木卯未木局이 되고, 天干에 甲木丁火가 있으니 財旺生官하는 좋은 四柱이나 身弱四柱다. 己巳大運에 行政司法 双科에 合格했다. 그리고 서울 地檢에서 七年餘 地方에서 一年半 동안 檢事 생활을 하다가 사표를 썼다. 그후 美國으로 가서 五年間 工夫하면서 國際擔當辯護士資格証을 땄다. 國內에 들어와 메스컴에도 나오는 등 활동이 많았다. 辛未年에 1,972 ④ 天山遯卦 아주 나쁜 해에 女子로 인해 큰 亡身을 당한 朴某 辯護士의 四柱다. 슬하에 二男을 두었다.

검사(檢事)　十一月　八日

```
年月日時
己丙己庚      乙 甲 癸 壬 辛 庚
卯子丑午      亥 戌 酉 申 未 午
              4 14 24 34 44 54
```

己土가 추운 동짓달에 태어나 꽁꽁 얼어붙었는데 時支에 午火가 있고 月干에 丙火가 있어 高試에 合格하고 支檢長까지 했다. 婦人 朴女史(辛巳生)와 澤水困卦로 宮合이 나쁘고 24才부터 20年間 金水運으로 흘러 딸만 넷을 낳았다. 河某 檢事의 四柱다.

경찰간부(警察幹部)

```
年月日時
庚庚辛癸    辛 壬 癸 甲 乙 丙
辰辰丑巳    巳 午 未 申 酉 戌
            3 13 23 33 43 53
```

이 四柱는 土金으로 꽉 짜여 辛金이 너무 旺한데 癸水가 旺한 辛金을 洩氣함이 기쁘다. 司法考試에 두어번 떨어지고 그의 母親이 필자에게 와서 어떻게 해야 좋겠느냐기에 行政考試로 바꾸라고 했더니 30才가 다 되어 行試에 合格하고 경찰간부가 되었다. 치안경감인 해양 경찰대장이 된 이강년씨의 四柱다.

경찰서장(警察署長) 二月 一日

```
年月日時
丙庚庚戊    辛 壬 癸 甲 乙 丙
辰寅子寅    卯 辰 巳 午 未 申
1,697 ⑤    1 11 21 31 41 51 61
```

子寅間에 丑을 協하고 寅辰間에 卯를 協하니 子丑寅卯辰이 되니 木局인 財星이 旺하고 寅中에서 丙火가 투출되어 나오니 殺印格이 되어 貴格이다. 丙運中에 경찰서장이 되었다.

장군(將軍)

```
年月日時
戊壬甲己        癸 甲 乙 丙 丁 戊 己
辰戌辰巳        亥 子 丑 寅 卯 辰 巳
 1,658 ②       3 13 23 33 43 53 63
```

甲己가 合하여 從化格의 眞格이다. 月干壬水가 局을 축소시켜 長官을 하지 못하고 陸軍少將에 兵務廳長까지 하였다. 슬하에 二男을 두었다. 廉將軍의 四柱다.

▲ **탈렌트** (女) 丙申年 八月 二十八日

```
年月日時
丙丁壬甲         丙 乙 甲 癸 壬 辛 庚
申酉寅辰         申 未 午 巳 辰 卯 寅
  福  1,693 ①   8 18 28 38 48 58 68
```

丁壬이 化木에 時에 辰時니 化木이 眞이나 申酉金이 破하니 甲午運中에 化木을 돕고 있다. 午火가 寅午火局이 되어 金을 치니 돈을 많이 벌어 몇 拾億원을 들여 갈비와 회집을 차려 돈을 많이 벌고 있다. 그러나 官과 인연(因緣)이 없어 四十才가 가깝도록 시집을 못가고 처녀로 늙고 있다. 탈렌트 李某양의 사주(四柱)다.

▲ 부자사주(富者四柱)

선경 崔鍾賢氏 十月 二十一日

```
      年月日時
      己乙庚丙        甲 癸 壬 辛 庚 己 戊
      巳亥午子        戌 酉 申 未 午 巳 辰
   2,138 ②  福        4 14 24 34 44 54 64
```

　金水傷官이 官要旺이니 巳午南方運에 大運이 들어 20年間 큰 事業이 번창하여 우리나라 十代 財閥이 되었다. 乙庚이 合하고 己土正印이 午火에 뿌리를 내리고 助身하며 庚金이 巳宮에 뿌리를 내리고 있다. 身이 不弱한데 巳亥와 子午가 相冲되니 묘하게 四柱가 구성되어 있다. 壬申年에는 64才 大運이 戊辰으로 바뀌어 申子辰 三合水局이 되었다. 더구나 2,212 ④ 澤山咸에 水山蹇卦가 되니 이동통신을 大統領이 사돈이라 따내었다가 여론에 밀려 도로 반납해야 되는 창피를 당하게 되었다.

　東原 탄좌 李然氏

```
      年月日時
      丙庚丁壬        辛 壬 癸 甲 乙 丙 丁
      辰寅丑寅        卯 辰 巳 午 未 申 酉
   1,666 ④  福德       8 18 28 38 48 58 68
```

　丁壬火木이 木旺節인 寅月에 태어나 寅辰間에 卯를 協하니 寅卯辰東方局이 全하니 眞格이다. 月干庚金이 破하니 貴를 못하고 富만

있어 全國 百代 재벌(財閥) 中의 한사람이 되었다. 四十餘才에는 부도가 나서 영어의 신세를 진 일도 있다. 婦人 金女史와의 사이에 二男三女를 두었다.

朝鮮耐火 李勳東氏

年月日時							
丁辛辛壬	庚	己	戊	丁	丙	乙	甲
巳亥未辰	戌	酉	申	未	午	巳	辰
1,394 ②	6	16	26	36	46	56	66

金水傷官에 官要旺인 格이다. 辛金은 壬水가 씻으면 빛이 나고 亥未가 木局이 되니 傷官生財로 富者四柱다. 戊申運까지는 가난하여 苦生이 많았다. 그러나 丁未大運부터 發展하기 시작하여 丙午大運에 들어와서는 우리나라 百代 財閥에 들어가는 巨富가 되었으며 獎學生을 많이 기르고 있다. 本妻에서 三男四女를 낳았다.

사장(社長) 八月 十五日

年月日時							
壬己庚庚	庚	辛	壬	癸	甲	乙	丙
午酉辰辰	戌	亥	子	丑	寅	卯	辰
1,756 ④	5	15	25	35	45	55	65

庚辰剛星 四柱다. 土金이 많아 身旺四柱다. 기쁜 것은 旺한 金을 壬水食神이 洩하는 点이다. 父親의 事業體를 이어받아 잘 이끌어 나가고 있으며 庶兄弟가 있다. 某耐火 李某社長의 四柱다.

사장(社長)　正月　十一日

年月日時								
辛庚乙戊		己	戊	丁	丙	乙	甲	癸
巳寅酉寅		丑	子	亥	戌	酉	申	未
		1	11	21	31	41	51	61

　일찍이 서울 商大를 卒業하고 (주)선경의 創業 멤버로 들어가서 선경을 키우는데 至大한 공헌을 하였다. 그후 유공 사장을 지냈다. 현재 대한 텔레콤 社長으로 있는 孫吉丞氏의 四柱다. 婦人 朴女史와의 사이에 二男을 두었다.

전무(專務)　二月　十三日

年月日時							
丁癸辛己	壬	辛	庚	己	戊	丁	丙
丑卯亥亥	寅	丑	子	亥	戌	酉	申
1,671 ③	6	16	26	36	46	56	66

　일찍이 서울 工大를 나온 才士로 이곳 저곳 自動車 會社에 근무하다가 現在 起亞 自動車 전무이사(專務理事)로 있다. 壬申年에는 1,714 ④ 중산간괘(重山艮卦)에 백호산신(白虎産神)이 지세(持世)하니 식구(食口)가 느는 해라 아들을 결혼시키자 며느리가 집안으로 들어왔다.

이사(理事) 六月 八日

年月日時	
辛甲辛乙	癸 壬 辛 庚 己 戊 丁
巳午亥未	巳 辰 卯 寅 丑 子 亥
福	9 19 29 39 49 59 69

辛金이 巳午未南方局全하니 녹는 듯 하여 身弱四柱이다. 기쁜 것은 日支에 亥水가 난국을 식혀주는 데 있다. 그리고 妻德이 있어 일찍 서울 商大를 나와 銀行에 취직을 하고 있다가 현재는 妻家 事業體의 專務理事로 일하고 있다.

의사(醫師) 五月 二十九日 亥時

年月日時	
丙乙庚丁	丙 丁 戊 己 庚 辛 壬
子未子亥	申 酉 戌 亥 子 丑 寅
1,464 ⑥	8 18 28 38 48 58 68

乙庚이 合은 되나 官殺이 혼잡(混雜)하고 身弱四柱이다. 기쁜 것은 亥子水가 있어 더운 불을 식혀 주는 것이다. 재주가 있어서 서울 의대를 나왔다. 亥大運부터 運이 들어 本人 소유의 사층 건물에 每月 千餘萬원을 벌고 있다.

국장(局長)　七月　三十日　申時

年月日時		
戊庚癸庚	辛壬癸甲乙丙丁	
申申丑申	酉戌亥子丑寅卯	
	5 15 25 35 45 55 65	

癸水가 七月 金旺節에 生하여 五金二土니 官印相生이 되었으므로 極旺할 뿐 아니라 丁甲이 無하니 金多水濁하다. 그러므로 지방전매청국장(地方專賣廳局長)에서 그쳤다. 婦人 壬子生 金女史와의 사이에 五男四女 九男妹을 두었다. 七十才에 死亡했다.

전매지청장(專賣支廳長)　五月　二日

年月日時		
丙甲辛甲	乙丙丁戊己庚辛	
寅午未午	未申酉戌亥子丑	
	4 14 24 34 44 54 64	

辛金日柱가 더운 午月에 태어났고, 寅午가 火局午未가 合火에 丙火가 투출되어 나오니 從殺格으로 貴格이다. 그러나 운로(運路)가 좋지 못하여 큰 出世를 하지 못했다. 亥運中未土와 合하여 木局이 되니 지방전매지청장(地方專賣支廳長)이 되었다가 庚運에 死亡한 하세용(河世容) 氏의 四柱다.

군수(郡守) 五月 二十五日 申時

年月日時	
己庚乙己	己戊丁丙乙甲癸
未午巳卯	巳辰卯寅丑子亥
	5 15 25 35 45 55 65

乙庚이 合이 되고 巳午未方全하니 군수(郡守)라, 水가 不足하여 벼슬이 크지 못한 것이 恨이다. 乙丑大運中 郡守와 서울특별시 社會課長을 지낸 金某氏의 四柱다. 婦人 朴女史와의 사이에 二男二女를 두었다.

교장(校長) 三月 十六日

年月日時	
己戊庚癸	丁丙乙甲癸壬辛
巳辰子未	卯寅丑子亥戌酉
1,798 ④	7 17 27 37 47 57 67

庚金日柱가 身旺하고 官印이 相生하며 傷官生財가 되어 亥運中未土와 合이 되어 財局이 되니 校長이 되었다.

교수(敎授)   十月 十四日 申時

```
年月日時
丙己癸丁      庚 辛 壬 癸 甲 乙 丙
子亥丑巳      子 丑 寅 卯 辰 巳 午
1,412 ②      4  14 24 34 44 54 64
```

```
         旅
   兄巳 ､       白
   馬未 ≲       巳
   財酉 ､     應句

   財申 ､       朱
官亥兄午 ≲       靑
   馬辰 ≲     世玄
```

癸水가 亥子丑, 北方 精氣를 타고 났으니 身旺하다. 주작(朱雀)에 財가 붙었으므로 大學敎授를 했으며 外國語가 능통하여 高校時에 외국유학시험(外國留學試驗)에 全國 一等으로 合格했다. 화산여괘(火山旅卦)가 되니 美國에 이민(移民)을 가서 워싱턴 지역(地域) 교민회장을 하고 있다.

▲ 편고사주(偏枯四柱)

(女) 丙申年 十月 二十四日 申時

```
年月日時
丙己辛丙      戊 丁 丙 乙 甲 癸 壬
寅亥酉申      戌 酉 申 未 午 巳 辰
              7 17 27 37 47 57 67
```

辛酉日專祿格에 丙火가 파국(破局)이다. 丙大運에 男便과 사별(死別)하고 乙未甲十五年間 혼자 살았다. 남 부럽지 않게 돈을 가졌으나 午大運에 돈을 모두 떼이고 빈 몸이 되었다. 그리고 癸大運에 재가(再嫁)하여 무난(無難)하게 살고 있으나 子息이 없는 四柱다.

甲午年 八月 十六日 午時

```
年月日時
辛丁辛甲      丙 乙 甲 癸 壬 辛 庚
丑酉酉午      申 未 午 巳 辰 卯 寅
2,097 ③      6 16 26 36 46 56 66
```

辛酉日專祿格에 丁火가 파격(破格)이다. 學業을 中斷했고, 午大運에 정신이상(精神異常)으로 수양(修養) 중이다.

(女) 庚子年 十一月 二十六日 卯時

```
年月日時
庚己乙己      戊丁丙乙甲癸壬
子丑巳卯      子亥戌酉申未午
2,028 ⑥      2 12 22 32 42 52 62
```

乙祿在卯하니 日祿歸時格이다. 年干庚金이 너무 旺하니 丙大運에 結婚하여 一子를 두었으나, 戌大運에 이혼(離婚)하고 천하게 살고 있다.

```
年月日時
乙庚己庚      己戊丁丙乙甲癸
亥辰卯午      卯寅丑子亥戌酉
              9 19 29 39 49 59 69
```

己祿在午하여 日祿歸時格이나 乙卯木이 파격(破格)이다. 子大運과 乙大運 中에 죽을 고비를 겪었으며 고생(苦生)이 많았다. 술을 많이 마시고 病이 들어 波乱이 많은 四柱다.

戊子年 一月 四日 申時

```
年月日時
戊乙戊庚      丙丁戊己庚辛壬
子卯戌申      辰巳午未申酉戌
              7 17 27 37 47 57 67
```

戊日이 庚申時를 보니 合祿格이나 月令乙卯가 파격(破格)이다. 本婦人과 이혼(離婚)하고 하는 일마다 실패(失敗)가 많았다. 庚申大運에 가서야 안정(安定)될 것이다.

壬寅年 五月 二十三日 寅時

```
年月日時
壬丙癸甲      丁 戊 己 庚 辛 壬 癸
寅午巳寅      未 申 酉 戌 亥 子 丑
              4  14 24 34 44 54 64
```

癸巳日이 財官双美格인데 午月에 파격(破格)이 되었다. 정신이상(精神異常)이 되어 있다. 戌大運을 無事히 넘기지 못할 것이다.

戊子年 一月 十七日 巳時生

```
年月日時
戊甲辛癸      乙 丙 丁 戊 己 庚 辛
子寅巳巳      卯 辰 巳 午 未 申 酉
1,214 ②      3  13 23 33 43 53 63
```

辛金日柱가 正月木旺節에 태어나 木火만 旺하니 너무 신약(身弱)하다. 딸만 낳고 무자(無子)다. 己土運부터 소운(小運)이 들고 庚申辛酉運中에 돈을 많이 벌고 이름을 날릴 것이다.

庚寅年 一月 二十五日 午時生

年月日時		
庚己丁丙	庚辛壬癸甲乙丙	
寅卯未午	辰巳午未申酉戌	
	8 18 28 38 48 58 68	

日干丁火가 卯木月에 태어나 四柱에 木火만 旺하고 金水가 不足하여 편고(偏枯)하니 딸만 낳고 무자(無子)하다.

(女) 甲子年 九月 十二日 辰時

年月日時		
甲甲壬甲	癸壬辛庚己戊丁	
子戌戌辰	酉申未午巳辰卯	
	1 11 21 31 41 51 61	

壬水日干이 토왕절(土旺節)에 태어나 三土三木이 상전(相戰)한다. 종아격(從兒格)도 아니고 종살격(從殺格)도 아니어서 편고(偏枯)하기 그지없다.

辛運中에 결혼(結婚)을 했으나 未運中에 남편(男便)을 잃고 午運中에 남의 妾으로 살고 있다. 그러나 卯運中에 남편을 또 잃고 無子에 떠돌이 신세(身勢)가 되었다.

己卯年 五月 二十二日 辰時

```
年月日時
己庚丙戊      己戊丁丙乙甲癸
卯午午子      巳辰卯寅丑子亥
  1,910 ②   10 20 30 40 50 60 70
```

丙午日柱가 午月에 태어나 火木이 많으므로 극히 편고(偏枯)하다. 더구나 時의 子水는 庚金이 멀어 生을 제대로 받지 못하고 있으므로 子午가 상충(相沖)하여 상처(喪妻)를 했다. 그리고 寅運中에 寅午火局을 지으니 子水가 말라버려 많은 빚을 진 채 사망(死亡)하였다.

乙亥年 二月 十四日 午時

```
年月日時
乙己癸戊      戊丁丙乙甲癸壬
亥卯未午      寅丑子亥戌酉申
  1,866 ⑥    1 11 21 31 41 51 61
```

癸水가 戊己官殺이 혼잡(混雜)되어 파란(波乱)이 많다. 더구나 乙木이 己土殺을 치고 종아(從兒)하고 있는 傷官에 遇殺한 四柱다. 五十才가 넘어 장가를 갔으나 子息도 없다. 六爻가 발동(發動)하여 美國에 나가 살고 있으나 별로 재미없는 生活을 하고 있다.

丁亥年 六月 十日 亥時

年月日時	
丁丁丁戊	丙 乙 甲 癸 壬 辛 庚
亥未未申	午 巳 辰 卯 寅 丑 子
1,547 ⑤	6 16 26 36 46 56 66

丁火가 六月 炎天에 生하고 火土가 旺하다. 亥水가 있으나 月干未土와 合이 되어 木으로 化하니 本身火만 도와주어 쓸 수 없다. 時干戊土가 丁火를 설하여 時支申金을 도와주니 生命을 유지하고 있으나 너무 偏枯하여 아들이 없다. 37才 癸未年에 딸 하나만 낳았다. 事業을 하면 失敗하니 55才까지는 월급생활이나 해야 한다.

壬申年 三月 二十一日 辰時

年月日時	
壬甲庚庚	乙 丙 丁 戊 己 庚 辛
申辰申辰	巳 午 未 申 酉 戌 亥
	2 12 22 32 42 52 62

庚金이 辰土月에 태어나 토금일색(土金一色)이므로 四柱가 너무 편고(偏枯)하다. 水局을 이루어 子息은 있어 一男二女를 두었다. 부동산(不動産)도 三·四億을 父母로 부터 물려받았다. 申運에 농약중독(農藥中毒)이 되어 몸이 극도(極度)로 쇠약(衰弱)해졌다가 庚運에 사망(死亡)하였다.

癸酉年 十二月 二十五日 寅時

```
年月日時
甲丙庚戊    丁戊己庚辛壬癸
戌寅戌寅    卯辰巳午未申酉
            9 19 29 39 49 59 69
```

비록 癸酉生이지만 十二月 二十一日이 입춘(立春)이므로, 二十五日 即 입춘(立春) 後에 태어났다. 그러므로 환군(換君)해서 甲戌年 正月로 빼는 법을 취한 四柱다. 이 四柱는 종재살격(從財殺格)에 戊土가 파격(破格)이 되었다. 初年 戊辰己運中에 객지(客地)에서 苦生이 많았다. 巳午運中에는 돈을 많이 벌었으나, 辛運中丙辛이 化水 되어 從殺을 破하니 상처(喪妻)를 하였다. 재취(再娶)를 하였으나 三年도 못되어 本人도 죽었다.

(女) 丙戌年 三月 十五日 寅時

```
年月日時
丙壬庚戊    辛庚己戊丁丙乙
戌辰申寅    卯寅丑子亥戌酉
 1,613 ⑤    4 14 24 34 44 54 64
```

庚申專祿格에 丙火가 파격(破格)이다. 丙火가 官인데 壬水가 克하니 國民學校도 졸업하지 못하고 남의 집 식모살이를 하는 좋지못한 四柱다.

(女) 戊子年 六月 二十三日 巳時

```
年月日時
戊己乙辛      戊 丁 丙 乙 甲 癸 壬
子未卯巳      午 巳 辰 卯 寅 丑 子
1,548 ⑥      8 18 28 38 48 58 68
```

乙卯專祿格에 辛金이 파격(破格)이다. 乙木이 六月 염천(炎天) 더운 때에 태어났다. 물이 있으나 金이 멀어 生을 받지 못하고 土의 克을 받고 있다. 더구나 金이 있으나 土가 멀어 生을 받기 어려워 45才가 되도록 시집을 가지 못했다. 뇌화풍괘(雷火豊卦)에 世申이 겁살(劫殺)이 되므로 肺가 나빠진 四柱로 편고(偏枯)하다.

壬午年 二月 二十一日 未時

```
年月日時
壬甲己辛      乙 丙 丁 戊 己 庚 辛
午辰丑未      巳 午 未 申 酉 戌 亥
              10 20 30 40 50 60 70
```

己土가 土旺節인 辰月에 태어나 地支가 三土一火로 되었다. 너무 편고(偏枯)하여 財官의 의지(依持)가 弱하다. 어릴 때부터 말을 심하게 더듬거리는 반병신(半病身)이 되었다. 四十才가 넘어 結婚을 하여 多幸히 一子를 두었다.

```
年月日時
戊庚癸癸      壬癸甲乙丙丁戊
申申酉亥      酉戌亥子丑寅卯
   1,313 ⑤    3 13 23 33 43 53 63
```

癸水가 金이 旺한 七月에 태어나 四金三水이니 本身만 너무 旺하고 財官이 의지(依支) 할 곳이 없어 先天的인 병신(病身)이다. 수산건괘(水山蹇卦)이므로 귀가 나빠지고 벙어리가 되는 四柱로 父母의 애간장을 다 태우면서 자라고 있다.

```
年月日時       (女)
壬丙丙壬      乙甲癸壬辛庚己
辰戌午辰      巳辰卯寅丑子亥
   1,418 ②    1 11 21 31 41 51 61
```

丙火가 火가 旺한 五月에 태어나 火가 너무 旺하다. 官인 水가 金의 生을 받지 못하므로 官이 살아날 길이 없으니 천상 과부 四柱다. 壬運에 결혼(結婚)을 했으나 寅運에 이혼(離婚)하고 혼자 살고 있으니 그 신세(身世)가 오죽 하겠는가. 더구나 눈(目)은 사시(斜視)로 반병신(半病身)이다.

```
年月日時
壬丙癸壬        丁 戊 己 庚 辛 壬 癸
午午巳子        未 申 酉 戌 亥 子 丑
   1,773 ③     10 20 30 40 50 60 70
```

癸巳日 即 재관쌍미격(財官双美格)이 午月에 태어나 파격(破格)이 되었다. 선천적(先天的)인 병신(病身)으로 소아마비(小兒痲痺)가 되어 다리를 절고 있다.

```
年月日時         (女)
壬壬甲己        辛 庚 己 戊 丁 丙 乙
戌子戌巳        亥 戌 酉 申 未 午 巳
                 8 18 28 38 48 58 68
```

甲木이 子月에 生하여 本身만 旺하고 金이 극쇠(極衰) 하니 천상과부사주(賤上寡婦四柱)다.
일찍 남편(男便)과 사별(死別)하고 늙어가면서도 정력(精力)은 왕(旺)하므로 혼자 살기 어려워 자식(子息)같은 애인(愛人)을 사귀면서 돈을 많이 대주어·빚도 많이 지고 살아가고 있다.

제2편 작 명 491

```
年月日時        (女)
辛癸甲乙    甲 乙 丙 丁 戊 己 庚
巳巳申亥    午 未 申 酉 戌 亥 子
 1,598 ②    1 11 21 31 41 51 61
```

甲木이 巳月 더운 때에 태어났으니 辛金官星이 극히 衰弱해져 있어 결혼을 일찍 하지 못했다. 朱雀에 官이 붙었으니 敎鞭生活을 하다가 50才가 넘어 己土運에 들어와서야 結婚을 하고 外國으로 갔다.

```
年月日時
辛丁庚庚    丙 乙 甲 癸 壬 辛 庚
丑酉戌辰    申 未 午 巳 辰 卯 寅
 1,796 ②    2 12 22 32 42 52 62
```

庚金日柱가 金旺節인 八月에 태어나 土金一色이나. 너무 편고(偏枯)하나 병신이 되지 않은 것은 月干丁火가 戌中에 通根하고 있기 때문이다. 午運中에 결혼을 하여 得男을 했다. 그러나 癸運에 불을 끄니 子息을 害치며 壬申年이 1,787 ⑤ 산지박괘(山地剝卦)에 子孫이 發動해 나가고 양인살(羊刃殺)까지 되므로 子息이 高層 아파트에서 떨어져 죽었다. 本人의 命도 길지 못할 것이다.

年月日時	（女）
甲辛乙庚	庚己戊丁丙乙甲
午未亥辰	午巳辰卯寅丑子
1,703 ⑤	4 14 24 34 44 54 64

乙庚火金이 종화(從化)인데 六月 염천(炎天)에 태어났으니 午火가 파격(破格)이 되었다. 女子 나이 四十이 되어서도 결혼을 못하고 파란 (波乱)이 많은 四柱이다. 그러나 복성덕성(福星德星)이 들었으므로 재주가 있고 인정(人情)도 있는 四柱이다.

（女） 辛巳年 一月 二十九日 丑時

年月日時	
辛庚癸癸	辛壬癸甲乙丙丁
巳寅卯丑	卯辰巳午未申酉
1,698 ⑥	4 14 24 34 44 54 64

丑土가 부성(夫星)이고 남편(男便)인데 辰運에 결혼(結婚)하여 癸 運에 일자(一子)를 두었다. 그러나 巳運에 丑土를 합거(合去) 하니 男便이 죽었다. 辛未年에 아들을 결혼시켜 壬申年에 孫子까지 보았다. 그러나 며느리가 불효(不孝)하여 속을 썩이고 있으니 기박한 팔자 (八字)다.

己丑年 十一月 十日 丑時

```
年月日時
己丙癸壬    乙甲癸壬辛庚己
丑子巳戌    亥戌酉申未午巳
            7 17 27 37 47 57 67
```

癸巳財官双美格이 子月에 태어났으니 大官이 될 四柱이나 大運이 身旺運으로 흘러 아들을 두지 못하는 四柱다.

(女) 癸巳年 三月 七日 亥時

```
年月日時
癸丙辛己    丁戊己庚辛壬癸
巳辰丑亥    巳午未申酉戌亥
            5 15 25 35 45 55 65
```

辛金이 辰土月에 태어나 己土丑土가 있으니 身旺하고 大運이 土金運으로 흐르고 있으니 어찌 아들을 낳겠는가. 無子한 四柱다.

(女) 乙亥年 五月 二十六日 卯時生

```
年月日時
乙壬癸乙    癸甲乙丙丁戊己
亥午酉卯    未申酉戌亥子丑
  福        4 14 24 34 44 54 64
```

土가 男便인데 木이 많아 土를 克하니 결혼을 했다가 얼마 되지 않아 死別을 했다. 丁運에 再嫁를 했으나 戊運에 癸水本身과 合하니 또 男便이 죽었다. 子息도 없는 八字다.

(女) 丁卯年 九月 十五日 未時生

```
年月日時
丁庚丁丁      辛 壬 癸 甲 乙 丙 丁
卯戌丑未      亥 子 丑 寅 卯 辰 巳
              10 20 30 40 50 60 70
```

水가 男便이나 四柱에 水가 없다. 더구나 庚金을 丁火가 克하니 水를 生하지 못해 남의 妾으로 壬子運에 들어갔다. 그러나 丑運에 死別하고 子息도 없이 혼자 살다가 卯運 回甲이 다 되어 남의 再嫁宅으로 들어가 살고 있다. 偏枯한 四柱다.

(女) 癸巳年 九月 三日 丑時

```
年月日時
癸壬甲乙      癸 甲 乙 丙 丁 戊 己
巳戌午丑      亥 子 丑 寅 卯 辰 巳
  1,995 ③    10 20 30 40 50 60 70
```

甲木이 九月에 태어나 原來 土金이 强하다. 그러나 午戌이 火局을 이루어 土金이 함께 火로 변하니 설기가 심하여 몸이 약하고 金이 없으니 男便이 없는 四柱다. 기생의 八字로 태어난 四柱이며 子息도 없다. 寅運에는 生命이 위험할 것이다.

(女) 壬辰年 五月 一日 辰時

```
年月日時
壬乙庚丙      甲 癸 壬 辛 庚 己 戊
辰巳午戌      辰 卯 寅 丑 子 亥 戌
   1,651 ①    7 17 27 37 47 57 67
```

庚金日柱가 巳火月에 태어났으며 時干에 丙火가 있고 午戌이 火局을 지으니 官殺을 통제할 힘이 없어 화류계(花柳界) 八字다. 그리고 남의 妾이나 되어야 마땅할 四柱로 편고(偏枯)하다.

(女) 庚午年 七月 六日 午時

```
年月日時
庚甲辛戊      癸 壬 辛 庚 己 戊 丁
午申亥戌      未 午 巳 辰 卯 寅 丑
   1,363 ①    7 17 27 37 47 57 67
```

午火가 男便인데 甲木이 午火를 生하나 庚金이 克하고 있고 일주(日柱)는 너무 旺하니 남편운(男便運)이 없는 四柱다. 午巳運中 男便이 시골 면장(面長)까지 했으나 庚運에 미쳐버렸다. 집을 뛰쳐나가 여러 사내에게 짓밟혔다. 卯運에 몸이 나았으나 戊運에 장사를 하다가 失敗하여 빚을 많이 졌다.

(女) 癸酉年 十一月 十六日 寅時

年月日時	
癸甲壬壬	乙 丙 丁 戊 己 庚 辛
酉子申寅	丑 寅 卯 辰 巳 午 未
1,575 ③	2 12 22 32 42 52 62

壬水가 꽁꽁 얼어붙는 子月에 태어났으며 申子가 水局을 이루었다. 年干支에 金水요 時干에도 水이다. 水가 만주(滿柱)하여 편고(偏枯)하다. 30才 壬寅年에 1,608③ 백호산신(白虎産神)이 발동(發動)하니 아들을 하나 낳아 살다가 己運에 甲과 合이 되니 男便이 사망(死亡)하였다.

(女) 丁丑年 十二月 七日 卯時

年月日時	
丁癸庚己	甲 乙 丙 丁 戊 己 庚
丑丑子卯	寅 卯 辰 巳 午 未 申
1,782 ⑥	9 19 29 39 49 59 69

庚金이 꽁꽁 얼어붙는 丑月에 태어났고 水가 旺하니 官인 丁火는 힘을 쓸 수가 없다. 男便 庚午生과는 궁합(宮合)이 중수감괘(重水坎卦)이니 波乱이 많은 궁합이다. 丁運에 傷官에 우살(遇殺)하니 재난(災難)이 일어 男便이 죽었다. 그후로 生活이 조금씩 나아져 三男一女를 기르며 살고 있다.

```
年月日時         (女)
壬戊庚丙      丁丙乙甲癸壬辛
戌申申子      未午巳辰卯寅丑
              6 16 26 36 46 56 66
```

庚申專祿格에 丙火가 파격(破格)이니 結婚이 순탄하지 못하다. 재취(再娶)로 들어가 一男三女를 두었으나 아들 또한 순탄치 못하여 파란(波乱)이 많다.

東南方運으로 흘러와 波乱이 있는 中 그런대로 살아왔으나 辛運에 夫死했다. 그리고 남에게 상당한 돈을 빌려주었으나 받지 못하여 속을 썩이고 있다.

戊子年 六月 二十八日 辰時

```
年月日時
戊己庚庚      庚辛壬癸甲乙丙
子未申辰      申酉戌亥子丑寅
              2 12 22 32 42 52 62
```

庚金日柱가 土金으로만 滿柱하고 木火가 없으니 너무 편고(偏枯)하다. 45才까지 살고 있는 것도 申辰이 水局이 되어 旺한 金을 설하기 때문이다. 甲運에 들어와 己土와 合하여 土가 되어 旺한 金을 돕고 있다. 그러므로 大敗하여 재기(再起)가 어려울 정도로 事業을 하다가 失敗하였다.

(女) 戊子年 三月 六日 子時

```
年月日時
戊丙己己    乙 甲 癸 壬 辛 庚 己
子辰巳巳    卯 寅 丑 子 亥 戌 酉
  1,772 ②   3 13 23 33 43 53 63
```

己土가 土旺節이 三月에 태어났고 四柱가 火土로만 구성되어 官木이 없어 너무나 偏枯하다. 45才까지 살고 있는 것은 子辰이 水局이 된 때문이다. 壬申年에 1,837 ① 地水師卦가 되어 大失敗를 하고 남의 집 셋방살이를 하고 있다.

```
年月日時       (女)
辛辛丙己    壬 癸 甲 乙 丙 丁 戊
酉卯申丑    辰 巳 午 未 申 酉 戌
            1 11 21 31 41 51 61
```

丙火가 二月 木旺節에 태어났으니 原來 身旺하다. 그러나 己丑土가 설기하면서 官을 깎고 四金이 있으니 身弱으로 변했으며, 丙辛이 化水로 節氣에 맞지않아 破格이 되었다. 巳運에 結婚을 하고 甲運에 큰아들을 낳고 午運에 둘째 아들을 낳아 잘 살다가 丙運에 離婚을 했다. 술장사도 하면서 아들 둘을 데리고 살았는데 愛人도 두고 살았으니 좋지못한 八字다.

```
年月日時      (女)
乙癸丁甲     甲乙丙丁戊己庚
未未亥辰     申酉戌亥子丑寅
  1,734 ⑥    5 15 25 35 45 55 65
```

丁火가 旺한 六月 염천(炎天)에 태어났으며 火土가 旺하다. 남편인 官星水가 金이 없어 生이 약하므로 말라붙는 형국으로 너무 편고(偏枯)하다.

丙運에 結婚을 하여 30才 甲子年에 水가 살아나고 1,840④ 지화명이괘(地火明夷卦)에 世가 動하여 딸 하나를 낳았다. 丁運에 火가 得勢하니 離婚을 하고 波乱이 많다.

```
年月日時
丙乙乙庚     丙丁戊己庚辛壬
午未未辰     申酉戌亥子丑寅
  1,828 ④    1 11 21 31 41 51 61
```

乙庚이 化金하여 時에 辰土가 있으니 종화격(從化格)이다. 그러나 六月 염천(炎天)에 태어났고 丙火가 있으니 파격(破格)이다. 재주가 있어 大學까지 卒業을 했는데 戌運에 들어와 午戌이 火局이 되므로 從化를 破하니 정신이상(精神異常)이 되었다. 己運에 가서야 나을 것이다.

▲ 惡人 四柱(징역살이)

辛未年 正月 二十一日 未時

```
年月日時
辛辛癸壬      庚己戊丁丙乙甲
未卯亥子      寅丑子亥戌酉申
              1 11 21 31 41 51 61
```

日辰癸水가 傷官節인 卯月에 태어나 亥卯未眞傷官이다. 재주가 있어 五個國語를 잘한다. 三·四十代에는 높은 분의 祕書로 통역을 담당했다. 그러나 五十代부터는 아무 것도 되는 일이 없을 뿐만 아니라 아들 셋을 다 죽이려고 藥을 먹여 病身을 만들다시피 하였다. 三男은 목메어 죽고 婦人은 남의 집 가정부 생활을 하고 있는데, 婦人이 어렵게 번 돈을 이리저리 빼앗아 쓰는 身勢다. 한때 마약사범으로 징역살이도 했다.

甲戌年 八月 三日 丑時

```
年月日時
甲癸乙丁      甲乙丙丁戊己庚
戌酉酉丑      戌亥子丑寅卯辰
 1,764 ⑥     10 20 30 40 50 60 70
```

乙木이 八月金旺節에 태어났고 酉丑金局이 되었다. 더구나 地支에 土金만 旺하니 金이 生한 癸水에 오로지 依持하며 살고 있다. 무엇 하나 되는 일이 없고 술을 좋아하여 가끔 실수가 많다.
壬申年에도 1,836 ④ 地水師卦니 술을 많이 먹고 넘어져 몸을 다쳤다.

▲ 失敗한 四柱

丙子年 十一月 十七日

年月日時	
丙庚丙庚	辛 壬 癸 甲 乙 丙 丁
子子戌寅	丑 寅 卯 辰 巳 午 未
1,067 ⑤	3 13 23 33 43 53 63

丙火가 추운 겨울에 태어나 官이 旺한데 寅戌火局을 이루고 丙火가 年干에 또 있으니 不弱하다. 初年 高等學校 先生을 하다가 辰運末에 學院을 設立하여 乙巳運中에 十億財産을 모았다. 그러나 巳運末에 다른 事業을 한다고 돈을 모두 투자하고 그것도 모자라 친구의 돈까지 끌어넣었다가 亡했다. 丙運中 交通事故로 죽을 고비를 넘기고 남의 事業體에서 月給生活을 하면서 살고 있다.

(女) 癸巳年 九月 三日

年月日時	
癸壬甲乙	癸 甲 乙 丙 丁 戊 己
巳戌午丑	亥 子 丑 寅 卯 辰 巳
1,995 ③	10 20 30 40 50 60 70

金이 男便이건만 地支에 장되어 火의 克을 받고 있으며, 運路도 水木火運으로 흐르고 있다. 金이 죽어 男便이 살아나지 못하니 40이 넘도록 結婚을 하지 못하고 이 男子 저 男子에게 유린되는 나쁜 四柱를 타고났다.

壬辰年 九月 十一日

年月日時		
壬庚戊丙	辛 壬 癸 甲 乙 丙 丁	
辰戌申辰	亥 子 丑 寅 卯 辰 巳	
1,577 ⑤	3 13 23 33 43 53 63	

戊土가 双辰土와 戌土에 뿌리를 내리고 있으며 너무 旺하니 편고(偏枯)하다. 딸만 셋을 낳은 뒤 寅運中 庚午年에 1,707 ③ 중산간괘(重山艮卦)로 아들을 낳았다. 그러나 사업(事業)을 하다가 대패(大敗)하여 노동(勞動) 일을 하고 있다.

▲ 寡婦 四柱

辛未年 八月 二十三日

年月日時	
辛丁壬癸	戊 己 庚 辛 壬 癸 甲
未酉辰亥	戌 亥 子 丑 寅 卯 辰
	2 12 22 32 42 52 62

丁壬化木이 酉月에 파격(破格)이 되었다. 그리고 壬寅運中 寅亥木이 되고 丁壬木이 되어 木이 官인 土를 克하고 있으므로, 남편(男便)이 죽어 과부(寡婦)가 되었다.

▲ 雙童兒 四柱

癸丑年 九月 十三日

```
年月日時時
癸辛丁壬癸      庚己戊丁丙乙甲
丑酉丑寅卯      申未午巳辰卯寅
   福          1 11 21 31 41 51 61
```

두 사람은 남자 雙童이로 寅時인 兄은 丁壬이 化木에 金旺節에 破格이 되니 파란이 있다. 辛未年에 大學入試에 떨어졌는데 壬申年도 合格이 어렵다. 性格은 차분하다. 아우는 卯時로 日干丁火를 癸水가 克하니 그나마 大學試驗도 보지않고 壬申年 1,494 火天大有 좋은 卦가 되니 취직을 했다. 그러나 성격은 거칠다.

戊戌年 三月 十七日

```
年月日時時
戊丙壬乙丙      丁戊己庚辛壬癸
戌辰午巳午      巳午未申酉戌亥
               1 11 21 31 41 51 61
```

잘못 보면 誤斷할 수 있는 四柱다. 從財從殺格으로 보면 일찍 出世해야 하는데 그게 아니다. 財官双美格의 破格된 四柱라 三十才前까지 죽을 고비를 몇 번 넘겼다. 辰戌이 年月에서 相沖되니 父母와의 因緣이 없다. 父와 母와 子가 各各 떨어져 살고 있다. 兄은 結婚을 했으나 아우는 結婚도 못했다.

▲ 異腹 兄弟　乙亥年 正月 二十四日

```
年月日時
乙戊甲甲    丁丙乙甲癸壬辛
亥寅戌子    丑子亥戌酉申未
            7 17 27 37 47 57 67
```

　五兄弟中 막내로 태어났으나 재취댁(再娶宅)의 소생이다. 父母가 일찍 죽어 이복형 밑에서 눈치밥을 먹으면서 자랐다. 乙亥運中에 國營企業體運轉責任者로 돈을 좀 벌었으나 甲戌運中 군겁쟁재(群劫爭財)가 되어 노름으로 五億이 넘는 집을 날렸다. 異腹子息도 두었는데 無識하고 음흉하다.

▲ 同腹 二父　癸巳年 十月 三日

```
年月日時
癸癸甲乙    壬辛庚己戊丁丙
巳亥子亥    戌酉申未午巳辰
            1 11 21 31 41 51 61
```

　比劫印綬만 旺하니 同腹二父之子다. 三十才前까지는 별 하는 일 없이 방황하다가 己未年에 화교 二世와 結婚하여 單獨으로 장사를 하고 있다. 有子하고 辛丑生女와 宮合이 좋아 장사는 그런 대로 잘되어 무난(無難)히 살고 있다.

▲ 無子離婚   壬辰年 六月 三十日

```
年月日時
壬戊戊丙      己 庚 辛 壬 癸 甲 乙
辰申戌辰      酉 戌 亥 子 丑 寅 卯
              7 17 27 37 47 57 67
```

戊土가 五土에 一火一金一水니 群劫이 爭財 되었고 調化가 약하여 無子하다. 壬運에 들어와 群劫爭財 되어 離婚까지 하였다.

▲ 失敗不渡

```
年月日時
丙癸乙戊      甲 乙 丙 丁 戊 己 庚
子巳卯寅      午 未 申 酉 戌 亥 子
1,623 ③      2 12 22 32 42 52 62
```

乙木이 火가 旺한 巳月에 태어났으나 專祿格에 寅卯木이 있고 癸子水가 있으니 身旺으로 변했다. 朱雀에 官이 붙었으니 敎育者로 나갔으면 成功할 四柱다. 申運에 일찍이 女高敎師를 하다가 얼마가지 않아 事業에 손을 대었다. 戌運까지는 癸와 合火가 되니 身旺을 덜어내어 그런대로 유지해 왔으나 己運에 들어와 群劫이 爭財 되니 큰 不渡가 났다. 火災로 工場이 모두 불에 타 1,836 ⑥ 地水師卦니 놀라고 亡했다. 身旺四柱라 人德이 있고 배짱이 크다.

```
年月日時      (女)
丁甲乙丙      乙 丙 丁 戊 己 庚 辛
丑辰酉戌      巳 午 未 申 酉 戌 亥
              3  13 23 33 43 53 63
```

乙木이 辰土月에 태어나 地支에 土金이 旺하고 天干에 丙丁火가 洩氣하니 身弱이 심하다. 더구나 운로(運路)가 財官으로만 흐르니 男便과 일찍 死別을 하고 딸 하나만 낳았다. 愛人을 사귀어 事業을 한다고 돈을 많이 愛人에게 밀어넣었으나 잘되지 않아 부도(不渡)의 경지에 이르렀다.

丙申年 二月 十八日

```
年月日時
丙辛乙甲      壬 癸 甲 乙 丙 丁 戊
申卯未申      辰 巳 午 未 申 酉 戌
 2,024 ①    2  12 22 32 42 52 62
```

乙木이 卯月에 태어나 卯未木局이 되고 丙辛이 合水 되어 乙木을 도우니 身旺하다. 乙未木旺運에 들어와 壬申年이 2,138② 산수몽괘(山水蒙卦)가 되니 페인트 장사를 하다가 어음을 받아 부도(不渡)가 나서 被害를 입었다.

庚寅年 九月 二十五日

```
年月日時
庚丙癸丙      丁 戊 己 庚 辛 壬 癸
寅戌卯辰      亥 子 丑 寅 卯 辰 巳
              2 12 22 32 42 52 62
```

　癸水가 戌月에 태어나 寅戌火局을 이루고 丙火가 天干에 투출하니 從財格이다. 辛運에 들어와 丙火와 合이 되어 化水가 되니 本身癸水를 生하고 從財가 파(破) 된다. 그리고 辛未年에 1,731 ③ 산수몽괘(山水蒙卦)가 되니 슈퍼마켓을 경영하다가 부도(不渡)가 나고 失敗를 하였다.

▲ **偏枯**　辛巳年 十二月 四日

```
年月日時
辛辛癸癸      庚 己 戊 丁 丙 乙 甲
巳丑酉亥      子 亥 戌 酉 申 未 午
              5 15 25 35 45 55 65
```

　癸水기 섣달 꽁꽁 얼어붙는 엄동설한에 태어나 年月干에 辛金이요 時干에 또 癸水이다. 火와 土가 있으나 巳酉丑으로 金局을 이루니 火와 土를 같이 쓸 수 없고 本身만 生해 주며 運路 역시 水金으로만 흐르고 있다. 平生에 아무 것도 되는 일이 없어 婦人이 벌어 生活을 하고 있다. 五十이 넘게 살고 있는 것은 亥中甲木이 洩해 주기 때문이다.

▲ 得病

```
年月日時          (女)
己甲己庚       乙 丙 丁 戊 己 庚 辛
卯戌酉午       亥 子 丑 寅 卯 辰 巳
2,208 ⑥      1 11 21 31 41 51 61
```

　己土가 午時에 태어나 歸祿格인데 破格이 되었다. 甲卯木이 官이니 50才까지는 木運으로 흘러 官을 生해주니 無事히 健康을 유지했다. 그러나 庚運에 들어와 甲木을 克하였고 壬申年에 二,322 ⑥ 수택절괘(水澤節卦)가 되니 득병(得病)을 하였다. 비장(脾臟)・간(肝)・삼초(三焦)가 약한 四柱다.

▲ 小兒痲痺　　丙申年 三月 十六日

```
年月日時
丙壬癸庚       癸 甲 乙 丙 丁 戊 己
申辰亥申       巳 午 未 申 酉 戌 亥
              3 13 23 33 43 53 63
```

　癸水가 비록 三月에 태어났으나 申辰水局이 되었고 四柱가 金水로만 가득차 있으니 너무 身旺無依 하니 病身四柱다. 일찍 癸水運에 小兒痲痺가 되어 다리를 저는 病身이 되었다. 丙火가 뿌리가 없고 水가 旺하니 群劫爭財가 되어 四柱가 아주 편고(偏枯)하다.

▲ 失敗　甲申年 四月 十二日

```
年月日時
甲戊戊壬        己 庚 辛 壬 癸 甲 乙
申辰辰戌        巳 午 未 申 酉 戌 亥
  1,374 ⑥      1 11 21 31 41 51 61
```

戊土가 土旺節인 三月에 태어나 五土가 되니 너무 身旺하여 無依하니 조화가 없다. 나이 五十이 되도록 되는 일이 없다. 事業을 할 때마다 매번 실패하여 父母의 속을 썩이고 있다. 病身이 되지 않은 것도 甲木이 소토하고 申辰水局이 되어 旺한 것을 설하는 데 있다.

▲ 偏枯(手術)　己巳年 正月 十四日

```
年月日時         (女)
己丙己甲        丁 戊 己 庚 辛 壬 癸
巳寅丑戌        卯 辰 巳 午 未 申 酉
  1,904 ②      7 17 27 37 47 57 67
```

己土가 官이 旺한 寅月에 난 것은 좋았으나 時干甲木이 日干己土와 合하여 土로 변하였고 二火四土가 되니 너무 身만 旺하여 偏枯하다. 初年 木旺節運에는 男便과 無理 없이 살다가 中年以後에는 火土金 運으로 흐르니 木의 克洩이 심하므로 男便의 因緣이 없이 혼자 남의 집 食母살이를 하면서 살고 있다. 申運에 들어와 寅巳申 三刑이 되니 막내 아들이 목을 메고 自殺을 했다. 庚午年에 1,973 ⑤ 天山遯卦에 退神이 되므로 죽을 고비를 넘기는 大手術을 했다.

▲ 結婚과 出産

(女) 辛酉年 三月 二十一日

```
年月日時
辛壬辛丁      癸 甲 乙 丙 丁 戊 己
酉辰酉酉      巳 午 未 申 酉 戌 亥
 1,468 ④      3 13 23 33 43 53 63
```

辛酉專祿格에 丁火가 破格이라 남의 再娶宅으로 들어갔다. 火風鼎卦에 朱雀이 財가 붙었으니 한때 敎育者生活을 하였다. 29才 己丑年에 1,668⑥ 重風巽卦로 六爻世가 發動하였으니 得男하였다. 35才 乙未年에 1,637⑤ 風水渙卦로 白虎가 持世하고 發動하였으니 또 得男하였다. 丁火가 官이고 남편인데 酉大運에 火死하니 불이 꺼져 男便이 죽어 苦生이 많았다.

```
年月日時         (女)
戊己辛戊       戊 丁 丙 乙 甲 癸 壬
寅未酉子       午 巳 辰 卯 寅 丑 子
 1,805 ⑤       6 16 26 36 46 56 66
```

專祿格과 六陰朝陽格의 眞格이다. 男子 같으면 長官 以上의 四柱이다. 그러나 女子로 시골에서 태어나 30才까지 火運이 계속 드니 破가 되어 學業도 中斷하고 苦生을 하였다. 36才 以後로는 財運이 들어와 富者가 되었다. 二十三才 庚子年에 結婚을 했다. 24才 辛丑年에 1,877⑤ 地山謙卦로 世가 發動하니 得男을 했다. 27才 甲辰年에 1,915① 天山遯卦가 同人卦로 變하니 또 得男하였다. 38才 乙卯年

에 1,981 ① 天地否卦에 得女를 하였다. 後로 男便의 事業이 날로 번창하여 富者가 되었다.

庚寅年 正月 二十五日

年月日時									
庚 己 丁 丙		庚	辛	壬	癸	甲	乙	丙	
寅 卯 未 午		辰	巳	午	未	申	酉	戌	
2,063 ⑤		8	18	28	38	48	58	68	

丁火가 印旺한 卯月에 태어나 木火가 旺하니 身旺無依하므로 편고(偏枯)하다. 無子하고 딸만 둘을 낳았다. 運路로 나빠 별 發展이 없고 그럭저럭 살고 있는 것도 食神이 生財하기 때문이다. 三十才에 2,190 ⑥ 山天大畜 좋은 卦의 좋은 해에 結婚을 했다. 31才 庚申年에 2,179 ① 중산간(重山艮)에 白虎가 動하니 得女를 했다. 33才 壬戌年에 또 得女를 하였다.

乙亥年 十一月 十一日

年月日時								
乙 丁 丙 丙		丙	乙	甲	癸	壬	辛	庚
亥 亥 辰 申		戌	酉	申	未	午	巳	辰
1,796 ②		10	20	30	40	50	60	70

丙火가 十月 추운 때에 태어나 水가 많으니 身弱이다. 亥中甲木이 조금 生해주나 氣가 不足하여 一男三女를 두었다. 28才 壬寅年 1,893 ③ 地天泰 좋은 卦에 世가 動하니 結婚을 했다. 30才 甲辰年 1,870

④ 白虎가 持世하니 得男을 했다. 32才 丙午年에 1,912 ④ 白虎가 發動하니 得女를 했다. 戊申年과 辛亥年에도 得女를 하고 現 電話局 課長으로 있다.

辛酉年 十一月 二十六日

年月日時	
辛庚辛己	己戊丁丙乙甲癸
酉子酉亥	亥戌酉申未午巳
1,826 ②	6 16 26 36 46 56 66

專祿格이 眞이나 傷官月에 나서 福을 減하였으므로 洞長까지 하였다. 婦人 癸亥生과 雷水解卦로 宮合이 좋아 별 波乱이 없이 四男一女를 낳아 幸福하게 살아왔다. 24才 甲申年에 1,826 ② 地澤臨卦에 結婚을 했다. 25才 乙酉年에 1,871 ⑤ 白虎가 動하여 큰 아들을 낳았다. 32才 壬辰年에 1,771 ① 白虎產神이 持世하여 둘째 아들을 낳았다.

甲戌年 十一月 十日

年月日時	
甲丙辛丙	丁戊己庚辛壬癸
戌子酉申	丑寅卯辰巳午未
1,775 ⑤	7 17 27 37 47 57 67

專祿格의 破格이니 큰 벼슬은 없고, 시골에서 統一主體代議員을 지냈다. 年月에 財官印이 있으니 좋은 집안의 長男으로 태어나 시골 부자이다. 부인 戊寅生과 宮合이 좋아 四男一女를 낳고 큰 波乱이

없이 幸福하게 살아오고 있다. 24才 丁酉年 1,852 ④ 지뢰복(地雷復) 좋은 卦에 백호산신(白虎産神)이 動했으니 결혼(結婚)을 했다. 26才 己亥年에 1,934 ② 백호산신(白虎産神)이 발동(發動)하여 장남(長男)을 낳았다. 28才 辛丑年 1,933 ① 백호(白虎)가 動하여 次男을 낳았다. 29才 壬寅年 1,896 ⑥ 지천태괘(地天泰卦)에 백호산신(白虎産神)이 발동(發動)하니 三男을 낳았다.

(女) 丁酉年 七月 三日

```
年月日時
丁 丁 壬 庚        戊 己 庚 辛 壬 癸 甲
酉 未 寅 戌        申 酉 戌 亥 子 丑 寅
  1,606 ④         4  14 24 34 44 54 64
```

　壬水가 六月 더운 때에 태어나 寅戌이 火局을 이루고 丁火가 둘이나 天干에 튀어나왔으니 물이 庚金과 年支酉金의 도움을 받고 있으나 극히 弱하다. 韓國人으로 화교 二世와 結婚을 했으나 男便 癸巳生과 지수사괘(地水師卦)로 宮合이 별로 좋지 않다. 더구나 운로(運路)도 33才까지 戌運으로 火局을 이루니 딸만 셋을 내리 낳다가 亥運의 壬申年에 들어와서야 아들을 낳았다.
　26才 壬戌年에 1,716 ⑥ 중산간괘(重山艮卦)에 世와 백호산신(白虎産神)이 발동(發動)했으니 結婚을 했다. 27才 癸亥年에 1,767 ③ 산풍고괘(山風蠱卦)에 세(世)가 動하여 첫딸을 낳았다. 28才 甲子年에 1,732 ④ 산수몽괘(山水蒙卦)에 世가 動하니 득녀(得女)를 했다.
　壬申年 36才에 1,671 ③ 풍산점괘(風山漸卦)에 世가 動하니 득남(得男)을 했다.

(女) 己卯年 六月 七日

```
年月日時
己辛辛庚      壬 癸 甲 乙 丙 丁 戊
卯未酉寅      申 酉 戌 亥 子 丑 寅
1,940 ②     5  15 25 35 45 55 65
```

辛酉專祿格의 眞格이다 머리가 영리하여 좋은 성적으로 좋은 학교을 나와 檢事 男便과 結婚하였다. 그러나 夫君 庚辰生과 뇌택귀매괘(雷澤歸妹卦)로 宮合이 나쁠 뿐만 아니라 운로(運路)로 좋지못하여 몸도 자주 아프고 시집살이 등으로 波乱이 많다. 27才 乙巳年에 2,057 ⑤ 백호(白虎)가 動하니 結婚을 했다. 28才 丙午年 파격(破格) 해에 得女를 했다. 30才 戊申年 좋은 해에 2,034 ⑥ 白虎가 지세(持世)하니 得男을 했다. 32才 庚戌年과 34才 壬子年에 1,986 ⑥ 白虎가 動하니 또 得女를 하여 一男三女를 두었다.

(女) 丁亥年 四月 十日

```
年月日時
丁乙戊壬      丙 丁 戊 己 庚 辛 壬
亥巳申戌      午 未 申 酉 戌 亥 子
1,414 ④     3  13 23 33 43 53 63
```

戊日이 녹왕절(祿旺節)에 태어나 時支戌土 年干丁火와 巳亥가 상충(相冲) 되어 쌍생녀(雙生女)로 태어났다. 夫君 癸未生과 택지췌괘(澤地萃卦)로 宮合이 좋으므로 아들만 셋을 낳았다.

乙木이 官이요 남편(男便)인데 운로(運路)가 土金으로만 흐르니 관운(官運)을 막아 男便이 주독(酒毒)으로 죽을 고비를 몇 번 넘겼다. 24才 庚戌年에 1,568② 뇌풍항(雷風恒) 좋은 卦에 二爻 중신애비가 발동(發動)하니 결혼(結婚)을 했다. 25才 辛亥年에 1,519① 백호산신(白虎産神)이 發動하니 득남(得男)을 했다. 27才 癸丑年과 29才 乙卯年에 또 득남(得男)을 하였다.

```
年月日時        (女)
丁丁辛甲      戊 己 庚 辛 壬 癸 甲
丑未酉午      未 申 酉 戌 亥 子 丑 寅
 2,085③      2 12 22 32 42 52 62
```

辛酉專祿格에 双丁火와 午火가 있으니 파격(破格)이다. 그러나 火가 官이요 男便이니 官인 丁火가 더운 六月에 午未에 뿌리를 깊게 내리고 있으므로 男便과 의좋게 살아왔다. 그러나 亥子北方으로 運이 흐르니 事業하는 男便이 빛을 보지 못한다. 52才 癸運에 드니 丁火를 꺼버려 男便이 事業을 하다가 大敗를 하여 재기불능(再起不能)의 상태(狀態)로 빠졌다.

22才 戊戌年에 2,235③ 택수곤괘(澤水困卦)에 白虎가 動하니 結婚을 하고 첫아들을 낳았다. 24才 庚子年에 2,271③ 世爻가 動하니 첫딸을 낳았다. 27才 癸卯年에 2,248④ 世爻가 動하여 次男을 낳았다. 30才 丙午年과 31才 丁未年에도 딸을 낳아 二男三女를 두었다. 夫君 丙子生과 宮合은 좋아 자식들이 모두 孝道를 하고 있다.

周 易 作 名 法

| 初　版　發　行 ● 1993年　　9月　　5日 |
| 修訂初版 1刷 印刷 ● 2013年　 11月　10日 |
| 修訂初版 1刷 發行 ● 2013年　 11月　15日 |

著　者 ● 李 尙 昱
發行者 ● 金 東 求
發行處 ● 明　文　堂(1923. 10. 1 창립)
　　　　서울 종로구 윤보선길 61(안국동)
　　　　우체국　010579-01-000682
　　　　전화　 (영) 733-3039, 734-4798
　　　　　　　(편) 733-4748
　　　　FAX 734-9209
　　　　Homepage www.myungmundang.net
　　　　E-mail mmdbook1@hanmail.net
　　　　등록　1977. 11. 19. 제1∼148호

● 낙장 및 파본은 교환해 드립니다.
● 불허복제

정가 20,000원
ISBN 89-7270-268-9　13140

明文堂의 易書는 格調가 높습니다.

書名	著者	版型	面數
手相術	白雲松著	四·六版	二三○面
手相秘訣	白雲松著	四·六版	一○二面
手相寶鑑	佐藤六龍著·安志永譯	四·六版	三二六面
現代手相術	大和田齊眼著·尹泰榮譯	四·六版	二三二面
手相術入門	淺野八郎著·金炳大譯	四·六版	二六二面
詳解手相大典	曺誠佑著	菊版	三九二面
秘傳四柱精說	白靈觀著	菊版	二八八面
秘傳自解四柱大觀	金于齋著	菊版	三三六面
地理八十八向眞訣	金明濟著	菊版	四三四面
玉衡韓國地理總覽	池昌龍著	菊版	四九六面
風水地理萬山圖	金榮昭著	菊版	三四六面
萬方吉凶八字要覽	金赫濟·金于齋編纂	菊版	二八六面
自解八字大典	金于齋著	菊版	二三○面
開運大道家相學入門	全奏樹著	四·六版	三三四面
地理明鑑陰宅要訣	金榮昭譯編	菊版	八七二面
懸吐註解麻衣相法(全)	金赫濟校閱	菊版	一七四面
相法精說	金世一編著	四·六版	二七八面
秘傳詳解相法全書	曺誠佑編著	菊版	四三四面
周易希望의 門을 열어라	金靈山著	四·六版	三六二面
原本靑鳥經	金天熙編著		六八面
新編百方秘訣	李冕宇編述	菊版	二三○面
眞本皇極策數祖數	邵康節遺編	菊版	五二二面